Reckenzaun
IO I ReO

IO | ReO
Insolvenzordnung und Restrukturierungsordnung

Textausgabe mit
Anmerkungen für die Praxis

Hon.-Prof. Dr. Axel Reckenzaun, MBL
Honorarprofessor an der Karl-Franzens-Universität Graz

3. Auflage

Linde

Zitiervorschlag: *Reckenzaun*, IO I ReO (2021) Seite

Bibliografische Information der Deutschen Nationalbibliothek
Die Deutsche Nationalbibliothek verzeichnet diese Publikation in der Deutschen Nationalbibliografie; detaillierte bibliografische Daten sind im Internet über http://dnb.d-nb.de abrufbar.

Hinweis: Aus Gründen der leichteren Lesbarkeit wird auf eine geschlechtsspezifische Differenzierung verzichtet. Entsprechende Begriffe gelten im Sinne der Gleichbehandlung für alle Geschlechter.

Das Werk ist urheberrechtlich geschützt. Alle Rechte, insbesondere die Rechte der Verbreitung, der Vervielfältigung, der Übersetzung, des Nachdrucks und der Wiedergabe auf fotomechanischem oder ähnlichem Wege, durch Fotokopie, Mikrofilm oder andere elektronische Verfahren sowie der Speicherung in Datenverarbeitungsanlagen, bleiben, auch bei nur auszugsweiser Verwertung, dem Verlag vorbehalten.

Es wird darauf verwiesen, dass alle Angaben in diesem Fachbuch trotz sorgfältiger Bearbeitung ohne Gewähr erfolgen und eine Haftung des Autors oder des Verlages ausgeschlossen ist.

ISBN 978-3-7073-4349-6

© LINDE VERLAG WIEN Ges.m.b.H., Wien 2021
1210 Wien, Scheydgasse 24, Tel.: 01/24 630
www.lindeverlag.at

Druck: Hans Jentzsch & Co GmbH
1210 Wien, Scheydgasse 31
Dieses Buch wurde in Österreich hergestellt.

Vorwort

Die letzten eineinhalb Jahre waren geprägt von den Auswirkungen der Corona-Pandemie. Diverse Hilfsmaßnahmen, Stundungen und sonstige Erleichterungen haben zu einem drastischen Absinken der Insolvenzeröffnungen geführt; in der Insolvenzpraxis war es daher ruhig.

Vergleichsweise lebendig war demgegenüber die Gesetzgebung und tiefgreifend sind die Änderungen, die das Jahr 2021 in den gesetzlichen Rahmenbedingungen gebracht hat: Änderungen im Exekutionsrecht durch die GREx – Stichwort § 49a EO – wirken sich unmittelbar auf das Insolvenzrecht aus. Diese Novelle führte bereits zu ersten wesentlichen Änderungen der IO. Eine Gesamtvollstreckung an der Nahtstelle zwischen Exekutionsrecht und Insolvenzrecht bringt einen neuen Typ des Schuldenregulierungsverfahrens.

Nunmehr ist mit Inkrafttreten des RIRUG die EU-Restrukturierungsrichtlinie in der österreichischen Rechtsordnung implementiert worden. Mit dieser Novelle wurde auch wieder die Insolvenzordnung geändert. Wesentliche Änderungen betreffen den Restrukturierungsrahmen nach der ReO und die Entschuldung natürlicher Personen. Das Abschöpfungsverfahren ist künftig mit Tilgungsplan oder Abschöpfungsplan möglich.

All dies hat die Neuauflage der Gesetzesausgabe notwendig gemacht. Sie soll eine Orientierung in der Insolvenzordnung und in der neuen Restrukturierungsordnung erleichtern. Im Text sind die jeweiligen Textänderungen durch *Kursiv*-Druck ersichtlich gemacht. Die erläuternden Bemerkungen zum RIRUG sind den einzelnen novellierten Regelungen unmittelbar angeschlossen; wesentliche Änderungen wurden wiederum mit Anmerkungen versehen.

Mein Dank für die Betreuung der Neuauflage gilt dem Verlag Linde. Mein besonderer Dank gilt wieder Frau *Mag. Kathrin Poltsch*, Landesgericht für Zivilrechtssachen Graz, für ihre Anregungen zu den Anmerkungen.

Graz, im Juli 2021　　　　　　　　　　　　　　　　*Axel Reckenzaun*

Inhaltsverzeichnis

Vorwort 5

Bundesgesetz über das Insolvenzverfahren (Insolvenzordnung – IO) idF BGBl I 147/2021 25

Erster Teil
Insolvenzrecht

Erstes Hauptstück
Wirkungen der Eröffnung eines Insolvenzverfahrens

Erster Abschnitt
Allgemeine Vorschriften

§ 1	Insolvenzverfahren (Sanierungs- und Konkursverfahren)....	26
§ 2	Beginn der Wirkung, Insolvenzmasse.................................	27
§ 3	Rechtshandlungen des Schuldners	27
§ 4	Erwerb durch Erbschaft, Vermächtnis oder Zuwendung unter Lebenden..	28
§ 5	Unterhalt des Schuldners und seiner Familie.....................	28
§ 6	Wirkung in Ansehung von Rechtsstreitigkeiten	29
§ 7	Unterbrechung und Wiederaufnahme in anhängigen Rechtsstreitigkeiten..	29
§ 8	Ablehnung des Eintrittes in den Rechtsstreit	30
§ 8a	Außerstreitverfahren	30
§ 9	Verjährung...	30
§ 10	Absonderungsrechte und ihnen gleichgestellte Rechte........	30
§ 11	Wirkung der Eröffnung des Insolvenzverfahrens auf Absonderungs- und Aussonderungsrechte	31
§ 12	....	32
§ 12a	Einkünfte aus einem Arbeitsverhältnis...............................	33
§ 12b	Sicherheiten für Forderungen aus Eigenkapital ersetzenden Leistungen..	34
§ 12c	Räumungsexekution...	34
§ 12d	Zwangsverwaltung	35
§ 13	Grundbücherliche Eintragungen	35
§ 14	Unbestimmte und betagte Forderungen	35
§ 15	Forderungen auf wiederkehrende Leistungen.....................	36
§ 16	Bedingte Forderungen..	36

§ 17	Rechte der Mitschuldner und Bürgen gegen die Insolvenzmasse	36
§ 18	Rechte der Gläubiger gegen Mitverpflichtete	37
§ 18a	Eigenkapital ersetzende Gesellschaftersicherheiten	37
§ 19	Aufrechnung	37
§ 20		37
	Erfüllung von zweiseitigen Rechtsgeschäften	39
§ 21	a) im Allgemeinen	39
§ 22	b) Fixgeschäfte	40
§ 23	c) Bestandverträge	40
§ 24		40
§ 25	d) Arbeitsverträge	41
§ 25a	Auflösung von Verträgen durch Vertragspartner des Schuldners	44
§ 25b	Unwirksame Vereinbarungen	45
§ 26	Aufträge und Anträge	45
§ 26a	Gebrauchsüberlassung durch Gesellschafter	45

Zweiter Abschnitt
Anfechtung der vor Eröffnung des Insolvenzverfahrens vorgenommenen Rechtshandlungen

§ 27	Anfechtungsrecht	46
	Anfechtung	46
§ 28	a) wegen Benachteiligungsabsicht	46
	b) wegen Vermögensverschleuderung	47
§ 29	Anfechtung unentgeltlicher und ihnen gleichgestellter Verfügungen	47
§ 30	Anfechtung wegen Begünstigung	47
§ 31	Anfechtung wegen Kenntnis der Zahlungsunfähigkeit	48
§ 32		50
§ 33	Wechsel- und Scheckzahlungen	50
§ 34	Einzelverkäufe	51
§ 35	Exekution und Anfechtung	51
§ 36	Anfechtung von Unterlassungen	51
§ 36a	Schutz für Finanzierungen im Zusammenhang mit einer Restrukturierung	51
§ 36b	Schutz für Transaktionen im Zusammenhang mit einer Restrukturierung	54
	Anfechtungsbefugnis	56

§ 37	Anhängige Rechtsstreitigkeiten	56
§ 38	Anfechtungsgegner	56
§ 39	Inhalt des Anfechtungsanspruches	57
§ 40		57
§ 41	Ansprüche des Anfechtungsgegners	57
§ 42	Unzulässigkeit der Aufrechnung	58
§ 43	Geltendmachung des Anfechtungsrechtes	58

Zweites Hauptstück
Ansprüche im Insolvenzverfahren

§ 44	Aussonderungsansprüche	59
§ 45	Verfolgungsrecht	59
§ 46	Masseforderungen	60
§ 47		61
§ 48	Absonderungsansprüche	62
§ 49		63
§ 50	Gemeinschaftliche Insolvenzmasse	63
§ 51	Insolvenzforderungen	63
§ 54	Nebengebühren und Ersatzforderungen	64
§ 56	Forderungen von Unternehmensgläubigern	65
§ 57	Forderungen der Gesellschaftsgläubiger gegen einen unbeschränkt haftenden Gesellschafter	65
§ 57a	Nachrangige Forderungen	65
§ 58	Ausgeschlossene Ansprüche	67

Drittes Hauptstück
Wirkungen der Aufhebung des Insolvenzverfahrens

§ 59	Rechte des Schuldners nach Aufhebung des Insolvenzverfahrens	67
	Rechte der Gläubiger nach Aufhebung des Insolvenzverfahrens	68
§ 60	a) Klagerecht	68
§ 61	b) Exekutionsrecht	68
§ 62	Vorbehalt für den Sanierungsplan	69

Zweiter Teil
Insolvenzverfahren

Erstes Hauptstück
Allgemeine Vorschriften

Erster Abschnitt
Gerichtsbarkeit im Insolvenzverfahren

§ 63	Zuständigkeit	69
§ 63a	Zuständigkeit für insolvenznahe Verfahren	69
§ 64		69
§ 65		69

Zweiter Abschnitt
Eröffnung des Insolvenzverfahrens

Erster Unterabschnitt
Allgemeine Voraussetzungen

§ 66	Zahlungsunfähigkeit	70
§ 67	Überschuldung	71
§ 68	Aufgelöste juristische Person	72
§ 69	Antrag des Schuldners	72
§ 70	Antrag eines Gläubigers	74
§ 71	Kostendeckendes Vermögen	76
§ 71a	Eröffnung trotz Fehlens kostendeckenden Vermögens	77
§ 71b	Abweisung mangels kostendeckenden Vermögens	77
§ 71c	Rechtsmittel	78
§ 71d	Rückgriff	79

Zweiter Unterabschnitt
Sonderbestimmungen für juristische Personen

§ 72	Fehlen kostendeckenden Vermögens	79
§ 72a	Organschaftliche Vertreter	79
§ 72b	Kostenvorschuß und Vermögensverzeichnis der organschaftlichen Vertreter	80
§ 72c	Rückforderungsansprüche der organschaftlichen Vertreter	80
§ 72d	Gesellschafter	81

Dritter Unterabschnitt
Verfügungen des Gerichts

§ 73	Einstweilige Vorkehrungen	81
§ 74	Bekanntmachung der Eröffnung des Insolvenzverfahrens	82
§ 75		83
§ 76	Anhörung der gesetzlichen Interessenvertretungen und des Landesarbeitsamts	83
§ 77	Anmerkung der Eröffnung des Insolvenzverfahrens	84
§ 77a	Eintragungen und Löschungen im Firmenbuch	84
§ 78	Sicherungsmaßnahmen und Benachrichtigungen von der Eröffnung des Insolvenzverfahrens	85
§ 78a	Verständigung der Arbeitnehmer	86
§ 79	Bekanntmachung der Aufhebung des Insolvenzverfahrens	86

Dritter Abschnitt
Organe des Insolvenzverfahrens

§ 80	Insolvenzverwalter	87
§ 80a	Auswahl des Insolvenzverwalters	88
§ 80b	Unabhängigkeit des Insolvenzverwalters	88
§ 81	Pflichten und Verantwortlichkeit des Insolvenzverwalters	89
§ 81a	Tätigkeit des Insolvenzverwalters	90
§ 82		91
§ 82a	Entlohnung bei Sanierungsplan	92
§ 82b	Erhöhung der Entlohnung	92
§ 82c	Verminderung der Entlohnung	93
§ 82d	Entlohnung bei Verwertung einer Sondermasse	93
§ 83	Befugnisse des Insolvenzverwalters	94
§ 84	Überwachung des Insolvenzverwalters	94
§ 85	Stellvertreter des Insolvenzverwalters	95
§ 86	Besondere Verwalter	95
§ 87	Enthebung des Insolvenzverwalters	95
§ 87a	Belohnung der bevorrechteten Gläubigerschutzverbände	96
§ 88	Gläubigerausschuß	96
§ 89	Pflichten, Verantwortlichkeit und Belohnung des Gläubigerausschusses	97
§ 90	Rechte des Insolvenzgerichts beim Mangel eines Gläubigerausschusses	98

§ 91	Gläubigerversammlung	99
§ 91a	Berichtstagsatzung	99
§ 92	Beschlusserfordernisse in der Gläubigerversammlung	100
§ 93	Stimmrecht bei der Gläubigerversammlung	100
§ 94	Forderungserwerb durch Abtretung	101
§ 95	Aufhebung von Beschlüssen	101

Vierter Abschnitt
Feststellung der Insolvenzmasse

§ 96	Inventar und Schätzung	102
§ 97	a) bei fremden Sachen und Sachen in fremdem Gewahrsame	102
§ 98	b) bei Erbschaften	103
§ 99	Verpflichtung des Schuldners	103
§ 100	Vermögensverzeichnis und Bilanz	103
§ 100a	Inhalt des Vermögensverzeichnisses	104
§ 101	Maßregeln in Ansehung der Person des Schuldners	105
§ 102	Geltendmachung der Forderungen	105

Fünfter Abschnitt
Feststellung der Ansprüche

§ 103	Inhalt der Anmeldung	106
§ 104	Einbringung und Behandlung der Anmeldungen	106
§ 105	Prüfungsverhandlung	107
§ 106		107
§ 107	Nachträgliche Anmeldungen	108
§ 108	Anmeldungsverzeichnis	108
§ 109	Feststellung der Forderungen	109
§ 110	Bestrittene Forderungen	109
§ 111	Zuständigkeit für Klagen wegen bestrittener Forderungen	110
§ 112	Wirkung der Entscheidung	110
§ 113	Anwendbarkeit der Vorschriften auf anhängige Rechtssachen	111
§ 113a	Geltendmachung von Aus- oder Absonderungsrechten an Einkünften aus einem Arbeitsverhältnis	111

Sechster Abschnitt
Verfügungen über das Massevermögen und Rechnungslegung

| § 114 | Geschäftsführung durch den Insolvenzverwalter | 111 |

§ 114a	Fortführung des Unternehmens	112
§ 114b	Inhalt der Berichtstagsatzung	113
§ 114c	Sanierungsplanvorschlag	113
§ 115	Schließung und Wiedereröffnung des Unternehmens	114
§ 116	Dem Insolvenzgericht mitzuteilende Geschäfte	115
§ 117	Genehmigungspflichtige Geschäfte	115
§ 118	Äußerung des Schuldners	116
§ 119	Gerichtliche Veräußerung	117
§ 120	Veräußerung von Sachen, an denen ein Absonderungsrecht besteht	118
§ 120a	Aufschiebung des Exekutionsverfahrens	119
§ 121	Rechnungslegung	119
§ 122	Genehmigung oder Bemängelung	120

Siebenter Abschnitt
Aufhebung des Insolvenzverfahrens

§ 123	Bekanntmachung und Verständigungen	120
§ 123a	Aufhebung des Insolvenzverfahrens mangels Vermögens	120
§ 123b	Aufhebung des Insolvenzverfahrens mit Einverständnis der Gläubiger	120
§ 124	Befriedigung der Massegläubiger	121
§ 124a	Masseunzulänglichkeit	121
	Insbesondere:	
§ 125	a) Ansprüche des Insolvenzverwalters	122
§ 125a	Voraussichtliche Entlohnung bei Unternehmensfortführung	123
§ 126	b) Ansprüche der Mitglieder des Gläubigerausschusses	124
§ 127	c) Ansprüche der bevorrechteten Gläubigerschutzverbände	124

Zweites Hauptstück
Verteilung

§ 128	Befriedigung der Insolvenzgläubiger	125
§ 129	Formlose Verteilung und Verteilungsentwurf	125
§ 130	Entscheidung über den Verteilungsentwurf	125
§ 131	Berücksichtigung bestrittener Forderungen bei der Verteilung	126
§ 132	Berücksichtigung der Absonderungs- und Ausfallsgläubiger bei der Verteilung	126
§ 133	Erlag bei Gericht	127

§ 134	Berücksichtigung verspätet angemeldeter Forderungen bei der Verteilung	128
§ 135	Vollzug der Verteilung	128
§ 136	Schlußverteilung	128
§ 137		128
§ 138	Nach der Schlußverteilung freiwerdendes oder zum Vorschein kommendes Insolvenzvermögen	129
§ 139	Aufhebung des Insolvenzverfahrens	130

Drittes Hauptstück
Sanierungsplan

Erster Abschnitt
Allgemeines

§ 140	Antrag auf Abschluss eines Sanierungsplans	130
§ 141	Inhalt und Unzulässigkeit des Sanierungsplans	130
§ 142	Vorprüfung	131
§ 143	Berechtigung zur Stimmführung	131
§ 144	Gemeinschaftliche Forderung	132
§ 145	Sanierungsplantagsatzung	132
§ 145a	Änderung des Sanierungsplans	133
§ 145b	Besonderheiten der Rechnungslegung	133
§ 146	Bericht des Insolvenzverwalters	134
§ 147	Erfordernisse für die Annahme des Sanierungsplans	134
§ 148	Nahe Angehörige	135
§ 148a	Erstreckung der Sanierungsplantagsatzung	135
§ 149	Rechte der Aussonderungsberechtigten und Absonderungsgläubiger	136
§ 150	Rechte der Masse- und Insolvenzgläubiger	136
§ 150a	Sonderbegünstigungen	137
§ 151	Rechte der Gläubiger gegen Mitverpflichtete	138
§ 152	Gerichtliche Bestätigung des Sanierungsplans	138
§ 152a	Voraussetzungen der Bestätigung	138
§ 152b	Aufhebung des Insolvenzverfahrens	139
§ 153	Zwingende Versagung der Bestätigung	139
§ 154	Versagung der Bestätigung nach Ermessen	140
§ 155	Rekurs	140
§ 156	Rechtswirkungen des Sanierungsplans	141
§ 156a	Verzug	141

§ 156b Vorläufige Feststellung der Höhe bestrittener und des
         Ausfalls teilweise gedeckter Forderungen 142
§ 156c Exekution 143

Zweiter Abschnitt
Überwachung durch einen Treuhänder

§ 157   Allgemeine Vorschrift 144
§ 157a Sicherungsmaßnahmen 144
§ 157b Treuhänder 144
§ 157c Entlohnung des Treuhänders 145
§ 157d Beendigung 145
§ 157e Einstellung 146
§ 157f Einstellungsbeschluss... 146

Dritter Abschnitt
Vermögensübergabe

§ 157g Rechtsstellung des Treuhänders bei Übergabe von
         Vermögen 147
§ 157h 147

Vierter Abschnitt
Sanierungsplan mit Übergabe von Vermögen zur Verwertung

§ 157i Allgemeine Vorschriften 148
§ 157j Abstimmung 149
§ 157k Entlohnung des Treuhänders 149
§ 157l Einstellung 149
§ 157m Verzug in der Erfüllung... 149

Fünfter Abschnitt
Nichtigkeit und Unwirksamerklärung des Sanierungsplans

§ 158   Nichtigkeit des Sanierungsplans 150
§ 159   Verfahren bei Wiederaufnahme des Insolvenzverfahrens..... 150
§ 160   Wirkung der Wiederaufnahme auf die Anfechtung und
         Aufrechnung.. 150
§ 161   Unwirksamerklärung des Sanierungsplans 151
§ 162   Zuständigkeit... 151
§ 163   Neuerliches Insolvenzverfahren.. 151

Sechster Abschnitt
Sonderbestimmungen für eingetragene Personengesellschaften

§ 164	Insolvenzverfahren einer eingetragenen Personengesellschaft oder Verlassenschaft	152
§ 164a	Haftung eines ausgeschiedenen unbeschränkt haftenden Gesellschafters	152
§ 165	Sanierungsplan eines unbeschränkt haftenden Gesellschafters	153

Dritter Teil
Sanierungsverfahren

§ 166	Anwendungsbereich	153
§ 167	Antrag	154
§ 168	Anberaumung der Sanierungsplantagsatzung	155

Vierter Teil
Sanierungsverfahren mit Eigenverwaltung unter Aufsicht eines Verwalters

§ 169	Voraussetzungen	156
§ 170	Entziehung der Eigenverwaltung	157
§ 171	Umfang der Eigenverwaltung	159
§ 172	Beschränkung der Eigenverwaltung	159
§ 173	Prozessführungsbefugnis	160
§ 174	Masseforderungen	160
§ 175	Unterhalt	161
§ 176	Sonderregelungen	161
§ 177	Befugnisse des Sanierungsverwalters	161
§ 178	Aufgaben des Sanierungsverwalters	162
§ 179	Tagsatzungen	163

Fünfter Teil
Konkursverfahren

§ 180	Bezeichnung	163
§ 180a	Geringfügigkeit des Konkurses	163

Sechster Teil
Konzern

§ 180b	Zusammenarbeit und Koordination	164
§ 180c	Genehmigungspflichtige Anträge und Handlungen	164

Siebenter Teil
Sonderbestimmungen für natürliche Personen

Erstes Hauptstück
Insolvenz- und Schuldenregulierungsverfahren

§ 181	Anwendungsbereich	164
§ 182	Zuständigkeit	165
§ 183	Antrag des Schuldners	165
§ 183a	Gläubigerantrag	166
§ 183b	Kostendeckendes Vermögen	167
§ 184	Verfahrenskosten	167
§ 184a	Gesamtvollstreckung – Verträge und Insolvenzforderungen	168
§ 185		170
§ 186	Eigenverwaltung	171
§ 187	Umfang der Eigenverwaltung – Verfügungsrecht des Schuldners	172
§ 188	Feststellung der Forderungen	173
§ 189	Anfechtung	175
§ 189a	Überprüfung der Vermögenslage	175
§ 189b	Arbeitseinkommen	176
§ 190	Bestellung eines Insolvenzverwalters	177
§ 191	Entlohnung des Insolvenzverwalters und der bevorrechteten Gläubigerschutzverbände	179
§ 192	Vertretung des Schuldners durch eine anerkannte Schuldenberatungsstelle	179
§ 192a	Verteilungen	179
§ 192b	Aufhebung wegen dauerhaft fehlenden pfändbaren Bezugs	180

Zweites Hauptstück
Zahlungsplan

§ 193	Antrag	181
§ 194	Inhalt und Unzulässigkeit des Zahlungsplans	181
§ 195	Versagung der Bestätigung des Zahlungsplans	183
§ 196	Aufhebung des Insolvenzverfahrens – Nichtigkeit des Zahlungsplans	183
§ 197	Berücksichtigung nicht angemeldeter Forderungen	183
§ 198	Änderung des Zahlungsplans	185

Drittes Hauptstück
Abschöpfungsverfahren mit Restschuldbefreiung

§ 199	Antrag des Schuldners	186
§ 200	Entscheidung des Insolvenzgerichts	187
§ 201	Einleitungshindernisse	188
§ 202	Einleitung des Abschöpfungsverfahrens	192
§ 203	Rechtsstellung des Treuhänders	193
§ 204	Vergütung des Treuhänders	194
§ 205	Änderung des unpfändbaren Betrags der Einkünfte aus einem Arbeitsverhältnis	196
§ 206	Gleichbehandlung der Insolvenzgläubiger	196
§ 207	Berücksichtigung nicht angemeldeter Forderungen während des Abschöpfungsverfahrens	197
§ 208	Eröffnung des Insolvenzverfahrens während des Abschöpfungsverfahrens	198
§ 209	Aus- und Absonderungsberechtigte	198
§ 210	Obliegenheiten des Schuldners	199
§ 210a	Auskunftserteilung über die Erfüllung der Obliegenheiten	200
§ 211	Vorzeitige Einstellung des Abschöpfungsverfahrens	201
§ 212	Wiederaufnahme des Insolvenzverfahrens	202
§ 213	Beendigung des Abschöpfungsverfahrens – Entscheidung über die Restschuldbefreiung	202
§ 214	Wirkung der Restschuldbefreiung	203
§ 215	Ausgenommene Forderungen	203
§ 216	Widerruf der Restschuldbefreiung	204

Achter Teil
Internationales Insolvenzrecht

Erstes Hauptstück
Allgemeine Bestimmungen

§ 217	Grundsatz	205
§ 218	Bekanntmachung ausländischer Insolvenzverfahren	205

Zweites Hauptstück
Ergänzende Bestimmungen zur EuInsVO

§ 219	Zuständigkeit für Sicherungsmaßnahmen	206
§ 220	Haupt-, Partikular- oder Sekundärinsolvenzverfahren	206

§ 220a	Bekanntmachung und Registereintragung	206
§ 220b	Zusicherung im inländischen Hauptinsolvenzverfahren zur Vermeidung eines Sekundärinsolvenzverfahrens	207
§ 220c	Abstimmung über die in einem anderen Mitgliedstaat abgegebene Zusicherung	207
§ 220d	Gerichtliche Abstimmung	208
§ 220e	Prüfung des Stimmrechts	208
§ 220f	Prüfung durch einen besonderen Verwalter	209
§ 220g	Bestätigung	210
§ 220h	Verteilung im inländischen Hauptinsolvenzverfahren	210
§ 220i	Maßnahmen zur Sicherung der Zusicherung	210

Drittes Hauptstück
Nicht von der EuInsVO erfasste Verfahren

Erster Abschnitt
Anzuwendendes Recht

§ 221	Grundsatz	210
§ 222	Dingliche Rechte Dritter	211
§ 223	Aufrechnung	212
§ 224	Eigentumsvorbehalt	212
§ 225	Vertrag über eine unbewegliche Sache	213
§ 226	Geregelte Märkte	213
§ 227	Arbeitsvertrag	213
§ 228	Wirkung auf eintragungspflichtige Rechte	213
§ 229	Benachteiligende Handlungen	214
§ 230	Schutz des Dritterwerbers	214
§ 231	Wirkungen des Insolvenzverfahrens auf anhängige Rechtsstreitigkeiten	214
§ 232	Recht der gelegenen Sache	215
§ 233	Saldierungsvereinbarungen	215
§ 234	Wertpapierpensionsgeschäfte	215
§ 235	Zahlungen nach Eröffnung eines Insolvenzverfahrens	215

Zweiter Abschnitt
Österreichische Insolvenzverfahren

§ 236	Ausübung von Gläubigerrechten	216
§ 237	Auslandsvermögen	216
§ 238	Vertreter des Insolvenzverwalters	216

| § 239 | Koordination | 216 |

Dritter Abschnitt
Anerkennung ausländischer Verfahren

§ 240	Grundsatz	217
§ 241	Ausländische Insolvenzverwalter	218
§ 242	Bekanntmachungen und Registereintragungen	218

Viertes Hauptstück
Sonderbestimmungen für Kreditinstitute und Versicherungsunternehmen

Erster Abschnitt
Grenzüberschreitende österreichische Insolvenzverfahren

§ 243	Anwendungsbereich	219
§ 244	Internationale Zuständigkeit	220
§ 245	Koordination	220
§ 246	Zustellung des Insolvenzedikts	220
§ 247	Bekanntmachungen im Ausland	221
§ 248	Eintragung in öffentliche Register	222
§ 249	Sprache der Forderungsanmeldungen	222

Zweiter Abschnitt
Anerkennung ausländischer Verfahren

| § 250 | Grundsatz | 222 |
| § 251 | Bekanntmachungen und Registereintragungen | 222 |

Neunter Teil
Allgemeine Verfahrensbestimmungen

§ 252	Anwendung der Prozessgesetze	223
§ 253	Zuständigkeit und Vertretung	223
§ 254		224
§ 255	Öffentliche Bekanntmachung	225
§ 256	Insolvenzdatei	225
§ 257	Verständigungen	226
§ 258	Zustellung bei unbekanntem Aufenthalt	227
§ 258a	Gesellschaft ohne gesetzlichen Vertreter	227
§ 259	Fristen, Versäumnis	229
§ 260	Rekurs	229
§ 261	Strafanzeige	230

| § 262 | Rechtsstreitigkeiten – Zuständigkeit | 230 |
| § 263 | Verfahren | 230 |

Zehnter Teil
Begleitregelungen

§ 264	Vorabentscheidungsersuchen	231
§ 265	Geschäftsverteilung in Insolvenzsachen	231
§ 266	Bevorrechtung eines Gläubigerschutzverbands	232
§ 267	Anerkennung einer Schuldenberatungsstelle	233
§ 268	Schuldenberatungszeichen	234
§ 269	Insolvenzverwalterliste	235

Elfter Teil
Schluß- und Übergangsbestimmungen

§ 270	Vollziehung	236
§ 271	Verweisungen	236
§ 272	Inkrafttreten	236
§ 273	Inkrafttretens- und Übergangsbestimmungen zum IRÄG 2010	237
§ 274	Weitergeltung von Bevorrechtungen	238
§ 275	Ersetzung von Begriffen und Verweisen	239
§ 276	Inkrafttretensbestimmung zum GesRÄG 2013	240
§ 277	Inkrafttretensbestimmung zur Exekutionsordnungs-Novelle 2014	240
§ 278	Inkrafttretens- und Übergangsbestimmungen zum IRÄG 2017	240
§ 279	Weitere Inkrafttretens- und Übergangsbestimmungen	241
§ 280	Anhängige Abschöpfungsverfahren	241
§ 281	Zahlungsplan	242
§ 282	Übergangsbestimmungen zur GREx	242
§ 283	Inkrafttretens- und Übergangsbestimmungen zum Restrukturierungs- und Insolvenz-Richtlinie-Umsetzungsgesetz	242

Richtlinie über Restrukturierung und Insolvenz 245

Bundesgesetz über die Restrukturierung von Unternehmen (Restrukturierungsordnung – ReO) 319

1. Abschnitt
Anwendungsbereich

§ 1	Restrukturierungsmaßnahmen..	323
§ 2	Ausgenommene Schuldner...	327
§ 3	Ausgenommene Forderungen...	329

2. Abschnitt
Verfahrenseinleitung

§ 4	Zuständigkeit...	331
§ 5	Anwendung der Insolvenzordnung...................................	331
§ 6	Voraussetzungen für die Einleitung eines Restrukturierungsverfahrens..	332
§ 7	Antrag auf Einleitung...	334
§ 8	Restrukturierungskonzept – Frist zur Vorlage eines Restrukturierungsplans...	337

3. Abschnitt
Restrukturierungsbeauftragter

§ 9	Bestellung eines Restrukturierungsbeauftragten..............	338
§ 10	Kostenvorschuss...	342
§ 11	Auswahl des Restrukturierungsbeauftragten...................	343
§ 12	Pflichten und Verantwortlichkeit des Restrukturierungsbeauftragten..	345
§ 13	Enthebung des Restrukturierungsbeauftragten	346
§ 14	Aufgaben des Restrukturierungsbeauftragten.................	346
§ 15	Ansprüche des Restrukturierungsbeauftragten................	347
§ 16	Eigenverwaltung des Schuldners......................................	348
§ 17	Auskunfts- und Mitwirkungspflicht des Schuldners........	350

4. Abschnitt
Finanzierungen

§ 18	Zwischenfinanzierungen und Transaktionen...................	351

5. Abschnitt
Vollstreckungssperre und deren Wirkungen

§ 19	Vollstreckungssperre..	354

§ 20	Umfang der Vollstreckungssperre	357
§ 21	Bewilligung der Vollstreckungssperre	359
§ 22	Dauer der Vollstreckungssperre	361
§ 23	Aufhebung der Vollstreckungssperre	363
§ 24	Eintritt der Insolvenz	365
§ 25	Ausschluss der Haftung	367
§ 26	Verträge	369

6. Abschnitt
Restrukturierungsplan

§ 27	Inhalt von Restrukturierungsplänen	371
§ 28	Forderungen	377
§ 29	Gläubigerklassen	379
§ 30	Prüfung des Restrukturierungsplans	381
§ 31	Abstimmung über den Restrukturierungsplan	383
§ 32	Stimmrecht	385
§ 33	Annahme des Restrukturierungsplans	386
§ 34	Bestätigung des Restrukturierungsplans	387
§ 35	Kriterium des Gläubigerinteresses	390
§ 36	Klassenübergreifender Cram-down	391
§ 37	Anteilsinhaber	393
§ 38	Bewertung	395
§ 39	Wirkung von Restrukturierungsplänen	396
§ 40	Rekurs	398
§ 41	Aufhebung und Einstellung	400
§ 42	Anspruch auf Ausfall	402
§ 43	Arbeitnehmer	402

7. Abschnitt
Besondere Verfahrensarten

| § 44 | Europäisches Restrukturierungsverfahren | 403 |
| § 45 | Vereinfachtes Restrukturierungsverfahren | 407 |

8. Abschnitt
Schlussbestimmungen

§ 46	Liste der Restrukturierungsbeauftragten	410
§ 47	Verweisungen	411
§ 48	Inkrafttreten	412

§ 49	Vollziehung	412
§ 50	Umsetzungshinweis	412

EuInsVO 2015 413

Stichwortverzeichnis 501

Bundesgesetz über das Insolvenzverfahren (Insolvenzordnung – IO)
idF
BGBl I 147/2021

StF: RGBl. Nr. 337/1914 i.d.F.
StGBl. Nr. 116/1920
BGBl. Nr. 292/1921
BGBl. Nr. 743/1921
BGBl. Nr. 532/1922
BGBl. Nr. 19/1924
BGBl. Nr. 254/1924
BGBl. Nr. 87/1925
BGBl. Nr. 183/1925
BGBl. Nr. 6/1932
BGBl. Nr. 346/1933
BGBl. II Nr. 178/1934
dRGBl. I S 1999/1938
dRGBl. I S 1658/1939
StGBl. Nr. 188/1945
BGBl. Nr. 26/1948
BGBl. Nr. 118/1951
BGBl. Nr. 282/1955
BGBl. Nr. 253/1959
BGBl. Nr. 176/1963
BGBl. Nr. 284/1974
BGBl. Nr. 91/1976
BGBl. Nr. 370/1982
BGBl. Nr. 104/1985
BGBl. Nr. 325/1986
BGBl. Nr. 343/1989
BGBl. Nr. 10/1991
BGBl. Nr. 628/1991
BGBl. Nr. 532/1993
BGBl. Nr. 656/1993 (VfGH)
BGBl. Nr. 974/1993
BGBl. Nr. 153/1994
BGBl. Nr. 314/1994
BGBl. Nr. 624/1994

BGBl. Nr. 753/1996
BGBl. I Nr. 106/1997
BGBl. I Nr. 114/1997
BGBl. I Nr. 73/1999
BGBl. I Nr. 123/1999
BGBl. I Nr. 88/2001
BGBl. I Nr. 98/2001
BGBl. I Nr. 75/2002
BGBl. I Nr. 156/2002
BGBl. I Nr. 36/2003
BGBl. I Nr. 92/2003
BGBl. I Nr. 152/2004
BGBl. I Nr. 120/2005
BGBl. I Nr. 8/2006
BGBl. I Nr. 18/2007
BGBl. I Nr. 73/2007
BGBl. I Nr. 82/2008
BGBl. I Nr. 30/2009
BGBl. I Nr. 75/2009
BGBl. I Nr. 29/2010
BGBl. I Nr. 111/2010
BGBl. I Nr. 109/2013
BGBl. I Nr. 69/2014
BGBl. I Nr. 98/2014
BGBl. I Nr. 34/2015
BGBl. I Nr. 43/2016
BGBl. I Nr. 107/2017
BGBl. I Nr. 122/2017
BGBl. I Nr. 38/2019
BGBl. I Nr. 16/2020
BGBl. I Nr. 24/2020
BGBl. I Nr. 86/2021
BGBl. I Nr. 147/2021

Erster Teil
Insolvenzrecht

Erstes Hauptstück
Wirkungen der Eröffnung eines Insolvenzverfahrens

Erster Abschnitt
Allgemeine Vorschriften

Insolvenzverfahren (Sanierungs- und Konkursverfahren)

§ 1

Bei Zahlungsunfähigkeit oder Überschuldung (§§ 66 und 67) ist auf Antrag ein Insolvenzverfahren zu eröffnen. Die Bestimmungen dieses Bundesgesetzes sind, soweit nichts anderes angegeben ist, auf Sanierungsverfahren und Konkursverfahren anzuwenden.

Anmerkungen

Das Insolvenzverfahren ist in der Bekanntmachung ausdrücklich entweder als Konkursverfahren oder als Sanierungsverfahren zu bezeichnen (§ 74 IO). Das Sanierungsverfahren kann mit oder ohne Eigenverwaltung eröffnet werden. Insbesondere im Sanierungsverfahren mit Eigenverwaltung finden sich Elemente des früheren Ausgleichs wieder: Die Einschränkung der Dispositionsfähigkeit des Schuldners ist im Sanierungsverfahren mit Eigenverwaltung geringer als im Konkursverfahren (§ 171 IO).

Das Konkursverfahren können Gläubiger und Schuldner, das Sanierungsverfahren kann nur der Schuldner einleiten. Voraussetzung für die Eröffnung des Insolvenzverfahrens als Sanierungsverfahren ist die Vorlage eines zulässigen Sanierungsplans bereits mit dem Eröffnungsantrag (§ 167 Abs 1 Z 2 IO). Im Konkursverfahren kann der Abschluss eines Sanierungsplans auch später im Lauf des Verfahrens beantragt werden (§ 140 Abs 1 IO).

Im Sanierungsverfahren besteht eine auf 90 Tage befristete Verwertungssperre für das Unternehmen (§ 168 Abs 2 IO). Auch für die Eigenverwaltung ist diese 90 Tage Frist maßgeblich; sie ist zu entziehen, wenn der Sanierungsplan nicht innerhalb dieser Frist von den Gläubigern angenommen wurde (§ 170 Abs 1 Z 3 IO). Ein Konkursverfahren ist auch das Schuldenregulierungsverfahren (Privatinsolvenz) gemäß § 182 Abs 1 IO.

Ein **Restrukturierungsverfahren** setzt wahrscheinliche Insolvenz voraus. Diese liegt vor, wenn der Bestand des Unternehmens des Schuldners ohne Restrukturierung gefährdet wäre; dies ist insbesondere gegeben, wenn die Zahlungsunfähigkeit droht. Drohende Zahlungsunfähigkeit wird vermutet, wenn die Eigenmittelquote 8 % unterschreitet und die fiktive Schuldentilgungsdauer 15 Jahre übersteigt (§ 6 Abs 1 und 2 ReO).

Bei Zahlungsunfähigkeit ist die Eröffnung eines Insolvenzverfahrens zu beantragen; bei insolvenzrechtlicher Überschuldung kann der Unternehmer auch die Eröffnung eines Restrukturierungsverfahrens beantragen, um die Insolvenz abzuwenden und die Bestandfähigkeit des Unternehmens sicherzustellen (§ 1 Abs 2 ReO).

Beginn der Wirkung, Insolvenzmasse
§ 2

(1) Die Rechtswirkungen der Eröffnung des Insolvenzverfahrens treten mit Beginn des Tages ein, der der öffentlichen Bekanntmachung des Inhalts des Insolvenzedikts folgt.

(2) Durch Eröffnung des Insolvenzverfahrens wird das gesamte der Exekution unterworfene Vermögen, das dem Schuldner zu dieser Zeit gehört oder das er während des Insolvenzverfahrens erlangt (Insolvenzmasse), dessen freier Verfügung entzogen.

(Abs 3 aufgehoben)

Anmerkungen
Öffentliche Bekanntmachung ist die entsprechende Einschaltung in der Insolvenzdatei (§ 255 IO). Eine solche öffentliche Bekanntmachung hat Zustellwirkung (§ 252 Abs 2 IO). In der Insolvenzdatei werden auch ausländische Insolvenzverfahren bekannt gemacht (§ 218 IO).

Die Einleitung eines **Restrukturierungsverfahrens** ist hingegen nur auf Antrag des Schuldners öffentlich bekannt zu machen (§ 44 ReO – Europäisches Restrukturierungsverfahren). Dann fällt das Verfahren in den Anwendungsbereich der EuInsVO. Diese öffentliche Bekanntmachung erfolgt aber in der Ediktsdatei (§ 44 Abs 9 ReO).

Rechtshandlungen des Schuldners
§ 3

(1) Rechtshandlungen des Schuldners nach der Eröffnung des Insolvenzverfahrens, welche die Insolvenzmasse betreffen, sind den Insolvenzgläubigern gegenüber unwirksam. Dem anderen Teil ist die Gegenleistung zurückzustellen, soweit sich die Masse durch sie bereichern würde.

(2) Durch Zahlung einer Schuld an den Schuldner nach der Eröffnung des Insolvenzverfahrens wird der Verpflichtete nicht befreit, es

sei denn, daß das Geleistete der Insolvenzmasse zugewendet worden ist oder daß dem Verpflichteten zur Zeit der Leistung die Eröffnung des Insolvenzverfahrens nicht bekannt war und daß die Unkenntnis nicht auf einer Außerachtlassung der gehörigen Sorgfalt beruht (bekannt sein mußte).

Erwerb durch Erbschaft, Vermächtnis oder Zuwendung unter Lebenden
§ 4

(1) Der Insolvenzverwalter kann an Stelle des Schuldners Erbschaften mit dem Vorbehalte der Rechtswohltat des Inventars antreten.

(2) Tritt er eine Erbschaft nicht an oder lehnt er ein Vermächtnis oder die Annahme einer unentgeltlichen Zuwendung unter Lebenden ab, so scheidet das Recht aus der Insolvenzmasse aus.

Unterhalt des Schuldners und seiner Familie
§ 5

(1) Der Schuldner hat keinen Anspruch auf Unterhalt aus der Masse. Was der Schuldner durch eigene Tätigkeit erwirbt oder was ihm während des Insolvenzverfahrens unentgeltlich zugewendet wird, ist ihm zu überlassen, soweit es zu einer bescheidenen Lebensführung für ihn und für diejenigen, die gegen ihn einen gesetzlichen Anspruch auf Unterhalt haben, unerläßlich ist.

(2) Soweit dem Schuldner nichts zu überlassen ist, hat der Insolvenzverwalter mit Zustimmung des Gläubigerausschusses ihm und seiner Familie das zu gewähren, was zu einer bescheidenen Lebensführung unerläßlich ist; jedoch ist der Schuldner aus der Masse nicht zu unterstützen, soweit er nach seinen Kräften zu einem Erwerb durch eigene Tätigkeit imstande ist.

(3) Wohnt der Schuldner in einem zur Insolvenzmasse gehörigen Hause, so sind auf die Überlassung und Räumung der Wohnung des Schuldners die Vorschriften des *§ 105 EO* sinngemäß anzuwenden.

(4) Das Insolvenzgericht hat dem Schuldner die Miet- und sonstigen Nutzungsrechte an Wohnungen zur freien Verfügung zu überlassen, wenn sie Wohnräume betreffen, die für den Schuldner und die mit ihm im gemeinsamen Haushalt lebenden Familienangehörigen unentbehrlich sind.

Anmerkungen
Zitatanpassung in Abs 3 laut GREx (BGBl I 86/2021).

Wirkung in Ansehung von Rechtsstreitigkeiten
§ 6

(1) Rechtsstreitigkeiten, welche die Geltendmachung oder Sicherstellung von Ansprüchen auf das zur Insolvenzmasse gehörige Vermögen bezwecken, können nach der Eröffnung des Insolvenzverfahrens gegen den Schuldner weder anhängig noch fortgesetzt werden.

(2) Rechtsstreitigkeiten über Absonderungsansprüche und über Ansprüche auf Aussonderung nicht zur Insolvenzmasse gehöriger Sachen können auch nach der Eröffnung des Insolvenzverfahrens, jedoch nur gegen den Insolvenzverwalter anhängig gemacht und fortgesetzt werden.

(3) Rechtsstreitigkeiten über Ansprüche, die das zur Insolvenzmasse gehörige Vermögen überhaupt nicht betreffen, insbesondere über Ansprüche auf persönliche Leistungen des Schuldners, können auch während des Insolvenzverfahrens gegen den Schuldner oder von ihm anhängig gemacht und fortgesetzt werden.

Unterbrechung und Wiederaufnahme in anhängigen Rechtsstreitigkeiten
§ 7

(1) Alle anhängigen Rechtsstreitigkeiten, in denen der Schuldner Kläger oder Beklagter ist, mit Ausnahme der in § 6, Absatz 3, bezeichneten Streitigkeiten, werden durch die Eröffnung des Insolvenzverfahrens unterbrochen. Auf Streitgenossen des Schuldners wirkt die Unterbrechung nur dann, wenn sie mit dem Schuldner eine einheitliche Streitpartei bilden (§ 14 ZPO).

(2) Das Verfahren kann vom Insolvenzverwalter, von den Streitgenossen des Schuldners und vom Gegner aufgenommen werden.

(3) Bei Rechtsstreitigkeiten über Ansprüche, die der Anmeldung im Insolvenzverfahren unterliegen, kann das Verfahren vor Abschluß der Prüfungstagsatzung nicht aufgenommen werden. An Stelle des Insolvenzverwalters können auch Insolvenzgläubiger, die die Forderung bei der Prüfungstagsatzung bestritten haben, das Verfahren aufnehmen.

Ablehnung des Eintrittes in den Rechtsstreit
§ 8

(1) Lehnt der Insolvenzverwalter den Eintritt in einen Rechtsstreit ab, in dem der Schuldner Kläger ist oder in dem gegen den Schuldner der Anspruch auf Aussonderung nicht zur Insolvenzmasse gehöriger Sachen geltend gemacht wird, so scheiden der Anspruch oder die vom Aussonderungskläger beanspruchten Sachen aus der Insolvenzmasse aus.

(2) Es gilt als Ablehnung des Insolvenzverwalters, wenn er nicht binnen einer vom Prozeßgerichte bestimmten Frist erklärt, in den Rechtsstreit einzutreten.

(3) Das Verfahren kann in diesem Falle vom Schuldner, von dessen Streitgenossen und vom Gegner aufgenommen werden.

Außerstreitverfahren
§ 8a

Die Bestimmungen betreffend Rechtsstreitigkeiten im Sinne dieses Bundesgesetzes gelten sinngemäß für Außerstreitverfahren.

Verjährung
§ 9

(1) Durch die Anmeldung im Insolvenzverfahren wird die Verjährung der angemeldeten Forderung unterbrochen. Die Verjährung der Forderung gegen den Schuldner beginnt von neuem mit dem Ablauf des Tages, an dem der Beschluß über die Aufhebung des Insolvenzverfahrens rechtskräftig geworden ist.

(2) Wird ein Anspruch bei der Prüfungstagsatzung bestritten, so gilt die Verjährung vom Tage der Anmeldung bis zum Ablauf der für die Geltendmachung des Anspruches bestimmten Frist als gehemmt.

Absonderungsrechte und ihnen gleichgestellte Rechte
§ 10

(1) Nach der Eröffnung des Insolvenzverfahrens kann wegen einer Forderung gegen den Schuldner an den zur Insolvenzmasse gehörigen Sachen kein richterliches Pfand- oder Befriedigungsrecht erworben werden.

(2) Zurückbehaltungsrechte sind im Insolvenzverfahren wie Pfandrechte zu behandeln.

(3) Soweit in der Insolvenzordnung nichts anderes bestimmt ist, gelten die für Absonderungsgläubiger getroffenen Bestimmungen auch für persönliche Gläubiger, die zur Sicherung ihrer Ansprüche bestimmte Vermögensstücke des Schuldners, insbesondere Buchforderungen, erworben haben.

Wirkung der Eröffnung des Insolvenzverfahrens auf Absonderungs- und Aussonderungsrechte
§ 11

(1) Absonderungsrechte sowie Rechte auf Aussonderung nicht zur Insolvenzmasse gehöriger Sachen werden durch die Eröffnung des Insolvenzverfahrens nicht berührt.

(2) Die Erfüllung eines Aussonderungsanspruchs, die die Fortführung des Unternehmens gefährden könnte, kann vor Ablauf von sechs Monaten ab der Eröffnung des Insolvenzverfahrens nicht gefordert werden; das gilt nicht, wenn die Erfüllung zur Abwendung schwerer persönlicher oder wirtschaftlicher Nachteile des Berechtigten unerläßlich ist und eine Zwangsvollstreckung in anderes Vermögen des Schuldners zu einer vollständigen Befriedigung des Gläubigers nicht geführt hat oder voraussichtlich nicht führen wird. Diese Bestimmungen sind auch auf Ansprüche auf abgesonderte Befriedigung aus bestimmten Sachen anzuwenden.

(3) Das Exekutionsgericht hat auf Antrag des Insolvenzverwalters oder auf Ersuchen des Insolvenzgerichts ein Exekutionsverfahren wegen eines Aussonderungs- oder eines Absonderungsanspruchs, ausgenommen die Begründung eines richterlichen Pfand- oder Befriedigungsrechts, so weit und so lange aufzuschieben, als der Berechtigte Erfüllung nicht verlangen kann. Die Frist des § 256 Abs. 2 verlängert sich um die Zeit der Aufschiebung. Das aufgeschobene Exekutionsverfahren ist nach Ablauf der Aufschiebungsfrist nur auf Antrag des Berechtigten wieder aufzunehmen.

Anmerkungen
Entgegen dem Wortlaut des § 11 Abs 1 IO werden – insbesondere seit dem IRÄG 2010 – Absonderungs- und Aussonderungsrechte durchaus „berührt": Beschränkungen, insbesondere bezüglich der Absonderungsrechte, finden sich mehrfach:

Zu denken ist zunächst an die verschiedenen Formen des Pfandrechtserlöschens (§§ 12 ff IO) oder an Sonderbestimmungen bezüglich der Behandlung der Absonderungsberechtigten im Verwertungsverfahren (§ 120 Abs 2 IO, § 120a IO).

Weitere, Absonderungsrechte betreffende, Sonderbestimmungen beziehen sich auf Zinsen (keine Verzugszinsen nach § 48 Abs 1 IO und keine Ausfallserhöhung durch im Absonderungsrecht nicht gedeckte Zinsen nach § 132 Abs 6 IO) sowie insbesondere auf die, seit dem IRÄG 2010 in § 149 Abs 1 IO geregelte, Folge der Auswirkungen des Sanierungsplans auf die Realhaftung (Begrenzung auf den Wert der Sache, an der Absonderungsrechte bestehen).

Im **Restrukturierungsverfahren** werden Ansprüche, die in einem Insolvenzverfahren als Aussonderungsansprüche (§ 44 IO) oder Absonderungsansprüche (§ 48 IO) einzustufen wären, nur dann von der Vollstreckungssperre erfasst, wenn die Voraussetzungen des § 11 Abs 2 und 3 IO gegeben sind. Aus- und Absonderungsrechte an Forderungen des Schuldners erfasst die Vollstreckungssperre nicht (§ 20 Abs 1 ReO).

§ 12

(1) Absonderungsrechte, die in den letzten sechzig Tagen vor der Eröffnung des Insolvenzverfahrens durch Exekution zur Befriedigung oder Sicherstellung neu erworben worden sind, mit Ausnahme der für öffentliche Abgaben erworbenen Absonderungsrechte, erlöschen durch die Eröffnung des Insolvenzverfahrens; sie leben jedoch wieder auf, wenn das Insolvenzverfahren gemäß § 123a aufgehoben wird. Bei der zwangsweisen Pfandrechtsbegründung *nach § 152 EO* entscheidet der Tag der Einleitung des Versteigerungsverfahrens.

(2) Ist lediglich auf Grund eines solchen Absonderungsrechtes die Verwertung beantragt worden, so ist auf Ersuchen des Insolvenzgerichts oder auf Antrag des Insolvenzverwalters das Verwertungsverfahren einzustellen. Die in § 256 Abs. 2 EO für das Erlöschen des Pfandrechtes festgesetzte Frist ist zugunsten dieses Absonderungsrechtes im Falle seines Wiederauflebens bis zum Ablaufe des Tages gehemmt, an dem der Beschluß über die Aufhebung des Insolvenzverfahrens rechtskräftig geworden ist.

(3) Ist bei einer vor oder nach der Eröffnung des Insolvenzverfahrens durchgeführten Verwertung ein Erlös erzielt worden, so ist der auf ein solches Absonderungsrecht entfallende Teil in die Insolvenzmasse einzubeziehen.

Anmerkungen
Im **Restrukturierungsverfahren** werden Ansprüche, die in einem Insolvenz-

verfahren als Aussonderungsansprüche (§ 44 IO) oder Absonderungsansprüche (§ 48 IO) einzustufen wären, nur dann von der Vollstreckungssperre erfasst, wenn die Voraussetzungen des § 11 Abs 2 und 3 IO gegeben sind. Aus- und Absonderungsrechte an Forderungen des Schuldners erfasst die Vollstreckungssperre nicht (§ 20 Abs 1 ReO). § 12 IO ist auch im Restrukturierungsverfahren anzuwenden; mE umfasst der Verweis nicht die Ausnahme betreffend öffentliche Abgaben (siehe hiezu § 20 ReO). Die Absonderungsrechte leben mit Eintritt der Rechtskraft des Beschlusses auf Einstellung des Restrukturierungsverfahrens wieder auf.

In § 12 Abs 1 und 2 erfolgten im Rahmen der GREx (BGBl I 86/2021) Zitatanpassungen.

Einkünfte aus einem Arbeitsverhältnis
§ 12a

(1) Aus- oder Absonderungsrechte, die vor Eröffnung des Insolvenzverfahrens durch Abtretung bzw. Verpfändung einer Forderung auf Einkünfte aus einem Arbeitsverhältnis oder auf sonstige wiederkehrende Leistungen mit Einkommensersatzfunktion erworben worden sind, erlöschen zwei Jahre nach Ablauf des Kalendermonats, in den die Eröffnung des Insolvenzverfahrens fällt.

(2) Nur für den in Abs. 1 bezeichneten Zeitraum kann der Drittschuldner gegen die Forderung auf Einkünfte aus einem Arbeitsverhältnis oder auf sonstige wiederkehrende Leistungen mit Einkommensersatzfunktion eine Forderung aufrechnen, die ihm gegen den Schuldner zusteht. §§ 19 und 20 bleiben unberührt.

(3) Absonderungsrechte, die vor Eröffnung des Insolvenzverfahrens durch Exekution zur Befriedigung oder Sicherstellung einer Forderung auf Einkünfte aus einem Arbeitsverhältnis oder auf sonstige wiederkehrende Leistungen mit Einkommensersatzfunktion erworben worden sind, erlöschen mit Ablauf des zur Zeit der Eröffnung des Insolvenzverfahrens laufenden Kalendermonats. Wird das Insolvenzverfahren nach dem 15. Tag des Monats eröffnet, so erlischt das Absonderungsrecht erst mit Ablauf des folgenden Kalendermonats.

(4) Aus- und Absonderungsrechte nach Abs. 1 und 3 leben wieder auf, wenn
1. **das Insolvenzverfahren nach §§ 123a, 123b und 139 aufgehoben wird oder**
2. **die gesicherte Forderung wieder auflebt oder**
3. **das Abschöpfungsverfahren vorzeitig eingestellt wird oder**

4. die Restschuldbefreiung nicht erteilt oder widerrufen wird.

(5) Aus- und Absonderungsrechte nach Abs. 1 und 3, die zugunsten einer von der Restschuldbefreiung ausgenommenen Forderung erworben worden sind, leben auch bei Erteilung der Restschuldbefreiung wieder auf.

(6) Das Gericht hat dem Drittschuldner den Zeitpunkt des Erlöschens und auf Antrag des Gläubigers das Wiederaufleben der Rechte nach Abs. 1 und 3 mitzuteilen.

Sicherheiten für Forderungen aus Eigenkapital ersetzenden Leistungen
§ 12b

Ab- oder Aussonderungsrechte, die aus dem Vermögen des Schuldners für eine diesem gewährte Eigenkapital ersetzende Leistung erworben wurden, und Ab- oder Aussonderungsrechte, die aus dem Vermögen des Schuldners für eine diesem früher erbrachte Leistung in einem Zeitpunkt erworben wurden, in dem diese Eigenkapital ersetzend gewesen wäre, erlöschen mit Eröffnung des Insolvenzverfahrens. Sie leben jedoch wieder auf, wenn das Insolvenzverfahren gemäß § 123a aufgehoben wird. § 12 Abs. 1 letzter Satz und Abs. 2 und 3 gelten sinngemäß.

Räumungsexekution
§ 12c

Auf Antrag des Insolvenzverwalters ist eine Exekution zur Räumung eines Bestandobjekts, in dem das Unternehmen betrieben wird, wegen Nichtzahlung des Bestandzinses in der Zeit vor Eröffnung des Insolvenzverfahrens aufzuschieben bis
1. das Unternehmen geschlossen wird,
2. der Schuldner den Sanierungsplan zurückzieht oder das Gericht den Antrag zurückweist,
3. der Sanierungsplan in der Sanierungsplantagsatzung abgelehnt und die Tagsatzung nicht erstreckt wurde,
4. dem Sanierungsplan die Bestätigung versagt wurde oder
5. die Forderung des Bestandgebers nach § 156a wieder auflebt.

Wird die Forderung mit dem im Sanierungsplan festgesetzten Betrag rechtzeitig voll befriedigt, so ist die Räumungsexekution auf Antrag einzustellen. Das Bestandverhältnis gilt als fortgesetzt.

Zwangsverwaltung
§ 12d

Die Zwangsverwaltung eines Unternehmens, einer Liegenschaft, eines Superädifikats oder eines Liegenschaftsanteils erlischt mit Ablauf des zur Zeit der Eröffnung des Insolvenzverfahrens laufenden Kalendermonats. Wird das Insolvenzverfahrens nach dem 15. Tag des Monats eröffnet, so erlischt die Zwangsverwaltung erst mit Ablauf des folgenden Kalendermonats.

Grundbücherliche Eintragungen
§ 13

Einverleibungen und Vormerkungen in den öffentlichen Büchern über unbewegliche Sachen können auch nach der Eröffnung des Insolvenzverfahrens bewilligt und vollzogen werden, wenn sich der Rang der Eintragung nach einem vor der Eröffnung des Insolvenzverfahrens liegenden Tage richtet.

Unbestimmte und betagte Forderungen
§ 14

(1) Forderungen, die nicht auf eine Geldleistung gerichtet sind oder deren Geldbetrag unbestimmt oder nicht in inländischer Währung festgesetzt ist, sind nach ihrem Schätzwert in inländischer Währung zur Zeit der Eröffnung des Insolvenzverfahrens geltend zu machen.

(2) Betagte Forderungen gelten im Insolvenzverfahren als fällig.

(3) Betagte unverzinsliche Forderungen können nur in dem Betrage geltend gemacht werden, der mit Hinzurechnung der gesetzlichen Zinsen für die Zeit von der Eröffnung des Insolvenzverfahrens bis zur Fälligkeit dem vollen Betrage der Forderung gleichkommt.

Anmerkungen

§ 14 Abs 2 IO ist auch im **Restrukturierungsverfahren** anzuwenden soweit der Restrukturierungsplan nichts anderes bestimmt (§ 28 ReO).

Forderungen auf wiederkehrende Leistungen
§ 15

(1) Forderungen auf Entrichtung von Renten, Ruhe- und Unterhaltsgeldern oder anderen wiederkehrenden Leistungen von bestimmter Dauer sind unter Abzug der in § 14 Abs. 3 bezeichneten Zwischenzinsen zusammenzurechnen.

(2) Forderungen der in Absatz 1 bezeichneten Art von unbestimmter Dauer sind nach ihrem Schätzwert zur Zeit der Eröffnung des Insolvenzverfahrens geltend zu machen.

Anmerkungen

§ 15 IO ist auch im **Restrukturierungsverfahren** anzuwenden, soweit der Restrukturierungsplan nichts anderes bestimmt (§ 28 ReO).

Bedingte Forderungen
§ 16

(1) Wer eine bedingte Forderung hat, kann das Begehren auf Sicherstellung der Zahlung für den Fall des Eintrittes der aufschiebenden oder des Nichteintrittes der auflösenden Bedingung, wenn aber die Bedingung auflösend ist und wenn er für den Fall, daß die Bedingung eintritt, Sicherheit leistet, das Begehren auf Zahlung stellen.

Rechte der Mitschuldner und Bürgen gegen die Insolvenzmasse
§ 17

(1) Mitschuldner zur ungeteilten Hand und Bürgen des Schuldners können im Insolvenzverfahren das Begehren auf Ersatz der vor oder nach der Eröffnung des Insolvenzverfahrens von ihnen auf die Forderung geleisteten Zahlungen stellen, soweit ihnen ein Rückgriff gegen den Schuldner zusteht.

(2) In Ansehung der Zahlungen, die sie infolge ihrer Haftung etwa künftig treffen könnten, bleibt ihnen vorbehalten, ihre Ansprüche im Insolvenzverfahren für den Fall anzumelden, daß die Forderung von dem Gläubiger im Insolvenzverfahren nicht geltend gemacht wird.

(3) Nach der Eröffnung des Insolvenzverfahrens können Mitverpflichtete des Schuldners die Forderung vom Gläubiger oder von einem Nachmanne, der gegen sie Rückgriff nehmen kann, einlösen.

Rechte der Gläubiger gegen Mitverpflichtete
§ 18

(1) Haften dem Gläubiger mehrere Personen für dieselbe Forderung zur ungeteilten Hand, so kann der Gläubiger bis zu seiner vollen Befriedigung gegen jeden Schuldner, der sich im Insolvenzverfahren befindet, den ganzen Betrag der zur Zeit der Eröffnung des Insolvenzverfahrens noch ausständigen Forderung geltend machen.

(2) Wenn sich nach der vollen Befriedigung des Gläubigers ein Überschuß ergibt, so findet bis zur Höhe dieses Überschusses das Rückgriffsrecht nach den allgemeinen gesetzlichen Bestimmungen statt.

Eigenkapital ersetzende Gesellschaftersicherheiten
§ 18a

Liegen die Voraussetzungen des § 16 EKEG vor, so können Insolvenzgläubiger nur den Ausfall oder, solange dieser nicht endgültig feststeht, den mutmaßlichen Ausfall geltend machen.

Aufrechnung
§ 19

(1) Forderungen, die zur Zeit der Eröffnung des Insolvenzverfahrens bereits aufrechenbar waren, brauchen im Insolvenzverfahren nicht geltend gemacht zu werden.

(2) Die Aufrechnung wird dadurch nicht ausgeschlossen, daß die Forderung des Gläubigers oder des Schuldners zur Zeit der Eröffnung des Insolvenzverfahrens noch bedingt oder betagt, oder daß die Forderung des Gläubigers nicht auf eine Geldleistung gerichtet war. Die Forderung des Gläubigers ist zum Zwecke der Aufrechnung nach §§ 14 und 15 zu berechnen. Ist die Forderung des Gläubigers bedingt, so kann das Gericht die Zulässigkeit der Aufrechnung von einer Sicherheitsleistung abhängig machen.

Anmerkungen
§ 19 IO ist auch im **Restrukturierungsverfahren** anzuwenden, soweit der Restrukturierungsplan nichts anderes bestimmt (§ 28 ReO).

§ 20

(1) Die Aufrechnung ist unzulässig, wenn ein Insolvenzgläubiger erst nach der Eröffnung des Insolvenzverfahrens Schuldner der Insolvenz-

masse geworden oder wenn die Forderung gegen den Schuldner, über dessen Vermögen das Insolvenzverfahren eröffnet wurde, erst nach der Eröffnung des Insolvenzverfahrens erworben worden ist. Das Gleiche gilt, wenn der Schuldner der Insolvenzmasse die Gegenforderung zwar vor der Eröffnung des Insolvenzverfahrens erworben hat, jedoch zur Zeit des Erwerbes von der Zahlungsunfähigkeit des Schuldners, über dessen Vermögen in der Folge das Insolvenzverfahren eröffnet wurde, Kenntnis hatte oder Kenntnis haben musste.

(2) Die Aufrechnung ist jedoch zulässig, wenn der Schuldner die Gegenforderung früher als sechs Monate vor der Eröffnung des Insolvenzverfahrens erworben hat oder wenn er zur Forderungsübernahme verpflichtet war und bei Eingehung dieser Verpflichtung von der Zahlungsunfähigkeit des Schuldners weder Kenntnis hatte noch Kenntnis haben mußte.

(3) Ferner können auch die Ansprüche aufgerechnet werden, die nach der Eröffnung des Insolvenzverfahrens auf Grund der §§ 21 bis 25 entstehen oder nach § 41, Absatz 2, wieder aufleben.

(4) Aufrechenbar sind auch Forderungen aus Verträgen, die auf Grund der Eröffnung des Insolvenzverfahrens aufgelöst worden sind, über
1. im Anhang II der Verordnung (EU) Nr. 575/2013 über Aufsichtsanforderungen an Kreditinstitute und Wertpapierfirmen und zur Änderung der Verordnung (EU) Nr. 648/2012 genannte besondere außerbilanzmäßige Finanzgeschäfte, einschließlich derivativer Instrumente für den Transfer von Kreditrisiken,
2. verkaufte Zinssatz-, Währungs-, Edelmetall-, Rohstoff-, Aktien- und sonstige Wertpapieroptionen sowie Optionen auf Indices,
2a. Handelsgeschäfte mit börsennotierten Waren und Rohstoffen im Sinne des § 1 Z 3 Börsegesetz 2018, BGBl. I Nr. 107/2017, soweit sie nicht der Deckung des Eigenbedarfs dienen, sondern reine Handelsgeschäfte sind,
3. Pensionsgeschäfte (§ 50 Abs. 1 BWG und Art. 4 Abs. 1 Nr. 83 der Verordnung (EU) Nr. 575/2013) und
4. Wertpapierverleih- und Wertpapierleihgeschäfte,

wenn vereinbart wurde, daß diese Verträge bei Eröffnung des Insolvenzverfahrens über das Vermögen eines Vertragspartners aufgelöst werden oder vom anderen Teil aufgelöst werden können und daß alle wechselseitigen Forderungen daraus aufzurechnen sind.

Anmerkungen
§ 20 IO ist auch im **Restrukturierungsverfahren** anzuwenden, soweit der Restrukturierungsplan nichts anderes bestimmt (§ 28 ReO).

Erfüllung von zweiseitigen Rechtsgeschäften
a) im Allgemeinen
§ 21

(1) Ist ein zweiseitiger Vertrag von dem Schuldner und dem anderen Teil zur Zeit der Eröffnung des Insolvenzverfahrens noch nicht oder nicht vollständig erfüllt worden, so kann der Insolvenzverwalter entweder an Stelle des Schuldners den Vertrag erfüllen und vom anderen Teil Erfüllung verlangen oder vom Vertrag zurücktreten.

(2) Der Insolvenzverwalter muß sich darüber spätestens binnen einer vom Insolvenzgericht auf Antrag des anderen Teiles zu bestimmenden Frist erklären, widrigens angenommen wird, daß der Insolvenzverwalter vom Geschäfte zurücktritt. Die vom Insolvenzgericht zu bestimmende Frist darf frühestens drei Tage nach der Berichtstagsatzung enden. Im Falle des Rücktrittes kann der andere Teil den Ersatz des ihm verursachten Schadens als Insolvenzgläubiger verlangen. Ist der Schuldner zu einer nicht in Geld bestehenden Leistung verpflichtet, mit deren Erfüllung er in Verzug ist, so muss sich der Insolvenzverwalter unverzüglich nach Einlangen des Ersuchens des Vertragspartners, längstens aber innerhalb von fünf Arbeitstagen erklären. Erklärt er sich nicht binnen dieser Frist, so wird angenommen, dass er vom Geschäft zurücktritt.

(3) Ist der andere Teil zur Vorausleistung verpflichtet, so kann er seine Leistung bis zur Bewirkung oder Sicherstellung der Gegenleistung verweigern, wenn ihm zur Zeit des Vertragsabschlusses die schlechten Vermögensverhältnisse des Schuldners nicht bekannt sein mußten.

(4) Sind die geschuldeten Leistungen teilbar und hat der Gläubiger die ihm obliegende Leistung zur Zeit der Eröffnung des Insolvenzverfahrens bereits teilweise erbracht, so ist er mit dem der Teilleistung entsprechenden Betrag seiner Forderung auf die Gegenleistung Insolvenzgläubiger.

Anmerkungen
Immer dann, wenn der Schuldner zu einer nicht in Geld bestehenden Leistung verpflichtet ist und zum Zeitpunkt der Verfahrenseröffnung bereits mit der Erfüllung

in Verzug ist, muss sich der Insolvenzverwalter seit dem IRÄG 2010 – abweichend von der allgemeinen Regel in § 21 Abs 2 IO – innerhalb von fünf Werktagen erklären, ob er in den Vertrag eintritt oder vom Vertrag zurücktritt.

§ 21 Abs 4 IO ist auch im **Restrukturierungsverfahren** anzuwenden, soweit der Restrukturierungsplan nichts anderes bestimmt (§ 28 ReO). Weder der Schuldner noch der Restrukturierungsbeauftragte haben ein Rücktrittsrecht. Kommt es im Rahmen des Restrukturierungsverfahrens zu einer Unternehmensveräußerung oder der Veräußerung eines Teilbetriebs, so gelten betreffend die Übernahme von Rechtsverhältnissen sowie die Haftung von Veräußerer und Erwerber die allgemeinen Bestimmungen (§ 38 Abs 1– 4 UGB).

b) Fixgeschäfte
§ 22

(1) War die Ablieferung von Waren, die einen Markt- oder Börsenpreis haben, genau zu einer festbestimmten Zeit oder binnen einer fest bestimmten Frist bedungen und tritt die Zeit oder der Ablauf der Frist erst nach der Eröffnung des Insolvenzverfahrens ein, so kann nicht Erfüllung verlangt, sondern nur Schadenersatz wegen Nichterfüllung gefordert werden.

(2) Der Betrag des Schadenersatzes besteht in dem Unterschied zwischen dem Kaufpreis und dem Markt- oder Börsenpreis, der an dem Erfüllungsort oder an dem für diesen maßgebenden Handelsplatz für die am zweiten Werktage nach der Eröffnung des Insolvenzverfahrens mit der bedungenen Erfüllungszeit geschlossenen Geschäfte besteht.

c) Bestandverträge
§ 23

Hat der Schuldner eine Sache in Bestand genommen, so kann der Insolvenzverwalter, unbeschadet des Anspruches auf Ersatz des verursachten Schadens, den Vertrag unter Einhaltung der gesetzlichen oder der vereinbarten kürzeren Kündigungsfrist kündigen.

§ 24

(1) Hat der Schuldner eine Sache in Bestand gegeben, so tritt der Insolvenzverwalter in den Vertrag ein. Eine aus dem öffentlichen Buche nicht ersichtliche Vorauszahlung des Bestandzinses kann dem Insolvenzverwalter, unbeschadet des Anspruches auf Ersatz des verursachten Schadens, nur für die Zeit eingewendet werden, bis zu der

das Bestandverhältnis im Falle unverzüglicher Kündigung unter Einhaltung der vereinbarten oder, in Ermangelung einer solchen, der gesetzlichen Kündigungsfrist dauern würde.

(2) Jede Veräußerung der Bestandsache im Insolvenzverfahren hat auf das Bestandverhältnis die Wirkung einer notwendigen Veräußerung.

d) Arbeitsverträge
§ 25

(1) Ist der Schuldner Arbeitgeber, so übt der Insolvenzverwalter die Rechte und Pflichten des Arbeitgebers aus. Ist das Arbeitsverhältnis bereits angetreten worden, so kann es
1. im Schuldenregulierungsverfahren innerhalb eines Monats nach Eröffnung des Schuldenregulierungsverfahrens,
2. sonst innerhalb eines Monats nach
    a) öffentlicher Bekanntmachung des Beschlusses, mit dem die Schließung des Unternehmens oder eines Unternehmensbereichs angeordnet, bewilligt oder festgestellt wird, oder
    b) der Berichtstagsatzung, es sei denn, das Gericht hat dort die Fortführung des Unternehmens beschlossen, oder
3. im vierten Monat nach Eröffnung des Insolvenzverfahrens, wenn bis dahin keine Berichtstagsatzung stattgefunden hat und die Fortführung des Unternehmens nicht *öffentlich* bekannt gemacht wurde,

vom Arbeitnehmer durch vorzeitigen Austritt, wobei die Eröffnung des Insolvenzverfahrens als wichtiger Grund gilt, und vom Insolvenzverwalter unter Einhaltung der gesetzlichen, kollektivvertraglichen oder der zulässigerweise vereinbarten kürzeren Kündigungsfrist unter Bedachtnahme auf die gesetzlichen Kündigungsbeschränkungen gelöst werden.

(1a) Bei Arbeitnehmern mit besonderem gesetzlichem Kündigungsschutz ist die Frist des Abs. 1 gewahrt, wenn die Klage bzw. der Antrag auf Zustimmung zur Kündigung durch den Insolvenzverwalter fristgerecht eingebracht worden ist. Gleiches gilt auch für die Anzeigeverpflichtung nach § 45a AMFG.

(1b) Wurde nicht die Schließung des gesamten Unternehmens, sondern nur eines Unternehmensbereichs angeordnet, bewilligt oder festgestellt, so stehen das Austrittsrecht und das Kündigungsrecht nach Abs. 1 nur den Arbeitnehmern bzw. nur in Bezug auf die Arbeitnehmer zu, die in dem betroffenen Unternehmensbereich beschäftigt sind. Hat das Gericht in der Berichtstagsatzung die Fortführung des Unternehmens beschlossen, so kann der Insolvenzverwalter nur Arbeitnehmer, die in einzuschränkenden Bereichen beschäftigt sind, innerhalb eines Monats nach der Berichtstagsatzung nach Abs. 1 kündigen. Dem gekündigten Arbeitnehmer steht ein Austrittsrecht nach Abs. 1 zu.

(1c) Im Sanierungsverfahren mit Eigenverwaltung kann der Schuldner Arbeitnehmer, die in einzuschränkenden Bereichen beschäftigt sind, überdies innerhalb eines Monats nach der öffentlichen Bekanntmachung des Eröffnungsbeschlusses mit Zustimmung des Sanierungsverwalters nach Abs. 1 kündigen, wenn die Aufrechterhaltung des Arbeitsverhältnisses das Zustandekommen oder die Erfüllbarkeit des Sanierungsplans oder die Fortführung des Unternehmens gefährden könnte. Dem gekündigten Arbeitnehmer steht ein Austrittsrecht nach Abs. 1 zu. Abs. 1a zweiter Satz ist nicht anzuwenden.

(2) Wird das Arbeitsverhältnis nach Abs. 1 gelöst, so kann der Arbeitnehmer den Ersatz des verursachten Schadens als Insolvenzforderung verlangen.

(3) Nach Eröffnung des Insolvenzverfahrens ist ein Austritt unwirksam, wenn er nur darauf gestützt wird, dass dem Arbeitnehmer das vor Eröffnung des Insolvenzverfahrens zustehende Entgelt ungebührlich geschmälert oder vorenthalten wurde.

(4) Bestimmungen besonderer Gesetze über den Einfluß der Eröffnung des Insolvenzverfahrens auf das Arbeitsverhältnis bleiben unberührt.

EB RIRUG zu § 25 IO

Nach § 256 IO sind die Daten in die Insolvenzdatei aufzunehmen, die nach der IO öffentlich bekanntzumachen sind. Daher wird in der IO jeweils von öffentlicher Bekanntmachung gesprochen. In § 25 IO wird jedoch ausdrücklich die Insolvenzdatei erwähnt. Um einen Gleichklang mit den übrigen Bestimmungen der IO herzustellen, soll auch hier auf die öffentliche Bekanntmachung verwiesen werden. Eine inhaltliche Änderung ist damit nicht verbunden.

Anmerkungen
Hervorzuheben ist die Regelung in § 25 Abs 1c IO: Im Sanierungsverfahren mit Eigenverwaltung kann nämlich der Schuldner mit Zustimmung des Sanierungsverwalters begünstigte Rationalisierungskündigungen vornehmen, wenn die Aufrechterhaltung, das Zustandekommen oder die Erfüllbarkeit des Sanierungsplans oder die Fortführung des Unternehmens gefährden könnte. Besonders wesentlich

ist, dass dann der gekündigte Arbeitnehmer auch austreten kann. Ein solches Austrittsrecht steht auch bei Rationalisierungskündigungen nach der Berichtstagsatzung dem gekündigten Arbeitnehmer zu (§ 25 Abs 1b IO).

Gerade dann, wenn aufgrund der Strukturierung des Unternehmens ein Teilbetrieb nicht darstellbar ist (dann könnte nämlich der Teilbetrieb als solcher geschlossen werden), bietet sich das Sanierungsverfahren mit Eigenverwaltung besonders zur raschen Umsetzung von notwendigen Rationalisierungsmaßnahmen im Dienstnehmerbereich an: Durch das Austrittsrecht der gekündigten Arbeitnehmer werden, sofern dieses Austrittsrecht auch ausgeübt wird, Rationalisierungsmaßnahmen im Arbeitnehmerbereich sofort masseentlastend wirksam. Auf die notwendigen Maßnahmen gemäß § 45a AMFG ist weiterhin seitens der Schuldnervertretung besonders zu achten.

Durch das Wort „überdies" in § 25 Abs 1c IO ist klargestellt, dass andere Gründe, Dienstverhältnisse begünstigt zu lösen (beispielsweise bei Teilbetriebsschließung), dem Schuldner bzw dem Arbeitnehmer im Sanierungsverfahren mit Eigenverwaltung auch offenstehen.

Achtung: Der Veräußerung des Unternehmens bzw der Veräußerung von Teilbetrieben in einem Sanierungsverfahren mit Eigenverwaltung steht § 3 Abs 2 AVRAG entgegen: Da das Sanierungsverfahren mit Eigenverwaltung an die Stelle des Ausgleichsverfahrens trat, sieht § 3 Abs 2 AVRAG idF des IRÄG 2010 vor, dass § 3 Abs 1 AVRAG lediglich im Sanierungsverfahren *ohne* Eigenverwaltung und im *Konkursverfahren* nicht gilt. Damit gilt § 3 Abs 1 AVRAG im Sanierungsverfahren mit Eigenverwaltung. Dies sollte in den Überlegungen, welches Verfahren einzuleiten ist und ob ein Sanierungsplan oder eine übertragende Sanierung beabsichtigt ist, mitberücksichtigt werden.

Arbeitnehmerforderungen sind generell vom **Restrukturierungsverfahren** ausgeschlossen bzw nicht betroffen (§ 3 Abs 1 lit a ReO). Die Konsequenzen von Restrukturierungsplänen für Arbeitnehmer, wie zB die Auswirkungen auf die Arbeitsplätze, Kündigungen, Kurzarbeitsregelungen oder Ähnlichem, sind im Restrukturierungsplan darzustellen (§ 27 Abs 2 Z 7 lit d ReO); da aber Dienstnehmerforderungen durch den Ausschluss nicht gekürzt werden, also vollbefriedigt werden müssen, kommt ihnen auch kein Stimmrecht zu. Es gibt auch keine besonderen Lösungsmöglichkeiten für Dienstverhältnisse und keine IESG-Sicherung für Dienstnehmerforderungen.

Bei Unternehmensveräußerungen, die im Rahmen eines Restrukturierungsverfahrens nach der ReO erfolgen, kommt § 3 Abs 1 AVRAG voll zur Anwendung.

**Auflösung von Verträgen durch Vertragspartner des Schuldners
§ 25a**

(1) Wenn die Vertragsauflösung die Fortführung des Unternehmens gefährden könnte, können Vertragspartner des Schuldners mit dem Schuldner geschlossene Verträge bis zum Ablauf von sechs Monaten nach Eröffnung des Insolvenzverfahrens nur aus wichtigem Grund auflösen. Nicht als wichtiger Grund gilt
1. eine Verschlechterung der wirtschaftlichen Situation des Schuldners und
2. Verzug des Schuldners mit der Erfüllung von vor Eröffnung des Insolvenzverfahrens fällig gewordenen Forderungen.
(2) Die Beschränkungen des Abs. 1 gelten nicht,
1. wenn die Auflösung des Vertrags zur Abwendung schwerer persönlicher oder wirtschaftlicher Nachteile des Vertragspartners unerlässlich ist,
2. bei Ansprüchen auf Auszahlung von Krediten und
3. bei Arbeitsverträgen.

Anmerkungen

Die Einführung eines automatic stay für Verträge ist eine wesentliche und notwendige Ergänzung der sonderprivatrechtlichen Bestimmungen des Insolvenzrechts. Die Insolvenzeröffnung als solche bildet grundsätzlich keinen Grund dafür, dass das Vertragsverhältnis seitens des Vertragspartners beendet werden kann. Ausgenommen sind Fälle, in denen die Auflösung des Vertrages zur Abwendung schwerer persönlicher oder wirtschaftlicher Nachteile des Vertragspartners unerlässlich ist.

Bei Eigenverwaltung im Sanierungsverfahren müssen Vertragspartner des Schuldners zur Kenntnis nehmen, dass entsprechende Vereinbarungen mit dem Schuldner zu treffen sind (§ 171 Abs 1 IO).

Im **Restrukturierungsverfahren** setzt ein (beschränkter) Vertragsschutz erst mit Bewilligung einer Vollstreckungssperre ein: Gläubiger, für die die Vollstreckungssperre gilt, dürfen in Bezug auf vor der Vollstreckungssperre entstandene Forderungen und allein aufgrund der Tatsache, dass die Forderungen vom Schuldner nicht gezahlt wurden, nicht Leistungen aus wesentlichen, noch zu erfüllenden, Verträgen verweigern, diese Verträge vorzeitig fällig stellen, kündigen oder in sonstiger Weise zum Nachteil des Schuldners ändern (§ 26 Abs 1 ReO). Dieses Verbot gilt nur für die Gläubiger, für die eine Vollstreckungssperre gilt, nicht für andere (EB RIRUG zu § 26 ReO; hiezu *Mohr*, ZIK 2021/93, 90).

Als wesentlicher, noch zu erfüllender Vertrag gilt ein Vertrag zwischen dem Schuldner und einem oder mehreren Gläubigern, der für die Weiterführung des täglichen Betriebs des Unternehmens erforderlich ist (§ 26 Abs 2 ReO).

Unwirksame Vereinbarungen
§ 25b

(1) Auf Vereinbarungen, wodurch die Anwendung der §§ 21 bis 25a im Verhältnis zwischen Gläubiger und Schuldner im voraus ausgeschlossen oder beschränkt wird, können sich die Vertragsteile nicht berufen.

(2) Die Vereinbarung eines Rücktrittsrechts oder der Vertragsauflösung für den Fall der Eröffnung eines Insolvenzverfahrens ist unzulässig, außer bei Verträgen nach § 20 Abs. 4.

Anmerkungen
Auch die ReO erklärt vertragliche Vereinbarungen über die Verweigerung von Leistungen aus noch zu erfüllenden Verträgen oder deren vorzeitige Fälligstellung, Kündigung oder Abänderung für unzulässig, wenn sie an Anträge auf Einleitung eines **Restrukturierungsverfahrens**, auf Anordnung einer Vollstreckungssperre oder die jeweiligen Anträge anknüpfen (§ 26 Abs 3 ReO).

Aufträge und Anträge
§ 26

(1) Ein vom Schuldner erteilter Auftrag erlischt mit der Eröffnung des Insolvenzverfahrens.

(2) Anträge, die vor der Eröffnung des Insolvenzverfahrens vom Schuldner noch nicht angenommen worden sind, bleiben aufrecht, sofern nicht ein anderer Wille des Antragstellers aus den Umständen hervorgeht.

(3) An Anträge des Schuldners, die vor der Eröffnung des Insolvenzverfahrens noch nicht angenommen worden sind, ist der Insolvenzverwalter nicht gebunden.

Gebrauchsüberlassung durch Gesellschafter
§ 26a

Wurde dem Schuldner von einem nach dem EKEG erfassten Gesellschafter eine Sache zum Gebrauch überlassen, so kann die Sache vor Ablauf von einem Jahr ab der Eröffnung des Insolvenzverfahrens nicht

zurückgefordert werden, wenn dadurch die Fortführung des Unternehmens gefährdet wäre. § 11 Abs. 3 gilt sinngemäß.

Zweiter Abschnitt
Anfechtung der vor Eröffnung des Insolvenzverfahrens vorgenommenen Rechtshandlungen

Anfechtungsrecht
§ 27

Rechtshandlungen, die vor der Eröffnung des Insolvenzverfahrens vorgenommen worden sind und das Vermögen des Schuldners betreffen, können nach den Bestimmungen dieses Abschnittes angefochten und den Insolvenzgläubigern gegenüber als unwirksam erklärt werden.

Anmerkungen
Gemäß § 10 des **2. COVID-19-JuBG** ist eine Anfechtung eines bis 30.6.2021 gewährten Überbrückungskredits in Höhe der Kurzarbeitsbeihilfe nach § 37b AMSG nur unter engen Voraussetzungen möglich. Ratenzahlungen, die an Abgabenbehörden oder Sozialversicherungsträger in Ratenzahlungszeiträumen (nach der BAO bis 30.6.2022) geleistet werden, sollen nach § 323e Abs 2 Z 5 BAO und § 733 Abs 11 ASVG idF BGBl I 2021/29 überhaupt unanfechtbar sein. Diese Regeln zu Lasten der übrigen Gläubiger dürften verfassungswidrig sein (so etwa *Mohr*, ZIK 2020/260, 212 [214]; zu den COVID-19-Einschränkungen bei der Anfechtung auch Rebernig, ZIK 2020/219; zu Beitragseinhebungen und COVID-19-Anfechtungsschutz *Derntl*, ZIK 2021/6).

Anfechtung
a) wegen Benachteiligungsabsicht
§ 28

Anfechtbar sind:
1. **Alle Rechtshandlungen, die der Schuldner in der dem anderen Teile bekannten Absicht, seine Gläubiger zu benachteiligen, in den letzten zehn Jahren vor der Eröffnung des Insolvenzverfahrens vorgenommen hat;**
2. alle Rechtshandlungen, durch welche die Gläubiger des Schuldners benachteiligt werden und die er in den letzten zwei Jahren vor der Eröffnung des Insolvenzverfahrens vorgenommen hat, wenn dem anderen Teile die Benachteiligungsabsicht bekannt sein mußte;

3. alle Rechtshandlungen, durch welche die Gläubiger des Schuldners benachteiligt werden und die er in den letzten zwei Jahren vor der Eröffnung des Insolvenzverfahrens gegenüber seinem Ehegatten – vor oder während der Ehe – oder gegenüber anderen nahen Angehörigen oder zugunsten der genannten Personen vorgenommen hat, es sei denn, daß dem anderen Teile zur Zeit der Vornahme der Rechtshandlung eine Benachteiligungsabsicht des Schuldners weder bekannt war noch bekannt sein mußte;

b) wegen Vermögensverschleuderung

4. die im letzten Jahre vor der Eröffnung des Insolvenzverfahrens vom Schuldner eingegangenen Kauf-, Tausch- und Lieferungsverträge, sofern der andere Teil in dem Geschäfte eine die Gläubiger benachteiligende Vermögensverschleuderung erkannte oder erkennen mußte.

Anfechtung unentgeltlicher und ihnen gleichgestellter Verfügungen
§ 29

Anfechtbar sind folgende, in den letzten zwei Jahren vor der Eröffnung des Insolvenzverfahrens vorgenommene Rechtshandlungen:
1. unentgeltliche Verfügungen des Schuldners, soweit es sich nicht um die Erfüllung einer gesetzlichen Verpflichtung, um gebräuchliche Gelegenheitsgeschenke oder um Verfügungen in angemessener Höhe handelt, die zu gemeinnützigen Zwecken gemacht wurden oder durch die einer sittlichen Pflicht oder Rücksichten des Anstandes entsprochen worden ist;
2. der Erwerb von Sachen des Schuldners zufolge obrigkeitlicher Verfügung, wenn das Entgelt aus den Mitteln des Schuldners geleistet worden ist. Sind diese Sachen von nahen Angehörigen des Schuldners erworben worden, so wird vermutet, daß das Entgelt aus den Mitteln des Schuldners geleistet worden ist.

Anfechtung wegen Begünstigung
§ 30

(1) Anfechtbar ist eine nach Eintritt der Zahlungsunfähigkeit oder nach dem Antrage auf Eröffnung des Insolvenzverfahrens oder in den letzten

sechzig Tagen vorher vorgenommene Sicherstellung oder Befriedigung eines Gläubigers:
1. wenn der Gläubiger eine Sicherstellung oder Befriedigung erlangt hat, die er nicht oder nicht in der Art oder nicht in der Zeit zu beanspruchen hatte, es sei denn, daß er durch diese Rechtshandlung vor den anderen Gläubigern nicht begünstigt worden ist;
2. wenn die Sicherstellung oder Befriedigung zugunsten naher Angehöriger vorgenommen worden ist, es sei denn, daß diesen die Absicht des Schuldners, sie vor den anderen Gläubigern zu begünstigen, weder bekannt war noch bekannt sein mußte;
3. wenn sie zugunsten anderer als der unter Z. 2 genannten Personen vorgenommen worden ist und diesen die Absicht des Schuldners, sie vor den anderen Gläubigern zu begünstigen, bekannt war oder bekannt sein mußte.

(2) Die Anfechtung ist ausgeschlossen, wenn die Begünstigung früher als ein Jahr vor der Eröffnung des Insolvenzverfahrens stattgefunden hat.

Anfechtung wegen Kenntnis der Zahlungsunfähigkeit
§ 31

(1) Anfechtbar sind folgende, nach Eintritt der Zahlungsunfähigkeit oder nach dem Antrage auf Eröffnung des Insolvenzverfahrens vorgenommene Rechtshandlungen:
1. Rechtshandlungen, durch die ein naher Angehöriger des Schuldners für seine Insolvenzforderung Sicherstellung oder Befriedigung erlangt, und alle vom Schuldner mit diesen Personen eingegangenen, für die Gläubiger nachteiligen Rechtsgeschäfte, es sei denn, dass dem nahen Angehörigen bei der Sicherstellung oder Befriedigung oder bei einem unmittelbar nachteiligen Rechtsgeschäft die Zahlungsunfähigkeit oder der Eröffnungsantrag weder bekannt war noch bekannt sein musste und dass bei einem sonst nachteiligen Rechtsgeschäft zudem der Eintritt eines Nachteils objektiv nicht vorhersehbar war;
2. Rechtshandlungen, durch die ein anderer Insolvenzgläubiger Sicherstellung oder Befriedigung erlangt, und alle vom Schuldner mit anderen Personen eingegangenen, für die Gläubiger unmittelbar nachteiligen Rechtsgeschäfte, wenn dem anderen Teil die Zahlungs-

unfähigkeit oder der Eröffnungsantrag bekannt war oder bekannt sein musste,
3. alle vom Schuldner mit anderen Personen eingegangenen, für die Gläubiger nachteiligen Rechtsgeschäfte, wenn dem anderen Teil die Zahlungsunfähigkeit oder der Eröffnungsantrag bekannt war oder bekannt sein musste und der Eintritt eines Nachteils für die Insolvenzmasse objektiv vorhersehbar war. Eine solche objektive Vorhersehbarkeit liegt insbesondere dann vor, wenn ein Sanierungskonzept offensichtlich untauglich war.
(2) Die Anfechtung ist ausgeschlossen, wenn die anfechtbaren Rechtshandlungen früher als sechs Monate vor der Eröffnung des Insolvenzverfahrens vorgenommen worden sind.

Anmerkungen
§ 31 IO in der Fassung des IRÄG 2010 regelt drei Anfechtungstatbestände: 1. Sicherstellungen oder Befriedigungen in Kenntnis der Insolvenzvoraussetzungen oder des Eröffnungsantrages, 2. unmittelbar nachteilige Rechtsgeschäfte bei Kenntnis dieser Voraussetzungen und 3. mittelbar nachteilige Rechtsgeschäfte in Kenntnis der Insolvenzvoraussetzungen und objektiver Vorhersehbarkeit eines Nachteils für die Insolvenzmasse.

Lag ein Sanierungskonzept vor, reicht es für die Anfechtbarkeit gemäß § 31 Abs 1 Z 3 IO nicht, wenn nach dem Ergebnis einer Ex-post-Beurteilung durch den Insolvenzverwalter das Sanierungskonzept als untauglich zu qualifizieren ist. Maßgeblich ist vielmehr eine Beurteilung des Konzepts aus dem Blickwinkel bzw dem Beurteilungshorizont zum Zeitpunkt der (weiteren) Kreditgewährung („untauglich war"). Bei dieser „rückblickenden Ex-ante-Sicht" muss für die erfolgreiche Anfechtung das Sanierungskonzept offensichtlich, also in die Augen fallend, ungeeignet gewesen sein. Maßstab für die Beurteilung der Sorgfalt ist ein gewissenhafter Kreditgeber.

Sanierungskonzept und Fortführungsprognose sind nicht dasselbe: Bei der Beurteilung der Anfechtbarkeit mittelbar nachteiliger Rechtsgeschäfte geht es (mittelbare Nachteiligkeit) um die jetzt näher umschriebene Vorhersehbarkeit der Quotenverschlechterung (untaugliches Sanierungskonzept). Damit muss ein taugliches Sanierungskonzept auch Wege beschreiben, wie es zur Ausschaltung der Gefahr dieses Nachteils kommen soll. Ein Sanierungskonzept ist dann offensichtlich untauglich, wenn überhaupt keine Kontrollmechanismen vorgesehen werden, die eine Quotenverschlechterung verhindern sollen.

Gemäß § 36 a IO idF des RIRUG sind **Zwischenfinanzierungen und Transaktionen nach § 18 ReO** und neue Finanzierungen im Sinne des § 36a Abs 3 IO nicht nach § 31 Abs 1 Z 3 IO (nachteiliges Rechtsgeschäft) anfechtbar, wenn dem Anfechtungsgegner die *Zahlungsunfähigkeit nicht bekannt war.*

Eine Zwischenfinanzierung ist eine neue finanzielle Unterstützung, die von einem bestehenden oder einem neuen Gläubiger bereitgestellt wird, damit das Unternehmen des Schuldners im Rahmen des Restrukturierungsverfahrens seinen Betrieb fortsetzen kann. Eine solche Zwischenfinanzierung muss gerichtlich genehmigt werden (§ 18 Abs 1 ReO). Neue Finanzierungen werden zur Umsetzung eines Restrukturierungsplans bereitgestellt und müssen im Restrukturierungsplan enthalten sein (§ 36a Abs 3 IO).

§ 32

(1) Als nahe Angehörige sind der Ehegatte und Personen anzusehen, die mit dem Schuldner oder dessen Ehegatten in gerader Linie oder bis zum vierten Grad der Seitenlinie verwandt oder verschwägert sind, ferner Wahl- und Pflegekinder sowie Personen, die mit dem Schuldner in außerehelicher Gemeinschaft leben. Außereheliche Verwandtschaft ist der ehelichen gleichzustellen.

(2) Ist der Schuldner eine juristische Person, eine Personengesellschaft oder ein sonstiges parteifähiges Gebilde, so gelten
1. die Mitglieder des Leitungs- oder Aufsichtsorgans,
2. die unbeschränkt haftenden Gesellschafter sowie
3. Gesellschafter im Sinne des EKEG
als nahe Angehörige des Schuldners. Das Gleiche gilt für solche Personen, auf die dies im letzten Jahr vor der Eröffnung des Insolvenzverfahrens zugetroffen hat, sowie für die in Abs. 1 aufgezählten nahen Angehörigen aller dieser Personen.

EB RIRUG zu § 32
Diese Bestimmung umschreibt den Begriff der nahen Angehörigen. Abs. 2 Z 3 erwähnt die Gesellschafter im Sinne des § 5 EKEG; der Begriff wird aber ausdehnend interpretiert (siehe König/Trenker, Anfechtung6 Rz 4.59/1). Dies soll klargestellt werden.

Wechsel- und Scheckzahlungen
§ 33

(1) Wechselzahlungen des Schuldners können auf Grund der §§ 30, Z. 2 und 3, und 31, Absatz 1, nicht zurückgefordert werden, wenn nach Wechselrecht der Empfänger bei Verlust des Wechselanspruches gegen andere Wechselschuldner zur Annahme der Zahlung verpflichtet war.

(2) Doch kann der Anfechtungsberechtigte die Erstattung der gezahlten Wechselsumme vom letzten Rückgriffsverpflichteten oder, wenn dieser den Wechsel für Rechnung eines Dritten begeben hatte, von dem Dritten verlangen, wenn dem letzten Rückgriffsverpflichteten oder dem Dritten zur Zeit, als er den Wechsel begab oder begeben ließ, die Begünstigungsabsicht, die Zahlungsunfähigkeit oder der Eröffnungsantrag bekannt war oder bekannt sein mußte.

(3) Die vorstehenden Bestimmungen sind auf Scheckzahlungen sinngemäß anzuwenden.

Einzelverkäufe
§ 34

Leistungen auf Grund von Einzelverkäufen beweglicher Sachen im gewerbemäßigen Betriebe des Schuldners können nur unter den Voraussetzungen des § 28, Z. 1 bis 3, angefochten werden.

Exekution und Anfechtung
§ 35

Die Anfechtung wird dadurch nicht ausgeschlossen, daß für die anzufechtende Handlung ein Exekutionstitel erworben oder daß sie durch Exekution bewirkt worden ist. Wird die Rechtshandlung für unwirksam erklärt, so erlischt den Insolvenzgläubigern gegenüber auch die Wirksamkeit des Exekutionstitels.

Anfechtung von Unterlassungen
§ 36

Als Rechtshandlungen sind auch Unterlassungen des Schuldners anzusehen, durch die er ein Recht verliert oder durch die gegen ihn vermögensrechtliche Ansprüche begründet, erhalten oder gesichert werden. Das gleiche gilt für die Unterlassung der Antretung einer Erbschaft.

Schutz für Finanzierungen im Zusammenhang mit einer Restrukturierung
§ 36a

(1) Neue Finanzierungen (Abs. 3) und Zwischenfinanzierungen nach § 18 Abs. 1 Restrukturierungsordnung (ReO) sind nach § 31 Abs. 1 Z 3

nicht anfechtbar, wenn dem Anfechtungsgegner die Zahlungsunfähigkeit nicht bekannt war.

(2) Abs. 1 gilt nur für neue Finanzierungen, die in einem vom Gericht bestätigten Restrukturierungsplan enthalten sind, und nur für Zwischenfinanzierungen, die vom Gericht genehmigt wurden.

(3) Eine neue Finanzierung im Zusammenhang mit einer Restrukturierung nach der ReO ist eine neue finanzielle Unterstützung, die von einem bestehenden oder einem neuen Gläubiger zur Umsetzung eines Restrukturierungsplans bereitgestellt wird und die in diesem Restrukturierungsplan enthalten ist.

EB RIRUG zu §§ 36a und 36b IO

Ziele der Richtlinie sind die Rettung von in finanzielle Schwierigkeiten geratenen Unternehmen und die Wiederherstellung ihrer Bestandfähigkeit. Die Richtlinie gibt der Sanierung des Unternehmens gegenüber dessen Zerschlagung den Vorrang, indem sie einen präventiven Restrukturierungsrahmen vorsieht.

Zentraler Teil des Restrukturierungsverfahrens ist ein Restrukturierungsplan. Die Richtlinie geht davon aus, dass der Erfolg eines Restrukturierungsplans häufig davon abhängt, dass dem Schuldner finanzielle Hilfe zur Verfügung gestellt wird, um erstens den Betrieb des Unternehmens während der Restrukturierungsverhandlungen und zweitens die Umsetzung des Restrukturierungsplans nach dessen Bestätigung zu unterstützen. Unter finanzieller Hilfe ist jedenfalls die Bereitstellung von finanziellen Mitteln oder Bürgschaften sowie von Waren, Vorräten, Rohstoffen und Versorgungsdienstleistungen (zB Gewährung eines längeren Rückzahlungszeitraums) zu verstehen (vgl. ErwGr. 66). Die Richtlinie sieht daher in Kapitel 4 des Titels II (Art. 17 und 18) Bestimmungen über den Schutz für neue Finanzierungen, Zwischenfinanzierungen und sonstige Transaktionen im Zusammenhang mit der Restrukturierung vor. Finanzierungen, Zwischenfinanzierungen und sonstige Transaktionen sollen attraktiver gemacht werden, indem deren Anfechtung bei späterer Eröffnung eines Insolvenzverfahrens zurückgedrängt wird.

Die Umsetzung der Richtlinie erfolgt in der Restrukturierungsordnung (ReO). Wegen des inhaltlichen Zusammenhangs ist es jedoch naheliegend, die in Kapitel 4 des Titels II der Richtlinie festgesetzten Bestimmungen über den Anfechtungsschutz in der Insolvenzordnung (als §§ 36a und 36b) umzusetzen.

EB RIRUG zu § 36a IO

Mit dieser Bestimmung wird Art. 17 RIRL umgesetzt. Nach Abs. 1 müssen neue Finanzierungen und Zwischenfinanzierungen in angemessener Weise geschützt werden. Im Fall einer späteren Insolvenz des Schuldners dürfen neue Finanzierungen und Zwischenfinanzierungen nicht deshalb für nichtig, anfechtbar oder nicht vollstreckbar erklärt werden und die Geber solcher Finanzierungen nicht *deshalb einer zivil-, verwaltungs- oder strafrechtlichen Haftung unterliegen, weil eine fertige Finanzierung die Gesamtheit der Gläubiger benachteiligt, außer es liegen zusätzliche im nationalen Recht festgelegte Gründe vor. Als mögliche andere Gründe werden im ErwGr. 67 Betrug, Bösgläubigkeit und eine bestimmte Art von Beziehung zwischen den Parteien, die mit Interessenkonflikten verbunden sein können, genannt. Als Beispiele werden Transaktionen zwischen nahestehenden Parteien oder zwischen Anteilsinhabern und dem Unternehmen oder Transaktionen, bei denen eine Partei einen Wert oder Sicherheiten erhalten hat, welche sie zum Zeitpunkt der Transaktion oder in der Art, wie sie durchgeführt wurde, nicht zu beanspruchen hatte, angeführt. Daher wird eine Anfechtung wegen Kenntnis der Zahlungsunfähigkeit beibehalten und nur wegen Kennenmüssen der Zahlungsunfähigkeit ausgeschlossen.*

Der Entwurf schlägt in Abs. 1 vor, dass neue Finanzierungen und Zwischenfinanzierungen nicht nach § 31 Abs. 1 Z 3 als nachteiliges Rechtsgeschäft anfechtbar sind. Die Richtlinie überlässt es den Mitgliedstaaten, den Anfechtungsschutz für Finanzierungen von der Bestätigung des Restrukturierungsplans oder von einer Ex-Ante-Kontrolle durch eine Justiz- oder Verwaltungsbehörde (vgl. ErwGr. 68) abhängig zu machen. Der Entwurf sieht daher den Schutz für neue Finanzierungen nur dann vor, wenn der Restrukturierungsplan, in dem die Finanzierung enthalten ist, vom Gericht bestätigt wurde (Abs. 2).

Bei Gewährung einer Zwischenfinanzierung ist noch nicht klar, ob der Restrukturierungsplan bestätigt werden wird. Der Schutz von Zwischenfinanzierungen soll daher nicht auf Fälle beschränkt werden, in denen der Plan von den Gläubigern angenommen und vom Gericht bestätigt wird. Im Entwurf wird daher in Abs. 2 vorgeschlagen, dass die Zwischenfinanzierung vom Gericht als Ex-ante-Kontrollmechanismus genehmigt werden muss. Die Definition der Zwischenfinanzierung und die Voraussetzung für deren Genehmigung durch das Gericht sind wegen des inhaltlichen Zusammenhangs in § 18 ReO geregelt. Die in Art. 2 Abs. 1 Nr. 7 RIRL enthaltene Definition der neuen Finanzierung übernimmt der Entwurf in Abs. 3.

Um dem insolvenzrechtlichen Grundsatz der Gläubigergleichbehandlung weiterhin zu entsprechen, wird das den Mitgliedstaaten überlassene Wahlrecht des Art. 17 Abs. 4 RIRL, demzufolge Geber von neuen Finanzierungen oder Zwischenfinanzierungen Anspruch darauf haben, Zahlungen vorrangig gegenüber anderen Gläubigern zu erhalten, nicht genutzt.

Anmerkungen

Die neue gesetzliche Regelung soll einen Anfechtungsschutz für (neue) Kreditgeber schaffen, die entweder während eines laufenden Restrukturierungsverfahrens durch Gewährung einer Zwischenfinanzierung oder im Zusammenhang mit der

Restrukturierung durch Bereitstellung einer neuen Finanzierung eine (neue) Gläubigerstellung begründet haben.

Bei Zwischenfinanzierungen ist Voraussetzung für das Entstehen des Anfechtungsschutzes die *gerichtliche Genehmigung* der Zwischenfinanzierung gemäß § 18 Abs 1 ReO. Auf dieses Erfordernis müssen Kreditgeber besonders achten, wenn sie bereits im Vorfeld der Einleitung eines Restrukturierungsverfahrens die Zwischenfinanzierung in Aussicht stellen, *aber erst nach Verfahrenseröffnung* die Kreditvaluta bereitstellen.

Das Erfordernis gerichtlicher Genehmigung, um Anfechtungsschutz zu erlangen, ist bemerkenswert: Die ReO enthält nämlich dazu *keine* Verfahrensvorschriften:

Zur Erlangung einer gerichtlichen Genehmigung einer Zwischenfinanzierung wird es mE notwendig sein, dass der Schuldner, sein Vertragspartner (oder beide) einen Antrag auf gerichtliche Genehmigung stellen, in dem die beabsichtigte (oder erfolgte) Zwischenfinanzierung dargelegt wird. Ist ein Restrukturierungsbeauftragter bestellt, wird sich auch dieser zur Zwischenfinanzierung äußern bzw sie befürworten.

§ 36a IO in der Fassung des RIRUG ist auf Rechtshandlungen und Rechtsgeschäfte anzuwenden, die nach dem 16. Juli 2021 vorgenommen bzw eingegangen werden (§ 283 Abs 3 IO).

Schutz für Transaktionen im Zusammenhang mit einer Restrukturierung
§ 36b

(1) Transaktionen im Sinne des § 18 Abs. 2 und 3 ReO während des Restrukturierungsverfahrens sind nicht nach § 31 anfechtbar, wenn sie vom Gericht genehmigt wurden und dem Anfechtungsgegner die Zahlungsunfähigkeit nicht bekannt war; Transaktionen nach § 18 Abs. 3 Z 1 und 2 ReO auch dann nicht, wenn sie innerhalb von 14 Tagen vor dem Antrag auf Einleitung des Restrukturierungsverfahrens geleistet wurden.

(2) Transaktionen nach § 18 Abs. 3 ReO, die angemessen und für die Umsetzung eines Restrukturierungsplans unmittelbar notwendig sind, sind nicht nach § 31 anfechtbar, wenn sie im Einklang mit dem vom Gericht bestätigten Restrukturierungsplan innerhalb von drei Monaten nach Eintritt der Rechtskraft der Bestätigung des Restrukturierungsplans durchgeführt werden und dem Anfechtungsgegner die Zahlungsunfähigkeit nicht bekannt war.

EB RIRUG zu § 36b IO

Art. 18 Abs. 1 RIRL sieht einen Anfechtungsschutz für Transaktionen im Zusammenhang mit der Restrukturierung vor. Nach Abs. 1 sind Transaktionen im Sinne von § 18 Abs. 2 und 3 ReO nicht nach § 31 anfechtbar, außer bei Kenntnis der Zahlungsunfähigkeit.

Beim Geltungsbereich des Anfechtungsschutzes überlässt die Richtlinie auch bei den Transaktionen den Mitgliedstaaten einen Spielraum. Wie bei den neuen Finanzierungen und den Zwischenfinanzierungen sieht die Richtlinie einen Anfechtungsschutz für Transaktionen nur dann vor, wenn der Restrukturierungsplan von einer Justiz- oder Verwaltungsbehörde bestätigt wurde oder solche Transaktionen Ex-ante-Kontrollen unterlagen. Bestimmungen über die Genehmigung der Transaktionen finden sich ebenfalls wegen des inhaltlichen Zusammenhangs in § 18 ReO. Der Entwurf verweist daher in Abs. 1 auf § 18 Abs. 2 und 3 ReO. Zahlungen von Gebühren und Kosten für die Aushandlung, Annahme oder Bestätigung eines Restrukturierungsplans (§ 18 Abs. 3 Z 1 ReO) und Zahlungen von Gebühren und Kosten für die Inanspruchnahme professioneller Beratung in engem Zusammenhang mit der Restrukturierung (§ 18 Abs. 3 Z 2 ReO) genießen den Anfechtungsschutz bereits dann, wenn sie innerhalb von 14 Tagen vor dem Antrag auf Einleitung des Restrukturierungsverfahrens geleistet wurden.

Art. 18 Abs. 5 RIRL erweitert den Anfechtungsschutz auf Transaktionen, die angemessen und unmittelbar notwendig für die Umsetzung eines Restrukturierungsplans sind und die im Einklang mit dem vom Gericht bestätigten Restrukturierungsplan durchgeführt werden. Der Schutz ist aber nur bei einem zeitlichen Konnex mit der Bestätigung des Restrukturierungsplans gerechtfertigt. Der Entwurf übernimmt diesen Schutz bei der Umsetzung des Restrukturierungsplans in Abs. 2, wenn die Transaktionen innerhalb von drei Monaten nach Eintritt der Rechtskraft der Bestätigung des Restrukturierungsplans durchgeführt werden.

Anmerkungen

Transaktionen sind Zahlungen, die für die Aushandlung eines Restrukturierungsplans unmittelbar notwendig sind; sie müssen angemessen sein und vom Gericht genehmigt werden (§ 18 Abs 2 ReO). Die einzelnen Transaktionen sind in § 18 Abs 3 ReO geregelt.

Das Erfordernis gerichtlicher Genehmigung, um Anfechtungsschutz zu erlangen, ist bemerkenswert: Die ReO enthält nämlich dazu *keine* Verfahrensvorschriften:

Zur Erlangung einer gerichtlichen Genehmigung einer Transaktion wird es mE notwendig sein, dass der Schuldner, sein Vertragspartner (oder beide) einen Antrag auf gerichtliche Genehmigung stellen, in dem die beabsichtigte (oder erfolgte) Transaktion dargelegt wird. Ist ein Restrukturierungsbeauftragter bestellt, wird sich auch dieser zur Transaktion äußern bzw sie befürworten.

§ 36b IO in der Fassung des RIRUG ist auf Rechtshandlungen und Rechtsgeschäfte anzuwenden, die nach dem 16. Juli 2021 vorgenommen bzw eingegangen werden (§ 283 Abs 3 IO).

Anfechtungsbefugnis
Anhängige Rechtsstreitigkeiten
§ 37

(1) Das Anfechtungsrecht wird vom Insolvenzverwalter ausgeübt.

(2) Anfechtungsansprüche, die von Insolvenzgläubigern außerhalb des Insolvenzverfahrens erhoben worden sind, sowie Exekutionen auf Grund von Titeln, die von Insolvenzgläubigern für ihre Anfechtungsansprüche erwirkt worden sind, können während des Insolvenzverfahrens nur vom Insolvenzverwalter verfolgt werden. Aus dem, was infolge solcher Ansprüche in die Insolvenzmasse gelangt, sind dem Gläubiger die Prozeßkosten vorweg zu ersetzen.

(3) Sind über Anfechtungsklagen von Gläubigern Rechtsstreitigkeiten noch anhängig, so werden sie durch die Eröffnung des Insolvenzverfahrens unterbrochen. Der Insolvenzverwalter kann an Stelle des Gläubigers in den Rechtsstreit eintreten oder den Eintritt ablehnen. Auf die Ablehnung findet die Bestimmung des § 8, Absatz 2, Anwendung.

(4) Lehnt der Insolvenzverwalter den Eintritt in den Rechtsstreit ab, so kann das Verfahren von den Parteien nur in Ansehung der Prozeßkosten aufgenommen und fortgesetzt werden. Durch die Ablehnung wird das Recht des Insolvenzverwalters, nach den Bestimmungen dieses Bundesgesetzes anzufechten, nicht ausgeschlossen.

(5) Die Bestimmungen der Absätze 1 bis 4 gelten nicht für Anfechtungsansprüche, die Absonderungsgläubigern nach der Anfechtungsordnung zur Wahrung ihres Rechtes auf abgesonderte Befriedigung und zur Bestreitung des Anspruches eines anderen Absonderungsgläubigers auf dieselbe Sache zustehen.

Anfechtungsgegner
§ 38

(1) Die gegen den Erblasser begründete Anfechtung ist auch gegen den Erben zulässig.

(2) Gegen einen anderen Rechtsnachfolger oder Rechtsnehmer ist die gegen seinen Rechtsvorgänger begründete Anfechtung nur zulässig:
1. wenn ihm zur Zeit seines Erwerbes Umstände bekannt waren oder bekannt sein mußten, die das Anfechtungsrecht gegen seinen Vorgänger begründen;
2. wenn sein Erwerb auf einer unentgeltlichen Verfügung seines Vorgängers beruht;
3. wenn er ein naher Angehöriger des Schuldners ist, es sei denn, daß ihm zur Zeit seines Erwerbes die Umstände, die das Anfechtungsrecht gegen seinen Vorgänger begründen, weder bekannt waren noch bekannt sein mußten.

Inhalt des Anfechtungsanspruches
§ 39

(1) Was durch die anfechtbare Handlung dem Vermögen des Schuldners entgangen oder daraus veräußert oder aufgegeben worden ist, muß zur Insolvenzmasse geleistet werden; ist dies nicht tunlich, so ist Ersatz zu leisten.

(2) Der zur Leistung Verpflichtete ist als unredlicher Besitzer anzusehen, dessen Erbe jedoch nur dann, wenn ihm die Umstände, die das Anfechtungsrecht gegen den Erblasser begründen, bekannt waren oder bekannt sein mußten.

(3) Der gutgläubige Empfänger einer unentgeltlichen Leistung hat diese nur soweit zu erstatten, als er durch sie bereichert ist, es sei denn, daß sein Erwerb auch als entgeltlicher anfechtbar wäre.

§ 40

Haben dritte Personen an Sachen, die zurückzustellen sind, unanfechtbare Rechte erworben, so ist derjenige, während dessen Besitz die Belastung stattgefunden hat, zum Ersatze des Schadens an die Insolvenzmasse verpflichtet, wenn sein Erwerb anfechtbar war. Die Bestimmung des § 39, Absatz 3, findet Anwendung.

Ansprüche des Anfechtungsgegners
§ 41

(1) Der Anfechtungsgegner kann die Zurückstellung seiner Gegenleistung aus der Insolvenzmasse verlangen, soweit sie in dieser noch

unterscheidbar vorhanden ist oder soweit die Masse um ihren Wert bereichert ist.

(2) Eine weitergehende Forderung auf Erstattung der Gegenleistung sowie die infolge Erstattung einer anfechtbaren Leistung an die Masse wieder auflebende Forderung können nur als Insolvenzforderungen geltend gemacht werden.

Unzulässigkeit der Aufrechnung
§ 42

Gegen den Anfechtungsanspruch kann eine Forderung an den Schuldner nicht aufgerechnet werden.

Geltendmachung des Anfechtungsrechtes
§ 43

(1) Die Anfechtung kann durch Klage oder Einrede geltend gemacht werden.

(2) Die Anfechtung durch Klage muß bei sonstigem Erlöschen des Anspruches binnen Jahresfrist nach der Eröffnung des Insolvenzverfahrens geltend gemacht werden. Die Frist ist ab Annahme eines Sanierungsplanvorschlags bis zum Eintritt der Rechtskraft des Beschlusses, mit dem die Bestätigung versagt wird, gehemmt. Die Jahresfrist verlängert sich, wenn Insolvenzverwalter und Anfechtungsgegner dies vereinbaren. Die Verlängerung darf nur einmal vereinbart werden und darf drei Monate nicht übersteigen.

(3) Der Anfechtungsberechtigte kann beim Prozeßgericht um die Anmerkung der Klage bei den bücherlichen Einlagen ansuchen, bei denen die Durchführung des Anfechtungsanspruches Eintragungen erfordert.

(4) Diese Anmerkung hat zur Folge, daß das Urteil über die Anfechtungsklage auch gegen Personen wirkt, die nach der Anmerkung bücherliche Rechte erworben haben.

(5) Soweit das Anfechtungsrecht vom Insolvenzverwalter oder von den Insolvenzgläubigern nach § 189 ausgeübt wird, ist das Insolvenzgericht zur Verhandlung und Entscheidung über Anfechtungsklagen ausschließlich zuständig; dies gilt nicht, wenn der Insolvenzverwalter in einen anhängigen Rechtsstreit eintritt (§ 37 Abs. 3).

Anmerkungen

Zur Vermeidung unnötiger Streitfragen (zB Grundlage für die Berechnung wäre der 28.2. oder der 30.4.) sollte man eine eindeutige, schriftliche Verlängerungsvereinbarung treffen und zweckmäßigerweise einen Kalendertag fixieren, der klar innerhalb der zulässigen Drei-Monats-Frist liegt, an dem längstens zur Wahrung des Anspruchs die Anfechtungsklage bei Gericht eingelangt sein muss. Die Einbringung der Klage nach Ablauf der vereinbarten Frist bzw nach dem vereinbarten Termin ist verfristet, mag die Klage auch noch vor Ablauf der Drei-Monats-Frist bei Gericht einlangen.

Zweites Hauptstück
Ansprüche im Insolvenzverfahren

Aussonderungsansprüche
§ 44

(1) Befinden sich in der Insolvenzmasse Sachen, die dem Schuldner ganz oder zum Teile nicht gehören, so ist das dingliche oder persönliche Recht auf Aussonderung nach den allgemeinen Rechtsgrundsätzen zu beurteilen.

(2) Ist eine solche Sache nach der Eröffnung des Insolvenzverfahrens veräußert worden, so kann der Berechtigte, unbeschadet weitergehender Ersatzansprüche, die Aussonderung des bereits geleisteten Entgeltes aus der Masse, wenn aber das Entgelt noch nicht geleistet worden ist, die Abtretung des Rechtes auf das ausstehende Entgelt verlangen.

(3) Sind dem Schuldner oder dem Insolvenzverwalter Auslagen zu vergüten, die für die zurückzustellende Sache oder zur Erzielung des Entgeltes aufgewendet worden sind, so sind sie vom Aussonderungsberechtigten Zug um Zug zu ersetzen.

Verfolgungsrecht
§ 45

Der Verkäufer oder Einkaufskommissionär kann Waren, die von einem anderen Ort an den Schuldner abgesendet und von diesem noch nicht vollständig bezahlt worden sind, zurückfordern, es sei denn, daß sie schon vor der Eröffnung des Insolvenzverfahrens am Ablieferungsorte angekommen und in die Gewahrsame des Schuldners oder einer anderen Person für ihn gelangt sind (Verfolgungsrecht).

Masseforderungen
§ 46

Masseforderungen sind:
1. die Kosten des Insolvenzverfahrens;
2. alle Auslagen, die mit der Erhaltung, Verwaltung und Bewirtschaftung der Masse verbunden sind, einschließlich der Forderungen von Fonds und anderen gemeinsamen Einrichtungen der Arbeitnehmer und der Arbeitgeber, sofern deren Leistungen Arbeitnehmern als Entgelt oder gleich diesem zugute kommen, sowie der die Masse treffenden Steuern, Gebühren, Zölle, Beiträge zur Sozialversicherung und anderen öffentlichen Abgaben, wenn und soweit der die Abgabepflicht auslösende Sachverhalt während des des Insolvenzverfahrens verwirklicht wird. Hiezu gehören auch die nach persönlichen Verhältnissen des Schuldners bemessenen öffentlichen Abgaben; soweit jedoch diese Abgaben nach den verwaltungsbehördlichen Feststellungen auf ein anderes als das für die Insolvenzmasse nach der Eröffnung des Insolvenzverfahrens erzielte Einkommen entfallen, ist dieser Teil auszuscheiden. Inwieweit im Insolvenzverfahren eines Unternehmers die im ersten Satz bezeichneten Forderungen von Fonds und von anderen gemeinsamen Einrichtungen sowie die auf Forderungen der Arbeitnehmer (arbeitnehmerähnlichen Personen) entfallenden öffentlichen Abgaben Masseforderungen sind, richtet sich nach der Einordnung der Arbeitnehmerforderung;
3. Forderungen der Arbeitnehmer (arbeitnehmerähnlichen Personen) auf laufendes Entgelt (einschließlich Sonderzahlungen) für die Zeit nach der Eröffnung des Insolvenzverfahrens;
3a. Beendigungsansprüche, wenn
    a) das Beschäftigungsverhältnis vor Eröffnung des Insolvenzverfahrens eingegangen worden ist und danach, jedoch nicht nach § 25, durch den Insolvenzverwalter oder – wenn die Beendigung auf eine Rechtshandlung oder ein sonstiges Verhalten des Insolvenzverwalters, insbesondere die Nichtzahlung des Entgelts, zurückzuführen ist – durch den Arbeitnehmer (die arbeitnehmerähnliche Person) gelöst wird; das gilt auch, wenn nach Eintritt der Masseunzulänglichkeit Entgelt nicht bezahlt wird;
    b) das Beschäftigungsverhältnis während des Insolvenzverfahrens vom Insolvenzverwalter neu eingegangen wird;

4. unbeschadet der Z 3 und des § 21 Abs. 4 Ansprüche auf Erfüllung zweiseitiger Verträge, in die der Insolvenzverwalter eingetreten ist;
5. unbeschadet der Z 3 alle Ansprüche aus Rechtshandlungen des Insolvenzverwalters;
6. die Ansprüche aus einer grundlosen Bereicherung der Masse;
7. die Kosten einer einfachen Bestattung des Schuldners;
8. die Belohnung der bevorrechteten Gläubigerschutzverbände.

Anmerkungen
Für das Schuldenregulierungsverfahren bringt das *Gesamtvollstreckungsverfahren* mit § 184a IO idF der GREx (BGBl I 86/2021) (unnötig) neue Themen: Es wird eine neue Schnittstelle zwischen Insolvenzforderungen, (neuen) Masseforderungen und bisher ausgeschlossenen Ansprüchen gezogen: Maßgeblicher Zeitpunkt für die Abgrenzung *soll die Beendigung des Gesamtvollstreckungsverfahrens* sein (§ 184a Abs 3; EB GREx zu § 184a IO). Gläubiger, die nach Verfahrenseröffnung neue Ansprüche gegen den Schuldner begründet haben, die *nicht* als Masseforderungen einzustufen sind, werden zu *Insolvenzgläubigern*.

„Masseforderungen" und „Insolvenzforderungen" gibt es in der **Restrukturierungsordnung** nicht. § 3 Abs 1 Z 3 ReO stellt aber klar, dass nach Einleitung des Restrukturierungsverfahrens entstehende Forderungen vom Restrukturierungsverfahren ausgeschlossen bzw nicht betroffen sind; diese Bestimmung verweist auch auf § 46 Z 1, 2, 4, 5 und 6 IO, womit deutlich wird, welche Forderungen damit konkret gemeint sind. Diese Forderungen müssen bei Fälligkeit bezahlt werden.

§ 47

(1) Aus der Insolvenzmasse sind vor allem die Masseforderungen, und zwar aus der Masse, auf die sie sich beziehen, zu berichten.

(2) Können die Masseforderungen nicht vollständig befriedigt werden, so sind sie nacheinander wie folgt zu zahlen:
1. die unter § 46 Z 1 fallenden, vom Insolvenzverwalter vorschußweise bestrittenen Barauslagen,
2. die übrigen Kosten des Verfahrens nach § 46 Z 1,
3. der von Dritten erlegte Kostenvorschuß, soweit er zur Deckung der Kosten des Insolvenzverfahrens benötigt wurde,
4. die Forderungen der Arbeitnehmer (arbeitnehmerähnlichen Personen) auf laufendes Entgelt, soweit sie nicht nach dem Insolvenz-Entgeltsicherungsgesetz gesichert sind,
5. Beendigungsansprüche der Arbeitnehmer (arbeitnehmerähnlichen Personen), soweit sie nicht nach dem Insolvenz Entgeltsicherungsgesetz gesichert sind, und

6. die übrigen Masseforderungen.
Innerhalb gleicher Gruppen sind die Masseforderungen verhältnismäßig zu befriedigen. Geleistete Zahlungen können nicht zurückgefordert werden.

(3) Im Zweifel, ob sich Masseforderungen auf die gemeinschaftliche oder auf eine besondere Masse beziehen, gilt das erste. Darüber entscheidet das Insolvenzgericht nach Vornahme der erforderlichen Erhebungen (§ 254 Abs. 5) unter Ausschluß des Rechtsweges.

Absonderungsansprüche
§ 48

(1) Gläubiger, die Ansprüche auf abgesonderte Befriedigung aus bestimmten Sachen des Schuldners haben (Absonderungsgläubiger), schließen, soweit ihre Forderungen reichen, die Insolvenzgläubiger von der Zahlung aus diesen Sachen (Sondermassen) aus. Während des Insolvenzverfahrens anfallende Zinsen können bis zum Ablauf von sechs Monaten ab der Verfahrenseröffnung nur in der für die vertragsgemäße Zahlung vereinbarten Höhe geltend gemacht werden. Sind für die vertragsgemäße Zahlung keine Zinsen vereinbart, sind die gesetzlichen Zinsen maßgebend. Die Beschränkung entfällt, wenn das Insolvenzverfahren nach § 123a aufgehoben wird.

(2) Was nach Befriedigung der Absonderungsgläubiger von den Sondermassen übrig bleibt, fließt in die gemeinschaftliche Insolvenzmasse.

(3) Absonderungsgläubiger, denen zugleich ein persönlicher Anspruch gegen den Schuldner zusteht, können ihre Forderung gleichzeitig als Insolvenzgläubiger geltend machen.

(4) Das dem Bestandgeber nach § 1101 ABGB zustehende Pfandrecht kann in Ansehung des Bestandzinses für eine frühere Zeit als das letzte Jahr vor der Eröffnung des Insolvenzverfahrens nicht geltend gemacht werden. Diese Bestimmung findet auf das Pfandrecht des Verpächters landwirtschaftlicher Liegenschaften keine Anwendung.

Anmerkungen

§ 48 Abs 1 IO lässt den Grundsatz unberührt, dass die durch ein Absonderungsrecht gesicherten Zinsen nach Verfahrenseröffnung weiter begehrt werden können. Im Gegensatz dazu sind Zinsen aus Insolvenzforderungen ab Verfahrenseröffnung ausgeschlossene Ansprüche (§ 58 Z 1 IO). § 48 Abs 1 IO schränkt Absonderungsgläubiger aber insofern ein, als nicht Verzugszinsen, sondern bis zum Ablauf von sechs Monaten ab der Verfahrenseröffnung nur die vertragsmäßig geschuldeten Zinsen, verrechnet werden können. Fehlt eine Regelung, können lediglich gesetzliche Zinsen begehrt werden.

Seit dem IRÄG 2010 gilt allgemein, dass Zinsen mit Erlösen aus einem Absonderungsgut nur insoweit verrechnet werden dürfen, als sie tatsächlich aus der Pfandsache gedeckt sind (§ 132 Abs 6 IO).

In der **Restrukturierungsordnung** werden Gläubigerklassen gebildet: Gläubiger mit Forderungen, für die ein *Pfand oder eine vergleichbare Sicherheit* aus dem Vermögen des Schuldners bestellt worden ist, bilden gemäß § 29 Abs 1 Z 1 ReO eine solche *eigene Gläubigerklasse* (besicherte Forderungen).

§ 49

(1) Aus den Nutzungen sowie aus dem Erlös einer zur Sondermasse gehörigen Sache sind vor den Absonderungsgläubigern die Kosten der besonderen Verwaltung, Verwertung und Verteilung der Sondermasse zu berichtigen.

(2) Für die Rangordnung der Ansprüche, die aus den Sondermassen zu befriedigen sind, gelten bei allen Veräußerungen im Insolvenzverfahren die Vorschriften der Exekutionsordnung.

Gemeinschaftliche Insolvenzmasse
§ 50

Soweit das Insolvenzvermögen nicht zur Befriedigung der Masseforderungen und der Ansprüche der Absonderungsberechtigten verwendet wird, bildet es die gemeinschaftliche Insolvenzmasse, aus der die Insolvenzforderungen, unbeschadet der §§ 56 und 57, nach dem Verhältnis ihrer Beträge zu befriedigen sind.

Insolvenzforderungen
§ 51

(1) Insolvenzforderungen sind Forderungen von Gläubigern, denen vermögensrechtliche Ansprüche an den Schuldner zur Zeit der Eröffnung des Insolvenzverfahrens zustehen (Insolvenzgläubiger).

(2) Insolvenzforderungen sind auch
1. **aus dem Gesetz gebührende Unterhaltsansprüche für die Zeit nach der Eröffnung des Insolvenzverfahrens, soweit der Schuldner als Erbe des Unterhaltspflichtigen haftet;**
2. **Ansprüche aus der Beendigung des Beschäftigungsverhältnisses**

a) nach § 25, auch wenn während der Kündigungsfrist das Arbeitsverhältnis wegen Nichtzahlung des Entgelts beendet wurde, oder
b) wenn die Auflösungserklärung vor Eröffnung des Insolvenzverfahrens rechtswirksam abgegeben wurde oder
c) wenn das Beschäftigungsverhältnis nach Eröffnung des Insolvenzverfahrens nicht nach § 25 vom Arbeitnehmer (arbeitnehmerähnliche Person) gelöst wird und dies nicht auf eine Rechtshandlung oder ein sonstiges Verhalten des Insolvenzverwalters zurückzuführen ist.

Anmerkungen

Für das Schuldenregulierungsverfahren bringt das *Gesamtvollstreckungsverfahren* mit § 184a IO idF der GREx (BGBl I 86/201) (unnötig) neue Themen: Es wird eine neue Schnittstelle zwischen Insolvenzforderungen, (neuen) Masseforderungen und bisher ausgeschlossenen Ansprüchen gezogen: Maßgeblicher Zeitpunkt für die Abgrenzung *soll die Beendigung des Gesamtvollstreckungsverfahrens* sein (§ 184a Abs 3; EB GREx zu § 184a IO). Gläubiger, die nach Verfahrenseröffnung neue Ansprüche gegen den Schuldner begründet haben, die *nicht* als Masseforderungen einzustufen sind, werden zu *Insolvenzgläubigern*.

„Masseforderungen" und „Insolvenzforderungen" gibt es in der **Restrukturierungsordnung** nicht. § 3 Abs 1 Z 3 ReO stellt aber klar, dass nach Einleitung des Restrukturierungsverfahrens entstehende Forderungen vom Restrukturierungsverfahren ausgeschlossen bzw nicht betroffen sind; diese Bestimmung verweist auch auf § 46 Z 1, 2, 4, 5 und 6 IO, womit deutlich wird, welche Forderungen damit konkret gemeint sind. Demgegenüber werden Forderungen, die vom Restrukturierungsplan betroffen sein können, in verschiedene Gläubigerklassen eingeteilt (§ 29 Abs 1 ReO). Man unterscheidet besicherte Gläubiger, Gläubiger mit unbesicherten Forderungen, Anleihegläubiger, schutzbedürftige Gläubiger und Gläubiger nachrangiger Forderungen (§ 29 Abs 1 ReO).

Nebengebühren und Ersatzforderungen
§ 54

(1) Die bis zur Eröffnung des Insolvenzverfahrens entstandenen Nebengebühren stehen mit den Forderungen im gleichen Range.

(2) Forderungen auf Ersatz einer für den Schuldner bezahlten Schuld genießen den Rang der bezahlten Forderung.

Anmerkungen

Im Gegensatz zum Insolvenzverfahren laufen im **Restrukturierungsverfahren** Zinsen nach Verfahrenseröffnung weiter. Im Restrukturierungsplan sind die unter den Restrukturierungsplan fallenden Forderungen, so wie die weiter angelaufenen Zinsen, bekanntzugeben. Diese im Plan angegebene Forderung samt *Zinsen bis zur Vorlage des Plans* ist dann ausschlaggebend für den Umfang des Stimmrechts (EB RIRUG zu § 27 ReO).

Forderungen von Unternehmensgläubigern
§ 56

Forderungen von Unternehmensgläubigern, denen die Rechte des Ehegatten des Schuldners aus den Ehepakten nach § 36 UGB nachstehen, sind mit dem Betrage zu berücksichtigen, der auf sie ohne Rücksicht auf die Ehepakte aus der Insolvenzmasse entfallen würde. Der Mehrbetrag, der dadurch den Unternehmensgläubigern zukommt, ist aus dem Anteil zuzuweisen, der dem Ehegatten des Schuldners als Insolvenzgläubiger für den Anspruch aus den Ehepakten gebührt.

Forderungen der Gesellschaftsgläubiger gegen einen unbeschränkt haftenden Gesellschafter
§ 57

Gläubiger einer eingetragenen Personengesellschaft sind im Insolvenzverfahren gegen einen unbeschränkt haftenden Gesellschafter, wenn auch über das Vermögen der eingetragenen Personengesellschaft ein Insolvenzverfahren eröffnet ist, nur mit dem Betrag zu berücksichtigen, der durch die anderweitige Geltendmachung nicht befriedigt wird. Auf die Begünstigungen, die dem Gesellschafter aufgrund eines Sanierungsplans der Gesellschaft zustatten kommen, ist Bedacht zu nehmen.

Nachrangige Forderungen
§ 57a

(1) Nach den Insolvenzforderungen sind die Forderungen aus Eigenkapital ersetzenden Leistungen zu befriedigen.

(2) Die nachrangigen Forderungen sind wie Insolvenzforderungen durchzusetzen. Sie sind jedoch nur anzumelden, wenn das Insolvenzgericht besonders zur Anmeldung dieser Forderungen auffordert. Das Insolvenzgericht hat eine solche Aufforderung zu erlassen, sobald zu erwarten ist, dass es zu einer – wenn auch nur teilweisen – Befriedigung nachrangiger Forderungen kommen wird. Die besondere Aufforderung

ist öffentlich bekannt zu machen und den Gläubigern, die nachrangige Forderungen haben und deren Anschrift bekannt ist, zuzustellen. Bei der Anmeldung solcher Forderungen ist auf den Nachrang hinzuweisen. Die Rechte der Insolvenzgläubiger werden durch die Befugnisse der Gläubiger mit nachrangigen Forderungen nicht berührt.

(3) Forderungen aufgrund von Finanzierungen, Zwischenfinanzierungen und Transaktionen nach §§ 36 und 36b sind nur dann nachrangige Forderungen, wenn die Nachrangigkeit vereinbart wurde.

EB RIRUG zu § 57a

§ 57a enthält Bestimmungen über nachrangige Forderungen und legt fest, dass Forderungen aus Eigenkapital ersetzenden Leistungen erst nach den Insolvenzforderungen zu befriedigen sind. Aufgrund des inhaltlichen Zusammenhangs ist es angebracht, hier festzulegen, dass es sich bei den Forderungen aufgrund von Finanzierungen, Zwischenfinanzierungen und sonstigen Transaktionen nach §§ 36a und 36b nicht um nachrangige Forderungen handelt (siehe auch § 21 URG). Damit soll eine Finanzierung durch Gesellschafter gefördert werden. Der Ausschluss der sich aus dem EKEG ergebenden Nachrangigkeit soll einer Vereinbarung der Nachrangigkeit nicht entgegenstehen, kann doch die Gewährung einer vertraglichen nachrangigen Zwischenfinanzierung oder neuen Finanzierung Teil des Restrukturierungsplans sein.

Anmerkungen

§ 13 des **2. COVID-19-JuBG** hat die vom Eigenkapitalersatzrecht ausgenommenen Kredite erweitert: Ausgenommen sind auch Geldkredite, die ab 5.4.2020 (Inkrafttreten) bis zum Ablauf des 31.1.2021 für nicht mehr als 120 Tage gewährt und zugezählt wurden.

Nach der **Restrukturierungsordnung** bilden die Gläubiger nachrangiger Forderungen eine eigene Gläubigerklasse (§ 29 Abs 1 Z 5 ReO).

Bei einer Insolvenzeröffnung, die einem Restrukturierungsverfahren nachfolgt, sind Forderungen aus Finanzierungen, Zwischenfinanzierungen oder Transaktionen grundsätzlich als Insolvenzforderungen einzustufen; sie können nur dann nachrangig sein, wenn die Nachrangigkeit ausdrücklich vereinbart wurde. Fehlt es an einer solchen Vereinbarung der Nachrangigkeit, kann auch im Rahmen der insolvenzrechtlichen Forderungsprüfung keine Umqualifizierung in nachrangige Forderungen erfolgen.

§ 57a idF des RIRUG ist auf Insolvenzverfahren (Konkursverfahren, Sanierungsverfahren) anzuwenden, die nach dem 16. Juli 2021 eröffnet oder wieder aufgenommen (§ 158 Abs 2) werden (§ 283 Abs 2 IO).

Ausgeschlossene Ansprüche
§ 58

Als Insolvenzforderungen können nicht geltend gemacht werden:
1. **die seit der Eröffnung des Insolvenzverfahrens laufenden Zinsen von Insolvenzforderungen sowie Kosten, die den einzelnen Gläubigern aus ihrer Teilnahme am Verfahren erwachsen;**
2. **Geldstrafen wegen strafbarer Handlungen jeder Art;**
3. **Ansprüche aus Schenkungen und im Verlassenschaftsinsolvenzverfahren auch Ansprüche aus Vermächtnissen.**

Anmerkungen
Bezüglich der ausgeschlossenen Ansprüche gibt es zwischen Insolvenzverfahren und Restrukturierungsverfahren Parallelen, aber auch Unterschiede:
Vom Restrukturierungsverfahren ausgeschlossen oder nicht betroffen sind gem § 3 Abs 1 ReO:
1. bestehende und künftige Forderungen derzeitiger oder ehemaliger Arbeitnehmer;
2. bestehende und künftige Forderungen zur betrieblichen Vorsorge (§§ 6 und 7 BMSVG)
3. nach Einleitung des Restrukturierungsverfahrens entstehende Forderungen; § 46 Z 1, 2, 4, 5 und 6 IO ist anzuwenden;
4. Geldstrafen wegen strafbarer Handlungen jeder Art;
5. Forderungen auf gesetzlichen Unterhalt.

Restrukturierungsverfahren haben auch keine Auswirkungen auf erworbene Ansprüche auf eine betriebliche Altersversorgung (§ 3 Abs 2 ReO).

Drittes Hauptstück
Wirkungen der Aufhebung des Insolvenzverfahrens

Rechte des Schuldners nach Aufhebung des Insolvenzverfahrens
§ 59

Durch den rechtskräftigen Beschluss des Insolvenzgerichts, dass der Sanierungsplan oder der Zahlungsplan bestätigt, das Abschöpfungsverfahren eingeleitet oder aus sonstigen Gründen das Insolvenzverfahren aufgehoben wird, tritt der Schuldner wieder in das Recht, über sein Vermögen frei zu verfügen, soweit dieses Bundesgesetz nicht eine Einschränkung festlegt.

Rechte der Gläubiger nach Aufhebung des Insolvenzverfahrens

a) Klagerecht

§ 60

(1) Insolvenzgläubiger können, gleichviel ob sie ihre Forderungen im Insolvenzverfahren angemeldet haben oder nicht, ihre unberichtigten Forderungen auf das zur freien Verfügung bleibende oder nach der Aufhebung des Insolvenzverfahrens erworbene Vermögen des Schuldners geltend machen. Ist das Insolvenzverfahren infolge Bestätigung eines Sanierungsplans aufgehoben (§ 152b Abs. 2), so gilt dies auch für Massegläubiger.

(2) Wenn der Schuldners eine Insolvenzforderung nicht ausdrücklich bestritten hat, bindet ihre Feststellung die Gerichte und, wenn besondere Gesetze nichts anderes bestimmen, auch die Verwaltungsbehörden. Leistungsklagen über solche Forderungen bleiben zulässig; jedoch sind dem unterlegenen Beklagten die Prozeßkosten zu ersetzen, es sei denn, er hat die Abweisung des Klagebegehrens beantragt oder der Kläger benötigt das Urteil zur Zwangsvollstreckung in einem Staat, der Auszüge aus dem Anmeldungsverzeichnis eines österreichischen Gerichtes nicht als Exekutionstitel anerkennt.

b) Exekutionsrecht

§ 61

Wenn eine Forderung im Insolvenzverfahren festgestellt und vom Schuldner nicht ausdrücklich bestritten worden ist, kann wegen dieser Forderung auch auf Grund der Eintragung in das Anmeldungsverzeichnis auf das zur freien Verfügung bleibende oder nach der Aufhebung des Insolvenzverfahrens erworbene Vermögen des Schuldners Exekution geführt werden. Bestehen zugunsten derselben Forderung mehrere Exekutionstitel und ist auf Grund eines von ihnen die Exekution bewilligt worden, so ist während der Dauer des hierauf beruhenden Exekutionsverfahrens die Bewilligung der Exekution auf Grund eines anderen Exekutionstitels unzulässig; eine dennoch bewilligte Exekution ist von Amts wegen oder auf Antrag ohne Vernehmung der Parteien einzustellen.

Anmerkungen
Im **Restrukturierungsverfahren** erfolgt keine Forderungsprüfung und Forderungsfeststellung. Daraus folgt, dass auch kein Titelerwerb nach der ReO möglich ist.

Vorbehalt für den Sanierungsplan
§ 62

Durch die Bestimmungen der §§ 59 bis 61 werden die rechtlichen Folgen der Aufhebung des Insolvenzverfahrens durch Sanierungsplan nicht berührt.

Zweiter Teil
Insolvenzverfahren

Erstes Hauptstück
Allgemeine Vorschriften

Erster Abschnitt
Gerichtsbarkeit im Insolvenzverfahren

Zuständigkeit
§ 63

(1) Für das Insolvenzverfahren ist der Gerichtshof erster Instanz (Insolvenzgericht) zuständig, in dessen Sprengel der Schuldner im Zeitpunkt der Antragstellung sein Unternehmen betreibt oder mangels eines solchen seinen gewöhnlichen Aufenthalt hat.

(2) Betreibt der Schuldner im Inland kein Unternehmen und hat er im Inland keinen gewöhnlichen Aufenthalt, so ist der Gerichtshof erster Instanz zuständig, in dessen Sprengel sich eine Niederlassung, mangels einer solchen Vermögen des Schuldners befindet.

(3) Sind mehrere Gerichte zuständig, so entscheidet das Zuvorkommen mit der Eröffnung des Insolvenzverfahrens.

Anmerkungen
Für das **Restrukturierungsverfahren** ist auch das Gericht nach § 63 IO zuständig. §§ 64 und 65 IO sind anzuwenden (§ 4 ReO).

Zuständigkeit für insolvenznahe Verfahren
§ 63a

Das Insolvenzgericht ist für Klagen, die unmittelbar aus dem Insolvenzverfahren hervorgehen und in engem Zusammenhang damit stehen, so-

wie für andere zivil- oder unternehmensrechtliche Klagen, die mit jenen im Zusammenhang stehen, ausschließlich zuständig. Dies gilt nicht, wenn der Insolvenzverwalter in einen anhängigen Rechtsstreit eintritt.

§ 64
Das Handelsgericht Wien ist Insolvenzgericht für den Bereich des Landesgerichts für Zivilrechtssachen Wien.

§ 65
Soll gleichzeitig mit der Eröffnung des Insolvenzverfahrens über das Vermögen einer eingetragenen Personengesellschaft oder im Laufe eines solchen Insolvenzverfahrens das Insolvenzverfahren über das Privatvermögen eines unbeschränkt haftenden Gesellschafters eröffnet werden, so ist das Gericht zuständig, bei dem das Verfahren im Gesellschaftsinsolvenzverfahren anhängig ist.

Zweiter Abschnitt
Eröffnung des Insolvenzverfahrens

Erster Unterabschnitt
Allgemeine Voraussetzungen

Zahlungsunfähigkeit
§ 66

(1) Die Eröffnung des Insolvenzverfahrens setzt voraus, daß der Schuldner zahlungsunfähig ist.

(2) Zahlungsunfähigkeit ist insbesondere anzunehmen, wenn der Schuldner seine Zahlungen einstellt.

(3) Zahlungsunfähigkeit setzt nicht voraus, daß Gläubiger andrängen. Der Umstand, daß der Schuldner Forderungen einzelner Gläubiger ganz oder teilweise befriedigt hat oder noch befriedigen kann, begründet für sich allein nicht die Annahme, daß er zahlungsfähig ist.

Anmerkungen
Zahlungsunfähigkeit ist nach der Rechtsprechung des OGH anzunehmen, wenn der Schuldner mehr als 5 % aller fälligen Verbindlichkeiten nicht begleichen kann und sich die dazu erforderlichen Mittel nicht in angemessener Frist verschaffen kann (3 Ob 99/10w). Ein Sanierungsverfahren kann auch bei drohender Zahlungsunfähigkeit eröffnet werden (§ 167 Abs 2 IO).

Ein **Restrukturierungsverfahren** setzt *wahrscheinliche Insolvenz* voraus. Diese liegt vor, wenn der Bestand des Unternehmens des Schuldners ohne Restrukturierung gefährdet wäre; dies ist insbesondere gegeben, wenn die Zahlungsunfähigkeit droht; dies wird vermutet, wenn die Eigenmittelquote 8 % unterschreitet und die fiktive Schuldentilgungsdauer 15 Jahre übersteigt (§ 6 Abs 1 und 2 ReO).

Für zahlungsunfähige Schuldner steht der präventive Restrukturierungsrahmen grundsätzlich nicht zur Verfügung. Geprüft wird das Vorliegen der Zahlungsunfähigkeit bei Einleitung des Restrukturierungsverfahrens aber *nicht* (EB zum RIRUG Allgemeiner Teil). Beantragt der Schuldner auch eine Vollstreckungssperre, steht Zahlungsunfähigkeit der Bewilligung entgegen.

Zahlungsunfähigkeit kann aber aus den Exekutionsakten ableitbar sein. Insbesondere kann gemäß § 49a EO idF der GREx (BGBl I 86/2021) *offenkundige Zahlungsunfähigkeit* auch beschlussmäßig festgestellt werden. Ein solcher Beschluss ist öffentlich bekannt zu machen (§ 49a Abs 3 EO).

Unbefriedigend ist, dass die Feststellung der Zahlungsunfähigkeit im Rahmen eines Exekutionsverfahrens nicht zur amtswegigen Überleitung in ein Insolvenzeröffnungsverfahren führt. Vielmehr liegt es am Schuldner bzw an den Gläubigern, einen entsprechenden Insolvenzantrag auf Basis der nun offenkundigen Zahlungsunfähigkeit zu stellen.

Anreiz für den Schuldner, rasch einen Insolvenzantrag zu stellen, soll eine Erleichterung für das allenfalls nachfolgende Abschöpfungsverfahren bilden: Ein Abschöpfungsverfahren mit *Tilgungsplan (3-jährige Laufzeit)* ist nur dann möglich, wenn der Schuldner binnen 30 Tagen nach öffentlicher Bekanntmachung des Beschlusses über die Feststellung der Zahlungsunfähigkeit die Eröffnung eines Insolvenzverfahrens beantragt (§ 201 Abs 2 IO idF des RIRUG).

Überschuldung
§ 67

(1) Die Eröffnung des Insolvenzverfahrens über eingetragene Personengesellschaften, bei denen kein unbeschränkt haftender Gesellschafter eine natürliche Person ist, über das Vermögen juristischer Personen und über Verlassenschaften findet, soweit besondere Gesetze nichts anderes bestimmen, auch bei Überschuldung statt.

(2) Die auf die Zahlungsunfähigkeit sich beziehenden Vorschriften dieses Bundesgesetzes gelten in diesen Fällen sinngemäß auch für die Überschuldung.

(3) Bei der Prüfung, ob rechnerische Überschuldung vorliegt, sind Verbindlichkeiten – auch solche aus Eigenkapital ersetzenden Leistungen – dann nicht zu berücksichtigen, wenn der Gläubiger erklärt, dass

er Befriedigung erst nach Beseitigung eines negativen Eigenkapitals (§ 225 Abs. 1 HGB) oder im Fall der Liquidation nach Befriedigung aller Gläubiger begehrt und dass wegen dieser Verbindlichkeiten kein Insolvenzverfahren eröffnet zu werden braucht.

Anmerkungen
Insolvenzrechtliche Überschuldung liegt vor, wenn rechnerische Überschuldung vorliegt und überdies eine negative Fortbestehensprognose zu attestieren ist (1 Ob 655/86; *Schumacher* in KLS § 67 Rz 4 f mwN).

Bei Überschuldung im Sinn des Insolvenzrechts kann der Antragsteller wählen, ob er die Eröffnung eines Insolvenzverfahrens oder eines **Restrukturierungsverfahrens** beantragt. Entscheidet er sich für die Einleitung eines Restrukturierungsverfahrens, muss trotz Überschuldung und Bestandsgefährdung die Bestandfähigkeit gegeben sein. Diese verlangt eine Fortbestehensprognose, die aber auch bedingt, also von der *Annahme und Bestätigung des Restrukturierungsplans* abhängig sein kann (EB RIRUG Allgemeiner Teil).

Aufgelöste juristische Person
§ 68

(1) Nach der Auflösung einer juristischen Person oder einer eingetragenen Personengesellschaft ist die Eröffnung eines Insolvenzverfahrens zulässig, solange das Vermögen nicht verteilt ist.

(2) Wird ein Insolvenzverfahren über das Vermögen einer aufgelösten juristischen Person oder eingetragenen Personengesellschaft nicht eröffnet, weil das Vermögen bereits verteilt wurde, so sind dieser Beschluss und der Eintritt der Rechtskraft dieses Beschlusses öffentlich bekanntzumachen.

Antrag des Schuldners
§ 69

(1) Auf Antrag des Schuldners ist das Insolvenzverfahren sofort zu eröffnen. Die vom Schuldner an das Gericht erstattete Anzeige von der Zahlungseinstellung gilt als Antrag. Im Beschluss auf Eröffnung des Insolvenzverfahrens ist jedenfalls das Vorliegen der Voraussetzungen für die örtliche Zuständigkeit zu begründen.

(2) Liegen die Voraussetzungen für die Eröffnung des Insolvenzverfahrens (§§ 66 und 67) vor, so ist diese ohne schuldhaftes Zögern, spätestens aber sechzig Tage nach dem Eintritt der Zahlungsunfähigkeit zu beantragen. Schuldhaft verzögert ist der Antrag nicht, wenn die Eröffnung eines Sanierungsverfahrens mit Eigenverwaltung sorgfältig betrieben worden ist.

(2a) Bei einer durch eine Naturkatastrophe (Hochwasser, Lawine, Schneedruck, Erdrutsch, Bergsturz, Orkan, *Erdbeben, Epidemie*, Pandemie oder ähnliche Katastrophe vergleichbarer Tragweite) eingetretenen Zahlungsunfähigkeit verlängert sich die Frist des Abs. 2 auf 120 Tage.

(3) Die Verpflichtung nach Abs. 2 trifft natürliche Personen, die unbeschränkt haftenden Gesellschafter und Liquidatoren einer eingetragenen Personengesellschaft und die organschaftlichen Vertreter juristischer Personen. Ist eine solche Person nicht voll handlungsfähig, so trifft diese Verpflichtung ihre gesetzlichen Vertreter. Ist ein zur Vertretung Berufener seinerseits eingetragene Personengesellschaft oder juristische Person oder setzt sich die Verbindung in dieser Art fort, so gilt der erste Satz entsprechend.

(3a) Hat eine inländische oder ausländische Kapitalgesellschaft keine organschaftlichen Vertreter, so trifft die Verpflichtung nach Abs. 2 den Gesellschafter, der mit einem Anteil von mehr als der Hälfte am Stammkapital beteiligt ist. Abs. 3 letzter Satz gilt sinngemäß.

(4) Geht der Antrag nicht von allen natürlichen Personen aus, deren Antragspflicht sich aus Abs. 3 ergibt, so sind die übrigen über den Antrag zu vernehmen. Ist ein Einverständnis über den Antrag nicht zu erzielen oder die rechtzeitige Vernehmung nicht möglich, so ist das Insolvenzverfahren nur dann zu eröffnen, wenn die Zahlungsunfähigkeit glaubhaft gemacht wird. Gleiches gilt, wenn die Eröffnung des Insolvenzverfahrens über eine Verlassenschaft nicht von allen Erben beantragt wird.

(5) Die Insolvenzgläubiger können Schadenersatzansprüche wegen einer Verschlechterung der Insolvenzquote infolge einer Verletzung der Verpflichtung nach Abs. 2 erst nach Rechtskraft der Aufhebung des Insolvenzverfahrens geltend machen.

Anmerkungen

Die Verpflichtung des Schuldners, bei Überschuldung einen Antrag auf Eröffnung des Insolvenzverfahrens zu stellen, war in der Zeit von 1.3.2020 bis 30.6.2021 ausgesetzt (§ 9 Abs 1 **des 2. COVID-19-Justiz-Begleitgesetzes** BGBl I 24/2020). Ist der Schuldner bei Ablauf des 30.6.2021 überschuldet, so hat er gemäß § 9 Abs 4 des 2. COVID-19-Justiz-Begleitgesetzes BGBl I 24/2020 die Eröffnung des Insolvenzverfahrens ohne schuldhaftes Zögern, spätestens aber innerhalb von 60 Tagen nach Ablauf des 30.6.2021 oder 120 Tage nach Eintritt der Überschuldung, je nachdem, welcher Zeitraum später endet, zu beantragen.

Ein **Restrukturierungsverfahren** setzt wahrscheinliche Insolvenz voraus. Diese liegt vor, wenn der Bestand des Unternehmens des Schuldners ohne Restrukturierung gefährdet wäre; dies ist insbesondere gegeben, wenn die Zahlungsunfähigkeit droht. Dies wird vermutet, wenn die Eigenmittelquote 8 % unterschreitet und die fiktive Schuldentilgungsdauer 15 Jahre übersteigt (§ 6 Abs 1 und 2 ReO).

Bei *Überschuldung* im Sinn des Insolvenzrechts kann der Antragsteller wählen, ob er die Eröffnung eines Insolvenzverfahrens oder eines Restrukturierungsverfahrens beantragt. Entscheidet er sich für die Einleitung eines Restrukturierungsverfahrens, muss trotz Überschuldung und Bestandsgefährdung die Bestandfähigkeit gegeben sein. Diese verlangt eine Fortbestehensprognose, die auch bedingt, also von der Annahme und Bestätigung des Restrukturierungsplans, abhängig sein kann (EB Allgemeiner Teil).

Für *zahlungsunfähige Schuldner* steht der präventive Restrukturierungsrahmen grundsätzlich nicht zur Verfügung. Geprüft wird das Vorliegen der Zahlungsunfähigkeit bei Einleitung des Restrukturierungsverfahrens aber *nicht* (EB RIRUG Allgemeiner Teil). Beantragt der Schuldner aber auch eine Vollstreckungssperre, steht Zahlungsunfähigkeit der Bewilligung entgegen.

Die Einleitung eines Restrukturierungsverfahrens ist nur *auf Antrag* des Schuldners *öffentlich bekannt zu machen*. Dann unterliegt das Verfahren dem Anwendungsbereich der EuInsVO (§ 44 ReO – Europäisches Restrukturierungsverfahren).

Antrag eines Gläubigers
§ 70

(1) Auf Antrag eines Gläubigers ist das Insolvenzverfahren unverzüglich zu eröffnen, wenn er glaubhaft macht, dass er eine – wenngleich nicht fällige – Insolvenzforderung oder Forderung aus einer Eigenkapital ersetzenden Leistung hat und dass der Schuldner zahlungsunfähig ist.

(2) Der Antrag ist dem Schuldner zuzustellen. Eine Belehrung über die Eröffnung eines Sanierungsverfahrens bei rechtzeitiger Vorlage eines Sanierungsplans ist anzuschließen. Das Gericht hat den Schuldner und sonstige Auskunftspersonen (§ 254 Abs. 5) zu vernehmen, wenn es rechtzeitig möglich ist; jedoch ist der Antrag ohne Anhörung sofort abzuweisen, wenn er offenbar unbegründet ist, insbesondere, wenn die Glaubhaftmachung nicht erbracht ist, oder wenn er offenbar missbräuchlich gestellt ist. Zur Vernehmung bestimmte Tagsatzungen dür-

fen nur von Amts wegen und nicht zum Zwecke des Abschlusses von Ratenvereinbarungen erstreckt werden.

(3) Ein vom Gläubiger zurückgezogener Antrag auf Eröffnung des Insolvenzverfahrens kann unter Berufung auf dieselbe Forderung nicht vor Ablauf von sechs Monaten erneuert werden.

(4) Bei der Entscheidung über den Antrag auf Eröffnung eines Insolvenzverfahrens ist nicht zu berücksichtigen, daß der Gläubiger den Antrag auf Eröffnung eines Insolvenzverfahrens zurückgezogen hat oder daß die Forderung des Gläubigers nach dem Antrag auf Eröffnung eines Insolvenzverfahrens befriedigt worden ist. Wenn der Schuldner eine solche Befriedigung oder das Vorliegen einer Stundungsvereinbarung mit dem Gläubiger bescheinigt, so reicht dies allein nicht aus, um das Vorliegen der Zahlungsunfähigkeit zu entkräften. Weist das Gericht den Antrag auf Eröffnung eines Insolvenzverfahrens dennoch ab, so ist der Beschluß auch den bevorrechteten Gläubigerschutzverbänden zuzustellen.

Anmerkungen
Zahlungsvereinbarungen mit antragstellenden Gläubigern müssen bereits *vor* der Tagsatzung getroffen werden. Nach § 70 Abs 2 letzter Satz IO ist es seit dem IRÄG 2010 untersagt, die zur Vernehmung bestimmten Tagsatzungen zum Zweck des Abschlusses von Ratenvereinbarungen zu erstrecken. Daher werden entsprechende Belehrungen über die Möglichkeit Ratenvereinbarungen zu treffen dem Schuldner bereits mit der Ladung übermittelt. Soweit überblickbar, wurden und werden seit dem ersten Lockdown im Frühjahr 2020 wenig bis keine Konkurseröffnungstagsatzungen abgehalten, sondern wird der Konkursantrag dem Antragsgegner zur Äußerung übermittelt. Getroffene Ratenvereinbarungen sind daher dem Insolvenzgericht zur Entkräftung der Zahlungsunfähigkeit mit der Äußerung vorzulegen.

Gläubigeranträge auf Eröffnung des Insolvenzverfahrens wegen Überschuldung sind in der Praxis selten. Wurde eine *Vollstreckungssperre* gemäß § 19 ReO angeordnet, wäre über einen solchen, auf *Überschuldung* gestützten, Antrag eines Gläubigers auf Eröffnung eines Insolvenzverfahrens *nicht zu entscheiden* (§ 24 Abs 2 ReO).

Anträge auf Konkurseröffnung wegen Zahlungsunfähigkeit werden grundsätzlich weder durch das **Restrukturierungsverfahren** als solches, noch durch eine Vollstreckungssperre blockiert. Von einer Konkurseröffnung wäre nur abzusehen, wenn die Eröffnung des Insolvenzverfahrens unter Berücksichtigung der Umstände des Falles nicht im allgemeinen Interesse der Gläubiger wäre, also die Einigung über einen *Restrukturierungsplan unmittelbar bevorsteht* (EB RIRUG Allgemeiner Teil).

Trifft ein Antrag auf Einleitung eines Restrukturierungsverfahrens zeitlich mit einem Konkursantrag eines Gläubigers wegen Zahlungsunfähigkeit zusammen, und wird diese Zahlungsunfähigkeit auch bescheinigt, ist der Antrag auf Eröffnung des Restrukturierungsverfahrens zurückzuweisen; bei Vorliegen der sonstigen Voraussetzungen ist das Konkursverfahren zu eröffnen. Bei den dargelegten Konstellationen ist seitens der Entscheidungsträger zu beachten, dass Restrukturierungsverfahren voraussichtlich künftig nicht von allen, am Gericht tätigen, Insolvenzrichtern bearbeitet werden. Ist bereits ein Restrukturierungsverfahren anhängig, ist vor der Entscheidung über den Konkursantrag eine feststellende Beschlussfassung des mit dem Restrukturierungsverfahren befassten Gerichts über das Vorliegen des allgemeinen Gläubigerinteresses abzuwarten (hiezu *Mohr*, ZIK 2021/93, 90). Umgekehrt müsste bei einem zeitlichen Zusammentreffen eines Konkursantrags eines Gläubigers mit einem Antrag des Schuldners auf Einleitung des Restrukturierungsverfahrens abgewartet werden, ob das Insolvenzgericht die Zahlungsunfähigkeit als bescheinigt annimmt und das Konkursverfahren eröffnet.

Kostendeckendes Vermögen
§ 71

(1) Weitere Voraussetzung für die Eröffnung des Insolvenzverfahrens ist das Vorhandensein kostendeckenden Vermögens.

(2) Kostendeckendes Vermögen liegt vor, wenn das Vermögen des Schuldners zumindest ausreicht, um die Anlaufkosten des Insolvenzverfahrens zu decken. Das Vermögen muß weder sofort noch ohne Aufwand verwertbar sein.

(3) Bei Prüfung, ob kostendeckendes Vermögen vorhanden ist, kann das Gericht auch Stellungnahmen der bevorrechteten Gläubigerschutzverbände einholen oder Vollstreckungsorgane mit Ermittlungen beauftragen.

(4) Der Schuldner hat bei seiner Einvernahme ein Vermögensverzeichnis vorzulegen und vor Gericht zu unterfertigen (§§ 100a, 101). Darin hat der Schuldner auch Auskunft über Anfechtungsansprüche zu geben.

Anmerkungen
Eine Prüfung der Kostendeckung vor Einleitung eines Restrukturierungsverfahrens ist in der **Restrukturierungsordnung** nicht vorgesehen. Soll allerdings ein Restrukturierungsbeauftragter bestellt werden (§ 9 ReO), hat das Gericht dem Schuldner aufzutragen, binnen einer, vom Gericht festzusetzenden, Frist einen angemessenen Kostenvorschuss zur Deckung der Anlaufkosten für die Entlohnung

des Restrukturierungsbeauftragten zu erlegen (§ 10 Abs 1 ReO). Der Auftrag zum Erlag eines Kostenvorschusses, der € 2.000,00 nicht übersteigt, kann nicht, ein darüber hinausgehender Betrag nicht abgesondert angefochten werden (§ 10 Abs 4 ReO). Auf Basis eines Kostenvoranschlages des Restrukturierungsbeauftragten können auch weitere Kostenvorschüsse aufgetragen werden (§ 10 Abs 2, 3 ReO).

Kommt der Schuldner diesem gerichtlichen Auftrag nicht fristgemäß nach, ist das Restrukturierungsverfahren einzustellen (§ 41 Abs 2 Z 5 ReO).

Eröffnung trotz Fehlens kostendeckenden Vermögens
§ 71a

(1) Fehlt es an einem zur Deckung der Kosten des Insolvenzverfahrens voraussichtlich hinreichenden Vermögen, so ist das Insolvenzverfahren dennoch zu eröffnen, wenn der Antragsteller auf Anordnung des Gerichts innerhalb einer bestimmten Frist einen von diesem zu bestimmenden Betrag zur Deckung der Kosten vorschußweise erlegt. Die Anordnung des Kostenvorschusses erfolgt durch Beschluß; dieser ist auch jedem bevorrechteten Gläubigerschutzverband zuzustellen. Er ist nicht abgesondert anfechtbar und nicht vollstreckbar. Einen solchen Kostenvorschuß kann das Gericht auch dann fordern, wenn das Vermögen in einem Anfechtungsanspruch oder sonstigen Ansprüchen und Forderungen besteht.

(2) Wenn der Vorschuß nicht rechtzeitig erlegt wird, ist der Antrag mangels kostendeckenden Vermögens abzuweisen; darauf ist der Antragsteller zugleich mit der Anordnung aufmerksam zu machen.

(3) Der Antragsteller kann den rechtzeitig als Kostenvorschuß geleisteten Betrag nur als Masseforderung geltend machen.

Abweisung mangels kostendeckenden Vermögens
§ 71b

(1) Wird das Insolvenzverfahren mangels kostendeckenden Vermögens nicht eröffnet, so hat der Spruch des Beschlusses einen Hinweis darauf und auf die Zahlungsunfähigkeit des Schuldners zu enthalten. Der Beschluss und der Eintritt der Rechtskraft dieses Beschlusses sind öffentlich bekannt zu machen. In einem binnen sechs Monaten nach öffentlicher Bekanntmachung der Rechtskraft des Beschlusses eingebrachten Antrag auf Eröffnung eines Insolvenzverfahrens hat der Antragsteller zu bescheinigen, dass nunmehr Vermögen vorhanden ist, oder sich bereit zu erklären, einen Kostenvorschuss nach § 71a zu erlegen.

(2) Der Schuldner hat auf Antrag eines Gläubigers ein Vermögensverzeichnis vorzulegen und vor Gericht zu unterfertigen (§§ 100a, 101). Kommt hiebei Vermögen zum Vorschein, so kann ungeachtet des Abs. 1 dritter Satz und des § 70 Abs. 3 die Eröffnung des Insolvenzverfahrens neuerlich beantragt werden.

(3) Wird auf Grund eines Rekurses der Beschluß, mit dem das Insolvenzverfahren mangels kostendeckenden Vermögens nicht eröffnet wurde, dahin abgeändert, daß der Antrag auf Eröffnung eines Insolvenzverfahrens abgewiesen wird, so ist die Eintragung in der Insolvenzdatei zu löschen.

Anmerkungen

Eine Abweisung mangels Kostendeckung ist in der **Restrukturierungsordnung** nicht vorgesehen. Soll allerdings ein Restrukturierungsbeauftragter bestellt werden (§ 9 ReO), hat das Gericht dem Schuldner aufzutragen, binnen einer vom Gericht festzusetzenden Frist einen angemessenen Kostenvorschuss zur Deckung der Anlaufkosten für die Entlohnung des Restrukturierungsbeauftragten zu erlegen (§ 10 Abs 1 ReO). Der Auftrag zum Erlag eines Kostenvorschusses, der € 2.000,00 nicht übersteigt, kann nicht, ein darüber hinausgehender Betrag nicht abgesondert angefochten werden (§ 10 Abs 4 ReO). Auf Basis eines Kostenvoranschlages des Restrukturierungsbeauftragten können auch weitere Kostenvorschüsse aufgetragen werden (§ 10 Abs 2, 3 ReO).

Kommt der Schuldner diesem gerichtlichen Auftrag nicht fristgemäß nach, ist das Restrukturierungsverfahren einzustellen (§ 41 Abs 2 Z 5 ReO).

Rechtsmittel
§ 71c

(1) Beschlüsse des Gerichtes, womit das Insolvenzverfahren eröffnet oder der Antrag auf Eröffnung des Insolvenzverfahrens abgewiesen wird, können von allen Personen, deren Rechte dadurch berührt werden, sowie von den bevorrechteten Gläubigerschutzverbänden angefochten werden.

(2) Rechtsmittel gegen Beschlüsse, womit das Insolvenzverfahren eröffnet wird, haben keine aufschiebende Wirkung.

Rückgriff
§ 71d

(1) Wer einen Kostenvorschuß geleistet hat, kann diesen Betrag von jeder Person verlangen, die nach § 69 verpflichtet war, die Eröffnung des Insolvenzverfahrens zu beantragen, und die den Antrag schuldhaft nicht gestellt hat. Der Anspruch verjährt in drei Jahren nach Aufhebung des Insolvenzverfahrens.

(2) Wer einen Kostenvorschuss geleistet hat, kann diesen Betrag unabhängig von den Voraussetzungen des Abs. 1 von jeder Person verlangen, die gemäß § 72a oder § 72d zur Leistung eines Kostenvorschusses verpflichtet gewesen wäre. Über diese Verpflichtung zum Ersatz des Kostenvorschusses hat das Insolvenzgericht auf Antrag mit Beschluss zu entscheiden. Auf diesen Beschluss ist § 72b Abs. 4 und 5 sinngemäß anzuwenden.

Zweiter Unterabschnitt
Sonderbestimmungen für juristische Personen

Fehlen kostendeckenden Vermögens
§ 72

(1) Fehlt es bei einer juristischen Person an einem kostendeckenden Vermögen, so ist das Insolvenzverfahren auch dann zu eröffnen, wenn
1. die organschaftlichen Vertreter dieser juristischen Person einen Betrag zur Deckung der Kosten vorschußweise erlegen oder
2. feststeht, daß die organschaftlichen Vertreter über Vermögen verfügen, das zur Deckung der Kosten ausreicht.

(2) Der Antrag des Gläubigers ist erst dann nach § 71a Abs. 2 abzuweisen, wenn die organschaftlichen Vertreter weder einen Kostenvorschuß erlegen noch ein Vermögen feststeht, aus dem er hereingebracht werden kann.

Organschaftliche Vertreter
§ 72a

(1) Die organschaftlichen Vertreter einer juristischen Person sind zur Leistung eines Kostenvorschusses für die Anlaufkosten, höchstens jedoch zu 4 000 Euro, zur ungeteilten Hand verpflichtet.

(2) Zur Leistung dieses Kostenvorschusses sind auch sämtliche Personen, die innerhalb der letzten drei Monate vor der Einbringung des

Antrags auf Eröffnung des Insolvenzverfahrens organschaftliche Vertreter des Schuldners waren, verpflichtet, nicht jedoch Notgeschäftsführer.

Kostenvorschuß und Vermögensverzeichnis der organschaftlichen Vertreter
§ 72b

(1) Das Gericht hat die organschaftlichen Vertreter aufzufordern, binnen 14 Tagen einen vom Gericht festzulegenden Betrag zu zahlen und ein Vermögensverzeichnis über ihre Vermögenslage vorzulegen. Die Verpflichtung zur Vorlage des Vermögensverzeichnisses entfällt, wenn der Vorschuß geleistet wird. Dies ist den organschaftlichen Vertretern mitzuteilen. Der Beschluß über die Leistung des Vorschusses ist sofort vollstreckbar.

(2) Der organschaftliche Vertreter hat auf Anordnung des Gerichts das Vermögensverzeichnis vor Gericht zu unterfertigen.

(3) Verfügen die organschaftlichen Vertreter über Vermögen, das die Anlaufkosten für das Insolvenzverfahren der juristischen Person deckt, so hat der Insolvenzverwalter den Kostenvorschuß von ihnen hereinzubringen. Das Gericht kann einstweilige Vorkehrungen nach § 73 zu Lasten dieser Personen treffen.

(4) Der dem organschaftlichen Vertreter erteilte Auftrag zum Erlag eines Kostenvorschusses und zur Vorlage und Unterfertigung eines Vermögensverzeichnisses kann von diesem nur insoweit angefochten werden als er die sich aus der Organstellung ergebende Verpflichtung bestreitet.

(5) Rechtsmittel gegen Beschlüsse, womit dem organschaftlichen Vertreter ein Auftrag zum Erlag eines Kostenvorschusses und zur Vorlage und Unterfertigung eines Vermögensverzeichnisses erteilt wird, haben keine aufschiebende Wirkung.

Rückforderungsansprüche der organschaftlichen Vertreter
§ 72c

Der organschaftliche Vertreter kann den als Kostenvorschuß geleisteten Betrag nur als Masseforderung geltend machen.

Gesellschafter
§ 72d

Neben den organschaftlichen Vertretern ist auch ein Gesellschafter, dessen Anteil an der Gesellschaft mehr als 50 % beträgt, zur Leistung eines Kostenvorschusses verpflichtet. Die §§ 72 bis 72c gelten für diesen Gesellschafter entsprechend.

Dritter Unterabschnitt
Verfügungen des Gerichts

Einstweilige Vorkehrungen
§ 73

(1) Wenn das Insolvenzverfahren nicht sofort eröffnet werden kann und der Antrag nicht offenbar unbegründet ist, hat das Insolvenzgericht zur Sicherung der Masse, insbesondere zur Unterbindung anfechtbarer Rechtshandlungen und zur Sicherung der Fortführung eines Unternehmens dienliche einstweilige Vorkehrungen nach Erhebungen anzuordnen.

(2) Dem Schuldner können insbesondere Rechtshandlungen, die nicht zum gewöhnlichen Unternehmensbetrieb gehören, das Veräußern oder Belasten von Liegenschaften, das Bestellen von Absonderungsrechten, das Eingehen von Bürgschaften und unentgeltliche Verfügungen überhaupt oder doch ohne Zustimmung des Richters oder eines von ihm bestellten einstweiligen Verwalters verboten werden. Die Bestellung eines einstweiligen Verwalters und seine Befugnisse sind öffentlich bekanntzumachen; § 74 Abs. 2 Z 6 ist anzuwenden. Die Eintragung in der Insolvenzdatei ist nach Eintritt der Rechtskraft des Beschlusses, mit dem der Antrag auf Eröffnung eines Insolvenzverfahrens abgewiesen wird, zu löschen.

(3) Einstweilige Vorkehrungen sind in den öffentlichen Büchern und Registern anzumerken. Entgegenstehende Rechtshandlungen sind den Gläubigern gegenüber unwirksam, wenn der Dritte das Verbot kannte oder kennen mußte oder wenn er selbst die Eröffnung des Insolvenzverfahrens beantragt hat.

(4) Einstweilige Vorkehrungen sind aufzuheben, wenn das Insolvenzverfahren nicht eröffnet wird oder wenn sich die Verhältnisse sonst so geändert haben, daß es ihrer nicht mehr bedarf. Sie erlöschen mit der

Eröffnung des Insolvenzverfahrens, soweit sie das Gericht nicht als Sicherungsmaßnahmen (§ 78) aufrechterhält.

(5) Über Rekurse gegen Beschlüsse, mit denen einstweilige Vorkehrungen angeordnet, geändert oder aufgehoben werden, entscheidet das Gericht zweiter Instanz endgültig.

Bekanntmachung der Eröffnung des Insolvenzverfahrens
§ 74

(1) Die Eröffnung des Insolvenzverfahrens ist durch ein Edikt öffentlich bekanntzumachen, wobei das Verfahren ausdrücklich entweder als Konkursverfahren oder als Sanierungsverfahren zu bezeichnen ist.

(2) Das Edikt hat zu enthalten:
1. das Datum der Eröffnung des Insolvenzverfahrens,
2. das Gericht, das das Insolvenzverfahren eröffnet hat, und das Aktenzeichen des Verfahrens,
3. die Art des eröffneten Insolvenzverfahrens,
4. bei einer eingetragenen Personengesellschaft oder einer juristischen Person die Firma, gegebenenfalls frühere Firmen, die Firmenbuchnummer oder ZVR-Zahl, den Sitz und, sofern davon abweichend, die Geschäftsanschrift des Schuldners sowie die Anschriften der Niederlassungen,
5. bei einer natürlichen Person den Namen, die Wohn- und Geschäftsanschrift und das Geburtsdatum des Schuldners, gegebenenfalls die Firma und Firmenbuchnummer und frühere Namen sowie, falls die Anschrift geschützt ist, den Geburtsort des Schuldners,
6. den Namen, die Anschrift, die Telefonnummer und die E-Mail-Adresse des Insolvenzverwalters und, wenn eine juristische Person bestellt wurde, der Person, die sie bei Ausübung der Insolvenzverwaltung vertritt, und ob dem Schuldner die Eigenverwaltung zusteht,
7. den Ort, die Zeit und den Zweck der ersten Gläubigerversammlung mit der Aufforderung an die Gläubiger, die Belege für die Glaubhaftmachung ihrer Forderungen mitzubringen,
8. die Frist für die Anmeldung der Forderungen und die Aufforderung an die Insolvenzgläubiger, ihre Forderungen innerhalb dieser Frist anzumelden,
9. die Aufforderung an die Aussonderungsberechtigten und Absonderungsgläubiger an einer Forderung auf Einkünfte aus einem Arbeitsverhältnis oder auf sonstige wiederkehrende Leistungen mit

Einkommensersatzfunktion, ihre Aussonderungs- oder Absonderungsrechte innerhalb der Anmeldungsfrist geltend zu machen,
10. eine kurze Belehrung über die Folgen einer Versäumung der Anmeldungsfrist und
11. den Ort und die Zeit der allgemeinen Prüfungstagsatzung.

(3) Die erste Gläubigerversammlung ist in der Regel nicht über 14 Tage, die allgemeine Prüfungstagsatzung in der Regel auf 60 bis 90 Tage nach der Eröffnung des Insolvenzverfahrens und die Anmeldungsfrist in der Regel auf 14 Tage vor der allgemeinen Prüfungstagsatzung anzuordnen.

Anmerkungen
Die Einleitung eines **Restrukturierungsverfahrens** ist nur auf *Antrag des Schuldners* öffentlich bekannt zu machen (§ 44 ReO – *Europäisches Restrukturierungsverfahren.*). Dann fällt das Verfahren in den Anwendungsbereich der der EuInsVO. Diese öffentliche Bekanntmachung erfolgt aber in der *Ediktsdatei* (§ 44 Abs 9 ReO).

§ 75

(1) Ausfertigungen des Ediktes sind zuzustellen:
1. jedem Insolvenzgläubiger, dessen Anschrift bekannt ist;
2. jedem im Unternehmen errichteten Organ der Belegschaft.
3. auf die nach den zur Verfügung stehenden technischen Mitteln schnellste Art der Oesterreichischen Nationalbank, wenn das Insolvenzverfahren vom Gerichtshof erster Instanz eröffnet wurde.

(2) Ausfertigungen des Ediktes sind, wenn der Schuldner Unternehmer ist, der für ihn und der für seine Arbeitnehmer zuständigen gesetzlichen Interessenvertretung zuzustellen. Hat der Schuldner das Vermögensverzeichnis und die Bilanz (§ 100) bereits vorgelegt, so sind sie anzuschließen.

Anhörung der gesetzlichen Interessenvertretungen und des Landesarbeitsamts
§ 76

Die gesetzlichen Interessenvertretungen (§ 75 Abs. 2) und das Bundesamt für Soziales und Behindertenwesen sowie die Landesgeschäftsstelle des Arbeitsmarktservice können sich innerhalb dreier Wochen über die im § 81a Abs. 1 bezeichneten Umstände äußern. Die Äußerungen sind dem Insolvenzverwalter und dem Gläubigerausschuß zur Kenntnis zu bringen. Wenn die hiefür notwendigen Abschriften beigebracht werden, sind die Äußerungen auf Verlangen der Äußerungsberechtigten auch den Gläubigern zuzustellen.

Anmerkung der Eröffnung des Insolvenzverfahrens
§ 77

Das Insolvenzgericht hat zu veranlassen, daß die Eröffnung des Insolvenzverfahrens im öffentlichen Buche bei den Liegenschaften und Forderungen des Schuldners und erforderlichenfalls auch in den Schiffs- und Patentregistern sowie in den gegen den Schuldner aufgenommenen Pfändungsprotokollen unter Ersichtlichmachung des Tages der Eröffnung des Insolvenzverfahrens angemerkt wird.

Anmerkungen
Eine vergleichbare Regelung gibt es in der **Restrukturierungsordnung** nicht.

Eintragungen und Löschungen im Firmenbuch
§ 77a

(1) Ist die Firma des Schuldners im Firmenbuch eingetragen, so hat das Insolvenzgericht folgende Eintragungen im Firmenbuch zu veranlassen:
1. die Eröffnung des Konkurs- oder Sanierungsverfahrens unter Angabe, ob dem Schuldner die Eigenverwaltung zusteht, sowie die Änderung der Bezeichnung von Sanierungs- auf Konkursverfahren und die Entziehung der Eigenverwaltung, jeweils unter Angabe ihres Tages;
2. die Aufhebung des Insolvenzverfahrens, sofern es sich nicht um den Fall des § 79 handelt;
3. die Art der Überwachung der Erfüllung des Sanierungsplans;
4. einstweilige Vorkehrungen nach § 73;
5. den Namen des Sanierungs- oder Masseverwalters, des besonderen Verwalters nach § 86 und des Treuhänders;
6. die Nichteröffnung eines Insolvenzverfahrens mangels kostendeckenden Vermögens;
7. die Zurückweisung des Antrags auf Eröffnung des Insolvenzverfahrens gemäß § 63.

(2) Ändern sich die in Abs. 1 Z 3 bis 5 angeführten Tatsachen oder wird das Insolvenzverfahren nach § 79 aufgehoben, so hat das Insolvenzgericht die Löschung dieser Eintragungen im Firmenbuch zu veranlassen. Nach Ablauf von fünf Jahren ab Aufhebung des Insolvenzverfahrens oder nach einem beschlussmäßigen Ausschluss der Einsicht in die Insolvenzdatei wegen Erfüllung des Sanierungsplans oder des Zahlungsplans hat das Firmenbuchgericht sämtliche Eintragungen nach Abs. 1 Z 1 bis 5 auf Antrag des Schuldners zu löschen.

Anmerkungen
Eine vergleichbare Regelung gibt es in der **Restrukturierungsordnung** nicht.

Sicherungsmaßnahmen und Benachrichtigungen von der Eröffnung des Insolvenzverfahrens
§ 78

(1) Zugleich mit der Eröffnung des Insolvenzverfahrens hat das Insolvenzgericht alle Maßnahmen zu treffen, die zur Sicherung der Masse und zur Fortführung eines Unternehmens dienlich sind. Vor dessen Schließung hat es den Insolvenzverwalter und den Gläubigerausschuß sowie, wenn es rechtzeitig möglich ist, den Schuldner und sonstige Auskunftspersonen (§ 254 Abs. 5) zu vernehmen.

(2) Das Gericht hat zugleich mit der Eröffnung des Insolvenzverfahrens die Post- und Telegraphendienststellen, die nach Lage der Wohnung und der Betriebsstätte in Betracht kommen, von der Eröffnung des Insolvenzverfahrens zu benachrichtigen. Solange es keinen gegenteiligen Beschluß faßt, haben diese Stellen dem Insolvenzverwalter alle Sendungen auszuhändigen, die sonst dem Schuldner auszufolgen wären. Das gilt nicht für die mit der Post beförderten gerichtlichen oder sonstigen amtlichen Briefsendungen, sofern sie mit einem auf die Zulässigkeit der Zustellung trotz der Postsperre hinweisenden amtlichen Vermerk versehen sind.

(3) Der Insolvenzverwalter darf die ihm ausgehändigten Sendungen öffnen. Er hat gerichtliche und sonstige amtliche Schriftstücke, die die Masse nicht berühren, mit einem auf die Anhängigkeit des Insolvenzverfahrens hinweisenden Vermerk zurückzusenden. Ansonsten hat der Insolvenzverwalter dem Schuldner Einsicht in die an diesen gerichteten Mitteilungen zu gewähren und ihm die Sendungen, die die Masse nicht berühren, unverzüglich auszufolgen.

Anmerkungen

Geändert durch das **4. COVID-19-Gesetz BGBl I 24/2020** (Entfall der Absätze 4 und 5). Zu den Konsequenzen des Entfalls der Verständigung von Kreditinstituten *Hämmerle*, ZIK 2020/220.

Verständigung der Arbeitnehmer
§ 78a

Der Insolvenzverwalter hat die Arbeitnehmer des Schuldners unverzüglich von der Eröffnung des Insolvenzverfahrens zu verständigen, wenn sie nicht bereits vom Insolvenzgericht verständigt worden sind oder die Eröffnung des Insolvenzverfahrens nicht allgemein bekannt ist.

Anmerkungen

Arbeitnehmerforderungen sind generell vom Restrukturierungsverfahren ausgeschlossen bzw nicht betroffen (§ 3 Abs 1 Z 1 ReO). Eine mit § 78a IO vergleichbare Regelung ist in der **Restrukturierungsordnung** nicht enthalten.

Die Konsequenzen von Restrukturierungsplänen für Arbeitnehmer, wie zB die Auswirkungen auf die Arbeitsplätze, Kündigungen, Kurzarbeitsregelungen oder Ähnlichem, sind im Restrukturierungsplan darzustellen (§ 27 Abs 2 Z 7 lit d ReO); da aber Dienstnehmerforderungen durch den Ausschluss nicht gekürzt werden, also vollbefriedigt werden müssen, kommt ihnen auch kein Stimmrecht zu.

Bekanntmachung der Aufhebung des Insolvenzverfahrens
§ 79

(1) Ist der Beschluss, mit dem das Insolvenzverfahren eröffnet worden ist, auf Grund eines Rekurses rechtskräftig abgeändert worden, so ist dies in derselben Weise öffentlich bekannt zu machen, wie die Eröffnung des Insolvenzverfahrens.

(2) Die Beendigung der Wirkungen der Eröffnung des Insolvenzverfahrens ist den Behörden und Stellen mitzuteilen, die gemäß §§ 75 und 78 von der Eröffnung des Insolvenzverfahrens benachrichtigt worden sind.

(3) Gleichzeitig ist zu veranlassen, daß die gemäß § 77 vollzogenen Anmerkungen der Eröffnung des Insolvenzverfahrens und die Eintragung in die Insolvenzdatei gelöscht und alle die freie Verfügung des Schuldners beschränkenden Maßnahmen aufgehoben werden.

Anmerkungen

Das „normale" **Restrukturierungsverfahren** ist nicht öffentlich. Es erfolgen keine Verständigungen; konsequent ist dies auch am Ende des Verfahrens nicht vorgesehen.

Lediglich im *europäischen Restrukturierungsverfahren* erfolgen einzelne öffentliche Bekanntmachungen. Dazu zählt auch die Aufhebung und die Einstellung des Restrukturierungsverfahrens sowie der Eintritt der Rechtskraft des Einstellungsbeschlusses (§ 44 Abs 2 Z 4 ReO).

Dritter Abschnitt
Organe des Insolvenzverfahrens

Insolvenzverwalter
§ 80

(1) **Das Insolvenzgericht hat bei der Eröffnung des Verfahrens von Amts wegen einen Insolvenzverwalter zu bestellen. Lehnt der Bestellte die Übernahme der Tätigkeit ab, wird er seines Amtes enthoben oder fällt er sonst weg, so hat das Gericht von Amts wegen eine andere Person zum Insolvenzverwalter zu bestellen; die Bestellung eines anderen Insolvenzverwalters ist öffentlich bekanntzumachen.**

(2) **Zum Insolvenzverwalter ist eine unbescholtene, verlässliche und geschäftskundige Person zu bestellen, die Kenntnisse im Insolvenzwesen hat.**

(3) **Die in Aussicht genommene Person muss in Insolvenzverfahren, die Unternehmen betreffen, ausreichende Fachkenntnisse des Wirtschaftsrechts oder der Betriebswirtschaft haben oder eine erfahrene Persönlichkeit des Wirtschaftslebens sein. Wenn das Insolvenzverfahren ein Unternehmen betrifft, das im Hinblick auf seine Größe, seinen Standort, seine wirtschaftlichen Verflechtungen oder aus anderen gleich wichtigen Gründen von wirtschaftlicher Bedeutung ist, ist eine im Insolvenzwesen besonders erfahrene Person heranzuziehen. Erforderliche Anfragen des Gerichts über diese Eigenschaften sind von den Behörden und den zuständigen gesetzlichen Interessenvertretungen umgehend zu beantworten.**

(4) **Der Insolvenzverwalter erhält eine Bestellungsurkunde.**

(5) **Zum Insolvenzverwalter kann auch eine juristische Person bestellt werden. Sie hat dem Gericht bekanntzugeben, wer sie bei Ausübung der Insolvenzverwaltung vertritt.**

Auswahl des Insolvenzverwalters
§ 80a

(1) Das Insolvenzgericht hat eine für den jeweiligen Einzelfall geeignete Person auszuwählen, die eine zügige Durchführung des Insolvenzverfahrens gewährleistet. Dabei hat das Gericht insbesondere das Vorhandensein einer hinreichenden Kanzleiorganisation und einer zeitgemäßen technischen Ausstattung sowie die Belastung mit anhängigen Insolvenzverfahren zu berücksichtigen.

(2) Bei der Auswahl hat das Gericht weiters zu berücksichtigen:
1. allfällige besondere Kenntnisse, insbesondere der Betriebswirtschaft sowie des Insolvenz-, Steuer- und Arbeitsrechts,
2. die bisherige Tätigkeit der in Aussicht genommenen Person als Insolvenzverwalter und
3. deren Berufserfahrung.

(3) Erfüllt keine der in die Insolvenzverwalterliste aufgenommenen Personen diese Anforderungen oder ist keine bereit, die Insolvenzverwaltung zu übernehmen, oder ist eine besser geeignete, zur Übernahme bereite Person nicht in die Liste eingetragen, so kann das Insolvenzgericht eine nicht in die Insolvenzverwalterliste eingetragene Person auswählen.

Anmerkungen
Zum Restrukturierungsbeauftragten im **Restrukturierungsverfahren** ist eine unbescholtene, verlässliche und geschäftskundige Person zu bestellen. Sie muss ausreichende Fachkenntnisse des Restrukturierungsrechts, des Wirtschaftsrechts oder der Betriebswirtschaft haben. § 80a IO ist anzuwenden (§ 11 Abs 1 ReO).

Unabhängigkeit des Insolvenzverwalters
§ 80b

(1) Der Insolvenzverwalter muss vom Schuldner und von den Gläubigern unabhängig sein. Er darf kein naher Angehöriger (§ 32) und kein Konkurrent des Schuldners sein und auch nicht in einem vorangegangenen Reorganisationsverfahren Reorganisationsprüfer gewesen sein.

(2) Der Insolvenzverwalter hat Umstände, die geeignet sind, seine Unabhängigkeit in Zweifel zu ziehen, unverzüglich dem Gericht anzuzeigen. Er hat dem Insolvenzgericht jedenfalls bekannt zu geben, dass er

1. den Schuldner, dessen nahe Angehörige (§ 32) oder organschaftliche Vertreter vertritt oder berät oder dies innerhalb von fünf Jahren vor Eröffnung des Insolvenzverfahrens getan hat,
2. einen Gläubiger des Schuldners vertritt oder berät oder einen Gläubiger gegen den Schuldner innerhalb von drei Jahren vor Eröffnung des Insolvenzverfahrens vertreten oder beraten hat oder
3. einen unmittelbaren Konkurrenten oder vom Verfahren wesentlich Betroffenen vertritt oder berät.

(3) Ist der Insolvenzverwalter eine juristische Person *oder eine eingetragene Personengesellschaft*, so hat diese das Vorliegen einer Vertretung oder Beratung nach Abs. 2 Z 1 bis 3 auch hinsichtlich der Gesellschafter, der zur Vertretung nach außen berufenen sowie der maßgeblich an dieser juristischen Person *oder dieser eingetragenen Personengesellschaft* beteiligten Personen dem Insolvenzgericht bekannt zu geben.

(4) Die vom Insolvenzverwalter bekannt gegebenen Umstände sind in der ersten Gläubigerversammlung zu erörtern; bei späterer Bekanntgabe in einer zu diesem Zweck vom Gericht einberufenen Gläubigerversammlung.

EB RIRUG zu § 80b IO

In Abs. 3 wird berücksichtigt, dass nach § 80 Abs. 5 zum Insolvenzverwalter nicht nur eine juristische Person, sondern auch eine eingetragene Personengesellschaft bestellt werden kann.

Anmerkungen

Auch der Restrukturierungsbeauftragte muss vom Schuldner und von den Gläubigern unabhängig sein. Er darf kein naher Angehöriger (§ 32 IO) und kein Konkurrent des Schuldners sein. § 80b Abs 2 und 3 IO sind anzuwenden (§ 11 Abs 2 ReO).

Pflichten und Verantwortlichkeit des Insolvenzverwalters
§ 81

(1) Der Insolvenzverwalter hat die durch den Gegenstand seiner Geschäftsführung gebotene Sorgfalt (§ 1299 ABGB) anzuwenden und über seine Verwaltung genaue Rechnung zu legen.

(2) Gegenüber den Sonderinteressen einzelner Beteiligter hat er die gemeinsamen Interessen zu wahren.

(3) Der Insolvenzverwalter ist allen Beteiligten für Vermögensnachteile, die er ihnen durch pflichtwidrige Führung seines Amtes verursacht, verantwortlich.

(4) Der Insolvenzverwalter hat die ihm zugewiesenen Tätigkeiten selbst auszuüben. Für einzelne Tätigkeiten, insbesondere die Prüfung der Bücher, die Schätzung des Anlage- und Umlaufvermögens und die vorausschauende Beurteilung der Erfolgsaussichten einer Unternehmensfortführung kann er Dritte mit Zustimmung des Gerichtes heranziehen. Diese darf nur erteilt werden, wenn die betreffende Tätigkeit besondere Schwierigkeiten bietet, der zu Betrauende zur Erfüllung der Aufgabe geeignet und verläßlich ist und eine wesentliche Schmälerung der Masse nicht zu gewärtigen ist. Unter diesen Voraussetzungen kann das Gericht auch von Amts wegen oder auf Antrag des Insolvenzverwalters oder des Gläubigerausschusses die Prüfung durch Sachverständige anordnen. Gegen diesen Beschluß ist kein Rechtsmittel zulässig.

Anmerkungen

Die korrespondierenden Regelungen der **Restrukturierungsordnung** über Pflichten und Verantwortlichkeit des Restrukturierungbeauftragten sind an die Bestimmungen der IO angelehnt. Gegenüber Sonderinteressen hat der Restrukturierungsbeauftragte die gemeinsamen Interessen zu wahren (§ 12 Abs 3 ReO); bei pflichtwidriger Führung des Amtes wird er den Beteiligten für Vermögensnachteile verantwortlich. Der Sorgfaltsmaßstab bestimmt sich nach § 1299 ABGB.

Durch einen Verweis auf § 84 IO in § 12 Abs 2 ReO ist klargestellt, dass auch der Restrukturierungsbeauftragte der Überwachung durch das Gericht unterliegt.

Tätigkeit des Insolvenzverwalters
§ 81a

(1) Der Insolvenzverwalter hat sich unverzüglich genaue Kenntnis zu verschaffen über
1. die wirtschaftliche Lage,
2. die bisherige Geschäftsführung,
3. die Ursachen des Vermögensverfalls,
4. das Ausmaß der Gefährdung von Arbeitsplätzen,
5. das Vorliegen von Haftungserklärungen Dritter und
6. alle für die Entschließung der Gläubiger wichtigen Umstände.

(2) Er hat ferner unverzüglich den Stand der Masse zu ermitteln, für die Einbringung und Sicherstellung der Aktiven sowie für die Feststellung der Schulden, insbesondere durch Prüfung der angemeldeten

Ansprüche, zu sorgen und Rechtsstreitigkeiten, die die Masse ganz oder teilweise betreffen, zu führen.

(3) Der Insolvenzverwalter hat unverzüglich zu prüfen, ob das Unternehmen fortgeführt oder wieder eröffnet werden kann. Er hat spätestens bis zur Berichtstagsatzung zu prüfen, ob
1. eine Fortführung möglich ist und
2. ob ein Sanierungsplan dem gemeinsamen Interesse der Insolvenzgläubiger entspricht und ob dessen Erfüllung voraussichtlich möglich sein wird.

§ 82

(1) Der Insolvenzverwalter hat Anspruch auf eine Entlohnung zuzüglich Umsatzsteuer sowie auf Ersatz seiner Barauslagen. Die Entlohnung beträgt in der Regel 3 000 Euro zuzüglich

von den ersten 22 000 Euro der Bemessungsgrundlage	20%,
von dem Mehrbetrag bis zu 100 000 Euro	15%,
von dem Mehrbetrag bis zu 500 000 Euro	10%,
von dem Mehrbetrag bis zu 1 000 000 Euro	8%,
von dem Mehrbetrag bis zu 2 000 000 Euro	6%,
von dem Mehrbetrag bis zu 3 000 000 Euro	4%,
von dem Mehrbetrag bis zu 6 000 000 Euro	2%,
und von dem darüber hinausgehenden Betrag	1%.

(2) Bemessungsgrundlage nach Abs. 1 ist der bei der Verwertung erzielte Bruttoerlös, um dessen Einbringlichmachung sich der Insolvenzverwalter verdient gemacht hat, einschließlich der bei Verwertung von Sondermassen der Insolvenzmasse zufließenden Beträge und unter Abzug der Beträge, die aus der Masse an den Insolvenzverwalter oder an Dritte (§ 81 Abs. 4) geleistet wurden.

(3) Für die Fortführung des Unternehmens gebührt dem Insolvenzverwalter bei Vorlage des Kostenvoranschlags längstens innerhalb eines Monats ab Eröffnung des Insolvenzverfahrens, sonst ab Vorlage eine besondere Entlohnung, die den vom Insolvenzverwalter nach § 125a angesprochenen Betrag nicht um mehr als 15% überschreiten darf.

(4) Der Insolvenzverwalter kann den Ersatz von Auslagen, die ihm dadurch erwachsen sind, daß er Dritte (§ 81 Abs. 4) heranzieht, nur verlangen, wenn das Gericht zugestimmt hat.

Anmerkungen

Die Entlohnung des Insolvenzverwalters erfolgt nach einem Baukastensystem (Grundentlohnung, Entlohnung bei Sanierungsplan, Entlohnung bei Verwertung einer Sondermasse und Entlohnung für die Unternehmensfortführung). Aus den Bausteinen wird eine pauschale Gesamtentlohnung gebildet. Die Mindestentlohnung beträgt € 3.000 und kann nur einmal angesprochen werden. Um die Entlohnung für die Unternehmensfortführung ab Verfahrenseröffnung ansprechen zu können, muss der Insolvenzverwalter binnen einem Monat ab Verfahrenseröffnung einen Kostenvoranschlag legen. Längstens ist der Kostenvoranschlag in der Berichtstagsatzung vorzulegen (§ 125a Abs 1 IO).

Auch der **Restrukturierungsbeauftragte** hat Anspruch auf Ersatz der Barauslagen und eine angemessene Entlohnung für seine Mühewaltung. Die Entlohnung ist nach dem Umfang der Schwierigkeit und der Sorgfalt seiner Tätigkeit zu bemessen. § 125 IO ist anzuwenden (§ 15 Abs 1 ReO). Durch den Verweis auf § 125 IO ist klargestellt, dass die Entlohnung mit einem Pauschalbetrag analog §§ 82, 82a, 82b und 82c IO zu bestimmen ist.

Entlohnung bei Sanierungsplan
§ 82a

(1) Bei Annahme eines Sanierungsplans beträgt die Entlohnung des Insolvenzverwalters in der Regel 3 000 Euro zuzüglich von den ersten 50 000 Euro des zur Befriedigung der
Insolvenzgläubiger erforderlichen Betrags 4%,
von dem Mehrbetrag bis zu 500 000 Euro 3%,
von dem Mehrbetrag bis zu 1 500 000 Euro 2%,
und von dem darüber hinausgehenden Betrag 1%.

(2) Wurden auch Erlöse im Sinn des § 82 erzielt, so gebührt dem Insolvenzverwalter auch eine Entlohnung nach § 82. Die Mindestlohnung nach § 82 Abs. 1 steht ihm jedoch nicht zu.

Anmerkungen

Die Regelung normiert mit € 3.000,00 einen Grundbetrag; die Prozentbeträge je nach Bemessungsgrundlage (Erfordernis) sind diesem Grundbetrag hinzuzurechnen. Wird ein Sanierungsplan abgeschlossen, gebührt der Grundbetrag (siehe § 82a Abs 1 IO) nur einmal.

Erhöhung der Entlohnung
§ 82b

Die Regelentlohnung nach §§ 82 und 82a erhöht sich, soweit dies unter Berücksichtigung außergewöhnlicher Umstände geboten ist, und zwar insbesondere im Hinblick auf

1. die Größe und Schwierigkeit des Verfahrens,
2. den mit der Bearbeitung der Arbeitsverhältnisse verbundenen besonderen Aufwand,
3. den mit der Prüfung der Aus- und Absonderungsrechte verbundenen besonderen Aufwand oder
4. den für die Insolvenzgläubiger erzielten besonderen Erfolg.

Verminderung der Entlohnung
§ 82c

Die Regelentlohnung nach §§ 82 und 82a vermindert sich, soweit dies unter Berücksichtigung außergewöhnlicher Umstände geboten ist, und zwar insbesondere im Hinblick auf
1. die Einfachheit des Verfahrens,
2. die geringe Anzahl der Arbeitnehmer,
3. die Tatsache, dass der Insolvenzverwalter auf bestehende Strukturen des Unternehmens des Schuldners zurückgreifen konnte oder
4. die Tatsache, daß der erzielte Erfolg nicht auf die Tätigkeit des Insolvenzverwalters zurückzuführen war, sondern auf Leistungen des Schuldners oder Dritter.

Entlohnung bei Verwertung einer Sondermasse
§ 82d

Für die besondere Verwaltung, Verwertung und Verteilung einer Sondermasse gebührt dem Insolvenzverwalter eine besondere Entlohnung. Sie beträgt in der Regel
1. bei gerichtlicher Veräußerung von den ersten 250 000 Euro des bei der Verwertung der Sondermasse erzielten, nicht in die gemeinschaftliche Insolvenzmasse fließenden Erlöses   3%,
   von dem Mehrbetrag bis zu 1 000 000 Euro   2%,
   und von dem darüber hinausgehenden Betrag   1%;
2. bei anderer Verwertungsart von den ersten 250 000 Euro des bei der Verwertung der Sondermasse erzielten, nicht in die gemeinschaftliche Insolvenzmasse fließenden Erlöses   4%,
   von dem Mehrbetrag bis zu 1 000 000 Euro   2,75%,
   und von dem darüber hinausgehenden Betrag   1,5%.

§§ 82b und 82c gelten sinngemäß.

Anmerkungen

Der Sanierungsverwalter hat auch Anspruch auf eine Entlohnung nach den §§ 82 ff IO. Ausdrücklich normiert § 177 Abs 3 IO, dass die §§ 82, 82a, 82b, 82c sowie 125 und 125a IO anzuwenden sind. Dem Sanierungsverwalter gebührt auch für die Überwachung der Fortführung eine Entlohnung nach § 82 Abs 3 IO.

Befugnisse des Insolvenzverwalters
§ 83

(1) Im Verhältnis zu Dritten ist der Insolvenzverwalter, außer in den Fällen des § 117, kraft seiner Bestellung befugt, alle Rechtsgeschäfte und Rechtshandlungen vorzunehmen, welche die Erfüllung der Obliegenheiten seines Amtes mit sich bringt, insoweit nicht das Insolvenzgericht im einzelnen Fall eine Beschränkung der Befugnisse des Insolvenzverwalters verfügt und dem Dritten bekannt gegeben hat.

(2) Bedarf der Insolvenzverwalter eines besonderen Ausweises zur Vornahme eines Geschäftes oder einer Rechtshandlung, so ist ihm vom Insolvenzgericht von Fall zu Fall eine Ermächtigungsurkunde auszufertigen.

Überwachung des Insolvenzverwalters
§ 84

(1) Das Insolvenzgericht hat die Tätigkeit des Insolvenzverwalters zu überwachen. Es kann ihm schriftlich oder mündlich Weisungen erteilen, Berichte und Aufklärungen einholen, Rechnungen oder sonstige Schriftstücke einsehen und die erforderlichen Erhebungen vornehmen. Das Gericht kann anordnen, daß der Insolvenzverwalter über bestimmte Fragen Weisungen des Gläubigerausschusses einholt.

(2) Kommt der Insolvenzverwalter seinen Obliegenheiten nicht oder nicht rechtzeitig nach, so kann ihn das Gericht zur pünktlichen Erfüllung seiner Pflichten durch Geldstrafen anhalten und in dringenden Fällen auf seine Kosten und Gefahr zur Besorgung einzelner Geschäfte einen besonderen Verwalter bestellen.

(3) Über Beschwerden eines Gläubigers, eines Mitglieds des Gläubigerausschusses oder des Schuldners gegen einzelne Maßnahmen oder das Verhalten des Insolvenzverwalters entscheidet das Insolvenzgericht. Gegen dessen Entscheidung ist kein Rechtsmittel zulässig.

Stellvertreter des Insolvenzverwalters
§ 85

Aus Zweckmäßigkeitsgründen kann ein Stellvertreter des Insolvenzverwalters bestellt werden, der ihn im Falle der Verhinderung zu vertreten hat. Auf den Stellvertreter sind die für den Insolvenzverwalter geltenden Bestimmungen anzuwenden.

Besondere Verwalter
§ 86

(1) Das Insolvenzgericht kann dem Insolvenzverwalter besondere Verwalter beigeben, wenn
1. es der Umfang des Geschäfts erfordert,
    a) für bestimmte Zweige der Verwaltung, insbesondere für die Verwaltung von unbeweglichem Vermögen,
    b) für einzelne Tätigkeiten, insbesondere für solche, die besonderer Kenntnisse oder Fähigkeiten bedürfen,
2. dem Insolvenzverwalter die Unabhängigkeit gegenüber einem Gläubiger (§ 80b Abs. 2 Z 2) fehlt.

Die Rechte und Pflichten solcher Verwalter richten sich innerhalb ihres Geschäftskreises nach den für den Insolvenzverwalter geltenden Bestimmungen.

(2) Ist jedoch schon vor der Eröffnung des Insolvenzverfahrens die Zwangsverwaltung erwirkt worden, so ist der Zwangsverwalter, wenn nicht überwiegende Gründe die Bestellung einer anderen Person notwendig machen, zum besonderen Verwalter zu bestellen.

(3) Haben Absonderungsgläubiger die Zwangsverwaltung erst nach der Eröffnung des Insolvenzverfahrens erwirkt, so ist dem schon bestellten besonderen Verwalter in der Regel auch das Amt des Zwangsverwalters zu übertragen.

Enthebung des Insolvenzverwalters
§ 87

(1) Das Insolvenzgericht kann den Insolvenzverwalter aus wichtigen Gründen von Amts wegen oder auf Antrag entheben.

(2) Ein Enthebungsantrag kann jederzeit vom Schuldner oder von jedem Mitglied des Gläubigerausschusses gestellt werden. Die erste und

jede spätere zur Verhandlung dieses Gegenstands einberufene Gläubigerversammlung (§ 91 Abs. 1) können die Enthebung beantragen. Der Enthebungsantrag ist zu begründen.

(3) Vor der Entscheidung hat das Gericht die Mitglieder des Gläubigerausschusses, und, wenn tunlich, den Insolvenzverwalter zu vernehmen.

Belohnung der bevorrechteten Gläubigerschutzverbände
§ 87a

(1) Die bevorrechteten Gläubigerschutzverbände haben für ihre Tätigkeit zur Unterstützung des Gerichts sowie für die Vorbereitung eines Sanierungsplans bzw. für die Ermittlung und Sicherung des Vermögens zum Vorteil aller Gläubiger einen Anspruch auf Belohnung zuzüglich Umsatzsteuer. Diese beträgt für alle am Verfahren teilnehmenden bevorrechteten Gläubigerschutzverbände gemeinsam in der Regel
1. 10% der dem Insolvenzverwalter nach §§ 82 bis 82c zugesprochenen Nettoentlohnung, wenn es zu einer Verteilung an die Insolvenzgläubiger kommt, und
2. 15% der dem Insolvenzverwalter nach §§ 82 bis 82c zugesprochenen Nettoentlohnung bei Annahme eines Sanierungsplans.

(2) Die Belohnung ist unter den bevorrechteten Gläubigerschutzverbänden in der Regel wie folgt aufzuteilen:
1. 30% der Belohnung sind gleichteilig aufzuteilen;
2. 70% der Belohnung sind nach Anzahl der vom jeweiligen bevorrechteten Gläubigerschutzverband vertretenen Gläubiger unter denjenigen bevorrechteten Gläubigerschutzverbänden aufzuteilen, die nicht überwiegend Gläubiger vertreten, deren Forderungen kraft Gesetzes großteils auf eine Garantieeinrichtung übergegangen sind.

(3) Von der Regelbelohnung kann das Gericht unter sinngemäßer Anwendung der §§ 82b und 82c abweichen.

Gläubigerausschuß
§ 88

(1) Das Gericht hat unverzüglich dem Insolvenzverwalter von Amts wegen oder auf Antrag der ersten oder einer späteren zur Verhandlung dieses Gegenstands einberufenen Gläubigerversammlung (§ 91 Abs. 1) einen Gläubigerausschuß von drei bis sieben Mitgliedern (hievon eines

für die Belange der Arbeitnehmer) beizuordnen, wenn die Eigenart oder der besondere Umfang des Unternehmens des Schuldners dies geboten erscheinen läßt. Im Fall einer beabsichtigten Veräußerung oder Verpachtung nach § 117 Abs. 1 Z 1 oder 2 hat das Gericht dem Insolvenzverwalter stets einen Gläubigerausschuss beizuordnen. Hiebei ist, wenn tunlich, auf Vorschläge der Gläubiger, der im Unternehmen errichteten Organe der Belegschaft sowie der gesetzlichen und der freiwilligen Interessenvertretungen der Gläubiger (einschließlich der bevorrechteten Gläubigerschutzverbände) Bedacht zu nehmen. Organe der Belegschaft und gesetzliche Interessenvertretungen sind, wenn es rechtzeitig möglich ist, jedenfalls zu vernehmen; erforderliche Anfragen des Gerichtes sind von den gesetzlichen Interessenvertretungen umgehend zu beantworten. Die Beiordnung des Gläubigerausschusses und die Namen der Mitglieder sind öffentlich bekannt zu machen.

(2) Zu Mitgliedern des Gläubigerausschusses können auch physische und juristische Personen, die nicht Gläubiger sind, sowie Dienststellen der Gebietskörperschaften bestellt werden. Jedes Mitglied kann sich bei der Erfüllung seiner Pflichten auf eigene Gefahr und Kosten vertreten lassen.

(3) Das Gericht hat Mitglieder des Gläubigerausschusses von Amts wegen oder auf Antrag der ersten oder einer späteren zur Verhandlung dieses Gegenstands einberufenen Gläubigerversammlung (§ 91 Abs. 1) aus wichtigen Gründen, insbesondere, wenn sie ihren Obliegenheiten nicht oder nicht rechtzeitig nachkommen, zu entheben.

(4) Lehnt ein Mitglied des Gläubigerausschusses die Übernahme der Tätigkeit ab, wird es seines Amtes enthoben oder fällt es sonst weg, so hat das Gericht eine andere Person zum Mitglied des Gläubigerausschusses zu bestellen.

Anmerkungen
Im **Restrukturierungsverfahren** ist kein Gläubigerausschuss vorgesehen.

Pflichten, Verantwortlichkeit und Belohnung des Gläubigerausschusses
§ 89

(1) Der Gläubigerausschuß hat die Pflicht, den Insolvenzverwalter zu überwachen und zu unterstützen. Er hat die Kasse des Insolvenzver-

walters durch wenigstens zwei seiner Mitglieder von Zeit zu Zeit und jedesmal, wenn dies das Insolvenzgericht anordnet, prüfen zu lassen.

(2) Die Mitglieder des Gläubigerausschusses dürfen zur Insolvenzmasse gehörige Sachen selbst oder durch Dritte anders als durch Übernahmsantrag oder bei einer öffentlichen Versteigerung nur mit Genehmigung der Gläubigerversammlung an sich bringen. Sie sind allen Beteiligten für Vermögensnachteile, die sie durch Übertretung dieser Vorschrift oder sonst durch pflichtwidriges Verhalten verursachen, verantwortlich und können vom Insolvenzgericht durch Ordnungsstrafen zur Erfüllung ihrer Pflichten angehalten werden.

(3) Der Gläubigerausschuss ist vom Insolvenzgericht oder vom Insolvenzverwalter schriftlich einzuberufen, wobei in den Fällen des § 117 auch der Schuldner mit dem Hinweis zu verständigen ist, dass ihm eine Teilnahme an der Sitzung freisteht. Die Einberufung kann jedes Mitglied des Gläubigerausschusses unter Darlegung der Gründe beantragen; der Gläubigerausschuß ist insbesondere einzuberufen, wenn es von der Mehrheit des Gläubigerausschusses beantragt wird. Zu einem Beschluß bedarf es so vieler Stimmen, als der Mehrheit aller Mitglieder des Gläubigerausschusses entspricht. Die Abstimmung kann auf schriftlichem Weg stattfinden. In eigener Sache kann niemand mitstimmen.

(4) Jedes Mitglied des Gläubigerausschusses, das mit seiner Auffassung nicht durchdringt, kann einen Minderheitsbericht abfassen und dem Gericht vorlegen.

(5) Den Mitgliedern des Gläubigerausschusses gebührt keine Belohnung, wohl aber der Ersatz ihrer notwendigen Auslagen. Werden ichnen jedoch durch Verfügung des Insolvenzgerichts oder Beschluß des Gläubigerausschusses besondere Geschäfte übertragen, so kann ihnen mit Genehmigung des Insolvenzgerichts eine besondere Vergütung gewährt werden.

Rechte des Insolvenzgerichts beim Mangel eines Gläubigerausschusses
§ 90

Solange ein Gläubigerausschuß nicht bestellt ist, hat das Insolvenzgericht die dem Gläubigerausschuß zugewiesenen Obliegenheiten. Wenn die Zustimmung des Gläubigerausschusses vorgeschrieben ist, kann das Insolvenzgericht den Beschluß der Gläubigerversammlung einholen.

Gläubigerversammlung
§ 91

(1) Die Gläubigerversammlung wird vom Insolvenzgericht einberufen und geleitet. Sie ist insbesondere einzuberufen, wenn es vom Insolvenzverwalter, vom Gläubigerausschuß oder von wenigstens zwei Insolvenzgläubigern, deren Forderungen nach Schätzung des Insolvenzgerichts den vierten Teil der Insolvenzforderungen erreichen, unter Angabe des Verhandlungsgegenstandes beantragt wird.

(2) Die Einberufung ist unter Angabe des Verhandlungsgegenstandes öffentlich bekanntzumachen. Die öffentliche Bekanntmachung kann entfallen, wenn in einer Gläubigerversammlung die Fortsetzung der Verhandlung unter Festsetzung von Ort, Tag und Stunde angeordnet wird.

(3) Über Gegenstände, deren Verhandlung nicht in dieser Weise angekündigt worden ist, können Beschlüsse nicht gefaßt werden; hiervon ist jedoch der Beschluß über den Antrag auf Einberufung einer neuen Gläubigerversammlung ausgenommen.

Berichtstagsatzung
§ 91a

Das Gericht hat eine Gläubigerversammlung, in der die Entscheidung über die weitere Vorgangsweise (Fortführung oder Schließung des Unternehmens, Sanierungsplan) getroffen werden soll, anzuberaumen, wenn das Unternehmen noch nicht geschlossen wurde. Diese Tagsatzung kann mit der allgemeinen Prüfungstagsatzung verbunden werden. Sie hat spätestens 90 Tage nach Eröffnung des Insolvenzverfahrens stattzufinden. Sie kann auch den Zweck der ersten Gläubigerversammlung erfüllen, die in diesem Fall entfällt. Sie ist, wenn sie gleichzeitig mit der Eröffnung des Insolvenzverfahrens angeordnet wird, im Edikt, sonst gesondert, öffentlich bekanntzumachen.

Beschlusserfordernisse in der Gläubigerversammlung
§ 92

(1) Beschlüsse und Anträge bedürfen der absoluten Mehrheit der Stimmen, die nach dem Betrag der Forderungen zu berechnen ist.

(2) Es sind nur die Stimmen der bei der Gläubigerversammlung erschienenen Insolvenzgläubiger zu zählen.

(3) Ein Mitstimmen in eigener Sache ist nur bei Anträgen möglich.

Stimmrecht bei der Gläubigerversammlung
§ 93

(1) Zur Teilnahme an den Abstimmungen berechtigen die festgestellten Insolvenzforderungen.

(2) Für Forderungen der Absonderungsgläubiger und der Gläubiger einer eingetragenen Personengesellschaft im Insolvenzverfahren eines unbeschränkt haftenden Gesellschafters wird ein Stimmrecht nur gewährt, soweit der Gläubiger dies begehrt, und nur für den Teil der Forderung, der voraussichtlich durch die anderweitige Geltendmachung nicht gedeckt ist.

(3) Gläubiger, deren Forderungen noch nicht geprüft, die bestritten oder bedingt sind, sowie Gläubiger im Sinne des Abs. 2 nehmen zunächst an der Abstimmung teil.

(4) Stellt sich heraus, dass das Ergebnis der Abstimmung verschieden ist, je nachdem ob und inwieweit die von einem der in Abs. 3 genannten Gläubiger abgegebene Stimme gezählt wird oder nicht, so hat das Insolvenzgericht nach vorläufiger Prüfung und Einvernehmung der Parteien zu entscheiden, ob und inwieweit die Stimme dieses Gläubigers zu zählen ist. Ein Rechtsmittel gegen die Entscheidung ist unzulässig, doch kann die Entscheidung auf Antrag bei einer späteren Abstimmung abgeändert werden.

Anmerkungen

Liegt keine Stimmrechtsentscheidung nach § 93 IO vor, kann eine vorläufige Feststellung des Ausfalls nach § 156b IO durch das Insolvenzgericht über Antrag des Schuldners oder des Gläubigers erfolgen.

§ 93 Abs 3 bis 4 IO sind auch im **Restrukturierungsverfahren** anzuwenden (§ 32 Abs 4 ReO). Absonderungsgläubiger stimmen mit dem besicherten Teil ihrer Forderungen in der Klasse der besicherten Gläubiger ab, mit dem Rest als unbesicherte Gläubiger (EB RIRUG Allgemeiner Teil). Allerdings gibt es im Restrukturierungsverfahren kein Prüfungsverfahren und gibt es daher keine festgestellten Forderungen. Der Verweis auf § 93 Abs 3 IO in § 32 Abs 4 ReO ist daher so zu verstehen, dass alle Forderungen betroffener Gläubiger in den jeweiligen Gläubigerklassen stimmberechtigt sind. Eine Stimmrechtsentscheidung wird nur bei Einwendungen gegen die Forderung (§ 32 Abs 2 ReO) erfolgen (*Mohr*, ZIK 2021/93, 92).

Forderungserwerb durch Abtretung
§ 94

Insolvenzgläubigern, die erst nach der Eröffnung des Insolvenzverfahrens die Forderung durch rechtsgeschäftliche Abtretung erworben haben, gebührt kein Stimmrecht, es sei denn, dass sie die Forderung aufgrund eines vor der Eröffnung des Insolvenzverfahrens eingegangenen Verpflichtungsverhältnisses übernommen haben.

Anmerkungen
§ 94 IO ist auch im **Restrukturierungsverfahren** anzuwenden (§ 32 Abs 4 ReO).

Aufhebung von Beschlüssen
§ 95

(1) Die Beschlüsse des Gläubigerausschusses sind vom Insolvenzverwalter dem Insolvenzgericht unverzüglich mitzuteilen.

(2) Das Insolvenzgericht hat einen Beschluss des Gläubigerausschusses oder der Gläubigerversammlung von Amts wegen oder auf Antrag des Insolvenzverwalters oder jedes Mitglieds des Gläubigerausschusses binnen acht Tagen aufzuheben, wenn er dem gemeinsamen Interesse der Insolvenzgläubiger widerspricht oder andere gleich gewichtige Gründe vorliegen.

(3) In dringenden Fällen kann das Gericht zur Unterbindung eines offenbaren Nachteils den Beschluß des Gläubigerausschusses oder der Gläubigerversammlung durch eine andere Verfügung ersetzen.

Vierter Abschnitt
Feststellung der Insolvenzmasse
Inventar und Schätzung
§ 96

(1) Über die Masse ist, wenn möglich unter Zuziehung des Schuldners, vom Insolvenzverwalter unverzüglich ein Inventar zu errichten. Das Insolvenzgericht kann die zur Durchführung dieser Maßnahmen erforderlichen Anordnungen treffen; es kann von Amts wegen oder auf Antrag des Insolvenzverwalters ein Vollstreckungsorgan mit der Errichtung des Inventars betrauen, sofern voraussichtlich Gegenstände zur Masse gehören, die nach Abs. 2 von diesem geschätzt werden können.

(2) Mit der Errichtung des Inventars ist in der Regel die Schätzung zu verbinden; sie kann jedoch aus Zweckmäßigkeitsgründen vom Insolvenzgericht aufgeschoben werden. Die Zuziehung eines Sachverständigen zum Zwecke der Schätzung genügt; auch diese Zuziehung kann entfallen, wenn Mitglieder des Gläubigerausschusses die Bewertung mit Genehmigung des Insolvenzgerichts selbst vornehmen. Wohnungseinrichtungsstücke und sonstige Gegenstände minderen und allgemein bekannten Werts können auch von dem mit der Inventarisierung betrauten Vollstreckungsorgan geschätzt werden.

(3) Auf Schätzungen unbeweglicher Sachen sind die Vorschriften der Exekutionsordnung sinngemäß anzuwenden.

a) bei fremden Sachen und Sachen in fremdem Gewahrsame
§ 97

(1) Sachen, von denen es zweifelhaft ist, ob sie in die Masse gehören, sind in das Inventar aufzunehmen; die von dritten Personen erhobenen Ansprüche sind anzumerken.

(2) Wer Sachen, die zur Insolvenzmasse gehören, in seiner Gewahrsame hat, ist, sobald er von der Eröffnung des Insolvenzverfahrens Kenntnis erlangt, bei sonstiger Haftung für den durch sein Verschulden verursachten Schaden verpflichtet, dies dem Insolvenzverwalter anzuzeigen sowie die Verzeichnung und Abschätzung zu gestatten.

(3) Wer im letzten Jahre vor der Eröffnung des Insolvenzverfahrens Buchforderungen des Schuldners erworben hat, ist verpflichtet, auf Verlangen des Insolvenzverwalters ein Verzeichnis dieser Forderungen

zur Verfügung zu stellen sowie Abrechnungen über die jeweils darauf eingegangenen Beträge zu erteilen.

(4) Das Insolvenzgericht kann die zur Durchführung dieser Maßnahmen erforderlichen Anordnungen treffen.

b) bei Erbschaften
§ 98

(1) Ist dem Schuldner noch vor der Eröffnung des Insolvenzverfahrens eine Erbschaft angefallen und bis zum Tage der Eröffnung des Insolvenzverfahrens noch nicht eingeantwortet worden, so ist in das Inventar über die Insolvenzmasse nur dasjenige aufzunehmen, was dem Schuldner nach dem Ergebnisse der Verlassenschaftsabhandlung zukommt.

(2) Wird auch über die Erbschaft das Insolvenzverfahren eröffnet, so ist dieses als abgesondertes Insolvenzverfahren zu verhandeln.

(3) Die vorstehenden Bestimmungen sind auch auf Erbschaften anzuwenden, die dem Schuldner erst während des Insolvenzverfahrens anfallen.

Verpflichtung des Schuldners
§ 99

Der Schuldner ist verpflichtet, dem Insolvenzverwalter alle zur Geschäftsführung erforderlichen Aufklärungen zu erteilen.

Vermögensverzeichnis und Bilanz
§ 100

(1) Das Insolvenzgericht hat einen Schuldner, der vor der Eröffnung des Insolvenzverfahrens ein genaues Vermögensverzeichnis nicht überreicht hat, zu dessen unverzüglicher Vorlage anzuhalten. Vom Vermögensverzeichnis sind so viele gleichlautende Abschriften (Ablichtungen) vorzulegen, daß die Verständigungen (§ 75) bewirkt, eine Abschrift dem Insolvenzverwalter zugeleitet und eine weitere für die Gerichtsakten zurückbehalten werden kann; das gilt auch für etwa überreichte Bilanzen.

(Abs 2 aufgehoben)

(3) Hat der Schuldner eine Bilanz vorgelegt, so ist sie vom Insolvenzverwalter zu prüfen und zu berichtigen. Andernfalls kann das Insol-

venzgericht dem Insolvenzverwalter auftragen, unter Beobachtung der Vorschriften des § 96, Absatz 2, selbst eine Bilanz aufzustellen.

(4) Der Schuldner muss das Verzeichnis oder die von ihm vorgelegte Bilanz eigenhändig unterschreiben und sich zugleich bereiterklären, vor dem Insolvenzgericht zu unterfertigen, dass seine Angaben über den Aktiv- und Passivstand richtig und vollständig seien und dass er von seinem Vermögen nichts verschwiegen habe.

(5) Sobald der Aktivstand durch das Inventar richtiggestellt ist, hat der Schuldner das Vermögensverzeichnis vor dem Insolvenzgericht auf Antrag des Insolvenzverwalters oder eines Insolvenzgläubigers oder auf Anordnung des Insolvenzgerichts zu unterfertigen. Zu dieser Tagsatzung sind der Insolvenzverwalter, die Mitglieder des Gläubigerausschusses und der Antragsteller zu laden.

(6) Ist eine Verlassenschaft, eine eingetragene Personengesellschaft oder eine juristische Person Schuldner, so bestimmt das Insolvenzgericht, ob alle oder welche von den Erben, unbeschränkt haftenden Gesellschafter oder Liquidatoren oder von den zur Vertretung der juristischen Person berechtigten Personen das Vermögensverzeichnis vor dem Insolvenzgericht zu unterfertigen haben.

Inhalt des Vermögensverzeichnisses
§ 100a

(1) In das Vermögensverzeichnis sind die einzelnen Vermögensstücke (Aktiven) und Verbindlichkeiten (Passiven) unter Anführung ihres Betrages oder Wertes aufzunehmen. Bei Forderungen ist die Person des Schuldners, bei Verbindlichkeiten die Person des Gläubigers, bei beiden sind der Schuldgrund, der Zeitpunkt der Fälligkeit und etwa bestehende Sicherheiten anzugeben. Bei Forderungen ist weiter anzuführen, ob und inwieweit sie vermutlich einbringlich sein werden. Ist eine Forderung oder eine Schuld streitig, so ist dies anzugeben. Bei Verbindlichkeiten, die dem Gläubiger ein Recht auf abgesonderte Befriedigung gewähren, ist die Höhe des mutmaßlichen Ausfalles anzugeben. Ist ein Gläubiger oder ein Schuldner naher Angehöriger (§ 32) des Insolvenzschuldners, so ist darauf hinzuweisen, ebenso wenn ein Gläubiger oder Schuldner ein Angestellter des Insolvenzschuldners ist oder mit ihm in einem Gesellschafts- oder anderem Gemeinschaftsverhältnis steht; das Gesellschafts- oder Gemeinschaftsverhältnis ist genau zu bezeichnen. Bei allen Gläubigern und Schuldnern ist die Anschrift anzugeben.

(2) In das Vermögensverzeichnis hat der Schuldner eine Erklärung darüber beizufügen, ob innerhalb der letzten zwei Jahre vor Stellung des Antrags zwischen ihm und seinen nahen Angehörigen eine Vermögensauseinandersetzung stattgefunden hat, ferner ob und welche Verfügungen über Vermögensgegenstände er innerhalb der letzten zwei Jahre vor Stellung des Antrags zugunsten seiner nahen Angehörigen vorgenommen hat. Unentgeltliche Verfügungen bleiben, soweit sie gemäß § 29 Z 1 der Anfechtung entzogen sind, außer Betracht.

Maßregeln in Ansehung der Person des Schuldners
§ 101

(1) Das Insolvenzgericht kann den Schuldner zwangsweise vorführen lassen, wenn er Ladungen nicht Folge leistet. Desgleichen kann es den Schuldner in Haft nehmen, wenn er die im § 99 EO bezeichnete Pflicht beharrlich und ohne hinreichenden Grund nicht erfüllt, wenn er dem Auftrag zur Vorlage des Vermögensverzeichnisses oder zur Unterfertigung desselben vor dem Insolvenzgericht nicht nachkommt, oder wenn dies zur Sicherung der Masse oder zur Hintanhaltung von Umtrieben notwendig ist, durch welche die Gläubiger geschädigt werden können.

(2) Die Haft ist nach den Bestimmungen der §§ 360 bis 366 EO zu vollziehen. Die Gesamtdauer der nach der Eröffnung des Insolvenzverfahrens verhängten Haft darf sechs Monate nicht übersteigen. Die Vollzugs- und Verpflegungskosten gehören zu den Kosten des Insolvenzverfahrens.

(3) Vor der Beschlußfassung über die Haft oder deren Aufhebung ist, soweit dies tunlich ist, der Gläubigerausschuß zu vernehmen.

Fünfter Abschnitt
Feststellung der Ansprüche

Geltendmachung der Forderungen
§ 102

Die Insolvenzgläubiger haben ihre Forderungen, auch wenn darüber ein Rechtsstreit anhängig ist, nach den folgenden Vorschriften im Insolvenzverfahren geltend zu machen.

Inhalt der Anmeldung
§ 103

(1) In der Anmeldung sind der Betrag der Forderung und die Tatsachen, auf die sie sich gründet, sowie die in Anspruch genommene Rangordnung anzugeben und die Beweismittel zu bezeichnen, die zum Nachweise der behaupteten Forderung beigebracht werden können. Für die Anmeldung soll das auf der Website der Justiz kundgemachte Formblatt verwendet werden. Meldet ein Gläubiger seine Forderung auf anderem Wege als mithilfe des Formulars an, so muss seine Anmeldung die darin genannten Angaben enthalten.

(2) Bei Forderungen, über die ein Rechtsstreit anhängig ist, hat die Anmeldung auch die Angabe des Prozeßgerichtes und des Aktenzeichens zu enthalten.

(3) Absonderungsgläubiger, die ihre Forderungen auch als Insolvenzgläubiger geltend machen, haben den Sachverhalt unter genauer Angabe des Gegenstandes der Absonderung darzulegen und anzugeben, bis zu welchem Betrage ihre Forderungen voraussichtlich durch das Absonderungsrecht gedeckt sind.

(4) Der Gläubiger hat auch anzugeben,
1. ob für die Forderung ein Eigentumsvorbehalt besteht und welche Vermögenswerte Gegenstand des Eigentumsvorbehalts sind sowie
2. ob eine Aufrechnung beansprucht wird und wenn ja, die Beträge der zum Zeitpunkt der Eröffnung des Insolvenzverfahrens bestehenden gegenseitigen Forderungen.

(5) Der Gläubiger soll auch seine E-Mail-Adresse und seine Bankverbindung angeben.

Einbringung und Behandlung der Anmeldungen
§ 104

(1) Die Forderungen sind beim Insolvenzgericht schriftlich oder mündlich zu Protokoll anzumelden. Der schriftlichen Anmeldung kann der Antrag auf Insolvenz-Entgelt beigelegt werden. Diesen hat das Gericht ohne weitere Prüfung unverzüglich der zur Entscheidung zuständigen Geschäftsstelle der Insolvenz-Entgelt-Fonds-Service GmbH zu übersenden; das zur Vorlage bei der Geschäftsstelle bestimmte Stück der Forderungsanmeldung ist anzuschließen.

(2) Mit der Anmeldung im Insolvenzverfahren einer eingetragenen Personengesellschaft kann die Anmeldung derselben Forderung im Insolvenzverfahren der Gesellschafter vereinigt werden.

(3) Schriftliche, nicht elektronisch eingebrachte Anmeldungen sind in doppelter Ausfertigung zu überreichen. Von den in Urschrift vorgelegten Beilagen ist eine Abschrift anzuschließen.

(4) Die zweite Ausfertigung der schriftlichen Anmeldungen und amtliche Abschriften der zu Protokoll gegebenen oder der im elektronischen Rechtsverkehr eingebrachten Anmeldungen sowie Abschriften der Beilagen sind dem Insolvenzverwalter zuzustellen.

(5) Die Beteiligten können in die Anmeldungen und deren Beilagen Einsicht nehmen.

(6) Der Insolvenzverwalter hat die Forderungen nach der beanspruchten Rangordnung in ein Verzeichnis einzutragen, das dem Insolvenzgericht vorzulegen ist.

Prüfungsverhandlung
§ 105

(1) Zur Prüfungstagsatzung haben der Insolvenzverwalter und der Schuldner zu erscheinen. Die Geschäftsbücher und Aufzeichnungen des Schuldners sind, soweit tunlich, mitzubringen.

(2) Die angemeldeten Forderungen sind nach ihrer Rangordnung, bei gleicher Rangordnung nach der Reihenfolge der Anmeldung zu prüfen.

(3) Der Insolvenzverwalter hat bei jeder angemeldeten Forderung eine bestimmte Erklärung über ihre Richtigkeit und Rangordnung abzugeben; Vorbehalte des Insolvenzverwalters bei Abgabe dieser Erklärung sind unzulässig.

(4) Der Schuldner kann die Richtigkeit, aber nicht die Rangordnung angemeldeter Forderungen bestreiten.

(5) Insolvenzgläubiger, deren Forderung festgestellt oder deren Stimmrecht anerkannt wird, können die Richtigkeit und Rangordnung angemeldeter Forderungen bestreiten.

§ 106

(1) Solange die Prüfungsverhandlung nicht abgeschlossen ist, kann der Gläubiger für seine angemeldete Forderung einen anderen Rang in Anspruch nehmen.

(2) Sonstige Anträge auf Ausdehnung oder Änderung der angemeldeten Forderung sind zuzulassen, wenn dadurch keine Erschwerung der Prüfungsverhandlung eintritt.

(3) Nach Ablauf der Anmeldungsfrist angemeldete Forderungen sind, soweit tunlich, in die Verhandlung einzubeziehen.

Nachträgliche Anmeldungen
§ 107

(1) Für Forderungen, die erst nach Ablauf der Anmeldungsfrist angemeldet und in der allgemeinen Prüfungstagsatzung nicht verhandelt worden sind, ist eine besondere Prüfungstagsatzung anzuordnen. § 105, Absatz 1, findet Anwendung. Forderungen, die später als 14 Tage vor der Tagsatzung zur Prüfung der Schlußrechnung angemeldet werden, sind nicht zu beachten.

(2) Das Insolvenzgericht hat die Gläubiger zu dieser besonderen Prüfungstagsatzung durch öffentliche Bekanntmachung oder besonders zu laden. Für die mit dieser Ladung und der Erklärung des Insolvenzverwalters verbundenen Kosten hat jeder Gläubiger, der die Anmeldefrist versäumt hat, dem Insolvenzverwalter 50 Euro zuzüglich Umsatzsteuer zu ersetzen, es sei denn, eine frühere Anmeldung war dem Gläubiger nicht möglich. Dies hat er in der Anmeldung zu behaupten und spätestens in der nachträglichen Prüfungstagsatzung zu bescheinigen.

(3) Gläubiger, über deren Forderungen erst bei einer besonderen Prüfungstagsatzung verhandelt wird, können früher geprüfte Forderungen nicht bestreiten.

Anmeldungsverzeichnis
§ 108

(1) Das Ergebnis der Prüfungsverhandlung ist in das Anmeldungsverzeichnis einzutragen.

(2) Das Verzeichnis gilt als Bestandteil des bei der Prüfungstagsatzung aufzunehmenden Protokolles. Die Gläubiger können beglaubigte Auszüge verlangen.

Feststellung der Forderungen
§ 109

(1) Eine Forderung gilt im Insolvenzverfahren als festgestellt, wenn sie vom Insolvenzverwalter anerkannt und von keinem hierzu berechtigten Insolvenzgläubiger bestritten worden ist.

(2) Eine vom Schuldner ausgehende Bestreitung ist in dem Anmeldungsverzeichnis anzumerken; sie hat jedoch für das Insolvenzverfahren keine rechtliche Wirkung.

(Abs 3 aufgehoben)

Anmerkungen

Im **Restrukturierungsverfahren** erfolgt keine Forderungsprüfung und Forderungsfeststellung. Gemäß § 9 Abs 3 Z 4 ReO kann das Gericht jedoch zur Prüfung der Forderungen, gegen die Einwendungen vorgebracht worden sind, einen Restrukturierungsbeauftragten bestellen.

Bestrittene Forderungen
§ 110

(1) Gläubiger, deren Forderungen in Ansehung der Richtigkeit oder Rangordnung streitig geblieben sind, können deren Feststellung, sofern der streitige Rechtsweg zulässig ist, mit Klage geltend machen, die gegen alle Bestreitenden zu richten ist (§ 14 ZPO). Das Klagebegehren kann nur auf den Grund, der in der Anmeldung und bei der Prüfungstagsatzung angegeben worden ist, gestützt und nicht auf einen höheren als den dort angegebenen Betrag gerichtet werden.

(2) Wird eine vollstreckbare Forderung bestritten, so hat der Bestreitende seinen Widerspruch mittels Klage geltend zu machen.

(3) Gehört die Sache nicht auf den streitigen Rechtsweg, so hat über die Richtigkeit der Forderung das zuständige Gericht bzw. die zuständige Behörde zu entscheiden; über die Rangordnung entscheidet das Insolvenzgericht.

(4) Das Insolvenzgericht hat die Fristen zu bestimmen, innerhalb deren der Anspruch geltend zu machen ist, und die Beteiligten auf die Folgen einer Versäumung dieser Frist (§ 123b Abs. 2, § 131 Abs. 3, § 134 Abs. 2) aufmerksam zu machen. Die Frist muß wenigstens einen Monat betragen.

(5) Insolvenzgläubiger, deren Forderungen in Ansehung der Richtigkeit oder Rangordnung streitig geblieben sind und die bei der Prü-

fungstagsatzung nicht anwesend waren, sind vom Insolvenzgericht in Kenntnis zu setzen, in wie weit ihre Forderungen bestritten worden sind.

Anmerkungen
Im **Restrukturierungsverfahren** erfolgt keine Forderungsprüfung und Forderungsfeststellung. Gemäß § 9 Abs 3 Z 4 ReO kann das Gericht jedoch zur Prüfung der Forderungen, gegen die Einwendungen vorgebracht worden sind, einen Restrukturierungsbeauftragten bestellen.

Zuständigkeit für Klagen wegen bestrittener Forderungen
§ 111

(1) Zur Verhandlung und Entscheidung von Rechtsstreitigkeiten über die Richtigkeit und die Rangordnung von Insolvenzforderungen ist ausschließlich das Insolvenzgericht zuständig. Dies gilt nicht für Arbeitsrechtssachen nach § 50 ASGG.

(2) Die allgemeinen Vorschriften über die Zuständigkeit der Gerichte für Klagen wegen Ansprüche auf Aussonderung, Absonderung oder auf Grund von Masseforderungen werden nicht berührt.

Wirkung der Entscheidung
§ 112

(1) Rechtskräftige Entscheidungen über die Richtigkeit und Rangordnung der bestrittenen Ansprüche sind gegenüber allen Insolvenzgläubigern wirksam.

(2) Die Kosten des Rechtsstreites sind als Massekosten zu behandeln, insoweit der Insolvenzverwalter an der Bestreitung teilgenommen hat. Das Prozeßgericht kann jedoch dem Insolvenzverwalter den Rückersatz der Kosten des Rechtsstreites an die Insolvenzmasse auferlegen, wenn er mutwillig bestritten oder Prozeß geführt hat.

(3) Hat der Insolvenzverwalter an dem Rechtsstreite nicht teilgenommen, so haben die bestreitenden Gläubiger auf die Vergütung der Kosten aus der Insolvenzmasse so weit Anspruch, als durch die Führung des Rechtsstreites der Insolvenzmasse ein Vorteil zugewendet worden ist.

Anwendbarkeit der Vorschriften auf anhängige Rechtssachen
§ 113

Die Bestimmungen der §§ 110 und 112 gelten auch für die Fortsetzung und Entscheidung der gegen den Schuldner vor der Eröffnung des Insolvenzverfahrens anhängig gewesenen und unterbrochenen Rechtsstreitigkeiten.

Geltendmachung von Aus- oder Absonderungsrechten an Einkünften aus einem Arbeitsverhältnis
§ 113a

(1) Aussonderungsberechtigte und Absonderungsgläubiger an einer Forderung auf Einkünfte aus einem Arbeitsverhältnis oder auf sonstige wiederkehrende Leistungen mit Einkommensersatzfunktion haben ihre Aussonderungs- oder Absonderungsrechte schriftlich oder mündlich zu Protokoll beim Insolvenzgericht geltend zu machen. Dabei ist der Betrag der dem Ab- oder Aussonderungsrecht zugrunde liegenden Forderung und die Tatsachen, auf die sich diese Forderung sowie das Ab- oder Aussonderungsrecht gründen, anzugeben sowie die Beweismittel zu bezeichnen, die zum Nachweis der behaupteten Forderung sowie des Ab- oder Aussonderungsrechts beigebracht werden können. § 103 Abs. 2 und § 104 Abs. 3 bis 5 gelten sinngemäß.

(2) Aussonderungs- und Absonderungsrechte an einer Forderung auf Einkünfte aus einem Arbeitsverhältnis oder auf sonstige wiederkehrende Leistungen mit Einkommensersatzfunktion erlöschen, wenn sie nicht bis zur Abstimmung über einen Zahlungsplan geltend gemacht worden sind. Muss die Zahlungsplantagsatzung wegen der Geltendmachung eines solchen Rechts erstreckt werden, so gilt hinsichtlich der Kosten § 107 Abs. 2 sinngemäß.

Sechster Abschnitt
Verfügungen über das Massevermögen und Rechnungslegung

Geschäftsführung durch den Insolvenzverwalter
§ 114

(1) Der Insolvenzverwalter hat das zur Insolvenzmasse gehörige Vermögen zu verwalten und zu verwerten. Geld, das zur Berichtigung der Masseforderungen nicht benötigt wird, hat der Insolvenzverwalter bis

zur Verteilung unverzüglich sicher und bestmöglich fruchtbringend anzulegen. Er hat bei allen wichtigen Vorkehrungen die Äußerung des Gläubigerausschusses einzuholen, insbesondere, wenn es sich um die freiwillige Veräußerung beweglicher Sachen, die nicht durch die Fortführung des Unternehmens veranlaßt wird, um die gerichtliche Geltendmachung von Forderungen, deren Einbringlichkeit zweifelhaft ist, die Erhebung von Anfechtungsklagen und den Eintritt in Anfechtungsprozesse, die zur Zeit der Eröffnung des Insolvenzverfahrens anhängig sind, oder um die Aufnahme von Darlehen und Krediten handelt. Der Schuldner ist zu vernehmen, wenn es rechtzeitig möglich ist.

(2) In dringenden Fällen kann das Gericht gestatten, daß der Insolvenzverwalter solche Vorkehrungen ohne Vernehmung trifft.

(Abs 3 und 4 aufgehoben)

Fortführung des Unternehmens
§ 114a

(1) Der Insolvenzverwalter hat das Unternehmen bis zur Berichtstagsatzung fortzuführen, es sei denn, es ist offenkundig, daß eine Fortführung des Unternehmens zu einer Erhöhung des Ausfalls führen wird, den die Insolvenzgläubiger erleiden. Solange das Unternehmen fortgeführt wird, kann es nur als Ganzes und nur dann veräußert werden, wenn der Verkauf offenkundig dem gemeinsamen Interesse der Insolvenzgläubiger entspricht.

(2) Der Insolvenzverwalter kann ein Unternehmen oder einzelne Unternehmensbereiche nur nach Bewilligung durch das Insolvenzgericht schließen oder wiedereröffnen. Vor der Beschlußfassung hierüber hat das Gericht den Gläubigerausschuß sowie, wenn es rechtzeitig möglich ist, auch den Schuldner und sonstige Auskunftspersonen (§ 254 Abs. 5) zu vernehmen. Waren das Unternehmen oder einzelne Unternehmensbereiche zur Zeit der Eröffnung des Insolvenzverfahrens bereits geschlossen, bestehen aber noch aufrechte Arbeitsverhältnisse und kommt es zu keiner Wiedereröffnung, so hat das Gericht dies mit Beschluß festzustellen.

(3) Beschlüsse des Gerichts über die Schließung, die Wiedereröffnung und die Feststellung, daß das bereits geschlossene Unternehmen geschlossen bleibt, sind, wenn sie gleichzeitig mit der Eröffnung das Insolvenzverfahrens gefaßt werden, im Edikt, sonst gesondert, öffentlich bekanntzumachen.

(4) Können ein Unternehmen oder einzelne Unternehmensbereiche nicht fortgeführt werden, so hat der Gläubigerausschuß auf Vorschlag des Insolvenzverwalters und mit Genehmigung des Gerichts die für die Beteiligten günstigste Art der Verwertung des Unternehmens oder einzelner Unternehmensbereiche zu bestimmen; hiebei ist stets zu prüfen, ob statt der Abwicklung des Vermögens eine andere Art der Verwertung, insbesondere die Gesamtveräußerung des Unternehmens oder einzelner Unternehmensbereiche, vorteilhafter ist.

Inhalt der Berichtstagsatzung
§ 114b

(1) Der Insolvenzverwalter hat in der Berichtstagsatzung zu berichten, ob die Voraussetzungen für eine sofortige Schließung des gesamten Unternehmens oder einzelner Unternehmensbereiche beziehungsweise für eine Fortführung gegeben sind sowie ob ein Sanierungsplan dem gemeinsamen Interesse der Insolvenzgläubiger entspricht und ob dessen Erfüllung voraussichtlich möglich sein wird. In der Begründung seines Berichts hat der Insolvenzverwalter in einer der Größe und Bedeutung des Falles angemessenen Weise auf die Markt-, Unternehmens- und Finanzlage einzugehen.

(2) Sind die Voraussetzungen für eine Fortführung gegeben, so hat das Insolvenzgericht nach Anhörung der Insolvenzgläubiger mit Beschluss die Fortführung auszusprechen; entspricht überdies ein Sanierungsplan, dessen Erfüllung voraussichtlich möglich ist, dem gemeinsamen Interesse der Insolvenzgläubiger, so hat es auch dem Schuldner auf dessen Antrag eine Frist zum Sanierungsplanantrag einzuräumen. Gegen diese Beschlüsse ist kein Rechtsmittel zulässig. Die Frist darf 14 Tage nicht übersteigen. Währenddessen darf das Unternehmen nicht verwertet werden. Die Beschlüsse sind öffentlich bekannt zu machen.

Sanierungsplanvorschlag
§ 114c

(1) Ist der Sanierungsplanantrag fristgerecht und zulässig, so hat das Gericht eine Sanierungsplantagsatzung auf längstens sechs Wochen anzuordnen. Das Unternehmen ist erst zu verwerten, wenn der Sanierungsplanvorschlag nicht innerhalb von 90 Tagen angenommen wird

oder wenn er nicht mehr dem gemeinsamen Interesse der Insolvenzgläubiger entspricht oder wenn die Voraussetzungen für eine Fortführung nicht mehr gegeben sind.

(2) Danach ist mit der Verwertung des Unternehmens nur dann innezuhalten, wenn der Sanierungsplanvorschlag auch mit den wirtschaftlichen Verhältnissen des Schuldners nicht im Widerspruch steht und im Hinblick auf das bisherige Ergebnis des Verfahrens, insbesondere die Abstimmung über den zuletzt vorgelegten Sanierungsplanvorschlag, zu erwarten ist, daß er von den Gläubigern angenommen werden wird.

Schließung und Wiedereröffnung des Unternehmens
§ 115

(1) Das Insolvenzgericht darf die Schließung eines Unternehmens nur anordnen oder bewilligen (§ 78 Abs. 1, § 114a Abs. 2), wenn auf Grund der Erhebungen feststeht, daß anders eine Erhöhung des Ausfalls, den die Insolvenzgläubiger erleiden, nicht vermeidbar ist. Wird bei der Vernehmung glaubhaft gemacht, daß innerhalb vierzehn Tagen die Voraussetzungen zur Abwendung des Nachteils, der den Insolvenzgläubigern droht, geschaffen sein werden, insbesondere, daß eine Erklärung nach Abs. 2 abgegeben werden wird, so ist die Beschlußfassung bis zum Ablauf dieser Frist auszusetzen.

(2) Als vermeidbar ist die Erhöhung des Ausfalls jedenfalls dann anzusehen, wenn sich eine oder mehrere Personen in gegenüber dem Gericht abgegebenen schriftlichen Erklärungen ausdrücklich verpflichten, den Insolvenzgläubigern in betraglich und zeitlich ausreichendem Umfang für den Ausfall zu haften, den diese auf Grund der Fortführung erleiden können, und keine Bedenken gegen die Einhaltung dieser Verpflichtungen bestehen. Die Verpflichtung ist als ausreichend anzusehen, wenn ihr ein nicht vor dem Ablauf des dritten auf die Eröffnung des Insolvenzverfahrens folgenden Monats endender Fortführungszeitraum zugrunde liegt und wenn sie für diesen Zeitraum dem anteiligen Betrag entspricht, der sich aus der Ermittlung des ordentlichen Betriebserfolgs der letzten zwölf Monate vor der Eröffnung des Insolvenzverfahrens ergibt.

(3) Die Wiedereröffnung eines Unternehmens darf das Insolvenzgericht nur anordnen oder bewilligen, wenn bei dieser eine Erhöhung

des Ausfalls voraussichtlich vermeidbar ist; Abs. 1 und 2 sind entsprechend anzuwenden.

(4) Das Insolvenzgericht hat die Schließung eines Unternehmens jedenfalls ein Jahr nach Eröffnung des Insolvenzverfahrens anzuordnen oder zu bewilligen, wenn nicht innerhalb dieser Frist ein Sanierungsplanvorschlag angenommen wurde. Die Frist ist auf Antrag des Insolvenzverwalters um höchstens ein Jahr zu erstrecken, wenn die Schließung dem gemeinsamen Interesse der Gläubiger widerspricht oder andere gleich wichtige Gründe vorliegen. Die Frist kann auch mehrmals, jedoch höchstens insgesamt um zwei Jahre erstreckt werden.

Dem Insolvenzgericht mitzuteilende Geschäfte
§ 116

(1) Der Insolvenzverwalter hat dem Insolvenzgericht mindestens acht Tage im Vorhinein folgende Geschäfte zusammen mit der Äußerung des Gläubigerausschusses mitzuteilen:
1. den Abschluss von Vergleichen,
2. das Anerkenntnis von strittigen Aussonderungs-, Absonderungs- und Aufrechnungsansprüchen sowie von strittigen Masseforderungen,
3. die Erhebung von Anfechtungsklagen und den Eintritt in Anfechtungsprozesse, die zur Zeit der Eröffnung des Insolvenzverfahrens anhängig sind,
4. die Erfüllung oder Aufhebung von zweiseitigen Verträgen, die vom Schuldner und dem anderen Teil zur Zeit der Eröffnung des Insolvenzverfahrens noch nicht oder nicht vollständig erfüllt worden sind.

(2) Der Mitteilung bedarf es nicht, wenn der Wert 100 000 Euro nicht übersteigt.

Genehmigungspflichtige Geschäfte
§ 117

(1) Der Genehmigung des Gläubigerausschusses und des Insolvenzgerichts bedürfen ohne Rücksicht auf den Wert des Gegenstands folgende Geschäfte:

1. die Veräußerung oder Verpachtung des Unternehmens des Schuldners oder seines Anteils an einem Unternehmen im Sinne des § 189a Z 2 UGB,
2. die Veräußerung oder Verpachtung des gesamten beweglichen Anlage- und Umlaufvermögens oder eines für den Betrieb notwendigen Teils davon und
3. die freiwillige Veräußerung oder Verpachtung einer unbeweglichen Sache.

(2) Der Insolvenzverwalter hat die beabsichtigte Veräußerung oder Verpachtung öffentlich bekannt zu machen, insbesondere durch Aufnahme in die Ediktsdatei für 14 Tage.

(3) Die Genehmigung setzt voraus, dass seit dem Beginn der Bekanntmachung der beabsichtigten Veräußerung oder Verpachtung mindestens 14 Tage, oder wenn bei Aufschub der Genehmigung das Verkaufsobjekt beträchtlich an Wert verlieren würde, acht Tage vergangen sind.

Anmerkungen

Im Sanierungsverfahren mit Eigenverwaltung ist der Abschluss der Geschäfte nach § 117 IO dem Sanierungsverwalter vorbehalten (§ 172 Abs 1 Z 4 IO). Die Einhaltung der Verfahrensvorschriften nach § 117 IO ist Voraussetzung für die Wirksamkeit des Rechtsgeschäfts im Außenverhältnis.

Unter den Begriff der **Restrukturierung** nach der ReO fällt auch die *Gesamtveräußerung des Unternehmens* (§ 1 Abs 2 ReO). Eine gerichtliche Genehmigung im Sinne des § 117 IO ist aber nicht vorgesehen; es besteht auch kein Gläubigerausschuss.

Äußerung des Schuldners
§ 118

(1) Der Insolvenzverwalter hat dem Schuldner Gelegenheit zu geben, sich zu den in den §§ 116 und 117 bezeichneten Angelegenheiten zu äußern und das Ergebnis oder die einer solchen Äußerung entgegenstehenden Hindernisse dem Gläubigerausschuss und dem Insolvenzgericht mitzuteilen.

(2) Das Insolvenzgericht hat dem Schuldner, soweit dies rechtzeitig möglich und im Hinblick auf Abs. 1 noch geboten ist, Gelegenheit zur Äußerung (§ 259 Abs. 3) zu geben.

Gerichtliche Veräußerung
§ 119

(1) Die zur Insolvenzmasse gehörenden Sachen sind nur dann gerichtlich zu veräußern, wenn dies auf Antrag des Insolvenzverwalters vom Insolvenzgericht beschlossen wird.

(2) Auf gerichtliche Veräußerungen sind die Vorschriften der Exekutionsordnung mit nachstehenden Abweichungen sinngemäß anzuwenden:
1. dem Insolvenzverwalter kommt die Stellung eines betreibenden Gläubigers zu;
2. *§ 148 Z 2 EO, wonach vor Ablauf eines halben Jahres seit dem Antrag auf Einstellung eine neue Versteigerung nicht beantragt werden kann, sowie die Frist zum Antrag auf Änderung der gesetzlichen Versteigerungsbedingungen nach § 146 Abs. 2 EO und die Zweijahresfrist des § 188 Abs. 4 EO sind nicht anzuwenden;*
3. *die Einhaltung der in § 140 Abs. 1 und § 167 Abs. 2 EO bestimmten Zwischenfristen für die Vornahme der Schätzung und der Versteigerung ist nicht erforderlich;*
4. der Kostenersatz des Insolvenzverwalters für die Veräußerung einer Sondermasse richtet sich nach § 82d.

(3) Bei einer gerichtlichen Veräußerung hat das Exekutionsgericht die Veräußerung und die Verteilung des Erlöses unter die Absonderungsgläubiger vorzunehmen.

(4) Der Insolvenzverwalter kann in jedes gegen den Schuldner im Zuge befindliche Zwangsvollstreckungsverfahren als betreibender Gläubiger eintreten.

(5) Der Gläubigerausschuß kann mit Genehmigung des Insolvenzgerichts beschließen, daß von der Veräußerung von Forderungen, deren Eintreibung keinen ausreichenden Erfolg verspricht, und von der Veräußerung von Sachen unbedeutenden Wertes abzusehen sei und daß diese Forderungen und Sachen dem Schuldner zur freien Verfügung überlassen werden.

Anmerkungen
In § 119 Abs 2 Z 2 und 3 erfolgten im Rahmen der GREx (BGBl I 86/2021) Zitatanpassungen.

Veräußerung von Sachen, an denen ein Absonderungsrecht besteht
§ 120

(1) Sind Sachen des Schuldners mit Pfandrecht belastet, so kann der Insolvenzverwalter sie jederzeit durch Bezahlung der Pfandschuld einlösen und bei unbeweglichen Sachen durch Bezahlung der Pfandschuld in das Pfandrecht eintreten. Diese Bestimmung findet sinngemäß auf andere Absonderungsrechte Anwendung.

(2) Sachen, an denen ein Absonderungsrecht besteht, können anders als durch gerichtliche Veräußerung nur verwertet werden, wenn der Insolvenzverwalter den Absonderungsgläubiger von der beabsichtigten Veräußerung verständigt hat, und der Absonderungsgläubiger nicht innerhalb vierzehn Tagen wirksam Widerspruch erhoben hat. Der Widerspruch ist wirksam, wenn der Absonderungsgläubiger glaubhaft macht, daß die gerichtliche Veräußerung für ihn erheblich vorteilhafter wäre. Über den Widerspruch entscheidet das Insolvenzgericht. Bei der Anwendung dieser Bestimmungen steht die Veräußerung einer Sache, die einen Markt- oder Börsenpreis hat, der gerichtlichen Veräußerung gleich, wenn die Veräußerung zum laufenden Preis erfolgt. Der Insolvenzverwalter kann die Sache in dringenden Fällen, insbesondere wenn ihre Entwertung zu besorgen ist, mit Genehmigung des Insolvenzgerichts anders als durch gerichtliche Veräußerung verwerten. Gegen die nach diesen Bestimmungen ergehenden Beschlüsse ist kein Rechtsmittel zulässig.

(3) Befinden sich solche Sachen in der Gewahrsame von Absonderungsgläubigern, deren Forderungen fällig sind, so kann das Insolvenzgericht auf Antrag des Insolvenzverwalters nach Einvernehmung der Absonderungsgläubiger eine angemessene Frist bestimmen, innerhalb deren sie die Sache verwerten müssen. Wird die Sache innerhalb dieser Frist nicht verwertet, so kann das Insolvenzgericht deren Herausgabe zur Verwertung anordnen. Ein Rechtsmittel gegen diesen Beschluß ist unzulässig.

(4) Die Vorschriften des Absatzes 3 finden auch auf Gläubiger Anwendung, die befugt sind, sich aus dem Pfande ohne gerichtliche Dazwischenkunft zu befriedigen; Anstalten, denen diese Befugnis auf Grund ihrer gesetzlich festgestellten oder staatlich genehmigten Satzungen zusteht, sind jedoch nur zur Erteilung der vom Insolvenzverwalter geforderten Auskünfte verpflichtet.

Aufschiebung des Exekutionsverfahrens
§ 120a

(1) Das Exekutionsgericht hat auf Antrag des Insolvenzverwalters oder auf Ersuchen des Insolvenzgerichts ein Exekutionsverfahren aufzuschieben, wenn eine andere Verwertung in Aussicht genommen ist (§ 120 Abs. 2), es sei denn, die Verfahrensfortsetzung ist für den Absonderungsgläubiger zur Abwendung schwerer wirtschaftlicher Nachteile unerlässlich. Ein solcher Antrag oder ein solches Ersuchen kann hinsichtlich eines eingeleiteten Exekutionsverfahrens nur einmal gestellt werden. Die Frist des § 256 Abs. 2 EO verlängert sich um die Dauer der Aufschiebung.

(2) Das Exekutionsgericht hat bei Veräußerung der Sache das Exekutionsverfahren auf Ersuchen des Insolvenzgerichts einzustellen, sonst nach einem vom Insolvenzgericht als wirksam erkannten Widerspruch des Absonderungsgläubigers oder nach Ablauf von 90 Tagen ab Einlangen des Aufschiebungsantrags oder des Ersuchens des Insolvenzgerichts beim Exekutionsgericht auf Antrag des Absonderungsgläubigers fortzusetzen.

Rechnungslegung
§ 121

(1) Der Insolvenzverwalter hat auf jedesmalige Anordnung des Insolvenzgerichts, spätestens aber bei Beendigung seiner Tätigkeit, diesem Rechnung zu legen und erforderlichen Falles einen die Rechnung erläuternden Bericht zu erstatten.

(2) Das Insolvenzgericht hat die Rechnung zu prüfen und erforderlichen Falles deren Richtigstellung oder Ergänzung durch den Insolvenzverwalter zu veranlassen. Es kann zur Prüfung Sachverständige oder einzelne Mitglieder des Gläubigerausschusses zuziehen.

(3) Zur Verhandlung über die Rechnung ist eine Tagsatzung anzuordnen, die öffentlich bekanntzumachen ist und zu der der Insolvenzverwalter, dessen Nachfolger, die Mitglieder des Gläubigerausschusses, der Schuldner und sämtliche Insolvenzgläubiger mit dem Bemerken zu laden sind, dass sie in die Rechnung Einsicht nehmen und allfällige Bemängelungen bei der Tagsatzung oder vorher durch Schriftsatz vorbringen können.

Genehmigung oder Bemängelung
§ 122

(1) Die Rechnung ist vom Insolvenzgericht zu genehmigen, wenn nach dem Ergebnis der Prüfung dagegen keine Bedenken bestehen und Bemängelungen nicht vorgebracht wurden.

(2) Andernfalls entscheidet das Insolvenzgericht nach Vornahme der erforderlichen Erhebungen (§ 254 Abs. 5) unter Ausschluss des Rechtsweges.

(3) Die Entscheidung ist öffentlich bekannt zu machen und dem Insolvenzverwalter sowie dem Schuldner zuzustellen. Eine Verständigung der Gläubiger findet nur statt, wenn Bemängelungen Folge gegeben worden ist. Sonst sind nur die Gläubiger zu verständigen, deren Bemängelungen verworfen worden sind.

Siebenter Abschnitt
Aufhebung des Insolvenzverfahrens
Bekanntmachung und Verständigungen
§ 123

(1) Der Beschluss über die Aufhebung des Insolvenzverfahrens ist öffentlich bekanntzumachen. Der Eintritt der Rechtskraft des Beschlusses über die Aufhebung des Insolvenzverfahrens ist in der Insolvenzdatei anzumerken.

(2) Für die Aufhebung des Insolvenzverfahrens gilt im Übrigen § 79 Abs. 2 und 3.

Aufhebung des Insolvenzverfahrens mangels Vermögens
§ 123a

Kommt im Lauf des Insolvenzverfahrens hervor, dass das Vermögen zur Deckung der Kosten des Insolvenzverfahrens nicht hinreicht, so ist das Insolvenzverfahren aufzuheben. Die Aufhebung unterbleibt, wenn ein angemessener Kostenvorschuss geleistet wird.

Aufhebung des Insolvenzverfahrens mit Einverständnis der Gläubiger
§ 123b

(1) Das Insolvenzverfahren ist aufzuheben, wenn nach Ablauf der Anmeldungsfrist alle Insolvenzgläubiger, die Forderungen angemeldet haben, und alle Massegläubiger der Aufhebung zustimmen.

(2) Der ausdrücklichen Zustimmung eines Gläubigers bedarf es nicht, wenn seine Forderung befriedigt oder beim Insolvenzverwalter sichergestellt worden ist oder wenn bei bestrittenen Forderungen die Klagefrist abgelaufen und die Klage nicht spätestens an dem Tag, an dem die Aufhebung des Insolvenzverfahrens beantragt wird, angebracht worden ist.

Befriedigung der Massegläubiger
§ 124

(1) Die Massegläubiger sind ohne Rücksicht auf den Stand des Verfahrens zu befriedigen, sobald ihre Ansprüche feststehen und fällig sind.

(2) Der Insolvenzverwalter hat dafür zu sorgen, dass die erforderlichen Beträge rechtzeitig verfügbar sind.

(3) Bei Verweigerung oder Verzögerung der Leistung können die Massegläubiger sich an das Insolvenzgericht um Abhilfe wenden oder ihre Ansprüche mit Klage gegen den Insolvenzverwalter geltend machen.

Masseunzulänglichkeit
§ 124a

(1) Reicht die Insolvenzmasse nicht aus, um die Masseforderungen zu erfüllen, so hat dies der Insolvenzverwalter unverzüglich dem Insolvenzgericht anzuzeigen und mit der Befriedigung der Massegläubiger innezuhalten. Er darf jedoch solche Rechtshandlungen vornehmen, die zur Verwaltung und zur Verwertung geboten sind. Daraus herrührende Masseforderungen sind unverzüglich zu befriedigen.

(2) Das Insolvenzgericht hat die Masseunzulänglichkeit öffentlich bekannt zu machen. Ab diesem Zeitpunkt kann an den zur Insolvenzmasse gehörenden Sachen nur mehr wegen Masseforderungen nach Abs. 1 dritter Satz ein richterliches Pfand- oder Befriedigungsrecht erworben werden.

(3) Nach der Verwertung hat der Insolvenzverwalter dem Insolvenzgericht einen Verteilungsentwurf im Sinne des § 47 Abs. 2 vorzulegen. Nach Durchführung der Verteilung hat das Insolvenzgericht das Insolvenzverfahren aufzuheben (§ 123a).

(4) Können die Masseforderungen auf Grund geänderter Umstände wieder erfüllt werden, so hat der Insolvenzverwalter dies dem Insol-

venzgericht unverzüglich anzuzeigen. Ab der vom Insolvenzgericht zu veranlassenden öffentlichen Bekanntmachung der Massezulänglichkeit hat der Insolvenzverwalter wieder nach § 124 Abs. 1 vorzugehen. Abs. 2 zweiter Satz ist nicht mehr anzuwenden.

Insbesondere:

a) Ansprüche des Insolvenzverwalters

§ 125

(1) Der Insolvenzverwalter hat bei Beendigung seiner Tätigkeit, bei sonstigem Verluste spätestens in der Tagsatzung zur Prüfung der Schlussrechnung, seine Ansprüche auf Entlohnung sowie auf Ersatz der Barauslagen beim Insolvenzgericht geltend zu machen. Dabei hat er die für die Bemessung der Entlohnung maßgebenden Umstände, insbesondere die Bemessungsgrundlage für die Entlohnung und die Verdienstlichkeit seiner Tätigkeit, nachvollziehbar darzustellen. Das Insolvenzgericht kann dem Insolvenzverwalter jederzeit auftragen, seine Ansprüche bekanntzugeben.

(2) Über die Ansprüche des Insolvenzverwalters hat das Insolvenzgericht nach Einvernehmung des Gläubigerausschusses und des Schuldners zu entscheiden. Es hat die Entlohnung entsprechend den Bestimmungen der §§ 82, 82a, 82b und 82c mit einem Pauschalbetrag festzusetzen. Die Entscheidung ist dem Insolvenzverwalter, dem Schuldner und allen Mitgliedern des Gläubigerausschusses zuzustellen. Sie können die Entscheidung mit Rekurs anfechten. Die Rekursschrift oder eine Abschrift des sie ersetzenden Protokolls ist den anderen Rekursberechtigten zuzustellen. Diese können binnen 14 Tagen ab Zustellung des Rekurses eine Rekursbeantwortung anbringen. Das Gericht zweiter Instanz entscheidet endgültig.

(3) Auf die Ansprüche des Insolvenzverwalters können vom Insolvenzgericht nach Einvernehmung des Gläubigerausschusses Vorschüsse bewilligt werden.

(4) Kosten des Insolvenzverwalters, die er anläßlich der gerichtlichen Veräußerung von Sachen und der Verteilung des Erlöses beim Exekutionsgerichte zu beanspruchen hat, sind von diesem festzusetzen.

(5) Vereinbarungen des Insolvenzverwalters mit dem Schuldner oder den Gläubigern über die Höhe der Entlohnung und des Barauslagenersatzes sind ungültig.

Anmerkungen

Auch der **Restrukturierungsbeauftragte** hat Anspruch auf Ersatz der Barauslagen und eine angemessene Entlohnung für seine Mühewaltung. Die Entlohnung ist nach dem Umfang der Schwierigkeit und der Sorgfalt seiner Tätigkeit zu bemessen. § 125 IO ist anzuwenden (§ 15 Abs 1 ReO). Durch diesen Verweis auf § 125 IO ist klargestellt, dass die Entlohnung mit einem Pauschalbetrag analog §§ 82, 82a, 82b und 82c IO zu bestimmen ist.

Der Restrukturierungsbeauftragte hat unverzüglich nach seiner Bestellung dem Gericht einen *Kostenvoranschlag*, in dem er die voraussichtliche Belohnung für die ihm aufgetragenen Aufgaben darzulegen hat, vorzulegen und dem Schuldner zu übersenden. Will der Restrukturierungsbeauftragte für seine Tätigkeit eine über den Kostenvoranschlag hinausgehende Entlohnung ansprechen, so hat er einen *weiteren Kostenvoranschlag* vorzulegen (§ 10 Abs 2 ReO). Auf dieser Grundlage erhält der Schuldner den Auftrag, einen Kostenvorschuss zur Deckung der Entlohnung zu erlegen (§ 10 Abs 3 ReO). Kommt der Schuldner den gerichtlichen Aufträgen nicht nach, ist das Restrukturierungsverfahren einzustellen (§ 41 Abs 2 Z 5 ReO).

Voraussichtliche Entlohnung bei Unternehmensfortführung
§ 125a

(1) Will der Insolvenzverwalter für die Fortführung des Unternehmens eine zusätzliche Entlohnung beanspruchen, so hat er spätestens in der Berichtstagsatzung einen Kostenvoranschlag vorzulegen, in dem er die erforderlichen Tätigkeiten und die voraussichtliche Entlohnung je Monat darzulegen hat. Werden zusätzliche Tätigkeiten erforderlich und will der Insolvenzverwalter eine gegenüber dem früheren Kostenvoranschlag um mehr als 15% höhere Entlohnung beanspruchen, so hat er einen weiteren Kostenvoranschlag vorzulegen. § 125 Abs. 1 Satz 2, Abs. 2 und Abs. 5 ist sinngemäß anzuwenden. Er

(2) Der Gläubigerausschuß ist zum Kostenvoranschlag einzuvernehmen, wenn dieser nicht in der Berichtstagsatzung erörtert wird.

Anmerkungen

Wird der Kostenvoranschlag längstens innerhalb eines Monats ab Eröffnung des Insolvenzverfahrens vorgelegt, gebührt dem Insolvenzverwalter für die Fortführung des Unternehmens diese Entlohnung für den Zeitraum ab Verfahrenseröffnung. Wird der Kostenvoranschlag später vorgelegt, gebührt die besondere Entlohnung ab diesem Zeitpunkt (§ 82 Abs 3 IO). Spätestens muss der Kostenvoranschlag in der Berichtstagsatzung vorgelegt werden.

Auch dem Sanierungsverwalter gebührt im Sanierungsverfahren mit Eigenverwaltung diese Zusatzentlohnung für die Überwachung der Fortführung (§ 177 Abs 3 IO).

Im **Restrukturierungsverfahren** hat der Restrukturierungsbeauftragte unverzüglich nach seiner Bestellung dem Gericht einen Kostenvoranschlag, in dem er die voraussichtliche Belohnung für die ihm aufgetragenen Aufgaben darzulegen hat, vorzulegen und dem Schuldner zu übersenden (§ 10 Abs 2 ReO).

b) Ansprüche der Mitglieder des Gläubigerausschusses
§ 126

Über die Höhe des von den Mitgliedern des Gläubigerausschusses beanspruchten Barauslagenersatzes oder einer besonderen Vergütung (§ 89 Abs. 5) hat das Insolvenzgericht nach Vernehmung des Insolvenzverwalters zu entscheiden. § 125 Abs. 2 und 5 ist sinngemäß anzuwenden.

c) Ansprüche der bevorrechteten Gläubigerschutzverbände
§ 127

(1) Über die Ansprüche der bevorrechteten Gläubigerschutzverbände hat das Insolvenzgericht nach Vernehmung des Insolvenzverwalters und des Gläubigerausschusses zu entscheiden. § 125 Abs. 1, Abs. 2 und Abs. 5 ist mit der Maßgabe sinngemäß anzuwenden, dass Regelbelohnung (§ 87a Abs. 1 und 2) ohne ziffernmäßig bestimmtes Begehren beantragt werden kann.

(2) Die Entscheidung ist dem Gläubigerschutzverband, dem Schuldner, dem Insolvenzverwalter und allen Mitgliedern des Gläubigerausschusses zuzustellen. Sie können die Entscheidung durch Rekurs anfechten; das Gericht zweiter Instanz entscheidet endgültig.

Zweites Hauptstück
Verteilung

Befriedigung der Insolvenzgläubiger
§ 128

(1) Mit der Befriedigung der Insolvenzgläubiger kann erst nach der allgemeinen Prüfungstagsatzung begonnen werden.

(2) Verteilungen an die Insolvenzgläubiger haben so oft stattzufinden, als ein hinreichendes Massevermögen vorhanden ist.

(2a) Hat ein Insolvenzgläubiger im Rahmen eines ausländischen Insolvenzverfahrens eine Quote seiner Forderung erlangt, so nimmt er an der Verteilung erst dann teil, wenn die anderen Insolvenzgläubiger die gleiche Quote erlangt haben.

(3) Die Verteilung hat der Insolvenzverwalter nach Einvernehmung des Gläubigerausschusses und mit Zustimmung des Insolvenzgerichts vorzunehmen.

Formlose Verteilung und Verteilungsentwurf
§ 129

(1) In einfachen Fällen kann das Insolvenzgericht die vom Insolvenzverwalter mit Zustimmung des Gläubigerausschusses vorgeschlagene Verteilung ohne vorhergehende Verständigung der Gläubiger genehmigen.

(2) Trägt das Insolvenzgericht Bedenken, einer solchen Verteilung zuzustimmen, oder handelt es sich um schwierigere Verteilungen, insbesondere um Berücksichtigung von Insolvenzgläubigern, die nur mit dem Ausfalle ihrer Forderungen zu befriedigen sind, so hat der Insolvenzverwalter einen vom Gläubigerausschuß genehmigten Verteilungsentwurf vorzulegen.

(3) Im Verteilungsentwurfe sind sämtliche Forderungen in ihrer Rangordnung, ferner das zur Verteilung verfügbare Vermögen und die Beträge anzuführen, die auf jede einzelne Forderung entfallen.

Entscheidung über den Verteilungsentwurf
§ 130

(1) Das Insolvenzgericht hat die Vorlage des Verteilungsentwurfs nach dessen Prüfung und allfälliger Berichtigung und die darin vorgesehene Verteilungsquote öffentlich bekannt zu machen und den Schuldner sowie die Gläubiger davon mit dem Beifügen zu verständigen, dass es ihnen freisteht, Einsicht zu nehmen und binnen 14 Tagen ihre Erinnerungen anzubringen. Zugleich ist ihnen und dem Insolvenzverwalter sowie den Mitgliedern des Gläubigerausschusses die Tagsatzung bekanntzugeben, bei der über allfällige Erinnerungen verhandelt werden wird.

(2) Der Verteilungsentwurf ist vom Insolvenzgericht zu genehmigen, wenn nach dem Ergebnisse der Prüfung ein Bedenken dagegen nicht obwaltet und wenn Erinnerungen nicht vorgebracht oder bei der Tagsatzung zurückgezogen worden sind.

(3) Andernfalls entscheidet das Insolvenzgericht nach Vornahme der erforderlichen Erhebungen (§ 254 Abs. 5) unter Ausschluß des Rechtsweges.

(4) Die Entscheidung ist öffentlich bekanntzumachen und dem Insolvenzverwalter sowie dem Schuldner zuzustellen. Eine Verständigung der Gläubiger findet nur statt, wenn Erinnerungen Folge gegeben worden ist. Sonst sind nur die Gläubiger zu verständigen, deren Erinnerungen verworfen worden sind.

(5) Beträge, deren Auszahlung von der Entscheidung über die Erinnerungen abhängig ist, sind bis zur Rechtskraft der Entscheidung bei Gericht zu erlegen.

Berücksichtigung bestrittener Forderungen bei der Verteilung
§ 131

(1) Sind Forderungen bestritten, so können Verteilungen auf die im Range gleichstehenden Forderungen stattfinden, wenn der auf die bestrittene Forderung entfallende Betrag bei Gericht erlegt wird.

(2) Ist der volle Betrag der bestrittenen Forderung erlegt worden, so können Verteilungen auf Forderungen stattfinden, die der bestrittenen Forderung im Range nachstehen.

(3) Bestrittene Forderungen sind jedoch nur zu berücksichtigen, wenn die Frist zur Erhebung der Klage (§ 110, Absatz 4) noch offen oder wenn die Klage spätestens an dem Tage eingebracht worden ist, an dem der Insolvenzverwalter den Antrag auf Verteilung gestellt hat.

(4) Vollstreckbare Forderungen gelten nur dann als bestritten, wenn der Bestreitende innerhalb der Frist seinen Widerspruch mit Klage geltend gemacht hat.

Berücksichtigung der Absonderungs- und Ausfallsgläubiger bei der Verteilung
§ 132

(1) Insolvenzgläubiger, die zugleich Absonderungsgläubiger sind, sind bei Verteilungen, die der Verteilung des Erlöses aus der Sondermasse

vorhergehen, mit dem ganzen Betrage ihrer Forderungen zu berücksichtigen.

(2) Stellt sich bei der nachfolgenden Verteilung des Erlöses aus der Sondermasse heraus, daß der Gläubiger bei der Verteilung mehr erhalten hat, als der nach der Höhe des tatsächlichen Ausfalles zu bemessende Anteil beträgt, so ist der Mehrbetrag unmittelbar aus der Sondermasse an die allgemeine Masse zurückzustellen.

(3) Die vorstehenden Bestimmungen gelten sinngemäß auch für die Forderungen der Gläubiger einer im Insolvenzverfahren befindlichen eingetragenen Personengesellschaft, die ihre Forderungen zugleich im Insolvenzverfahren eines unbeschränkt haftenden Gesellschafters angemeldet haben.

(4) Insolvenzgläubiger, die zur Sicherung ihrer Ansprüche bestimmte Vermögensstücke des Schuldners, insbesondere Buchforderungen erworben haben oder denen für ihre Forderung ein Pfandrecht an einem nicht im Inlande gelegenen unbeweglichen Vermögen des Schuldners zusteht, sind nur mit dem Betrage des mutmaßlichen Ausfalles zu berücksichtigen. Die Höhe dieses Ausfalles ist von dem Insolvenzgläubiger bis zum Ablaufe der für die Anbringung von Erinnerungen festgesetzten Frist dem Insolvenzverwalter glaubhaft zu machen und vom Insolvenzgericht zu genehmigen.

(5) Die Bestimmungen des Absatzes 2 gelten auch für die im Absatz 4 genannten Insolvenzgläubiger. Wenn sie jedoch bei der Verteilung weniger erhalten haben, als der nach der Höhe des tatsächlichen Ausfalles zu bemessende Anteil beträgt, ist ihnen der Unterschied aus der Masse zu vergüten.

(6) Bei der Berechnung des Ausfalls haben die nach Eröffnung des Insolvenzverfahrens anfallenden Zinsen und Kosten außer Betracht zu bleiben.

Erlag bei Gericht
§ 133

(1) Beträge, die auf bestrittene Forderungen sowie auf Forderungen entfallen, die nur auf Sicherheitsleistung gerichtet oder die gemäß § 132, Absatz 4, nur mit dem Ausfalle zu befriedigen sind, hat der Insolvenzverwalter bei Gericht zu erlegen.

(2) Das Gleiche gilt von Beträgen, die auf bedingte Forderungen entfallen, es sei denn, daß die Bedingung auflösend ist und daß der Gläubiger Sicherheit leistet.

Berücksichtigung verspätet angemeldeter Forderungen bei der Verteilung
§ 134

(1) Gläubiger, deren Forderungen wegen verspäteter Anmeldung bei einer Verteilung nicht berücksichtigt werden konnten, können verlangen, daß sie bei der folgenden Verteilung einen Betrag voraus erhalten, der ihrer Gleichstellung mit den übrigen Gläubigern entspricht.

(2) Ein solcher Anspruch steht den Gläubigern nicht zu, deren Forderungen wegen nicht rechtzeitiger Anbringung der Klage (§ 131, Absatz 3) bei der Verteilung unberücksichtigt geblieben sind.

Vollzug der Verteilung
§ 135

Der Vollzug jeder Verteilung ist dem Insolvenzgericht vom Insolvenzverwalter nachzuweisen.

Schlußverteilung
§ 136

(1) Ist die Masse vollständig verwertet und über sämtliche bestrittenen Forderungen endgültig entschieden, so ist nach Feststellung der Ansprüche des Insolvenzverwalters und Genehmigung der Schlußrechnung die Schlußverteilung vorzunehmen.

(2) Die Schlußverteilung kann nur auf Grund eines Verteilungsentwurfes im Sinne des § 129, Absatz 2 und 3, stattfinden.

(3) Auf die Schlußverteilung und das Verfahren sind die Vorschriften der §§ 130 bis 135 anzuwenden.

§ 137

(1) Die Schlußverteilung darf nicht deshalb aufgeschoben werden, weil noch nicht feststeht, ob und inwieweit Sicherstellungsbeträge zur Deckung von Forderungen an die Masse zurückfallen werden.

(2) Ist der Eintritt einer Bedingung so unwahrscheinlich, dass die bedingte Forderung gegenwärtig keinen Vermögenswert hat, so ist der auf die Forderung entfallende Betrag nicht gerichtlich zu erlegen.

(3) Gläubiger, die gemäß § 132, Absatz 4, nur mit dem Ausfalle ihrer Forderung zu befriedigen sind, werden bei der Schlußverteilung nur dann berücksichtigt, wenn die Höhe ihres Ausfalles dem Insolvenzverwalter vor Ablauf der für dieErinnerungen festgesetzten Frist nachgewiesen und vom Insolvenzgericht genehmigt worden ist.

Nach der Schlußverteilung freiwerdendes oder zum Vorschein kommendes Insolvenzvermögen
§ 138

(1) Wenn nach dem Vollzuge der Schlußverteilung Beträge, die bei Gericht erlegt worden sind, für die Masse frei werden oder wenn sonst bezahlte Beträge in die Masse zurückfließen, so sind sie auf Grund des Schlußverteilungsentwurfes vom Insolvenzverwalter mit Genehmigung des Insolvenzgerichts zu verteilen. Der Nachweis darüber ist dem Insolvenzgericht vorzulegen.

(2) Das Gleiche gilt, wenn nach der Schlußverteilung oder nach der Aufhebung des Insolvenzverfahrens Vermögensstücke ermittelt werden, die zur Insolvenzmasse gehören.

(3) Das Insolvenzgericht kann von einer nachträglichen Verteilung nach allfälliger Einvernehmung des Insolvenzverwalters und des Gläubigerausschusses absehen und den zur Verfügung stehenden Betrag dem Schuldner überlassen, wenn dies mit Rücksicht auf die Geringfügigkeit des Betrages und die Kosten einer nachträglichen Verteilung entsprechend erscheint.

(4) Insolvenzgläubiger, die weniger als 10 Euro erhalten würden, sind nicht zu berücksichtigen. Dieser Betrag erhöht die den anderen Insolvenzgläubigern zukommenden Beträge.

Anmerkungen
Bis zum Inkrafttreten des RIRUG blieben Nachtragsverteilungen ohne Gebührenfolgen (*Reckenzaun* in *Konecny*, § 138 IO Rz 34 mwN). Das RIRUG brachte diesbezüglich Änderungen im GGG: Nach der Anmerkung 1 zu TP 6 kann als Folge der Erhöhung der Entlohnung des Insolvenzverwalters auch die *Pauschalgebühr erhöht* werden. In diesem Fall hat das Gericht dem Insolvenzverwalter die *Zahlung aus der Nachverteilungsmasse* aufzutragen.

Aufhebung des Insolvenzverfahrens
§ 139

Ist der Vollzug der Schlussverteilung nachgewiesen, so ist das Insolvenzverfahren vom Insolvenzgericht aufzuheben.

Drittes Hauptstück
Sanierungsplan

Erster Abschnitt
Allgemeines

Antrag auf Abschluss eines Sanierungsplans
§ 140

(1) Der Schuldner kann bereits zugleich mit dem Antrag auf Eröffnung des Insolvenzverfahrens oder danach bis zur Aufhebung des Insolvenzverfahrens den Abschluss eines Sanierungsplans beantragen. Im Antrag ist anzugeben, in welcher Weise die Gläubiger befriedigt oder sichergestellt werden sollen.

(2) Wird der Antrag vom Insolvenzgericht nicht als unzulässig zurückgewiesen, so kann das Insolvenzgericht nach Einvernehmung des Insolvenzverwalters und des Gläubigerausschusses anordnen, dass mit der Verwertung der Insolvenzmasse bis zur Beschlussfassung durch die Gläubigerversammlung innegehalten wird.

Inhalt und Unzulässigkeit des Sanierungsplans
§ 141

(1) Den Insolvenzgläubigern muss angeboten werden, die Quote innerhalb von längstens zwei Jahren vom Tag der Annahme des Sanierungsplans zu zahlen. Die Quote hat mindestens 20 % der Forderungen zu betragen. Natürliche Personen, die kein Unternehmen betreiben, können eine Zahlungsfrist von über zwei Jahren in Anspruch nehmen; diese Zahlungsfrist darf jedoch fünf Jahre nicht übersteigen.

(2) Der Antrag ist unzulässig:
1. solange der Schuldner flüchtig ist;
2. wenn der Schuldner nach Eintritt der Zahlungsunfähigkeit wegen betrügerischer Krida rechtskräftig verurteilt worden ist;
3. solange der Schuldner trotz Auftrag das Vermögensverzeichnis nicht vorgelegt und nicht vor dem Insolvenzgericht unterfertigt hat;

4. wenn der Inhalt des Vorschlags gegen die §§ 149 bis 151 oder gegen zwingende Rechtsvorschriften verstößt;
5. wenn der Schuldner den Sanierungsplan missbräuchlich vorschlägt, insbesondere wenn der Antrag offenbar Verschleppungszwecken dient;
6. wenn die Erfüllung des Sanierungsplans offensichtlich nicht möglich sein wird, wobei Forderungen aus Eigenkapital ersetzenden Leistungen nicht zu berücksichtigen sind.

(3) Ist der Schuldner eine juristische Person, so ist Abs. 2 mit der Besonderheit anzuwenden, dass
1. die Voraussetzungen des Abs. 2 Z 1 und 3 auf alle organschaftlichen Vertreter zutreffen müssen und
2. die Voraussetzung des Abs. 2 Z 2 auf zumindest einen der organschaftlichen Vertreter zutreffen muss.

Vorprüfung
§ 142

Das Insolvenzgericht kann einen Sanierungsplanantrag nach Einvernehmung des Insolvenzverwalters und des Gläubigerausschusses zurückweisen:
1. wenn über das Vermögen des Schuldners in den letzten fünf Jahren ein Insolvenzverfahren eröffnet worden ist oder wenn innerhalb dieser Frist das Insolvenzverfahren mangels eines kostendeckenden Vermögens nicht eröffnet worden ist;
2. wenn es infolge der Beschaffenheit oder des Mangels geschäftlicher Aufzeichnungen des Schuldners nicht möglich ist, einen hinreichenden Überblick über dessen Vermögenslage zu gewinnen;
3. wenn ein Sanierungsplan von den Gläubigern abgelehnt oder vom Schuldner nach der öffentlichen Bekanntmachung der Sanierungsplantagsatzung zurückgezogen oder wenn der Sanierungsplan vom Gericht nicht bestätigt worden ist.

Berechtigung zur Stimmführung
§ 143

(1) Gläubigern, deren Rechte durch den Inhalt des Sanierungsplans keinen Abbruch erleiden, gebührt kein Stimmrecht.
(2) Im übrigen gelten die Vorschriften des § 93 über das Stimmrecht.

Gemeinschaftliche Forderung
§ 144

(1) Mehreren Insolvenzgläubigern, denen eine Forderung gemeinschaftlich zusteht oder deren Forderungen bis zur Eröffnung des Insolvenzverfahrens eine einheitliche Forderung gebildet haben, gebührt nur eine Stimme. Diese Vorschrift ist sinngemäß anzuwenden, wenn an der Forderung des Insolvenzgläubigers ein Pfandrecht besteht.

(2) Die mehreren Personen müssen sich über die Ausübung des Stimmrechts einigen.

(3) Einem Gläubiger, der mehrere Forderungen angemeldet hat, gebührt nur eine Stimme. Für eine Forderung, die er nach Eröffnung des Insolvenzverfahrens durch Abtretung erworben hat, gebührt ihm, soweit ihm dafür gemäß § 94 überhaupt ein Stimmrecht zusteht, auch die Stimme des Gläubigers, dem die Forderung vor Eröffnung des Insolvenzverfahrens zustand.

Anmerkungen
§ 144 IO ist auch im **Restrukturierungsverfahren** anzuwenden (§ 32 Abs 4 ReO).

Sanierungsplantagsatzung
§ 145

(1) Die Tagsatzung zur Verhandlung und Beschlussfassung über den Sanierungsplan darf nicht vor der Prüfungstagsatzung stattfinden. Sie ist mit der Rechnungslegungstagsatzung (§ 121 Abs. 3) zu verbinden.

(2) Die Tagsatzung ist öffentlich bekannt zu machen. Außerdem sind der Schuldner und die Personen, die sich zur Übernahme einer Haftung für seine Verbindlichkeiten bereit erklären, sowie der Insolvenzverwalter, die Mitglieder des Gläubigerausschusses und die übrigen stimmberechtigten Insolvenzgläubiger besonders zu laden. Gleichzeitig ist den Insolvenzgläubigern je eine Abschrift des Antrages auf Abschluss eines Sanierungsplans, die der Schuldner beizubringen hat, zuzustellen und der wesentliche Inhalt des Sanierungsplans öffentlich bekannt zu machen.

(3) Der Schuldner hat an der Tagsatzung persönlich teilzunehmen. Seine Vertretung durch einen Bevollmächtigten ist nur zulässig, wenn er aus wichtigen Gründen verhindert ist und das Insolvenzgericht sein Ausbleiben für gerechtfertigt erklärt. Andernfalls gilt der Antrag auf Abschluss eines Sanierungsplans als zurückgezogen.

Anmerkungen

Im **Restrukturierungsverfahren** wird die Tagsatzung zur Abstimmung erst *nach Vorlage des Restrukturierungsplans* anberaumt; sie findet in der Regel 30–60 Tage nach Vorlage des Restrukturierungsplans statt (§ 31 Abs 1 ReO).

Gemäß § 31 Abs 1 ReO sind bezüglich der Abstimmung über einen **Restrukturierungsplan** § 145 Abs 2 zweiter Satz und Abs 3 IO anzuwenden. Auf Antrag des Schuldners sind die bevorrechteten Gläubigerschutzverbände der Restrukturierungsplantagsatzung beizuziehen, welche dann auch einen Anspruch auf angemessene Belohnung haben (§ 31 Abs 2 ReO).

Änderung des Sanierungsplans
§ 145a

Ändert der Schuldner bei der Tagsatzung den Sanierungsplan oder unterbreitet er einen neuen Vorschlag, so hat das Insolvenzgericht, wenn nicht alle stimmberechtigten Insolvenzgläubiger anwesend sind, die Abstimmung hierüber nur zuzulassen, wenn der geänderte oder der neue Vorschlag für die Insolvenzgläubiger nicht ungünstiger ist.

Anmerkungen

§ 145a IO ist auch im **Restrukturierungsverfahren** anzuwenden (§ 31 Abs 6 ReO). Der Schuldner kann den Restrukturierungsplan ändern.

Besonderheiten der Rechnungslegung
§ 145b

(1) Der Insolvenzverwalter hat
1. **dem Insolvenzgericht spätestens 14 Tage vor der Sanierungsplantagsatzung Rechnung zu legen und**
2. **in der Sanierungsplantagsatzung die Rechnung zu ergänzen.**

(2) Für den Zeitraum bis zum Eintritt der Rechtskraft der Bestätigung des Sanierungsplans hat der Insolvenzverwalter nur dann eine weitere ergänzende Rechnung zu legen, wenn der Schuldner dies in der Sanierungsplantagsatzung beantragt oder das Insolvenzgericht dies binnen vier Wochen ab Eintritt der Rechtskraft der Bestätigung verlangt. Das Gericht hat über diese ergänzende Rechnung nur zu entscheiden, wenn der Schuldner binnen 14 Tagen Bemängelungen erhebt. Eine Verhandlung über die ergänzende Rechnung kann unterbleiben.

Bericht des Insolvenzverwalters
§ 146

Vor Beginn der Abstimmung hat der Insolvenzverwalter über die wirtschaftliche Lage und die bisherige Geschäftsführung des Schuldners sowie über die Ursachen seines Vermögensverfalls und über die voraussichtlichen Ergebnisse einer Durchführung des Insolvenzverfahrens zu berichten.

Anmerkungen

Auch in der **Restrukturierungsplantagsatzung** hat der Restrukturierungsbeauftragte nach § 146 IO zu berichten (§ 31 Abs 4 ReO).

Erfordernisse für die Annahme des Sanierungsplans
§ 147

(1) Zur Annahme des Sanierungsplans ist erforderlich, dass die Mehrheit der bei der Tagsatzung anwesenden stimmberechtigten Insolvenzgläubiger dem Antrag zustimmt und dass die Gesamtsumme der Forderungen der zustimmenden Insolvenzgläubiger mehr als die Hälfte der Gesamtsumme der Forderungen der bei der Tagsatzung anwesenden stimmberechtigten Insolvenzgläubiger beträgt. Die Annahme des Sanierungsplans und dessen wesentlicher Inhalt sind öffentlich bekannt zu machen.

(2) Wird nur eine der Mehrheiten erreicht, so kann der Schuldner bis zum Schluss der Tagsatzung begehren, dass bei einer neuerlichen Tagsatzung abermals abgestimmt wird.

(3) Im Falle einer neuerlichen Tagsatzung sind die Gläubiger an ihre Erklärungen bei der ersten Tagsatzung nicht gebunden.

Anmerkungen

Zur Annahme eines **Restrukturierungsplans** ist erforderlich, dass *in jeder Gläubigerklasse* die Mehrheit der anwesenden betroffenen Gläubiger dem Plan zustimmt (Kopfmehrheit) und die Summe der Forderungen der zustimmenden Gläubiger jeder Klasse *zumindest 75 % der Gesamtsumme der Forderungen* der anwesenden betroffenen Gläubiger (Summenmehrheit) beträgt (§ 33 Abs 1 ReO).

Auch eine Restrukturierungsplantagsatzung kann erstreckt werden. § 147 Abs 2 und 3 und § 148a Abs 1 IO sind anzuwenden (§ 31 Abs 5 ReO).

Nahe Angehörige
§ 148

Die nahen Angehörigen des Schuldners (§ 32) sowie Rechtsnachfolger, die deren Forderungen nicht früher als sechs Monate vor der Eröffnung des Insolvenzverfahrens erworben haben, werden bei Berechnung der Mehrheit der Insolvenzgläubiger und deren Forderungen bei Berechnung der Gesamtsumme der Forderungen nur mitgezählt, wenn sie gegen den Vorschlag stimmen. Sofern sie die Forderung nach Eintritt der Zahlungsunfähigkeit des Schuldners von jemandem erworben haben, der kein naher Angehöriger des Schuldners ist, ist diese Bestimmung nicht anzuwenden.

Anmerkungen
§ 148 IO gilt auch im **Restrukturierungsverfahren** (§ 32 Abs 4 ReO).

Erstreckung der Sanierungsplantagsatzung
§ 148a

(1) Die Sanierungsplantagsatzung kann erstreckt werden
1. im Fall des § 147 Abs. 2 oder
2. wenn das Gericht die Abstimmung über den bei der Tagsatzung geänderten oder neuen zulässigen Vorschlag nicht zugelassen hat oder
3. wenn zu erwarten ist, dass die Erstreckung der Tagsatzung zur Annahme des Vorschlags führen wird.

(2) Die neuerliche Tagsatzung ist vom Insolvenzgericht sofort festzusetzen, mündlich bekanntzugeben und öffentlich bekanntzumachen. Wird in der neuerlichen Tagsatzung über einen geänderten oder neuen Vorschlag abgestimmt, so ist bei der öffentlichen Bekanntmachung darauf hinzuweisen und dessen wesentlicher Inhalt anzugeben.

Anmerkungen
Wird im Sanierungsverfahren mit Eigenverwaltung der Sanierungsplan nicht innerhalb von 90 Tagen nach Eröffnung des Verfahrens von den Gläubigern angenommen, hat das Gericht die Eigenverwaltung zu entziehen und einen Masseverwalter zu bestellen (§ 170 Abs 1 Z 3 IO).

Wird im Sanierungsverfahren der Sanierungsplan in der Sanierungsplantagsatzung abgelehnt und die Tagsatzung nicht erstreckt, ist die Bezeichnung des Verfahrens auf Konkursverfahren abzuändern (§ 167 Abs 3 Z 3 IO).

Auch eine **Restrukturierungsplantagsatzung** kann erstreckt werden. § 147 Abs 2 und 3 und § 148a Abs 1 IO sind anzuwenden (§ 31 Abs 5 ReO). Ein Entzug der Eigenverwaltung ist in der Restrukturierungsordnung nicht vorgesehen.

Rechte der Aussonderungsberechtigten und Absonderungsgläubiger
§ 149

(1) Die Ansprüche der Aussonderungsberechtigten und der Absonderungsgläubiger werden durch den Sanierungsplan nicht berührt. Wird der Sanierungsplan bestätigt, so sind die gesicherten Forderungen mit dem Wert der Sache begrenzt, an der Absonderungsrechte bestehen. Gläubiger, deren Forderungen durch Absonderungsrechte zum Teil gedeckt sind, nehmen mit dem Ausfall (§ 132 Abs. 6) am Sanierungsplanverfahren teil; solange dieser jedoch nicht endgültig feststeht, sind sie bei der Erfüllung des Sanierungsplans mit dem mutmaßlichen Ausfall zu berücksichtigen.

(2) Für die Ansprüche des Insolvenzverwalters gilt § 125.

Anmerkungen
Während für den voll gedeckten Absonderungsgläubiger die Sachhaftung trotz Sanierungsplanbestätigung unverändert aufrecht bleibt, ist der ungedeckte Absonderungsgläubiger verpflichtet, die Pfandsache freizugeben. Die Entscheidung OGH 9 Ob 17/15p, wonach für die Löschung eines Pfandrechts im aussichtslosen Rang die *Befriedigung des gedeckten* Gläubigers Voraussetzung sei, wird in der Lehre einhellig abgelehnt (*Konecny* EvBl 2016/85, 598; *Reckenzaun,* Zak, 2016, 107; *Widhalm-Budak/Riel,* ZIK 2016/57, 46; *Nunner-Krautgasser/Anzenberger* in KLS § 149 Rz 7).

Der Ermittlung des Werts des Absonderungsgutes im Verfahren kommt also eine besondere Bedeutung zu. Lässt sich zwischen den Beteiligten kein Einvernehmen über den Wert des Absonderungsgutes erzielen, ist seitens des Insolvenzverwalters umgehend für die objektive Wertermittlung Sorge zu tragen, welche auch allenfalls die Grundlage für eine Stimmrechtsentscheidung (§ 93 Abs 4 IO) ist.

Rechte der Masse- und Insolvenzgläubiger
§ 150

(1) Massegläubiger müssen voll befriedigt werden.

(2) Insolvenzgläubiger müssen, unbeschadet der sinngemäßen Anwendung des § 56, im Sanierungsplan gleich behandelt werden. Eine ungleiche Behandlung ist nur zulässig, wenn die Mehrheit der zurück-

gesetzten, bei der Tagsatzung anwesenden stimmberechtigten Insolvenzgläubiger zustimmt und die Gesamtsumme der Forderungen der zustimmenden Insolvenzgläubiger wenigstens drei Viertel der Gesamtsumme der Forderungen der bei der Tagsatzung anwesenden zurückgesetzten Insolvenzgläubiger beträgt.

(3) Beträge, die auf bestrittene Forderungen entfallen, sind in demselben Ausmaß und unter den gleichen Bedingungen, die für die Bezahlung unbestrittener Forderungen im Sanierungsplan festgesetzt worden sind, sicherzustellen, wenn die Frist zur Anbringung der Klage noch offen ist oder wenn die Klage bis zur Sanierungsplantagsatzung angebracht worden ist.

(4) Eine Sicherstellung in diesem Umfang hat auch stattzufinden, wenn die Forderung nur vom Schuldner bestritten worden ist. Der sichergestellte Betrag wird frei, wenn der Gläubiger nicht innerhalb der vom Insolvenzgericht bestimmten Frist wegen der bestrittenen Forderung die Klage angebracht oder das bereits anhängige Verfahren wieder aufgenommen hat.

Sonderbegünstigungen
§ 150a

Eine Vereinbarung des Schuldners oder anderer Personen mit einem Gläubiger, wodurch diesem vor Abschluss des Sanierungsplans oder in der Zeit zwischen dem Abschluss und dem Eintritt der Rechtskraft des Bestätigungsbeschlusses besondere Vorteile eingeräumt werden, ist ungültig. Was aufgrund einer ungültigen Vereinbarung oder aufgrund eines zur Verdeckung einer solchen Vereinbarung eingegangenen Verpflichtungsverhältnisses geleistet worden ist, kann, unbeschadet weitergehender Ersatzansprüche, binnen drei Jahren zurückgefordert werden. Als ein besonderer Vorteil ist es nicht anzusehen, wenn einem Gläubiger für die Abtretung seiner Forderung ein Entgelt gewährt wird, das der wirtschaftlichen Lage des Schuldners unmittelbar vor der Eröffnung des Insolvenzverfahrens oder, wenn die Forderung früher abgetreten worden ist, dessen wirtschaftlicher Lage zur Zeit der Abtretung entsprochen hat.

Anmerkungen

§ 150a IO ist auch im **Restrukturierungsverfahren** anzuwenden (§ 39 Abs 4 ReO). Dem Schuldner ist zwar freigestellt, welche Gläubiger er in den Plan einbezieht (EB RIRUG Allgemeiner Teil; § 27 Abs 2 Z 4 und 6 ReO). Die Auswahl der Gläubiger muss aber nach sachlichen Kriterien erfolgen (EB RIRUG § 27 ReO).

Rechte der Gläubiger gegen Mitverpflichtete
§ 151

Die Rechte der Insolvenzgläubiger gegen Bürgen oder Mitschuldner des Schuldners sowie gegen Rückgriffsverpflichtete können ohne ausdrückliche Zustimmung der Berechtigten durch den Sanierungsplan nicht beschränkt werden.

Anmerkungen
§ 151 IO ist auch im **Restrukturierungsverfahren** anzuwenden (§ 39 Abs. 4 ReO).

Gerichtliche Bestätigung des Sanierungsplans
§ 152

(1) Der Sanierungsplan bedarf der Bestätigung durch das Insolvenzgericht.

(2) Wird der Sanierungsplan bestätigt, so hat der Beschluss dessen wesentliche Bestimmungen anzugeben.

(3) Der Beschluss über die Bestätigung ist öffentlich bekannt zu machen und allen Insolvenzgläubigern und den übrigen Beteiligten zuzustellen. Gegen den Beschluss ist weder eine Nichtigkeitsklage noch eine Wiederaufnahmsklage zulässig.

Voraussetzungen der Bestätigung
§ 152a

(1) Die Bestätigung ist erst zu erteilen, wenn
1. die Entlohnung des Insolvenzverwalters und die Belohnungen der Gläubigerschutzverbände vom Gericht bestimmt sowie gezahlt oder beim Insolvenzverwalter sichergestellt sind und
2. alle fälligen und feststehenden sonstigen Masseforderungen gezahlt sind sowie die bei Gericht oder einer Verwaltungsbehörde geltend gemachten Masseforderungen, von deren Geltendmachung der Insolvenzverwalter in Kenntnis gesetzt wurde, sichergestellt sind und
3. im Sanierungsplan vorgesehene Bedingungen für die Bestätigung erfüllt sind.

(2) Über das Vorliegen der in Abs. 1 genannten Voraussetzungen hat der Insolvenzverwalter über Aufforderung des Insolvenzgerichts zu berichten, hinsichtlich jener in Abs. 1 Z 1 und 2 jedenfalls in der Sanierungsplantagsatzung.

Anmerkungen
Im Sanierungsverfahren mit Eigenverwaltung sind Masseforderungen auch Forderungen aus Rechtshandlungen des Schuldners, zu denen er nach § 171 IO berechtigt ist (§ 174 IO). Die Nachweise im Sinn des § 152 Abs 1 Z 2 IO sind vom Schuldner zu erbringen; dieser Nachweis über die Bezahlung der fälligen und feststehenden sonstigen Masseforderungen ist vom Sanierungsverwalter zu prüfen; er berichtet dann dem Insolvenzgericht über das Vorliegen der Bestätigungsvoraussetzungen.

Die Voraussetzungen, unter denen ein **Restrukturierungsplan** gerichtlich bestätigt wird, sind – abweichend von § 152a IO – in § 34 Abs 1 RcO geregelt.

Aufhebung des Insolvenzverfahrens
§ 152b

(1) Wird der Sanierungsplan bestätigt, so ist zugleich auch über die vom Insolvenzverwalter gelegte Rechnung abzusprechen (§ 122).

(2) Das Insolvenzverfahren ist mit Eintritt der Rechtskraft der Bestätigung aufgehoben. Dies ist gemeinsam mit dem Eintritt der Rechtskraft der Bestätigung in der Insolvenzdatei anzumerken.

(3) Soweit der Sanierungsplan nichts anderes bestimmt, tritt der Schuldner wieder in das Recht, über sein Vermögen frei zu verfügen.

(4) Für die Aufhebung des Insolvenzverfahrens gilt im Übrigen § 79 Abs. 2 und 3.

Zwingende Versagung der Bestätigung
§ 153

Die Bestätigung ist zu versagen, wenn
1. ein Grund vorliegt, aus dem der Antrag auf Abschluss eines Sanierungsplans unzulässig ist (§ 141);
2. die für das Verfahren und den Abschluss des Sanierungsplans geltenden Vorschriften nicht beobachtet worden sind, es sei denn, dass diese Mängel nachträglich behoben werden können oder nach der Sachlage nicht erheblich sind;
3. der Sanierungsplan durch eine gegen § 150a verstoßende Begünstigung eines Gläubigers zustande gebracht worden ist.

Versagung der Bestätigung nach Ermessen
§ 154

Die Bestätigung kann versagt werden, wenn
1. die dem Schuldner im Sanierungsplan gewährten Begünstigungen in Widerspruch mit dessen Verhältnissen stehen;
2. der Sanierungsplan dem gemeinsamen Interesse der Insolvenzgläubiger widerspricht, wobei Forderungen aus Eigenkapital ersetzenden Leistungen nicht zu berücksichtigen sind;
3. die Insolvenzgläubiger weniger als 30% ihrer Forderungen erhalten und dieses Ergebnis darauf zurückzuführen ist, dass der Schuldner seinen Vermögensverfall durch Unredlichkeit, Leichtsinn oder übermäßigen Aufwand für seine Lebenshaltung verursacht oder beschleunigt hat oder dass er den Antrag auf Eröffnung eines Insolvenzverfahrens verzögert hat.

Anmerkungen

Wird im Sanierungsverfahren dem Sanierungsplan die Bestätigung versagt, ist die Bezeichnung des Verfahrens auf Konkursverfahren abzuändern (§ 167 Abs 3 Z 4 IO).

Gründe, nach denen einem **Restrukturierungsplan** die Bestätigung zu versagen ist, sind – abweichend von § 154 IO – in § 34 Abs 3 ReO geregelt.

Rekurs
§ 155

(1) Gegen die Bestätigung des Sanierungsplans kann Rekurs erhoben werden von
1. jedem Beteiligten, der dem Sanierungsplan nicht ausdrücklich zugestimmt hat,
2. jedem Mitschuldner und Bürgen des Schuldners,
3. Massegläubigern bei Nichtvorliegen der in § 152a Abs. 1 Z 1 und 2 genannten Voraussetzungen.

(2) Gegen die Versagung der Bestätigung des Sanierungsplans kann Rekurs erhoben werden:
1. vom Schuldner,
2. von jedem Insolvenzgläubiger, der dem Sanierungsplan nicht widersprochen hat.

Rechtswirkungen des Sanierungsplans
§ 156

(1) Durch den rechtskräftig bestätigten Sanierungsplan wird der Schuldner von der Verbindlichkeit befreit, seinen Gläubigern den Ausfall, den sie erleiden, nachträglich zu ersetzen oder für die sonst gewährte Begünstigung nachträglich aufzukommen, gleichviel ob sie am Insolvenzverfahren oder an der Abstimmung über den Sanierungsplan teilgenommen oder gegen den Sanierungsplan gestimmt haben oder ob ihnen ein Stimmrecht überhaupt nicht gewährt worden ist.

(2) In gleicher Weise wird der Schuldner gegenüber den Bürgen und anderen Rückgriffsberechtigten befreit.

(3) Entgegenstehende Bestimmungen im Sanierungsplan sind nur soweit gültig, als sie den Erfordernissen des § 150 über die gleiche Behandlung der Gläubiger nicht widersprechen.

(4) Gläubiger, deren Forderungen nur aus Verschulden des Schuldners im Sanierungsplan unberücksichtigt geblieben sind, können nach Aufhebung des Insolvenzverfahrens die Bezahlung ihrer Forderungen im vollen Betrag vom Schuldner verlangen.

(5) Die in § 58 Z 1 bezeichneten Forderungen können nach Abschluss des Sanierungsplans nicht mehr geltend gemacht werden. Die in § 58 Z 2 und 3 bezeichneten Forderungen werden durch den Sanierungsplan nicht berührt.

Anmerkungen
§ 156 Abs 2 IO ist auch im **Restrukturierungsverfahren** anzuwenden (§ 39 Abs 5 ReO).

Verzug
§ 156a

(1) Der Nachlass und die sonstigen Begünstigungen, die der Sanierungsplan gewährt, werden für diejenigen Gläubiger hinfällig, gegenüber welchen der Schuldner mit der Erfüllung des Sanierungsplans in Verzug gerät.

(2) Ein solcher Verzug ist erst anzunehmen, wenn der Schuldner eine fällige Verbindlichkeit trotz einer vom Gläubiger unter Einräumung einer mindestens vierzehntägigen Nachfrist an ihn gerichteten schriftlichen Mahnung nicht gezahlt hat. Ist der Schuldner eine natürliche Person, die kein Unternehmen betreibt, und ist die Sanierungsplanquote in

Raten zu zahlen, deren Laufzeit ein Jahr übersteigt, so ist ein Verzug erst dann anzunehmen, wenn er eine seit mindestens sechs Wochen fällige Verbindlichkeit trotz einer vom Gläubiger unter Einräumung einer mindestens vierzehntägigen Nachfrist an ihn gerichteten schriftlichen Mahnung nicht gezahlt hat.

(3) Die Wirkung des Wiederauflebens erstreckt sich nicht auf Forderungen, die zur Zeit der eingetretenen Säumnis mit dem im Sanierungsplan festgesetzten Betrag voll befriedigt waren; andere Forderungen sind mit dem Bruchteile als getilgt anzusehen, der dem Verhältnis des bezahlten Betrags zu dem nach dem Sanierungsplan zu zahlenden Betrag entspricht. Die Rechte, die der Sanierungsplan den Gläubigern gegenüber dem Schuldner oder dritten Personen einräumt, bleiben unberührt.

(4) Im Sanierungsplan kann von Abs. 1 bis 3 nicht zum Nachteil des Schuldners abgewichen werden, von Abs. 3 erster Satz kann jedoch abgewichen werden, wenn in den letzten fünf Jahren vor Eröffnung des Insolvenzverfahrens ein Sanierungsplan abgeschlossen worden ist.

Anmerkungen
§ 156 a Abs 1 bis 3 IO ist im **Restrukturierungsverfahren** anzuwenden, soweit der Restrukturierungsplan nichts anderes bestimmt (§ 39 Abs 5 ReO).

Vorläufige Feststellung der Höhe bestrittener und des Ausfalls teilweise gedeckter Forderungen
§ 156b

(1) Ist das Bestehen oder die Höhe einer Insolvenzforderung oder bei einer teilweise gedeckten Forderung die Höhe des Ausfalls strittig und liegt darüber keine Entscheidung nach § 93 vor, so hat das Insolvenzgericht auf Antrag des Schuldners oder des Gläubigers die mutmaßliche Höhe der bestrittenen Forderung oder des Ausfalls vorläufig festzustellen. Gegen diese Entscheidung ist kein Rechtsmittel zulässig.

(2) Die für den Fall des Verzugs in der Erfüllung des Sanierungsplans vorgesehenen Rechtsfolgen (§ 156a) können den Schuldner jedenfalls dann nicht treffen, wenn er

1. bestrittene Forderungen bis zur endgültigen Feststellung des Bestehens oder der Höhe der Forderung in dem Ausmaß durch Erlag bei Gericht sichergestellt hat, das einer vom Insolvenzgericht gemäß Abs. 1 oder § 93 getroffenen Entscheidung entspricht, oder

2. teilweise gedeckte Forderungen bis zur endgültigen Feststellung der Höhe des Ausfalls in dem Ausmaß beglichen hat, das einer vom Insolvenzgericht gemäß Abs. 1 oder § 93 getroffenen Entscheidung entspricht.

(3) Nach endgültiger Feststellung der Höhe der bestrittenen Forderung oder des Ausfalls hat der Schuldner, der bis dahin die Forderung in dem sich aus der Entscheidung des Insolvenzgerichts ergebenden geringeren Ausmaß bei der Erfüllung des Sanierungsplans berücksichtigt hat, das Fehlende nachzuzahlen.

(4) Verzug in der Erfüllung des Sanierungsplans ist jedoch erst anzunehmen, wenn der Schuldner den Fehlbetrag trotz einer vom Gläubiger unter Einräumung einer mindestens vierzehntägigen Nachfrist an ihn gerichteten schriftlichen Mahnung nicht gezahlt hat. Ergibt aber die endgültige Feststellung, dass der Schuldner zuviel gezahlt hat, so hat er nur insoweit Anspruch auf den Mehrbetrag, als der Gläubiger durch die vom Schuldner geleisteten Zahlungen mehr erhalten hat, als die gesamte ihm nach dem Sanierungsplan zustehende, wenn auch noch nicht fällige Forderung beträgt.

Exekution
§ 156c

(1) Soweit eine Forderung im Insolvenzverfahren festgestellt und vom Schuldner nicht ausdrücklich bestritten worden ist, kann nach rechtskräftiger Bestätigung des Sanierungsplans auch aufgrund der Eintragung in das Anmeldungsverzeichnis zur Hereinbringung der nach Maßgabe des Sanierungsplans geschuldeten Beträge gegen die Personen, die sich als Mitschuldner oder als Bürgen und Zahler zur Erfüllung des Sanierungsplans verpflichtet haben, Exekution geführt werden, wenn sich diese Personen in einer gegenüber dem Insolvenzgericht abgegebenen schriftlichen Erklärung ausdrücklich verpflichtet haben, die von ihnen übernommenen Verbindlichkeiten bei Vermeidung unmittelbarer Zwangsvollstreckung zu erfüllen. § 61 letzter Satz ist anzuwenden.

(2) Macht der Gläubiger die Rechte geltend, die ihm bei Verzug des Schuldners zustehen, so bedarf es zur Bewilligung der Exekution nicht des Nachweises, dass sich der Schuldner im Verzug befindet.

(3) Soweit aufgrund einer Eintragung in das Anmeldungsverzeichnis gegen die nach Abs. 1 Verpflichteten Exekution geführt werden kann, gilt § 60 Abs. 2 auch für sie.

Zweiter Abschnitt
Überwachung durch einen Treuhänder

Allgemeine Vorschrift
§ 157

(1) Wenn sich der Schuldner im Sanierungsplan bis zu dessen Erfüllung oder bis zum Eintritt einer im Sanierungsplan festgesetzten Bedingung der Überwachung durch eine im Sanierungsplan bezeichnete Person als Treuhänder der Gläubiger unterworfen hat, gelten die §§ 157a bis 157f, im Fall der Übergabe von Vermögen an einen Treuhänder auch die §§ 157g bis 157m. Zum Nachteil des Schuldners oder der Gläubiger kann insbesondere von den Bestimmungen über die Rechnungslegung nicht abgewichen werden.

(2) Auf die Art der Überwachung ist in der Bekanntmachung über die Bestätigung des Sanierungsplans hinzuweisen. Das Insolvenzgericht hat zu veranlassen, dass die Art der Überwachung in den öffentlichen Büchern und Registern (§ 77) angemerkt wird.

Sicherungsmaßnahmen
§ 157a

Während der Dauer der Überwachung kann das Insolvenzgericht auf Antrag des Treuhänders oder Schuldners Maßnahmen zur Sicherung des Vermögens des Schuldners erlassen, abändern und aufheben, wenn das zur Sicherung des Vermögens, zur Erfüllung des Sanierungsplans oder zur Fortführung des Unternehmens des Schuldners zweckmäßig ist. Insbesondere kann das Gericht dem Schuldner bestimmte Rechtshandlungen während der Dauer des Verfahrens überhaupt oder doch ohne Zustimmung des Treuhänders verbieten.

Treuhänder
§ 157b

(1) Die Stellung des Treuhänders richtet sich nach §§ 171 und 172.

(2) Im Verhältnis zu Dritten ist der Treuhänder zu allen Rechtsgeschäften und Rechtshandlungen befugt, welche die Erfüllung der mit seinen Aufgaben verbundenen Obliegenheiten mit sich bringt, soweit nicht das Insolvenzgericht im einzelnen Fall eine Beschränkung der Befugnisse verfügt und dem Dritten bekanntgegeben hat.

(3) Der Treuhänder darf die Geschäftsräume des Schuldners betreten und dort Nachforschungen anstellen. Der Schuldner hat dem Treuhänder Einsicht in seine Bücher und Schriften zu gestatten; er und seine Bediensteten und Beauftragten haben dem Treuhänder alle erforderlichen Auskünfte zu geben.

(4) Der Treuhänder hat die durch den Gegenstand seiner Geschäftsführung gebotene Sorgfalt (§ 1299 ABGB) anzuwenden; § 81 Abs. 2 und 3 gilt entsprechend.

(5) §§ 84 und 87 gelten entsprechend, § 87 jedoch mit der Maßgabe, dass die Enthebung von jedem Insolvenzgläubiger beantragt werden kann. Lehnt der Treuhänder die Übernahme der Tätigkeit ab, wird er enthoben oder fällt er sonst weg, so hat das Insolvenzgericht einen anderen Treuhänder zu bestellen. Die Bestellung eines anderen Treuhänders ist öffentlich bekanntzumachen; bei Bestellung eines anderen Treuhänders sind § 80 Abs. 2, 3 und 5 sowie § 80b entsprechend anzuwenden.

Entlohnung des Treuhänders
§ 157c

(1) Der Treuhänder hat Anspruch auf eine Entlohnung zuzüglich Umsatzsteuer sowie auf Ersatz seiner Barauslagen.

(2) Die Entlohnung des Treuhänders beträgt in der Regel 10% der dem Insolvenzverwalter zugesprochenen Entlohnung; §§ 82b, 82c sowie 125 Abs. 1, 2, 3 und 5 sind entsprechend anzuwenden, wobei insbesondere auch zu berücksichtigen ist, ob der Sanierungsplan erfüllt worden ist.

Beendigung
§ 157d

(1) Die Überwachung ist auf Antrag des Schuldners oder des Treuhänders durch das Insolvenzgericht auf Kosten des Schuldners für beendet zu erklären, wenn der Schuldner oder der Treuhänder glaubhaft macht, dass der Sanierungsplan erfüllt oder dass die festgesetzte Bedingung eingetreten ist.

(2) Der Beschluss, mit dem das Verfahren für beendet erklärt wird, ist öffentlich bekanntzumachen; § 79 Abs. 2 und 3 ist entsprechend

anzuwenden. Der Eintritt der Rechtskraft des Beschlusses ist in der Insolvenzdatei anzumerken.

(3) Über Rekurse gegen Beschlüsse über die Beendigung der Überwachung entscheidet das Gericht zweiter Instanz endgültig.

Einstellung
§ 157e

(1) Die Überwachung ist einzustellen, wenn
1. innerhalb von vierzehn Tagen nach Ablauf der letzten im Sanierungsplan bestimmten Zahlungsfrist kein Antrag nach § 157d vorliegt oder wenn der Antrag abgelehnt wird;
2. der Schuldner Verfügungsbeschränkungen so zuwiderhandelt, dass das Ziel der Überwachung gefährdet wird.

(2) Die Überwachung ist weiters einzustellen, wenn sich herausstellt, dass die Überwachung nicht zu einer Beendigung führen wird; der Treuhänder ist zu einer solchen Anzeige verpflichtet, sobald er den Eintritt dieses Einstellungsgrunds zu besorgen hat.

Einstellungsbeschluss
§ 157f

(1) Der Beschluss, mit dem das Verfahren eingestellt wird, ist öffentlich bekanntzumachen; § 79 Abs. 2 und 3 ist entsprechend anzuwenden.

(2) Das Insolvenzgericht hat unmittelbar nach Eintritt der Rechtskraft des Einstellungsbeschlusses nach § 157e Abs. 2 von Amts wegen darüber zu entscheiden, ob das Insolvenzverfahren neuerlich zu eröffnen ist. Wird das Insolvenzverfahren eröffnet, so ist der Eröffnungsbeschluss gemeinsam mit der Anmerkung des Eintritts der Rechtskraft des Einstellungsbeschlusses bekanntzumachen. Die Wirkungen der Überwachung enden, wenn das Insolvenzverfahren von Amts wegen eröffnet wird, mit Beginn des Tages, der der öffentlichen Bekanntmachung des Insolvenzedikts folgt. Wird das Insolvenzverfahren nicht eröffnet, so tritt der Schuldner mit der öffentlichen Bekanntmachung des Eintritts der Rechtskraft des Einstellungsbeschlusses wieder in sein Recht, über sein Vermögen frei zu verfügen.

Dritter Abschnitt
Vermögensübergabe

Rechtsstellung des Treuhänders bei Übergabe von Vermögen
§ 157g

(1) Der Schuldner kann dem Treuhänder erteilte Ermächtigungen zur Verwaltung und zur Verwertung des Vermögens bis zur Beendigung der Tätigkeit des Treuhänders nicht widerrufen.

(2) Die Vorschriften des bürgerlichen Rechtes und des Unternehmensrechts über die Haftung des Vermögensübernehmers sind auf den übernehmenden Treuhänder nicht anzuwenden.

(3) Rechtshandlungen des Schuldners, die das übergebene Vermögen betreffen, sind Gläubigern gegenüber unwirksam, soweit ihn der Treuhänder hiezu nicht ermächtigt hat.

(4) Der Treuhänder hat dem Gericht jährlich zu der im Sanierungsplan bezeichneten Zeit und überdies auf jedesmalige Anordnung des Gerichts sowie nach Beendigung seiner Tätigkeit Rechnung zu legen und erforderlichenfalls einen die Rechnung erläuternden Bericht zu erstatten; § 121 Abs. 2 und 3 sowie § 122 sind entsprechend anzuwenden. Mangels einer Regelung im Sanierungsplan hat der Treuhänder innerhalb von 14 Tagen nach Abschluss jedes Rechnungsjahrs Rechnung zu legen. Das erste Rechnungsjahr läuft bis zum Ende des Kalendermonats, in das der Beginn seiner Treuhandschaft gefallen ist.

§ 157h

(1) Rechtskräftige Entscheidungen aus den vom Treuhänder oder gegen diesen geführten Prozessen über Angelegenheiten, die das übergebene Vermögen betreffen, wirken auch gegenüber dem Schuldner.

(2) Ein Insolvenzverfahren, das während der Überwachung eröffnet wird, erfasst solches Vermögen nicht, das gemäß dem Sanierungsplan einem Treuhänder übergeben worden ist; es ist jedoch in das Insolvenzverfahren einzubeziehen, wenn die Überwachung eingestellt wird. Der Zwangsvollstreckung unterliegt dieses Vermögen, sofern es von ihr auch dann getroffen würde, wenn ein Insolvenzverfahren anhängig wäre; jedoch beginnt mit dem Eintritt der Rechtskraft der Bestätigung des Sanierungsplans neuerlich eine Frist von sechs Monaten (§ 11 Abs. 2) zu laufen.

(3) Ist im Sanierungsplan vorgesehen, dass zur Sicherung der Erfüllung eine Hypothek bestellt werden soll, so ist sie in der Weise einzutragen, dass die Gläubiger ohne nähere Angabe als Berechtigte bezeichnet werden. Die alleinige Berechtigung des jeweiligen Treuhänders, über die Hypothek mit Wirkung für und gegen die Gläubiger zu verfügen, ist anzumerken. Das Insolvenzgericht hat dem Treuhänder auf dessen Antrag und nach Einvernahme des Schuldners die gerichtliche Verwertung der Liegenschaft zu bewilligen; dem Treuhänder kommt die Stellung eines betreibenden Gläubigers zu; § 119 Abs. 2 bis 4 ist entsprechend anzuwenden.

Vierter Abschnitt
Sanierungsplan mit Übergabe von Vermögen zur Verwertung

Allgemeine Vorschriften
§ 157i

(1) Der Schuldner kann im Sanierungsplan auch vorschlagen, sein Vermögen an einen Treuhänder zur Verwertung zu übergeben. Hiebei kann auch vorgesehen werden, dass der Treuhänder bestimmt zu bezeichnende Ansprüche geltend zu machen hat, aus deren Beträgen die Insolvenzgläubiger zu befriedigen sind; insbesondere die Hereinbringung offener Forderungen und Anfechtungsansprüche.

(2) Soweit der Schuldner einem Treuhänder Vermögen zur Verwertung übergeben hat, beträgt diesbezüglich die Zahlungsfrist zwei Jahre vom Tag der Annahme des Sanierungsplans. Das Insolvenzgericht hat die Überwachung auf Antrag des Treuhänders zu erstrecken, wenn dies dem überwiegenden Interesse der Beteiligten entspricht. Die Frist kann auch mehrmals, jedoch höchstens insgesamt um drei Jahre erstreckt werden. Der Antrag muss vor Ablauf der Frist angebracht werden; sie läuft nicht vor dem Eintritt der Rechtskraft der über den Antrag ergangenen Entscheidung ab. Vor der Entscheidung ist auch der Schuldner zu vernehmen. Die Entscheidung über die Verlängerung ist öffentlich bekanntzumachen. Über Rekurse gegen Beschlüsse über die Verlängerung der Überwachung entscheidet das Gericht zweiter Instanz endgültig.

Abstimmung
§ 157j

Die Abstimmung in der gleichen Tagsatzung ist auch dann zuzulassen, wenn
1. der Schuldner in der Tagsatzung den Vorschlag derart abändert, dass er sein gesamtes Vermögen innerhalb einer im Sanierungsplan zu bestimmenden Frist einem Treuhänder der Insolvenzgläubiger zur Erfüllung übergibt,
2. zu erwarten ist, dass die Insolvenzgläubiger die zuletzt angebotene Quote insgesamt erhalten werden, und
3. nach dem Vorschlag der Ausfall, den die Insolvenzgläubiger erleiden (§ 156), wenn diese Quote bei Beendigung der Tätigkeit des Treuhänders nicht erreicht sein sollte, nicht den auf die Quote noch fehlenden Betrag umfasst.

Entlohnung des Treuhänders
§ 157k

(1) Die Entlohnung des Treuhänders ist in sinngemäßer Anwendung des § 82 Abs. 1 zu bemessen.

(2) §§ 82b, 82c sowie 125 Abs. 1, 2, 3 und 5 sind entsprechend anzuwenden, wobei insbesondere auch zu berücksichtigen ist, ob der Sanierungsplan erfüllt worden ist.

Einstellung
§ 157l

Bei einem Sanierungsplan mit Übergabe von Vermögen zur Verwertung gilt § 157e Abs. 2 nicht.

Verzug in der Erfüllung
§ 157m

Die Verzugsfolgen nach § 156a treten nicht ein, wenn der Schuldner innerhalb der im Sanierungsplan bestimmten Frist sein gesamtes Vermögen übergeben hat, selbst wenn er nach Beendigung der Tätigkeit des Treuhänders mit der Entrichtung des Betrags in Verzug gerät, für den er wegen Nichterreichung der Quote weiter haftet.

Fünfter Abschnitt
Nichtigkeit und Unwirksamerklärung des Sanierungsplans

Nichtigkeit des Sanierungsplans
§ 158

(1) Die Verurteilung des Schuldners wegen betrügerischer Krida hebt, wenn sie innerhalb zweier Jahre nach der Bestätigung des Sanierungsplans rechtskräftig wird, für alle Gläubiger den im Sanierungsplan gewährten Nachlass sowie die sonstigen Begünstigungen auf, ohne den Verlust der Rechte nach sich zu ziehen, die ihnen der Sanierungsplan gegenüber dem Schuldner oder dritten Personen einräumt.

(2) Das Insolvenzgericht hat von Amts wegen oder auf Antrag eines Insolvenzgläubigers die Nichtigkeit festzustellen. Der Beschluss ist öffentlich bekannt zu machen. Ist kostendeckendes Vermögen vorhanden oder wird ein angemessener Kostenvorschuss (§ 71a Abs. 1) geleistet, so ist das Insolvenzverfahren auf Antrag eines Insolvenzgläubigers wieder aufzunehmen.

(3) Die Vorschriften der §§ 74 bis 78 über die Bekanntmachung und die Anmerkung der Insolvenzeröffnung sowie über die Benachrichtigungen von der Insolvenzeröffnung sind auf die Wiederaufnahme des Insolvenzverfahrens anzuwenden.

Verfahren bei Wiederaufnahme des Insolvenzverfahrens
§ 159

(1) An dem wieder aufgenommenen Insolvenzverfahren nehmen auch die Gläubiger teil, deren Ansprüche zwischen der Aufhebung und der Wiederaufnahme des Insolvenzverfahrens entstanden sind.

(2) Insolvenzgläubiger, für die der Sanierungsplan wirksam war, nehmen an dem wieder aufgenommenen Insolvenzverfahren mit dem noch nicht getilgten Betrag ihrer ursprünglichen Forderungen teil.

(3) Das Insolvenzverfahren ist, soweit dies notwendig ist, zu wiederholen. Früher geprüfte Forderungen sind nicht neuerlich zu prüfen.

Wirkung der Wiederaufnahme auf die Anfechtung und Aufrechnung
§ 160

(1) Für die Anfechtung von Rechtshandlungen, die zwischen der Aufhebung und der Wiederaufnahme des Insolvenzverfahrens vorgenommen

worden sind, sowie für die in dieser Zeit entstandenen Aufrechnungsansprüche gilt, wenn nicht inzwischen Zahlungsunfähigkeit eingetreten ist, als Eintritt der Zahlungsunfähigkeit der Tag des ersten strafgerichtlichen Erkenntnisses, das die Verurteilung des Schuldners enthält.

(2) Die Frist für die gerichtliche Geltendmachung des Anfechtungsrechts ist für die Zeit von der Bestätigung des Sanierungsplans bis zur Wiederaufnahme des Insolvenzverfahrens gehemmt.

Unwirksamerklärung des Sanierungsplans
§ 161

(1) Ist der Sanierungsplan durch betrügerische Handlungen oder durch unzulässige Einräumung besonderer Vorteile an einzelne Gläubiger zustande gebracht worden, ohne dass die Voraussetzungen des § 158 vorliegen, so kann jeder Insolvenzgläubiger innerhalb dreier Jahre nach Eintritt der Rechtskraft der Bestätigung des Sanierungsplans mit Klage den Anspruch auf Bezahlung des Ausfalls oder auf Unwirksamerklärung der sonst gewährten Begünstigung geltend machen, ohne die Rechte zu verlieren, die ihm der Sanierungsplan gegenüber dem Schuldner oder dritten Personen einräumt.

(2) Dieser Anspruch steht nur Insolvenzgläubigern zu, die an den betrügerischen Handlungen oder an den unzulässigen Abmachungen nicht teilgenommen haben und ohne Verschulden außerstande waren, die zur Klage berechtigenden Tatsachen im Bestätigungsverfahren geltend zu machen.

Zuständigkeit
§ 162

Für den Anspruch des Gläubigers gegen den Schuldner aufgrund von § 150a oder § 161 ist das Insolvenzgericht zuständig.

Neuerliches Insolvenzverfahren
§ 163

(1) Wird vor vollständiger Erfüllung des Sanierungsplans neuerlich ein Insolvenzverfahren eröffnet, ohne dass die Voraussetzungen des § 158 vorliegen, so sind die früheren Insolvenzgläubiger nicht verpflichtet, das im guten Glauben Bezogene zurückzuerstatten.

(2) Ihre Forderungen sind jedoch als vollständig getilgt anzusehen, wenn sie mit dem im Sanierungsplan festgesetzten Betrag befriedigt worden sind; andernfalls ist die Forderung nur mit dem Bruchteil als getilgt anzusehen, der dem Verhältnis des bezahlten Betrages zu dem nach dem Sanierungsplan zu zahlenden Betrag entspricht.

Sechster Abschnitt
Sonderbestimmungen für eingetragene Personengesellschaften

Insolvenzverfahren einer eingetragenen Personengesellschaft oder Verlassenschaft
§ 164

(1) Ist der Schuldner eine eingetragene Personengesellschaft oder eine Verlassenschaft, so kann der Sanierungsplan nur mit Zustimmung sämtlicher unbeschränkt haftenden Gesellschafter oder sämtlicher Erben geschlossen werden.

(2) Die Rechtswirkungen des Sanierungsplans kommen, soweit im Sanierungsplan nichts anderes bestimmt ist, einem jeden solchen Gesellschafter oder Erben gegenüber den Gesellschaftsgläubigern oder Erbschaftsgläubigern zustatten.

Anmerkungen

§ 164 Abs 2 IO ist auch im **Restrukturierungsverfahren** anzuwenden (§ 39 Abs 4 ReO).

Haftung eines ausgeschiedenen unbeschränkt haftenden Gesellschafters
§ 164a

Der Sanierungsplan einer eingetragenen Personengesellschaft oder eines Schuldners, der das Unternehmen einer solchen ohne Liquidation mit Aktiven und Passiven übernommen hat, begrenzt auch den Umfang der auf dem Gesetz beruhenden Haftung eines aus der eingetragenen Personengesellschaft bereits ausgeschiedenen unbeschränkt haftenden Gesellschafters. Zu dessen Nachteil kann hievon im Sanierungsplan nicht abgewichen werden.

Anmerkungen

§ 164a IO ist auch im **Restrukturierungsverfahren** anzuwenden (§ 39 Abs 4 ReO).

Sanierungsplan eines unbeschränkt haftenden Gesellschafters
§ 165

(1) Ist nur über das Privatvermögen eines unbeschränkt haftenden Gesellschafters einer eingetragenen Personengesellschaft ein Insolvenzverfahren eröffnet worden und in diesem Verfahren ein Sanierungsplan zustande gekommen, so wird hiedurch der Gesellschafter von einer weitergehenden Haftung für die Gesellschaftsschulden frei.

(2) Ist gleichzeitig mit dem Insolvenzverfahren über das Gesellschaftsvermögen ein Insolvenzverfahren über das Privatvermögen eines unbeschränkt haftenden Gesellschafters anhängig, so werden durch den Sanierungsplan des Gesellschafters die Forderungen der Gesellschaftsgläubiger so weit getroffen, als sie in diesem Insolvenzverfahren nach § 57 überhaupt zu berücksichtigen sind.

Dritter Teil
Sanierungsverfahren

Anwendungsbereich
§ 166

Ist der Schuldner eine natürliche Person, die ein Unternehmen betreibt, eine juristische Person, eine Personengesellschaft oder eine Verlassenschaft, so gelten die Bestimmungen dieses und des Vierten Teils.

Anmerkungen
Das Sanierungsverfahren ist begriffliches Gegenstück zum Konkursverfahren (§ 180 IO) und signalisiert bereits mit der Eröffnung des Verfahrens die seitens des Schuldners beabsichtigte Ausrichtung des Verfahrens auf den Abschluss eines Sanierungsplans. Der Antrag kann bei Vorliegen der Insolvenzvoraussetzungen (Zahlungsunfähigkeit, Überschuldung), aber auch bei drohender Zahlungsunfähigkeit (§ 167 Abs 2) vom Schuldner gestellt werden.

Ein **Restrukturierungsverfahren** setzt wahrscheinliche Insolvenz voraus (§ 6 Abs 1 ReO). Diese liegt vor, wenn der Bestand des Unternehmens des Schuldners ohne Restrukturierung gefährdet wäre; dies ist insbesondere gegeben, *wenn die Zahlungsunfähigkeit droht*. Dies wird vermutet, wenn die Eigenmittelquote 8 % unterschreitet und die fiktive Schuldentilgungsdauer 15 Jahre übersteigt (§ 6 Abs 1 und 2 ReO).

Bei *Überschuldung* im Sinn des *Insolvenzrechts kann der Antragsteller wählen*, ob er die Eröffnung eines Insolvenzverfahrens (Sanierungsverfahren oder Konkursverfahren) oder eines Restrukturierungsverfahrens beantragt. Entscheidet er sich für die Einleitung eines Restrukturierungsverfahrens, muss trotz Überschuldung und Bestandsgefährdung *die Bestandfähigkeit gegeben sein*. Diese verlangt eine *Fortbestehensprognose*, die auch *bedingt*, also von der Annahme und Bestätigung des Restrukturierungsplans abhängig, sein kann (EB RIRUG Allgemeiner Teil). Bei der Entscheidung, ob ein Sanierungsverfahren oder ein Restrukturierungsverfahren eingeleitet wird, sind auch die unterschiedlichen Annahmevoraussetzungen zu berücksichtigen: Zur Annahme eines Sanierungsplans ist erforderlich, dass – neben der Kopfmehrheit – die Gesamtsumme der Forderungen der zustimmenden Insolvenzgläubiger mehr als die Hälfte der Gesamtsumme der Forderungen der bei der Tagsatzung anwesenden stimmberechtigten Insolvenzgläubiger beträgt (§ 147 Abs 1 IO); im Gegensatz dazu ist zur Annahme des Restrukturierungsplans erforderlich, dass in jeder Klasse die Mehrheit der anwesenden betroffenen Gläubiger dem Plan zustimmt (Kopfmehrheit) und die Summe der Forderungen der zustimmenden Gläubiger *in jeder Klasse zumindest 75 % der Gesamtsumme der Forderungen* der anwesenden betroffenen Gläubiger in dieser Klasse beträgt (§ 33 Abs 1 ReO). Werden keine Gläubigerklassen gebildet, gelten diese Mehrheitserfordernisse ebenfalls. Insoweit ist es puncto Summenmehrheit schwerer, einen Restrukturierungsplan als einen Sanierungsplan „durchzubringen".

Antrag
§ 167

(1) Das Insolvenzverfahren ist als Sanierungsverfahren zu bezeichnen, wenn der Schuldner
1. dessen Eröffnung sowie
2. unter Anschluss eines zulässigen Sanierungsplans die Annahme eines Sanierungsplans beantragt und dieser Antrag vom Gericht nicht zugleich mit der Eröffnung des Insolvenzverfahrens zurückgewiesen wird.
(2) Das Sanierungsverfahren kann auch bei drohender Zahlungsunfähigkeit eröffnet werden, jedoch nicht während eines Konkursverfahrens über das Vermögen des Schuldners.
(3) Die Bezeichnung ist auf Konkursverfahren abzuändern, wenn
1. der Insolvenzverwalter angezeigt hat, dass die Insolvenzmasse nicht ausreicht, um die Masseforderungen zu erfüllen, oder
2. der Schuldner den Sanierungsplanantrag zurückzieht oder das Gericht den Antrag zurückweist oder
3. der Sanierungsplan in der Sanierungsplantagsatzung abgelehnt und die Tagsatzung nicht erstreckt wurde oder
4. dem Sanierungsplan vom Gericht die Bestätigung versagt wurde.

(4) Die Änderung der Bezeichnung auf Konkursverfahren ist öffentlich bekannt zu machen. Gegen die Bezeichnung und deren Änderung ist kein Rekurs zulässig; die Bezeichnung kann jedoch auf Antrag oder von Amts wegen vom Gericht berichtigt werden.

Anmerkungen
Der Antrag auf Eröffnung des Sanierungsverfahrens kann bereits bei *drohender Zahlungsunfähigkeit* gestellt werden, um einen entsprechenden Anreiz für die frühzeitige Verfahrenseröffnung zu schaffen. Drohende Zahlungsunfähigkeit lässt aber auch *wahrscheinliche Insolvenz* im Sinne des § 6 Abs 1 der **Restrukturierungsordnung** vermuten, insbesondere wenn die Eigenmittelquote 8 % unterschreitet und die fiktive Schuldentilgungsdauer 15 Jahre übersteigt (§ 6 Abs 2 ReO). Der *Schuldner hat die Wahl*, ob er ein Sanierungsverfahren oder ein Restrukturierungsverfahren einleitet.

Wurde bereits ein Konkursverfahren eröffnet, ist die Eröffnung eines Sanierungsverfahrens nicht mehr möglich. Der Schuldner kann jedoch den Abschluss eines Sanierungsplans (§ 140 Abs 1 IO) beantragen. Wurde über einen Antrag eines Gläubigers auf Konkurseröffnung noch nicht entschieden, ist der Antrag auf Eröffnung eines Sanierungsverfahrens – auch nach § 169 IO (mit Eigenverwaltung) – noch möglich.

Denkbar wäre auch das „Zusammentreffen" eines Antrags auf Eröffnung eines *Restrukturierungsverfahrens* mit einem *Gläubigerantrag auf Eröffnung des Konkursverfahrens*. Bescheinigt der Gläubiger das Vorliegen der Zahlungsunfähigkeit, wäre der Antrag auf Eröffnung des Restrukturierungsverfahrens zurückzuweisen und – vorausgesetzt die sonstigen Voraussetzungen für die Verfahrenseröffnung sind gegeben – das Konkursverfahren zu eröffnen.

Anberaumung der Sanierungsplantagsatzung
§ 168

(1) Das Gericht hat zugleich mit der Eröffnung die Sanierungsplantagsatzung in der Regel auf 60 bis 90 Tage anzuordnen. Sie kann mit der Prüfungstagsatzung verbunden werden.

(2) Das Unternehmen ist erst zu verwerten, wenn der Sanierungsplanvorschlag nicht innerhalb von 90 Tagen nach Eröffnung des Verfahrens angenommen wird.

Anmerkungen
Es ist sinnvoll, die Prüfungstagsatzung zu einem gesonderten Termin, etwa drei bis vier Wochen vor der Sanierungsplantagsatzung, abzuhalten, um bis dahin weitgehende Klarheit über strittige Teilnahmeansprüche zu erzielen.

Wird in der Sanierungsplantagsatzung der Sanierungsplan abgelehnt und die Tagsatzung nicht erstreckt oder wird dem Sanierungsplan die Bestätigung versagt, ist die Bezeichnung auf Konkursverfahren abzuändern (§ 167 Abs 3 IO). Diese Änderung der Bezeichnung auf Konkursverfahren ist öffentlich bekannt zu machen (§ 167 Abs 4 IO).

Im **Restrukturierungsverfahren** wird die Tagsatzung zur Abstimmung erst *nach Vorlage des Restrukturierungsplans* anberaumt; sie findet in der Regel 30–60 Tage nach Vorlage des Restrukturierungsplans statt (§ 31 Abs 1 ReO).

Vierter Teil
Sanierungsverfahren mit Eigenverwaltung unter Aufsicht eines Verwalters

Voraussetzungen
§ 169

(1) Im Sanierungsverfahren steht dem Schuldner die Verwaltung der Insolvenzmasse unter Aufsicht eines Insolvenzverwalters (Sanierungsverwalters) nach den Bestimmungen des Vierten Teils zu (Eigenverwaltung), wenn er vor dessen Eröffnung
1. folgende Urkunden vorgelegt hat:
   a) einen Sanierungsplan, in dem den Insolvenzgläubigern angeboten wird, innerhalb von längstens zwei Jahren vom Tag der Annahme des Sanierungsplans mindestens 30% der Forderungen zu zahlen;
   b) ein genaues Vermögensverzeichnis;
   c) eine aktuelle und vollständige Übersicht über den Vermögens- und Schuldenstand, in der die Bestandteile des Vermögens auszuweisen und zu bewerten und die Verbindlichkeiten mit dem Rückzahlungsbetrag anzusetzen und aufzugliedern sind (Status);
   d) eine Gegenüberstellung der voraussichtlichen Einnahmen und Ausgaben für die folgenden 90 Tage, aus der sich ergibt, wie die für die Fortführung des Unternehmens und die Bezahlung der Masseforderungen notwendigen Mittel aufgebracht und verwendet werden sollen (Finanzplan), und
   e) ein Verzeichnis der nach §§ 75 und 145 Abs. 2 zu Verständigenden sowie
2. der Antrag folgende Angaben enthält:
   a) darüber, wie die zur Erfüllung des Sanierungsplans nötigen Mittel aufgebracht werden sollen,

b) über die Anzahl der Beschäftigten und über deren im Unternehmen errichteten Organe und

c) über die zur Erfüllung des Sanierungsplans nötigen Reorganisationsmaßnahmen, insbesondere Finanzierungsmaßnahmen.

(2) Ist der Schuldner nach Unternehmensrecht verpflichtet, Jahresabschlüsse aufzustellen, so hat er diese vorzulegen. Betreibt er sein Unternehmen länger als drei Jahre, so genügt die Vorlage für die letzten drei Jahre.

(3) Der Schuldner hat das Vermögensverzeichnis eigenhändig zu unterschreiben und sich zugleich bereitzuerklären, vor dem Gericht zu unterfertigen, dass seine Angaben über den Aktiv- und Passivstand richtig und vollständig seien und dass er von seinem Vermögen nichts verschwiegen habe.

(4) Der Schuldner hat die Angaben nach Abs. 1, soweit zumutbar, zu belegen.

(5) Fehlt im Antrag das gesetzlich vorgeschriebene Vorbringen oder sind ihm nicht alle vorgeschriebenen Urkunden angeschlossen, so ist der Schriftsatz zur Verbesserung zurückzustellen. Wird der Antrag nicht fristgerecht verbessert, so ist das Sanierungsverfahren nach dem Dritten Teil oder der Konkurs zu eröffnen.

Anmerkungen

Das Insolvenzgericht prüft nur formell, ob die in § 169 Abs 1 Z 1 IO genannten Urkunden vorgelegt wurden und der Antrag die in § 169 Abs 1 Z 2 IO angeführten Angaben enthält.

Grundsätzlich steht auch im **Restrukturierungsverfahren** dem Schuldner *Eigenverwaltung* zu. Er behält die Kontrolle über seine Vermögenswerte und den Betrieb seines Unternehmens, soweit nicht dem Restrukturierungsbeauftragten Aufgaben übertragen werden (§ 16 Abs 1 ReO). Ein Beschluss über die Beschränkung der Eigenverwaltung des Schuldners ist diesem und dem Restrukturierungsbeauftragten zuzustellen. Der Beschluss kann nicht angefochten, aber auf Antrag abgeändert werden (§ 16 Abs 4 ReO).

Entziehung der Eigenverwaltung
§ 170

(1) Das Gericht hat dem Schuldner die Eigenverwaltung zu entziehen und einen Masseverwalter zu bestellen, wenn
1. Umstände bekannt sind, die erwarten lassen, dass die Eigenverwaltung zu Nachteilen für die Gläubiger führen wird, insbesondere

wenn der Schuldner Mitwirkungs- oder Auskunftspflichten verletzt, Verfügungsbeschränkungen oder überhaupt den Interessen der Gläubiger zuwiderhandelt, die Voraussetzungen des § 169 nicht vorliegen, der Finanzplan nicht eingehalten werden kann, die Angaben im Status unrichtig sind oder der Schuldner die Masseforderungen nicht pünktlich erfüllt;
2. die Voraussetzungen des § 167 Abs. 3 erfüllt sind;
3. der Sanierungsplan nicht innerhalb von 90 Tagen nach Eröffnung des Verfahrens von den Gläubigern angenommen wurde oder
4. der Schuldner dies beantragt.

(2) Die Entziehung der Eigenverwaltung ist öffentlich bekannt zu machen; die Rechtswirkungen treten mit Beginn des Tages ein, der der öffentlichen Bekanntmachung folgt.

Anmerkungen

Erfüllt der Antrag auf Eröffnung des Sanierungsverfahrens mit Eigenverwaltung die in § 169 IO geregelten Voraussetzungen, steht dem Schuldner ex lege die Eigenverwaltung zu. Daher regelt § 170 IO die näheren Voraussetzungen, die zur *Entziehung* der Eigenverwaltung führen.

Grundsätzlich steht auch im **Restrukturierungsverfahren** dem Schuldner Eigenverwaltung zu. Er behält die Kontrolle über seine Vermögenswerte und den Betrieb seines Unternehmens, soweit nicht dem Restrukturierungsbeauftragten Aufgaben übertragen werden (§ 16 Abs 1 ReO). Soweit dies zur Wahrung der Interessen betroffener Gläubiger erforderlich ist, kann das Gericht für die Dauer des Restrukturierungsverfahrens bestimmte Rechtshandlungen untersagen oder an die Zustimmung des Gerichtes oder des Restrukturierungsbeauftragten binden (hiezu *Mohr*, ZIK 2021/93, 87).

Das Gericht darf dem Schuldner jedoch nicht diejenigen Beschränkungen auferlegen, die einen Schuldner kraft Gesetzes im Konkursverfahren treffen (§ 16 Abs 2 ReO). Eine gänzliche *Entziehung der Eigenverwaltung*, wie sie gemäß § 170 IO möglich ist, ist im Restrukturierungsverfahren *nicht vorgesehen*. Rechtshandlungen, die der Schuldner entgegen § 16 Abs 2 ReO ohne Zustimmung vorgenommen hat, werden erst mit vollständiger Erfüllung des Restrukturierungsplans wirksam, wenn der Dritte wusste oder wissen musste, dass eine Zustimmung nicht erteilt worden ist (§ 16 Abs 3 ReO).

Umfang der Eigenverwaltung
§ 171

(1) Der Schuldner ist bei Eigenverwaltung berechtigt, alle Rechtshandlungen vorzunehmen. Der Genehmigung des Sanierungsverwal-

ters bedürfen Rechtshandlungen, die nicht zum gewöhnlichen Unternehmensbetrieb gehören, sowie der Rücktritt, die Kündigung oder die Auflösung der Verträge nach §§ 21, 23 und 25. Der Schuldner muss aber auch eine zum gewöhnlichen Unternehmensbetrieb gehörende Handlung unterlassen, wenn der Sanierungsverwalter dagegen Einspruch erhebt.

(2) Von der Eröffnung des Verfahrens an bedarf der Schuldner zur Schließung oder Wiedereröffnung seines Unternehmens der Bewilligung des Gerichts; § 115 ist entsprechend anzuwenden.

(3) Rechtshandlungen, die der Schuldner entgegen Abs. 1 ohne Zustimmung oder gegen Einspruch des Sanierungsverwalters vorgenommen hat, sind den Gläubigern gegenüber unwirksam, wenn der Dritte wusste oder wissen musste, dass sie über den gewöhnlichen Unternehmensbetrieb hinausgehen und dass der Sanierungsverwalter seine Zustimmung nicht erteilt oder dass er Einspruch gegen die Vornahme erhoben hat.

Beschränkung der Eigenverwaltung
§ 172

(1) Dem Sanierungsverwalter sind vorbehalten:
1. die Anfechtung von Rechtshandlungen nach den §§ 27 bis 43, wobei das durch die anfechtbare Handlung dem Vermögen des Schuldners Entgangene an den Sanierungsverwalter zu leisten und zur Befriedigung der Gläubiger zu verwenden ist,
2. die Forderungsprüfung nach §§ 102 ff,
3. die Mitteilung der Geschäfte nach § 116,
4. der Abschluss der Geschäfte nach § 117,
5. die gerichtliche Veräußerung nach § 119,
6. die Veräußerung von Sachen, an denen ein Absonderungsrecht besteht, nach § 120 und
7. die Aufschiebung des Exekutionsverfahrens nach § 120a.

(2) Das Gericht kann dem Schuldner bestimmte Rechtshandlungen überhaupt oder doch ohne Zustimmung des Sanierungsverwalters verbieten, soweit dies notwendig ist, um Nachteile für die Gläubiger zu vermeiden. Die Beschränkungen sind, wenn sie gleichzeitig mit der Eröffnung des Sanierungsverfahrens angeordnet werden, mit der Eröffnung, sonst gesondert öffentlich bekanntzumachen und in jedem Fall

in den öffentlichen Büchern und Registern anzumerken. In dringenden Fällen kann die Anordnung der Sanierungsverwalter treffen.

(3) Soweit der Schuldner zu Rechtshandlungen nicht befugt ist, hat der Sanierungsverwalter an dessen Stelle tätig zu werden. Zur Verwertung bedarf der Sanierungsverwalter der Zustimmung des Schuldners.

Anmerkungen

Grundsätzlich steht auch im **Restrukturierungsverfahren** dem Schuldner *Eigenverwaltung* zu. Er behält die Kontrolle über seine Vermögenswerte und den Betrieb seines Unternehmens, soweit nicht dem Restrukturierungsbeauftragten Aufgaben übertragen werden (§ 16 Abs 1 ReO). Soweit dies zur Wahrung der Interessen betroffener Gläubiger erforderlich ist, kann das Gericht für die Dauer des Restrukturierungsverfahrens bestimmte Rechtshandlungen untersagen oder an die Zustimmung des Gerichtes oder des Restrukturierungsbeauftragten binden.

Prozessführungsbefugnis
§ 173

Der Schuldner ist in Angelegenheiten der Eigenverwaltung zur Führung von Rechtsstreitigkeiten und sonstigen Verfahren befugt.

Masseforderungen
§ 174

Masseforderungen sind – unbeschadet des § 46 – auch Forderungen aus Rechtshandlungen des Schuldners, zu denen er nach § 171 berechtigt ist.

Anmerkungen

Der Schuldner ist bei Eigenverwaltung berechtigt, alle Rechtshandlungen vorzunehmen, die zum gewöhnlichen Unternehmensbetrieb gehören und kann so selbst Masseforderungen begründen.

Den Begriff *Masseforderungen* kennt das **Restrukturierungsverfahren** so nicht. Es besteht grundsätzlich Eigenverwaltung (§ 16 ReO) und die *nach Verfahrenseröffnung entstehenden Forderungen* müssen *bei Fälligkeit bezahlt werden*; sie können vom Restrukturierungsplan nicht betroffen sein. Durch einen Verweis auf § 46 Z 1, 2, 4, 5 und 6 IO wird klargestellt, dass das Verständnis, um welche Forderungen es sich dabei handelt, dem Masseforderungsverständnis der IO entspricht (§ 3 Abs 1 Z 3 ReO).

Unterhalt
§ 175

Der Schuldner darf die vorhandenen Mittel nur insoweit für sich verbrauchen, als es zu einer bescheidenen Lebensführung für ihn und seine Familie unerlässlich ist.

Sonderregelungen
§ 176

Bei Eigenverwaltung des Schuldners gilt Folgendes:
1. Der Schuldner ist berechtigt, alle Sendungen nach § 78 Abs. 2 entgegenzunehmen; § 78 Abs. 4 ist nicht anzuwenden.
2. Ein ist nicht zu errichten.
3. § 8 ist in Angelegenheiten der Eigenverwaltung nicht anzuwenden.
4. Der Sanierungsverwalter ist zur Rechnungslegung nur insoweit verpflichtet, als er Handlungen nicht nur überwacht, sondern selbst vornimmt.

Befugnisse des Sanierungsverwalters
§ 177

(1) Im Verhältnis zu Dritten ist der Sanierungsverwalter zu allen Rechtsgeschäften und Rechtshandlungen befugt, welche die Erfüllung der mit seinen Aufgaben verbundenen Obliegenheiten mit sich bringt, soweit nicht das Insolvenzgericht im einzelnen Fall eine Beschränkung der Befugnisse verfügt und dem Dritten bekanntgegeben hat.

(2) Der Sanierungsverwalter hat die durch den Gegenstand seiner Geschäftsführung gebotene Sorgfalt (§ 1299 ABGB) anzuwenden; § 81 Abs. 2 und 3 gilt entsprechend.

(3) Der Sanierungsverwalter hat Anspruch auf eine Entlohnung zuzüglich Umsatzsteuer sowie auf Ersatz seiner Barauslagen. §§ 82, 82a, 82b, 82c sowie 125 und 125a sind anzuwenden, wobei dem Sanierungsverwalter für die Überwachung der Fortführung eine besondere Entlohnung nach § 82 Abs. 3 gebührt. Ist der Sanierungsverwalter nicht zur Rechnungslegung verpflichtet und findet keine Schlussrechnungstagsatzung statt, so ist die Sanierungsplantagsatzung für die Frist des § 125 Abs. 1 maßgebend.

Anmerkungen

Der Sanierungsverwalter hat die Unternehmensführung durch den Schuldner zu überwachen und wird für diese Überwachung der Fortführung auch entlohnt (§ 177 Abs 3 IO). Weitere Aufgaben ergeben sich insbesondere aus § 178 IO.

Im **Restrukturierungsverfahren** behält der Schuldner ganz oder zumindest teilweise die Kontrolle über seine Vermögenswerte und den täglichen Betrieb seines Unternehmens; es besteht Eigenverwaltung (§ 16 Abs 1 ReO).

Soweit dies zur Wahrung der Interessen betroffener Gläubiger erforderlich ist, kann das Gericht für die Dauer des Restrukturierungsverfahrens bestimmte Rechtshandlungen untersagen oder an die Zustimmung des Gerichtes oder des Restrukturierungsbeauftragten binden (§ 16 Abs 2 ReO).

Generell ist dann ein Restrukturierungsbeauftragter zu bestellen, wenn Umstände bekannt sind oder bekannt werden, dass die Eigenverwaltung zu Nachteilen für die Gläubiger führt (EB RIRUG zu § 9 ReO).

Aufgaben des Sanierungsverwalters
§ 178

(1) Der Sanierungsverwalter hat die Überprüfung der wirtschaftlichen Lage des Schuldners unverzüglich nach seiner Bestellung zu beginnen und die Geschäftsführung des Schuldners sowie die Ausgaben für dessen Lebensführung zu überwachen.

(2) Der Sanierungsverwalter hat spätestens bis zur ersten Gläubigerversammlung, sofern keine gesonderte erste Gläubigerversammlung stattfindet, bis zur Berichtstagsatzung über die wirtschaftliche Lage des Schuldners und darüber zu berichten, ob
1. der Finanzplan eingehalten werden kann,
2. der Sanierungsplan erfüllbar ist und
3. Gründe zur Entziehung der Eigenverwaltung vorliegen.

(3) Abschriften schriftlicher Berichte des Sanierungsverwalters sind den Mitgliedern des Gläubigerausschusses und erforderlichenfalls den Gläubigern zu übersenden.

(4) Dritte können sich gegenüber dem Sanierungsverwalter auf eine zugunsten des Schuldners bestehende Verpflichtung zur Verschwiegenheit nicht berufen, soweit der Schuldner der Einholung von Auskünften durch den Sanierungsverwalter zugestimmt oder auf Antrag des Sanierungsverwalters das Gericht die mangelnde Zustimmung mit Beschluss ersetzt hat. Die mangelnde Zustimmung darf nur ersetzt werden, wenn der Sanierungsverwalter ein rechtliches Interesse an der

Auskunft glaubhaft macht. Gegen den Beschluss, mit dem die mangelnde Zustimmung ersetzt wird, ist kein Rechtsmittel zulässig.

Tagsatzungen
§ 179

(1) Die erste Gläubigerversammlung oder die Berichtstagsatzung hat in der Regel innerhalb von 3 Wochen ab Eröffnung des Sanierungsverfahrens stattzufinden.

(2) Vor Beginn der Abstimmung in der Sanierungsplantagsatzung hat der Schuldner vor dem Gericht auf Antrag des Sanierungsverwalters oder eines Gläubigers oder auf Anordnung des Gerichts zu unterfertigen, dass seine Angaben im Vermögensverzeichnis über den Aktiv- und Passivstand richtig und vollständig seien und dass er von seinem Vermögen nichts verschwiegen habe.

Fünfter Teil
Konkursverfahren

Bezeichnung
§ 180

(1) Liegen die Voraussetzungen des § 167 Abs. 1 nicht vor, so heißt das Insolvenzverfahren Konkursverfahren.

(2) Die Konkursmasse ist vom Masseverwalter, wenn es nicht zu einem Sanierungsplan kommt, zur gemeinschaftlichen Befriedigung der Konkursgläubiger zu verwenden.

Geringfügigkeit des Konkurses
§ 180a

Wenn das zur Konkursmasse gehörende Vermögen voraussichtlich nicht mehr als 50 000 Euro beträgt (geringfügiger Konkurs), kann bei der allgemeinen Prüfungstagsatzung gleichzeitig über alle der Beschlussfassung der Gläubigerversammlung unterliegenden Fragen und, soweit dies zweckmäßig ist, auch über die Verteilung der Konkursmasse verhandelt werden.

Sechster Teil
Konzern
Zusammenarbeit und Koordination
§ 180b

Wenn Insolvenzverfahren über das Vermögen von Mitgliedern einer Unternehmensgruppe eröffnet werden, sind die Regelungen über die Zusammenarbeit und Kommunikation nach Art. 56 bis 60 EuInsVO sowie die Koordinierung nach Art. 61 bis 77 EuInsVO anzuwenden.

Genehmigungspflichtige Anträge und Handlungen
§ 180c

(1) Der Genehmigung des Gläubigerausschusses und des Insolvenzgerichts bedürfen:
1. Vereinbarungen im Sinne des Art. 56 Abs. 2 EuInsVO,
2. der Antrag auf Eröffnung eines Gruppen-Koordinationsverfahrens nach Art. 61 EuInsVO,
3. die Teilnahme oder Nichtteilnahme am Gruppen-Koordinationsverfahren nach Art. 64 Abs. 1 lit. a EuInsVO sowie ein nachträglicher Beitritt nach Art. 69 Abs. 1 EuInsVO und
4. die Abstimmung bei der Wahl des Gerichts für ein Gruppen-Koordinationsverfahren nach Art. 66 EuInsVO.

(2) Das Insolvenzgericht hat den Koordinator von den Gläubigerversammlungen zu verständigen.

(3) Der Koordinator hat dem Gericht nach Art. 72 Abs. 1 EuInsVO zu berichten; der Verwalter nach Art. 70 Abs. 2.

(4) Die anteilige Vergütung des Koordinators ist eine Masseforderung nach § 46.

Siebenter Teil
Sonderbestimmungen für natürliche Personen
Erstes Hauptstück
Insolvenz- und Schuldenregulierungsverfahren
Anwendungsbereich
§ 181

Ist der Schuldner eine natürliche Person, so gelten die Bestimmungen des ordentlichen Verfahrens mit den in §§ 182 bis 216 festgelegten Besonderheiten.

Zuständigkeit
§ 182

(1) Betreibt der Schuldner kein Unternehmen, so ist Insolvenzgericht das zum Zeitpunkt der Antragstellung örtlich zuständige Bezirksgericht; in Wien das Bezirksgericht, das für Exekutionssachen nach dem Bezirksgerichts-Organisationsgesetz für Wien zuständig ist (Schuldenregulierungsverfahren).

(2) Ist ein anderes als das angerufene Gericht sachlich zuständig, so hat letzteres seine Unzuständigkeit in jeder Lage des Verfahrens von Amts wegen oder auf Antrag durch Beschluss auszusprechen und die Sache an das sachlich zuständige Gericht zu überweisen.

Antrag des Schuldners
§ 183

(1) Wenn es an einem zur Deckung der Kosten des Insolvenzverfahrens voraussichtlich hinreichenden Vermögen fehlt, ist der Antrag auf Eröffnung eines Insolvenzverfahrens aus diesem Grund nicht abzuweisen, wenn der Schuldner
1. ein genaues Vermögensverzeichnis vorlegt, das Vermögensverzeichnis eigenhändig unterschrieben hat und sich zugleich bereit erklärt, vor dem Insolvenzgericht zu unterfertigen, daß seine Angaben über den Aktiv- und Passivstand vollständig sind und daß er von seinem Vermögen nichts verschwiegen hat,
2. einen zulässigen Zahlungsplan vorlegt, dessen Annahme beantragt und bescheinigt, daß er den Zahlungsplan erfüllen wird, und
3. bescheinigt, dass seine Einkünfte die Kosten des Verfahrens voraussichtlich decken werden.

(2) Die Bescheinigungen nach Abs. 1 müssen in urkundlicher Form erfolgen.

(3) Das Gericht kann dem Schuldner eine Frist zur Vorlage des Vermögensverzeichnisses und des Zahlungsplans bewilligen.

(4) Solange die Voraussetzungen nach Abs. 1 vorliegen, ist § 123a nicht anzuwenden.

Anmerkungen
Bei einem Einkommen unter dem Existenzminimum oder nur geringfügig höherem Einkommen muss keine Zahlungsplanquote angeboten werden (§ 194 IO). Gemäß

§ 213 IO ist eine Restschuldbefreiung auch möglich, wenn die Gläubiger gar keine Quotenzahlung erhalten.

Gläubigerantrag
§ 183a

Wenn es nach öffentlicher Bekanntmachung der offenkundigen Zahlungsunfähigkeit an einem zur Deckung der Kosten des Schuldenregulierungsverfahrens voraussichtlich hinreichenden Vermögen fehlt, ist der Antrag eines Gläubigers auf Eröffnung des Verfahrens aus diesem Grund nicht abzuweisen.

EB zu GREx zu § 183a IO
Wenn die offenkundige Zahlungsunfähigkeit des Schuldners festgestellt wurde (§ 49a EO), wird der Gläubiger zur Eintreibung seiner Forderung auf das Insolvenzverfahren verwiesen. Die Eröffnung eines Insolvenzverfahrens setzt das Vorhandensein kostendeckenden Vermögens voraus. Fehlt es an einem solchen Vermögen, so kann der Gläubiger eine Eröffnung des Insolvenzverfahrens dann erreichen, wenn er einen Kostenvorschuss für die Anlaufkosten erlegt. Steht dem Schuldner im Schuldenregulierungsverfahren die Eigenverwaltung zu, so stellt sich die Frage nach einem kostendeckenden Vermögen nicht. Die Eigenverwaltung setzt jedoch unter anderem voraus, dass der Schuldner ein genaues Vermögensverzeichnis vorgelegt hat. Ein solches hat der Schuldner bei seiner Einvernahme vorzulegen und vor Gericht zu unterfertigen. Ist es jedoch aus Sicht des Gerichts nicht „genau" oder liegen Gründe für die Entziehung der Eigenverwaltung vor, so hat der Gläubiger einen Kostenvorschuss zu erlegen, um die Eröffnung eines Insolvenzverfahrens zu erreichen. Da jedoch das Insolvenzverfahren als „Fortsetzung" des Exekutionsverfahrens bei Eintritt der Insolvenz zur Verfügung stehen soll und im Exekutionsverfahren – vor Feststellung der offenkundigen Zahlungsunfähigkeit – das Vorhandensein von Vermögenswerten geprüft und dabei dessen Fehlen festgestellt wurde (abgesehen vom Vorliegen eines pfändbaren Bezugs), soll aus diesem Grund der Antrag des Gläubigers auf Eröffnung des Schuldenregulierungsverfahrens nicht abzuweisen sein. Zur Bestellung eines Insolvenzverwalters siehe § 190 Abs. 1.

Anmerkungen
Die Regelung ist auf Insolvenzverfahren anzuwenden, die nach dem 30.6.2021 eröffnet wurden (§ 282 Abs 2 IO – Übergangsbestimmungen zur GREx).

Kostendeckendes Vermögen
§ 183b

§ 71 ist im Schuldenregulierungsverfahren nur anzuwenden, wenn die Voraussetzungen zur Entziehung der Eigenverwaltung vorliegen.

EB GREx zu §183b IO

Nach § 71 ist Voraussetzung für die Eröffnung des Insolvenzverfahrens das Vorhandensein kostendeckenden Vermögens.

Im Schuldenregulierungsverfahren steht dem Schuldner, sofern das Gericht nichts anderes bestimmt, grundsätzlich die Verwaltung der Insolvenzmasse zu (§ 186 Abs. 1). Die Gründe für die Entziehung der Eigenverwaltung sind in § 186 Abs. 2 geregelt. Ist die Eigenverwaltung nicht zu entziehen, so entstehen keine Anlaufkosten. Hat der Schuldner kein Vermögen, so wird in der Praxis dennoch ein kleiner Geldbetrag verlangt, zum Teil wird davon abgesehen. Da bei Eigenverwaltung aber keine Kosten anfallen, stellt sich auch die Frage des kostendeckenden Vermögens nicht. Es wird daher klargestellt, dass bei Eigenverwaltung des Schuldners, also wenn die Voraussetzungen zur Entziehung der Eigenverwaltung nicht vorliegen, es keiner Prüfung bedarf, ob Vermögen vorhanden ist und damit die Eröffnung eines Insolvenzverfahrens, insbesondere nach Feststellung der offenkundigen Zahlungsunfähigkeit im Exekutionsverfahren, erleichtert.

Anmerkungen

Die Regelung ist auf Insolvenzverfahren anzuwenden, die nach dem 30.6.2021 eröffnet wurden (§ 282 Abs 2 IO – Übergangsbestimmungen zur GREx).

Verfahrenskosten
§ 184

(1) Soweit die Kosten eines nach § 183 eröffneten Verfahrens, sobald sie feststehen und fällig sind, nicht aus der Masse bezahlt werden können, sind sie vorläufig aus Amtsgeldern zu zahlen. Gleiches gilt für die Kosten eines Verfahrens, bei dem das Vorliegen der Voraussetzungen nach § 183 festgestellt wird.

(2) Die aus Amtsgeldern gezahlten Beträge sind dem Bund unmittelbar
1. aus der Insolvenzmasse und
2. im Abschöpfungsverfahren aus den Beträgen, die der Treuhänder durch Abtretung der Forderungen des Schuldners auf Einkünfte aus einem Arbeitsverhältnis oder auf sonstige wiederkehrende Leis-

tungen mit Einkommensersatzfunktion erlangt, und aus sonstigen Leistungen des Schuldners oder Dritter, die der Treuhänder erhält, zu ersetzen. Sie sind wie die ihnen zugrunde liegenden Forderungen zu behandeln.

(3) Der Schuldner ist mit Beschluß zur Nachzahlung der Beträge zu verpflichten, die vorläufig aus Amtsgeldern gezahlt und dem Bund noch nicht ersetzt wurden, soweit und sobald er ohne Beeinträchtigung des notwendigen Unterhalts dazu imstande ist. Drei Jahre nach Beendigung oder Einstellung des Abschöpfungsverfahrens kann die Verpflichtung zur Nachzahlung nicht mehr auferlegt werden.

Gesamtvollstreckung – Verträge und Insolvenzforderungen
§ 184a

(1) Das auf Antrag eines Gläubigers eröffnete Schuldenregulierungsverfahren ist im Insolvenzedikt auch als Gesamtvollstreckung zu bezeichnen. Die Gesamtvollstreckung ist zu beenden, sobald der Schuldner die Annahme eines Sanierungsplans oder Zahlungsplans oder die Einleitung eines Abschöpfungsverfahrens beantragt. Die Beendigung ist öffentlich bekannt zu machen; sie wird mit Ablauf des Tages der öffentlichen Bekanntmachung wirksam und ist nicht anfechtbar.

(2) Während einer Gesamtvollstreckung können Vertragspartner des Schuldners mit dem Schuldner geschlossene Verträge nach § 5 Abs. 4 und die zur Benutzung einer solchen Wohnung notwendigen Verträge, insbesondere zur Energieversorgung, nur aus wichtigem Grund auflösen, solange der Schuldner die während des Verfahrens anfallenden Entgelte leistet. § 25a Abs. 1 zweiter Satz und Abs. 2 ist anzuwenden.

(3) Forderungen von Gläubigern, denen vertragliche vermögensrechtliche Ansprüche an den Schuldner bei Beendigung der Gesamtvollstreckung zustehen, sind Insolvenzforderungen, wenn sie weder Masseforderungen sind noch aus Verträgen zur Deckung des dringenden Lebensbedarfs stammen, nicht jedoch die Zinsen für diese Forderungen. Diese Insolvenzgläubiger sind zur Anmeldung ihrer Forderungen aufzufordern.

EB GREx zu § 184a IO
Wenn im Schuldenregulierungsverfahren weder ein Antrag auf Annahme eines Zahlungsplans noch auf Einleitung eines Abschöpfungsverfahrens gestellt wird und das Verfahren nach Verwertung des vorhandenen Vermögens, das im Wesentlichen auf die Verteilung des pfändbaren Betrags des Arbeitseinkommens des Schuldners

gerichtet ist, wird es als „ewiger Konkurs" bezeichnet. Im Hinblick auf den überwiegenden Zweck des Verfahrens, die Forderungen der Gläubiger hereinzubringen, soll das Verfahren zusätzlich als Gesamtvollstreckung bezeichnet werden, wenn es auf Antrag eines Gläubigers eröffnet wurde. Die Gesamtvollstreckung ist ein Unterfall des Schuldenregulierungsverfahrens. Mit Antrag des Schuldners auf Annahme eines Sanierungs- oder Zahlungsplans oder auf Einleitung eines Abschöpfungsverfahrens ist die Gesamtvollstreckung zu beenden. Die Beendigung ist in der Insolvenzdatei bekannt zu machen. Sie wird mit Ablauf des Tages der öffentlichen Bekanntmachung wirksam und ist nicht anfechtbar (Abs. 1). Nach der Beendigung ist dementsprechend in der Insolvenzdatei auch die Bezeichnung anzupassen.

Nach Abs. 2 sollen Verträge nach § 5 Abs. 4 über Miet- und sonstigen Nutzungsrechte an Wohnungen, die für den Schuldner und die mit ihm im gemeinsamen Haushalt lebenden Familienangehörigen unentbehrlich sind, nur aus wichtigem Grund aufgelöst werden können. Dies betrifft auch die zur Nutzung einer solchen Wohnung nötigen Verträge, etwa zur Energieversorgung (Strom, Gas) oder zur Nutzung des Internets. Durch den Verweis auf § 25a Abs. 1 zweiter Satz und Abs. 2 wird geregelt, was als wichtiger Grund, der zur Vertragsauflösung berechtigt, gilt.

Der Zeitpunkt der Beendigung soll nach Abs. 3 für die Abgrenzung der Insolvenzforderungen zu Masse oder Neuforderungen maßgebend sein. Da das Schuldenregulierungsverfahren als Gesamtvollstreckung auf Antrag eines Gläubigers eröffnet wird, in dem die Forderungseintreibung im Vordergrund steht, ist bei einem über längere Zeit anhängigen Insolvenzverfahren das Entstehen neuer Schulden nicht auszuschließen. Um diese Schulden zu erfassen, soll der für die Beurteilung einer Forderung als Insolvenzforderung maßgebende Zeitpunkt mit der Beendigung der Gesamtvollstreckung festgelegt werden. Damit wird vermieden, dass von den Wirkungen des Zahlungsplans oder einer Restschuldbefreiung nach Durchführung des Abschöpfungsverfahrens ein unter Umständen erheblicher Anteil der Schulden nicht erfasst wird. Es bedürfte eines weiteren Insolvenzverfahrens mit einer weiteren Entschuldung und damit eines weiteren erheblichen Verfahrensaufwandes, um die neuen Forderung einer Restschuldbefreiung zuzuführen. Daher sollen auch sie als Insolvenzforderungen erfasst werden können, wenn sie vertraglich begründet wurden. Um die Interessen der Gläubiger ausreichend zu wahren, sollen jedoch Masseforderungen (§ 46) und solche Forderungen, die der Befriedigung des dringenden Lebensbedarfs (zB Wohnkosten) – ganz im Sinn einer bescheidenen Lebensführung (§ 250 Abs. 1 Z 1 EO) – dienen und für die das Existenzminimum heranzuziehen ist (vgl. auch Musger in KBB6 § 777 Rz 2), davon nicht betroffen sein. Damit kommt bei solchen Rechtsgeschäften eine Kürzung der Forderung im anhängigen Insolvenzverfahren, durch Sanierungsplan, Zahlungsplan oder Restschuldbefreiung im Abschöpfungsverfahren, nicht in Betracht. Bei nicht alltäglichen Rechtsgeschäften kann es aber zweckmäßig sein, in die Insolvenzdatei einzusehen, um einen Vertragsabschluss zu vermeiden und somit dafür geschützt zu sein, nicht nur eine Insolvenzforderung gegen den Vertragspartner zu haben. Von der Restschuldbefreiung im Abschöpfungsverfahren ist aber eine solche – wie jede – Insolvenzforderung ausgenommen, wenn § 215 erfüllt ist.

Anmerkungen
Die mit der GREx (BGBl I 86/2021) eingeführte Bestimmung ist in mehrfacher Hinsicht missglückt und ein Systembruch:

Zum einen wird ein neu, über Gläubigerantrag, eröffnetes Insolvenzverfahren zu einem *Gesamtvollstreckungsverfahren* neuer Art, das in der *Insolvenzordnung* geregelt ist, geschaffen. Dieses Gesamtvollstreckungsverfahren *endet mit einem Antrag des Schuldners* auf Annahme eines Zahlungsplans oder Sanierungsplans. Die Regelung zielt nach den EB auf untätige Schuldner ab, die vorerst selbst nicht aktiv werden, insbesondere selbst keinen Konkursantrag stellen. Diese Personengruppe „belohnt" der Gesetzgeber mit der Entschuldungswirkung dann doch gestellter Sanierungs- oder Zahlungspläne betreffend neu (nach Eröffnung des Gesamtvollstreckungsverfahrens) begründeter Verbindlichkeiten, die *nicht als Masseforderungen*, sondern bis dahin als ausgeschlossene Ansprüche zu qualifizieren waren.

So wird – zweiter Systembruch – eine neue Grenze zwischen Insolvenzforderungen und (neuen) Masseforderungen gezogen: Maßgeblicher Zeitpunkt für die Abgrenzung ist die *Beendigung des Gesamtvollstreckungsverfahrens*. Mit anderen Worten: Wer besonders lange mit dem Antrag auf Annahme des Sanierungs- oder Zahlungsplans wartet, verweist dann umso mehr *Neugläubiger* auf die Quote.

Die Regelung ist auf Insolvenzverfahren anzuwenden, die nach dem 30.6.2021 eröffnet wurden (§ 282 Abs 2 IO – Übergangsbestimmungen zur GREx).

§ 185
(1) In das Vermögensverzeichnis sind die einzelnen Vermögensstücke und Verbindlichkeiten unter Anführung ihres Betrags oder Werts aufzunehmen:
1. Bei Forderungen sind die Person des Schuldners, der Schuldgrund, der Zeitpunkt der Fälligkeit und etwa bestehende Sicherheiten anzugeben. Unter den Forderungen sind insbesondere die Einkünfte aus einem Arbeitsverhältnis oder sonstige wiederkehrende Leistungen mit Einkommensersatzfunktion, deren Höhe in den letzten drei Monaten (samt Sonderzahlungen) sowie die für die Ermittlung des unpfändbaren Freibetrags nach § 291 Abs. 1 EO abzuziehenden Beträge, die Unterhaltsverpflichtungen sowie die für die Zusammenrechnung, Erhöhung und Herabsetzung des unpfändbaren Freibetrags maßgebenden Umstände anzuführen. Es ist weiters anzuge-

ben, ob und inwieweit die Forderungen vermutlich einbringlich sein werden. Ist eine Forderung streitig, so ist darauf hinzuweisen.
2. Bei Verbindlichkeiten sind die Person des Gläubigers, der Schuldgrund, der Zeitpunkt der Fälligkeit und etwa bestehende Sicherheiten anzugeben. Unter den Verbindlichkeiten sind insbesondere die laufenden Verbindlichkeiten, wie zB Wohnungskosten, Unterhaltsverpflichtungen und Versicherungsprämien, anzuführen. Bei Verbindlichkeiten, die dem Gläubiger ein Recht auf abgesonderte Befriedigung gewähren, ist die Höhe des mutmaßlichen Ausfalls anzugeben. Ist die Schuld streitig, so ist darauf hinzuweisen.
3. Bei allen Gläubigern und Schuldnern, ist die Anschrift anzugeben. Ist ein Gläubiger oder ein Schuldner naher Angehöriger (§ 32 Abs. 1) des Schuldners, so ist darauf hinzuweisen.

(2) Im Vermögensverzeichnis hat der Schuldner auch anzugeben, ob innerhalb der letzten zehn Jahre vor Stellung des Antrags zwischen ihm und seinen nahen Angehörigen eine Vermögensauseinandersetzung stattgefunden hat, ferner ob und welche Verfügungen über Vermögensgegenstände er innerhalb der letzten zehn Jahre vor Stellung des Antrages zugunsten seiner nahen Angehörigen vorgenommen hat. Unentgeltliche Verfügungen bleiben, soweit sie nach § 29 Z 1 der Anfechtung entzogen sind, außer Betracht.

(3) Der Schuldner hat die Angaben nach Abs. 1, soweit zumutbar, zu belegen.

Eigenverwaltung
§ 186

(1) Im Schuldenregulierungsverfahren steht dem Schuldner, sofern das Gericht nicht anderes bestimmt, die Verwaltung der Insolvenzmasse zu (Eigenverwaltung).

(2) Das Gericht hat dem Schuldner die Eigenverwaltung zu entziehen, wenn
1. die Vermögensverhältnisse des Schuldners nicht überschaubar sind, insbesondere wegen der Zahl der Gläubiger und der Höhe der Verbindlichkeiten, oder
2. Umstände bekannt sind, die erwarten lassen, daß die Eigenverwaltung zu Nachteilen für die Gläubiger führen wird, oder
3. der Schuldner nicht ein genaues Vermögensverzeichnis vorgelegt hat.

EB GREx zu § 186 Abs. 2 IO
Bei Entziehung der Eigenverwaltung soll nicht mehr zwingend ein Insolvenzverwalter zu bestellen sein; siehe dazu § 190 Abs. 1 des Entwurfs und die Erläuterungen dort.

Anmerkungen
Es ist trotz Neufassung des Einleitungssatzes von Abs 2 (Entfall der Regelung, dass ein Insolvenzverwalter zu bestellen ist) zu erwarten, dass die befassten Rechtsprechungsorgane weiterhin Insolvenzverwalter – allenfalls mit eingeschränktem Wirkungskreis – bestellen, wenn die Voraussetzungen nach Abs 2 vorliegen, um *Amtshaftungsansprüchen vorzubeugen.*

Der Entzug der Eigenverwaltung macht ja deutlich, dass diese Rechtsfigur nicht zum Schuldner passt. Dass die Voraussetzungen des *Entzugs* der Eigenverwaltung *zu bejahen,* das *Erfordernis* der Insolvenzverwalterbestellung aber *zu verneinen ist,* ist daher für den Rechtsanwender schwer vorstellbar.

Die geänderte Regelung ist auf Insolvenzverfahren anzuwenden, die nach dem 30.6.2021 eröffnet wurden (§ 282 Abs 2 IO – Übergangsbestimmungen zur GREx).

Umfang der Eigenverwaltung – Verfügungsrecht des Schuldners
§ 187

(1) ***Bei Eigenverwaltung des Schuldners ist dieser zur Verwaltung und Verwertung der Insolvenzmasse in folgendem Umfang befugt:***
1. **Der Schuldner ist berechtigt, alle Sendungen nach § 78 Abs. 2 entgegenzunehmen.**
2. **Die Vorschriften über die Erfüllung von Rechtsgeschäften gelten mit der Maßgabe, daß an die Stelle des Insolvenzverwalters der Schuldner tritt.**
3. ***Verfügungen des Schuldners über die Insolvenzmasse sind nur wirksam, wenn das Insolvenzgericht zustimmt. § 3 Abs. 1 gilt entsprechend.***
4. ***Verbindlichkeiten, die der Schuldner nach Eröffnung des Insolvenzverfahrens begründet, sind nur dann Masseforderungen, wenn das Insolvenzgericht der Begründung der Verbindlichkeit zustimmt.***
5. **Der Schuldner ist nicht zur Empfangnahme des pfändbaren Teils der Einkünfte aus einem Arbeitsverhältnis oder sonstiger wiederkehrender Leistungen mit Einkommensersatzfunktion berechtigt. Er darf darüber auch nicht verfügen.**
6. ***Dem Schuldner steht nicht das Recht zu, die kridamäßige Verwertung der Insolvenzmasse zu beantragen.***

(2) Die Zustimmung nach Abs. 1 Z 3 und 4 kann allgemein für bestimmte Arten von Rechtshandlungen erteilt werden.

EB RIRUG zu § 187 IO
Das Gesetz enthält derzeit nur Beschränkungen der Eigenverwaltung, ohne zu sagen, welche Befugnisse dem Schuldner zustehen. Dies soll in dieser Bestimmung klarstellend festgehalten werden.
Abs. 1 Z 3 bestimmt, dass Verfügungen des Schuldners über Gegenstände der Insolvenzmasse nur wirksam sind, wenn das Insolvenzgericht zustimmt. Die Einschränkung auf Gegenstände ist zu eng. Auch Verfügungen über Vermögensrechte oder Forderungen sollen unwirksam sein. Die Bestimmung wird daher ausgedehnt. Nach Abs. 1 Z 4 sind Verbindlichkeiten, die der Schuldner nach Eröffnung des Insolvenzverfahrens begründet, nur dann aus der Insolvenzmasse zu erfüllen, wenn das Insolvenzgericht der Begründung der Verbindlichkeit zustimmt. Dies wird so ausgelegt, dass die Verbindlichkeiten in diesem Fall Masseforderungen sind. Dies soll ausdrücklich gesagt werden.
Dem Schuldner steht nach Abs. 1 Z 6 nicht das Recht zu, die Zwangsversteigerung oder die Zwangsverwaltung einer unbeweglichen Sache der Insolvenzmasse zu betreiben. Dies ist zu eng. Dem Schuldner soll zwar das Recht zustehen, bewegliche Sachen freihändig zu verwerten; eine Betreibung der Versteigerung über das Gericht soll ihm jedoch nicht offenstehen. Daher wird Z 6 auf die kridamäßige Verwertung der Insolvenzmasse ausgedehnt.

Anmerkungen
Die geänderten Bestimmungen in § 187 Abs 1 IO treten mit 17. Juli 2021 in Kraft (§ 283 Abs 1 IO idF RIRUG).

Feststellung der Forderungen
§ 188

(1) Bei Eigenverwaltung hat der Schuldner in der Prüfungstagsatzung bei jeder angemeldeten Forderung eine bestimmte Erklärung über ihre Richtigkeit abzugeben; Vorbehalte des Schuldners bei Abgabe dieser Erklärungen sind unzulässig. Die vom Schuldner abgegebenen Erklärungen hat das Gericht im Anmeldungsverzeichnis anzumerken. Gibt der Schuldner zu einer Forderung keine Erklärung ab, so gilt die Forderung als anerkannt.

(2) Eine Forderung gilt im Insolvenzverfahren als festgestellt, wenn sie vom Schuldner anerkannt und von keinem hiezu berechtigten Insolvenzgläubiger bestritten worden ist.

(3) Eine Forderung gilt vom Schuldner als anerkannt, wenn er diese in der Tagsatzung nicht ausdrücklich bestreitet. Nimmt er an der Tagsatzung nicht teil, so ist sie zu erstrecken. Nimmt er neuerlich nicht teil, so gilt die angemeldete Forderung als anerkannt. Auf diese Rechtsfolge ist der Schuldner in der neuerlichen Ladung hinzuweisen.

EB GREx zu § 188 Abs. 3 IO
Unter welchen Voraussetzungen eine Forderung durch den Schuldner bei Eigenverwaltung als anerkannt gilt, wenn er sich nicht ausdrücklich darüber erklärt, wird von Lehre und Rechtsprechung nicht einhellig beurteilt. Nach Jelinek (in Koller/Spitzer/Lovrek, IO § 105 Rz 12) bringt sich der bei der Prüfungstagsatzung säumige Schuldner um sein Bestreitungsrecht nach § 105 Abs. 4, mit dem er gemäß § 109 Abs. 2 das Entstehen der Bindungswirkung (§ 60 Abs. 2) und des Exekutionstitels (§ 1 Z 7 EO in Verbindung mit § 61 IO) verhindern kann. Konecny (in Konecny/Schubert, Insolvenzgesetze § 105 KO Rz 6) geht davon aus, dass den Schuldner nach § 101 Abs. 1 eine Erscheinungspflicht trifft. Die gleiche Meinung vertritt Schneider, wobei bei Nichterscheinen die Tagsatzung zu erstrecken sei (in Koller/Spitzer/Lovrek, IO § 188 Rz 3). Im Hinblick auf die weitreichenden Folgen (Entstehen eines Exekutionstitels), ist eine eindeutige gesetzliche Lösung geboten. Mit der Regelung wird eine vermittelnde Lösung gewählt. Zum einen soll geregelt werden, dass bei Anwesenheit des Schuldners in der Tagsatzung die Forderung dann als anerkannt gilt, wenn er sie nicht ausdrücklich bestreitet. Über diese Rechtsfolge ist der Schuldner zu belehren. Zum anderen soll auch der Fall geregelt werden, dass der Schuldner an der Prüfungstagsatzung gar nicht teilnimmt, also der Ladung keine Folge leistet. Erscheint er bei der Prüfungstagsatzung nicht, so ist es überschießend, ihm bereits bei erstmaliger Säumnis das Bestreitungsrecht zu nehmen. Daher ist eine Erstreckung der Tagsatzung zur neuerlichen Ladung des Schuldners geboten. In dieser Ladung ist auf die Folgen des Nichterscheinens hinzuweisen, nämlich dass – ganz im Sinn der oben genannten Lehrmeinung – davon auszugehen ist, dass sich der Schuldner seines Bestreitungsrechts begibt und daher angemeldete Forderungen als anerkannt gelten, wenn er neuerlich unentschuldigt nicht an der Tagsatzung teilnimmt. Eine Vorführung des Schuldners zur Prüfungstagsatzung wäre unverhältnismäßig.

Anmerkungen
Unbedacht blieb der (häufige) Fall, dass angemeldete Forderungen klar verjährt sind und Gläubiger ihr Bestreitungsrecht nicht wahrnehmen. Zu denken ist in diesem Zusammenhang vor allem an verjährte Zinsen.

ME ist in diesen Fällen die Eigenverwaltung zu entziehen und *ein Insolvenzverwalter zu bestellen*, damit nicht sehenden Auges Titel über nicht (mehr) bestehende Ansprüche geschaffen werden.

§ 188 Abs 3 IO ist auf Insolvenzverfahren anzuwenden, die nach dem 30.6.2021 eröffnet wurden (§ 282 Abs 2 IO – Übergangsbestimmungen zur GREx).

Anfechtung
§ 189

Zur Anfechtung von Rechtshandlungen nach den §§ 27 bis 43 ist jeder Insolvenzgläubiger berechtigt. Aus dem Erlangten sind dem Insolvenzgläubiger die ihm entstandenen Kosten vorweg zu erstatten. Hat die Gläubigerversammlung den Insolvenzgläubiger mit der Anfechtung beauftragt, so sind diesem die entstandenen Kosten, soweit sie nicht aus dem Erlangten gedeckt werden können, aus der Insolvenzmasse zu ersetzen.

Überprüfung der Vermögenslage
§ 189a

Ist ein Insolvenzverwalter nicht bestellt, so gilt Folgendes:
1. Das Gericht hat alle sechs Monate eine Auskunft beim Dachverband der Sozialversicherungsträger einzuholen, bei einem Hinweis auf einen möglichen Drittschuldner auch früher.
2. Das Gericht hat jährlich zu prüfen, ob der Schuldner Vermögen erworben hat, insbesondere durch Einsicht in das Grundbuch und eine Anfrage nach § 25b Abs. 2a EO.
3. Der Schuldner hat jährlich sein Vermögensverzeichnis zu ergänzen und zu bekräftigen; § 48 Abs. 1 und 2 EO ist anzuwenden.
4. Das Vollstreckungsorgan hat alle zwei Jahre an geeigneten Orten, insbesondere am Wohnort des Schuldners, zu prüfen, ob der Schuldner Vermögen erworben hat.
5. Bei Hinweisen auf erworbenes Vermögen ist ein Inventar über das neu erworbene Vermögen zu errichten.

EB GREx zu § 189a IO
Die Insolvenzordnung geht von einer einmaligen Überprüfung der Vermögenslage und Verwertung des vorgefundenen Vermögens aus. Weil auch während des Verfahrens anfallendes Vermögens erfasst wird, wird dies den Interessen der Gläubiger nicht gerecht, wenn das Insolvenzverfahren, wie dies etwa bei der Gesamtvollstreckung im Schuldenregulierungsverfahren der Fall sein kann, längere Zeit dauert. Daher soll nach dem Vorbild der Bestimmungen der Exekutionsordnung über die Ermittlung von Vermögen eine regelmäßige Überprüfung der Vermögenslage des

Schuldners erfolgen. Dies gilt in allen Fällen, in denen kein Insolvenzverwalter bestellt ist, unabhängig vom Vorliegen von Eigenverwaltung.

Anmerkungen
Die Regelung ist auf Insolvenzverfahren anzuwenden, die nach dem 30.6.2021 eröffnet wurden (§ 282 Abs 2 IO – Übergangsbestimmungen zur GREx).

Arbeitseinkommen
§ 189b

(1) Das Insolvenzgericht hat auf Antrag oder von Amts wegen
1. die Forderungen des Schuldners auf Einkünfte aus einem Arbeitsverhältnis oder auf sonstige wiederkehrende Leistungen mit Einkommensersatzfunktion nach § 292 EO zusammenzurechnen,
2. den unpfändbaren Freibetrag nach § 292a EO zu erhöhen oder
3. den unpfändbaren Freibetrag nach § 292b EO herabzusetzen.
(2) Das Insolvenzgericht hat überdies auf Antrag nach freier Überzeugung im Sinn des § 273 ZPO zu entscheiden,
1. ob bei der Berechnung des unpfändbaren Freibetrags Unterhaltspflichten zu berücksichtigen sind
und
2. ob und inwieweit ein Bezug oder Bezugsteil pfändbar ist, insbesondere auch, ob die Entschädigungen nach § 290 Abs. 1 Z 1 EO dem tatsächlich erwachsenden Mehraufwand entsprechen.
(3) Die Entscheidungen des Exekutionsgerichts nach §§ 292, 292a, 292b und 292g EO bleiben bei Eröffnung des Insolvenzverfahrens über das Vermögen des Verpflichteten wirksam. Das Insolvenzgericht kann sie auf Antrag eines Gläubigers oder des Schuldners abändern, auf Antrag eines Gläubigers, in dessen Exekutionsverfahren die Entscheidung ergangen ist, oder des Schuldners nur bei Änderung der Umstände.
(4) Ein Beschluss nach Abs. 1 bis 3 ist öffentlich bekanntzumachen und dem Drittschuldner, dem Schuldner und dem Antragsteller zuzustellen.

EB GREx zu § 189b IO
Nach ständiger Rechtsprechung fällt der unpfändbare Betrag des Arbeitseinkommens nicht in die Insolvenzmasse (RIS-Justiz RS0107924). Unterschiedlich wird die Frage beantwortet, ob eine Erhöhung oder Verminderung des unpfändbaren Betrags nach den Regelungen der Exekutionsordnung anzuwenden ist oder ob sich dies nach § 5 richtet. Da es zweckmäßig ist, dass die Regelungen der Exekutions-

ordnung – wie dies auch für das Abschöpfungsverfahren ausdrücklich vorgesehen ist – im Insolvenzverfahren gelten sollen, wird dies vorgesehen. Überdies wird klarstellend auch auf die Zusammenrechnung mehrerer Arbeitseinkommen verwiesen, wie dies der Ansicht des OGH entspricht (8 Ob 97/12s). Der OGH lässt jedoch eine Zusammenrechnung nur auf Antrag zu. Zweckmäßig ist jedoch auch eine Entscheidung von Amts wegen, was in Abs. 1 vorgesehen wird.

Werden Entscheidungen über die Erhöhung oder Verminderung des Existenzminimums oder die Zusammenrechnung im Exekutionsverfahren gefasst, so verlieren sie mit der Eröffnung des Insolvenzverfahrens über das Vermögen des Verpflichteten ihre Bedeutung. Da jedoch für die Bemessung des Existenzminimums auch im Insolvenzverfahren die Regelungen der Exekutionsordnung gelten, ist dies nicht zweckmäßig. **Abs. 3** ordnet daher an, dass diese Entscheidungen grundsätzlich ihre Wirksamkeit behalten, aber eine Abänderung möglich ist.

Nach **Abs. 4** sind Beschlüsse nach den Abs. 1 bis 3 in der Insolvenzdatei öffentlich bekannt zu machen und dem Drittschuldner, dem Schuldner und dem Antragsteller zuzustellen (s. auch § 205 Abs. 2).

Anmerkungen
Die Regelung ist auf Insolvenzverfahren anzuwenden, die nach dem 30.6.2021 eröffnet wurden (§ 282 Abs 2 IO – Übergangsbestimmungen zur GREx).

Bestellung eines Insolvenzverwalters
§ 190

(1) Ein Insolvenzverwalter ist nicht zu bestellen, wenn dem Schuldner Eigenverwaltung zusteht. *Bei Eröffnung eines Schuldenregulierungsverfahrens auf Antrag eines Gläubigers nach öffentlicher Bekanntmachung der offenkundigen Zahlungsunfähigkeit ist ein Insolvenzverwalter nur zu bestellen, wenn der Antragsteller auf Anordnung des Gerichts einen von diesem zu bestimmenden Betrag zur Deckung der Entlohnung vorschussweise erlegt. Selbst wenn die Voraussetzungen zur Entziehung der Eigenverwaltung vorliegen und kein Insolvenzverwalter bestellt wird, ist § 187 Abs. 1 Z 1 und 2 anzuwenden.*

(2) Das Gericht kann für einzelne, mit besonderen Schwierigkeiten verbundene Tätigkeiten von Amts wegen oder auf Antrag eines Insolvenzgläubigers oder des Schuldners einen Insolvenzverwalter mit einem auf diese Tätigkeiten beschränkten Geschäftskreis bestellen.

(3) Die nach diesem Gesetz dem Insolvenzverwalter zugewiesenen Obliegenheiten sind, soweit ein Insolvenzverwalter nicht bestellt ist und auch der Schuldner hiezu nicht befugt ist, vom Gericht wahrzu-

nehmen. Insbesondere kann das Insolvenzgericht eine unbewegliche Sache der Insolvenzmasse selbst veräußern oder das hiefür zuständige Exekutionsgericht um die gerichtliche Veräußerung ersuchen. Mit der Errichtung des Inventars kann das Gericht unabhängig von den Voraussetzungen des § 96 Abs. 1 Vollstreckungsorgane beauftragen. *Die beweglichen Sachen sind vom Gerichtsvollzieher zu verwerten und Forderungen von ihm einzuziehen.*

EB GREx zu § 190 Abs. 1 und 3 IO

*Nach Eröffnung des Schuldenregulierungsverfahrens aufgrund eines Gläubigerantrags nach Feststellung der offenkundigen Zahlungsunfähigkeit in einem Exekutionsverfahren (§ 49a EO des Entwurfs) soll nach **Abs.** 1 zweiter Satz von der Bestellung eines Insolvenzverwalters abgesehen werden können. Auch im Exekutionsverfahren wird ein Verwalter nur ausnahmsweise bestellt. Dadurch wird dem Gläubiger der Zugang zum Insolvenzverfahren erleichtert. Liegt jedoch kostendeckendes Vermögen vor oder erlegt der Gläubiger einen Kostenvorschuss, so ist – wenn die Voraussetzungen zur Entziehung der Eigenverwaltung vorliegen – weiterhin ein Insolvenzverwalter zu bestellen. Klargestellt wird in Abs. 1 dritter Satz, dass selbst dann § 187 Abs. 1 Z 2 anzuwenden ist, wenn die Voraussetzungen für die Entziehung der Eigenverwaltung vorliegen und kein Insolvenzverwalter bestellt wird. Auch in diesen Fällen gelten daher die Vorschriften über die Erfüllung von Rechtsgeschäften mit der Maßgabe, dass an die Stelle des Insolvenzverwalters der Schuldner tritt.*

*In **Abs.** 3 letzter Satz wird geregelt, dass für den Fall, dass kein Insolvenzverwalter bestellt ist, die beweglichen Sachen vom Gerichtsvollzieher zu verwerten und Forderungen von ihm einzuziehen sind. Diese Verwertungshandlungen können also nicht vom Schuldner vorgenommen werden.*

EB RIRUG zu § 190 IO

Im Gesamtvollstreckungsverfahren, das einem „verlängerten" Exekutionsverfahren nahekommt, soll für den Fall, dass die Voraussetzungen zur Entziehung der Eigenverwaltung vorliegen und kein Insolvenzverwalter bestellt wird, keine Postsperre gelten, was durch den Verweis auf § 187 Abs. 1 Z 1 erreicht wird.

Anmerkungen

§ 190 Abs 1 IO ist auf Insolvenzverfahren anzuwenden, die nach dem 30.6.2021 eröffnet wurden (§ 282 IO Abs 2 IO – Übergangsbestimmungen zur GREx). In Abs 1 erfolgte im Rahmen des RIRUG noch eine Zitatanpassung.

Entlohnung des Insolvenzverwalters und der bevorrechteten Gläubigerschutzverbände
§ 191

(1) Die Entlohnung des Insolvenzverwalters beträgt mindestens 1 000 Euro.

(2) Für die Belohnung der bevorrechteten Gläubigerschutzverbände gilt § 87a Abs. 1 Satz 1.

Vertretung des Schuldners durch eine anerkannte Schuldenberatungsstelle
§ 192

Schuldner können sich im Schuldenregulierungsverfahren auch durch eine anerkannte Schuldenberatungsstelle vertreten lassen. Zur Stellung eines Antrags auf Eröffnung des Insolvenzverfahrens und im Verfahren erster Instanz kann sich die anerkannte Schuldenberatungsstelle, wenn sie nicht durch ein satzungsgemäß berufenes Organ vertreten ist, nur eines ihrer Bediensteten oder eines gesetzlich befugten Parteienvertreters als Bevollmächtigten bedienen. Lässt sich ein Schuldner zur Erhebung eines *Revisionsrekurses* durch eine anerkannte Schuldenberatungsstelle vertreten, so muss das Rechtsmittel mit der Unterschrift eines Rechtsanwalts versehen sein.

EB RIRUG zu § 192 IO
Im Schuldenregulierungsverfahren besteht keine Anwaltspflicht. Der Schuldner kann sich daher auch durch eine Schuldenberatungsstelle vertreten lassen. Deren Befugnis reicht nach dem letzten Satz jedoch nicht soweit, dass sie auch im Rechtsmittelverfahren vertreten dürfte. Für diesen Fall bedarf der Rekurs der Unterschrift eines Rechtsanwalts. Diese Regelung soll auf das Verfahren vor dem Obersten Gerichtshof beschränkt werden.

Verteilungen
§ 192a

Verteilungen an die Insolvenzgläubiger sind durchzuführen, sobald eine Quote von zumindest 10% verteilt werden kann, jedenfalls aber nach drei Jahren.

EB GREx zu § 192a IO
Im Hinblick darauf, dass insbesondere bei einer Gesamtvollstreckung mitunter nur geringe Beträge hereingebracht werden können, sollen Verteilungen an die Insolvenzgläubiger erst durchzuführen sein, sobald eine Quote von zumindest 10% verteilt werden kann, jedenfalls aber nach drei Jahren.

Anmerkungen
Die Regelung ist auf Insolvenzverfahren anzuwenden, die nach dem 30.6.2021 eröffnet wurden (§ 282 Abs 2 IO – Übergangsbestimmungen zur GREx).

Aufhebung wegen dauerhaft fehlenden pfändbaren Bezugs
§ 192b

Das Schuldenregulierungsverfahren ist nach § 123a oder § 139 erst aufzuheben, wenn der Schuldner seit mehr als fünf Jahren keinen den unpfändbaren Freibetrag übersteigenden Bezug hatte und ein solcher nicht zu erwarten ist. Vor der Aufhebung sind der Schuldner und die Insolvenzgläubiger einzuvernehmen; der Schuldner ist überdies auf eine mögliche Beratung bei einer staatlich anerkannten Schuldenberatungsstelle hinzuweisen.

EB GREx zu § 192b IO
Nach § 123a ist allgemein ein Insolvenzverfahren mangels Vermögens aufzuheben, wenn im Lauf des Insolvenzverfahrens hervorkommt, dass das Vermögen zur Deckung der Kosten des Insolvenzverfahrens nicht hinreicht; die Aufhebung kann aber unterbleiben, wenn ein angemessener Kostenvorschuss geleistet wird. Außerdem ist das Insolvenzverfahren aufzuheben, wenn der Vollzug der Schlussverteilung nachgewiesen ist (§ 139).

Nach der Rechtsprechung ist ein Insolvenzverfahren so lange fortzuführen, als der Schuldner einen die Grundbeträge des Existenzminimums übersteigenden Bezug hat (8 Ob 8/06v; siehe hiezu auch Konecny, „Ewiger Konkurs" bei laufenden Einkünften des Schuldners, ZIK 2010/62). Unter Fortentwicklung dieses Ansatzes soll ein Insolvenzverfahren erst dann aufzuheben sein, wenn der Schuldner seit mehr als fünf Jahren keinen Bezug hat, der das Existenzminimum übersteigt. Außerdem darf ein solcher Bezug oder der Erwerb sonstigen Vermögens nicht zu erwarten sein. Bei dieser Sachlage und Prognose ist das Insolvenzverfahren aufzuheben.

Vor einer solchen Entscheidung sind der Schuldner und die Insolvenzgläubiger einzuvernehmen.

Anmerkungen
Die Regelung ist auf Insolvenzverfahren anzuwenden, die nach dem 30.6.2021 eröffnet wurden (§ 282 Abs 2 IO – Übergangsbestimmungen zur GREx).

Zweites Hauptstück
Zahlungsplan

Antrag
§ 193

(1) Der Schuldner kann bereits zugleich mit dem Antrag auf Eröffnung des Insolvenzverfahrens oder danach bis zur Aufhebung des Insolvenzverfahrens den Abschluss eines Zahlungsplans beantragen. Soweit nichts anderes angeordnet ist, gelten hiefür die Bestimmungen über den Sanierungsplan.

(2) Die Tagsatzung zur Verhandlung und Beschlussfassung über den Zahlungsplan darf nicht vor Verwertung des Vermögens des Schuldners stattfinden. Die in § 250 Abs. 1 Z 2 EO genannten Gegenstände sind erst nach Nichtannahme oder Versagung der Bestätigung des Zahlungsplans zu verwerten. Die Tagsatzung kann mit der Verteilungstagsatzung verbunden werden.

Inhalt und Unzulässigkeit des Zahlungsplans
§ 194

(1) Der Schuldner muß den Insolvenzgläubigern mindestens eine Quote anbieten, die seiner Einkommenslage in den folgenden drei Jahren entspricht. Die Zahlungsfrist darf sieben Jahre nicht übersteigen. Bezieht der Schuldner in diesem Zeitraum voraussichtlich kein pfändbares Einkommen oder übersteigt dieses das Existenzminimum nur geringfügig, so braucht er keine Zahlungen anzubieten.

(2) Der Antrag auf Annahme eines Zahlungsplans ist unzulässig, wenn
1. der Schuldner flüchtig ist oder
2. der Schuldner trotz Auftrag das Vermögensverzeichnis nicht vorgelegt oder vor dem Insolvenzgericht nicht unterfertigt hat oder
3. der Inhalt des Zahlungsplans gegen die §§ 149 bis 151 oder gegen zwingende Rechtsvorschriften verstößt oder

4. **vor weniger als zehn Jahren ein Abschöpfungsverfahren eingeleitet wurde.**

EB RIRUG zu § 194 Abs. 1 IO
Nach derzeitiger Rechtslage hat der Schuldner im Zahlungsplan den Insolvenzgläubigern mindestens eine Quote anzubieten, die seiner Einkommenslage in den folgenden fünf Jahren entspricht. Aufgrund der vorgeschlagenen Änderungen im Abschöpfungsverfahren (Abschöpfungsplan bzw. Tilgungsplan), welche die RIRL erfordert, muss dieser Zeitraum verkürzt werden, um der Richtlinie zu entsprechen. Nur dadurch können die Subsidiarität des Abschöpfungsverfahrens (die dem Gesetzestext folgend und entgegen den Erläuterungen zum IRÄG 2017, 1588 BlgNR 25. GP 11 ausnahmslos gilt) und der Vorrang von Entschuldungen mit Zustimmung der Gläubigermehrheit, die von Gläubigern und dem Schuldner – weil er selbst die Zahlungen vornehmen kann und nicht der Arbeitgeber involviert ist – gegenüber dem Abschöpfungsverfahren bevorzugt werden, beibehalten werden.

Da die zur Bemessung der Quote vorgesehene Frist nur eine grobe Vorprüfung des Gerichts ermöglichen soll, um auf den ersten Blick unangemessene Zahlungspläne auszufiltern und die endgültige Beurteilung der Angemessenheit den Gläubigern überlassen werden soll, wird eine Frist von drei Jahren vorgeschlagen. Dies kommt auch dem in der KO-Nov 1993 vorgesehenem Verhältnis zwischen der für die Vorprüfung maßgebenden Frist und der Dauer des Abschöpfungsverfahrens nahe.

Anmerkungen
Die 2017 bereits grundgelegte Tendenz, die Entschuldung natürlicher Personen zu erleichtern, wird mit der nunmehrigen Novellierung fortgesetzt. Dass der Prognosezeitraum für die Beurteilung der Einkommenslage auf drei Jahre verkürzt wird, ist nicht weiter zu beanstanden. Ein weitergehender Blick in die Zukunft erwies sich in der Insolvenzpraxis ohnedies als schwierig bzw waren Prognosen mit Unsicherheiten behaftet (zur Angemessenheit *Posani*, ZIK 2021/94, 95).

Wesentlich aber ist, dass mit der Möglichkeit einer noch rascher erreichbaren Restschuldbefreiung (Tilgungsplan – § 201 IO) die Motivation für Schuldner, ihren Gläubigern einen attraktiven Zahlungsplan (allenfalls mithilfe Dritter) anzubieten, weiter sinken dürfte.

§ 194 IO in der Fassung des RIRUG ist auf Zahlungspläne anzuwenden, wenn der Antrag auf Annahme nach dem 16.07.2021 bei Gericht einlangt (§ 283 Abs 4 IO).

Versagung der Bestätigung des Zahlungsplans
§ 195

Dem Zahlungsplan ist die Bestätigung zu versagen, wenn
1. ein Grund vorliegt, aus dem der Antrag auf Annahme des Zahlungsplans unzulässig ist (§ 194 Abs. 2), oder
2. die für das Verfahren und die Annahme des Zahlungsplans geltenden Vorschriften nicht beachtet worden sind, es sei denn, daß diese Mängel nachträglich behoben werden können oder nach der Sachlage nicht erheblich sind, oder
3. wenn der Zahlungsplan durch eine gegen § 150a verstoßende Begünstigung eines Gläubigers zustande gebracht worden ist.

Aufhebung des Insolvenzverfahrens – Nichtigkeit des Zahlungsplans
§ 196

(1) Das Insolvenzverfahren ist mit Eintritt der Rechtskraft der Bestätigung des Zahlungsplans aufgehoben. Dies ist gemeinsam mit dem Eintritt der Rechtskraft der Bestätigung in der Insolvenzdatei anzumerken.

(2) Zahlt der Schuldner die Masseforderungen nicht binnen einer vom Gericht angemessen festzusetzenden Frist, die drei Jahre nicht übersteigen darf, so ist der Zahlungsplan nichtig. Die Nichtigkeit des Zahlungsplans tritt erst dann ein, wenn der Schuldner die Masseforderungen trotz Aufforderung unter Einräumung einer mindestens vierwöchigen Nachfrist nicht gezahlt hat. Die Aufforderung hat einen Hinweis auf diese Rechtsfolge zu enthalten.

Berücksichtigung nicht angemeldeter Forderungen
§ 197

(1) Insolvenzgläubiger, die ihre Forderungen bei Abstimmung über den Zahlugsplan nicht angemeldet haben, *haben nur unter der Voraussetzung, dass sie nicht von der Eröffnung des Insolvenzverfahrens verständigt wurden, Anspruch auf die nach dem Zahlungsplan zu zahlende Quote, jedoch nur für die Restlaufzeit des Zahlungsplans, mindestens aber bis zum Ablauf von drei Jahren ab der Annahme des Zahlungsplans, selbst wenn die Laufzeit früher endet und nur insoweit, als diese Quote*

der Einkommens- und Vermögenslage des Schuldners entspricht. § 156 Abs. 4 bleibt unberührt.

(2) Ob die zu zahlende Quote der nachträglich hervorgekommenen Forderung der Einkommens- und Vermögenslage des Schuldners entspricht, hat das Insolvenzgericht auf Antrag vorläufig zu entscheiden (§ 156b).

(3) Zu Gunsten eines Insolvenzgläubigers, der seine Forderung nicht angemeldet hat, kann die Exekution nur so weit stattfinden, als ein Beschluss nach Abs. 2 ergangen ist. Der Gläubiger hat dem Exekutionsantrag auch eine Ausfertigung des Beschlusses nach Abs. 2 samt Bestätigung der Vollstreckbarkeit anzuschließen oder darzulegen, dass er die Forderung angemeldet hat. Eine entgegen dem ersten Satz bewilligte Exekution ist von Amts wegen oder auf Antrag ohne Vernehmung der Parteien einzustellen.

EB RIRUG zu § 197 IO

Insolvenzgläubiger, die ihre Forderungen bei Abstimmung über den Sanierungsplan nicht angemeldet haben, haben wie Gläubiger, die Ihre Forderung angemeldet haben, Anspruch auf die Quote; kommt es zu einem Zahlungsplan, so haben die Gläubiger, die ihrer Anmeldepflicht nicht nachgekommen sind, Anspruch auf die nach dem Zahlungsplan zu zahlende Quote nur insoweit, als diese der Einkommens- und Vermögenslage des Schuldners entspricht. Ob die zu zahlende Quote der nachträglich hervorgekommenen Forderung der Einkommens- und Vermögenslage des Schuldners entspricht, ist Gegenstand eines Zivilprozesses, das Insolvenzgericht hat auf Antrag hierüber vorläufig zu entscheiden.

Die Bestimmung des § 197 war für Ausnahmefälle gedacht, bei denen die Insolvenzgläubiger die Frist zur Anmeldung ihrer Forderungen versäumten. Die Praxis zeigt, dass Insolvenzgläubiger häufig ihre Forderungen bewusst nicht bei Eröffnung des Insolvenzverfahrens anmelden, weil sie meinen, nicht mit einer Quote rechnen zu können, später aber eine Entscheidung nach § 197 begehren, wenn sie aus der Insolvenzdatei ersehen, dass der Schuldner eine – entgegen ihren Erwartungen für sie attraktive – Quote angeboten hat. Diese Vorgangsweise verursacht einen erheblichen Verfahrensaufwand, weil Zivilprozesse oder Verfahren nach § 197 zu führen sind, und umgeht die Forderungsanmeldung. Zudem erschwert sie die Prüfung der Angemessenheit der Zahlungsplanquote und ist auch nicht gerechtfertigt, wenn der Insolvenzgläubiger von der Eröffnung des Insolvenzverfahrens, durch Übersendung des Insolvenzedikts durch das Gericht (ohne Zustellnachweis) informiert wurde. Daher wird eine Ausnahme für diesen Fall vorgeschlagen. Die öffentliche Bekanntmachung alleine ist keine ausreichende Verständigung.

Um einen weitgehenden Gleichklang mit dem Abschöpfungsverfahren herzustellen, soll für die Entscheidung des Insolvenzgerichts die Restlaufzeit des Zahlungsplans maßgebend sein. Damit wird vermieden, dass für jeden abgelaufenen Monat des Zahlungsplans unter Berücksichtigung des pfändungsunterworfenen Teils der Sonderzahlungen zu überprüfen ist, ob und bejahendenfalls in welcher Höhe dem Schuldner mehr als das Existenzminimum verblieben ist.

Da es bei einer in der Praxis seltenen, aber doch vorkommenden Einmalzahlung (siehe hiezu 8 Ob 146/09t) keine Restlaufzeit gibt, wird ein Mindestzeitraum von drei Jahren festgelegt.

Anmerkungen
§ 197 IO in der Fassung des RIRUG ist auf Zahlungspläne anzuwenden, wenn der Antrag auf Annahme nach dem 16.07.2021 bei Gericht einlangt (§ 283 Abs 4 IO).

Zu den Anforderungen an und die Rechtsfolgen der gerichtlichen Verständigung *Posani*, ZIK 2021/94, 95.

Änderung des Zahlungsplans
§ 198

(1) Ändert sich die Einkommens- und Vermögenslage des Schuldners ohne dessen Verschulden, sodaß er fällige Verbindlichkeiten des Zahlungsplans nicht erfüllen kann und ist im Zahlungsplan nicht darauf Bedacht genommen worden, so kann der Schuldner binnen 14 Tagen nach Mahnung durch den Gläubiger neuerlich die Abstimmung über einen Zahlungsplan und die Einleitung eines Abschöpfungsverfahrens beantragen. Hiebei gilt:
1. *Die in § 194 Abs. 1 vorgesehene Frist zur Beurteilung der Angemessenheit der Quote des Zahlungsplans verkürzt sich um die Hälfte der Frist des Zahlungsplans, während der Zahlungen geleistet wurden;*
2. *auf die Dauer der Abtretungserklärung kann der Schuldner die Frist des Zahlungsplans, während der Zahlungen geleistet wurden, zur Hälfte anrechnen.*

(2) Die Forderungen leben erst bei Versagung der Bestätigung des Zahlungsplans und Abweisung des Antrags auf Einleitung des Abschöpfungsverfahrens auf.

EB RIRUG zu § 198 IO
Diese Bestimmung enthält Regelungen über die Änderung des Zahlungsplans. Wenn sich die Einkommens- und Vermögenslage des Schuldners ohne dessen Verschulden verschlechtert hat, kann er neuerlich die Abstimmung über einen Zah-

lungsplan und die Einleitung eines Abschöpfungsverfahrens beantragen. Hiebei wird ihm die Hälfte der abgelaufenen Frist des bisherigen Zahlungsplans angerechnet. Dies ist nur gerechtfertigt, wenn der Schuldner während dieser Zeit (siehe dazu LG Feldkirch 2 R 113/09x, Mohr, IO[11] § 197 E 26) Zahlungen leistete, sodass nicht mehr auf die bloß abgelaufene Zeit ohne Zahlungen abgestellt werden soll. Nicht erfasst sind Zahlungen an Absonderungsgläubiger.

Die Umformulierung der Z 2 des Abs. 1 berücksichtigt, dass für die Obliegenheiten des Schuldners nicht die Dauer des Abschöpfungsverfahrens, sondern die Wirksamkeit der Abtretungserklärung maßgebend ist.

Anmerkungen
§ 198 IO idF des RIRUG ist auf Zahlungspläne anzuwenden, wenn der Antrag auf neuerliche Abstimmung nach dem 16.07.2021 bei Gericht einlangt (§ 283 Abs 5 IO).

Drittes Hauptstück
Abschöpfungsverfahren mit Restschuldbefreiung

Antrag des Schuldners
§ 199

(1) Der Schuldner kann im Lauf des Insolvenzverfahrens, spätestens mit dem Antrag auf Annahme eines Zahlungsplans, die Durchführung des Abschöpfungsverfahrens mit Tilgungsplan oder mit Abschöpfungsplan beantragen.

(2) Der Schuldner hat in den Tilgungsplan die Erklärung aufzunehmen, dass er den pfändbaren Teil seiner Forderungen auf Einkünfte aus einem Arbeitsverhältnis oder auf sonstige wiederkehrende Leistungen mit Einkommensersatzfunktion für die Zeit von drei Jahren nach Eintritt der Rechtskraft des Beschlusses, mit dem das Abschöpfungsverfahren eingeleitet wird, an einen vom Gericht zu bestellenden Treuhänder abtritt. Bei einem Abschöpfungsplan hat der Schuldner die Erklärung nach dem ersten Satz mit einer Frist von fünf Jahren aufzunehmen. Hat der Schuldner diese Forderungen bereits vorher an einen Dritten abgetreten oder verpfändet, so ist in der Erklärung darauf hinzuweisen.

EB RIRUG zu § 199 IO
Zur Umsetzung der RIRL werden in Abs. 1 die derzeitigen Bestimmungen des Abschöpfungsverfahrens um ein „kurzes Abschöpfungsverfahren" mit der Dauer von drei Jahren – wie in der RIRL als Tilgungsplan bezeichnet – ergänzt (zum zwingenden Umsetzungsbedarf siehe Bilinska, Richtlinie über Restrukturierung

und Insolvenz – die Erleichterung der Entschuldung, ZIK 2019/117, 102). Der Schuldner kann den Antrag auf Durchführung des (sonstigen) Abschöpfungsverfahrens auch für den Fall stellen, dass der Antrag auf Durchführung als Tilgungsplanverfahrens scheitern sollte.

In den Antrag auf Durchführung des kurzen Abschöpfungsverfahrens hat der Schuldner nach Abs. 2 die Erklärung aufzunehmen, dass er den pfändbaren Teil seines Einkommens einem Treuhänder für die Zeit von drei Jahren abtritt. Ansonsten bleibt diese Regelung unverändert.

Mit der Regelung wird sichergestellt, dass die Tilgungspflicht der Situation des Schuldners entspricht und insbesondere in einem angemessenen Verhältnis zum pfändbaren oder verfügbaren Einkommen steht sowie dem berechtigten Gläubigerinteresse Rechnung trägt, wie dies Art. 20 Abs. 2 RIRL verlangt. Vor Einleitung des Abschöpfungsverfahrens ist die Insolvenzmasse verwertet, sodass es auf die pfändbaren oder verfügbaren Vermögenswerte des Unternehmens während der Entschuldungsfrist, die Art. 20 Abs. 2 RIRL erwähnt, nur insoweit ankommen kann, als neue Vermögenswerte erworben werden. Diese sind von der Abschöpfungsmasse erfasst.

Anmerkungen

§ 199 IO idF des RIRUG ist auf Abschöpfungsverfahren anzuwenden, wenn der Antrag auf die Einleitung nach dem 16.7.2021 bei Gericht einlangt (§ 283 Abs 6 IO). War gegen den Schuldner ein Exekutionsverfahren anhängig und erfolgte eine Beschlussfassung gemäß § 49a EO (in der Fassung der GREx), so ist Voraussetzung für die Einleitung eines Abschöpfungsverfahrens mit Tilgungsplan, dass der Schuldner binnen 30 Tagen ab Veröffentlichung des Beschlusses über die Feststellung der offenkundigen Zahlungsunfähigkeit die Eröffnung des Insolvenzverfahrens beantragt (§ 201 Abs 2 Z 1 IO idF RIRUG).

Die Bestimmungen über den Tilgungsplan (§§ 199, 201 Abs 2, 216 Abs 1 IO) treten, soweit davon Verbraucher erfasst sind, mit Ablauf des 16.7.2026 außer Kraft; diese Bestimmungen bleiben anwendbar, wenn der Antrag auf Durchführung des Abschöpfungsverfahrens mit Restschuldbefreiung mit Tilgungsplan vor dem 17.7.2026 bei Gericht eingelangt ist (§ 283 Abs 9 IO).

Entscheidung des Insolvenzgerichts
§ 200

(1) Über den Antrag auf Durchführung des Abschöpfungsverfahrens ist erst zu entscheiden, wenn einem Zahlungsplan, obwohl er zulässig gewesen ist und die für das Verfahren geltenden Vorschriften beachtet worden sind, die Bestätigung versagt wurde. Anträge auf Durchführung des Abschöpfungsverfahrens, über die die Entscheidung nach

Satz 1 ausgesetzt war, gelten mit dem Eintritt der Rechtskraft der Entscheidung über die Bestätigung des Zahlungsplans als nicht gestellt.

(2) Unmittelbar vor Beschlußfassung ist eine Tagsatzung abzuhalten, die öffentlich bekanntzumachen ist und zu der der Insolvenzverwalter, die Mitglieder des Gläubigerausschusses, die Insolvenzgläubiger und der Schuldner zu laden sind. In der Tagsatzung hat das Gericht zu berichten, ob Einleitungshindernisse nach § 201 Abs. 1 Z 1, 5 und 6 vorliegen. Diese Tagsatzung soll mit der Tagsatzung zur Verhandlung und Beschlußfassung über den Zahlungsplan verbunden werden.

(3) Der Beschluß ist öffentlich bekanntzumachen und dem Insolvenzverwalter, den Mitgliedern des Gläubigerausschusses, den Insolvenzgläubigern und dem Schuldner zuzustellen.

(4) Das Insolvenzverfahren ist mit Eintritt der Rechtskraft des Beschlusses, mit dem das Abschöpfungsverfahren eingeleitet wird, aufgehoben. Dies ist gemeinsam mit dem Eintritt der Rechtskraft des Beschlusses, mit dem das Abschöpfungsverfahren eingeleitet wird, in der Insolvenzdatei anzumerken. Für die Aufhebung des Insolvenzverfahrens gilt im Übrigen § 79.

Einleitungshindernisse
§ 201

(1) Der Antrag auf Durchführung des Abschöpfungsverfahrens ist nur abzuweisen, wenn
1. der Schuldner wegen einer Straftat nach den §§ 156, 158, 162 oder 292a StGB rechtskräftig verurteilt wurde und diese Verurteilung weder getilgt ist noch der beschränkten Auskunft aus dem Strafregister unterliegt oder
2. der Schuldner während des Insolvenzverfahrens Auskunfts- oder Mitwirkungspflichten nach diesem Gesetz vorsätzlich oder grob fahrlässig verletzt hat oder
2a. der Schuldner während des Insolvenzverfahrens nicht eine angemessene Erwerbstätigkeit ausgeübt oder, wenn er ohne Beschäftigung war, sich nicht um eine solche bemüht oder eine zumutbare Tätigkeit abgelehnt hat oder
2b. der Schuldner dem Vertretungsorgan einer juristischen Person oder Personengesellschaft angehört oder in den letzten fünf Jahren vor Eröffnung des Insolvenzverfahrens angehört hat und im Insolvenzverfahren der juristischen Person oder Personengesell-

schaft die Auskunfts- oder Mitwirkungspflicht nach diesem Gesetz vorsätzlich oder grob fahrlässig verletzt hat oder
3. *der Schuldner innerhalb von drei Jahren vor dem Antrag auf Einleitung des Abschöpfungsverfahrens vorsätzlich oder grob fahrlässig die Befriedigung der Insolvenzgläubiger dadurch vereitelt oder geschmälert hat, dass er unverhältnismäßig Verbindlichkeiten begründet oder Vermögen verschleudert hat, oder*
4. der Schuldner vorsätzlich oder grob fahrlässig schriftlich unrichtige oder unvollständige Angaben über seine wirtschaftlichen Verhältnisse oder die wirtschaftlichen Verhältnisse der von ihm als Organ vertretenen juristischen Person gemacht hat, um die einer Insolvenzforderung zugrundeliegende Leistung zu erhalten, und der Gläubiger daran nicht vorsätzlich mitgewirkt hat oder
5. dem Zahlungsplan nach § 195 Z 3 die Bestätigung versagt wurde oder
6. vor weniger als 20 Jahren vor dem Antrag auf Durchführung eines Abschöpfungsverfahrens bereits eingeleitet wurde.

(2) Liegt dem Abschöpfungsverfahren ein Tilgungsplan zugrunde, so ist der Antrag auf Durchführung des Abschöpfungsverfahrens auch dann abzuweisen, wenn
1. *der Schuldner nicht längstens binnen 30 Tagen nach Feststellung der offenkundigen Zahlungsunfähigkeit im Exekutionsverfahren die Eröffnung eines Insolvenzverfahrens beantragt oder*
2. *der Tatbestand des Abs. 1 Z 3 innerhalb von fünf Jahren erfüllt wurde.*

(3) Hat der Schuldner bei dem der öffentlichen Bekanntmachung des Beschlusses über die Feststellung der offenkundigen Zahlungsunfähigkeit vorangegangenen Vollzug kein Unternehmen betrieben, so ist Abs 2 Z 1 nicht erfüllt, wenn der Schuldner binnen 30 Tagen nach öffentlicher Bekanntmachung Maßnahmen zur Beseitigung der Zahlungsunfähigkeit oder zur Vorbereitung des Insolvenzverfahrens ergreift und ab der öffentlichen Bekanntmachung bis zur Eröffnung des Insolvenzverfahrens keine neuen Schulden eingeht, die er bei Fälligkeit nicht bezahlen kann.

(4) Das Gericht hat die Einleitung des Abschöpfungsverfahrens nur auf Antrag eines Insolvenzgläubigers abzuweisen. Der Insolvenzgläubiger hat den Abweisungsgrund glaubhaft zu machen.

EB GREx zu § 201 Abs. 1 Z 3 und 6 IO
Nach Abs. 1 Z 3 bildet es ein Einleitungshindernis, wenn der Schuldner innerhalb von drei Jahren vor dem Antrag auf Eröffnung des Insolvenzverfahrens vorsätzlich

oder grob fahrlässig die Befriedigung der Insolvenzgläubiger dadurch vereitelt oder geschmälert hat, dass er unverhältnismäßig Verbindlichkeiten begründet oder Vermögen verschleudert hat. Diese Regelung geht davon aus, dass der Schuldner ein Abschöpfungsverfahren bereits bei Eröffnung des Insolvenzverfahrens anstrebt und über dessen Einleitung kurz danach entschieden wird. Dies wird jedoch der Interessenlage nicht gerecht, wenn der Schuldner den Antrag auf Einleitung des Abschöpfungsverfahrens erst längere Zeit nach Eröffnung des Insolvenzverfahrens stellt, was insbesondere bei der Gesamtvollstreckung gegeben sein wird. Es wird daher vorgeschlagen, nicht auf die Eröffnung des Insolvenzverfahrens, sondern die Einleitung des Abschöpfungsverfahrens abzustellen.

Nach dem derzeitigen Abs. 1 Z 6 wird für den Beginn der Sperrfrist auf den Zeitraum zwischen der Einleitung eines Abschöpfungsverfahrens, das mit Restschuldbefreiung endete oder auch vorher eingestellt wurde, und dem Antrag auf Eröffnung des nunmehr anhängigen Insolvenzverfahrens abgestellt. Ist dieses Insolvenzverfahren ein solches, das längere Zeit schon anhängig ist, was insbesondere bei einer Gesamtvollstreckung gegeben sein wird, so führt diese Rechtslage dazu, dass die 20-jährige Sperrfrist zur Einleitung eines weiteren Abschöpfungsverfahrens nicht ablaufen kann, wenn ein weiteres Insolvenzverfahren vor Ablauf der Sperrfrist eröffnet wurde. Aus diesem Grund soll auf den Zeitpunkt der Einleitung des Abschöpfungsverfahrens abgestellt werden.

EB RIRUG zu § 201 IO

In Abs. 2 wird für das auf drei Jahre verkürzte Abschöpfungsverfahren – Tilgungsplan genannt – der Redlichkeitsmaßstab erhöht, um einerseits die Interessen der Gläubiger besser zu berücksichtigen und andererseits dem Anforderungsprofil eines redlichen Schuldners zu entsprechen (siehe Art. 23 Abs. 1 RIRL). Es werden daher weitere Einleitungshindernisse vorgesehen, wenn dem Abschöpfungsverfahren ein Tilgungsplan zu Grunde gelegt wird.

Nach Z 1 soll der Antrag abzuweisen sein, wenn der Schuldner nicht umgehend, längsten binnen 30 Tagen nach der im Exekutionsverfahren erfolgten öffentlichen Bekanntmachung des Beschlusses über die offenkundige Zahlungsunfähigkeit (§ 49a EO in der Fassung der GREx) die Eröffnung des Insolvenzverfahrens beantragt. Damit soll ein Anreiz geschaffen werden, rechtzeitig den nötigen Antrag zu stellen (siehe hiezu JAB zum IRÄG 2017, 1741 BlgNR 25. GP 2).

Eine Erleichterung soll in Abs. 3 für Personen, die im Zeitpunkt des Vollzugs im Exekutionsverfahren, welcher der öffentlichen Bekanntmachung des Beschlusses über die Feststellung der offenkundigen Zahlungsunfähigkeit unmittelbar vorangeht, Verbraucher sind, vorgesehen werden. Da diese mitunter mit der Antragstellung überfordert sind, soll es hier reichen, dass der Schuldner längsten binnen 30 Tagen nach Bekanntmachung der offenkundigen Zahlungsunfähigkeit die nötigen Schritte zur Bewältigung der finanziellen Krise in die Wege leitet, etwa sich für eine Beratung über die Entschuldungsmöglichkeiten anmeldet, insbesondere bei einer anerkannten Schuldenberatungsstelle (§ 267), und aktiv an einer Lösung mitwirkt, etwa an der Vorbereitung eines Insolvenzantrags. Auch Bestrebungen, eine außergerichtliche Regelung oder die Vereinbarung von Ratenzahlungen oder Stundungen zu erreichen, kann eine ausreichende Maßnahme sein. Zusätzlich kann auch das ernsthafte Bemühen um eine angemessene Erwerbstätigkeit erforderlich sein. Überdies darf der Schuldner keine neuen Schulden, die er bei Fälligkeit nicht bezahlen kann (vgl. § 210 Abs. 1 Z 8), eingehen. Das Eingehen neuer Verpflichtungen zur Deckung des notwendigen Lebensbedarfs schadet ebensowenig wie die Erfüllung bereits eingegangener Verpflichtungen.

Als relevanter Zeitpunkt für den Beginn der Frist wird - den Ergebnissen des Begutachtungsverfahrens folgend - auf die Veröffentlichung des Beschlusses über die offenkundige Zahlungsunfähigkeit abgestellt, sodass die Gläubiger, die die Einleitungshindernisse geltend machen, auch beurteilen können, ob der Schuldner die Frist von 30 Tagen eingehalten hat.

Weiters soll nach Abs. 2 Z 2 der für das Einleitungshindernis nach Abs. 1 Z 3 relevante Zeitraum fünf Jahre (statt sonst drei Jahre) betragen, um das Einleitungshindernis zu erfassen, wenn es – wie derzeit – innerhalb von acht Jahren vor Erteilung der Restschuldbefreiung gesetzt wurde.

Die Bestimmung des § 201 entspricht Art. 23 Abs. 1 RIRL, wonach die Mitgliedstaaten Bestimmungen beibehalten oder einführen sollen, mit denen der Zugang zur Entschuldung verwehrt oder beschränkt wird, die Vorteile der Entschuldung widerrufen werden oder längere Fristen für eine volle Entschuldung bzw. längere Verbotsfristen vorgesehen werden, wenn der insolvente Unternehmer bei seiner Verschuldung – während des Insolvenzverfahrens oder während der Begleichung der Schulden – gegenüber den Gläubigern oder sonstigen Interessenträgern – unredlich oder bösgläubig gehandelt hat.

Anmerkungen

§ 201 IO idF des RIRUG ist auf Abschöpfungsverfahren anzuwenden, wenn der Antrag auf die Einleitung nach dem 16.7.2021 bei Gericht einlangt (§ 283 Abs 6 IO).

Die Bestimmungen über den Tilgungsplan (§§ 199, 201 Abs 2, 216 Abs 1 IO) treten, soweit davon Verbraucher erfasst sind, mit Ablauf des 16.7.2026 außer Kraft (kritisch dazu *Posani*, ZIK 2021/94, 99). Die Bestimmungen bleiben anwendbar, wenn der Antrag auf Durchführung des Abschöpfungsverfahrens mit Restschuldbefreiung mit Tilgungsplan vor dem 17.7.2026 bei Gericht eingelangt ist (§ 283 Abs 9 IO).

Einleitung des Abschöpfungsverfahrens
§ 202

(1) Liegen keine Einleitungshindernisse vor und sind die Kosten des Abschöpfungsverfahrens durch die dem Treuhänder zukommenden Beträge voraussichtlich gedeckt, so leitet das Gericht das Abschöpfungsverfahren ein.

(2) Zugleich bestimmt das Gericht für die Dauer des Abschöpfungsverfahrens einen Treuhänder, auf den der pfändbare Teil der Forderungen des Schuldners auf Einkünfte aus einem Arbeitsverhältnis oder auf sonstige wiederkehrende Leistungen mit Einkommensersatzfunktion nach Maßgabe der Abtretungserklärung (§ 199 Abs. 2) übergeht. *Wenn der Schuldner keinen, einen unpfändbaren oder keinen den unpfändbaren Freibetrag übersteigenden Bezug hat und dies eine Verletzung der Obliegenheit nach § 210 Abs. 1 Z 1 sein kann, hat das Gericht bei Einleitung des Abschöpfungsverfahrens und anlässlich der Rechnungslegung des Treuhänders jeweils für das nächste Rechnungslegungsjahr dem Schuldner aufzutragen, zu festgelegten Zeitpunkten dem Gericht und dem Treuhänder Auskunft über seine Bemühungen um eine Erwerbstätigkeit zu erteilen.*

(3) Zum Treuhänder kann auch ein bevorrechteter Gläubigerschutzverband bestellt werden.

EB RIRUG zu § 202 IO

Nach § 210 Abs. 1 Z 5a hat der Schuldner dem Gericht und dem Treuhänder zu den vom Gericht festgelegten Zeitpunkten Auskunft über seine Bemühungen um eine Erwerbstätigkeit zu erteilen, wenn er keinen, einen unpfändbaren oder keinen den unpfändbaren Freibetrag übersteigenden Bezug hat. Diese Berichtspflicht hat sich in der Praxis durchaus bewährt, allerdings ist die Fassung zu weit. Sie legt dem Schuldner auch dann eine Berichtspflicht auf, wenn das Bestehen eines geringen Bezugs gar keine Obliegenheitsverletzung sein kann, wie dies etwa bei einem Pensionisten mit Mindestpension vorliegt. Daher soll die Berichtspflicht um diese Fälle eingeschränkt werden. Damit werden überflüssige Berichte vermieden, ohne die Interessen der Gläubiger zu beeinträchtigen. Außerdem wird näher geregelt, wann dem Schuldner die Berichtspflicht aufzutragen ist.

Anmerkungen

§ 202 IO idF des RIRUG ist auf Abschöpfungsverfahren anzuwenden, wenn der Antrag auf die Einleitung nach dem 16.7.2021 bei Gericht einlangt (§ 283 Abs 6 IO).

Rechtsstellung des Treuhänders
§ 203

(1) Der Treuhänder hat dem Drittschuldner die Abtretung mitzuteilen. Er hat die Beträge, die er durch die Abtretung erlangt, und sonstige Leistungen des Schuldners oder Dritter von seinem Vermögen getrennt zu halten, fruchtbringend anzulegen und nach Ablauf der Abtretungserklärung binnen acht Wochen an die Gläubiger zu verteilen. Hiebei sind
1. die Masseforderungen,
2. die Kosten des Abschöpfungsverfahrens und hierauf
3. die Forderungen der Insolvenzgläubiger
nach den für das Insolvenzverfahren geltenden Bestimmungen zu befriedigen. Verteilungen haben bereits vorher stattzufinden, wenn hinreichendes zu verteilendes Vermögen vorhanden ist, jedenfalls wenn eine Quote von zumindest 10% verteilt werden kann.

(2) *Der Treuhänder hat das ihm vom Schuldner herausgegebene Vermögen zu verwerten; er kann stattdessen dem Schuldner die Verwertung auftragen; diese ist nur wirksam, wenn der Treuhänder zustimmt.* Das Gericht kann auf Antrag der Gläubigerversammlung dem Treuhänder zusätzlich die Aufgabe übertragen, durch angemessene Erhebungen zu prüfen, ob der Schuldner seine Obliegenheiten erfüllt. Die dadurch entstehenden Kosten müssen voraussichtlich gedeckt sein oder bevorschußt werden. Der Treuhänder hat die Insolvenzgläubiger unverzüglich zu benachrichtigen, wenn er einen Verstoß gegen diese Obliegenheiten feststellt.

(3) Der Treuhänder hat dem Gericht und auf Aufforderung des Schuldners auch diesem
1. jährlich,
2. nach Ablauf der Abtretungserklärung und
3. bei Beendigung seiner Tätigkeit
Rechnung zu legen.

(4) §§ 84 und 87 gelten entsprechend, § 87 jedoch mit der Maßgabe, daß die Enthebung von jedem Insolvenzgläubiger beantragt werden kann.

EB RIRUG zu § 203 IO
Nach § 210 Abs. 1 Z 2 obliegt es dem Schuldner, während der Rechtswirksamkeit der Abtretungserklärung Vermögen, das er von Todes wegen oder mit Rücksicht auf ein künftiges Erbrecht oder durch unentgeltliche Zuwendung oder als Gewinn

in einem Glücksspiel erwirbt, dem Treuhänder herauszugeben. Der Treuhänder hat Leistungen des Schuldners an die Gläubiger zu verteilen. Bestehen diese nicht in Geld, so bedarf es einer Verwertung. Klarstellend wird festgehalten, dass dies – wie im Fall des Treuhändersanierungsplans nach § 157i – dem Treuhänder obliegt. Er kann aber auch den Schuldner mit der Verwertung beauftragen. Die Verwertung bedarf in diesem Fall jedoch der Genehmigung durch den Treuhänder, um wirksam zu sein.

Anmerkungen
§ 203 IO idF des RIRUG ist auf Abschöpfungsverfahren anzuwenden, wenn der Antrag auf die Einleitung nach dem 16.7.2021 bei Gericht einlangt (§ 283 Abs 6 IO).

Vergütung des Treuhänders
§ 204

(1) Die Vergütung des Treuhänders beträgt in der Regel von den ersten 44 000 Euro der auf Grund der Abtretung oder von
sonstigem erfassten Vermögen einlangenden Beträge   **6%,**
von dem Mehrbetrag bis zu 100 000 Euro   **4%**
und von dem darüber hinausgehenden Betrag   **2%,**
mindestens jedoch *15 Euro* monatlich, jeweils zuzüglich Umsatzsteuer.
Der Treuhänder kann diese Vergütung von den nach § 203 Abs. 1 eingehenden Beträgen einbehalten. *Auf Antrag des Treuhänders kann die Vergütung aus Amtsgeldern gezahlt werden.*

(2) Die Mindestvergütung kann nicht herabgesetzt werden; im Übrigen sind §§ 82b und 82c anzuwenden. Ein Erhöhungsgrund liegt auch dann vor, wenn dem Treuhänder die Aufgabe übertragen wurde, durch angemessene Erhebungen zu prüfen, ob der Schuldner seine Obliegenheiten erfüllt. Bei einem Antrag auf Erhöhung oder Herabsetzung entscheidet über die Vergütung das Insolvenzgericht. § 125 ist anzuwenden.

EB RIRUG zu § 204
Der Treuhänder hat für seine Tätigkeit einen Anspruch auf Vergütung. Die Vergütung richtet sich nach degressiv gestaffelten Prozentsätzen der eingehenden Beträge, wobei derzeit die monatliche Mindestvergütung bei 10 Euro zuzüglich Umsatzsteuer liegt. Ursprünglich, das heißt mit 1. Jänner 1995, war eine Vergütung von 150 Schilling vorgesehen. Die letzte Anpassung der Mindestvergütung erfolgte mit der Insolvenzrechts-Novelle 2002, BGBl. I Nr. 75/2002; bis zum Inkrafttreten dieser Novelle gebührte ein monatlicher Fixbetrag von 11 Euro (§ 204 aF), soweit

der Treuhänder nicht höhere Kosten nachwies, wobei keine darüberhinausgehende Erhöhung nach degressiv gestaffelten Prozentsätzen der eingehenden Beträge vorgesehen war.

Die Mindestvergütung des Treuhänders wurde seit 2002 nicht mehr angehoben und deckt damit den Aufwand nicht mehr. Eine reine Indexaufwertung würde einen Betrag von 14,13 Euro ergeben, weil sich der Verbraucherpreisindex 2000 von Juli 2002 bis März 2021 um 41,3 % verändert hat. Die darüber hinausgehende Erhöhung ist wegen des durch die Änderungen des IRÄG 2017 verursachten Mehraufwands, insbesondere der eingeführten Berichtspflicht (nach § 210 Abs. 1 Z 5a), gerechtfertigt. Auch ist zu berücksichtigen, dass die erwähnte Novelle eine Verkürzung der Verfahrensdauer von sieben auf fünf Jahre gebracht hat, was zu einer Verringerung des Umsatzes (gerechnet auf die Verfahrensdauer) geführt hat. Ausgehend von Jänner 1995 würde sich gar ein indexaufgewerteter Betrag von 17,46 Euro ergeben (bis März 2021). Es ist daher eine Erhöhung auf 15 Euro angemessen und geboten.

Nach derzeitiger Gesetzeslage kann die Vergütung des Treuhänders aus Amtsgeldern gezahlt werden. Dies ist jedoch selten, weil die Einleitung des Abschöpfungsverfahrens die Kostendeckung voraussetzt (laut Berechnungen der ASB Schuldnerberatungen GmbH vom Juli 2020 kann nur in rund 12 % der Fälle die Mindestvergütung nicht gedeckt werden).

Die Regelung wird nicht nur wegen des systematischen Zusammenhangs zu § 204 übernommen, sondern auch um klarzustellen, dass es beim Abschöpfungsverfahren keinen Unterschied macht, ob das Insolvenzverfahren nach § 183 eröffnet wurde.

Dem Treuhänder gebührt für seine Tätigkeit eine Vergütung, die von der Höhe der durch die Abtretung des Bezugs oder von sonstigem Vermögen einlangenden Beträge abhängig ist. Zusätzlich wird eine Mindestvergütung festgelegt. Abs. 2 ermöglicht eine Erhöhung und Herabsetzung der Regelvergütung.

Ein Teil der Rechtsprechung reduziert die Mindestvergütung (zuletzt beispielsweise LGZ Wien 47 R 203/19d; LG Linz 32 R 30/20t) bei fehlenden Eingängen auf dem Treuhandkonto und damit einhergehend fehlender Verteilungstätigkeit des Treuhänders. Damit wird der Aufwand des Treuhänders nicht richtig eingeschätzt. Bei seltenen oder keinen Eingängen auf dem Treuhandkonto liegt meistens eine unregelmäßige Arbeitssituation oder eine lange Phase der Arbeitslosigkeit von Schuldnern vor, die einen vergleichsweise höheren Aufwand beim Treuhänder mit sich bringen. So bestehen in diesen Fällen zumeist Berichtspflichten des Schuldners, die einen regelmäßigen Aufwand für den Treuhänder bedeuten. Zudem ist der Aufwand bei der Verteilung gering, weil sie fast vollautomatisiert durchgeführt werden kann. Daher wird festgelegt, dass die Mindestvergütung nicht herabzusetzen ist (siehe auch die ErläutRV InsNov. 2002, 988 BlgNR 21. GP 40, wonach die Mindestvergütung vor allem für jene Fälle vorgesehen wurde, in denen es zu keinen Eingängen während des Abschöpfungsverfahrens kommt).

Anmerkungen
§ 204 Abs 1 erster Satz und Abs 2 erster Satz IO idF des RIRUG ist auf Vergütungen für Tätigkeiten nach dem 1.8.2021 anzuwenden (§ 283 Abs 7 IO).

Änderung des unpfändbaren Betrags der Einkünfte aus einem Arbeitsverhältnis
§ 205

(1) Auf Antrag des Treuhänders, eines Insolvenzgläubigers oder des Schuldners hat das Insolvenzgericht die Forderungen des Schuldners auf Einkünfte aus einem Arbeitsverhältnis oder auf sonstige wiederkehrende Leistungen mit Einkommensersatzfunktion nach § 292 EO zusammenzurechnen, den unpfändbaren Freibetrag nach § 292a EO zu erhöhen oder nach § 292b EO herabzusetzen. *Die im Insolvenzverfahren oder vom Exekutionsgericht getroffenen Entscheidungen nach §§ 292, 292a, 292b und 292g EO bleiben wirksam.*

(2) Der Beschluß nach Abs. 1 ist öffentlich bekanntzumachen und dem Treuhänder, dem Drittschuldner, dem Schuldner und dem Antragsteller zuzustellen.

EB GREx zu § 205 Abs. 1 IO
Im Abschöpfungsverfahren sollen insbesondere Entscheidungen über die Zusammenrechnung von Sachleistungen und über die Erhöhung oder Herabsetzung des Existenzminimums (§§ 292, 292a, 292b und 292g EO) des Exekutionsgerichts als auch des Insolvenzgerichts (s. § 189b des Entwurfs) weiter gelten.

Gleichbehandlung der Insolvenzgläubiger
§ 206

(1) Exekutionen einzelner Insolvenzgläubiger in das Vermögen des Schuldners sind während des Abschöpfungsverfahrens nicht zulässig.

(2) Eine Vereinbarung des Schuldners oder anderer Personen mit einem Insolvenzgläubiger, wodurch diesem besondere Vorteile eingeräumt werden, ist ungültig. Was auf Grund einer ungültigen Vereinbarung oder auf Grund eines zur Verdeckung einer solchen Vereinbarung eingegangenen Verpflichtungsverhältnisses geleistet worden ist, kann, unbeschadet weitergehender Ersatzansprüche, binnen drei

Jahren nach Beendigung oder Einstellung des Abschöpfungsverfahrens zurückgefordert werden.

(3) Gegen *eine Forderung des Schuldners, insbesondere auf* die Bezüge, die von der Abtretungserklärung erfaßt werden, kann der Drittschuldner eine Forderung gegen den Schuldner nur aufrechnen, soweit er bei einer Fortdauer des Insolvenzverfahrens nach §§ 19 und 20 zur Aufrechnung berechtigt wäre.

EB RIRUG zu § 206 IO
§ 206 behandelt die Gleichbehandlung der Insolvenzgläubiger. Abs. 3 enthält zur Sicherstellung der Gleichbehandlung ein Aufrechnungsverbot. Dabei werden nur die Forderungen auf die Bezüge, die von der Abtretungserklärung erfasst werden, erwähnt. Diese Regelung berücksichtigt die Bezüge, weil diese den wichtigsten Teil der Abschöpfungsmasse bilden. Sie lässt jedoch außer Acht, dass auch sonstiges Vermögen in die Abschöpfungsmasse fallen kann und vom Schuldner herauszugeben ist. Auch in diesen – seltenen – Fällen soll eine Aufrechnung ausgeschlossen sein. Eine Ungleichbehandlung mit den Bezügen ist nicht gerechtfertigt, sodass eine Ausdehnung des Aufrechnungsverbots vorgeschlagen wird.

Anmerkungen
§ 206 IO idF des RIRUG ist auf Abschöpfungsverfahren anzuwenden, wenn der Antrag auf die Einleitung nach dem 16.7.2021 bei Gericht einlangt (§ 283 Abs 6 IO).

Berücksichtigung nicht angemeldeter Forderungen während des Abschöpfungsverfahrens
§ 207

(1) Insolvenzgläubiger, die ihre Forderungen nicht angemeldet haben, sind bei den Verteilungen nur dann zu berücksichtigen, wenn *sie von der Eröffnung des Insolvenzverfahrens nicht verständigt wurden,* ihre Forderungen feststehen und die Insolvenzgläubiger dies dem Treuhänder angezeigt haben.

(2) Für die Forderungsprüfung nach Abs. 1 haben die Insolvenzgläubiger dem Treuhänder 50 Euro zuzüglich Umsatzsteuer zu ersetzen. Der Treuhänder kann diese Vergütung von den an den betreffenden Insolvenzgläubiger auszuzahlenden Beträgen einbehalten.

EB RIRUG zu § 207 IO
Nach Abs. 1 werden Insolvenzgläubiger, die ihre Forderungen nicht angemeldet haben, im Abschöpfungsverfahren nur bei den weiteren Verteilungen berücksich-

tigt, und auch nur dann, wenn ihre Forderungen feststehen und die Insolvenzgläubiger dies dem Treuhänder angezeigt haben. Um die Bedeutung der Forderungsanmeldung hervorzustreichen und einen Gleichklang mit § 197 herzustellen, soll dies nicht bei jenen Gläubigern gelten, die von der Eröffnung des Insolvenzverfahrens verständigt wurden (siehe die Erläuterungen zu § 197).

Anmerkungen
§ 207 IO idF des RIRUG ist auf Abschöpfungsverfahren anzuwenden, wenn der Antrag auf die Einleitung nach dem 16.7.2021 bei Gericht einlangt (§ 283 Abs 6 IO).

Eröffnung des Insolvenzverfahrens während des Abschöpfungsverfahrens
§ 208

Wird während des Abschöpfungsverfahrens ein Insolvenzverfahren eröffnet, so fällt das Vermögen, das vom Abschöpfungsverfahren erfaßt wird, nicht in die Insolvenzmasse. Dieses Vermögen ist auch der Exekution insoweit entzogen, als der Schuldner es dem Treuhänder herausgibt. Auf Antrag des Schuldners ist die Exekution einzustellen, wenn er zustimmt, daß die in Exekution gezogene Sache dem Treuhänder ausgefolgt wird.

Aus- und Absonderungsberechtigte
§ 209

(1) Solange der Ausfall bei einem Aus- oder Absonderungsrecht auf zukünftig fällig werdende Forderungen nicht feststeht, hat der Insolvenzgläubiger dem Treuhänder 14 Tage vor Ende des Kalenderjahres eine Aufstellung über die offene Forderung zu übersenden, widrigenfalls er bei dieser Verteilung nicht berücksichtigt wird. § 132 Abs. 2 ist erst nach Erlöschen des Aus- oder Absonderungsrechts anzuwenden.

(2) Nach dem Erlöschen des Aus- oder Absonderungsrechts hat der Treuhänder die Forderung des Insolvenzgläubigers so lange nicht zu berücksichtigen, bis er eine Aufstellung über den Ausfall erhält. Der Drittschuldner hat das vorzeitige Erlöschen des Aus- oder Absonderungsrechts nach § 12a dem Insolvenzgläubiger und dem Treuhänder mitzuteilen.

Obliegenheiten des Schuldners
§ 210

(1) Dem Schuldner obliegt es, während der Rechtswirksamkeit der Abtretungserklärung

1. eine angemessene Erwerbstätigkeit auszuüben oder, wenn er ohne Beschäftigung ist, sich um eine solche zu bemühen und keine zumutbare Tätigkeit abzulehnen;
2. Vermögen, das er von Todes wegen oder mit Rücksicht auf ein künftiges Erbrecht oder durch unentgeltliche Zuwendung *oder als Gewinn in einem Glücksspiel* erwirbt, herauszugeben;
3. jeden Wechsel des Wohnsitzes oder des Drittschuldners unverzüglich dem Gericht und dem Treuhänder anzuzeigen;
4. keine von der Abtretungserklärung erfaßten Bezüge und kein von Z 2 erfaßtes Vermögen zu verheimlichen oder dessen Erwerb zu unterlassen;
5. dem Gericht und dem Treuhänder auf Verlangen Auskunft über seine Erwerbstätigkeit bzw. seine Bemühungen um eine solche sowie über seine Bezüge und sein Vermögen zu erteilen;
5a. *dem Gericht und dem Treuhänder zu den vom Gericht nach § 202 Abs 2 festgelegten Zeitpunkten Auskunft über seine Bemühungen um eine Erwerbstätigkeit zu erteilen; unterbleibt die Auskunft, so hat das Gericht dem Schuldner eine Nachfrist von zwei Wochen einzuräumen, um die Auskunft zu erteilen;*
6. Zahlungen zur Befriedigung der Gläubiger nur an den Treuhänder zu leisten;
7. keinem Insolvenzgläubiger besondere Vorteile (§ 206 Abs. 2) einzuräumen und
8. keine neuen Schulden einzugehen, die er bei Fälligkeit nicht bezahlen kann.

(2) Soweit der Schuldner eine selbständige Tätigkeit ausübt, obliegt es ihm, die Gläubiger jedenfalls so zu stellen, als würde er eine angemessene unselbständige Erwerbstätigkeit ausüben. Es darf ihm jedoch nicht mehr verbleiben, als wenn er Einkünfte aus einem Arbeitsverhältnis in der Höhe des Gewinns aus der selbständigen Tätigkeit hätte. *Der Treuhänder hat einen Betrag zu bestimmen, den der Schuldner vorläufig an ihn zu bezahlen hat.*

EB RIRUG zu § 210 IO
Die Änderung in Abs. 1 Z 5a bedeutet bloß eine Anpassung an den vorgeschlagenen § 202 Abs. 2.

Diese Bestimmung enthält die den Schuldner während des Abschöpfungsverfahrens treffenden Obliegenheiten. Insbesondere hat der Schuldner eine angemessene Erwerbstätigkeit auszuüben oder, wenn er ohne Beschäftigung ist, sich um eine solche zu bemühen; er darf auch keine zumutbare Tätigkeit ablehnen. Übt der Schuldner eine selbständige Tätigkeit aus, so obliegt es ihm, die Gläubiger so zu stellen, als würde er eine angemessene unselbständige Erwerbstätigkeit ausüben. Es darf ihm jedoch nicht mehr verbleiben, als wenn er Einkünfte aus einem Arbeitsverhältnis in der Höhe des Gewinns aus der selbständigen Tätigkeit hätte.

Die Erleichterung der Entschuldung, die vor allem ehemaligen Unternehmern einen Neustart ermöglichen soll, wird die Anzahl der Schuldner, die eine selbständige Tätigkeit ausüben, vergrößern. Da sich in diesen Fällen – anders als beim pfändbaren Betrag des Arbeitseinkommens – der dem Treuhänder zu zahlende Betrag nicht aufgrund des Gesetzes errechnen lässt, soll ein vorläufiger Betrag – im Interesse der Gläubiger – vom Treuhänder bestimmt werden, der bei Erhebung einer Beschwerde nach § 203 Abs. 4 in Verbindung mit § 84 vom Gericht überprüft werden kann.

Anmerkungen
§ 210 IO idF des RIRUG ist auf Abschöpfungsverfahren anzuwenden, wenn der Antrag auf die Einleitung nach dem 16.7.2021 bei Gericht einlangt (§ 283 Abs 6 IO).

Auskunftserteilung über die Erfüllung der Obliegenheiten
§ 210a

(1) Der Treuhänder hat den Schuldner bei wesentlicher Verminderung der auf Grund der Abtretung einlangenden Beträge aufzufordern, über seine Arbeitssituation zu berichten.

(2) Hat der Schuldner nicht nach Abs. 1 oder nach § 210 Abs. 1 Z 3 und 5 dem Treuhänder auf sein Verlangen Auskunft erteilt, so hat das Gericht über Mitteilung des Treuhänders den Schuldner einzuvernehmen. Der Schuldner hat über die Erfüllung seiner Obliegenheiten Auskunft zu erteilen.

(3) Erscheint der ordnungsgemäß geladene Schuldner ohne genügende Entschuldigung nicht zu seiner Einvernahme oder lehnt er die Erteilung der Auskunft ab, so ist das Verfahren von Amts wegen unabhängig vom Vorliegen der Voraussetzungen nach § 211 Abs. 1 Z 2

vorzeitig einzustellen. Die Ladung hat einen Hinweis auf diese Rechtsfolge zu enthalten. Hat der Schuldner über die Erfüllung seiner Obliegenheiten Auskunft erteilt, so hat das Gericht dem Treuhänder eine Protokollsabschrift zu übermitteln.

(4) Liegt nach dem Bericht oder der Auskunft des Schuldners über seine Erwerbstätigkeit oder seine Bemühungen um eine solche Anhaltspunkte offenkundig eine Verletzung einer Obliegenheit vor, so hat der Treuhänder die Insolvenzgläubiger darüber zu informieren.

EB RIRUG zu § 210 a IO
Nach Abs. 1 Z 5 und Z 5a hat der Schuldner auf Verlangen dem Gericht und dem Treuhänder Auskunft über seine Erwerbstätigkeit bzw. seine Bemühungen um eine solche zu erteilen.

Ergibt sich aus der Auskunft des Schuldners eine Obliegenheitsverletzung, so führt dies nicht zur Einstellung des Abschöpfungsverfahrens, weil die Verletzung einer Obliegenheit nur auf Antrag eines Insolvenzgläubigers zur Einstellung führen kann. Damit Insolvenzgläubiger von einer allfälligen Obliegenheitsverletzung Kenntnis erlangen, ist derzeit die Einsicht in den Insolvenzakt geboten. Um den Gläubigern die Wahrnehmung ihres Antragsrechts zu erleichtern, wird vorgeschlagen, diese über eine offenkundige Obliegenheitsverletzung zu informieren. Damit können die Gläubiger, auch ohne Akteneinsicht zu nehmen, eine Obliegenheitsverletzung einem Antrag auf Einstellung des Abschöpfungsverfahrens zugrundelegen.

Anmerkungen
§ 210a IO idF des RIRUG ist auf Abschöpfungsverfahren anzuwenden, wenn der Antrag auf die Einleitung nach dem 16.7.2021 bei Gericht einlangt (§ 283 Abs 6 IO).

Vorzeitige Einstellung des Abschöpfungsverfahrens
§ 211

(1) Das Gericht hat auf Antrag eines Insolvenzgläubigers das Abschöpfungsverfahren vorzeitig einzustellen, wenn der Schuldner
1. **wegen einer Straftat nach den §§ 156, 158, 162 oder 292a StGB rechtskräftig verurteilt wurde und diese Verurteilung weder getilgt ist noch der beschränkten Auskunft aus dem Strafregister unterliegt oder die Obliegenheit nach § 210 Abs. 1 Z 8 verletzt oder**
2. **eine seiner Obliegenheiten verletzt und dadurch die Befriedigung der Insolvenzgläubiger beeinträchtigt; dies gilt nicht, wenn den Schuldner kein Verschulden trifft.**

Der Antrag kann nur binnen eines Jahres nach dem Zeitpunkt gestellt werden, in dem die Verurteilung bzw. die Obliegenheitsverletzung dem Insolvenzgläubiger bekanntgeworden ist. Er ist abzuweisen, wenn die Voraussetzungen der Z 2 nicht glaubhaft gemacht werden.

(2) Vor der Entscheidung über den Antrag nach Abs. 1 Z 2 sind der Treuhänder und der Schuldner zu vernehmen. Der Schuldner hat über die Erfüllung seiner Obliegenheiten Auskunft zu erteilen. Erscheint der ordnungsgemäß geladene Schuldner ohne genügende Entschuldigung nicht zu seiner Einvernahme oder lehnt er die Erteilung der Auskunft ab, so ist das Verfahren vorzeitig einzustellen. Die Ladung hat einen Hinweis auf diese Rechtsfolge zu enthalten.

(3) Das Gericht hat das Abschöpfungsverfahren bei Tod des Schuldners von Amts wegen vorzeitig einzustellen.

(4) Der Beschluß über die vorzeitige Einstellung des Verfahrens ist öffentlich bekanntzumachen.

(5) Mit Eintritt der Rechtskraft der Entscheidung enden die Wirksamkeit der Abtretungserklärung, das Amt des Treuhänders und die Beschränkung der Rechte der Insolvenzgläubiger.

Wiederaufnahme des Insolvenzverfahrens
§ 212

Wird das Abschöpfungsverfahren vorzeitig eingestellt und ist hinreichendes Vermögen vorhanden oder wird ein angemessener Kostenvorschuß geleistet, so ist das Insolvenzverfahren auf Antrag eines Insolvenzgläubigers wieder aufzunehmen.

Beendigung des Abschöpfungsverfahrens – Entscheidung über die Restschuldbefreiung
§ 213

(1) Nach Ende der Laufzeit der Abtretungserklärung *oder wenn die Insolvenzforderungen aller Gläubiger, die ihre Forderungen angemeldet haben, befriedigt wurden,* hat das Gericht das Abschöpfungsverfahren, das nicht eingestellt wurde, für beendet zu erklären und gleichzeitig auszusprechen, dass der Schuldner von den im Verfahren nicht erfüllten Verbindlichkeiten gegenüber den Insolvenzgläubigern befreit ist (Restschuldbefreiung). Wenn ein Antrag eines Insolvenzgläubigers auf vorzeitige Einstellung vorliegt, hat das Gericht die Entscheidung

bis zum Eintritt der Rechtskraft dieses Beschlusses auszusetzen und erst dann zu treffen, wenn der Antrag eines Insolvenzgläubigers auf vorzeitige Einstellung rechtskräftig abgewiesen wurde.

(2) Der Beschluss über die Beendigung des Abschöpfungsverfahrens und über die Restschuldbefreiung ist öffentlich bekannt zu machen.

EB RIRUG zu § 213 IO
Nach derzeitiger Rechtslage kann das Abschöpfungsverfahren erst nach Ende der Laufzeit der Abtretungserklärung beendet werden. Es soll aber auch unter dem Ausspruch der Restschuldbefreiung eine Beendigung dann möglich sein, wenn sämtliche Insolvenzgläubiger, die ihre Forderungen angemeldet haben, im Zuge des Insolvenz- und Abschöpfungsverfahrens ihre gesamten Insolvenzforderungen erhalten haben. Dass Zinsen offen sind, steht dem nicht entgegen, weil es sich dabei um nach § 58 Z 1 ausgeschlossene Ansprüche handelt (vgl. Mohr, Privatinsolvenz³ Rz 622).

Anmerkungen
§ 213 IO idF des RIRUG ist auf Abschöpfungsverfahren anzuwenden, wenn der Antrag auf die Einleitung nach dem 16.7.2021 bei Gericht einlangt (§ 283 Abs 6 IO).

Wirkung der Restschuldbefreiung
§ 214

(1) Wird die Restschuldbefreiung erteilt, so wirkt sie gegen alle Insolvenzgläubiger. Dies gilt auch für Gläubiger, die ihre Forderungen nicht angemeldet haben, und für Forderungen nach § 58 Z 1.

(2) Die Rechte der Insolvenzgläubiger gegen Bürgen oder Mitschuldner des Schuldners sowie gegen Rückgriffsverpflichtete werden durch die Restschuldbefreiung nicht berührt. Der Schuldner wird jedoch gegenüber den Bürgen und anderen Rückgriffsberechtigten in gleicher Weise befreit wie gegenüber den Insolvenzgläubigern.

(3) Wird ein Insolvenzgläubiger befriedigt, obwohl er auf Grund der Restschuldbefreiung keine Befriedigung zu beanspruchen hat, so begründet dies keine Pflicht zur Rückgabe des Erlangten.

Ausgenommene Forderungen
§ 215

Von der Erteilung der Restschuldbefreiung werden

1. Verbindlichkeiten des Schuldners aus einer vorsätzlich begangenen unerlaubten Handlung oder einer vorsätzlichen strafgesetzwidrigen Unterlassung und
2. Verbindlichkeiten, die nur aus Verschulden des Schuldners unberücksichtigt geblieben sind,

nicht berührt.

Widerruf der Restschuldbefreiung
§ 216

(1) Auf Antrag eines Insolvenzgläubigers hat das Gericht die Erteilung der Restschuldbefreiung zu widerrufen, wenn sich nachträglich herausstellt, daß der Schuldner eine seiner Obliegenheiten vorsätzlich verletzt und dadurch die Befriedigung der Insolvenzgläubiger erheblich beeinträchtigt hat *oder bei einem Tilgungsplan der Schuldner wegen einer Straftat nach den §§ 156, 158, 162 oder 292a StGB rechtskräftig verurteilt wurde und diese Verurteilung weder getilgt ist noch der beschränkten Auskunft aus dem Strafregister unterliegt.*

(2) Der Antrag kann nur innerhalb von zwei Jahren nach Eintritt der Rechtskraft der Entscheidung über die Restschuldbefreiung gestellt werden. Er ist abzuweisen, wenn nicht glaubhaft gemacht wird, daß die Voraussetzungen des Abs. 1 vorliegen und daß der Insolvenzgläubiger bis zum Ende der Laufzeit der Abtretungserklärung keine Kenntnis von ihnen hatte.

(3) Vor der Entscheidung über den Antrag sind der Treuhänder und der Schuldner zu vernehmen.

(4) Die Entscheidung, mit der die Restschuldbefreiung widerrufen wird, ist öffentlich bekanntzumachen.

EB RIRUG zu § 216 IO

Die Restschuldbefreiung ist nach derzeitiger Gesetzeslage auf Antrag eines Insolvenzgläubigers zu widerrufen, wenn sich nachträglich herausstellt, dass der Schuldner eine seiner Obliegenheiten vorsätzlich verletzt und dadurch die Befriedigung der Insolvenzgläubiger erheblich beeinträchtigt hat. Künftig soll bei einem Tilgungsplan ein Widerruf auch erfolgen, wenn sich nachträglich herausstellt, dass der Schuldner wegen einer Straftat nach den §§ 156, 158, 162 oder 292a StGB rechtskräftig verurteilt wurde und diese Verurteilung weder getilgt ist noch der beschränkten Auskunft aus dem Strafregister unterliegt. Damit wird erreicht, dass – wie derzeit – eine Verurteilung innerhalb von fünf Jahren nach Einleitung des Abschöpfungsverfahrens einer Restschuldbefreiung entgegensteht.

Anmerkungen
§ 216 IO idF des RIRUG ist auf Abschöpfungsverfahren anzuwenden, wenn der Antrag auf die Einleitung nach dem 16.7.2021 bei Gericht einlangt (§ 283 Abs 6 IO).

Die Bestimmungen über den Tilgungsplan (§§ 199, 201 Abs 2, 216 Abs 1 IO) treten, soweit davon Verbraucher erfasst sind, mit Ablauf des 16.7.2026 außer Kraft (kritisch dazu *Posani*, ZIK 2021/94, 99). Die Bestimmungen bleiben anwendbar, wenn der Antrag auf Durchführung des Abschöpfungsverfahrens mit Restschuldbefreiung mit Tilgungsplan vor dem 17.7.2026 bei Gericht eingelangt ist (§ 283 Abs 9 IO).

Achter Teil
Internationales Insolvenzrecht

Erstes Hauptstück
Allgemeine Bestimmungen

Grundsatz
§ 217

Die Bestimmungen des Achten Teils sind nur anzuwenden, soweit nicht nach Völkerrecht oder in Rechtsakten der Europäischen Union, insbesondere nach der Verordnung (EU) Nr. 848/2015 über Insolvenzverfahren (EuInsVO), anderes bestimmt ist.

Bekanntmachung ausländischer Insolvenzverfahren
§ 218

(1) Anträge, ausländische Insolvenzverfahren öffentlich bekanntzumachen, sind an das Handelsgericht Wien zu richten, das die bekanntgegebenen Daten in die Insolvenzdatei aufzunehmen hat.

(2) Die öffentliche Bekanntmachung der Eröffnung eines Insolvenzverfahrens soll insbesondere enthalten:
1. das Datum der Eröffnung des Insolvenzverfahrens,
2. das Gericht, das das Insolvenzverfahren eröffnet hat, und das Aktenzeichen des Verfahrens,
3. die Art des eröffneten Insolvenzverfahrens,
4. bei einer Gesellschaft oder einer juristischen Person: die Firma, die Registernummer, den Sitz oder, sofern davon abweichend, die Postanschrift des Schuldners,

5. bei einer natürlichen Person: den Namen, gegebenenfalls die Registernummer sowie die Postanschrift des Schuldners oder, falls die Anschrift geschützt ist, den Geburtsort und das Geburtsdatum des Schuldners,
6. den Namen, die Anschrift, die Telefonnummer und die E-Mail-Adresse des Insolvenzverwalters und, wenn eine juristische Person bestellt wurde, der Person, die sie bei Ausübung der Insolvenzverwaltung vertritt, und ob dem Schuldner die Eigenverwaltung zusteht sowie
7. die Frist für die Anmeldung der Forderungen.

Zweites Hauptstück
Ergänzende Bestimmungen zur EuInsVO
Zuständigkeit für Sicherungsmaßnahmen
§ 219

(1) Für Sicherungsmaßnahmen nach Art. 52 EuInsVO und die Anordnung von Zwangsmitteln nach Art. 21 Abs. 3 EuInsVO ist das in § 63 bezeichnete Gericht zuständig.

(2) Betreibt der Schuldner im Inland kein Unternehmen und hat er im Inland weder eine Niederlassung noch einen gewöhnlichen Aufenthalt oder Vermögen, so ist das Handelsgericht Wien zuständig.

Haupt-, Partikular- oder Sekundärinsolvenzverfahren
§ 220

(1) Im Anwendungsbereich der EuInsVO hat das Gericht in der Entscheidung über die Eröffnung des Insolvenzverfahrens auszusprechen, ob es sich um ein Haupt-, Partikular- oder Sekundärinsolvenzverfahren im Sinne der EuInsVO handelt. Dies ist öffentlich bekanntzumachen.

(2) Stellt sich während des Insolvenzverfahrens heraus, dass Auslandsbezug gegeben ist, so ist auszusprechen, ob es sich um ein Haupt-, Partikular- oder Sekundärinsolvenzverfahren im Sinne der EuInsVO handelt. Dies ist öffentlich bekanntzumachen.

Bekanntmachung und Registereintragung
§ 220a

(1) Auf Antrag des Verwalters oder des Schuldners in Eigenverwaltung hat das Handelsgericht Wien die Entscheidung über die Eröffnung des

Insolvenzverfahrens und die Bestellung des Verwalters öffentlich bekanntzumachen. In der Bekanntmachung ist anzugeben, wer als Verwalter bestellt wurde und ob sich die Zuständigkeit aus Art. 3 Abs. 1 oder Abs. 2 EuInsVO ergibt.

(2) Auf Antrag des Verwalters oder des Schuldners in Eigenverwaltung ist die Eröffnung des Insolvenzverfahrens nach Abs. 1 durch das zuständige Gericht im Grundbuch, im Firmenbuch oder in einem sonstigen öffentlichen Register einzutragen.

(3) Der im Rahmen eines ausländischen Hauptinsolvenzverfahrens bestellte Verwalter ist allen Beteiligten für Vermögensnachteile, die ihnen durch die Verletzung seiner Pflichten nach Art. 28 und 29 EuInsVO entstehen, verantwortlich.

Zusicherung im inländischen Hauptinsolvenzverfahren zur Vermeidung eines Sekundärinsolvenzverfahrens
§ 220b

(1) Das Insolvenzgericht hat die Vorlage und den wesentlichen Inhalt der vom Gläubigerausschuss genehmigten Zusicherung zur Vermeidung eines Sekundärinsolvenzverfahrens (Art. 36 EuInsVO) in einem anderen Mitgliedstaat nach deren Prüfung und allfälliger Berichtigung öffentlich bekanntzumachen und den Schuldner sowie die Gläubiger davon mit dem Beifügen zu verständigen, dass es ihnen freisteht, Einsicht zu nehmen und binnen 14 Tagen ihre Erinnerungen anzubringen. Zugleich ist ihnen und dem Insolvenzverwalter sowie den Mitgliedern des Gläubigerausschusses die Tagsatzung bekanntzugeben, bei der über allfällige Erinnerungen verhandelt werden wird. § 130 Abs. 2 bis 4 ist anzuwenden.

(2) Die Zusicherung hat auch Angaben darüber zu enthalten, welche Gegenstände der Insolvenzverwalter nach dem Antrag auf Eröffnung des Insolvenzverfahrens in einen anderen Staat verbracht hat.

Abstimmung über die in einem anderen Mitgliedstaat abgegebene Zusicherung
§ 220c

(1) Auf die in einem anderen Mitgliedstaat abgegebene Zusicherung des Verwalters des Hauptinsolvenzverfahrens in Bezug auf in Österreich

gelegenes Vermögen des Schuldners sind die Bestimmungen für den Sanierungsplan anzuwenden.

(2) Im Rahmen des Verfahrens über eine Zusicherung gilt der Insolvenz-Entgelt-Fonds als lokaler Gläubiger.

Gerichtliche Abstimmung
§ 220d

(1) Das Gericht hat eine Tagsatzung zur Abstimmung über die Zusicherung anzuordnen.

(2) Zuständig ist das für die Eröffnung des Sekundärinsolvenzverfahrens zuständige Gericht.

(3) Der Verwalter hat dem Antrag auf Abschluss einer Zusicherung anzuschließen:
1. die Zusicherung und
2. eine Liste der bekannten lokalen Gläubiger, wobei anzugeben ist, ob die Forderungen angemeldet, geprüft, anerkannt oder bestritten wurden.

(4) Die lokalen Gläubiger sind aufzufordern, ihre Forderungen innerhalb einer vom Gericht bestimmten Frist, die öffentlich bekanntzumachen und den Gläubigern zugleich mit der Ladung zur Abstimmungstagsatzung mitzuteilen ist, anzumelden. Im Schriftsatz hat der Gläubiger seine Forderung und auch den Bezug zur Niederlassung darzulegen.

(5) Für die Belohnung der bevorrechteten Gläubigerschutzverbände gilt § 87a Abs. 1 Satz 1.

Prüfung des Stimmrechts
§ 220e

(1) Das Gericht hat die angemeldeten Forderungen dem Verwalter des Hauptinsolvenzverfahrens zur Kenntnis zu bringen. Der Verwalter des Hauptinsolvenzverfahrens hat hinsichtlich jeder dieser Forderungen innerhalb der ihm vom Gericht gesetzten Frist schriftlich zu erklären, ob die Forderungen im Hauptverfahren angemeldet, geprüft, anerkannt oder bestritten wurden; falls nicht, ob er sie anerkennt oder bestreitet. Gibt der Verwalter des Hauptinsolvenzverfahrens zu einer Forderung keine Erklärung ab, so gilt die Forderung als anerkannt.

Der Verwalter hat sich auch dazu zu äußern, ob der Gläubiger ein lokaler ist.

(2) Das Gericht hat der Abstimmung die vom Verwalter des Hauptinsolvenzverfahrens anerkannten Forderungen der lokalen Gläubiger zugrunde zu legen. Wurde eine Forderung nicht anerkannt oder die Forderung oder die Eigenschaft als lokaler Gläubiger von einem anderen lokalen Gläubiger in der Abstimmungstagsatzung bestritten, so hat das Gericht nach vorläufiger Prüfung und Einvernehmung der Parteien zu entscheiden, ob und inwieweit die Stimme des Gläubigers zu zählen ist.

Prüfung durch einen besonderen Verwalter
§ 220f

(1) Das Gericht kann zur Prüfung der Forderungen einen besonderen Verwalter bestellen. Es hat in diesem Fall den Verwalter des Hauptinsolvenzverfahrens zum Erlag eines Kostenvorschusses zur Deckung der Entlohnung des besonderen Verwalters aufzufordern. Der besondere Verwalter muss vom Verwalter des Hauptinsolvenzverfahrens unabhängig sein.

(2) Der besondere Verwalter hat die nach § 220e angemeldeten Forderungen in ein Verzeichnis einzutragen und insbesondere anhand der Geschäftsbücher und Aufzeichnungen des Schuldners zu prüfen.

(3) Der besondere Verwalter ist berechtigt, in die Geschäftsbücher und Aufzeichnungen des Schuldners Einsicht zu nehmen und von diesem und vom Hauptinsolvenzverwalter alle erforderlichen Auskünfte zu verlangen. Er hat die Anmeldungen dem Verwalter des Hauptinsolvenzverfahrens zur Kenntnis zu bringen. § 220e Abs. 1 zweiter und vierter Satz sind anzuwenden.

(4) Der besondere Verwalter hat den Bestand oder die Höhe einer Forderung zu bestreiten, wenn sich dagegen insbesondere aus den Geschäftsbüchern und Aufzeichnungen des Schuldners, aus Mitteilungen von Gläubigern oder sonst begründete Bedenken gegen das Bestehen, die Höhe oder die Eigenschaft des Gläubigers als lokaler Gläubiger ergeben, die der Verwalter des Hauptinsolvenzverfahrens nicht zu zerstreuen vermag.

(5) Der besondere Verwalter hat seine Bestreitung und die des Verwalters des Hauptinsolvenzverfahrens im Verzeichnis anzumerken und die vom Verwalter des Hauptinsolvenzverfahrens abgegebenen Erklä-

rungen dem Verzeichnis beizulegen. Der besondere Verwalter hat das Verzeichnis und die Beilagen spätestens an dem der Tagsatzung vorangehenden Tag dem Gericht vorzulegen.

(6) Das Gericht hat der Abstimmung die vom besonderen Verwalter anerkannten Forderungen der lokalen Gläubiger zugrunde zu legen. § 220e Abs. 2 zweiter Satz ist anzuwenden.

Bestätigung
§ 220g

(1) Die Annahme der Zusicherung bedarf der gerichtlichen Bestätigung.

(2) Wird die Mehrheit der Gläubiger nicht erreicht, so ist der Antrag abzuweisen. Dies ist öffentlich bekanntzumachen.

Verteilung im inländischen Hauptinsolvenzverfahren
§ 220h

Auf das Verfahren zur Verteilung des Erlöses der von der Zusicherung umfassten Vermögenswerte im inländischen Hauptinsolvenzverfahren sind die §§ 129 bis 137 anzuwenden.

Maßnahmen zur Sicherung der Zusicherung
§ 220i

Für einstweilige Maßnahmen oder Sicherungsmaßnahmen nach Art. 36 Abs. 9 EuInsVO ist das Gericht zuständig, das für die Eröffnung des Sekundärverfahrens zuständig wäre.

Drittes Hauptstück
Nicht von der EuInsVO erfasste Verfahren

Erster Abschnitt
Anzuwendendes Recht

Grundsatz
§ 221

(1) Für Insolvenzverfahren, die Voraussetzungen für ihre Eröffnung und ihre Wirkungen gilt, soweit in den §§ 222 bis 235 nichts anderes

bestimmt ist, das Recht des Staates, in dem das Verfahren eröffnet wird.

(2) Nach dem Recht des Staates der Verfahrenseröffnung richten sich insbesondere:
1. bei welcher Art von Schuldnern ein Insolvenzverfahren zulässig ist;
2. welche Vermögenswerte zur Masse gehören und wie die nach der Verfahrenseröffnung vom Schuldner erlangten Vermögenswerte zu behandeln sind;
3. die jeweiligen Befugnisse des Schuldners und des Verwalters;
4. die Voraussetzungen für die Zulässigkeit einer Aufrechnung im Insolvenzverfahren;
5. wie sich die Eröffnung eines Insolvenzverfahrens auf laufende Verträge des Schuldners auswirkt;
6. wie sich die Eröffnung eines Insolvenzverfahrens auf Rechtsverfolgungsmaßnahmen einzelner Gläubiger auswirkt; ausgenommen sind die Wirkungen auf anhängige Rechtsstreitigkeiten gemäß § 231;
7. welche Forderungen als Insolvenzforderungen anzumelden sind und wie Forderungen im Insolvenzverfahren zu behandeln sind, die nach der Eröffnung des Insolvenzverfahrens entstehen;
8. die Anmeldung, die Prüfung und die Feststellung der Forderungen im Insolvenzverfahren;
9. die Verteilung des Erlöses aus der Verwertung des Vermögens, der Rang der Forderungen und die Rechte der Gläubiger, die nach der Eröffnung des Insolvenzverfahrens auf Grund eines dinglichen Rechts oder infolge einer Aufrechnung teilweise befriedigt wurden;
10. die Voraussetzungen und Wirkungen der Beendigung des Insolvenzverfahrens, insbesondere durch Abschluss eines Sanierungsplans;
11. die Rechte der Gläubiger nach Beendigung des Insolvenzverfahrens;
12. wer die Kosten des Insolvenzverfahrens einschließlich der Auslagen zu tragen hat;
13. welche Rechtshandlungen nichtig, anfechtbar oder relativ unwirksam sind, weil sie die Gesamtheit der Gläubiger benachteiligen.

Dingliche Rechte Dritter
§ 222

(1) Das dingliche Recht eines Gläubigers oder eines Dritten an körperlichen oder unkörperlichen, beweglichen oder unbeweglichen Sachen des

Schuldners – sowohl an bestimmten Sachen als auch an einer Mehrheit von nicht bestimmten Sachen mit wechselnder Zusammensetzung –, die sich zum Zeitpunkt der Eröffnung des Insolvenzverfahrens im Gebiet eines anderen Staates befinden, wird von der Eröffnung des Verfahrens nicht berührt.

(2) Rechte im Sinne des Abs. 1 sind insbesondere
1. das Recht, die Sache zu verwerten oder verwerten zu lassen und aus dem Erlös oder den Nutzungen dieser Sache befriedigt zu werden, insbesondere auf Grund eines Pfandrechts oder einer Hypothek;
2. das ausschließliche Recht, eine Forderung einzuziehen, insbesondere auf Grund eines Pfandrechts an einer Forderung oder auf Grund einer Sicherungsabtretung dieser Forderung;
3. das Recht, die Herausgabe der Sache von jedermann zu verlangen, der diese gegen den Willen des Berechtigten besitzt oder nutzt;
4. das dingliche Recht, die Früchte einer Sache zu ziehen.

(3) Das in einem öffentlichen Register eingetragene und gegen jedermann wirksame Recht, ein dingliches Recht im Sinne des Abs. 1 zu erlangen, wird einem dinglichen Recht gleichgestellt.

Aufrechnung
§ 223

Die Befugnis eines Gläubigers, mit seiner Forderung gegen eine Forderung des Schuldners aufzurechnen, wird von der Eröffnung des Insolvenzverfahrens nicht berührt, wenn diese Aufrechnung nach dem für die Forderung des Schuldners maßgebenden Recht zulässig ist.

Eigentumsvorbehalt
§ 224

(1) Die Eröffnung eines Insolvenzverfahrens über das Vermögen des Käufers einer Sache lässt die Rechte des Verkäufers aus einem Eigentumsvorbehalt unberührt, wenn sich diese Sache zum Zeitpunkt der Eröffnung des Verfahrens im Gebiet eines anderen Staates als dem der Verfahrenseröffnung befindet.

(2) Die Eröffnung eines Insolvenzverfahrens über das Vermögen des Verkäufers einer Sache nach deren Lieferung rechtfertigt nicht die Auflösung oder Beendigung des Kaufvertrags und steht dem Ei-

gentumserwerb des Käufers nicht entgegen, wenn sich diese Sache bei Verfahrenseröffnung im Gebiet eines anderen Staates als dem der Verfahrenseröffnung befindet.

Vertrag über eine unbewegliche Sache
§ 225

Für die Wirkungen eines Insolvenzverfahrens auf einen Vertrag, der zum Erwerb oder zur Nutzung einer unbeweglichen Sache berechtigt, ist ausschließlich das Recht des Staates maßgebend, in dessen Gebiet diese unbewegliche Sache gelegen ist.

Geregelte Märkte
§ 226

(1) Für die Wirkungen der Eröffnung eines Insolvenzverfahrens auf die Rechte und Pflichten der Teilnehmer an einem geregelten Markt und für Transaktionen im Rahmen eines geregelten Marktes im Sinne des Art. 4 Abs. 1 Nr. 21 der Richtlinie 2014/65/EU ist das Recht des Staates maßgebend, das für den betreffenden Markt gilt bzw. das auf derartige Transaktionen anzuwenden ist. §§ 222 und 232 werden dadurch nicht berührt.

(2) Abs. 1 steht einer Nichtigkeit, Anfechtbarkeit oder relativen Unwirksamkeit nach § 221 Abs. 2 Z 13 von Zahlungen oder Transaktionen gemäß dem für den betreffenden Markt geltenden Recht nicht entgegen.

Arbeitsvertrag
§ 227

Für die Wirkungen des Insolvenzverfahrens auf einen Arbeitsvertrag und auf das Arbeitsverhältnis ist das Recht des Staates maßgebend, das auf den Arbeitsvertrag anzuwenden ist.

Wirkung auf eintragungspflichtige Rechte
§ 228

Für die Wirkungen des Insolvenzverfahrens auf Rechte des Schuldners an einer unbeweglichen Sache, einem Schiff oder einem Luftfahrzeug, die der Eintragung in ein öffentliches Register unterliegen, ist das Recht des Staates maßgebend, unter dessen Aufsicht das Register geführt wird.

Benachteiligende Handlungen
§ 229

(1) Wenn die Person, die durch eine die Gesamtheit der Gläubiger benachteiligende Rechtshandlung begünstigt wurde, nachweist, dass
1. für diese Handlung das Recht eines anderen Staates maßgebend ist und
2. in diesem Fall diese Handlung in keiner Weise nach diesem Recht angreifbar ist,

ist § 221 Abs. 2 Z 13 nicht anzuwenden.

(2) Hingegen stehen § 222 Abs. 1, §§ 223 und 224 der Geltendmachung der Nichtigkeit, Anfechtbarkeit oder relativen Unwirksamkeit einer Rechtshandlung nach § 221 Abs. 2 Z 13 nicht entgegen.

Schutz des Dritterwerbers
§ 230

Verfügt der Schuldner durch eine nach Eröffnung des Insolvenzverfahrens vorgenommene Rechtshandlung gegen Entgelt über
1. eine unbewegliche Sache oder
2. ein Schiff oder ein Luftfahrzeug, das der Eintragung in ein öffentliches Register unterliegt, oder
3. Wertpapiere oder andere in Abschnitt B des Anhangs der Richtlinie 93/22/EWG, deren Existenz oder Übertragung die Eintragung in ein gesetzlich vorgeschriebenes Register oder Konto oder bei einer zentralen Verwahrstelle voraussetzt,

so richtet sich die Wirksamkeit dieser Rechtshandlung nach dem Recht des Staates, in dem diese unbewegliche Sache gelegen ist oder unter dessen Aufsicht das Register, das Konto oder die Verwahrstelle steht.

Wirkungen des Insolvenzverfahrens auf anhängige Rechtsstreitigkeiten
§ 231

Für die Wirkungen des Insolvenzverfahrens auf einen anhängigen Rechtsstreit über eine Sache oder ein Recht der Masse ist das Recht des Staates maßgebend, in dem der Rechtsstreit anhängig ist.

Recht der gelegenen Sache
§ 232

Für die Ausübung von Eigentumsrechten oder anderen Rechten an Finanzinstrumenten im Sinne des Art. 4 Abs. 1 Nr. 50 lit. b der Verordnung (EU) Nr. 575/2013, deren Existenz oder Übertragung ihre Eintragung in ein Register oder Konto oder bei einer zentralen Verwahrstelle voraussetzt, ist das Recht des Staates maßgebend, in dem sich das Register, das Konto bzw. die zentrale Verwahrstelle befindet, in dem bzw. bei der die betreffenden Rechte eingetragen wurden.

Saldierungsvereinbarungen
§ 233

Für Saldierungsvereinbarungen gilt ausschließlich das Recht, das für den Vertrag über derartige Vereinbarungen maßgebend ist.

Wertpapierpensionsgeschäfte
§ 234

Für Wertpapierpensionsgeschäfte gilt ausschließlich das Recht, das für den Vertrag über derartige Geschäfte maßgebend ist.

Zahlungen nach Eröffnung eines Insolvenzverfahrens
§ 235

(1) Wer an eine Person, über deren Vermögen in einem anderen Staat ein Insolvenzverfahren eröffnet worden ist, leistet, obwohl er an den Verwalter des Insolvenzverfahrens hätte leisten müssen, wird befreit, wenn ihm die Eröffnung des Verfahrens nicht bekannt war.

(2) Erfolgt die Leistung vor der öffentlichen Bekanntmachung im Staat der Leistung, so wird bis zum Beweis des Gegenteils vermutet, dass dem Leistenden die Eröffnung nicht bekannt war. Erfolgt die Leistung nach der Bekanntmachung, so wird bis zum Beweis des Gegenteils vermutet, dass dem Leistenden die Eröffnung bekannt war. Bei Liquidationsverfahren über Kreditinstitute (§ 243) ist die öffentliche Bekanntmachung nach § 247 maßgebend.

Zweiter Abschnitt
Österreichische Insolvenzverfahren

Ausübung von Gläubigerrechten
§ 236

Jeder Gläubiger hat das Recht, seine Forderungen im Insolvenzverfahren geltend zu machen (§ 102).

Auslandsvermögen
§ 237

(1) Die Wirkungen eines in Österreich eröffneten Insolvenzverfahrens erstrecken sich auch auf im Ausland gelegenes Vermögen, es sei denn,
1. der Mittelpunkt der hauptsächlichen Interessen des Schuldners liegt in einem anderen Staat,
2. in diesem Staat wurde ein Insolvenzverfahren eröffnet und
3. in dieses Insolvenzverfahren ist das Auslandsvermögen einbezogen.

(2) Der Schuldner ist verpflichtet, in Abstimmung mit dem Insolvenzverwalter an der Verwertung ausländischen Vermögens, auf das sich die *Wirkungen des Insolvenzverfahrens* erstrecken, mitzuwirken. *§ 101 ist anzuwenden.*

(3) Erlangt ein Gläubiger nach Eröffnung des Insolvenzverfahrens durch Verwertung von im Ausland gelegenem Vermögen Befriedigung, so hat er vorbehaltlich der §§ 222 und 224 das Erlangte abzüglich seiner zur zweckentsprechenden Rechtsverfolgung notwendigen Aufwändungen an die Insolvenzmasse herauszugeben.

Vertreter des Insolvenzverwalters
§ 238

Der Insolvenzverwalter kann Personen bestellen, die ihn bei der Abwicklung des Insolvenzverfahrens im Ausland vertreten.

Koordination
§ 239

(1) Das Insolvenzgericht oder der Insolvenzverwalter hat dem ausländischen Insolvenzverwalter unverzüglich alle Umstände mitzuteilen,

die für die Durchführung des ausländischen Verfahrens Bedeutung haben können.

(2) Das Insolvenzgericht oder der Insolvenzverwalter hat dem ausländischen Insolvenzverwalter Gelegenheit zu geben, Vorschläge für die Verwertung oder sonstige Verwendung des inländischen Vermögens zu unterbreiten. Ein Sanierungsplan ist dem ausländischen Insolvenzverwalter zur Stellungnahme zuzuleiten.

Dritter Abschnitt
Anerkennung ausländischer Verfahren

Grundsatz
§ 240

(1) Die Wirkungen eines in einem anderen Staat eröffneten Insolvenzverfahrens und die in einem solchen Verfahren ergangenen Entscheidungen werden in Österreich anerkannt, wenn
1. der Mittelpunkt der hauptsächlichen Interessen des Schuldners im anderen Staat liegt und
2. das Insolvenzverfahren in den Grundzügen einem österreichischen vergleichbar ist, insbesondere österreichische Gläubiger wie Gläubiger aus dem Staat der Verfahrenseröffnung behandelt werden.

(2) Die Anerkennung unterbleibt, soweit
1. in Österreich ein Insolvenzverfahren eröffnet wurde oder einstweilige Vorkehrungen angeordnet wurden oder
2. die Anerkennung zu einem Ergebnis führt, das den Grundwertungen der österreichischen Rechtsordnung offensichtlich widerspricht.

(3) Ein ausländisches Insolvenzverfahren steht der Eröffnung und Durchführung eines österreichischen Insolvenzverfahrens nicht entgegen.

(4) Die Bewilligung der Exekution auf Grund von Akten und Urkunden, die
1. zur Durchführung des Insolvenzverfahrens erforderlich,
2. im anderen Staat vollstreckbar und
3. nach Abs. 1 und 2 in Österreich anzuerkennen sind,

setzt voraus, dass sie für Österreich in einem Verfahren nach den §§ 409 bis 416 EO für vollstreckbar erklärt wurden. Für andere Akte und Urkunden richtet sich die Bewilligung der Exekution nach den §§ 406 ff EO.

Ausländische Insolvenzverwalter
§ 241

(1) Die Insolvenzverwalter und deren Vertreter dürfen in Österreich alle Befugnisse ausüben, die ihnen in dem Staat, in dem das Insolvenzverfahren eröffnet wurde, zustehen.

(2) Bei der Ausübung ihrer Befugnisse haben sie das österreichische Recht zu beachten, insbesondere hinsichtlich der Art und Weise der Verwertung von Vermögenswerten und der Unterrichtung der Arbeitnehmer. Die Befugnisse umfassen nicht die Anwendung von Zwangsmitteln oder das Recht, über Rechtsstreitigkeiten oder andere Auseinandersetzungen zu befinden.

(3) Der Insolvenzverwalter hat sich durch eine beglaubigte Abschrift der Entscheidung, durch die er bestellt worden ist, oder durch eine andere von der Behörde oder dem Gericht des Bestellungsstaates ausgestellte Bescheinigung auszuweisen, wobei eine Übersetzung in die deutsche Sprache verlangt werden kann.

Bekanntmachungen und Registereintragungen
§ 242

(1) Wird im Ausland ein Insolvenzverfahren eröffnet, dessen Wirkungen nach § 240 anzuerkennen sind, und hat der Schuldner im Inland eine Niederlassung, so hat der im Rahmen des ausländischen Insolvenzverfahrens bestellte Verwalter oder die nach dem Recht des Staates der Verfahrenseröffnung zuständige Stelle die öffentliche Bekanntmachung der Eröffnung des Verfahrens im Inland zu beantragen.

(2) Hat der Schuldner im Inland unbewegliches Vermögen oder eine Niederlassung, so hat der im Rahmen des ausländischen Insolvenzverfahrens bestellte Verwalter oder die nach dem Recht des Staates der Verfahrenseröffnung zuständige Stelle die Eintragung der Eröffnung des Verfahrens im Grundbuch bzw. Firmenbuch zu beantragen. Das Grundbuchs- bzw. Firmenbuchgericht hat die Eröffnung des Verfahrens einzutragen.

(3) Der die Bekanntmachung oder Eintragung begehrende Verwalter hat das Vorliegen der Anerkennungsvoraussetzung nach § 240 Abs. 1 Z 1 durch eine öffentliche Urkunde nachzuweisen. Behauptet der Schuldner, dass die Voraussetzungen für eine Anerkennung nicht gegeben sind, so entscheidet das in § 63 bezeichnete Gericht.

(4) Der im Rahmen eines ausländischen Insolvenzverfahrens bestellte Verwalter ist allen Beteiligten für Vermögensnachteile, die ihnen durch Verletzung seiner Pflichten nach Abs. 1 und 2 entstehen, verantwortlich.

(5) Auf Antrag des ausländischen Insolvenzverwalters ist vom Handelsgericht Wien die Fortführung des Unternehmens öffentlich bekannt zu machen.

Viertes Hauptstück
Sonderbestimmungen für Kreditinstitute und Versicherungsunternehmen

Erster Abschnitt
Grenzüberschreitende österreichische Insolvenzverfahren

Anwendungsbereich
§ 243

(1) §§ 244 und 246 bis 251 sind auf Kreditinstitute, die in einem Vertragsstaat des Europäischen Wirtschaftsraums (EWR-Staat) gemäß Art. 8 der Richtlinie 2013/36/EU über den Zugang zur Tätigkeit von Kreditinstituten und die Beaufsichtigung von Kreditinstituten und Wertpapierfirmen, zur Änderung der Richtlinie 2002/87/EG und zur Aufhebung der Richtlinien 2006/48/EG und 2006/49/EG, ABl. Nr. L 176 vom 27.06.2013 S. 338, zuletzt geändert durch Richtlinie 2019/878/EU, ABl. Nr. L 150 vom 07.06.2019 S. 253, zuletzt berichtigt durch ABl. Nr. L 212 vom 03.07.2020 S. 20, und Versicherungsunternehmen, die in einem EWR-Staat gemäß Art. 14 der Richtlinie 2009/138/EG betreffend die Aufnahme und Ausübung der Versicherungs- und Rückversicherungstätigkeit (Solvabilität II), ABl. Nr. L 335 vom 17.12.2009 S. 1, zuletzt geändert durch Richtlinie 2018/843/EU, ABl. Nr. L 156 vom 19.6.2018 S. 43, in der Fassung der Berichtigung ABl. Nr. L 219 vom 25.07.2014 S. 66, zugelassen wurden, anzuwenden.

(2) Auf Kreditinstitute und Versicherungsunternehmen mit Sitz außerhalb des EWR sind §§ 244 bis 251 dann anzuwenden, wenn in zumindest einem EWR-Staat eine Zweigstelle oder eine Zweigniederlassung besteht.

EB RIRUG zu § 243 IO
Die Verweise werden aktualisiert.

Internationale Zuständigkeit
§ 244

(1) Zur Eröffnung des Insolvenzverfahrens über das Vermögen von im EWR zugelassenen Kreditinstituten oder im EWR zugelassenen Versicherungsunternehmen sind die österreichischen Gerichte nur dann zuständig, wenn die Kreditinstitute gemäß § 1 Abs. 1 BWG bzw. die Versicherungsunternehmen gemäß § 6 Abs. 1 des Versicherungsaufsichtsgesetzes 2016, BGBl. I Nr. 34/2015, in Österreich zugelassen sind.

(2) Zur Eröffnung des Insolvenzverfahrens über das Vermögen von Kreditinstituten und Versicherungsunternehmen mit Sitz außerhalb des EWR sind die österreichischen Gerichte nur dann zuständig, wenn eine Zweigstelle oder eine Zweigniederlassung in Österreich besteht.

Koordination
§ 245

Wird sowohl in Österreich das Insolvenzverfahren als auch in einem anderen EWR-Staat ein Liquidationsverfahren über das Vermögen eines Kreditinstitutes oder Versicherungsunternehmens mit Sitz außerhalb des EWR eröffnet, von dem in beiden EWR-Staaten Zweigstellen oder Zweigniederlassungen bestehen, so haben das österreichische Insolvenzgericht und der Insolvenzverwalter ihr Vorgehen mit den ausländischen Behörden, Gerichten und Liquidatoren abzustimmen.

Zustellung des Insolvenzedikts
§ 246

(1) Eine Ausfertigung des Insolvenzedikts ist unverzüglich auch der Finanzmarktaufsichtsbehörde (FMA) zuzustellen. Die FMA hat bei einem Insolvenzverfahren über das Vermögen eines Versicherungsunternehmens unverzüglich die Aufsichtsbehörden (Art. 13 Nr. 10 der Richtlinie 2009/138/EG) aller anderen EWR-Staaten, bei einem Insolvenzverfahren über das Vermögen eines Kreditinstitutes unverzüglich die zuständigen Behörden (Art. 2 4. Teilstrich der Richtlinie 2001/24/EG) jener EWR-Staaten, in denen das Kreditinstitut eine Zweigstelle hat oder eine Dienstleistung erbringt, von der Eröffnung des Insolvenzver-

fahrens und den Wirkungen des Insolvenzverfahrens zu unterrichten. Bei einem Insolvenzverfahren über das Vermögen eines Kreditinstituts mit Sitz außerhalb des EWR sind jedoch nur die zuständigen Behörden jener EWR-Staaten, in denen das Kreditinstitut eine Zweigstelle hat, zu verständigen.

(2) Den bekannten Gläubigern, die ihren gewöhnlichen Aufenthalt, ihren Wohnsitz oder ihren Sitz in einem anderen EWR-Staat haben, ist – selbst wenn die Voraussetzungen des § 257 Abs. 3 vorliegen – eine Ausfertigung des Insolvenzedikts zuzustellen. Dem Insolvenzedikts ist eine Belehrung anzuschließen, die in sämtlichen Amtssprachen des EWR mit den Worten „Aufforderung zur Anmeldung einer Forderung. Fristen beachten!" überschrieben sein muss und in der anzugeben ist, ob die bevorrechteten oder dinglich gesicherten Gläubiger ihre Forderungen anmelden müssen. Die Belehrung hat weiters einen Hinweis auf die Insolvenzdatei zu enthalten.

(3) Ist der Gläubiger Inhaber einer Versicherungsforderung, so hat die Belehrung in der Amtssprache des EWR-Staats zu erfolgen, in dem der Gläubiger seinen gewöhnlichen Aufenthalt, seinen Wohnsitz oder seinen Sitz hat, und auch Angaben zu den allgemeinen Wirkungen des Insolvenzverfahren auf die Versicherungsverträge zu enthalten. Insbesondere hat sie den Zeitpunkt anzugeben, ab dem Versicherungsverträge oder -geschäfte keine Rechtswirkung mehr entfalten, und die Rechte und Pflichten des Versicherten in Bezug auf den betreffenden Vertrag bzw. das betreffende Geschäft zu nennen.

Bekanntmachungen im Ausland
§ 247

Der Insolvenzverwalter hat das Insolvenzedikt im Amtsblatt der Europäischen Union und bei Insolvenzverfahren über das Vermögen von Kreditinstituten auch in mindestens jeweils zwei überregionalen Zeitungen jener Staaten bekannt zu machen, in denen das Kreditinstitut eine Zweigstelle hat oder Dienstleistungen erbringt. Bei Insolvenzverfahren über das Vermögen von Kreditinstituten mit Sitz außerhalb des EWR ist das Insolvenzedikt nur im Amtsblatt der Europäischen Union bekannt zu machen. Bei Insolvenzverfahren über das Vermögen von Versicherungsunternehmen ist in der Bekanntmachung darauf hinzuweisen, dass österreichisches Recht anwendbar ist.

Eintragung in öffentliche Register
§ 248

Der Insolvenzverwalter ist berechtigt, die Eintragung der Eröffnung des Insolvenzverfahrens in das Grundbuch, das Handelsregister und alle sonstigen öffentlichen Register in den übrigen EWR-Staaten zu verlangen.

Sprache der Forderungsanmeldungen
§ 249

Jeder Gläubiger, der seinen Wohnsitz, gewöhnlichen Aufenthalt oder Sitz in einem anderen EWR-Staat hat, kann seine Forderung in der Amtssprache dieses Staates anmelden und erläutern. In diesem Fall muss die Anmeldung die Überschrift „Anmeldung einer Forderung" in deutscher Sprache tragen. Bei Insolvenzverfahren über das Vermögen von Kreditinstituten kann vom Gläubiger eine Übersetzung der Anmeldung verlangt werden.

Zweiter Abschnitt
Anerkennung ausländischer Verfahren

Grundsatz
§ 250

Die Entscheidung eines EWR-Staats zur Eröffnung eines Verfahrens zur Liquidation eines Kreditinstituts oder eines Versicherungsunternehmens wird in Österreich ohne Rücksicht auf die Voraussetzungen des § 240 anerkannt. Sie ist in Österreich wirksam, sobald die Entscheidung in dem Staat der Verfahrenseröffnung wirksam wird.

Bekanntmachungen und Registereintragungen
§ 251

Auf Antrag des Verwalters, des Liquidators oder auf Ersuchen jeder Behörde oder jedes Gerichts des Herkunftsmitgliedstaats ist die Eröffnung eines Liquidationsverfahrens in die Insolvenzdatei, das Grundbuch und das Firmenbuch einzutragen. § 242 ist entsprechend anzuwenden.

Neunter Teil
Allgemeine Verfahrensbestimmungen

Anwendung der Prozessgesetze
§ 252

Soweit in diesem Bundesgesetz nichts anderes angeordnet ist, sind auf das Verfahren die Jurisdiktionsnorm, die Zivilprozessordnung und ihre Einführungsgesetze sinngemäß anzuwenden.

Zuständigkeit und Vertretung
§ 253

(1) Die Gerichtsbarkeit im Verfahren vor dem Insolvenzgericht übt in erster Instanz ein Mitglied des Gerichts als Einzelrichter aus.

(2) Vereinbarungen über die Zuständigkeit der Gerichte sind unwirksam.

(3) Gläubiger können sich auch durch einen bevorrechteten Gläubigerschutzverband vertreten lassen. Die Berufung auf die erteilte Bevollmächtigung ersetzt deren urkundlichen Nachweis. Zur Stellung eines Antrags auf Eröffnung des Insolvenzverfahrens und im Verfahren erster Instanz kann sich der Gläubigerschutzverband, wenn er nicht durch ein satzungsgemäß berufenes Organ vertreten ist, nur eines seiner Bediensteten oder eines gesetzlich befugten Parteienvertreters als Bevollmächtigten bedienen. Lässt sich ein Gläubiger zur Erhebung eines Rekurses durch einen Gläubigerschutzverband vertreten, so muss das Rechtsmittel mit der Unterschrift eines Rechtsanwalts versehen sein. Satzungsgemäß berufenen Organen der bevorrechteten Gläubigerschutzverbände sowie ihren Bevollmächtigten ist auch dann, wenn die Bevollmächtigung durch einen Gläubiger nicht ausgewiesen ist, die Einsichtnahme in die Insolvenzakten zu gestatten (§ 219 Abs. 2 ZPO), ohne dass ein rechtliches Interesse glaubhaft gemacht werden muss.

(4) Durch einen Bevollmächtigten seiner gesetzlichen Interessenvertretung oder seiner freiwilligen kollektivvertragsfähigen Berufsvereinigung kann sich ein Gläubiger im gleichen Umfang wie durch einen bevorrechteten Gläubigerschutzverband vertreten lassen, wenn ein Rechtsstreit über die Forderung eine Arbeitsrechtssache nach § 50 ASGG wäre.

§ 254

(1) Nicht anzuwenden sind die Bestimmungen über
1. die Prozesskosten,
2. das Erfordernis einer Sicherheitsleistung,
3. das Ruhen des Verfahrens,
4. die Hemmung von Fristen und die Erstreckung von Tagsatzungen nach § 222 ZPO,
5. die Zustellung zwischen Rechtsanwälten nach § 112 ZPO bei schriftlichen Forderungsanmeldungen und Anträgen auf Abschluss eines Sanierungsplans und
6. die Vertretung durch Rechtsanwälte, soweit § 253 Abs. 3 vierter Satz nichts anderes bestimmt.

(2) Anträge können durch Schriftsatz angebracht oder mündlich zu Protokoll erklärt werden. §§ 432 und 435 ZPO sind anzuwenden.

(3) Für mündliche Verhandlungen gilt § 59 EO.

(4) Die gerichtlichen Entscheidungen können, soweit dieses Bundesgesetz nichts anderes bestimmt, ohne vorhergehende mündliche Verhandlung ergehen. *Das Gericht hat jede Entscheidung mit Blick auf eine zügige Bearbeitung der Angelegenheit auf effiziente Weise zu treffen.*

(5) Das Gericht hat alle für seine Beurteilung erheblichen Tatsachen von Amts wegen zu erheben und festzustellen; es hat hiezu alle geeigneten Erhebungen, insbesondere durch Vernehmung von Auskunftspersonen, zu pflegen und Beweise aufzunehmen. Auskunftsperson kann auch jedes im Unternehmen errichtete Organ der Belegschaft sein; die Bestimmungen über die Vertretung solcher Organe in gerichtlichen Verfahren sind anzuwenden.

(6) Gerichtliche Verfügungen sind vollstreckbar.

EB RIRUG zu § 254 IO

Im Titel IV der RIRL (Art. 25 bis 28) schreibt die Richtlinie den Mitgliedstaaten Maßnahmen zur Steigerung der Effizienz von Restrukturierungs-, Insolvenz- und Entschuldungsverfahren vor, die sich in Österreich bereits in der geltenden Rechtslage wiederfinden. Einer gesonderten Umsetzung bedarf es – bis auf vereinzelte Ausnahmen – nicht.

Nach Art. 25 lit. a RIRL haben die Mitgliedstaaten sicherzustellen, dass die Mitglieder der Justiz- und Verwaltungsbehörden, die mit Restrukturierungs-, Insolvenz- und Entschuldungsverfahren befasst sind, eine angemessene Ausbildung erhalten und die für ihre Zuständigkeit erforderliche Sachkunde haben (s. hiezu die Änderung des § 265).

Die Richtlinie verpflichtet in Art. 25 lit. b RIRL die Mitgliedstaaten, Restrukturierungs-, Insolvenz- und Entschuldungsverfahren mit Blick auf ihre zügige Bearbeitung auf effiziente Weise zu führen. Um dieser Vorgabe zu entsprechen, wird § 254 Abs. 4, der bereits festlegt, dass gerichtliche Entscheidungen ohne vorhergehende mündliche Verhandlung ergehen können, ergänzt.

Die Regelungen über die Verwalter in Restrukturierungs-, Insolvenz- und Entschuldungsverfahren (Art. 26 Abs. 1 RIRL) und über die Beaufsichtigung und Vergütung von Verwaltern (Art. 27 RIRL) bedürfen keiner Umsetzung. §§ 80a ff erfüllen die Vorgaben der Richtlinie. Im Einzelnen ist zu bemerken: Nach Art. 26 Abs. 1 lit. d RIRL sollen Schuldner und Gläubiger die Möglichkeit haben, die Auswahl oder Benennung eines Verwalters abzulehnen oder das Ersetzen des Verwalters zu verlangen. Die Regelung in § 87 Abs. 2 über die Enthebung des Insolvenzverwalters auf Antrag des Schuldners oder eines Mitglieds des Gläubigerausschusses und das in § 84 Abs. 3 geregelte allgemeine Beschwerderecht des Gläubigers gegen einzelne Maßnahmen oder das Verhalten des Insolvenzverwalters erfüllen diese Anforderungen der Richtlinie.

Nach Art. 27 Abs. 4 UAbs. 2 haben die Mitgliedstaaten geeignete Verfahren zur Verfügung zu stellen, um Streitigkeiten über die Vergütung beizulegen. Die derzeitige Regelung in § 125 Abs. 2, die eine Entscheidung des Insolvenzgerichts über die Entlohnung des Insolvenzverwalters und ein Rekursrecht des Insolvenzverwalters, des Schuldners und der Mitglieder des Gläubigerausschusses gegen die Entlohnungsentscheidung des Gerichts zulässt, entspricht dieser Vorgabe. Ein Rekursrecht des Insolvenzgläubigers ist nicht erforderlich, um der Richtlinie zu entsprechen.

Art. 28 RIRL enthält Bestimmungen über den Einsatz elektronischer Kommunikationsmittel, die keiner Umsetzung bedürfen.

Anmerkungen
§ 254 Abs 4 idF RIRUG tritt mit 17.07.2021 in Kraft (§ 283 Abs 1 IO idF RIRUG).

Öffentliche Bekanntmachung
§ 255

Die öffentliche Bekanntmachung von Schriftstücken und Beschlüssen erfolgt durch Aufnahme in die Insolvenzdatei.

Insolvenzdatei
§ 256

(1) In die Ediktsdatei sind die Daten aufzunehmen, die nach diesem Bundesgesetz öffentlich bekanntzumachen sind (Insolvenzdatei).

(2) Die Einsicht in die Insolvenzdatei ist nicht mehr zu gewähren, wenn ein Jahr vergangen ist seit
1. der Aufhebung des Insolvenzverfahrens nach §§ 123a, 123b und 139,
2. Ablauf der im Sanierungsplan vorgesehenen Zahlungsfrist, wenn dessen Erfüllung nicht überwacht wird,
3. Beendigung oder Einstellung der Überwachung des Sanierungsplans,
4. Ablauf der im Zahlungsplan vorgesehenen Zahlungsfrist oder
5. der vorzeitigen Einstellung oder Beendigung des Abschöpfungsverfahrens.

(3) Auf Antrag des Schuldners ist die Einsicht in die Insolvenzdatei bereits dann nicht mehr zu gewähren, wenn der rechtskräftig bestätigte Sanierungsplan oder Zahlungsplan erfüllt worden ist. Der Schuldner hat die Erfüllung urkundlich nachzuweisen. Mit der Prüfung der Erfüllung kann das Gericht einen Sachverständigen beauftragen, dessen Kosten vom Schuldner zu tragen sind. Über die Einsicht entscheidet das Gericht mit unanfechtbarem Beschluss.

(4) Die Einsicht in die Eintragung der mangels kostendeckenden Vermögens oder wegen Vermögenslosigkeit nach § 68 nicht eröffneten Insolvenzverfahren ist nach drei Jahren nach der Eintragung nicht mehr zu gewähren.

Verständigungen
§ 257

(1) Die Verständigung einzelner Personen kann auch durch Umlaufschreiben stattfinden.

(2) Ist neben der öffentlichen Bekanntmachung eine besondere Zustellung vorgeschrieben, so treten, auch wenn die Zustellung unterblieben ist, die Folgen der Zustellung schon durch die öffentliche Bekanntmachung ein.

(3) Im Insolvenzverfahren ~~von Unternehmen~~ mit einer ungewöhnlich großen Anzahl von Gläubigern kann nach Ermessen des Gerichts die besondere Zustellung an die Gläubiger unterbleiben, wenn der wesentliche Inhalt des zuzustellenden Schriftstücks öffentlich bekanntgemacht wird; doch ist auch in diesem Fall, wenn es sich um Entscheidungen handelt, den Gläubigern, die es verlangen, eine Ausfertigung zuzustellen.

Zustellung bei unbekanntem Aufenthalt
§ 258

(1) Ist die Feststellung einer Abgabestelle nicht möglich, so kann die Zustellung an einen im Firmenbuch eingetragenen Rechtsträger und dessen Organe ohne Bestellung eines Kurators durch Aufnahme in die Ediktsdatei erfolgen (§ 115 ZPO). Auch alle weiteren Zustellungen können durch Aufnahme in die Ediktsdatei erfolgen. Hierauf ist in der Bekanntmachung hinzuweisen.

(2) Ist der Beschluss in der Insolvenzdatei öffentlich bekannt zu machen (§ 255), so kann die zusätzliche Aufnahme in die Ediktsdatei entfallen. In der Ediktsdatei ist auf die Bekanntmachung in der Insolvenzdatei hinzuweisen.

(3) Werden Daten eines Verfahrens in die Insolvenzdatei aufgenommen, so sind die nach Abs. 1 in die Ediktsdatei aufgenommenen Daten zu löschen, sobald die Einsicht in die Insolvenzdatei nicht mehr zu gewähren ist; sonst nach einem Jahr nach deren Eintragung.

Gesellschaft ohne gesetzlichen Vertreter
§ 258a

(1) Hat eine Kapitalgesellschaft keinen organschaftlichen Vertreter, so kann die Zustellung an die Gesellschaft ohne Bestellung eines Kurators durch Aufnahme in die Ediktsdatei erfolgen (§ 115 ZPO). Diese Bekanntmachung ist durch den Hinweis zu ergänzen, dass alle weiteren Zustellungen an die zuletzt dem Gericht bekannte Anschrift der Gesellschafter erfolgen werden. Das Gericht hat die Gesellschafter über Form und Inhalt dieser öffentlichen Bekanntmachung zu benachrichtigen. Ein Zustellanstand hinsichtlich dieser Benachrichtigung hindert das weitere Verfahren nicht. Die Zustellung an die Gesellschaft gilt vier Wochen nach Aufnahme in die Ediktsdatei als bewirkt.

(1a) Alle weiteren Zustellungen an die Kapitalgesellschaft sind unbeschadet des § 257 Abs. 2 an die zuletzt dem Gericht bekannte Anschrift der Gesellschafter vorzunehmen. Liegt an der zuletzt dem Gericht bekannten Anschrift eines Gesellschafters keine Abgabestelle vor, oder hat dieser selbst keinen organschaftlichen Vertreter, so ist an die Kapitalgesellschaft in sinngemäßer Anwendung von § 258 Abs. 1 zuzustellen; den übrigen Gesellschaftern ist eine Ausfertigung des Beschlusses zu übersenden.

(2) Bei Aktiengesellschaften haben die Benachrichtigungen und Zustellungen statt an die Gesellschafter an die zuletzt im Firmenbuch eingetragen gewesenen oder noch aktuell eingetragenen Mitglieder des Vorstands und des Aufsichtsrats zu erfolgen. Hat die Aktiengesellschaft einen im Firmenbuch eingetragenen Alleinaktionär (§ 35 AktG), so ist dieser ebenfalls zu verständigen.

EB zu § 258a IO

Um Hindernisse abzubauen, die der Eröffnung eines Insolvenzverfahrens über das Vermögen von insolventen führungslosen Gesellschaften entgegenstehen, wurde mit dem Insolvenzrechtsänderungsgesetz 2017, BGBl. I Nr. 122/2017, die Möglichkeit der Zustellung durch Aufnahme in die Ediktsdatei ohne Notwendigkeit der Bestellung eines Kurators oder Notgeschäftsführers geschaffen. Um jene Gesellschafter, die an ihrer dem Gericht bekannten Anschrift erreichbar sind, unmittelbar zu informieren, ist das Insolvenzgericht verpflichtet, alle Gesellschafter an der dem Gericht bekannten Anschrift vom Inhalt und der Form der Bekanntmachung zu benachrichtigen und hat sie auch darauf hinzuweisen, dass alle weiteren Zustellungen an die dem Gericht bekanntgegebene Anschrift erfolgen werden (1588 BlgNR 25. GP 18).

Nicht ausdrücklich geregelt ist, wie mit Zustellungen an die Gesellschaft im weiteren Verfahren vorzugehen ist, was zur Verunsicherung in der Praxis geführt hat. Mit Abs. 1a soll nun klargestellt werden, dass Folgezustellungen an die Kapitalgesellschaft grundsätzlich an der zuletzt bekannten Anschrift der Gesellschafter vorzunehmen sind. Die individuelle Zustellung ist an alle Gesellschafter – und nicht etwa nur an den Mehrheitsgesellschafter – vorzunehmen und soll diesen als Eigentümer die Gelegenheit geben, für eine Bestellung vertretungsbefugter Organe zu sorgen. Zudem fingiert das Gesetz die an die Gesellschafter vorzunehmenden Zustellungen als wirksame Zustellungen an die Gesellschaft selbst. Die Rechtsmittelfrist wird mit der letzten Zustellung an einen Gesellschafter ausgelöst.

Ist eine Zustellung durch öffentliche Bekanntmachung gesondert vorgeschrieben, so hat diese neben der Zustellung an die Gesellschafter zu erfolgen; die Folgen der Zustellung treten dann mit der öffentlichen Bekanntmachung ein (§ 257 Abs. 2).

In der Praxis zeigten sich Probleme in jenen Fällen, in denen auch die Zustellung an einzelne Gesellschafter nicht bewirkt werden konnte, etwa weil an der zuletzt bekannten Anschrift keine Abgabestelle besteht oder es sich bei dem Gesellschafter um eine Kapitalgesellschaft handelt, die selbst keinen organschaftlichen Vertreter hat. Liegt ein solcher Zustellanstand vor, so kann – neben der Zustellung an die Gesellschafter, die an ihrer dem Gericht bekannten Anschrift erreichbar sind – die Zustellung wieder direkt an die Kapitalgesellschaft ohne Bestellung eines Kurators durch Aufnahme in die Ediktsdatei erfolgen. Auch alle weiteren

Zustellungen können durch Aufnahme in die Ediktsdatei erfolgen. Hierauf ist in der Bekanntmachung hinzuweisen (§ 258 Abs. 2). Die Folgen der Zustellung treten dann mit der öffentlichen Bekanntmachung ein.

Anmerkungen
§ 258a IO idF RIRUG tritt mit 17.07.2021 in Kraft (§ 283 Abs 1 IO idF RIRUG).

Fristen, Versäumnis
§ 259

(1) Die in diesem Bundesgesetz bestimmten Fristen sind unerstreckbar.

(2) Anträge, Erklärungen und Einwendungen, zu deren Anbringung eine Tagsatzung bestimmt ist, können von den nicht erschienenen, gehörig geladenen Personen nachträglich nicht mehr vorgebracht werden.

(3) Das Gericht kann jeden Beteiligten unter Setzung einer angemessenen Frist zur Äußerung über einen Antrag auffordern und im Fall der Nichtäußerung annehmen, dass der Beteiligte diesem keine Einwendungen entgegensetzt. Die Aufforderung hat einen Hinweis auf diese Rechtsfolge zu enthalten.

(4) Eine Wiedereinsetzung in den vorigen Stand findet weder gegen die Versäumung einer Tagsatzung noch gegen die Versäumung einer Frist statt.

Rekurs
§ 260

(1) Die Rekursfrist beträgt 14 Tage.

(2) In Rekursen können neue Tatsachen, soweit sie bereits zur Zeit der Beschlussfassung in erster Instanz entstanden waren, und neue Beweismittel angeführt werden.

(3) Das Gericht kann einem Rekurs außer in den in § 522 ZPO bezeichneten Fällen selbst stattgeben, wenn die Verfügung oder Entscheidung ohne Nachteil eines Beteiligten geändert werden kann.

(4) § 521a ZPO ist – soweit in diesem Bundesgesetz nichts anderes angeordnet ist – nicht anzuwenden.

(5) Die Rekursentscheidung ist öffentlich bekannt zu machen, wenn die Entscheidung des Insolvenzgerichts öffentlich bekannt zu machen war und nicht zur Gänze bestätigt worden ist.

(6) Ist das Rekursverfahren mehrseitig, so ist die Rekursschrift dem Schuldner und dem Insolvenzverwalter durch das Insolvenzgericht zuzustellen. Das Einlangen des Rekurses ist in der Insolvenzdatei öffentlich bekanntzumachen. Die Rekursgegner können binnen 14 Tagen ab der Bekanntmachung beim Insolvenzgericht eine Rekursbeantwortung einbringen.

Strafanzeige
§ 261

Das Insolvenzgericht hat der Staatsanwaltschaft Anzeige zu erstatten, wenn
1. der Schuldner, die organschaftlichen Vertreter einer juristischen Person oder die Gesellschafter nach § 72d die Vorlage des Vermögensverzeichnisses (§§ 71, 71b, 72b, 72d und 100) oder dessen Unterfertigung vor dem Insolvenzgericht verweigern oder
2. der Schuldner flüchtig ist oder
3. sonst der Verdacht einer vom Schuldner begangenen strafbaren Handlung vorliegt.

Rechtsstreitigkeiten – Zuständigkeit
§ 262

Vor das Insolvenzgericht können gebracht werden:
1. Klagen über Ansprüche auf Aussonderung und auf Absonderung;
2. Klagen über Masseforderungen;
3. Klagen über Ansprüche aus pflichtwidrigem Verhalten eines Insolvenzverwalters, eines Mitgliedes des Gläubigerausschusses, eines Sachverständigen und eines Treuhänders, gleichviel, ob das Insolvenzverfahren noch anhängig ist oder nicht;
4. Klagen über Ansprüche aus Erklärungen Dritter, mit denen diese die Haftung für Nachteile übernommen haben, die Insolvenzgläubigern aus dem Unterbleiben der Schließung eines Unternehmens erwachsen können.

Verfahren
§ 263

Für Rechtsstreitigkeiten, die vor das Insolvenzgericht gehören oder gemäß § 262 vor dieses gebracht werden, gelten folgende Abweichungen:

1. im Verfahren erster Instanz entscheidet ohne Rücksicht auf den Wert des Streitgegenstandes ein Mitglied des Gerichts als Einzelrichter;
2. die Bestimmungen über das Verfahren vor den Bezirksgerichten sind anzuwenden, es sei denn, die Klage fiele auch sonst in die sachliche Zuständigkeit eines Gerichtshofs;
3. die §§ 252 bis 261 sind nicht anzuwenden.

Zehnter Teil
Begleitregelungen

Vorabentscheidungsersuchen
§ 264

Einem Vorabentscheidungsersuchen kommt keine aufschiebende Wirkung zu.

Geschäftsverteilung in Insolvenzsachen
§ 265

(1) In jeweils einer einzigen Abteilung sind zu vereinigen:
1. *Sanierungsverfahren, Konkursverfahren, Schuldenregulierungsverfahren, Anträge auf Eröffnung eines Insolvenzverfahrens sowie Restrukturierungsverfahren nach der ReO und Reorganisationsverfahren nach dem URG;*
2. Rechtsstreitigkeiten, die vor das Insolvenzgericht gehören, oder vor dieses gemäß § 262 gebracht werden können.

(2) Die in Abs. 1 bezeichneten Angelegenheiten sind nur dann jeweils mehr als einer Abteilung zuzuweisen, wenn diese mit solchen bereits ausgelastet ist; die zusätzliche Anzahl der Abteilungen soll so gering wie möglich sein. Müssen mehrere solche Abteilungen gebildet werden, so sind die Geschäfte unter ihnen so zu verteilen, dass
1. nicht nach der Art des Insolvenzverfahrens (Abs. 1 Z 1) unterschieden wird; die Verteilung nach den Namen der Schuldner oder nach örtlich abgegrenzten Gebieten ist zulässig;
2. alle mit dem Insolvenzverfahren eines Schuldners zusammenhängenden Rechtsstreitigkeiten (Abs. 1 Z 2) derselben Fachabteilung zufallen; eine Unterscheidung danach, ob der Rechtsstreit mit einem Konkursverfahren oder einem Sanierungsverfahren zusammenhängt, ist unzulässig.

(3) Die für die in Abs. 2 genannten Angelegenheiten einmal angenommenen Verteilungsgründe sollen tunlichst beibehalten werden.

(4) Bei den Gerichten zweiter Instanz sind die in Abs. 1 genannten Geschäfte nach denselben Grundsätzen wie bei den Gerichten erster Instanz zu verteilen.

EB RIRUG zu § 265 IO
§ 265 enthält Bestimmungen über die Geschäftsverteilung in Insolvenzsachen. Abs. 1 zählt Verfahren auf, die in einer einzigen Abteilung zu vereinigen sind. Der Entwurf ergänzt Z 1 um die Restrukturierungsverfahren, um dem Spezialisierungserfordernis des Art. 25 lit. a RIRL zu entsprechen, und erwähnt zur Klarstellung auch die Schuldenregulierungsverfahren.

Anmerkungen
§ 265 Abs 1 Z 1 IO idF RIRUG tritt mit 17.07.2021 in Kraft (§ 283 Abs 1 IO idF RIRUG).

Bevorrechtung eines Gläubigerschutzverbands
§ 266

(1) Der Bundesminister für Justiz hat bei Bedarf, insbesondere unter Berücksichtigung der Erfordernisse eines umfassenden, wirksamen Schutzes der Gläubigerinteressen, deren zweckmäßigen Wahrnehmung in den Verfahren nach den Insolvenzgesetzen und einer damit verbundenen Unterstützung der Gerichte, Vereinen auf deren Antrag mit Verordnung die Stellung eines bevorrechteten Gläubigerschutzverbandes zuzuerkennen.

(2) Ein Gläubigerschutzverband muss verlässlich, in seinem Wirken auf ganz Österreich ausgerichtet und imstande sein, die Aufgaben nach Abs. 1 zu erfüllen; er darf nicht auf Gewinn gerichtet sein. Er muss zahlreiche Mitglieder haben, oder es müssen ihm Mitglieder angehören, die, ohne selbst auf Gewinn gerichtet zu sein, die Interessen einer großen Anzahl von Gläubigern vertreten.

(3) Wird ein neuer Gläubigerschutzverband zugelassen, so ist in der Verordnung ein sechsmonatiger Zeitraum bis zum Inkrafttreten der Verordnung zu bestimmen.

(4) Das Vorrecht erlischt mit der Auflösung des Gläubigerschutzverbands. Der Bundesminister für Justiz hat das Erlöschen mit Verordnung festzustellen.

(5) Der Bundesminister für Justiz hat das Vorrecht mit Verordnung zu entziehen, wenn die Voraussetzungen wegfallen, unter denen es erteilt worden ist.

Anerkennung einer Schuldenberatungsstelle
§ 267

(1) Eine Schuldenberatungsstelle ist auf Antrag mit Bescheid als anerkannte Schuldenberatungsstelle zu bevorrechten, wenn sie
1. nicht auf Gewinn gerichtet ist,
2. die Beratung unentgeltlich anbietet,
3. verlässlich ist, insbesondere finanziell abgesichert und auf Dauer ausgerichtet,
4. eine ausreichende Anzahl an Schuldnern berät, um im Geschäftsjahr durchschnittlich mindestens drei Schuldenberater ganztägig zu beschäftigen,
5. über eine an den Erfordernissen eines zeitgemäßen Qualitätsmanagements ausgerichtete Organisation verfügt und
6. sich seit mindestens zwei Jahren für Schuldner kostenlos auf dem Gebiet der Schuldenberatung erfolgreich betätigt.

Über die Bevorrechtung hat der Präsident jenes Oberlandesgerichts zu entscheiden, in dessen Sprengel die Schuldenberatungsstelle ihren Sitz hat. Vor der Entscheidung ist eine Stellungnahme der Dachorganisation der Schuldenberatungsstellen einzuholen. Gegen die Bevorrechtung steht auch der Dachorganisation ein Rechtsmittel zu.

(2) Ist eine Schuldenberatungsstelle als anerkannte Schuldenberatungsstelle bevorrechtet, so hat sie
1. im Rahmen der Überprüfung von Beschwerdefällen der Dachorganisation der Schuldenberatungsstellen mit Zustimmung des Schuldners Einsicht in die zu dem jeweiligen Fall geführten Unterlagen zu gewähren,
2. die Eckdaten ihrer Tätigkeit laufend zu erheben, insbesondere die Anzahl der Erstkontakte und Erstberatungen, die Verteilung nach Geschlecht, die Verschuldungshöhe, die Arbeitssituation, die Anzahl und das Ergebnis außergerichtlicher Ausgleiche sowie beantragter Schuldenregulierungsverfahren, und die Erhebungsergebnisse der Dachorganisation der Schuldenberatungsstellen zur Verfügung zu stellen und
3. das Schuldenberatungszeichen (§ 268) zu führen.

(3) Der Präsident des Oberlandesgerichts hat einer Schuldenberatungsstelle das Vorrecht mit Bescheid zu entziehen, wenn sie die Voraussetzungen des Abs. 1 nicht mehr erfüllt oder eine Pflicht des Abs. 2 verletzt. Die Dachorganisation der Schuldenberatungsstellen hat dem Präsidenten des Oberlandesgerichts unverzüglich über das Vorliegen von Entziehungsgründen zu berichten.

(4) Das Vorrecht erlischt mit der Auflösung der Schuldenberatungsstelle. Der Präsident des Oberlandesgerichts hat das Erlöschen mit Bescheid festzustellen.

(5) Der Präsident des Oberlandesgerichts hat die Erteilung, die Entziehung oder das Erlöschen des Vorrechts nach Eintritt der Rechtskraft unverzüglich dem Bundesministerium für Justiz zur Kundmachung in der Ediktsdatei mitzuteilen.

(6) Die Erteilung, die Entziehung und das Erlöschen des Vorrechts werden mit dem Ablauf des Tages der Kundmachung wirksam.

Schuldenberatungszeichen
§ 268

(1) Das Schuldenberatungszeichen besteht aus dem Wappen der Republik Österreich (Bundeswappen) und der Wortfolge „Staatlich anerkannte Schuldenberatung"; es ist in der Anlage A festgelegt.

(2) Das Schuldenberatungszeichen darf nur von Schuldenberatungsstellen, die gemäß § 267 Abs. 1 als anerkannte Schuldenberatungsstellen bevorrechtet sind, und von der Dachorganisation der Schuldenberatungsstellen geführt werden. Die Dachorganisation hat bei Führung des Schuldenberatungszeichens einen Zusatz anzufügen, der auf ihre Funktion als Dachorganisation hinweist.

(3) Wer ein Schuldenberatungszeichen führt, ohne dazu berechtigt zu sein (Abs. 2), begeht eine Verwaltungsübertretung und ist mit Geldstrafe bis zu 3000 Euro zu bestrafen. Eine Verwaltungsübertretung liegt nicht vor, wenn die Tat den Tatbestand einer gerichtlich strafbaren Handlung bildet oder nach anderen Verwaltungsstrafbestimmungen mit strengerer Strafe bedroht ist.

Insolvenzverwalterliste
§ 269

(1) Die Insolvenzverwalterliste hat Textfelder für folgende Angaben zu enthalten:
1. Name, Anschrift, Telefon- und Telefaxnummer sowie E-Mail-Adresse;
2. Ausbildung;
3. berufliche Laufbahn;
4. eingetragen in eine Berufsliste (seit wann) oder Art der Berufserfahrung (seit wann);
5. besondere Fachkenntnisse (in wirtschaftlichen Belangen);
6. besondere Branchenkenntnisse;
7. Infrastruktur
    a) Gesamtzahl der Mitarbeiter,
    b) Zahl der Mitarbeiter mit Insolvenzpraxis,
    c) Zahl der Mitarbeiter mit juristischer Ausbildung,
    d) Zahl der Mitarbeiter mit betriebswirtschaftlicher Ausbildung,
    e) EDV-Insolvenzprogramm,
    f) Haftpflichtversicherung als Insolvenzverwalter;
8. Erfahrung als Insolvenzverwalter (insbesondere Anzahl der Bestellungen sowie Umsatz, Mitarbeiteranzahl und Fortbetriebsdauer der Unternehmen im Insolvenzverfahren);
9. angestrebter örtlicher Tätigkeitsbereich;
10. bei juristischen Personen *oder eingetragenen Personengesellschaften*
    a) Vertretung bei Ausübung der Insolvenzverwaltung samt Angaben nach Z 1 bis 6,
    b) Gesellschafter und wirtschaftlich Beteiligte.

(2) Die Insolvenzverwalterliste ist als allgemein zugängliche Datenbank vom Oberlandesgericht Linz für ganz Österreich zu führen. *Eintragungen sind von Amts wegen zu löschen, wenn sie gegenstandslos sind oder wenn die Gebühr für die Veröffentlichung in der Insolvenzverwalterliste trotz Zahlungsauftrags samt Hinweis auf diese Rechtsfolge nicht innerhalb der im Zahlungsauftrag bestimmten Leistungsfrist entrichtet wurde.*

(3) Die an der Insolvenzverwaltung interessierten Personen haben sich selbst in die Insolvenzverwalterliste einzutragen. Sie können die Angaben auch jederzeit selbst ändern.

(4) § 89e GOG ist anzuwenden.

EB RIRUG zu § 269 IO
In Abs. 1 Z 10 wird berücksichtigt, dass nach § 80 Abs. 5 zum Insolvenzverwalter nicht nur eine juristische Person, sondern auch eine eingetragene Personengesellschaft bestellt werden kann.

Anmerkungen
§ 269 Abs 1 Z 10 IO idF RIRUG tritt mit 17.07.2021 in Kraft (§ 283 Abs 1 IO idF RIRUG).

Elfter Teil
Schluß- und Übergangsbestimmungen

Vollziehung
§ 270

Mit der Vollziehung dieses Gesetzes ist der Bundesminister für Justiz betraut.

Verweisungen
§ 271

Soweit in diesem Bundesgesetz auf Bestimmungen anderer Bundesgesetze verwiesen wird, sind diese in ihrer jeweils geltenden Fassung anzuwenden.

Inkrafttreten
§ 272

(1) Die §§ 72 Abs. 3, 75 Abs. 3 Z 6 und 7, 76 und 104 Abs. 1 in der Fassung des Bundesgesetzes BGBl. Nr. 314/1994 treten mit 1. Juli 1994 in Kraft.

(2) § 20 Abs. 4 in der Fassung des Bundesgesetzes BGBl. Nr. 753/1996 tritt mit 1. Jänner 1997 in Kraft.

(3) § 104 Abs. 1 in der Fassung des Bundesgesetzes BGBl. I Nr. 88/2001 tritt mit 1. August 2001 in Kraft.

(4) § 56, § 57, § 65, § 67 Abs. 1, § 68, § 69 Abs. 3, § 93 Abs. 3, § 100 Abs. 6, § 104 Abs. 2, § 132 Abs. 3, § 157e Abs. 2, § 164 Abs. 1, § 164a und § 165 Abs. 1 in der Fassung des Handelsrechts-Änderungsgesetzes, BGBl. I Nr. 120/2005, treten mit 1. Jänner 2007 in Kraft.

(5) § 183 Abs. 2 und § 192 in der Fassung des Bundesgesetzes BGBl. I Nr. 73/2007 treten mit 1. Jänner 2008 in Kraft.

(6) § 104 Abs. 1 in der Fassung des Bundesgesetzes BGBl. I Nr. 82/2008 tritt mit 1. Juli 2008 in Kraft.

(7) § 176 Abs. 4 in der Fassung des Bundesgesetzes BGBl. I Nr. 30/2009 tritt mit 1. April 2009 in Kraft. Die Bestimmung ist in dieser Fassung anzuwenden, wenn das Datum der Entscheidung erster Instanz nach dem 31. März 2009 liegt.

(8) Die Aufhebungen des § 29 Z 3 und des § 55 in der Fassung des Bundesgesetzes BGBl. I Nr. 75/2009 treten mit 1. Jänner 2010 in Kraft; § 29 Z 3 ist auf Rechtshandlungen weiterhin anzuwenden, die vor dem 1. Jänner 2010 vorgenommen werden, § 55 auf davor gewährte Heiratsgüter.

(9) § 70 Abs. 2 erster Satz und § 254 Abs. 1 Z 4 in der Fassung des Budgetbegleitgesetzes 2011, BGBl. I Nr. 111/2010, treten mit 1. Mai 2011 in Kraft. § 70 Abs. 2 erster Satz ist in dieser Fassung anzuwenden, wenn das zuzustellende Schriftstück nach dem 30. April 2011 abgefertigt wird.

(10) § 243 Abs. 1, § 244 Abs. 1 und § 246 Abs. 1 in der Fassung des Bundesgesetzes BGBl. I Nr. 34/2015 treten mit 1. Jänner 2016 in Kraft.

(11) §§ 226, 230, 232 bis 234 und 243 in der Fassung des Bundesgesetzes über die Sanierung und Abwicklung von Banken, BGBl. I Nr. 98/2014, treten mit 1. Jänner 2015 in Kraft.

(12) § 20 Abs. 4 Z 2a in der Fassung des Bundesgesetzes BGBl. I Nr. 107/2017 tritt mit 3. Jänner 2018 in Kraft.

(13) § 80 Abs. 5, § 210a Abs. 2, § 269 Abs. 2 und § 279 Abs. 1 in der Fassung des Bundesgesetzes BGBl. I Nr. 38/2019 treten mit dem der Kundmachung folgenden Tag in Kraft.

Inkrafttretens- und Übergangsbestimmungen zum IRÄG 2010
§ 273

(1) Die Änderungen dieses Bundesgesetzes durch das Insolvenzrechtsänderungsgesetz 2010, BGBl I Nr. 29/2010, treten mit 1. Juli 2010 in Kraft. Sie sind – soweit die folgenden Absätze nichts anderes bestimmen – auf Insolvenzverfahren (Konkursverfahren, Sanierungsverfahren) anzuwenden, die nach dem 30. Juni 2010 eröffnet oder wieder aufgenommen (§ 158 Abs. 2) werden.

(2) Auf Anschlusskonkurse, die auf vor dem 1. Juli 2010 eröffnete Ausgleichsverfahren folgen, sind – soweit die Abs. 5 und 6 nichts an-

deres vorsehen – die bisher geltenden Bestimmungen weiterhin anzuwenden.

(3) §§ 69, 70, 71, 71b, 71d und 72d in der Fassung des Insolvenzrechtsänderungsgesetzes 2010 sind auf Anträge auf Eröffnung eines Insolvenzverfahrens, die nach dem 30. Juni 2010 bei Gericht einlangen, anzuwenden.

(4) § 31 in der Fassung des Insolvenzrechtsänderungsgesetzes 2010 ist auf Rechtshandlungen und Rechtsgeschäfte anzuwenden, die nach dem 30. Juni 2010 vorgenommen bzw. eingegangen werden.

(5) §§ 140 bis 146 und 148 bis 165 in der Fassung des Insolvenzrechtsänderungsgesetzes 2010 sind anzuwenden, wenn der Antrag auf Annahme eines Sanierungsplans nach dem 30. Juni 2010 bei Gericht einlangt. § 142 Z 2 in der bisher geltenden Fassung ist auf Verfahren, die vor dem 1. Juli 2015 eröffnet werden, weiterhin anzuwenden.

(6) §§ 92 bis 94, 147 und 193 Abs. 2 in der Fassung des Insolvenzrechtsänderungsgesetzes 2010 sind anzuwenden, wenn die Tagsatzung nach dem 30. Juni 2010 stattfindet. § 77a Abs. 2 letzter Satz und § 256 Abs. 3 in der Fassung des Insolvenzrechtsänderungsgesetzes 2010 sind auf Anträge auf Nichtgewährung der Einsicht anzuwenden, die nach dem 30. Juni 2010 bei Gericht einlangen.

(7) § 25b in der Fassung des Insolvenzrechtsänderungsgesetzes 2010 ist auch auf vor dem 1. Juli 2010 abgeschlossene Vereinbarungen anzuwenden.

(8) § 115 Abs. 4, §§ 242 und 252 bis 263 in der Fassung des Insolvenzrechtsänderungsgesetzes 2010 sind auch auf am 30. Juni 2010 anhängige Verfahren anzuwenden.

Weitergeltung von Bevorrechtungen
§ 274

(1) Die auf § 11 IEG beruhenden Bevorrechtungen gelten als Bevorrechtungen nach § 266 in der Fassung des Insolvenzrechtsänderungsgesetzes 2010 weiter.

(2) Die auf § 12 IEG beruhenden Bevorrechtungen gelten als Bevorrechtungen nach § 267 in der Fassung des Insolvenzrechtsänderungsgesetzes 2010 weiter. Die Anlage A des IEG wird als Anlage zur Insolvenzordnung übernommen.

Ersetzung von Begriffen und Verweisen
§ 275

(1) Soweit die Bestimmungen dieses Bundesgesetzes durch das Insolvenzrechtsänderungsgesetz 2010 nicht geändert werden, werden folgende Begriffe in diesem Bundesgesetz (auch in den Überschriften), in der grammatikalisch jeweils richtigen Form und dem dazu passenden bestimmten oder unbestimmten Artikel, ersetzt:
1. Konkurseröffnung durch Eröffnung des Insolvenzverfahrens,
2. Konkursmasse durch Insolvenzmasse,
3. Konkursgläubiger durch Insolvenzgläubiger,
4. Konkurs und Konkursverfahren durch Insolvenzverfahren,
5. Konkursgericht durch Insolvenzgericht,
6. Konkursforderung durch Insolvenzforderung,
7. Konkursvermögen durch Insolvenzvermögen,
8. Konkursantrag und Konkurseröffnungsantrag durch Antrag auf Eröffnung eines Insolvenzverfahrens,
9. Konkursaufhebung durch Aufhebung des Insolvenzverfahrens,
10. Konkursquote durch Insolvenzquote,
11. Konkursedikt durch Insolvenzedikt,
12. Gesellschaftskonkurs durch Gesellschaftsinsolvenzverfahren,
13. Konkursantragstellung durch Insolvenzantragstellung,
14. Masseverwalter durch Insolvenzverwalter,
15. Masseverwaltung durch Insolvenzverwaltung,
16. Verlassenschaftskonkurs durch Verlassenschaftsinsolvenzverfahren,
17. Zwangsausgleich durch Sanierungsplan,
18. Zwangsausgleichsvorschlag und Ausgleichsvorschlag durch Sanierungsplanvorschlag,
19. Zwangsausgleichsantrag durch Sanierungsplanantrag,
20. Zwangsausgleichstagsatzung durch Sanierungsplantagsatzung,
21. Ausgleichserfüllung durch Erfüllung des Sanierungsplans,
22. Sachwalter durch Treuhänder,
23. Gemeinschuldner durch Schuldner,
24. persönlich haftender Gesellschafter durch unbeschränkt haftender Gesellschafter und
25. Konkursordnung durch Insolvenzordnung.

(2) Soweit in anderen Bundesgesetzen und Verordnungen auf Bestimmungen der Konkursordnung verwiesen ist, wird das Zitat „Kon-

kursordnung" durch das Zitat „Insolvenzordnung" und das Zitat „KO" durch das Zitat „IO" ersetzt.

Inkrafttretensbestimmung zum GesRÄG 2013
§ 276

§ 69 Abs. 3a in der Fassung des Gesellschaftsrechts-Änderungsgesetzes 2013, BGBl. I Nr. 109/2013, tritt mit 1. Juli 2013 in Kraft.

Inkrafttretensbestimmung zur Exekutionsordnungs-Novelle 2014
§ 277

§ 20 Abs. 4 in der Fassung der Exekutionsordnungs-Novelle 2014, BGBl. I Nr. 69/2014, tritt mit 1. Jänner 2014 in Kraft.

Inkrafttretens- und Übergangsbestimmungen zum IRÄG 2017
§ 278

(1) § 43 Abs. 2, § 63 Abs. 1, §§ 63a, 68, 73 Abs. 2, § 74 Abs. 2, § 82 Abs. 1, § 82a Abs. 1, § 82c Z 3, § 87a Abs. 1 Z 1, §§ 103, 180b, 180c, 182, 191 Abs. 1, §§ 217 bis 220i, 242, 251, 256 Abs. 4 und § 258a in der Fassung des Insolvenzrechtsänderungsgesetzes 2017, BGBl. I Nr. 122/2017, treten mit 26. Juni 2017 in Kraft. Sie sind – soweit die folgenden Absätze nichts anderes bestimmen – auf Insolvenzverfahren (Konkursverfahren, Sanierungsverfahren) anzuwenden, die nach dem 25. Juni 2017 eröffnet oder wieder aufgenommen (§ 158 Abs. 2) werden. Auf Insolvenzverfahren (Konkursverfahren, Sanierungsverfahren), die vor dem 26. Juni 2017 eröffnet oder wieder aufgenommen (§ 158 Abs. 2) wurden, sind die bisher geltenden Bestimmungen weiterhin anzuwenden.

(2) § 63 Abs. 1, § 182 und § 258a sind anzuwenden, wenn der Antrag auf Eröffnung des Insolvenzverfahrens nach dem 15. Juli 2017 bei Gericht einlangt.

(3) § 63a ist anzuwenden, wenn die Klage nach dem 25. Juni 2017 bei Gericht eingebracht wird.

(4) §§ 68 und 256 Abs. 4 sind anzuwenden, wenn der Beschluss über die Nichteröffnung des Insolvenzverfahrens nach dem 15. Juli 2017 ergeht.

(5) § 73 Abs. 2 ist anzuwenden, wenn der einstweilige Verwalter nach dem 25. Juni 2017 bestellt wird.

(6) § 82 Abs. 1, § 82a Abs. 1, § 82c Z 3 und § 191 Abs. 1 sind anzuwenden, wenn der Entlohnungsantrag des Insolvenzverwalters nach dem 15. Juli 2017 gestellt wird.

(7) § 87a Abs. 1 Z 1 ist anzuwenden, wenn das Insolvenzverfahren nach dem 15. Juli 2017 aufgehoben wird.

(8) §§ 180b und 180c sind anzuwenden, wenn das Insolvenzverfahren über das Vermögen eines Unternehmens der Gruppe nach dem 25. Juni 2017 eröffnet wird.

(9) §§ 242 und 251 sind anzuwenden, wenn das ausländische Insolvenzverfahren nach dem 25. Juni 2017 eröffnet wird.

Weitere Inkrafttretens- und Übergangsbestimmungen
§ 279

(1) §§ 183, 184 Abs. 1, §§ 193, 194 Abs. 1, § 199 Abs. 2, § 201 Abs. 1, § 203 Abs. 1, §§ 213 und 257 Abs. 3 in der Fassung des Insolvenzrechtsänderungsgesetzes 2017, BGBl. I Nr. 122/2017, die Aufhebung des § 195a und der Entfall der Z 2 des § 198 Abs. 1 treten mit 1. November 2017 in Kraft. Die Bestimmungen sind, soweit die folgenden Absätze nichts anderes bestimmen, auf Insolvenzverfahren anzuwenden, die nach dem 31. Oktober 2017 eröffnet werden.

(2) §§ 193 und 194 sowie die Aufhebung des § 195a sind anzuwenden, wenn der Antrag auf Abschluss eines Zahlungsplans nach dem 31. Oktober 2017 bei Gericht einlangt. § 194 Abs. 2 Z 4 ist nur anzuwenden, wenn dem Schuldner eine Restschuldbefreiung erteilt oder ein Abschöpfungsverfahren vorzeitig eingestellt wurde.

(3) §§ 199, 201, 203 und 213 sind anzuwenden, wenn der Antrag auf Durchführung des Abschöpfungsverfahrens nach dem 31. Oktober 2017 bei Gericht einlangt. § 201 Abs. 1 Z 6 ist nur anzuwenden, wenn dem Schuldner eine Restschuldbefreiung erteilt oder ein Abschöpfungsverfahren vorzeitig eingestellt wurde.

(4) § 183 ist anzuwenden, wenn der Antrag auf Eröffnung des Insolvenzverfahrens nach dem 31. Oktober 2017 bei Gericht einlangt.

Anhängige Abschöpfungsverfahren
§ 280

Nach Einleitung des Abschöpfungsverfahrens bis zur Entscheidung über die Restschuldbefreiung ist auf Antrag des Schuldners das Abschöpfungsverfahren zu beenden, wenn die Abtretungserklärung abgelaufen ist oder seit dem 1. November 2017 fünf Jahre der Abtretungserklärung abgelaufen sind. § 213 Abs. 1 zweiter bis vierter Satz in der vor dem Insolvenzrechtsänderungsgesetz 2017 vorgesehenen Fassung sind anzuwenden.

Zahlungsplan
§ 281

Während der am 1. November 2017 noch nicht abgelaufenen Laufzeit des Zahlungsplans kann der Schuldner neuerlich die Abstimmung über einen Zahlungsplan und die Einleitung eines Abschöpfungsverfahrens beantragen. Auf den Zahlungsplan und die Einleitung des Abschöpfungsverfahrens sind die Bestimmungen in der Fassung des Insolvenzrechtsänderungsgesetzes 2017 anzuwenden.

Übergangsbestimmungen zur GREx
§ 282

(1) § 5 Abs. 3, § 12 Abs. 1 und 3, § 101 Abs. 2, § 119 Abs. 2, §§ 183a, 183b, 184a, § 186 Abs. 2, § 188 Abs. 3, §§ 189a, 189b, § 190 Abs. 1 und 3, §§ 192a, 192b, § 201 Abs. 1 Z 3, 4 und 6 und § 205 Abs. 1 in der Fassung des Bundesgesetzes Gesamtreform des Exekutionsrechts – GREx, BGBl. I Nr. 86/2021, treten mit 1. Juli 2021 in Kraft.

(2) §§ 183a, 183b, 184a, § 186 Abs. 2, § 188 Abs. 3, §§ 189a, 189b, § 190 Abs. 1 und 3, §§ 192a, 192b, § 201 Abs. 1 und § 205 Abs. 1 in der Fassung GREx sind auf Insolvenzverfahren anzuwenden, die nach dem 30. Juni 2021 eröffnet werden.

EB GREx zu § 282 IO
Es wird das Übergangsrecht geregelt.

Inkrafttretens- und Übergangsbestimmungen zum Restrukturierungs- und Insolvenz-Richtlinie-Umsetzungsgesetz
§ 283

(1) § 25 Abs. 1 Z 3, § 32 Abs. 2 Z 3, §§ 36a, 36b, 57a Abs. 3, § 80b Abs. 3, § 187 Abs. 1, § 190 Abs. 1, § 192, § 194 Abs. 1, § 197 Abs. 1, § 198 Abs. 1, § 199, § 201 Abs. 2, 3 und 4, § 202 Abs. 2, § 203 Abs. 2, §§ 204, 206 Abs. 3, § 207 Abs. 1, § 210, § 210a Abs. 4, § 213 Abs. 1, § 216 Abs. 1,

§ 243 Abs. 1, § 254 Abs. 4, § 258a Abs. 1a, § 265 Abs. 1 Z 1 und § 269 Abs. 1 Z 10 in der Fassung des Restrukturierungs- und Insolvenz-Richtlinie-Umsetzungsgesetzes, BGBl. I Nr. 147/2021, treten mit 17. Juli 2021 in Kraft.

(2) §§ 32, 57a, 187, 190 Abs. 1 und § 265 in der Fassung des Restrukturierungs- und Insolvenz-Richtlinie-Umsetzungsgesetzes sind auf Insolvenzverfahren (Konkursverfahren, Sanierungsverfahren) anzuwenden, die nach dem 16. Juli 2021 eröffnet oder wiederaufgenommen (§ 158 Abs. 2) werden.

(3) §§ 36a und 36b in der Fassung des Restrukturierungs- und Insolvenz-Richtlinie-Umsetzungsgesetzes sind auf Rechtshandlungen und Rechtsgeschäfte anzuwenden, die nach dem 16. Juli 2021 vorgenommen bzw. eingegangen werden.

(4) §§ 194 und 197 in der Fassung des Restrukturierungs- und Insolvenz-Richtlinie-Umsetzungsgesetzes sind auf Zahlungspläne anzuwenden, wenn der Antrag auf Annahme nach dem 16. Juli 2021 bei Gericht einlangt.

(5) § 198 in der Fassung des Restrukturierungs- und Insolvenz-Richtlinie-Umsetzungsgesetzes ist auf Zahlungspläne anzuwenden, wenn der Antrag auf neuerliche Abstimmung nach dem 16. Juli 2021 bei Gericht einlangt.

(6) §§ 199, 201, 202, 203, 204 Abs. 1 dritter Satz, §§ 206, 207, 210, 210a, 213 und 216 in der Fassung des Restrukturierungs- und Insolvenz-Richtlinie-Umsetzungsgesetzes sind auf Abschöpfungsverfahren anzuwenden, wenn der Antrag auf die Einleitung nach dem 16. Juli 2021 bei Gericht einlangt.

(7) § 204 Abs. 1 erster Satz und Abs. 2 erster Satz in der Fassung des Restrukturierungs- und Insolvenz-Richtlinie-Umsetzungsgesetzes ist auf Vergütungen für Tätigkeiten nach dem 1. August 2021 anzuwenden.

(8) § 258a in der Fassung des Restrukturierungs- und Insolvenz-Richtlinie-Umsetzungsgesetzes ist anzuwenden, wenn der Antrag auf Eröffnung eines Insolvenzverfahrens nach dem 31. Juli 2021 bei Gericht einlangt.

(9) Die Bestimmungen über den Tilgungsplan (§§ 199, 201 Abs. 2, § 216 Abs. 1) treten, soweit davon Verbraucher erfasst sind, mit Ablauf des 16. Juli 2026 außer Kraft; diese Bestimmungen bleiben anwendbar, wenn der Antrag auf Durchführung des Abschöpfungsverfahrens mit Restschuldbefreiung mit Tilgungsplan vor dem 17. Juli 2026 bei Gericht eingelangt ist.

EB RIRUG zu § 283 IO

Diese Bestimmung regelt das Inkrafttreten. Nach Abs. 10 sollen die aufgrund der COVID-Pandemie vorgesehenen Bestimmungen über den Tilgungsplan fünf Jahre nach dem Inkrafttreten außer Kraft treten, soweit davon Verbraucher betroffen sind und der Antrag auf Einleitung auf Durchführung des Abschöpfungsverfahrens als Tilgungsplan nicht vor dem 17. Juli 2026 bei Gericht eingelangt ist.

RICHTLINIE (EU) 2019/1023 DES EUROPÄISCHEN PARLAMENTS UND DES RATES
vom 20. Juni 2019
über präventive Restrukturierungsrahmen, über Entschuldung und über Tätigkeitsverbote sowie über Maßnahmen zur Steigerung der Effizienz von Restrukturierungs-, Insolvenz- und Entschuldungsverfahren und zur Änderung der Richtlinie (EU) 2017/1132 (Richtlinie über Restrukturierung und Insolvenz)

DAS EUROPÄISCHE PARLAMENT UND DER RAT DER EUROPÄISCHEN UNION –

gestützt auf den Vertrag über die Arbeitsweise der Europäischen Union, insbesondere auf die Artikel 53 und 114,

auf Vorschlag der Europäischen Kommission,

nach Zuleitung des Entwurfs des Gesetzgebungsakts an die nationalen Parlamente,

nach Stellungnahme des Europäischen Wirtschafts- und Sozialausschusses [1],

nach Stellungnahme des Ausschusses der Regionen [2],

gemäß dem ordentlichen Gesetzgebungsverfahren [3],

in Erwägung nachstehender Gründe:

(1) Ziel dieser Richtlinie ist es, zum reibungslosen Funktionieren des Binnenmarkts beizutragen und Hindernisse für die Ausübung der Grundfreiheiten, etwa des freien Kapitalverkehrs oder der Niederlassungsfreiheit, zu beseitigen, die auf Unterschiede zwischen den nationalen Vorschriften und Verfahren für die präventive Restrukturierung, die Insolvenz, die Entschuldung und Tätigkeitsverbote zurückzuführen sind. Ohne dass die Grundrechte und Grundfreiheiten der Arbeitnehmer beeinträchtigt werden, zielt diese Richtlinie darauf ab, solche Hindernisse zu beseitigen, indem sichergestellt wird, dass bestandsfähige Unternehmen und Unternehmer, die in finanziellen Schwierigkeiten sind, Zugang zu wirksamen nationalen präventiven

---

[1] ABl. C 209 vom 30.6.2017, S. 21.
[2] ABl. C 342 vom 12.10.2017, S. 43.
[3] Standpunkt des Europäischen Parlaments vom 28. März 2019 (noch nicht im Amtsblatt veröffentlicht) und Beschluss des Rates vom 6. Juni 2019.

Restrukturierungsrahmen haben, die es ihnen ermöglichen, ihren Betrieb fortzusetzen, dass redliche insolvente oder überschuldete Unternehmer nach einer angemessenen Frist in den Genuss einer vollen Entschuldung kommen und dadurch eine zweite Chance erhalten können, und dass die Wirksamkeit von Restrukturierungs-, Insolvenz- und Entschuldungsverfahren, insbesondere durch Verkürzung ihrer Dauer, erhöht wird.

(2) Durch eine Änderung der Zusammensetzung, der Bedingungen oder der Struktur ihrer Vermögenswerte und ihrer Verbindlichkeiten oder anderer Teile ihrer Kapitalstruktur, einschließlich des Verkaufs von Vermögenswerten oder Unternehmensteilen oder, wenn im nationalen Recht vorgesehen, des Unternehmens als Ganzem, sowie durch operative Maßnahmen sollte die Restrukturierung Schuldner in finanziellen Schwierigkeiten in die Lage versetzen, ihre Geschäftstätigkeit ganz oder teilweise fortzusetzen. Sofern in den nationalen Rechtsvorschriften nichts anderes im Einzelnen vorgesehen ist, sollten operative Maßnahmen wie die Beendigung oder Änderung von Verträgen oder der Verkauf oder die sonstige Veräußerung von Vermögenswerten den allgemeinen Anforderungen genügen, die nach nationalem Recht – insbesondere nach zivil- und arbeitsrechtlichen Vorschriften – für solche Maßnahmen vorgesehen sind gelten. Jegliche Umwandlungen von Verbindlichkeiten in Eigenkapital sollten ebenfalls im Einklang mit den im nationalem Recht vorgesehenen Schutzvorkehrungen stehen. Präventive Restrukturierungsrahmen sollten es Schuldnern vor allem ermöglichen, sich frühzeitig wirksam und im Hinblick auf die Vermeidung ihrer Insolvenz zu restrukturieren, um so die unnötige Liquidation bestandsfähiger Unternehmen zu begrenzen. Diese Rahmen sollten dabei helfen, Arbeitsplatzverluste und den Verlust von Know-how und Kompetenzen zu verhindern und den Gesamtwert für die Gläubiger – im Vergleich zu dem, was sie im Falle der Liquidation des Gesellschaftsvermögens oder im Falle des nächstbesten Alternativszenarios ohne Plan erhalten hätten – sowie für die Anteilsinhaber und die Wirtschaft insgesamt zu maximieren.

(3) Präventive Restrukturierungsrahmen sollten darüber hinaus dem Aufbau notleidender Kredite vorbeugen. Die Verfügbarkeit wirksamer präventiver Restrukturierungsrahmen würde sicherstellen, dass Maßnahmen ergriffen werden, bevor Unternehmen ihre Kredite nicht mehr bedienen können, und so dazu beitragen, das Risiko zu verringern, dass Kredite bei Konjunkturabschwüngen zu notleidenden Krediten werden, und die negativen Auswirkungen auf den Finanzsektor abmildern. Ein erheblicher Prozentsatz von Unternehmen und Arbeitsplätzen könnte bewahrt werden, wenn in allen Mitgliedstaaten, in denen sich Niederlassungen, Vermögens-

werte oder Gläubiger der Unternehmen befinden, präventive Restrukturierungsrahmen existierten. Im Restrukturierungsrahmen sollten die Rechte aller Beteiligten, einschließlich der Arbeitnehmer, auf ausgewogene Weise geschützt werden. Gleichzeitig sollten nicht bestandsfähige Unternehmen ohne Überlebenschance so schnell wie möglich abgewickelt werden. Wenn ein Schuldner in finanziellen Schwierigkeiten nicht wirtschaftlich bestandsfähig ist oder seine wirtschaftliche Bestandsfähigkeit nicht ohne Weiteres wiederhergestellt werden kann, könnten Restrukturierungsmaßnahmen zu einer Beschleunigung und Anhäufung von Verlusten zum Nachteil der Gläubiger, der Arbeitnehmer und sonstiger Interessenträger sowie der Wirtschaft als Ganzes führen.

(4) Zwischen den Mitgliedstaaten bestehen Unterschiede in der Bandbreite der Verfahren, die Schuldnern in finanziellen Schwierigkeiten zur Verfügung stehen, um ihr Unternehmen zu restrukturieren. Einige Mitgliedstaaten verfügen über ein begrenztes Spektrum an Verfahren, die eine Restrukturierung von Unternehmen erst relativ spät im Rahmen von Insolvenzverfahren erlauben. In anderen Mitgliedstaaten ist eine Restrukturierung zwar früher möglich, aber die dafür zur Verfügung stehenden Verfahren sind nicht so wirksam, wie sie sein könnten, oder sie sind sehr förmlich, da sie insbesondere die Nutzung außergerichtlicher Vereinbarungen beschränken. Im Insolvenzrecht wird immer häufiger nach präventiven Lösungen gesucht. Zunehmend werden Verfahren bevorzugt, die im Gegensatz zum herkömmlichen Vorgehen, ein in finanzielle Schwierigkeiten geratenes Unternehmen zu liquidieren, auf die Sanierung des Unternehmens oder zumindest die Bewahrung seiner noch wirtschaftlich bestandsfähigen Geschäftsbereiche abzielen. Dieser Ansatz trägt, neben anderen Vorteilen für die Wirtschaft, häufig dazu bei, Arbeitsplätze zu erhalten oder Arbeitsplatzverluste zu verringern. Darüber hinaus reicht der Grad der Beteiligung von Justiz- oder Verwaltungsbehörden oder von ihnen benannten Verwaltern von einer Nichtbeteiligung oder minimaler Beteiligung in einigen Mitgliedstaaten bis hin zu einer umfassenden Beteiligung in anderen. Auch bei den nationalen Vorschriften, die Unternehmern eine zweite Chance bieten, vor allem indem ihnen die im Rahmen ihrer Geschäftstätigkeit aufgelaufenen Schulden erlassen werden, bestehen zwischen den Mitgliedstaaten Unterschiede in der Länge der Entschuldungsfrist und den Bedingungen für die Gewährung einer Entschuldung.

(5) In vielen Mitgliedstaaten dauert es mehr als drei Jahre, bis zahlungsunfähige aber redliche Unternehmer sich entschulden und einen Neuanfang machen können. Aufgrund ineffizienter Rahmen für die Entschuldung und

Tätigkeitsverbote müssen Unternehmer ihren Sitz in andere Länder verlegen, wenn sie innerhalb eines angemessenen Zeitraums einen Neubeginn wagen wollen, was sowohl für ihre Gläubiger als auch für die Unternehmer selbst mit erheblichen Mehrkosten verbunden ist. Lange Tätigkeitsverbote, die häufig mit einem zur Entschuldung führenden Verfahren einhergehen, verursachen Hindernisse für die Freiheit, eine selbstständige unternehmerische Tätigkeit aufzunehmen und auszuüben.

(6) Die übermäßig lange Dauer von Restrukturierungs-, Insolvenz- und Entschuldungsverfahren in verschiedenen Mitgliedstaaten ist maßgeblich dafür verantwortlich, dass niedrige Befriedigungsquoten erzielt und Anleger von Anlageaktivitäten in Ländern, in denen ein Risiko langwieriger und unverhältnismäßig kostspieliger Verfahren besteht, abgeschreckt werden.

(7) Unterschiede zwischen Mitgliedstaaten bei den Restrukturierungs-, Insolvenz- und Entschuldungsverfahren schlagen sich in Mehrkosten für Anleger nieder, wenn sie das Risiko, dass Schuldner in einem oder mehreren Mitgliedstaaten in finanzielle Schwierigkeiten geraten, oder die Risiken der Investition in bestandsfähige Unternehmen in finanziellen Schwierigkeiten, sowie die zusätzlichen Kosten für die Restrukturierung von Unternehmen mit Niederlassungen, Gläubigern oder Vermögenswerten in anderen Mitgliedstaaten bewerten. Dies wird im Falle der Restrukturierung internationaler Unternehmensgruppen besonders deutlich. Anleger nennen Unsicherheit in Bezug auf Insolvenzvorschriften oder das Risiko langwieriger oder komplexer Insolvenzverfahren in einem anderen Mitgliedstaat als einen der Hauptgründe dafür, dass sie außerhalb des Mitgliedstaats, in dem Sie ihren Sitz haben, nicht investieren oder nicht in eine Geschäftsbeziehung mit einem Partner außerhalb ihres eigenen Mitgliedstaats treten. Diese Unsicherheit wirkt abschreckend, wodurch die Niederlassungsfreiheit der Unternehmen und die Förderung der unternehmerischen Initiative eingeschränkt und das reibungslose Funktionieren des Binnenmarkts gefährdet wird. Zumeist verfügen vor allem Kleinstunternehmen sowie kleine und mittlere Unternehmen (im folgenden „KMU") nicht über die erforderlichen Ressourcen, um die Risiken im Zusammenhang mit grenzüberschreitenden Aktivitäten bewerten zu können.

(8) Die Unterschiede zwischen den Mitgliedstaaten bei Restrukturierungs-, Insolvenz- und Entschuldungsverfahren führen zu ungleichen Bedingungen beim Zugang zu Krediten und zu ungleichen Befriedigungsquoten in den Mitgliedstaaten. Eine stärkere Harmonisierung im Bereich Restrukturierung, Insolvenz, Entschuldung und Tätigkeitsverbote ist daher für einen reibungslos funktionierenden Binnenmarkt im Allgemeinen und

für eine funktionierende Kapitalmarktunion im Besonderen sowie für die Widerstandsfähigkeit der europäischen Volkswirtschaften, einschließlich der Erhaltung und Schaffung von Arbeitsplätzen, unerlässlich.

(9) Die Mehrkosten für die Risikobewertung und eine grenzüberschreitende Vollstreckung von Forderungen für Gläubiger überschuldeter Unternehmer, die ihren Sitz in einen anderen Mitgliedstaat verlegen, um nach viel kürzerer Zeit eine Entschuldung zu erlangen, sollten ebenfalls verringert werden. Die Mehrkosten für Unternehmer, die sich aus der Notwendigkeit ergeben, ihren Sitz in einen anderen Mitgliedstaat zu verlegen, um eine Entschuldung zu erlangen, sollten ebenfalls verringert werden. Darüber hinaus hemmen die Hindernisse, die durch lange Tätigkeitsverbote im Zusammenhang mit der Insolvenz oder der Überschuldung eines Unternehmers verursacht werden, das Unternehmertum.

(10) Restrukturierungen, insbesondere größere Restrukturierungen mit erheblichen Auswirkungen, sollten auf der Grundlage eines Dialogs mit den Beteiligten erfolgen. Dieser Dialog sollte die Wahl der in Betracht gezogenen Maßnahmen im Verhältnis zu den Zielen und zu Alternativen der Restrukturierung abdecken und für eine angemessene Einbindung der Arbeitnehmervertreter im Einklang mit dem Unionsrecht und dem nationalen Recht sorgen.

(11) Die Hindernisse für die Ausübung der Grundfreiheiten beschränken sich nicht auf rein grenzüberschreitende Situationen. In einem zunehmend vernetzten Binnenmarkt, in dem der freie Verkehr von Waren, Dienstleistungen und Kapital sowie die Freizügigkeit der Arbeitnehmer gilt, und der eine immer stärkere digitale Dimension hat, sind nur sehr wenige Unternehmen rein national tätig, wenn man alle relevanten Aspekte wie Kundenstamm, Lieferkette, Tätigkeitsbereich, Anleger- und Kapitalbasis berücksichtigt. Selbst rein nationale Insolvenzen können durch den sogenannten Dominoeffekt von Insolvenzen Auswirkungen auf das Funktionieren des Binnenmarkts haben, wenn die Insolvenz eines Schuldners weitere Insolvenzen in der Lieferkette auslöst.

(12) Die Verordnung (EU) 2015/848 des Europäischen Parlaments und des Rates ([1]) befasst sich mit Fragen der Zuständigkeit, der Anerkennung und Vollstreckung, des anwendbaren Rechts und der Zusammenarbeit in grenzüberschreitenden Insolvenzverfahren sowie der Vernetzung von In-

---

([1]) Verordnung (EU) 2015/848 des Europäischen Parlaments und des Rates vom 20. Mai 2015 über Insolvenzverfahren (ABl. L 141 vom 5.6.2015, S. 19).

solvenzregistern. Ihr Anwendungsbereich umfasst präventive Verfahren, die die Rettung wirtschaftlich bestandsfähiger Schuldner fördern, sowie Entschuldungsverfahren für Unternehmer und andere natürliche Personen. Die Unterschiede zwischen dem jeweiligen nationalen Recht, welches diese Verfahren regelt, werden in der genannten Verordnung jedoch nicht behandelt. Zudem würde ein ausschließlich auf grenzüberschreitende Insolvenzen beschränktes Instrument weder alle Hindernisse für den freien Verkehr beseitigen, noch wäre es für Anleger möglich, im Voraus den grenzüberschreitenden oder innerstaatlichen Charakter potenzieller finanzieller Schwierigkeiten des Schuldners in der Zukunft zu bestimmen. Deshalb ist es notwendig, über Fragen der justiziellen Zusammenarbeit hinauszugehen und materiellrechtliche Mindeststandards für präventive Restrukturierungsverfahren sowie für Verfahren zur Entschuldung von Unternehmern festzulegen.

(13) Diese Richtlinie sollte unbeschadet des Anwendungsbereichs der Verordnung (EU) 2015/848 gelten, jedoch vollständig mit dieser Verordnung vereinbar sein und diese ergänzen, indem die Mitgliedstaaten verpflichtet werden, präventive Restrukturierungsverfahren einzuführen, die bestimmten Mindestgrundsätzen der Wirksamkeit genügen. Sie verfolgt keinen anderen Ansatz als den der genannten Verordnung, nach dem die Mitgliedstaaten Verfahren beibehalten oder einführen können, die nicht die Bedingungen der öffentlichen Bekanntmachung für die Mitteilung nach Anhang A der genannten Verordnung erfüllen. Die vorliegende Richtlinie schreibt zwar nicht vor, dass bei den Verfahren in ihrem Anwendungsbereich sämtliche Bedingungen für die Mitteilung nach dem genannten Anhang A erfüllt sein müssen, ihr Ziel ist aber, die grenzüberschreitende Anerkennung dieser Verfahren und die Anerkennung und Vollstreckbarkeit der Urteile zu erleichtern.

(14) Der Vorteil der Anwendung der Verordnung (EU) 2015/848 besteht darin, dass sie Schutzvorkehrungen gegen eine missbräuchliche Verlagerung des hauptsächlichen Interesses des Schuldners während grenzüberschreitender Insolvenzverfahren vorsieht. Bestimmte Beschränkungen sollten auch für Verfahren gelten, die nicht unter die genannte Verordnung fallen.

(15) Die Restrukturierungskosten müssen sowohl für Schuldner als auch für Gläubiger gesenkt werden. Deshalb sollten die Unterschiede zwischen den Mitgliedstaaten, die eine frühzeitige Restrukturierung bestandsfähiger Schuldner in finanziellen Schwierigkeiten und die Möglichkeit einer Entschuldung für redliche Unternehmer behindern, verringert werden. Die Verringerung solcher Unterschiede dürfte zu mehr Transparenz, Rechtssi-

cherheit und Berechenbarkeit in der Union führen. Sie sollte die Rendite für alle Arten von Gläubigern und Anlegern maximieren und grenzüberschreitende Investitionen fördern. Mehr Kohärenz der Restrukturierungs- und Entschuldungsverfahren sollte außerdem die Restrukturierung von Unternehmensgruppen unabhängig vom Standort der Mitglieder der Gruppe in der Union erleichtern.

(16) Die Beseitigung der Hindernisse für eine wirksame präventive Restrukturierung bestandsfähiger Schuldner in finanziellen Schwierigkeiten trägt dazu bei, den Verlust von Arbeitsplätzen und Verluste für Gläubiger in der Lieferkette zu minimieren, erhält Know-how und Kompetenzen und kommt damit der Wirtschaft insgesamt zugute. Die Erleichterung einer Entschuldung für Unternehmer würde dazu beitragen, deren Ausschluss vom Arbeitsmarkt zu vermeiden und sie in die Lage zu versetzen, ihre unternehmerische Tätigkeit unter Berücksichtigung der aus den gesammelten Erfahrungen gezogenen Lehren wiederaufzunehmen. Zudem würde eine Verkürzung der Restrukturierungsverfahren zu höheren Befriedigungsquoten für die Gläubiger führen, da der Schuldner oder das Unternehmen des Schuldners mit der Zeit in der Regel nur weiter an Wert verliert. Schließlich würden effiziente Verfahren der präventiven Restrukturierung, Insolvenz und Entschuldung eine bessere Bewertung der mit Kreditvergabe- und Kreditaufnahmeentscheidungen verbundenen Risiken ermöglichen und eine Anpassung für insolvente oder überschuldete Schuldner erleichtern, wodurch sich die wirtschaftlichen und sozialen Kosten beim Schuldenabbau minimieren ließen. Mit dieser Richtlinie sollte den Mitgliedstaaten die Flexibilität gewährt werden, gemeinsame Grundsätze anzuwenden und gleichzeitig die nationalen Rechtssysteme zu wahren. Die Mitgliedstaaten sollten in der Lage sein, in ihren nationalen Rechtssystemen andere, präventive Restrukturierungsrahmen als die in dieser Richtlinie vorgesehenen beizubehalten oder solche einzuführen.

(17) Den Unternehmen, vor allem KMU, die 99 % aller Unternehmen in der Union ausmachen, dürfte ein kohärenterer Ansatz auf Unionsebene zugutekommen. KMU werden eher liquidiert als restrukturiert, da sie unverhältnismäßig höhere Kosten zu tragen haben als größere Unternehmen. KMU – insbesondere, wenn sie sich in finanziellen Schwierigkeiten befinden – verfügen häufig nicht über die erforderlichen Mittel, um die hohen Restrukturierungskosten zu tragen und die effizienteren Restrukturierungsverfahren, die nur in einigen Mitgliedstaaten zur Verfügung stehen, zu nutzen. Um solchen Schuldnern bei einer kostengünstigen Restrukturierung zu helfen, sollten umfassende Checklisten für Restrukturierungspläne,

die an die Bedürfnisse und Besonderheiten von KMU angepasst sind, auf nationaler Ebene entwickelt und online zur Verfügung gestellt werden. Darüber hinaus sollten Frühwarnsysteme eingerichtet werden, die Schuldner warnen, wenn Handeln dringend erforderlich ist, unter Berücksichtigung der begrenzten Mittel, die KMU für die Einstellung von Fachleuten zur Verfügung stehen.

(18) Bei der Definition der KMU sollten die Mitgliedstaaten die Richtlinie 2013/34/EU des Europäischen Parlaments und des Rates ([1]) oder die Empfehlung der Kommission vom 6. Mai 2003 betreffend die Definition der Kleinstunternehmen sowie der kleinen und mittleren Unternehmen ([2]) gebührend berücksichtigen.

(19) Es ist angezeigt, bestimmte Schuldner vom Anwendungsbereich dieser Richtlinie auszunehmen, nämlich Versicherungsunternehmen und Rückversicherungsunternehmen im Sinne des Artikels 13 Nummer 1 beziehungsweise 4 der Richtlinie 2009/138/EG des Europäischen Parlaments und des Rates ([3]), Kreditinstitute im Sinne des Artikels 4 Absatz 1 Nummer 1 der Verordnung (EU) Nr. 575/2013 des Europäischen Parlaments und des Rates ([4]), Wertpapierfirmen und Organismen für gemeinsame Anlagen im Sinne des Artikels 4 Absatz 1 Nummer 2 beziehungsweise 7 der Verordnung (EU) Nr. 575/2013, zentrale Gegenparteien im Sinne des Artikels 2 Nummer 1 der Verordnung (EU) Nr. 648/2012 des Europäischen Parlaments und

---

([1]) Richtlinie 2013/34/EU des Europäischen Parlaments und des Rates vom 26. Juni 2013 über den Jahresabschluss, den konsolidierten Abschluss und damit verbundene Berichte von Unternehmen bestimmter Rechtsformen und zur Änderung der Richtlinie 2006/43/EG des Europäischen Parlaments und des Rates und zur Aufhebung der Richtlinien 78/660/EWG und 83/349/EWG des Rates (ABl. L 182 vom 29.6.2013, S. 19).

([2]) Kommission vom 6. Mai 2003 betreffend die Definition der Kleinstunternehmen sowie der kleinen und mittleren Unternehmen (ABl. L 124 vom 20.5.2003, S. 36).

([3]) Richtlinie 2009/138/EG des Europäischen Parlaments und des Rates vom 25. November 2009 betreffend die Aufnahme und Ausübung der Versicherungs- und der Rückversicherungstätigkeit (Solvabilität II) (ABl. L 335 vom 17.12.2009, S. 1).

([4]) Verordnung (EU) Nr. 575/2013 des Europäischen Parlaments und des Rates vom 26. Juni 2013 über Aufsichtsanforderungen an Kreditinstitute und Wertpapierfirmen und zur Änderung der Verordnung (EU) Nr. 648/2012 (ABl. L 176 vom 27.6.2013, S. 1).

des Rates (¹), Zentralverwahrer im Sinne des Artikels 2 Absatz 1 Nummer 1 der Verordnung (EU) Nr. 909/2014 des Europäischen Parlaments und des Rates (²) sowie andere Finanzinstitute und Unternehmen, die in Artikel 1 Absatz 1 Unterabsatz 1 der Richtlinie 2014/59/EU des Europäischen Parlaments und des Rates (³) angeführt sind. Für diese Unternehmen gelten besondere Regelungen, und die nationalen Aufsichts- und Abwicklungsbehörden haben ihnen gegenüber weitreichende Eingriffsbefugnisse. Die Mitgliedstaaten sollten andere Finanzunternehmen ausnehmen können, die Finanzdienstleistungen erbringen, die vergleichbaren Regelungen und Eingriffsbefugnissen unterworfen sind.

(20) Aus ähnlichen Erwägungen ist es auch angezeigt, öffentliche Stellen nach nationalem Recht vom Anwendungsbereich dieser Richtlinie auszunehmen. Die Mitgliedstaaten sollten ferner in der Lage sein, den Zugang zu präventiven Restrukturierungsrahmen auf juristische Personen zu beschränken, da die finanziellen Schwierigkeiten von Unternehmern nicht nur durch präventive Restrukturierungsverfahren, sondern auch durch Entschuldungsverfahren oder durch informelle Restrukturierungen auf der Grundlage vertraglicher Vereinbarungen effizient geregelt werden können. Mitgliedstaaten mit unterschiedlichen Rechtssystemen, in denen die gleiche Art von Unternehmen in diesen jeweiligen Rechtssystemen einen unterschiedlichen Rechtsstatus hat, sollten eine einheitliche Regelung auf alle solche Unternehmen anwenden können. Ein nach dieser Richtlinie festgelegter präventiver Restrukturierungsrahmen sollte keine Auswirkungen auf Forderungen

---

(¹) Verordnung (EU) Nr. 648/2012 des Europäischen Parlaments und des Rates vom 4. Juli 2012 über OTC-Derivate, zentrale Gegenparteien und Transaktionsregister (ABl. L 201 vom 27.7.2012, S. 1).

(²) Verordnung (EU) Nr. 909/2014 des Europäischen Parlaments und des Rates vom 23. Juli 2014 zur Verbesserung der Wertpapierlieferungen und -abrechnungen in der Europäischen Union und über Zentralverwahrer sowie zur Änderung der Richtlinien 98/26/EG und 2014/65/EU und der Verordnung (EU) Nr. 236/2012 (ABl. L 257 vom 28.8.2014, S. 1).

(³) Richtlinie 2014/59/EU des Europäischen Parlaments und des Rates vom 15. Mai 2014 zur Festlegung eines Rahmens für die Sanierung und Abwicklung von Kreditinstituten und Wertpapierfirmen und zur Änderung der Richtlinie 82/891/EWG des Rates, der Richtlinien 2001/24/EG, 2002/47/EG, 2004/25/EG, 2005/56/EG, 2007/36/EG, 2011/35/EU, 2012/30/EU und 2013/36/EU sowie der Verordnungen (EU) Nr. 1093/2010 und (EU) Nr. 648/2012 des Europäischen Parlaments und des Rates (ABl. L 173 vom 12.6.2014, S. 190).

und Ansprüche aus betrieblichen Altersversorgungssystemen gegenüber einem Schuldner haben können, wenn diese Forderungen und Ansprüche in einem vor der Restrukturierung liegenden Zeitraum entstanden sind.

(21) Die Überschuldung von Verbrauchern ist wirtschaftlich und sozial äußerst bedenklich und steht mit dem Abbau des Schuldenüberhangs in engem Zusammenhang. Zudem ist es häufig nicht möglich, klar zwischen Schulden, die von einem Unternehmer im Rahmen der Ausübung seiner unternehmerischen, geschäftlichen, handwerklichen oder freiberuflichen Tätigkeit gemacht wurden, und denjenigen, die er nicht bei diesen Tätigkeiten gemacht hat, zu unterscheiden. Unternehmer würden nicht wirksam von einer zweiten Chance profitieren, wenn sie getrennte Verfahren mit unterschiedlichen Zugangsvoraussetzungen und Entschuldungsfristen durchlaufen müssten, um sich von ihren geschäftlichen Schulden und von ihren anderen Schulden, die sie außerhalb ihrer Geschäftstätigkeit gemacht haben, zu befreien. Diese Richtlinie enthält zwar keine verbindlichen Vorschriften über die Überschuldung von Verbrauchern, aber es wäre den Mitgliedstaaten aus den genannten Gründen zu empfehlen, so früh wie möglich die Bestimmungen dieser Richtlinie über die Entschuldung auch auf Verbraucher anzuwenden.

(22) Je früher ein Schuldner seine finanziellen Schwierigkeiten erkennen und geeignete Maßnahmen treffen kann, desto höher ist die Wahrscheinlichkeit, dass eine wahrscheinliche Insolvenz abgewendet wird, beziehungsweise – im Falle eines Unternehmens mit dauerhaft verminderter Bestandsfähigkeit – desto geordneter und effizienter würde der Abwicklungsprozess sein. Deshalb sollten klare, aktuelle, prägnante und nutzerfreundliche Informationen über die zur Verfügung stehenden präventiven Restrukturierungsverfahren sowie ein oder mehrere Frühwarnsysteme vorgesehen werden, die für Schuldner einen Anreiz bieten, bei beginnenden finanziellen Schwierigkeiten frühzeitig zu handeln. Frühwarnsysteme in Form von Warnmechanismen, die anzeigen, wenn der Schuldner bestimmte Arten von Zahlungen nicht getätigt hat, könnten beispielsweise durch die Nichtzahlung von Steuern oder Sozialversicherungsbeiträgen ausgelöst werden. Solche Instrumente könnten von den Mitgliedstaaten oder, sofern das Ziel erreicht wird, von privaten Einrichtungen entwickelt werden. Die Mitgliedstaaten sollten Informationen über Frühwarnsysteme online zur Verfügung stellen, beispielsweise auf einer eigens eingerichteten Website oder Webpage. Die Mitgliedstaaten sollten die Frühwarnsysteme je nach Größe des Unternehmens anpassen und spezifische Bestimmungen über Frühwarnsysteme für große Unternehmen und Gruppen festlegen können,

in denen sie deren Besonderheiten berücksichtigen. Durch diese Richtlinie sollte für die Mitgliedstaaten keine Haftung für potenzielle Schäden aufgrund von Restrukturierungsverfahren eingeführt werden, die durch solche Frühwarnsysteme ausgelöst werden.

(23) Um die Unterstützung der Arbeitnehmer und ihrer Vertreter zu verstärken, sollten die Mitgliedstaaten dafür sorgen, dass die Arbeitnehmervertreter Zugang zu relevanten und aktuellen Informationen über die Verfügbarkeit von Frühwarnsystemen erhalten, und es sollte ihnen auch möglich sein, die Arbeitnehmervertreter bei der Bewertung der wirtschaftlichen Situation des Schuldners zu unterstützen.

(24) Schuldnern – einschließlich juristischer Personen und, wenn nach nationalem Recht vorgesehen, natürlicher Personen und Gruppen von Unternehmen – sollte ein Restrukturierungsrahmen zur Verfügung stehen, der es ihnen ermöglicht, ihre finanziellen Schwierigkeiten frühzeitig anzugehen, wenn es sich als wahrscheinlich erweist, dass ihre Insolvenz abgewendet und die Bestandsfähigkeit ihrer Geschäftstätigkeit gesichert werden kann. Ein Restrukturierungsrahmen sollte zur Verfügung stehen, bevor ein Schuldner nach nationalem Recht insolvent wird, das heißt, bevor der Schuldner nach nationalem Recht die Voraussetzungen für die Eröffnung eines Gesamtverfahrens erfüllt, das die Insolvenz des Schuldners voraussetzt und in der Regel den vollständigen Vermögensbeschlag gegen den Schuldner sowie die Bestellung eines Verwalters zur Folge hat. Um einen Missbrauch der Restrukturierungsrahmen zu verhindern, sollten die finanziellen Schwierigkeiten des Schuldners auf eine wahrscheinliche Insolvenz hinweisen, und der Restrukturierungsplan sollte die Insolvenz des Schuldners abwenden und die Bestandsfähigkeit des Unternehmens sicherstellen können.

(25) Die Mitgliedstaaten sollten festlegen können, ob Forderungen, die fällig werden oder entstehen, nachdem das präventive Restrukturierungsverfahren beantragt oder eröffnet wurde, in die präventiven Restrukturierungsmaßnahmen oder die Aussetzung Einzelvollstreckungsmaßnahmen einbezogen werden. Die Mitgliedstaaten sollten entscheiden können, ob die fälligen Zinsen auf Forderungen der Wirkung der Aussetzung von Einzelvollstreckungsmaßnahmen unterliegen.

(26) Die Mitgliedstaaten sollten eine Bestandsfähigkeitsprüfung als Voraussetzung für den Zugang zu dem in dieser Richtlinie vorgesehenen Restrukturierungsverfahren einführen können. Die Durchführung einer solchen Prüfung sollte sich nicht nachteilig auf die Vermögensbasis des Schuldners auswirken, was sich unter anderem durch die Gewährung einer

einstweiligen Aussetzung oder dadurch erreichen lässt, dass die Durchführung des Tests nicht mit unverhältnismäßigen Verzögerungen einhergeht. Die Vorgabe, dass keine nachteiligen Auswirkungen entstehen dürfen, sollte jedoch nicht die Möglichkeit für die Mitgliedstaaten ausschließen, von den Schuldnern zu verlangen, dass sie den Nachweis ihrer Bestandsfähigkeit auf eigene Kosten erbringen.

(27) Die Tatsache, dass die Mitgliedstaaten den Zugang zum Restrukturierungsrahmen für Schuldner, die wegen schwerwiegender Verstöße gegen die Rechnungslegungs- oder Buchführungspflichten verurteilt wurden, einschränken können, sollte die Mitgliedstaaten nicht daran hindern, auch für solche Schuldner, deren Bücher und Aufzeichnungen in einem Maße unvollständig oder unzureichend sind, das es unmöglich macht, die geschäftliche und finanzielle Situation des Schuldners festzustellen, den Zugang zu präventiven Restrukturierungsverfahren einzuschränken.

(28) Die Mitgliedstaaten sollten den Anwendungsbereich von in dieser Richtlinie vorgesehenen präventiven Restrukturierungsrahmen auf Fälle erstrecken können, in denen sich Schuldner in nichtfinanziellen Schwierigkeiten befinden, sofern diese Schwierigkeiten mit der tatsächlichen und erheblichen Gefahr verbunden sind, dass ein Schuldner gegenwärtig oder in Zukunft seine Verbindlichkeit bei Fälligkeit nicht begleichen kann. Der maßgebliche Zeitraum zur Feststellung einer solchen Gefahr kann mehrere Monate oder auch länger betragen, um Fällen Rechnung zu tragen, in denen sich der Schuldner in nichtfinanziellen Schwierigkeiten befindet, die die Fortführung seines Unternehmens und mittelfristig seine Liquidität gefährden. Dies kann beispielsweise der Fall sein, wenn der Schuldner einen Auftrag verloren hat, der für ihn von entscheidender Bedeutung war.

(29) Zur Förderung der Effizienz und zur Verringerung von Verzögerungen und Kosten sollten die nationalen präventiven Restrukturierungsrahmen flexible Verfahren umfassen. Wird diese Richtlinie über mehr als ein Verfahren innerhalb eines Restrukturierungsrahmens umgesetzt, so sollte der Schuldner mit dem Ziel einer effektiven Restrukturierung zu allen in dieser Richtlinie vorgesehenen Rechten und Schutzvorkehrungen Zugang haben. Abgesehen von den Fällen, in denen gemäß dieser Richtlinie eine Pflicht zur Beteiligung von Justiz- oder Verwaltungsbehörden besteht, sollten die Mitgliedstaaten die Beteiligung solcher Behörden auf die Fälle beschränken können, in denen dies erforderlich und angemessen ist, wobei unter anderem das Ziel, die Rechte und Interessen der Schuldner und anderer betroffener Parteien zu wahren, sowie das Ziel, Verzögerungen und Kosten der Verfahren zu verringern, berücksichtigt werden. Ist es Gläubigern oder

Arbeitnehmervertretern nach nationalem Recht gestattet, ein Restrukturierungsverfahren einzuleiten und handelt es sich bei dem Schuldner um ein KMU, so sollten die Mitgliedstaaten die Zustimmung des Schuldners zur Bedingung für die Einleitung des Verfahrens machen und sie sollten auch beschließen können, diese Anforderung auf Schuldner auszuweiten, bei denen es sich um große Unternehmen handelt.

(30) Um unnötige Kosten zu vermeiden, dem frühzeitigen Charakter der präventiven Restrukturierung Rechnung zu tragen und Schuldnern einen Anreiz zu bieten, bei finanziellen Schwierigkeiten frühzeitig die präventive Restrukturierung zu beantragen, sollten sie grundsätzlich die Kontrolle über ihre Vermögenswerte und den täglichen Betrieb ihres Unternehmens behalten. Die Bestellung eines Restrukturierungsbeauftragten zur Überwachung der Tätigkeit eines Schuldners oder zur teilweisen Übernahme der Kontrolle über den täglichen Betrieb eines Schuldners sollte nicht in jedem Fall zwingend sein, sondern im Einzelfall je nach den Umständen des Falles bzw. den besonderen Erfordernissen des Schuldners erfolgen. Dennoch sollten die Mitgliedstaaten bestimmen können, dass die Bestellung eines Restrukturierungsbeauftragten unter bestimmten Umständen immer erforderlich ist, etwa wenn dem Schuldner eine allgemeine Aussetzung von Einzelvollstreckungsmaßnahmen gewährt wird, wenn der Restrukturierungsplan im Wege eines klassenübergreifenden Cram-downs bestätigt werden muss, wenn der Restrukturierungsplan Maßnahmen enthält, die die Arbeitnehmerrechte berühren, oder wenn sich der Schuldner oder seine Unternehmensleitung in ihren Geschäftsbeziehungen kriminell, betrügerisch oder schädigend verhalten haben.

(31) Zur Unterstützung der Parteien bei der Aushandlung und Ausarbeitung eines Restrukturierungsplans sollten die Mitgliedstaaten die zwingende Bestellung eines Restrukturierungsbeauftragten vorsehen, wenn eine Justiz- oder Verwaltungsbehörde dem Schuldner eine allgemeine Aussetzung von Einzelvollstreckungsmaßnahmen gewährt, sofern in einem solchen Fall ein Verwalter zur Wahrung der Interessen der Parteien erforderlich ist, wenn der Restrukturierungsplan von einer Justiz- oder Verwaltungsbehörde im Wege eines klassenübergreifenden Cram-downs bestätigt werden muss, wenn dies vom Schuldner beantragt wurde oder wenn dies von der Mehrheit der Gläubiger beantragt wird sofern die Gläubiger die Kosten und Gebühren des Verwalters übernehmen.

(32) Ein Schuldner sollte eine entweder von einer Justiz- oder Verwaltungsbehörde gewährte oder aufgrund Gesetzes mögliche vorübergehende Aussetzung von Einzelvollstreckungsmaßnahmen in Anspruch nehmen kön-

nen, um dadurch die Verhandlungen über einen Restrukturierungsplan zu unterstützen, damit der Schuldner während der Verhandlungen seinen Betrieb fortsetzen oder zumindest den Wert seines Vermögens erhalten kann. Die Aussetzung sollte auch gegenüber Dritten, die Sicherheiten leisten, einschließlich Bürgen und Ausstellern von Sicherheiten, angewendet werden können, wenn dies im nationalen Recht vorgesehen ist. Die Mitgliedstaaten sollten jedoch bestimmen können, dass Justiz- oder Verwaltungsbehörden die Gewährung einer Aussetzung von Einzelvollstreckungsmaßnahmen verweigern können, wenn eine solche Aussetzung nicht erforderlich ist oder wenn sie nicht den Zweck erfüllen würde, die Verhandlungen zu unterstützen. Ein Mangel an Unterstützung seitens der erforderlichen Mehrheiten der Gläubiger oder, wenn im nationalen Recht vorgesehen, die tatsächliche Unfähigkeit des Schuldners, seine fällig werdenden Schulden zu begleichen, könnten Gründe für eine Verweigerung darstellen.

(33) Zur Erleichterung und Beschleunigung der Durchführung von Verfahren sollten die Mitgliedstaaten widerlegbare Vermutungen für das Vorliegen von Gründen für eine Verweigerung der Aussetzung von Vollstreckungsmaßnahmen festlegen können, zum Beispiel wenn der Schuldner ein für zahlungsunfähige Schuldner typische Verhaltensweise an den Tag legt – also etwa einen erheblichen Zahlungsrückstand gegenüber Arbeitnehmern, Steuerbehörden oder Sozialversicherungsträgern-, oder wenn ein Schuldner oder die gegenwärtige Geschäftsleitung eines Unternehmens eine Finanzstraftat begangen hat, welche die Annahme begründet, dass eine Mehrheit der Gläubiger die Aufnahme der Verhandlungen nicht unterstützen würde.

(34) Eine Aussetzung von Einzelvollstreckungsmaßnahmen könnte allgemein gelten, also alle Gläubiger betreffen, oder nur für einzelne Gläubiger oder Gläubigergruppen gelten. Die Mitgliedstaaten sollten bestimmte Forderungen oder Forderungskategorien unter genau festgelegten Umständen vom Geltungsbereich der Aussetzung ausschließen können, wie etwa Forderungen, die durch Vermögenswerte besichert sind, deren Wegnahme die Restrukturierung des Unternehmens nicht gefährden würde, oder Forderungen von Gläubigern, für die eine Aussetzung eine unangemessene Beeinträchtigung darstellen würde, etwa durch einen nicht ausgeglichenen Verlust oder eine Wertminderung von Sicherheiten.

(35) Um einen fairen Ausgleich zwischen den Rechten des Schuldners und denen der Gläubiger sicherzustellen, sollte der Höchstzeitraum einer Aussetzung von Einzelvollstreckungsmaßnahmen höchstens bis zu vier Monate betragen. Für komplexe Restrukturierungen wird jedoch möglicherweise mehr Zeit benötigt. Die Mitgliedstaaten sollten bestimmen können,

dass die Justiz- oder Verwaltungsbehörde die ursprüngliche Frist für die Aussetzung in diesen Fällen verlängern kann. Wenn die Justiz- oder Verwaltungsbehörde keine Entscheidung über die Verlängerung trifft, bevor die Aussetzung endet, sollte die Aussetzung mit Ablauf der Aussetzungsfrist enden. Im Interesse der Rechtssicherheit sollte die Gesamtdauer der Aussetzung auf zwölf Monate begrenzt werden. Die Mitgliedstaaten sollten eine unbefristete Aussetzung vorsehen können, wenn der Schuldner nach nationalem Recht insolvent wird. Die Mitgliedstaaten sollten entscheiden können, ob eine kurze zwischenzeitliche Aussetzung gelten, die bis zur Entscheidung einer Justiz- oder Verwaltungsbehörde über den Zugang zum präventiven Restrukturierungsrahmen angeordnet wird, auf die zeitlichen Fristen gemäß dieser Richtlinie anzurechnen sind.

(36) Um zu gewährleisten, dass den Gläubigern kein unnötiger Nachteil entsteht, sollten die Mitgliedstaaten bestimmen, dass Justiz- oder Verwaltungsbehörden die Aussetzung von Einzelvollstreckungsmaßnahmen aufheben können, wenn sie nicht länger den Zweck erfüllt, die Verhandlungen zu unterstützen – zum Beispiel, wenn deutlich wird, dass die erforderliche Mehrheit der Gläubiger die Fortführung der Verhandlungen nicht unterstützt. Die Aussetzung auch dann aufgehoben werden, wenn die Gläubiger durch diese in unangemessener Weise beeinträchtigt werden, sofern die Mitgliedstaaten eine solche Möglichkeit vorsehen. Die Mitgliedstaaten sollten die Möglichkeit einer Aufhebung der Aussetzung auf Fälle beschränken können, in denen Gläubiger keine Gelegenheit hatten, sich zu äußern, bevor die Aussetzung in Kraft trat oder verlängert wurde. Die Mitgliedstaaten sollten auch eine Mindestdauer vorsehen können, während der die Aussetzung nicht aufgehoben werden kann. Bei der Prüfung, ob eine unangemessene Beeinträchtigung der Gläubiger vorliegt, sollten die Justiz- oder Verwaltungsbehörden berücksichtigen können, ob im Falle einer Aussetzung der Gesamtwert des Vermögens erhalten bliebe und ob der Schuldner bösgläubig oder in Schädigungsabsicht handelt oder ganz allgemein den berechtigten Erwartungen der Gesamtheit der Gläubiger zuwiderhandelt.

(37) Diese Richtlinie erstreckt sich nicht auf Bestimmungen zu Ausgleichszahlungen oder Schutzvorkehrungen für Gläubiger, deren Sicherheit während der Aussetzung voraussichtlich an Wert verlieren wird. Einzelne Gläubiger oder eine Gläubigerklasse würden durch die Aussetzung beispielsweise dann in unangemessener Weise beeinträchtigt, wenn ihre Forderungen infolge der Aussetzung erheblich schlechter gestellt würden als ohne die Aussetzung oder wenn der Gläubiger stärker benachteiligt würde als andere Gläubiger in ähnlicher Lage. Die Mitgliedstaaten sollten vorse-

hen können, dass, sobald eine unangemessene Beeinträchtigung eines oder mehrerer Gläubiger oder einer oder mehrerer Gläubigerklassen festgestellt wird, die Aussetzung entweder für diese Gläubiger oder Gläubigerklassen oder für die Gesamtheit der Gläubiger aufgehoben werden kann. Die Mitgliedstaaten sollten entscheiden können, wer berechtigt ist, einen Antrag auf Aufhebung der Aussetzung zu stellen.

(38) Mit der Aussetzung von Einzelvollstreckungsmaßnahmen sollte auch die Verpflichtung des Schuldners zur Beantragung – oder die Eröffnung auf Antrag eines Gläubigers – eines Insolvenzverfahrens, das zur Liquidation des Schuldners führen könnte, ausgesetzt werden. Solche Insolvenzverfahren sollten zusätzlich zu denen, die gesetzlich als einzig mögliche Folge die Liquidation des Schuldners haben können, auch Verfahren umfassen, die zu einer Restrukturierung des Schuldners führen könnten. Die Aussetzung der Eröffnung eines Insolvenzverfahrens auf Antrag von Gläubigern sollte nicht nur in den Fällen gelten, in denen Mitgliedstaaten eine allgemeine, alle Gläubiger umfassende Aussetzung von Einzelvollstreckungsmaßnahmen vorsehen, sondern auch in den Fällen, in denen die Mitgliedstaaten die Möglichkeit einer Aussetzung von Einzelvollstreckungsmaßnahmen für nur eine begrenzte Zahl an Gläubigern vorsehen. Dennoch sollten die Mitgliedstaaten in der Lage sein zu bestimmen, das Insolvenzverfahren auf Antrag von Behörden, die nicht als Gläubiger auftreten, sondern im allgemeinen Interesse handeln – zum Beispiel einer Staatsanwaltschaft -eröffnet werden können.

(39) Diese Richtlinie sollte Schuldner nicht daran hindern, Forderungen von nicht betroffenen Gläubigern und während der Aussetzung von Einzelvollstreckungsmaßnahmen entstehende Forderungen betroffener Gläubiger im normalen Geschäftsgang zu erfüllen. Um sicherzustellen, dass Gläubiger mit Forderungen, die vor der Eröffnung eines Restrukturierungsverfahrens oder vor einer Aussetzung von Einzelvollstreckungsmaßnahmen entstanden sind, den Schuldner nicht zur Begleichung dieser Forderungen drängen, die ansonsten durch die Umsetzung des Restrukturierungsplans gekürzt würden, sollten die Mitgliedstaaten eine Aussetzung der Verpflichtung des Schuldners in Bezug auf Zahlungen auf diese Forderungen vorsehen können.

(40) Wenn gegen einen Schuldner ein Insolvenzverfahren eröffnet wird, können einige Lieferanten über in sogenannten Ipso-facto-Klauseln festgelegte vertragliche Rechte verfügen, die es ihnen gestatten, den Liefervertrag allein wegen der Insolvenz zu kündigen, selbst wenn der Schuldner seine Verpflichtungen ordnungsgemäß erfüllt hat. Ipso-facto-Klauseln könnten

auch dann ausgelöst werden, wenn ein Schuldner präventive Restrukturierungsmaßnahmen beantragt. Werden solche Klauseln geltend gemacht, wenn der Schuldner lediglich über einen Restrukturierungsplan verhandelt oder eine Aussetzung von Einzelvollstreckungsmaßnahmen beantragt oder werden sie in Verbindung mit einem mit der Aussetzung zusammenhängenden Ereignis geltend gemacht, kann sich eine vorzeitige Kündigung negativ auf das Unternehmen des Schuldners und die erfolgreiche Rettung des Unternehmens auswirken. Daher muss für solche Fälle vorgesehen werden, dass die Gläubiger Ipso-facto-Klauseln nicht geltend machen dürfen, die an Verhandlungen über einen Restrukturierungsplan, an eine Aussetzung oder an mit der Aussetzung zusammenhängende Ereignisse anknüpfen.

(41) Eine vorzeitige Kündigung kann die Fähigkeit des Unternehmens gefährden, seinen Betrieb während der Restrukturierungsverhandlungen fortzuführen, insbesondere wenn die Kündigung Verträge über wesentliche Lieferungen wie Gas, Strom, Wasser, Telekommunikation und Kartenzahlungsdienste betrifft. Die Mitgliedstaaten sollten vorsehen, dass Gläubiger, für die die Aussetzung von Einzelvollstreckungsmaßnahmen gilt und deren Forderungen vor der Aussetzung entstanden sind und vom Schuldner noch nicht bezahlt wurden, nicht berechtigt sind, während der Aussetzung Leistungen aus wesentlichen noch zu erfüllenden Verträgen zu verweigern oder diese Verträge zu kündigen, vorzeitig fällig zu stellen oder in sonstiger Weise zu ändern, sofern der Schuldner seinen Verpflichtungen aus diesen Verträgen, die während der Aussetzung fällig werden, weiterhin nachkommt. Zu erfüllende Verträge sind beispielsweise Miet- und Lizenzverträge, langfristige Lieferverträge und Franchiseverträge.

(42) Diese Richtlinie legt Mindestnormen für den Inhalt eines Restrukturierungsplans fest. Jedoch sollte es den Mitgliedstaaten möglich sein, zusätzliche Erläuterungen im Restrukturierungsplan vorzuschreiben, zum Beispiel hinsichtlich der Kriterien, anhand derer die Gläubiger gruppiert wurden, was im Falle von nur teilweise besicherten Schulden von Bedeutung sein kann. Die Mitgliedstaaten sollten nicht verpflichtet werden, ein Expertengutachten über den Wert der Vermögenswerte zu verlangen, der im Plan angegeben werden muss.

(43) Die von einem Restrukturierungsplan betroffenen Gläubiger, einschließlich der Arbeitnehmer, und – wenn nach nationalem Recht zulässig – die Anteilsinhaber sollten das Recht haben, über die Annahme eines Restrukturierungsplans abzustimmen. Die Mitgliedstaaten sollten begrenzte Ausnahmen von dieser Regel vorsehen können. Die von dem Restrukturierungsplan nicht betroffenen Parteien sollten weder Stimmrechte in Bezug

auf den Plan haben, noch sollte ihre Unterstützung für die Annahme eines Plans erforderlich sein. Der Begriff der betroffenen Parteien sollte Arbeitnehmer nur in ihrer Eigenschaft als Gläubiger einschließen. Wenn Mitgliedstaaten beschließen, die Forderungen von Arbeitnehmern vom präventiven Restrukturierungsrahmen auszunehmen, sollten Arbeitnehmer daher nicht als betroffene Parteien betrachtet werden. Die Abstimmung über die Annahme eines Restrukturierungsplans könnte in Form eines förmlichen Abstimmungsverfahrens oder einer Konsultation und des Abschlusses einer Vereinbarung mit einer erforderlichen Mehrheit der betroffenen Parteien durchgeführt werden. Wenn die Abstimmung in Form einer Vereinbarung mit der erforderlichen Mehrheit durchgeführt wird, könnten die betroffenen Parteien, die an der Zustimmung nicht beteiligt waren, dennoch die Möglichkeit erhalten, sich dem Restrukturierungsplan anzuschließen.

(44) Um zu gewährleisten, dass im Wesentlichen ähnliche Rechte fair behandelt werden und dass Restrukturierungspläne angenommen werden können, ohne die Rechte betroffener Parteien in unangemessener Weise zu beeinträchtigen, sollten die betroffenen Parteien in unterschiedlichen Klassen behandelt werden, die den Kriterien für die Klassenbildung nach nationalem Recht entsprechen. Klassenbildung bedeutet die Gruppierung der betroffenen Parteien mit dem Zweck, einen Plan in der Weise anzunehmen, dass ihre Rechte und der Rang ihrer Forderungen beziehungsweise Beteiligungen zum Tragen kommen. Zumindest gesicherte und ungesicherte Gläubiger sollten stets in unterschiedlichen Klassen behandelt werden. Die Mitgliedstaaten sollten jedoch vorschreiben können, dass mehr als zwei Klassen von Gläubigern gebildet werden, einschließlich verschiedener Klassen ungesicherter und gesicherter Gläubiger und Klassen von Gläubigern mit nachrangigen Forderungen. Die Mitgliedstaaten sollten auch gesonderte Klassen für andere Arten von Gläubigern ohne ausreichende gemeinsame Interessen schaffen können, wie Steuerbehörden oder Sozialversicherungsträger. Die Mitgliedstaaten sollten vorschreiben können, dass gesicherte Forderungen auf der Grundlage einer Bewertung der Sicherheiten in gesicherte und ungesicherte Teile unterteilen werden können. Die Mitgliedstaaten sollten auch besondere Vorschriften festlegen können, mit denen eine Klassenbildung unterstützt wird, wenn Gläubiger, die wie Arbeitnehmer oder kleine Lieferanten ihre Engagements nicht diversifizieren können oder aus anderen Gründen besonders schutzbedürftig sind, von der Klassenbildung profitieren würden.

(45) Die Mitgliedstaaten sollten vorsehen können, dass Schuldner, bei denen es sich um KMU handelt, aufgrund ihrer relativ einfachen Kapital-

struktur von der Verpflichtung zur Behandlung von betroffenen Parteien in unterschiedlichen Klassen ausgenommen werden können. In Fällen, in denen KMU sich dafür entschieden haben, nur eine Abstimmungsklasse zu bilden und diese Klasse gegen den Plan stimmt, sollten die Schuldner im Einklang mit den allgemeinen Grundsätzen dieser Richtlinie die Möglichkeit haben, einen anderen Plan vorzulegen.

(46) Die Mitgliedstaaten sollten auf jeden Fall gewährleisten, dass Fragen, die für die Klassenbildung von besonderer Bedeutung sind, zum Beispiel Forderungen verbundener Parteien, in geeigneter Weise in ihrem nationalen Recht behandelt werden, und das ihr nationales Recht Vorschriften enthält, die sich mit Eventualforderungen und streitigen Forderungen befassen. Den Mitgliedstaaten sollte gestattet sein, zu regeln, wie streitige Forderungen im Hinblick auf die Zuteilung von Stimmrechten zu behandeln sind. Die Justiz- oder Verwaltungsbehörde sollte die Klassenbildung – einschließlich der Auswahl der vom Plan betroffenen Gläubiger – prüfen, wenn ein Restrukturierungsplan zur Bestätigung vorgelegt wird. Die Mitgliedstaaten sollten jedoch vorsehen können, dass eine solche Behörde die Klassenbildung auch zu einem früheren Zeitpunkt prüfen kann, falls derjenige, der den Plan vorschlägt, vorab um eine Validierung oder um Orientierungshilfen ersucht.

(47) Die erforderlichen Mehrheiten sollten im nationalen Recht festgelegt werden, um zu gewährleisten, dass nicht eine Minderheit betroffener Parteien in jeder Klasse die Annahme eines Restrukturierungsplans, der ihre Rechte und Interessen nicht in unangemessener Weise beeinträchtigt, vereiteln kann. Ohne das Mehrheitsprinzip, das ablehnende gesicherte Gläubiger bindet, wäre eine frühzeitige Restrukturierung in vielen Fällen nicht möglich, zum Beispiel, wenn eine finanzielle Restrukturierung notwendig, das Unternehmen im Übrigen aber bestandsfähig ist. Um sicherzustellen, dass die Parteien in dem Maße Einfluss auf die Annahme von Restrukturierungsplänen haben, in dem sie an dem Unternehmen beteiligt sind, sollte die erforderliche Mehrheit auf dem Betrag der Forderungen der Gläubiger beziehungsweise der Beteiligungen der Anteilsinhaber in jeder Klasse beruhen. Die Mitgliedstaaten sollten darüber hinaus vorschreiben können, dass bezogen auf die Anzahl der betroffenen Parteien in jeder Klasse eine Mehrheit erreicht werden muss. Die Mitgliedstaaten sollten Vorschriften hinsichtlich betroffener Parteien mit Stimmrecht, die dieses Recht nicht auf korrekte Art und Weise ausüben oder nicht vertreten sind, erlassen können und zum Beispiel festlegen können, dass diese betroffenen Parteien zur Erreichung einer Beteiligungsschwelle oder zur Berechnung einer Mehrheit

miteinbezogen werden. Die Mitgliedstaaten sollten auch eine Beteiligungsschwelle für die Abstimmung festlegen können.

(48) Die Bestätigung eines Restrukturierungsplans durch eine Justiz- oder Verwaltungsbehörde ist notwendig, um sicherzustellen, dass die Kürzung der Forderungen der Gläubiger beziehungsweise der Beteiligungen der Anteilsinhaber in einem angemessenen Verhältnis zu den mit der Restrukturierung verbundenen Vorteilen steht und dass die Gläubiger und die Anteilsinhaber Zugang zu einem wirksamen Rechtsbehelf haben. Die Bestätigung ist besonders dann notwendig, wenn es ablehnende betroffene Parteien gibt, wenn der Restrukturierungsplan Bestimmungen zu neuer Finanzierung enthält oder wenn der Plan zum Verlust von mehr als 25 % der Arbeitsplätze führt. Die Mitgliedstaaten sollten jedoch festlegen können, dass die Bestätigung durch eine Justiz- oder Verwaltungsbehörde auch in anderen Fällen notwendig ist. Eine Bestätigung eines Plans, der zum Verlust von mehr als 25 % der Arbeitsplätze führt, sollte nur dann erforderlich sein, wenn es nach nationalem Recht zulässig ist, dass präventive Restrukturierungsrahmen Maßnahmen mit unmittelbaren Auswirkungen auf Arbeitsverträge vorsehen.

(49) Die Mitgliedstaaten sollten sicherstellen, dass eine Justiz- oder Verwaltungsbehörde einen Plan zurückweisen kann, wenn feststeht, dass dieser die Rechte ablehnender Gläubiger oder Anteilsinhaber so stark mindert, dass sie entweder weniger erhalten würden, als sie nach vernünftigem Ermessen im Falle der Liquidation des Unternehmens des Schuldners – unabhängig davon, ob diese stückweise oder in Form eines Verkaufs des Unternehmens als Ganzes erfolgen würde, je nach den besonderen Umständen des einzelnen Schuldners – erwarten könnten, oder weniger als sie nach vernünftigem Ermessen im Falle des nächstbesten Alternativszenarios – wenn der Restrukturierungsplan nicht bestätigt würde – erwarten konnten. Wenn jedoch der Restrukturierungsplan im Wege eines klassenübergreifenden Cram-downs bestätigt wird, sollte auf den in einem solchen Szenario anzuwendenden Schutzmechanismus verwiesen werden. Haben sich Mitgliedstaaten für die Bewertung des Schuldners als fortgeführtes Unternehmen entschieden, sollte der Wert des Unternehmens des Schuldners – anders als beim Liquidationswert – längerfristig betrachtet werden. Der Wert des fortgeführten Unternehmens ist in der Regel höher als der Liquidationswert, da er auf der Annahme beruht, dass das Unternehmen seine Tätigkeit mit der geringstmöglichen Störung fortsetzt, das Vertrauen der finanziellen

Gläubiger, Aktionäre und Kunden genießt, weiter Einnahmen erzielt und die Auswirkungen auf die Arbeitnehmer begrenzt.

(50) Obwohl die Erfüllung des Kriteriums des Gläubigerinteresses nur im Falle einer diesbezüglichen Beanstandung des Restrukturierungsplans von einer Justiz- oder Verwaltungsbehörde geprüft werden sollte, um zu vermeiden, dass in jedem Fall eine Bewertung erfolgt, sollten die Mitgliedstaaten vorsehen können, dass andere Bedingungen für die Bestätigung von Amts wegen geprüft werden können. Die Mitgliedstaaten sollten andere Bedingungen hinzufügen können, die für die Bestätigung eines Restrukturierungsplans erfüllt werden müssen, zum Beispiel, dass Anteilsinhaber angemessen geschützt sind. Die Justiz- oder Verwaltungsbehörden sollten die Bestätigung von Restrukturierungsplänen ablehnen können, wenn keine vernünftige Aussicht besteht, dass diese die Insolvenz des Schuldners verhindern oder die Bestandsfähigkeit des Unternehmens gewährleisten würden. Die Mitgliedstaaten sollten jedoch nicht sicherstellen müssen, dass eine solche Überprüfung von Amts wegen geschieht.

(51) Die Übermittlung an alle betroffenen Parteien sollte eine der Bedingungen für die Bestätigung eines Restrukturierungsplans sein. Die Mitgliedstaaten sollten die Form und den Zeitpunkt der Übermittlung sowie Bestimmungen für die Behandlung unbekannter Forderungen im Hinblick auf die Übermittlung festlegen können. Sie sollten auch vorsehen können, dass nicht betroffene Parteien über den Restrukturierungsplan informiert werden müssen.

(52) Die positive Bewertung des „Kriteriums des Gläubigerinteresses" sollte so verstanden werden, dass kein ablehnender Gläubiger nach dem Restrukturierungsplan schlechter gestellt wird als entweder im Falle der Liquidation, unabhängig davon, ob diese stückweise oder in Form eines Verkaufs des Unternehmens als Ganzen erfolgt, oder im Falle des nächstbesten Alternativszenarios, sollte der Restrukturierungsplan nicht bestätigt werden. Die Mitgliedstaaten sollten bei der Umsetzung des Kriteriums des Gläubigerinteresses im nationalen Recht eine dieser Bedingungen auswählen können. Dieses Kriterium sollte immer dann angewandt werden, wenn ein Plan bestätigt werden muss, um für ablehnende Gläubiger oder gegebenenfalls ablehnende Gläubigerklassen verbindlich zu sein. Infolge des Kriteriums des Gläubigerinteresses könnten die Mitgliedstaaten vorsehen, dass der Plan keinen vollständigen oder teilweisen Erlass der ausstehenden

Forderungen von öffentlichen institutionellen Gläubigern, die nach nationalem Recht einen privilegierten Status genießen, vorschreiben.

(53) Zwar sollte ein Restrukturierungsplan stets angenommen werden, wenn er von der erforderlichen Mehrheit in jeder betroffenen Klasse unterstützt wird, jedoch sollte ein Restrukturierungsplan, der nicht von der erforderlichen Mehrheit in jeder betroffenen Klasse unterstützt wird, immer noch auf Vorschlag eines Schuldners oder mit Zustimmung des Schuldners von einer Justiz- oder Verwaltungsbehörde bestätigt werden können. Handelt es sich um eine juristische Person, sollten die Mitgliedstaaten entscheiden können, ob zum Zwecke der Annahme oder Bestätigung eines Restrukturierungsplans unter dem Schuldner das vertretungsberechtigte Organ der juristischen Person oder eine bestimmte Mehrheit der Aktionäre oder Anteilsinhaber gelten soll. Damit der Plan im Falle eines klassenübergreifenden Cram-downs bestätigt wird, sollte er von einer Mehrheit der Abstimmungsklassen betroffener Parteien unterstützt werden. Mindestens eine dieser Klassen sollte eine Klasse gesicherter Gläubiger sein oder gegenüber der Klasse gewöhnlicher ungesicherter Gläubiger vorrangig sein.

(54) Es sollte möglich sein, dass, wenn eine Mehrheit der Abstimmungsklassen den Restrukturierungsplan nicht unterstützt, der Plan dennoch bestätigt werden kann, sofern er von zumindest einer der betroffenen oder beeinträchtigten Klassen von Gläubigern unterstützt wird, die im Falle einer Bewertung des Schuldners als fortgeführtes Unternehmen bei Anwendung der normalen Rangfolge der Liquidationsprioritäten nach nationalem Recht eine Zahlung erhalten oder eine Beteiligung behalten würde oder, wenn im nationalen Recht vorgesehen, bei der vernünftigerweise davon ausgegangen werden kann, dass sie eine Zahlung erhalten oder eine Beteiligung behalten würde. Im diesem Fall sollten die Mitgliedstaaten die Anzahl der Klassen, die für eine Genehmigung des Plans benötigt werden, erhöhen können, ohne notwendigerweise vorzuschreiben, dass all diese Klassen bei einer Bewertung des Schuldners als fortgeführtes Unternehmen nach nationalem Recht eine Auszahlung erhalten oder eine Beteiligung behalten. Die Mitgliedstaaten sollten jedoch nicht die Zustimmung aller Klassen vorschreiben. Entsprechend sollte in Fällen mit nur zwei Klassen von Gläubigern die Zustimmung von zumindest einer Klasse als ausreichend angesehen werden, wenn die anderen Voraussetzungen für die Anwendung eines klassenübergreifenden Cram-downs erfüllt sind. Als Beeinträchtigung von Gläubigern sollte eine Kürzung ihrer Forderungen gelten.

(55) Bei einem klassenübergreifenden Cram-down sollten die Mitgliedstaaten sicherstellen, dass ablehnende Klassen betroffener Gläubiger nach

dem vorgeschlagenen Plan nicht in unangemessener Weise beeinträchtigt werden und die Mitgliedstaaten sollten für hinreichenden Schutz solcher ablehnender Klassen sorgen. Die Mitgliedstaaten sollten in der Lage sein, eine ablehnende Klasse betroffener Gläubiger zu schützen, indem sie sicherstellen, dass diese mindestens ebenso günstig wie andere gleichrangige Klassen und günstiger als alle nachrangigeren Klassen gestellt werden. Alternativ könnten die Mitgliedstaaten eine ablehnende Klasse betroffener Gläubiger schützen, indem sie sicherstellen, dass eine solche ablehnende Klasse in vollem Umfang befriedigt wird, wenn eine nachrangige Klasse nach dem Restrukturierungsplan eine Auszahlung erhält oder eine Beteiligung behält (im Folgenden „Regel des absoluten Vorrangs"). Bei der Umsetzung des Konzepts der „vollumfänglichen Befriedigung" sollten die Mitgliedstaaten einen Ermessensspielraum haben, auch hinsichtlich des Zeitpunkts der Zahlung, solange die Hauptforderung und, im Falle von gesicherten Gläubigern, der Wert der Sicherheit geschützt sind. Die Mitgliedstaaten sollten auch entscheiden können, wie die vollumfängliche Befriedigung der ursprünglichen Forderung in gleichwertiger Weise gestaltet werden kann.

(56) Die Mitgliedstaaten sollten von der Regel des absoluten Vorrangs abweichen können, zum Beispiel, wenn es als angemessen erachtet wird, dass Anteilsinhaber nach dem Plan bestimmte Beteiligungen behalten, obwohl eine vorrangige Klasse eine Verringerung ihrer Forderungen in Kauf nehmen muss, oder dass Lieferanten von wesentlichen Versorgungsgütern, die unter die Bestimmungen über die Aussetzung von Einzelvollstreckungsmaßnahmen fallen, vor vorrangigen Gläubigerklassen bezahlt werden. Die Mitgliedstaaten sollten zwischen den oben genannten Schutzmechanismen wählen können.

(57) Zwar sollten die berechtigten Interessen der Aktionäre und anderen Anteilsinhaber geschützt werden, die Mitgliedstaaten sollten jedoch sicherstellen, dass sie nicht grundlos die Annahme von Restrukturierungsplänen verhindern können, die den Schuldner in die Bestandsfähigkeit zurückführen würden. Die Mitgliedstaaten sollten dies mit verschiedenen Mitteln erreichen können, beispielsweise indem sie Anteilsinhabern nicht das Recht gewähren, über einen Restrukturierungsplan abzustimmen und die Annahme eines Restrukturierungsplans nicht von der Zustimmung der Anteilsinhaber abhängig machen, die im Falle einer Bewertung des Unternehmens bei Anwendung der normalen Rangfolge der Liquidationsprioritäten keine Zahlung oder sonstige Gegenleistung erhalten würden. Wenn Anteilsinhaber jedoch das Recht haben, über einen Restrukturierungsplan abzustimmen, sollte eine Justiz- oder Verwaltungsbehörde den Plan trotz der Ablehnung

durch eine oder mehrere Klassen von Anteilsinhabern durch Anwendung der Regeln eines klassenübergreifenden Cram-downs bestätigen können. Mitgliedstaaten, die Anteilsinhaber von der Abstimmung ausschließen, sollten die Regel des absoluten Vorrangs im Verhältnis zwischen Gläubigern und Anteilsinhabern nicht anwenden müssen. Eine weitere Möglichkeit, um sicherzustellen, dass Anteilsinhaber nicht grundlos die Annahme von Restrukturierungsplänen verhindern, wäre sicherzustellen, dass Restrukturierungsmaßnahmen, die sich unmittelbar auf die Rechte der Anteilsinhaber auswirken und nach dem Gesellschaftsrecht durch eine Anteilsinhaberversammlung bestätigt werden müssen, keine unangemessen hohen Mehrheiten benötigen und dass Anteilsinhaber keine Zuständigkeit bei Restrukturierungsmaßnahmen haben, die sich nicht unmittelbar auf ihre Rechte auswirken.

(58) Mehrere Klassen von Anteilsinhabern können erforderlich sein, wenn unterschiedliche Beteiligungen mit unterschiedlichen Rechten vorliegen. Für Anteilsinhaber von KMU, bei denen es sich nicht um reine Anleger, sondern um die Inhaber der Unternehmen handelt, die auch auf andere Weise, etwa mit Managementerfahrung, einen Beitrag zum Unternehmen leisten, besteht möglicherweise kein Anreiz, unter diesen Bedingungen eine Restrukturierung vorzunehmen. Der klassenübergreifende Cram-down sollte deshalb für Schuldner, bei denen es sich um KMU handelt, fakultativ bleiben.

(59) Zur Umsetzung des Restrukturierungsplans sollten die Anteilsinhaber von KMU die Möglichkeit haben, mit Sachleistungen zur Restrukturierung beizutragen, indem sie beispielsweise auf ihre Erfahrung, ihren guten Ruf oder ihre Geschäftsbeziehungen zurückgreifen.

(60) Arbeitnehmer sollten während der gesamten Dauer der präventiven Restrukturierungsverfahren den vollen arbeitsrechtlichen Schutz genießen. Insbesondere sollte diese Richtlinie die Arbeitnehmerrechte unberührt lassen, die durch die Richtlinien 98/59/EG ([1]) und 2001/23/EG des Rates ([2])

([1]) Richtlinie 98/59/EG des Rates vom 20. Juli 1998 zur Angleichung der Rechtsvorschriften der Mitgliedstaaten über Massenentlassungen (ABl. L 225 vom 12.8.1998, S. 16).

([2]) Richtlinie 2001/23/EG des Rates vom 12. März 2001 zur Angleichung der Rechtsvorschriften der Mitgliedstaaten über die Wahrung von Ansprüchen der Arbeitnehmer beim Übergang von Unternehmen, Betrieben oder Unternehmens- oder Betriebsteilen (ABl. L 82 vom 22.3.2001, S. 16).

und die Richtlinien 2002/14/EG (¹), 2008/94/EG (²) und 2009/38/EG des Europäischen Parlaments und des Rates (³) garantiert werden. Die Verpflichtungen zur Unterrichtung und Anhörung der Arbeitnehmer nach den zur Umsetzung der Richtlinien erlassenen nationalen Rechtsvorschriften werden in keiner Weise berührt. Dies schließt auch Verpflichtungen mit ein, die Arbeitnehmervertreter gemäß der Richtlinie 2002/14/EG die Arbeitnehmervertreter über den Beschluss, ein präventives Restrukturierungsverfahren in Anspruch zu nehmen, zu unterrichten und anzuhören.

(61) Arbeitnehmer und Arbeitnehmervertreter sollten Informationen zu dem vorgeschlagenen Restrukturierungsplan erhalten, soweit dies im Unionsrecht vorgesehen ist, damit sie die verschiedenen Szenarien eingehend prüfen können. Darüber hinaus sollten Arbeitnehmer und ihre Vertreter in dem Maße einbezogen werden, wie dies zur Erfüllung der im Unionsrecht vorgesehenen Anhörungserfordernisse notwendig ist. Angesichts der Notwendigkeit, ein angemessenes Schutzniveau für Arbeitnehmer zu gewährleisten, sollten die Mitgliedstaaten verpflichtet sein, nicht erfüllte Forderungen der Arbeitnehmer von einer Aussetzung von Einzelvollstreckungsmaßnahmen auszunehmen, und zwar unabhängig davon, ob diese Forderungen vor oder nach Gewährung der Aussetzung entstanden sind. Eine Aussetzung der Vollstreckung nicht erfüllter Forderungen der Arbeitnehmer sollte nur für die Beträge und für den Zeitraum gestattet sein, für die die Erfüllung dieser Forderungen in vergleichbarer Höhe nach nationalem Recht auf andere Weise wirksam garantiert ist. Wenn die Haftung von Garantieeinrichtungen nach nationalem Recht in Bezug auf die Laufzeit der Garantie oder den den Arbeitnehmern gezahlten Betrag beschränkt ist, sollten die Arbeitnehmer ihre Forderungen wegen mangelnder Erfüllung auch während der

---

(¹) Richtlinie 2002/14/EG des Europäischen Parlaments und des Rates vom 11. März 2002 zur Festlegung eines allgemeinen Rahmens für die Unterrichtung und Anhörung der Arbeitnehmer in der Europäischen Gemeinschaft (ABl. L 80 vom 23.3.2002, S. 29).

(²) Richtlinie 2008/94/EG des Europäischen Parlaments und des Rates vom 22. Oktober 2008 über den Schutz der Arbeitnehmer bei Zahlungsunfähigkeit des Arbeitgebers (ABl. L 283 vom 28.10.2008, S. 36).

(³) Richtlinie 2009/38/EG des Europäischen Parlaments und des Rates vom 6. Mai 2009 über die Einsetzung eines Europäischen Betriebsrats oder die Schaffung eines Verfahrens zur Unterrichtung und Anhörung der Arbeitnehmer in gemeinschaftsweit operierenden Unternehmen und Unternehmensgruppen (ABl. L 122 vom 16.5.2009, S. 28).

Aussetzung der Vollstreckung gegen den Arbeitgeber vollstrecken können. Alternativ sollten die Mitgliedstaaten die Forderungen der Arbeitnehmer vom Anwendungsbereich des präventiven Restrukturierungsrahmens ausnehmen und ihren Schutz im nationalen Recht vorsehen können.

(62) Wenn ein Restrukturierungsplan den Übergang eines Unternehmens- oder Betriebsteils zur Folge hat, sollten die Ansprüche der Arbeitnehmer aus einem Arbeitsvertrag oder Arbeitsverhältnis, insbesondere der Anspruch auf Lohn, im Einklang mit den Artikeln 3 und 4 der Richtlinie 2001/23/EG gewahrt werden, unbeschadet der besonderen Vorschriften für den Fall eines Insolvenzverfahrens nach Artikel 5 der genannten Richtlinie und insbesondere der in Artikel 5 Absatz 2 der genannten Richtlinie vorgesehenen Möglichkeiten. Diese Richtlinie sollte unbeschadet der in der Richtlinie 2002/14/EG garantierten Rechte auf Unterrichtung und Anhörung – unter anderem in Bezug auf Entscheidungen, die wesentliche Veränderungen der Arbeitsorganisation oder der Arbeitsverträge mit sich bringen können – mit dem Ziel einer Einigung über diese Entscheidungen gelten. Ferner sollten Arbeitnehmer, deren Forderungen von dem Restrukturierungsplan betroffen sind, nach der vorliegenden Richtlinie das Recht haben, über einen Plan abzustimmen. Für die Zwecke der Abstimmung über den Restrukturierungsplan sollten die Mitgliedstaaten entscheiden können, Arbeiternehmer getrennt von anderen Gläubigern in eine eigene Klasse zu gruppieren.

(63) Die Justiz- oder Verwaltungsbehörden sollten nur dann über die Ermittlung des Wertes eines Unternehmens – entweder in der Liquidation oder im nächstbesten Alternativszenario wenn der Restrukturierungsplan nicht bestätigt wurde – entscheiden, wenn eine ablehnende betroffene Partei den Restrukturierungsplan beanstandet. Dies sollte die Mitgliedstaaten nicht daran hindern, Bewertungen in einem anderen Zusammenhang nach nationalem Recht durchzuführen. Es sollte jedoch möglich sein, dass eine solche Entscheidung auch darin besteht, dass eine durch einen Experten vorgenommene Bewertung oder eine Bewertung, die in einem früheren Stadium des Prozesses durch den Schuldner oder eine andere Partei vorgelegt wurde, gebilligt wird. Wird die Entscheidung getroffen, eine Bewertung durchzuführen, sollten die Mitgliedstaaten für eine Bewertung in Restrukturierungsfällen eigene, vom allgemeinen Zivilprozessrecht getrennte Ausnahmeregelungen vorsehen können, um eine zügige Durchführung zu gewährleisten. Die nationalen Vorschriften zur Beweislast im Falle einer Bewertung sollten von dieser Richtlinie nicht berührt werden.

(64) Die verbindliche Wirkung eines Restrukturierungsplans sollte auf die betroffenen Parteien beschränkt sein, die an der Annahme des Plans beteiligt waren. Die Mitgliedstaaten sollten festlegen können, was unter der Beteiligung eines Gläubigers zu verstehen ist, einschließlich im Falle von unbekannten Gläubigern oder Gläubigern von zukünftigen Forderungen. Zum Beispiel sollten die Mitgliedstaaten entscheiden können, wie mit Gläubigern umzugehen ist, denen der Plan ordnungsgemäß übermittelt wurde, die aber nicht an den Verfahren beteiligt waren.

(65) Betroffene Parteien sollten die Möglichkeit haben, einen Rechtsbehelf gegen einen Beschluss über die Bestätigung eines Restrukturierungsplans durch eine Verwaltungsbehörde einzulegen. Die Mitgliedstaaten sollten zudem eine Möglichkeit schaffen können, einen Rechtsbehelf gegen einen Beschluss über die Bestätigung eines Restrukturierungsplans durch eine Justizbehörde einzulegen. Um die Wirksamkeit des Plans zu gewährleisten, die Unsicherheit zu verringern und ungerechtfertigte Verzögerungen zu vermeiden, sollten Rechtsbehelfe jedoch in der Regel in Bezug auf die Umsetzung des Restrukturierungsplans keine aufschiebende Wirkung haben. Die Mitgliedstaaten sollten die Gründe für die Einlegung von Rechtsbehelfen bestimmen oder beschränken können. Bei Einlegung eines Rechtsmittels gegen die Entscheidung zur Bestätigung eines Plans sollten die Mitgliedstaaten der Justizbehörde gestatten können, eine vorläufige Entscheidung oder eine einstweilige Verfügung zu erlassen, die die Ausführung und Umsetzung des Plans für den Fall eines Erfolgs des anhängigen Rechtsmittels absichert. Ist ein Rechtsmittel erfolgreich, sollten die Justiz- und Verwaltungsbehörden als Alternative zur Aufhebung des Plans die Abänderung des Plans- falls die Mitgliedstaaten eine solche Möglichkeit vorsehen – und Bestätigung des Plans ohne Abänderungen in Erwägung ziehen können. Die Parteien sollten Abänderungen an dem Plan vorschlagen oder über sie abstimmen können, sei es auf ihre Eigeninitiative oder auf Aufforderung der Justizbehörde. Die Mitgliedstaaten könnten auch Bestimmungen vorsehen, laut derer die Partei, deren Rechtsmittel erfolgreich war, für finanzielle Verluste entschädigt wird. Dem nationalen Recht sollte die Möglichkeit verbleiben, zu regeln, wie mit einer möglichen neuen Aussetzung oder einer Verlängerung der Aussetzung umgegangen wird, falls die Justizbehörde entscheidet, dass das Rechtsmittel aufschiebende Wirkung hat.

(66) Der Erfolg eines Restrukturierungsplans hängt häufig davon ab, ob dem Schuldner finanzielle Hilfe zur Verfügung gestellt wird, um erstens den Betrieb des Unternehmens während der Restrukturierungsverhandlungen und zweitens die Umsetzung des Restrukturierungsplans nach dessen Bestä-

tigung zu unterstützen. Finanzielle Hilfe sollte im weiteren Sinne verstanden werden und Folgendes miteinschließen: Bereitstellung von finanziellen Mitteln oder Bürgschaften Dritter sowie von Waren, Vorräten, Rohstoffen und Versorgungsdienstleistungen, zum Beispiel dadurch, dass dem Schuldner ein längerer Rückzahlungszeitraum gewährt wird. Zwischenfinanzierungen und neue Finanzierungen sollten daher von Insolvenzanfechtungsklagen ausgenommen werden, die zum Ziel haben, solche Finanzierungen in späteren Insolvenzverfahren als die Gesamtheit der Gläubiger benachteiligende Handlungen für nichtig, anfechtbar oder nicht vollstreckbar zu erklären.

(67) Nationale Insolvenzvorschriften, die Insolvenzanfechtungsklagen für Zwischenfinanzierungen und neue Finanzierungen vorsehen oder nach denen neue Kreditgeber mit zivil-, verwaltungs- oder strafrechtlichen Sanktionen belegt werden können, weil sie Schuldnern in finanziellen Schwierigkeiten Kredit gewähren, könnten die Verfügbarkeit der für die erfolgreiche Aushandlung und Umsetzung eines Restrukturierungsplans erforderlichen Finanzierung gefährden. Diese Richtlinie sollte nicht andere Gründe dafür berühren, neue Finanzierungen und Zwischenfinanzierungen für nichtig, anfechtbar oder nicht vollstreckbar zu erklären, oder dafür, eine zivil-, verwaltungs- oder strafrechtliche Haftung für Anbieter solcher Finanzierungen zu begründen, wie im nationalen Recht festgelegt. Mögliche andere Gründe sind unter anderem Betrug, Bösgläubigkeit, eine bestimmte Art von Beziehung zwischen den Parteien, die mit Interessenkonflikten verbunden sein können, wie zum Beispiel bei Transaktionen zwischen nahestehenden Parteien oder zwischen Anteilsinhabern und dem Unternehmen oder bei Transaktionen, bei denen eine Partei einen Wert oder Sicherheiten erhalten hat, welche er zum Zeitpunkt der Transaktion oder in der Art, wie sie durchgeführt wurde, nicht zu beanspruchen hatte.

(68) Bei der Gewährung einer Zwischenfinanzierung wissen die Parteien nicht, ob der Restrukturierungsplan schließlich bestätigt wird oder nicht. Daher sollten die Mitgliedstaaten nicht verpflichtet sein, den Schutz von Zwischenfinanzierungen auf die Fälle zu beschränken, in denen der Plan von den Gläubigern angenommen oder von einer Justiz- oder Verwaltungsbehörde bestätigt wird. Zur Vermeidung möglichen Missbrauchs sollten nur Finanzierungen geschützt werden, die für die Fortsetzung des Betriebs oder das Überleben des Unternehmens des Schuldners oder für die Erhaltung oder Steigerung des Wertes dieses Unternehmens bis zur Bestätigung des Plans nach vernünftigem Ermessen unverzüglich erforderlich sind. Des Weiteren sollte diese Richtlinie die Mitgliedstaaten nicht daran hindern

einen Ex-ante-Kontrollmechanismus für Zwischenfinanzierungen einzuführen. Die Mitgliedstaaten sollten den Schutz neuer Finanzierungen auf Fälle beschränken können, in denen der Plan von einer Justiz- oder Verwaltungsbehörde bestätigt wurde, und den Schutz von Zwischenfinanzierungen auf Fälle, in denen diese einer Ex-ante-Kontrolle unterzogen wurden. Ein Ex-ante-Kontrollmechanismus für Zwischenfinanzierungen oder andere Transaktionen sollte von einem Restrukturierungsbeauftragten, einem Gläubigerausschuss oder einer Justiz- oder Verwaltungsbehörde angewandt werden. Schutz vor Insolvenzanfechtungsklagen und Schutz vor persönlicher Haftung sind Mindestgarantien, die für Zwischenfinanzierungen und neue Finanzierungen gewährt werden sollten. Wenn neue Kreditgeber ermutigt werden sollen, das erhöhte Risiko einzugehen, das mit einer Investition in einen rentablen Schuldner in finanziellen Schwierigkeiten verbunden ist, sind jedoch möglicherweise weitere Anreize notwendig, zum Beispiel ein Vorrang solcher Finanzierungen zumindest gegenüber ungesicherten Forderungen in späteren Insolvenzverfahren.

(69) Zur Förderung einer Kultur, in der die präventive Restrukturierung frühzeitig in Anspruch genommen wird, ist es wünschenswert, dass auch Transaktionen, die für die Verhandlung oder Umsetzung eines Restrukturierungsplans angemessen und unverzüglich notwendig sind, in späteren Insolvenzverfahren Schutz vor Insolvenzanfechtungsklagen erhalten. Justiz- oder Verwaltungsbehörden sollten bei der Feststellung der Angemessenheit und unverzüglichen Notwendigkeit von Kosten und Gebühren beispielsweise Prognosen und Kostenschätzungen berücksichtigen können, die den betroffenen Parteien, einem Gläubigerausschuss, einem Restrukturierungsbeauftragten oder den Justiz- oder Verwaltungsbehörden selbst übermittelt wurden. Zu diesem Zweck sollten die Mitgliedstaaten auch von den Schuldnern verlangen können, sachdienliche Schätzungen bereitzustellen und zu aktualisieren. Ein solcher Schutz sollte die Sicherheit bei Transaktionen mit Unternehmen, die sich bekanntermaßen in finanziellen Schwierigkeiten befinden, erhöhen und Gläubigern und Anlegern die Angst nehmen, dass diese Transaktionen alle für nichtig erklärt werden könnten, falls die Restrukturierung misslingt. Die Mitgliedstaaten sollten einen Zeitpunkt vor der Eröffnung eines präventiven Restrukturierungsverfahrens und der Gewährung der Aussetzung von Einzelvollstreckungsmaßnahmen vorsehen können, ab dem die Gebühren und Kosten für die Aushandlung, Annahme oder Bestätigung des Restrukturierungsplans oder die Inanspruchnahme professioneller Hilfe für den Restrukturierungsplan vor Insolvenzanfechtungsklagen geschützt sind. Im Falle anderer Zahlungen und Auslagen und

des Schutzes der Zahlung von Arbeitnehmerlöhnen könnte ein solcher Zeitpunkt auch die Gewährung der Aussetzung oder die Eröffnung des präventiven Restrukturierungsverfahrens sein.

(70) Um die präventive Restrukturierung weiter zu fördern, muss gewährleistet sein, dass Unternehmensleitungen nicht davon abgehalten werden, vertretbare Geschäftsentscheidungen zu treffen oder vertretbare wirtschaftliche Risiken einzugehen, vor allem wenn dies die Aussichten auf eine Restrukturierung potenziell bestandsfähiger Unternehmen verbessert. Wenn ein Unternehmen in finanzielle Schwierigkeiten gerät, sollte die Unternehmensleitung Schritte einleiten, um Verluste möglichst gering zu halten und eine Insolvenz abzuwenden, wie zum Beispiel: Inanspruchnahme professioneller Beratung unter anderem zu Restrukturierung und Insolvenz, etwa durch Nutzung von Frühwarnsystemen, soweit vorhanden; Schutz der Vermögenswerte des Unternehmens, um einen möglichst hohen Wert zu sichern und den Verlust wesentlicher Vermögenswerte zu verhindern; Analyse der Struktur und der Funktionen des Unternehmens, um die Bestandsfähigkeit zu prüfen und die Ausgaben zu senken; keine Vornahme der Arten von Transaktionen für das Unternehmen, die Gegenstand einer Insolvenzanfechtungsklage werden könnten, es sei denn, es gibt einen triftigen wirtschaftlichen Grund dafür; Fortsetzung der Geschäftstätigkeit, wenn dies unter den gegebenen Umständen sinnvoll ist, um einen möglichst hohen Wert als fortgeführtes Unternehmen zu sichern; Führung von Verhandlungen mit den Gläubigern und Einleitung präventiver Restrukturierungsverfahren.

(71) Wenn dem Schuldner die Insolvenz droht, kommt es auch darauf an, die berechtigten Interessen der Gläubiger vor Managemententscheidungen zu schützen, die sich auf die Zusammensetzung des Schuldnervermögens auswirken können, insbesondere wenn diese Entscheidungen eine weitere Wertminderung des Vermögens bewirken könnten, das für Restrukturierungsmaßnahmen oder für die Verteilung an die Gläubiger zur Verfügung steht. Es ist daher notwendig, sicherzustellen, dass die Unternehmensleitung es unter diesen Umständen vermeidet, vorsätzliche oder grob fahrlässige Handlungen vorzunehmen, die auf Kosten der Anteilsinhaber zu persönlichen Vorteilen führen, und vermeidet, Transaktionen unter Marktwert zuzustimmen oder Maßnahmen zu treffen, die eine unfaire Bevorzugung eines oder mehrerer Interessenträger zur Folge haben. Die Mitgliedstaaten sollten die entsprechenden Bestimmungen der vorliegenden Richtlinie umsetzen können, indem sie sicherstellen, dass Justiz- oder Verwaltungsbehörden bei der Beurteilung, ob ein Mitglied der Unternehmensleitung für Verletzungen der Sorgfaltspflicht haftbar zu machen ist, die Bestimmungen dieser

Richtlinie zu den Pflichten der Unternehmensleitung berücksichtigen. Diese Richtlinie zielt nicht darauf ab, eine Rangfolge zwischen den verschiedenen Parteien festzulegen, deren Interessen gebührend berücksichtigt werden müssen. Die Mitgliedstaaten sollten jedoch in der Lage sein, eine solche Rangfolge festzulegen. Diese Richtlinie sollte die nationalen Vorschriften der Mitgliedstaaten über die Entscheidungsprozesse in einem Unternehmen unberührt lassen.

(72) Unternehmer, die eine gewerbliche, geschäftliche, handwerkliche oder freiberufliche selbstständige Tätigkeit ausüben, können Gefahr laufen, insolvent zu werden. Die je nach Mitgliedstaat unterschiedlichen Möglichkeiten für einen Neustart könnten einen Anreiz für überschuldete oder insolvente Unternehmer bieten, ihren Sitz in einen anderen Mitgliedstaat als denjenigen zu verlegen, in dem sie niedergelassen sind, um in den Genuss von kürzeren Entschuldungsfristen oder attraktiveren Bedingungen für eine Entschuldung zu kommen, was für die Gläubiger zu zusätzlicher Rechtsunsicherheit und Mehrkosten bei der Beitreibung ihrer Forderungen führt. Zudem stellen die Auswirkungen einer Insolvenz, insbesondere das soziale Stigma, die rechtlichen Folgen – etwa das Verbot, eine unternehmerische Tätigkeit aufzunehmen und auszuüben – und die anhaltende Unfähigkeit zur Begleichung von Schulden, für Unternehmer, die ein Unternehmen gründen oder eine zweite Chance erhalten wollen, bedeutende Negativanreize dar, obwohl erwiesen ist, dass Unternehmer, die insolvent wurden, beim nächsten Mal bessere Aussichten auf Erfolg haben.

(73) Daher sollten die negativen Auswirkungen von Überschuldung oder Insolvenz auf Unternehmer insbesondere dadurch verringert werden, dass eine volle Entschuldung nach Ablauf einer bestimmten Frist ermöglicht und die Dauer von mit der Überschuldung oder Insolvenz eines Schuldners zusammenhängenden Tätigkeitsverboten begrenzt wird. Der Begriff der Insolvenz sollte im nationalen Recht festgelegt werden und auch als Überschuldung verstanden werden können. Der Begriff des Unternehmers im Sinne der vorliegenden Richtlinie sollte sich nicht auf Geschäftsführer oder Mitglieder einer Unternehmensleitung; diese sollten nach nationalem Recht behandelt werden. Die Mitgliedstaaten sollten entscheiden können, wie der Zugang zur Entschuldung erlangt werden kann, was die Möglichkeit einschließt, vom Schuldner einen Antrag auf Entschuldung zu verlangen.

(74) Die Mitgliedstaaten sollten die Möglichkeit vorsehen können, die Tilgungspflicht insolventer Unternehmer anzupassen, wenn sich ihre finanzielle Situation erheblich verändert, sei es zum Besseren oder zum Schlechteren. Diese Richtlinie sollte nicht die Befürwortung des Tilgungsplans

durch eine Mehrheit der Gläubiger verlangen. Die Mitgliedstaaten sollten vorsehen können, dass es Unternehmern nicht untersagt ist, während der Umsetzung des Tilgungsplans eine neue Tätigkeit in demselben oder in einem anderen Bereich aufzunehmen.

(75) Eine Entschuldung sollte im Rahmen von Verfahren verfügbar sein, die einen Tilgungsplan, eine Verwertung von Vermögenswerten oder eine Kombination aus beidem umfassen. Bei der Umsetzung dieser Bestimmungen sollten die Mitgliedstaaten zwischen diesen Alternativen wählen können. Falls gemäß nationalem Recht mehrere zur Entschuldung führende Verfahren zur Verfügung stehen, sollten die Mitgliedstaaten sicherstellen, dass zumindest bei einem dieser Verfahren die Möglichkeit für einen insolventen Unternehmer besteht, sich innerhalb eines Zeitraums von höchstens drei Jahren vollständig zu entschulden. Im Falle von Verfahren, bei denen eine Verwertung von Vermögenswerten und ein Tilgungsplan miteinander kombiniert werden, sollte die Entschuldungsfrist spätestens an dem Tag beginnen, zu dem der Tilgungsplan von einem Gericht bestätigt wird oder mit seiner Umsetzung begonnen wird, beispielsweise mit der ersten Zahlung gemäß dem Tilgungsplan; sie könnte aber auch früher beginnen, etwa zum Zeitpunkt der Entscheidung, das Verfahren zu eröffnen.

(76) Bei Verfahren ohne Tilgungsplan sollte die Entschuldungsfrist spätestens am Tag der Entscheidung einer Justiz- oder Verwaltungsbehörde über die Eröffnung des Verfahrens oder am Tag der Bestimmung der Insolvenzmasse beginnen. Die Mitgliedstaaten sollten zum Zwecke der Berechnung der Entschuldungsfrist gemäß dieser Richtlinie vorsehen können, dass das Konzept der „Eröffnung des Verfahrens" keine vorläufigen Maßnahmen umfasst, wie etwa Erhaltungsmaßnahmen oder die Bestellung eines vorläufigen Insolvenzverwalters, es sei denn, solche Maßnahmen ermöglichen die Verwertung von Vermögenswerten, einschließlich der Veräußerung von Vermögenswerten und deren Verteilung an Gläubiger. Die Bestimmung der Insolvenzmasse sollte nicht unbedingt im Wege einer formellen Entscheidung oder Bestätigung einer Justiz- oder Verwaltungsbehörde erfolgen müssen, wenn eine solche Entscheidung nicht gemäß den nationalen Rechtsvorschriften erforderlich ist, und könnte aus dem Einreichen der Auflistung der Vermögenswerte und Verbindlichkeiten bestehen.

(77) Wenn der zu einer Entschuldung führende Verfahrensablauf die Verwertung der Vermögenswerte eines Unternehmers vorsieht, müssen die Mitgliedstaaten die Möglichkeit haben vorzusehen, dass der Antrag auf Entschuldung getrennt von der Verwertung der Vermögenswerte behandelt wird, vorausgesetzt, ein solcher Antrag stellt einen wesentlichen Bestandteil

des zur Entschuldung führenden Verfahrensablaufs gemäß der vorliegenden Richtlinie dar. Den Mitgliedstaaten sollte es möglich sein, über die nationalen Vorschriften zur Beweislast für die Wirksamkeit der Entschuldung zu entscheiden, das heißt, dass es möglich sein sollte, Unternehmer gesetzlich zu verpflichten, die Einhaltung ihrer Verpflichtungen nachzuweisen.

(78) Eine volle Entschuldung oder ein Ende der Tätigkeitsverbote nach einer Frist von höchstens drei Jahren ist nicht in jedem Fall angemessen; daher könnten Ausnahmen von dieser Regel festgelegt werden müssen, die mit im nationalen Recht festgelegten Gründen ausreichend gerechtfertigt sind. Solche Ausnahmeregelungen sollten zum Beispiel für den Fall eingeführt werden, dass der Schuldner unredlich oder bösgläubig gehandelt hat. Wenn Unternehmer nach nationalem Recht nicht von einer Vermutung der Redlichkeit und des guten Glaubens profitieren, sollte ihnen eine Einleitung des Verfahrens aufgrund der Beweislast für ihre Redlichkeit und ihren guten Glauben nicht unnötig erschwert oder aufwendig gestaltet werden.

(79) Bei der Prüfung, ob ein Unternehmer unredlich war, könnten die Justiz- oder Verwaltungsbehörden Umstände wie die folgenden berücksichtigen: Art und Umfang der Schulden, Zeitpunkt des Entstehens der Schuld, Anstrengungen des Unternehmers zur Begleichung der Schulden und zur Erfüllung rechtlicher Verpflichtungen, unter anderem im Zusammenhang mit öffentlichen Erlaubnissen und dem Erfordernis ordnungsgemäßer Buchführung, Handlungen seitens des Unternehmers zur Vereitelung einer Inanspruchnahme durch Gläubiger, die Erfüllung von Pflichten im Zusammenhang mit einer wahrscheinlichen Insolvenz, die den Unternehmenseignern als Mitgliedern der Geschäftsleitung obliegen, sowie die Einhaltung des Wettbewerbsrechts der Union und des nationalen Wettbewerbsrechts und des Arbeitsrechts der Union und des nationalen Arbeitsrechts. Es sollte auch möglich sein, Ausnahmeregelungen einzuführen, wenn der Unternehmer bestimmte rechtliche Verpflichtungen nicht erfüllt hat, unter anderem Verpflichtungen, die Gläubiger bestmöglich zu befriedigen, welche die Form einer allgemeinen Verpflichtung haben könnten, Einkommen oder Vermögenswerte zu erwirtschaften. Spezielle Ausnahmeregelungen sollten darüber hinaus festgelegt werden können, wenn sie notwendig sind, um einen Ausgleich zwischen den Rechten des Schuldners und den Rechten eines oder mehrerer Gläubiger zu gewährleisten, etwa wenn der Gläubiger eine natürliche Person ist, die größeren Schutzes bedarf als der Schuldner.

(80) Eine Ausnahme könnte auch gerechtfertigt sein, wenn die Kosten des zu einer Entschuldung führenden Verfahrens, einschließlich der Gebühren für Justiz- und Verwaltungsbehörden sowie für Verwalter, nicht gedeckt

sind. Die Mitgliedstaaten sollten bestimmen können, dass die Vorteile einer vollen Entschuldung zu widerrufen werden können, zum Beispiel, wenn sich die finanzielle Situation des Schuldners aufgrund unvorhergesehener Umstände, etwa eines Lotteriegewinns oder des Erhaltens eines Erbes oder einer Schenkung, wesentlich verbessert. Die Mitgliedstaaten sollten nicht daran gehindert werden, unter wohldefinierten Umständen und in ausreichend begründeten Fällen zusätzliche Ausnahmen vorzusehen.

(81) Wenn im nationalen Recht ein ausreichend begründeter Grund vorliegt, könnte es angemessen sein, die Möglichkeit der Entschuldung für bestimmte Schuldenkategorien einzuschränken. Es sollte für die Mitgliedstaaten möglich sein, besicherte Schulden nur bis zu dem im nationalen Recht bestimmten Wert der Sicherheit von der Möglichkeit der Entschuldung auszunehmen, wohingegen die übrigen Schulden als unbesicherte Schulden behandelt werden sollten. Die Mitgliedstaaten sollten in ausreichend begründeten Fällen weitere Schuldenkategorien ausschließen können.

(82) Die Mitgliedstaaten sollten beschließen können, dass die Justiz- oder Verwaltungsbehörden entweder von Amts wegen oder auf Antrag einer Person mit einem berechtigten Interesse überprüfen können, ob die Unternehmer die Bedingungen für eine volle Entschuldung erfüllt haben.

(83) In dem Fall, dass einem Unternehmer infolge eines Tätigkeitsverbots die Genehmigung oder Lizenz zur Ausübung einer bestimmten handwerklichen, geschäftlichen, gewerblichen oder freiberuflichen Tätigkeit verweigert oder entzogen wurde, sollte die vorliegende Richtlinie den Mitgliedstaaten nicht die Möglichkeit nehmen, vom Unternehmer nach Ablauf des Tätigkeitsverbots die Einreichung eines Antrags für eine neue Genehmigung oder Lizenz zu verlangen. Trifft eine Behörde eines Mitgliedstaats eine Entscheidung in Bezug auf eine besonders überwachte Tätigkeit, so sollte sie – selbst nach Ablauf der Verbotsfrist – auch berücksichtigen können, dass dem insolventen Unternehmer gemäß der vorliegenden Richtlinie eine Entschuldung gewährt wurde.

(84) Private und berufliche Schulden, die nicht sinnvoll getrennt werden können, zum Beispiel, wenn ein Vermögenswert sowohl für die berufliche Tätigkeit des Unternehmers als auch außerhalb dieser genutzt wird, sollten im Rahmen eines einzigen Verfahrens behandelt werden. Sehen die Mitgliedstaaten vor, dass diese Schulden verschiedenen Insolvenzverfahren unterliegen, so ist eine Koordinierung zwischen diesen Verfahren erforderlich. Diese Richtlinie sollte die Möglichkeit der Mitgliedstaaten unberührt lassen, alle Schulden eines Unternehmers im Rahmen eines einzigen Verfahrens zu behandeln. Die Mitgliedstaaten, in denen Unternehmer ihre

Geschäfte während des Insolvenzverfahrens auf eigene Rechnung fortsetzen dürfen, sollten nicht daran gehindert werden vorzusehen, dass diese Unternehmer Gegenstand eines neuen Insolvenzverfahrens werden können, wenn diese fortgesetzten Geschäfte insolvent werden.

(85) Transparenz und Berechenbarkeit der Verfahren hinsichtlich der Erzielung von Ergebnissen, die die Erhaltung von Unternehmen und eine zweite Chance für Unternehmer fördern oder die effiziente Liquidation nicht bestandsfähiger Unternehmen erlauben, müssen beibehalten und verbessert werden. Ferner muss die in vielen Mitgliedstaaten übermäßig lange Dauer von Insolvenzverfahren, die zu Rechtsunsicherheit für Gläubiger und Anleger sowie zu niedrigen Befriedigungsquoten führt, verringert werden. Angesichts der mit der Verordnung (EU) 2015/848 festgelegten Mechanismen für eine verstärkte Zusammenarbeit zwischen Gerichten und Verwaltern in grenzüberschreitenden Fällen muss außerdem die Professionalität aller beteiligten Akteure in der gesamten Union auf ein vergleichbares hohes Niveau gebracht werden. Um diese Ziele zu erreichen, sollten die Mitgliedstaaten sicherstellen, dass Mitglieder der Justiz- und Verwaltungsbehörden, die mit Verfahren der präventiven Restrukturierung, Insolvenz und Entschuldung befasst sind, angemessen ausgebildet sind und über die für ihre Zuständigkeiten erforderliche Sachkunde verfügen. Diese Ausbildung und Sachkunde könnte auch während der Ausübung der dienstlichen Tätigkeit als Mitglied einer Justiz- und Verwaltungsbehörde oder – vor der Ernennung für die Ausübung einer solchen dienstlichen Tätigkeit – bei der Ausübung einer sonstigen einschlägigen beruflichen Tätigkeit erworben werden.

(86) Eine solche Ausbildung und Sachkunde sollten es ermöglichen, Entscheidungen mit potenziell erheblichen wirtschaftlichen und sozialen Auswirkungen auf effiziente Weise zu treffen, sollte aber nicht so verstanden werden, dass Mitglieder einer Justizbehörde ausschließlich Sachen im Bereich der Restrukturierung, Insolvenz und Entschuldung bearbeiten müssen. Die Mitgliedstaaten sollten sicherstellen, dass Restrukturierungs-, Insolvenz- und Entschuldungsverfahren effizient und zügig durchgeführt werden können. Die Einrichtung von Fachgerichten oder -kammern oder die Ernennung von Fachrichtern im Einklang mit den nationalen Rechtsvorschriften sowie die Bündelung der Zuständigkeit bei einer begrenzten Zahl von Justiz- oder Verwaltungsbehörden würden effiziente Mittel zur Erreichung der Ziele der Rechtssicherheit und der Effizienz der Verfahren sein. Die Mitgliedstaaten sollten nicht verpflichtet sein vorzuschreiben,

dass Restrukturierungs-, Insolvenz- und Entschuldungsverfahren Vorrang vor anderen Verfahren haben.

(87) Die Mitgliedstaaten sollten auch sicherstellen, dass von Justiz- oder Verwaltungsbehörden bestellte Verwalter (im Folgenden „Verwalter") im Bereich Restrukturierung, Insolvenz und Entschuldung angemessen ausgebildet sind, in transparenter Weise unter gebührender Berücksichtigung der Notwendigkeit effizienter Verfahren bestellt werden, bei der Erfüllung ihrer Aufgaben beaufsichtigt werden und dass sie ihre Aufgaben integer erfüllen. Es ist wichtig, dass sich die Verwalter an die Standards für solche Aufgaben halten, etwa die Absicherung durch eine Berufshaftpflichtversicherung. Die angemessene Ausbildung, Befähigung und Sachkunde der Verwalter könnte auch während der Ausübung ihrer beruflichen Tätigkeit erworben werden. Die Mitgliedstaaten sollten die erforderliche Ausbildung nicht selbst anbieten müssen, sondern dies können beispielsweise Berufsverbände oder sonstige Einrichtungen tun. Insolvenzverwalter im Sinne der Verordnung (EU) 2015/848 sollten in den Anwendungsbereich der vorliegenden Richtlinie einbezogen werden.

(88) Diese Richtlinie sollte die Mitgliedstaaten nicht daran hindern, vorzuschreiben, dass Verwalter von einem Schuldner, von Gläubigern oder von einem Gläubigerausschuss aus einer Liste oder aus einem Pool, die beziehungsweise der von einer Justiz- oder Verwaltungsbehörde zuvor gebilligt wurde, ausgewählt werden. Dem Schuldner, den Gläubigern oder dem Gläubigerausschuss könnte bei der Auswahl eines Verwalters ein Ermessensspielraum hinsichtlich der Sachkunde und der allgemeinen Erfahrung sowie den Anforderungen des betreffenden Falls gewährt werden. Schuldner, bei denen es sich um natürliche Personen handelt, könnten ganz von dieser Pflicht ausgenommen werden. In Fällen mit grenzüberschreitenden Bezügen sollte bei der Bestellung des Verwalters unter anderem der Fähigkeit des Verwalters gemäß den Verpflichtungen nach der Verordnung (EU) 2015/848, mit Insolvenzverwaltern sowie Justiz- und Verwaltungsbehörden anderer Mitgliedstaaten zu kommunizieren und zusammenzuarbeiten, sowie seinen personellen und administrativen Ressourcen für möglicherweise komplexe Fälle gebührend Rechnung getragen werden. Die Mitgliedstaaten sollten nicht daran gehindert werden, einen Verwalter durch andere Auswahlmethoden, beispielsweise eine Zufallsauswahl mithilfe einer Software, auszuwählen, sofern sichergestellt ist, dass bei Verwendung dieser Methoden der Erfahrung und der Sachkunde des Verwalters gebührend Rechnung getragen wird. Die Mitgliedstaaten sollten in der Lage sein, über die Verfahrenswege für die Ablehnung der Auswahl oder der Bestellung eines

Verwalters oder für die Beantragung des Ersetzens des Verwalters zu entscheiden; dies kann beispielsweise ein Gläubigerausschuss sein.

(89) Die Verwalter sollten Aufsichts- und Regulierungsmechanismen unterliegen, die wirksame Maßnahmen hinsichtlich der Rechenschaftspflicht der Verwalter, die ihren Pflichten nicht nachkommen, umfassen sollten, wie: eine Kürzung der Vergütung des Verwalters, die Streichung von der Liste oder aus dem Pool der Verwalter, die in Insolvenzverfahren bestellt werden können, sowie gegebenenfalls Disziplinar- oder Verwaltungssanktionen oder strafrechtliche Sanktionen. Solche Aufsichts- und Regulierungsmechanismen sollten Vorschriften nach nationalem Recht über die Haftpflicht für Schäden aufgrund eines Verstoßes gegen vertragliche oder außervertragliche Verpflichtungen unberührt lassen. Die Mitgliedstaaten sollten jedoch nicht verpflichtet sein, spezifische Behörden oder Stellen einzurichten. Die Mitgliedstaaten sollten dafür sorgen, dass Informationen über die Behörden oder Stellen, die die Aufsicht über die Verwalter ausüben, öffentlich zugänglich sind. Ein bloßer Verweis, beispielsweise auf die Gerichts- oder Verwaltungsbehörde, sollte als Information ausreichen. Es sollte grundsätzlich möglich sein, diese Standards zu erreichen, ohne dass neue Berufe oder Befähigungsnachweise im nationalen Recht eingeführt werden müssen. Die Mitgliedstaaten sollten in der Lage sein, diese Bestimmungen zur Ausbildung und Überprüfung nach nationalem Recht auch auf andere Verwalter, die nicht unter diese Richtlinie fallen, auszuweiten. Die Mitgliedstaaten sollten nicht verpflichtet sein vorzusehen, dass Streitigkeiten über die Vergütung von Verwaltern vor anderen Verfahren Vorrang haben müssen.

(90) Um die Verfahren weiter zu verkürzen, eine bessere Beteiligung der Gläubiger an Restrukturierungs-, Insolvenz- und Entschuldungsverfahren zu erleichtern und ähnliche Bedingungen für Gläubiger unabhängig von ihrem Standort in der Union zu gewährleisten, sollten die Mitgliedstaaten Vorkehrungen treffen, damit Schuldnern, Gläubigern, Verwaltern und Justiz- und Verwaltungsbehörden die Nutzung elektronischer Kommunikationsmittel ermöglicht wird. Es sollte daher möglich sein, Verfahrenshandlungen wie die Geltendmachung von Gläubigerforderungen, Mitteilungen an Gläubiger oder die Einlegung von Beschwerden und Rechtsbehelfen mit elektronischen Kommunikationsmitteln vorzunehmen. Die Mitgliedstaaten sollten vorsehen können, dass Mitteilungen an einen Gläubiger nur dann elektronisch vorgenommen werden dürfen, wenn der betreffende Gläubiger der elektronischen Kommunikation zuvor zugestimmt hat.

(91) Die Parteien in Restrukturierungs-, Insolvenz- und Entschuldungsverfahren sollten nicht verpflichtet sein, elektronische Kommunikationsmit-

tel zu nutzen, wenn diese nach nationalem Recht nicht vorgeschrieben sind, unbeschadet dessen, dass die Mitgliedstaaten ein verbindliches System für die elektronische Einreichung und Zustellung von Dokumenten in Restrukturierungs-, Insolvenz- und Entschuldungsverfahren einrichten können. Die Mitgliedstaaten sollten die konkreten elektronischen Kommunikationsmittel auswählen können. Beispiele solcher Kommunikationsmittel könnten ein eigens erstelltes System für die elektronische Übermittlung solcher Dokumente oder die Verwendung von E-Mail sein, ohne dass die Mitgliedstaaten daran gehindert werden, Elemente einzuführen, mit denen die Sicherheit der elektronischen Übermittlungen im Einklang mit der Verordnung (EU) Nr. 910/2014 des Europäischen Parlaments und des Rates ([1]) gewährleistet wird, beispielsweise elektronische Signaturen oder Vertrauensdienste, etwa Dienste für die Zustellung elektronischer Einschreiben.

(92) Für die Überwachung der Umsetzung und Anwendung dieser Richtlinie ist es wichtig, zuverlässige und vergleichbare Daten über die Ergebnisse von Restrukturierungs-, Insolvenz- und Entschuldungsverfahren zu sammeln. Die Mitgliedstaaten sollten daher Daten mit einer ausreichenden Detailtiefe erheben und aggregieren, damit genau bewertet werden kann, wie die Richtlinie in der Praxis funktioniert, und sollten der Kommission diese Daten übermitteln. Das Übermittlungsformular für die Datenübermittlung an die Kommission, sollte von der Kommission mit Unterstützung eines Ausschusses im Sinne der Verordnung (EU) Nr. 182/2011 des Europäischen Parlaments und des Rates ([2]) erstellt werden. Das Formular sollte eine Liste der wichtigsten Verfahrensergebnisse enthalten, die allen Mitgliedstaaten gemein sind. Beispielsweise könnten in einem Restrukturierungsverfahren diese wichtigsten Ergebnisse folgende sein: der Plan wird von einem Gericht bestätigt; der Plan wird von einem Gericht nicht bestätigt; die Restrukturierungsverfahren werden in Liquidationsverfahren umgewandelt oder eingestellt, da ein Liquidationsverfahren eingeleitet wurde, bevor der Plan von einem Gericht bestätigt wurde. Die Mitgliedstaaten

---

([1]) Verordnung (EU) Nr. 910/2014 des Europäischen Parlaments und des Rates vom 23. Juli 2014 über elektronische Identifizierung und Vertrauensdienste für elektronische Transaktionen im Binnenmarkt und zur Aufhebung der Richtlinie 1999/93/EG (ABl. L 257 vom 28.8.2014, S. 73).

([2]) Verordnung (EU) Nr. 182/2011 des Europäischen Parlaments und des Rates vom 16. Februar 2011 zur Festlegung der allgemeinen Regeln und Grundsätze, nach denen die Mitgliedstaaten die Wahrnehmung der Durchführungsbefugnisse durch die Kommission kontrollieren (ABl. L 55 vom 28.2.2011, S. 13).

sollten nicht verpflichtet sein, diejenigen Verfahren, die vor der Ergreifung einschlägiger Maßnahmen enden, nach Art des Ergebnisses aufzuschlüsseln, sondern könnten stattdessen die Gesamtzahl aller Verfahren angeben, die für unzulässig erklärt, abgelehnt oder vor der Verfahrenseröffnung zurückgezogen werden.

(93) Das Übermittlungsformular sollte eine Liste von Optionen enthalten, die von den Mitgliedstaaten berücksichtigt werden könnten, wenn sie die Größe eines Schuldners feststellen, und zwar durch Bezugnahme auf eines oder mehrere der Merkmale für die Definition von KMU und Großunternehmen, die allen Mitgliedstaaten gemeinsam sind. Zu der Liste sollte die Option gehören, dass die Größe des Schuldners allein anhand der Zahl der Arbeitnehmer festgestellt wird. In dem Formular sollten die Elemente der durchschnittlichen Kosten und der durchschnittlichen Befriedigungsquote, für die es den Mitgliedstaaten möglich sein sollte, freiwillig Daten zu erheben, festgelegt werden, weitere Angaben zu den Elementen gemacht werden, die berücksichtigt werden könnten, wenn die Mitgliedstaaten eine Probenerhebungstechnik anwenden, beispielsweise zum Stichprobenumfang, der die Repräsentativität in Bezug auf die geografische Verteilung, die Größe der Schuldner und den Wirtschaftszweig gewährleistet, und es sollte den Mitgliedstaaten die Möglichkeit bieten, zusätzliche Angaben zu machen, beispielsweise zur Gesamthöhe der Vermögenswerte und Verbindlichkeiten der Schuldner.

(94) Die Stabilität der Finanzmärkte hängt stark von Finanzsicherheiten ab, insbesondere wenn die Sicherheit in Verbindung mit der Beteiligung an ausgewiesenen Systemen oder an Zentralbankgeschäften geleistet wird und wenn zentralen Gegenparteien Margen zur Verfügung gestellt werden. Da der Wert von als Sicherheit dienenden Finanzinstrumenten sehr unbeständig sein kann, kommt es entscheidend darauf an, ihren Wert schnell zu realisieren, bevor er sinkt. Die Bestimmungen der Richtlinien 98/26/EG ([1]) und 2002/47/EG ([2]) und der Verordnung (EU) Nr. 648/2012 sollten daher ungeachtet der Bestimmungen der vorliegenden Richtlinie gelten. Die Mitgliedstaaten sollten Nettingmechanismen, einschließlich Close-out-Nettingmechanismen, von der Wirkung der Aussetzung von Einzelvoll-

---

([1]) Richtlinie 98/26/EG des Europäischen Parlaments und des Rates vom 19. Mai 1998 über die Wirksamkeit von Abrechnungen in Zahlungs- sowie Wertpapierliefer- und -abrechnungssystemen (ABl. L 166 vom 11.6.1998, S. 45).

([2]) Richtlinie 2002/47/EG des Europäischen Parlaments und des Rates vom 6. Juni 2002 über Finanzsicherheiten (ABl. L 168 vom 27.6.2002, S. 43).

streckungsmaßnahmen auch dann ausnehmen dürfen, wenn sie nicht unter die Richtlinien 98/26/EG und 2002/47/EG und die Verordnung (EU) Nr. 648/2012 fallen, sofern solche Vereinbarungen nach dem Recht des betreffenden Mitgliedstaats auch nach Eröffnung eines Insolvenzverfahrens vollstreckbar sind.

Dies könnte auf eine beträchtliche Anzahl von Rahmenvereinbarungen zutreffen, die auf den Finanz-, Energie- und Rohstoffmärkten sowohl von nichtfinanziellen als auch von finanziellen Gegenparteien häufig verwendet werden. Solche Vereinbarungen verringern Systemrisiken, insbesondere an den Derivatemärkten. Solche Vereinbarungen könnten daher von den Beschränkungen ausgenommen werden, die das Insolvenzrecht für noch zu erfüllende Verträge vorsieht. Entsprechend sollten Mitgliedstaaten gesetzliche Nettingmechanismen, einschließlich Close-out- Nettingmechanismen, die mit der Eröffnung eines Insolvenzverfahrens zur Anwendung kommen, von der Wirkung der Aussetzung von Einzelvollstreckungsmaßnahmen ausnehmen dürfen. Der Betrag, der sich aus der Durchführung von Nettingmechanismen, einschließlich Close-out-Nettingmechanismen, ergibt, sollte jedoch der Aussetzung von Einzelvollstreckungsmaßnahmen unterliegen.

(95) Mitgliedstaaten, die Vertragsparteien des am 16. November 2001 in Kapstadt gemeinsam unterzeichneten Übereinkommens über internationale Sicherungsrechte an beweglicher Ausrüstung, und der zugehörigen Protokolle sind, sollten in der Lage sein, ihren bestehenden internationalen Verpflichtungen weiterhin nachzukommen. Die Bestimmungen der vorliegenden Richtlinie über präventive Restrukturierungsrahmen sollten mit den Ausnahmen gelten, die erforderlich sind, um die Anwendung dieser Bestimmungen sicherzustellen, ohne die Anwendung dieses Übereinkommens und der zugehörigen Protokolle zu berühren.

(96) Die Wirksamkeit des Prozesses der Annahme und Umsetzung eines Restrukturierungsplans sollte nicht durch das Gesellschaftsrecht gefährdet werden. Die Mitgliedstaaten sollten daher von den Bestimmungen der Richtlinie (EU) 2017/1132 des Europäischen Parlaments und des Rates ([1]) abweichen können, die die Verpflichtungen betreffen, eine Hauptversammlung einzuberufen und die Aktien vorzugsweise den bisherigen Aktionären anzubieten, und zwar in dem Umfang und für den Zeitraum, wie dies not-

---

([1]) Richtlinie (EU) 2017/1132 des Europäischen Parlaments und des Rates vom 14. Juni 2017 über bestimmte Aspekte des Gesellschaftsrechts (ABl. L 169 vom30.6.2017, S. 46).

wendig ist, um sicherzustellen, dass die Aktionäre Restrukturierungsmaßnahmen nicht in missbräuchlicher Ausübung ihrer Rechte nach der genannten Richtlinie vereiteln. So kann es beispielsweise erforderlich sein, dass die Mitgliedstaaten Ausnahmen von der Verpflichtung zur Einberufung einer Hauptversammlung oder von den üblichen Fristen für den Fall vorsehen, dass die Unternehmensleitung bei schweren und plötzlichen Verlusten des gezeichneten Kapitals und einer wahrscheinlichen Insolvenz dringend Maßnahmen zum Schutz der Vermögenswerte des Unternehmens, zum Beispiel durch die Beantragung einer Aussetzung von Einzelvollstreckungsmaßnahmen, ergreifen muss. Ausnahmen vom Gesellschaftsrecht könnten auch erforderlich sein, wenn im Restrukturierungsplan die Ausgabe neuer Aktien, die vorrangig den Gläubigern als Schuldenkapitalisierungen angeboten werden können, oder die Herabsetzung des gezeichneten Kapitals im Falle eines Übergangs von Unternehmensteilen vorgesehen ist. Solche Ausnahmen sollten auf den Zeitraum begrenzt werden, den die Mitgliedstaaten für erforderlich halten, um einen präventiven Restrukturierungsrahmen festzulegen. Die Mitgliedstaaten sollten nicht verpflichtet werden, vollständig oder teilweise, unbefristet oder befristet vom Gesellschaftsrecht abzuweichen, sofern sie sicherstellen, dass Bestimmungen des Gesellschaftsrechts die Wirksamkeit des Restrukturierungsprozesses nicht gefährden können, oder sofern die Mitgliedstaaten über andere, ebenso wirksame Instrumente verfügen, mit denen sie sicherstellen, dass die Aktionäre nicht grundlos die Annahme oder Umsetzung eines Restrukturierungsplans verhindern, der die Bestandsfähigkeit des Unternehmens wiederherstellen würde. In diesem Zusammenhang sollten die Mitgliedstaaten der Wirksamkeit derjenigen Bestimmungen besondere Bedeutung beimessen, die mit der Aussetzung von Einzelvollstreckungsmaßnahmen und der Bestätigung des Restrukturierungsplans in Verbindung stehen; diese sollten durch die Einberufung oder die Ergebnisse der Hauptversammlung der Aktionäre nicht ungebührlich behindert werden. Die Richtlinie (EU) 2017/1132 sollte daher entsprechend geändert werden. Die Mitgliedstaaten sollten bei der Beurteilung, welche Ausnahmeregelungen im Rahmen des nationalen Gesellschaftsrechts erforderlich sind, um diese Richtlinie wirksam umzusetzen, einen gewissen Ermessensspielraum genießen und sollten auch ähnliche Ausnahmen von der Richtlinie (EU) 2017/1132 für Insolvenzverfahren vorsehen können, die nicht unter diese Richtlinie fallen, die jedoch Restrukturierungsmaßnahmen ermöglichen.

(97) Im Hinblick auf die Festlegung und spätere Änderungen des Datenübermittlungsformulars sollten der Kommission Durchführungsbefugnisse

übertragen werden. Diese Befugnisse sollten im Einklang mit der Verordnung (EU) Nr. 182/2011 ausgeübt werden.

(98) Die Kommission sollte eine Studie durchführen, um zu ermitteln, ob Gesetzgebungsvorschläge für den Umgang mit der Insolvenz von Personen erforderlich sind, die keine gewerbliche, geschäftliche, handwerkliche oder freiberufliche Tätigkeit ausüben, jedoch als Verbraucher vorübergehend oder dauerhaft und in gutem Glauben nicht in der Lage sind, ihre fällig werdenden Schulden zu begleichen. In dieser Studie sollte untersucht werden, ob der Zugang dieser Personen zu grundlegenden Gütern und Dienstleistungen geschützt werden muss, um zu gewährleisten, dass sie unter angemessenen Bedingungen leben.

(99) Gemäß der Gemeinsamen Politischen Erklärung der Mitgliedstaaten und der Kommission vom 28. September 2011 zu erläuternden Dokumenten ([1]) haben sich die Mitgliedstaaten verpflichtet, in begründeten Fällen zusätzlich zur Mitteilung ihrer Umsetzungsmaßnahmen ein oder mehrere Dokumente zu übermitteln, in denen der Zusammenhang zwischen den Bestandteilen einer Richtlinie und den entsprechenden Teilen nationaler Umsetzungsinstrumente erläutert wird. In Bezug auf diese Richtlinie hält der Gesetzgeber die Übermittlung derartiger Dokumente für gerechtfertigt.

(100) Da die Ziele dieser Richtlinie von den Mitgliedstaaten nicht ausreichend verwirklicht werden können, weil Unterschiede zwischen den nationalen Restrukturierungs- und Insolvenzrahmen nach wie vor Hindernisse für den freien Kapitalverkehr und die Niederlassungsfreiheit darstellen würden, sondern vielmehr auf Unionsebene besser zu verwirklichen sind, kann die Union im Einklang mit dem in Artikel 5 des Vertrags über die Europäische Union verankerten Subsidiaritätsprinzip tätig werden. Entsprechend dem in demselben Artikel genannten Grundsatz der Verhältnismäßigkeit geht diese Richtlinie nicht über das für die Verwirklichung dieser Ziele erforderliche Maß hinaus.

(101) Am 7. Juni 2017 hat die Europäische Zentralbank eine Stellungnahme ([2]) abgegeben –

HABEN FOLGENDE RICHTLINIE ERLASSEN:

([1]) ABl. C 369 vom 17.12.2011, S. 14.
([2]) ABl. C 236 vom 21.7.2017, S. 2.

TITEL I
ALLGEMEINE BESTIMMUNGEN

Artikel 1
Gegenstand und Anwendungsbereich

(1) Diese Richtlinie enthält Vorschriften über
a) präventive Restrukturierungsrahmen, die Schuldnern in finanziellen Schwierigkeiten bei einer wahrscheinlichen Insolvenz zur Verfügung stehen, um die Insolvenz abzuwenden und die Bestandsfähigkeit des Schuldners sicherzustellen,
b) Verfahren, die zur Entschuldung insolventer Unternehmer führen, und
c) Maßnahmen zur Steigerung der Effizienz von Restrukturierungs-, Insolvenz- und Entschuldungsverfahren.

(2) Diese Richtlinie gilt nicht für in Absatz 1 genannte Verfahren, die folgende Schuldner betreffen:
a) Versicherungsunternehmen oder Rückversicherungsunternehmen im Sinne des Artikels 13 Nummer 1 und 4 der Richtlinie 2009/138/EG,
b) Kreditinstitute im Sinne des Artikels 4 Absatz 1 Nummer 1 der Verordnung (EU) Nr. 575/2013,
c) Wertpapierfirmen oder Organismen für gemeinsame Anlagen im Sinne des Artikels 4 Absatz 1 Nummer 2 beziehungsweise 7 der Verordnung (EU) Nr. 575/2013,
d) zentrale Gegenparteien im Sinne des Artikels 2 Nummer 1 der Verordnung (EU) Nr. 648/2012,
e) Zentralverwahrer im Sinne des Artikels 2 Absatz 1 Nummer 1 der Verordnung (EU) Nr. 909/2014,
f) andere Finanzinstitute und Unternehmen, die in Artikel 1 Absatz 1 Unterabsatz 1 der Richtlinie 2014/59/EU aufgeführt sind,
g) öffentliche Stellen nach nationalem Recht und
h) natürliche Personen, die keine Unternehmer sind.

(3) Die Mitgliedstaaten können in Absatz 1 genannte Verfahren vom Anwendungsbereich dieser Richtlinie ausnehmen, die Schuldner betreffen, bei denen es sich um andere als die in Absatz 2 genannten Finanzunternehmen handelt, und die Finanzdienstleistungen erbringen, für die besondere Regelungen gelten, nach denen die nationalen Aufsichts- oder Abwicklungsbehörden über weitreichende Eingriffsbefugnisse verfügen, die mit den in den Rechten der Mitgliedstaaten oder der Union in Bezug auf die in Absatz 2 genannten Unternehmen bestehenden Eingriffsbefugnissen vergleichbar

sind. Die Mitgliedstaaten teilen der Kommission diese besonderen Regelungen mit.

(4) Die Mitgliedstaaten können insolvente natürliche Personen, die keine Unternehmer sind, in die Anwendung der in Absatz 1 Buchstabe b genannten Verfahren einbeziehen.

Die Mitgliedstaaten können die Anwendung von Absatz 1 Buchstabe a auf juristische Personen beschränken.

(5) Die Mitgliedstaaten können vorsehen, dass die folgenden Forderungen von präventiven Restrukturierungsrahmen gemäß Absatz 1 Buchstabe a ausgeschlossen oder nicht betroffen sind:
a) bestehende und künftige Forderungen derzeitiger oder ehemaliger Arbeitnehmer,
b) Unterhaltsforderungen, die auf einem Familien-, Verwandtschafts- oder eherechtlichen Verhältnis oder auf Schwägerschaft beruhen, oder
c) Forderungen aus einer deliktischen Haftung des Schuldners.

(6) Die Mitgliedstaaten stellen sicher, dass präventive Restrukturierungsrahmen keine Auswirkungen auf erworbene Ansprüche auf eine betriebliche Altersversorgung haben.

Artikel 2
Begriffsbestimmungen

(1) Für die Zwecke dieser Richtlinie bezeichnet der Ausdruck
1. „Restrukturierung" Maßnahmen, die auf die Restrukturierung des Unternehmens des Schuldners abzielen und zu denen die Änderung der Zusammensetzung, der Bedingungen oder der Struktur der Vermögenswerte und Verbindlichkeiten eines Schuldners oder jedes anderen Teils der Kapitalstruktur gehört, etwa der Verkauf von Vermögenswerten oder Geschäftsbereichen und, wenn im nationalen Recht vorgesehen, der Verkauf des Unternehmens als Ganzen sowie alle erforderlichen operativen Maßnahmen oder eine Kombination dieser Elemente;
2. „betroffene Parteien" Gläubiger – einschließlich, wenn im nationalen Recht vorgesehen, Arbeitnehmern – oder Gläubigerklassen und, wenn im nationalen Recht vorgesehen, Anteilsinhaber, deren Forderungen beziehungsweise Beteiligungen von einem Restrukturierungsplan unmittelbar betroffen sind;
3. „Anteilsinhaber" eine Person, die eine Beteiligung an einem Schuldner oder an einem Unternehmen des Schuldners hält; dazu gehört auch ein Aktionär, soweit diese Person kein Gläubiger ist;

4. „Aussetzung von Einzelvollstreckungsmaßnahmen" das von einer Justiz- oder Verwaltungsbehörde gewährte oder kraft Gesetzes geltende vorübergehende Ruhen des Rechts eines Gläubigers, eine Forderung gegen einen Schuldner und, wenn im nationalen Recht vorgesehen, gegen einen Dritten, der Sicherheiten geleistet hat, im Rahmen eines Gerichts-, Verwaltungs- oder anderen Verfahrens durchzusetzen, oder des Rechts, die Vermögenswerte oder das Unternehmen des Schuldners zu pfänden oder außergerichtlich zu verwerten;
5. „noch zu erfüllender Vertrag" einen Vertrag zwischen dem Schuldner und einem oder mehreren Gläubigern, nach dem zu dem Zeitpunkt, zu dem die Aussetzung von Einzelvollstreckungsmaßnahmen gewährt oder angewandt wird, die Parteien noch Verpflichtungen zu erfüllen haben;
6. „Kriterium des Gläubigerinteresses" ein Kriterium, das erfüllt ist, wenn kein ablehnender Gläubiger durch einen Restrukturierungsplan schlechter gestellt würde als bei Anwendung der normalen Rangfolge der Liquidationsprioritäten nach nationalem Recht, sei es im Falle der Liquidation, unabhängig davon, ob diese stückweise oder in Form eines Verkaufs als fortgeführtes Unternehmen erfolgt, oder im Falle des nächstbesten Alternativszenarios, wenn der Restrukturierungsplan nicht bestätigt würde;
7. „neue Finanzierung" von einem bestehenden oder einem neuen Gläubiger zur Umsetzung eines Restrukturierungsplans bereitgestellte neue finanzielle Unterstützung, die in diesem Restrukturierungsplan enthalten ist;
8. „Zwischenfinanzierung" von einem bestehenden oder einem neuen Gläubiger bereitgestellte neue finanzielle Unterstützung, die mindestens finanzielle Unterstützung während der Aussetzung von Einzelvollstreckungsmaßnahmen umfasst sowie angemessen und unverzüglich notwendig ist, damit das Unternehmen des Schuldners seinen Betrieb fortsetzen kann oder um den Wert dieses Unternehmens zu erhalten oder zu steigern;
9. „Unternehmer" eine natürliche Person, die eine gewerbliche, geschäftliche, handwerkliche oder freiberufliche Tätigkeit ausübt;
10. „volle Entschuldung" dass die Eintreibung der ausstehenden für eine Entschuldung infrage kommenden Schulden ausgeschlossen ist, oder dass die ausstehenden einer Entschuldung zugänglichen Schulden als solche erlassen sind, als Teil eines Verfahrens, das eine Verwertung

von Vermögenswerten oder einen Tilgungsplan oder beides umfassen könnte;

11. „Tilgungsplan" einen Plan, gemäß dem ein insolventer Unternehmer bestimmte Beiträge zu bestimmten Zeitpunkten an Gläubiger zahlen muss, oder eine regelmäßige Übertragung eines bestimmten Teils des verfügbaren Einkommens des Unternehmers während des Entschuldungszeitraums an Gläubiger;
12. „Restrukturierungsbeauftragter" eine Person oder Stelle, die von einer Justiz- oder Verwaltungsbehörde bestellt wird, um insbesondere eine oder mehrere der folgenden Aufgaben zu erfüllen:
    a) Unterstützung des Schuldners oder der Gläubiger bei der Ausarbeitung oder Aushandlung eines Restrukturierungsplans;
    b) Überwachung der Tätigkeit des Schuldners während der Verhandlungen über einen Restrukturierungsplan und Berichterstattung an eine Justiz- oder Verwaltungsbehörde;
    c) Übernahme der teilweisen Kontrolle über die Vermögenswerte oder Geschäfte des Schuldners während der Verhandlungen.

(2) Für die Zwecke dieser Richtlinie sind die folgenden Begriffe im Sinne des nationalen Rechts zu verstehen:
a) Insolvenz;
b) wahrscheinliche Insolvenz;
c) Kleinstunternehmen sowie kleine und mittlere Unternehmen (im Folgenden „KMU").

Artikel 3
Frühwarnung und Bereitstellung von Informationen

(1) Die Mitgliedstaaten stellen sicher, dass Schuldner Zugang zu einem oder mehreren klaren und transparenten Frühwarnsystemen haben, die Umstände erkennen können, die zu einer wahrscheinlichen Insolvenz führen können, und ihnen signalisieren können, dass unverzüglich gehandelt werden muss.

Für die Zwecke des Unterabsatzes 1 können die Mitgliedstaaten auf dem neuesten Stand befindliche IT-Technologien für Mitteilungen und für die Kommunikation nutzen.

(2) Die Frühwarnsysteme können Folgendes umfassen:
a) Mechanismen zur Benachrichtigung des Schuldners, wenn dieser bestimmte Arten von Zahlungen nicht getätigt hat;

b) von öffentlichen oder privaten Organisationen angebotene Beratungsdienste.

c) Anreize nach nationalem Recht für Dritte, die über relevante Informationen über den Schuldner verfügen, zum Beispiel Wirtschaftsprüfer, Steuerbehörden oder Sozialversicherungsträger, den Schuldner auf negative Entwicklungen aufmerksam zu machen.

(3) Die Mitgliedstaaten stellen sicher, dass die Schuldner und die Arbeitnehmervertreter Zugang zu relevanten und aktuellen Informationen über die Verfügbarkeit von Frühwarnsystemen sowie zu Verfahren und Maßnahmen zur Restrukturierung und Entschuldung haben.

(4) Die Mitgliedstaaten stellen sicher, dass Informationen über die Verfügbarkeit des Zugangs zu Frühwarnsystemen öffentlich online zur Verfügung stehen und dass diese Informationen insbesondere für KMU leicht zugänglich sind und nutzerfreundlich aufbereitet werden.

(5) Die Mitgliedstaaten können den Arbeitnehmervertretern zur Bewertung der wirtschaftlichen Situation des Schuldners Unterstützung gewähren.

TITEL II
PRÄVENTIVE RESTRUKTURIERUNGSRAHMEN

KAPITEL 1
Verfügbarkeit präventiver Restrukturierungsrahmen

Artikel 4
Verfügbarkeit präventiver Restrukturierungsrahmen

(1) Die Mitgliedstaaten stellen sicher, dass Schuldner bei einer wahrscheinlichen Insolvenz Zugang zu einem präventiven Restrukturierungsrahmen haben, der es ihnen ermöglicht, sich zu restrukturieren, um eine Insolvenz abzuwenden und ihre Bestandsfähigkeit sicherzustellen, unbeschadet anderer Lösungen zur Abwendung einer Insolvenz, wodurch Arbeitsplätze geschützt werden und die Geschäftstätigkeit weitergeführt wird.

(2) Die Mitgliedstaaten können vorsehen, dass Schuldner, die wegen schwerwiegender Verstöße gegen die nach nationalem Recht bestehenden Rechnungslegungs- oder Buchführungspflichten verurteilt wurden, nur dann Zugang zu einem präventiven Restrukturierungsrahmen erhalten, wenn diese Schuldner geeignete Maßnahmen zur Behebung der Probleme, die zur Verurteilung geführt haben ergriffen haben, damit Gläubigern die Informationen zur Verfügung gestellt werden, die sie benötigen, um während der Restrukturierungsverhandlungen eine Entscheidung treffen zu können.

(3) Die Mitgliedstaaten können eine Bestandsfähigkeitsprüfung nach nationalem Recht beibehalten oder einführen, sofern eine solche Prüfung dem Ausschluss von Schuldnern ohne Aussicht auf Bestandsfähigkeit dient und ohne nachteilige Auswirkungen auf die Vermögenswerte des Schuldners durchgeführt werden kann.

(4) Die Mitgliedstaaten können für einen bestimmten Zeitraum die Zahl der Zugänge beschränken, die der Schuldner zu einem präventiven Restrukturierungsrahmen gemäß dieser Richtlinie haben kann.

(5) Unbeschadet sonstiger Restrukturierungsrahmen nach nationalem Recht kann der präventive Restrukturierungsrahmen gemäß dieser Richtlinie aus einem oder mehreren Verfahren, Maßnahmen oder Bestimmungen bestehen, von denen einige außergerichtlich durchgeführt werden können.

Die Mitgliedstaaten stellen sicher, dass dieser präventive Restrukturierungsrahmen Schuldnern und betroffenen Parteien die in diesem Titel vorgesehenen Rechte und Schutzvorkehrungen in kohärenter Weise gewährt.

(6) Die Mitgliedstaaten können Bestimmungen erlassen, mit denen die Beteiligung einer Justiz- oder Verwaltungsbehörde an präventiven Restrukturierungsrahmen auf das Erforderliche und Angemessene beschränkt wird, wobei zugleich sicherzustellen ist, dass die Rechte betroffener Parteien und einschlägiger Interessenträger gewahrt werden.

(7) Der präventive Restrukturierungsrahmen gemäß dieser Richtlinie steht auf Antrag der Schuldner zur Verfügung.

(8) Die Mitgliedstaaten können ferner vorsehen, dass der präventive Restrukturierungsrahmen gemäß dieser Richtlinie vorbehaltlich der Zustimmung des Schuldners auf Antrag der Gläubiger und der Arbeitnehmervertreter zur Verfügung steht. Die Mitgliedstaaten können dieses Erfordernis der Einholung der Zustimmung des Schuldners auf Schuldner beschränken, bei denen es sich um KMU handelt.

KAPITEL 2
Erleichterung der Verhandlungen über präventive Restrukturierungspläne

Artikel 5
Schuldner in Eigenverwaltung

(1) Die Mitgliedstaaten stellen sicher, dass Schuldner, die präventive Restrukturierungsverfahren in Anspruch nehmen, ganz oder zumindest teilweise die Kontrolle über ihre Vermögenswerte und den täglichen Betrieb ihres Unternehmens behalten.

(2) Falls erforderlich, wird über die Bestellung eines Restrukturierungsbeauftragten durch eine Justiz- oder Verwaltungsbehörde im Einzelfall entschieden, außer unter bestimmten Umständen, für die die Mitgliedstaaten vorschreiben können, dass in jedem Fall zwingend ein Restrukturierungsbeauftragter zu bestellen ist.

(3) Die Mitgliedstaaten schreiben die Bestellung eines Restrukturierungsbeauftragten zur Unterstützung des Schuldners und der Gläubiger bei der Aushandlung und Ausarbeitung des Plans zumindest in den folgenden Fällen vor:

a) wenn eine allgemeine Aussetzung von Einzelvollstreckungsmaßnahmen gemäß Artikel 6 Absatz 3 von der Justiz- oder Verwaltungsbehörde gewährt wird und die Justiz- oder Verwaltungsbehörde beschließt, dass ein solcher Beauftragter zur Wahrung der Interessen der Parteien erforderlich ist;
b) wenn der Restrukturierungsplan von einer Justiz- oder Verwaltungsbehörde im Wege eines klassenübergreifenden Cram-downs nach Artikel 11 bestätigt werden muss oder
c) wenn der Schuldner oder die Mehrheit der Gläubiger dies beantragt, in letztgenanntem Fall sofern die Kosten des Beauftragten von den Gläubigern getragen werden.

Artikel 6
Aussetzung von Einzelvollstreckungsmaßnahmen

(1) Die Mitgliedstaaten stellen sicher, dass Schuldner eine Aussetzung von Einzelvollstreckungsmaßnahmen zur Unterstützung der Verhandlungen über einen Restrukturierungsplan im Rahmen eines präventiven Restrukturierungsrahmens in Anspruch nehmen können.

Die Mitgliedstaaten können vorsehen, dass Justiz- oder Verwaltungsbehörden die Gewährung einer Aussetzung von Einzelvollstreckungsmaßnahmen verweigern können, wenn eine solche Aussetzung nicht erforderlich ist oder wenn sie das in Unterabsatz 1 genannte nicht Ziel erreichen würde.

(2) Unbeschadet der Absätze 4 und 5 stellen die Mitgliedstaaten sicher, dass eine Aussetzung von Einzelvollstreckungsmaßnahmen alle Arten von Forderungen, einschließlich gesicherter Forderungen und bevorrechtigter Forderungen, erfassen kann.

(3) Die Mitgliedstaaten können vorsehen, dass eine Aussetzung von Einzelvollstreckungsmaßnahmen allgemein gelten und alle Gläubiger umfassen

kann oder auf einen oder mehrere Gläubiger beziehungsweise Gläubigergruppen beschränkt sein kann.

Ist eine Aussetzung beschränkt, so gilt die Aussetzung nur für Gläubiger, die nach Maßgabe des nationalen Rechts über die Verhandlungen gemäß Absatz 1 über den Restrukturierungsplan oder die Aussetzung in Kenntnis gesetzt wurden.

(4) Die Mitgliedstaaten können bestimmte Forderungen oder Forderungskategorien vom Geltungsbereich der Aussetzung von Einzelvollstreckungsmaßnahmen unter wohldefinierten Umständen ausschließen, wenn ein solcher Ausschluss ausreichend begründet ist und

a) die Vollstreckung die Restrukturierung des Unternehmens nicht gefährden dürfte oder

b) die Gläubiger dieser Forderungen durch die Aussetzung in unangemessener Weise beeinträchtigt würden.

(5) Absatz 2 findet keine Anwendung auf Forderungen von Arbeitnehmern.

Abweichend von Unterabsatz 1 können die Mitgliedstaaten Absatz 2 auf Forderungen von Arbeitnehmern anwenden, sofern und soweit die Mitgliedstaaten sicherstellen, dass die Erfüllung solcher Forderungen in präventiven Restrukturierungsrahmen auf einem vergleichbaren Schutzniveau garantiert ist.

(6) Die ursprüngliche Dauer einer Aussetzung von Einzelvollstreckungsmaßnahmen ist auf einen Höchstzeitraum von nicht mehr als vier Monaten begrenzt.

(7) Ungeachtet des Absatzes 6 können die Mitgliedstaaten Justiz- oder Verwaltungsbehörden gestatten, auf Antrag des Schuldners, eines Gläubigers oder gegebenenfalls eines Restrukturierungsbeauftragten die Dauer der Aussetzung von Einzelvollstreckungsmaßnahmen zu verlängern oder eine neue Aussetzung von Einzelvollstreckungsmaßnahmen zu gewähren. Eine solche Verlängerung oder neue Aussetzung von Einzelvollstreckungsmaßnahmen wird nur gewährt, wenn genau festgelegte Umstände zeigen, dass diese Verlängerung oder neue Aussetzung ausreichend begründet ist, zum Beispiel

a) wenn in den Verhandlungen über den Restrukturierungsplan deutliche Fortschritte erzielt wurden;

b) wenn die Aussetzung von Einzelvollstreckungsmaßnahmen die Rechte beziehungsweise Beteiligungen betroffener Parteien nicht in unangemessener Weise beeinträchtigt oder

c) wenn gegen den Schuldner noch kein Insolvenzverfahren eröffnet wurde, das nach nationalem Recht zur Liquidation des Schuldners führen kann.

(8) Die Gesamtdauer der Aussetzung von Einzelvollstreckungsmaßnahmen darf einschließlich Verlängerungen und Erneuerungen zwölf Monate nicht überschreiten.

Haben sich Mitgliedstaaten dafür entschieden, diese Richtlinie im Wege eines oder mehrerer Verfahren beziehungsweise einer oder mehrerer Maßnahmen umzusetzen, die die Bedingungen für die Mitteilung nach Anhang A der Verordnung (EU) 2015/848 nicht erfüllen, so ist die Gesamtdauer der Aussetzung im Rahmen dieser Verfahren auf höchstens vier Monate begrenzt, wenn der Mittelpunkt der hauptsächlichen Interessen des Schuldners innerhalb eines Zeitraums von drei Monaten vor Einreichung eines Antrags auf Eröffnung eines präventiven Restrukturierungsverfahrens in einen anderen Mitgliedstaat verlegt wurde.

(9) Die Mitgliedstaaten stellen sicher, dass Justiz- oder Verwaltungsbehörden eine Aussetzung von Einzelvollstreckungsmaßnahmen in folgenden Fällen aufheben können:

a) die Aussetzung erfüllt nicht länger den Zweck, die Verhandlungen über den Restrukturierungsplan zu unterstützen, zum Beispiel, wenn deutlich wird, dass ein Teil der Gläubiger, der nach nationalem Recht die Annahme des Restrukturierungsplans verhindern könnte, die Fortsetzung der Verhandlungen nicht unterstützt;

b) der Schuldner oder der Restrukturierungsbeauftragte beantragt dies;

c) – wenn im nationalen Recht vorgesehen – ein oder mehrere Gläubiger beziehungsweise eine oder mehrere Gläubigerklassen werden oder würden durch die Aussetzung von Einzelvollstreckungsmaßnahmen in unangemessener Weise beeinträchtigt; oder

d) – wenn im nationalen Recht vorgesehen – die Aussetzung führt zur Insolvenz eines Gläubigers.

Die Mitgliedstaaten können die Befugnis einer Aufhebung der Aussetzung von Einzelvollstreckungsmaßnahmen gemäß Unterabsatz 1 auf Fälle beschränken, in denen Gläubiger keine Gelegenheit hatten, sich zu äußern, bevor die Aussetzung in Kraft trat oder eine Verlängerung der Aussetzung von einer Justiz- oder Verwaltungsbehörde gewährt wurde.

Die Mitgliedstaaten können eine Mindestdauer vorsehen, die den in Absatz 6 genannten Zeitraum nicht überschreitet und während der eine Aussetzung von Einzelvollstreckungsmaßnahmen nicht aufgehoben werden kann.

Artikel 7
Folgen der Aussetzung von Einzelvollstreckungsmaßnahmen

(1) Entsteht während einer Aussetzung von Einzelvollstreckungsmaßnahmen nach nationalem Recht eine Verpflichtung eines Schuldners, einen Antrag auf Eröffnung eines Insolvenzverfahrens zu stellen, das zur Liquidation des Schuldners führen könnte, so ruht diese Verpflichtung für die Dauer dieser Aussetzung.

(2) Eine Aussetzung von Einzelvollstreckungsmaßnahmen gemäß Artikel 6 führt für die Dauer der Aussetzung zum Aufschub auf Antrag eines oder mehrerer Gläubiger hin zu eröffnenden Verfahrens, das zur Liquidation des Schuldners führen kann.

(3) Die Mitgliedstaaten können eine Ausnahmeregelung zu den Absätzen 1 und 2 für den Fall erlassen, dass ein Schuldner nicht in der Lage ist, seine fällig werdenden Schulden zu begleichen. Für diese Fälle stellen die Mitgliedstaaten sicher, dass eine Justiz- oder Verwaltungsbehörde beschließen kann, die Wirkungen der Aussetzung von Einzelvollstreckungsmaßnahmen aufrechtzuerhalten, wenn die Eröffnung von Insolvenzverfahren, die zur Liquidation des Schuldners führen könnten, unter Berücksichtigung der Umstände des Falles nicht im allgemeinen Interesse der Gläubiger wäre.

(4) Die Mitgliedstaaten erlassen Vorschriften, um Gläubiger, für die die Aussetzung gilt, daran zu hindern, in Bezug auf vor der Aussetzung entstandene Schulden und allein aufgrund der Tatsache, dass die Schulden vom Schuldner nicht zurückgezahlt wurden, Leistungen aus wesentlichen noch zu erfüllenden Verträgen zu verweigern, diese Verträge zu kündigen, vorzeitig fällig zu stellen oder in sonstiger Weise zum Nachteil des Schuldners zu ändern. Unter dem Begriff der noch zu erfüllenden wesentlichen Verträge sind noch zu erfüllende Verträge zu verstehen, die für die Weiterführung des täglichen Betriebs des Unternehmens erforderlich sind – einschließlich solcher über Lieferungen, deren Aussetzung dazu führen würde, dass die Geschäftstätigkeit des Schuldners zum Erliegen kommt.

Unterabsatz 1 hindert die Mitgliedstaaten nicht daran, solchen Gläubigern angemessene Schutzvorkehrungen zu bieten, um zu verhindern, dass diese Gläubiger durch Unterabsatz 1 in unangemessener Weise beeinträchtigt werden.

Die Mitgliedstaaten können vorsehen, dass dieser Absatz auch für noch zu erfüllende nichtwesentliche Verträge gilt.

(5) Die Mitgliedstaaten stellen sicher, dass es Gläubigern nicht gestattet ist, aufgrund einer Vertragsklausel, die entsprechende Maßnahmen vorsieht, allein aus folgenden Gründen Leistungen aus noch zu erfüllenden Verträgen

zu verweigern oder diese Verträge zu kündigen, vorzeitig fällig zu stellen oder in sonstiger Weise zum Nachteil des Schuldners zu ändern:
a) wegen eines Antrags auf Eröffnung eines präventiven Restrukturierungsverfahrens,
b) wegen eines Antrags auf Aussetzung von Einzelvollstreckungsmaßnahmen,
c) wegen der Eröffnung eines präventiven Restrukturierungsverfahrens oder
d) wegen der Gewährung einer Aussetzung von Einzelvollstreckungsmaßnahmen als solcher.

(6) Die Mitgliedstaaten können vorsehen, dass eine Aussetzung von Einzelvollstreckungsmaßnahmen nicht für Nettingmechanismen – einschließlich Close-out-Nettingmechanismen – auf Finanzmärkten, Energiemärkten und Rohstoffmärkten gilt, selbst in Fällen, in denen Artikel 31 Absatz 1 keine Anwendung findet, wenn solche Vereinbarungen nach nationalem Insolvenzrecht durchsetzbar sind. Auf die Vollstreckung einer Forderung gegen den Schuldner durch einen Gläubiger, die sich aus der Durchführung eines Nettingmechanismus ergibt, findet die Aussetzung jedoch Anwendung.

Unterabsatz 1 gilt nicht für Verträge über die Lieferung von Waren, die Erbringung von Dienstleistungen oder die Versorgung mit Energie, die für den Betrieb des Unternehmens des Schuldners erforderlich sind, es sei denn, diese Verträge nehmen die Gestalt einer an einer Börse oder einem anderen Markt gehandelten Position an, sodass sie jederzeit zum aktuellen Marktwert ersetzt werden kann.

(7) Die Mitgliedstaaten stellen sicher, dass das Auslaufen einer Aussetzung von Einzelvollstreckungsmaßnahmen ohne die Annahme eines Restrukturierungsplans als solches nicht zur Eröffnung eines Insolvenzverfahrens führt, das zur Liquidation des Schuldners führen könnte, es sei denn, die im nationalen Recht festgelegten Voraussetzungen für eine solche Eröffnung sind erfüllt.

KAPITEL 3
Restrukturierungspläne

Artikel 8
Inhalt von Restrukturierungsplänen

(1) Die Mitgliedstaaten schreiben vor, dass Restrukturierungspläne, die gemäß Artikel 9 zur Annahme oder einer Justiz- oder Verwaltungsbehörde

gemäß Artikel 10 zur Bestätigung vorgelegt werden, mindestens folgende Informationen enthalten müssen:
a) die Identität des Schuldners;
b) die Vermögenswerte und Verbindlichkeiten des Schuldners zum Zeitpunkt der Einreichung des Restrukturierungsplans, einschließlich einer Bewertung der Vermögenswerte, eine Beschreibung der wirtschaftlichen Situation des Schuldners und der Position der Arbeitnehmer und eine Beschreibung der Ursachen und des Umfangs der Schwierigkeiten des Schuldners;
c) die betroffenen Parteien, die entweder namentlich zu benennen oder unter Bezugnahme auf Schuldenkategorien nach nationalem Recht zu beschreiben sind, sowie ihre unter den Restrukturierungsplan fallenden Forderungen oder Beteiligungen;
d) gegebenenfalls die Klassen, in die die betroffenen Parteien für die Zwecke der Annahme des Restrukturierungsplans gruppiert wurden, und die jeweilige Höhe der Forderungen und Beteiligungen in jeder Klasse;
e) gegebenenfalls die Parteien – die entweder namentlich zu benennen oder unter Bezugnahme auf Schuldenkategorien nach nationalem Recht zu beschreiben sind —, die vom Restrukturierungsplan nicht betroffen sind, zusammen mit einer Erläuterung der Gründe, aus denen sie nicht betroffen sein sollen;
f) gegebenenfalls die Identität des Restrukturierungsbeauftragten;
g) die Bedingungen des Restrukturierungsplans, die unter anderem insbesondere Folgendes enthalten:
   i) vorgeschlagene Restrukturierungsmaßnahmen im Sinne von Artikel 2 Absatz 1 Nummer 1;
   ii) gegebenenfalls die vorgeschlagene Laufzeit der vorgeschlagenen Restrukturierungsmaßnahmen;
   iii) die Modalitäten der Unterrichtung und Anhörung der Arbeitnehmervertreter im Einklang mit dem Unionsrecht und dem nationalen Recht;
   iv) gegebenenfalls allgemeine Auswirkungen auf die Beschäftigung wie Entlassungen, Kurzarbeitsregelungen oder Ähnliches;
   v) die voraussichtlichen Finanzströme des Schuldners, wenn nach nationalem Recht vorgesehen, und
   vi) eine neue Finanzierung, die als Teil des Restrukturierungsplans vorgesehen ist, sowie die Gründe, aus denen die neue Finanzierung für die Umsetzung dieses Plans erforderlich ist;

h) eine Begründung, in der erläutert wird, warum eine begründete Aussicht besteht, dass der Restrukturierungsplan die Insolvenz des Schuldners verhindern und die Bestandsfähigkeit des Unternehmens gewährleisten wird, einschließlich der notwendigen Voraussetzungen für den Erfolg des Plans. Die Mitgliedstaaten können vorschreiben, dass diese Begründung entweder von einem externen Experten oder von dem Restrukturierungsbeauftragten- falls ein solcher benannt wird – vorgelegt oder bestätigt werden muss.

(2) Die Mitgliedstaaten stellen online eine umfassende, an die Bedürfnisse von KMU angepasste Checkliste für Restrukturierungspläne zur Verfügung. Die Checkliste enthält praktische Leitlinien dazu, wie der Restrukturierungsplan nach nationalem Recht zu erstellen ist.

Die Checkliste wird in der Amtssprache oder den Amtssprachen des Mitgliedstaats zur Verfügung gestellt. Die Mitgliedstaaten ziehen in Betracht, die Checkliste in mindestens einer weiteren Sprache zur Verfügung zu stellen, insbesondere in einer im internationalen Geschäftsverkehr gebräuchlichen Sprache.

Artikel 9
Annahme von Restrukturierungsplänen

(1) Die Mitgliedstaaten stellen sicher, dass Schuldner unabhängig davon, wer ein präventives Restrukturierungsverfahren gemäß Artikel 4 beantragt, das Recht haben, den betroffenen Parteien Restrukturierungspläne zur Annahme vorzulegen.

Die Mitgliedstaaten können darüber hinaus bestimmen, dass Gläubiger und Restrukturierungsbeauftragter das Recht haben, Restrukturierungspläne vorzulegen und festlegen, unter welchen Bedingungen sie dies tun dürfen.

(2) Die Mitgliedstaaten stellen sicher, dass betroffene Parteien das Recht haben, über die Annahme eines Restrukturierungsplans abzustimmen.

Parteien, die von einem Restrukturierungsplan nicht betroffen sind, haben bei dessen Annahme kein Stimmrecht.

(3) Ungeachtet des Absatzes 2 können die Mitgliedstaaten folgende Parteien vom Abstimmungsrecht ausschließen:
a) Anteilsinhaber,
b) Gläubiger, deren Forderungen gegenüber den Forderungen gewöhnlicher ungesicherter Gläubiger gemäß der normalen Rangfolge der Liquidationsprioritäten nachrangig sind, oder

c) jede dem Schuldner oder dem Unternehmen des Schuldners nahestehende Partei, die sich nach nationalem Recht in einem Interessenkonflikt befindet.

(4) Die Mitgliedstaaten stellen sicher, dass die betroffenen Parteien im Einklang mit dem nationalen Recht in unterschiedlichen Klassen behandelt werden, die auf der Grundlage überprüfbarer Kriterien in ausreichendem Maße gemeinsame Interessen abbilden. Zumindest Gläubiger mit gesicherten und ungesicherten Forderungen werden im Hinblick auf die Annahme eines Restrukturierungsplanes in unterschiedlichen Klassen behandelt.

Die Mitgliedstaaten können darüber hinaus bestimmen, dass Forderungen von Arbeitnehmern in einer eigenen Klasse behandelt werden.

Die Mitgliedstaaten können bestimmen, dass Schuldner, bei denen es sich um KMU handelt, sich dafür entscheiden können, die betroffenen Parteien nicht in unterschiedlichen Klassen zu behandeln.

Die Mitgliedstaaten ergreifen geeignete Maßnahmen, um sicherzustellen, dass bei der Klassenbildung insbesondere dem Schutz schutzbedürftiger Gläubiger wie kleiner Lieferanten Rechnung getragen wird.

(5) Die Stimmrechte und die Bildung der Klassen werden von einer Justiz- oder Verwaltungsbehörde geprüft, wenn ein Antrag auf Bestätigung des Restrukturierungsplans gestellt wird.

Die Mitgliedstaaten können vorschreiben, dass die Stimmrechte und die Bildung der Klassen zu einem früheren Zeitpunkt als dem in Unterabsatz 1 genannten von einer Justiz- oder Verwaltungsbehörde geprüft und bestätigt werden.

(6) Ein Restrukturierungsplan gilt als von den betroffenen Parteien angenommen, wenn bezogen auf den Betrag ihrer Forderungen oder Beteiligungen in jeder Klasse eine Mehrheit erreicht wird. Die Mitgliedstaaten können darüber hinaus vorschreiben, dass bezogen auf die Anzahl der betroffenen Parteien in jeder Klasse eine Mehrheit erreicht werden muss.

Die Mitgliedstaaten legen die für die Annahme eines Restrukturierungsplans erforderlichen Mehrheiten fest. Diese Mehrheiten dürfen nicht über 75 % des Betrags der Forderungen oder Beteiligungen in jeder Klasse beziehungsweise gegebenenfalls der Anzahl der betroffenen Parteien in jeder Klasse liegen.

(7) Ungeachtet der Absätze 2 bis 6 können die Mitgliedstaaten vorschreiben, dass die förmliche Abstimmung über die Annahme eines Restrukturierungsplans durch eine Vereinbarung mit der erforderlichen Mehrheit ersetzt werden kann.

Artikel 10
Bestätigung von Restrukturierungsplänen

(1) Die Mitgliedstaaten stellen sicher, dass zumindest folgende Restrukturierungspläne für die Parteien nur verbindlich sind, wenn sie von einer Justiz- oder Verwaltungsbehörde bestätigt werden:
a) Restrukturierungspläne, die die Forderungen oder Beteiligung ablehnender betroffener Parteien beeinträchtigen;
b) Restrukturierungspläne, die eine neue Finanzierung vorsehen;
c) Restrukturierungspläne, die zum Verlust von mehr als 25 % der Arbeitsplätze führen, sofern dieser Verlust nach nationalem Recht zulässig ist.

(2) Die Mitgliedstaaten stellen sicher, dass die Voraussetzungen, unter denen ein Restrukturierungsplan von einer Justiz- oder Verwaltungsbehörde bestätigt werden kann, genau festgelegt sind und mindestens Folgendes umfassen:
a) Der Restrukturierungsplan ist im Einklang mit Artikel 9 angenommen worden.
b) Gläubiger mit ausreichenden gemeinsamen Interessen in derselben Klasse werden gleich und im Verhältnis zu ihren Forderungen behandelt.
c) Der Restrukturierungsplan ist allen betroffenen Parteien im Einklang mit nationalem Recht übermittelt worden.
d) Gibt es ablehnende Gläubiger, so erfüllt der Restrukturierungsplan das Kriterium des Gläubigerinteresses.
e) Eine etwaige neue Finanzierung, die zur Umsetzung des Restrukturierungsplans erforderlich ist und die Interessen der Gläubiger nicht in unangemessener Weise beeinträchtigt.

Die Einhaltung von Unterabsatz 1 Buchstabe d wird von einer Justiz- oder Verwaltungsbehörde nur im Falle einer diesbezüglichen Beanstandung des Restrukturierungsplans geprüft.

(3) Die Mitgliedstaaten stellen sicher, dass Justiz- oder Verwaltungsbehörden die Bestätigung eines Restrukturierungsplans ablehnen können, wenn keine vernünftige Aussicht besteht, dass der Plan die Insolvenz des Schuldners verhindern oder die Bestandsfähigkeit des Unternehmens gewährleisten würde.

(4) Die Mitgliedstaaten stellen sicher, dass in den Fällen, in denen eine Justiz- oder Verwaltungsbehörde den Restrukturierungsplan bestätigen muss, damit dieser verbindlich wird, die Entscheidung mit Blick auf eine zügige Bearbeitung der Angelegenheit auf effiziente Weise getroffen wird.

Artikel 11
Klassenübergreifender Cram-down

(1) Die Mitgliedstaaten stellen sicher, dass ein Restrukturierungsplan, der nicht in jeder Abstimmungsklasse von den betroffenen Parteien gemäß Artikel 9 Absatz 6 angenommen worden ist, auf Vorschlag eines Schuldners oder mit Zustimmung des Schuldners von einer Justiz- oder Verwaltungsbehörde bestätigt und für ablehnende Abstimmungsklassen verbindlich werden kann, wenn der Restrukturierungsplan mindestens folgende Voraussetzungen erfüllt:

a) Er entspricht Artikel 10 Absatz 2 und 3.
b) Er ist angenommen worden von
   i) einer Mehrheit der Abstimmungsklassen betroffener Parteien, sofern mindestens eine dieser Klassen eine Klasse gesicherter Gläubiger ist oder gegenüber der Klasse gewöhnlicher ungesicherter Gläubiger vorrangig ist, oder anderenfalls
   ii) mindestens einer der Abstimmungsklassen der betroffenen Parteien oder, wenn im nationalen Recht vorgesehen, der beeinträchtigten Parteien, bei der es sich weder um eine Klasse von Anteilsinhabern noch um eine andere Klasse handelt, die im Falle einer Bewertung des Schuldners als fortgeführtes Unternehmen bei Anwendung der normalen Rangfolge der Liquidationsprioritäten nach nationalem Recht keine Zahlung erhalten oder keine Beteiligung behalten würde oder, wenn im nationalen Recht vorgesehen, bei der vernünftigerweise davon ausgegangen werden könnte, dass sie keine Zahlung erhalten oder keine Beteiligung behalten würde,
c) Er gewährleistet, dass ablehnende Abstimmungsklassen betroffener Gläubiger mindestens ebenso wie andere gleichrangige Klassen und besser als alle nachrangigen Klassen gestellt werden, und
d) keine Klasse betroffener Parteien kann nach dem Restrukturierungsplan mehr erhalten oder behalten als den vollen Betrag ihrer Forderungen oder Beteiligungen.

Abweichend von Unterabsatz 1 können die Mitgliedstaaten das Erfordernis der Einholung der Zustimmung des Schuldners auf Fälle beschränken, in denen es sich bei den Schuldnern um KMU handelt.

Die Mitgliedstaaten können die Mindestzahl der Klassen betroffener Parteien oder, wenn im nationalen Recht vorgesehen, beeinträchtigter Parteien, die den Plan gemäß Unterabsatz 1 Buchstabe b Ziffer ii genehmigen müssen, erhöhen.

(2) Abweichend von Absatz 1 Buchstabe c können die Mitgliedstaaten bestimmen, dass die Forderungen betroffener Gläubiger in einer ablehnenden Abstimmungsklasse in vollem Umfang und in gleicher oder gleichwertiger Weise befriedigt werden, wenn eine nachrangige Klasse nach dem Restrukturierungsplan eine Zahlung erhält oder eine Beteiligung behält.

Die Mitgliedstaaten können von Unterabsatz 1 abweichende Vorschriften beibehalten oder einführen, wenn diese erforderlich sind, um die Ziele des Restrukturierungsplans zu erreichen, und wenn der Restrukturierungsplan die Rechte oder Beteiligungen betroffener Parteien nicht in unangemessener Weise beeinträchtigt.

Artikel 12
Anteilsinhaber

(1) Schließen die Mitgliedstaaten Anteilsinhaber von der Anwendung der Artikel 9 bis 11 aus, so stellen sie auf andere Weise sicher, dass diese Anteilsinhaber die Annahme und Bestätigung eines Restrukturierungsplans nicht grundlos verhindern oder erschweren dürfen.

(2) Die Mitgliedstaaten stellen ferner sicher, dass Anteilsinhaber die Umsetzung eines Restrukturierungsplans nicht grundlos verhindern oder erschweren dürfen.

(3) Die Mitgliedstaaten können die Bedeutung des Begriffs des grundlosen Verhinderns oder Erschwerens im Sinne dieses Artikels anpassen, um unter anderem folgende Faktoren zu berücksichtigen: die Frage, ob es sich bei dem Schuldner um ein KMU oder ein großes Unternehmen handelt, die sich auf die Rechte der Anteilsinhaber auswirkenden vorgeschlagenen Restrukturierungsmaßnahmen, die Art der Anteilsinhaber, die Frage, ob der Schuldner eine juristische oder eine natürliche Person ist, und die Frage, ob die Partner in einem Unternehmen beschränkt oder unbeschränkt haften.

Artikel 13
Arbeitnehmer

(1) Die Mitgliedstaaten stellen sicher, dass die individuellen und kollektiven Rechte der Arbeitnehmer nach dem Arbeitsrecht der Union und dem nationalen Arbeitsrecht durch den präventiven Restrukturierungsrahmen nicht beeinträchtigt werden; dazu gehören etwa
a) das Recht auf Tarifverhandlungen und Arbeitskampfmaßnahmen;
b) das Recht auf Unterrichtung und Anhörung im Einklang mit der Richtlinie 2002/14/EG und der Richtlinie 2009/38/EG, insbesondere

i) die Unterrichtung der Arbeitnehmervertreter über die jüngste Entwicklung und die wahrscheinliche Weiterentwicklung der Tätigkeit und der wirtschaftlichen Situation des Unternehmens oder des Betriebs, damit sie dem Schuldner ihre Bedenken hinsichtlich der Geschäftssituation und in Bezug auf die Notwendigkeit, Restrukturierungsmechanismen in Betracht zu ziehen, mitteilen können;
ii) die Unterrichtung der Arbeitnehmervertreter über alle präventiven Restrukturierungsverfahren, die sich auf die Beschäftigung auswirken könnten, etwa auf die Möglichkeit der Arbeitnehmer, ihre Löhne und etwaige zukünftige Zahlungen, auch im Rahmen der betrieblichen Altersversorgung, einzutreiben;
iii) die Unterrichtung und Anhörung der Arbeitnehmervertreter zu Restrukturierungsplänen, bevor sie gemäß Artikel 9 zur Annahme oder einer Justiz- oder Verwaltungsbehörde gemäß Artikel 10 zur Bestätigung vorgelegt werden;

c) die durch die Richtlinien 98/59/EG, 2001/23/EG und 2008/94/EG garantierten Rechte.

(2) Umfasst der Restrukturierungsplan Maßnahmen, die Änderungen an der Arbeitsorganisation oder an den Arbeitsverträgen mit sich bringen, so werden diese Maßnahmen von diesen Arbeitnehmern genehmigt, sofern das nationale Recht oder die Tarifverträge in diesen Fällen eine solche Genehmigung vorsehen.

Artikel 14
Bewertung durch die Justiz- oder Verwaltungsbehörde

(1) Die Justiz- oder Verwaltungsbehörde trifft nur dann eine Entscheidung über die Bewertung des Unternehmens des Schuldners, wenn ein Restrukturierungsplan von einer ablehnenden betroffenen Partei beanstandet wird, wegen

a) eines mutmaßlichen Verstoßes gegen das Kriterium des Gläubigerinteresses gemäß Artikel 2 Absatz 1 Nummer 6 oder
b) eines mutmaßlichen Verstoßes gegen die Bedingungen für einen klassenübergreifenden Cram-down gemäß Artikel 11 Absatz 1 Buchstabe b Ziffer ii.

(2) Die Mitgliedstaaten stellen sicher, dass die Justiz- oder Verwaltungsbehörden zum Zweck der Entscheidung über eine Bewertung gemäß Absatz 1 ordnungsgemäß qualifizierte Sachverständige bestellen oder hören können.

(3) Für die Zwecke des Absatzes 1 stellen die Mitgliedstaaten sicher, dass eine ablehnende betroffene Partei bei der Justiz- oder Verwaltungsbehörde, die den Restrukturierungsplan bestätigen soll, eine Beanstandung geltend machen kann.

Die Mitgliedstaaten können vorsehen, dass eine solche Beanstandung im Rahmen eines Rechtsbehelfs gegen den Beschluss über die Bestätigung eines Restrukturierungsplans geltend gemacht werden kann.

Artikel 15
Wirkung von Restrukturierungsplänen

(1) Die Mitgliedstaaten stellen sicher, dass die von einer Justiz- oder Verwaltungsbehörde bestätigten Restrukturierungspläne für alle nach Artikel 8 Absatz 1 Buchstabe c benannten oder beschriebenen betroffenen Parteien verbindlich sind.

(2) Die Mitgliedstaaten stellen sicher, dass Gläubiger, die an der Annahme eines Restrukturierungsplans nach nationalem Recht nicht beteiligt waren, von dem Plan nicht beeinträchtigt werden.

Artikel 16
Rechtsbehelfe

(1) Die Mitgliedstaaten stellen sicher, dass ein Rechtsbehelf, der nach nationalem Recht gegen einen Beschluss einer Justizbehörde über die Bestätigung oder Ablehnung eines Restrukturierungsplans eingelegt wird, einer höheren Justizbehörde vorgelegt wird.

Die Mitgliedstaaten stellen sicher, dass ein Rechtsbehelf, der gegen einen Beschluss einer Verwaltungsbehörde über die Bestätigung oder Ablehnung eines Restrukturierungsplans eingelegt wird, bei einer Justizbehörde vorgelegt wird.

(2) Über die Rechtsbehelfe ist mit Blick auf eine zügige Bearbeitung auf effiziente Weise zu entscheiden.

(3) Ein Rechtsbehelf gegen einen Beschluss zur Bestätigung eines Restrukturierungsplans hat in Bezug auf die Ausführung des Plans keine aufschiebende Wirkung.

Abweichend von Unterabsatz 1 können die Mitgliedstaaten vorsehen, dass Justizbehörden die Durchführung des Restrukturierungsplans oder von Teilen davon aussetzen können, wenn dies zur Wahrung der Interessen einer Partei notwendig und angemessen ist.

(4) Die Mitgliedstaaten stellen sicher, dass die Justizbehörde, wenn einem Rechtsbehelf nach Absatz 3 stattgegeben wird, entweder
a) den Restrukturierungsplan aufheben kann oder
b) den Restrukturierungsplan entweder bestätigen kann, und zwar – wenn im nationalen Recht vorgesehen -mit Änderungen oder ohne Änderungen.

Die Mitgliedstaaten können vorsehen, dass jeder Partei, der finanzielle Verluste entstanden sind und deren Rechtsbehelf stattgegeben wird, im Falle der Bestätigung eines Plans gemäß Unterabsatz 1 Buchstabe b ein Ausgleich gewährt wird.

KAPITEL 4
Schutz für neue Finanzierungen, Zwischenfinanzierungen und sonstige Transaktionen im Zusammenhang mit der Restrukturierung

Artikel 17
Schutz für neue Finanzierungen und Zwischenfinanzierungen

(1) Die Mitgliedstaaten stellen sicher, dass neue Finanzierungen und Zwischenfinanzierungen in angemessener Weise geschützt werden. Zumindest dürfen im Falle einer späteren Insolvenz des Schuldners:
a) neue Finanzierungen und Zwischenfinanzierungen nicht deshalb für nichtig, anfechtbar oder nicht vollstreckbar erklärt werden und
b) die Geber solcher Finanzierungen nicht deshalb einer zivil-, verwaltungs- oder strafrechtlichen Haftung unterliegen, weil eine solche Finanzierung die Gesamtheit der Gläubiger benachteiligt, außer es liegen zusätzliche im nationalen Recht festgelegte Gründe vor.

(2) Die Mitgliedstaaten können vorsehen, dass Absatz 1 nur für neue Finanzierungen gilt, sofern der Restrukturierungsplan von einer Justiz- oder Verwaltungsbehörde bestätigt wurde, und nur für Zwischenfinanzierungen, die Ex-ante-Kontrollen unterlagen.

(3) Die Mitgliedstaaten können Zwischenfinanzierungen, die gewährt werden, nachdem der Schuldner zur Begleichung seiner fällig werdenden Schulden nicht mehr in der Lage war, vom Anwendungsbereich des Absatzes 1 ausschließen.

(4) Die Mitgliedstaaten können vorsehen, dass Geber von neuen Finanzierungen oder Zwischenfinanzierungen Anspruch darauf haben, in späteren Insolvenzverfahren Zahlungen vorrangig gegenüber anderen Gläubigern zu erhalten, die anderenfalls höher- oder gleichrangige Forderungen hätten.

Artikel 18
Schutz für sonstige Transaktionen im Zusammenhang mit der Restrukturierung

(1) Unbeschadet des Artikels 17 stellen die Mitgliedstaaten sicher, dass Transaktionen, die angemessen und unmittelbar notwendig für die Aushandlung eines Restrukturierungsplans sind, im Falle einer späteren Insolvenz eines Schuldners nicht deshalb für nichtig, anfechtbar oder nicht vollstreckbar erklärt werden, weil solche Transaktionen die Gesamtheit der Gläubiger benachteiligen, außer es liegen zusätzliche im nationalen Recht festgelegte Gründe vor.

(2) Die Mitgliedstaaten können vorsehen, dass Absatz 1 nur gilt, sofern der Plan von einer Justiz- oder Verwaltungsbehörde bestätigt wurde oder sofern solche Transaktionen Ex-ante-Kontrollen unterlagen.

(3) Die Mitgliedstaaten können vom Anwendungsbereich des Absatzes 1 Transaktionen ausschließen, die durchgeführt werden, nachdem der Schuldner zur Begleichung seiner fällig werdenden Schulden nicht mehr in der Lage ist.

(4) Zu den Transaktionen nach Absatz 1 gehören mindestens
a) die Zahlung von Gebühren und Kosten für die Aushandlung, Annahme oder Bestätigung eines Restrukturierungsplans;
b) die Zahlung von Gebühren und Kosten für die Inanspruchnahme professioneller Beratung in engem Zusammenhang mit der Restrukturierung;
c) die Zahlung von Arbeitnehmerlöhnen für bereits geleistete Arbeit, unbeschadet eines anderen im Unionsrecht oder im nationalen Recht vorgesehenen Schutzes;
d) andere als unter den Buchstaben a bis c genannte Zahlungen und Auszahlungen im gewöhnlichen Geschäftsbetrieb.

(5) Unbeschadet des Artikels 17 stellen die Mitgliedstaaten sicher, dass Transaktionen, die angemessen und unmittelbar notwendig für die Umsetzung eines Restrukturierungsplans sind und die im Einklang mit dem von einer Justiz- oder Verwaltungsbehörde bestätigten Restrukturierungsplan durchgeführt werden, im Falle einer späteren Insolvenz des Schuldners nicht deshalb für nichtig, anfechtbar oder nicht vollstreckbar erklärt werden, weil solche Transaktionen die Gesamtheit der Gläubiger benachteiligen, außer es liegen zusätzliche im nationalen Recht festgelegte Gründe vor.

KAPITEL 5
Pflichten der Unternehmensleitung

Artikel 19
Pflichten der Unternehmensleitung bei einer wahrscheinlichen Insolvenz

Die Mitgliedstaaten stellen sicher, dass die Unternehmensleitung bei einer wahrscheinlichen Insolvenz mindestens Folgendes gebührend berücksichtigt:

a) die Interessen der Gläubiger, Anteilsinhaber und sonstigen Interessenträger,
b) die Notwendigkeit, Schritte einzuleiten, um eine Insolvenz abzuwenden, und
c) die Notwendigkeit, vorsätzliches oder grob fahrlässiges Verhalten zu vermeiden, das die Bestandsfähigkeit des Unternehmens gefährdet.

TITEL III
ENTSCHULDUNG UND TÄTIGKEITSVERBOTE

Artikel 20
Zugang zur Entschuldung

(1) Die Mitgliedstaaten stellen sicher, dass insolvente Unternehmer Zugang zu mindestens einem Verfahren haben, das zu einer vollen Entschuldung gemäß dieser Richtlinie führen kann.

Die Mitgliedstaaten können zur Bedingung machen, dass die gewerbliche, geschäftliche, handwerkliche oder freiberufliche Tätigkeit, mit der die Schulden eines insolventen Unternehmers im Zusammenhang stehen, eingestellt wird.

(2) Die Mitgliedstaaten, in denen die volle Entschuldung von einer teilweisen Tilgung der Schulden durch den Unternehmer abhängig ist, stellen sicher, dass die diesbezügliche Tilgungspflicht der Situation des einzelnen Unternehmers entspricht und insbesondere in einem angemessenen Verhältnis zum pfändbaren oder verfügbaren Einkommen und zu den pfändbaren oder verfügbaren Vermögenswerten des Unternehmers während der Entschuldungsfrist steht sowie dem berechtigten Gläubigerinteresse Rechnung trägt.

(3) Die Mitgliedstaaten stellen sicher, dass entschuldete Unternehmer von bestehenden nationalen Rahmen zur Förderung der Geschäftstätigkeit

von Unternehmern profitieren können, einschließlich des Zugangs zu einschlägigen und aktuellen Informationen über diese Rahmen.

Artikel 21
Entschuldungsfrist

(1) Die Mitgliedstaaten stellen sicher, dass die Frist, nach deren Ablauf insolvente Unternehmer in vollem Umfang entschuldet werden können, höchstens drei Jahre beträgt, spätestens ab einem der folgenden Zeitpunkte:
a) im Falle eines Verfahrens, das einen Tilgungsplan umfasst, dem Zeitpunkt der Entscheidung einer Justiz- oder Verwaltungsbehörde, den Plan zu bestätigen, oder dem Zeitpunkt, an dem mit der Umsetzung des Tilgungsplans begonnen wird, oder
b) im Falle jedes anderen Verfahrens dem Zeitpunkt der Entscheidung der Justiz- oder Verwaltungsbehörde über die Eröffnung des Verfahrens oder dem Tag der Bestimmung der Insolvenzmasse des Unternehmers.

(2) Die Mitgliedstaaten stellen sicher, dass insolvente Unternehmer, die ihren Verpflichtungen, sofern solche gemäß den nationalen Rechtsvorschriften bestehen, nachgekommen sind, nach Ablauf der Entschuldungsfrist entschuldet werden, ohne dass ein Antrag bei einer Justiz- oder Verwaltungsbehörde gestellt werden muss, zusätzlich zu den in Absatz 1 genannten Verfahren ein weiteres Verfahren zu eröffnen.

Unbeschadet des Unterabsatzes 1 können die Mitgliedstaaten Bestimmungen beibehalten oder einführen, die es der Justiz- oder Verwaltungsbehörde ermöglichen zu überprüfen, ob die Unternehmer die Verpflichtungen für eine Entschuldung erfüllt haben.

(3) Die Mitgliedstaaten können vorsehen, dass eine volle Entschuldung der Fortsetzung eines Insolvenzverfahrens nicht entgegensteht, das die Verwertung und Verteilung der Vermögenswerte eines Unternehmers umfasst, die am Tag des Ablaufs der Entschuldungsfrist Teil der Insolvenzmasse dieses Unternehmers waren.

Artikel 22
Verbotsfrist

(1) Die Mitgliedstaaten stellen sicher, dass, wenn ein insolventer Unternehmer im Einklang mit dieser Richtlinie entschuldet wird, ein allein aufgrund der Insolvenz des Unternehmers erlassenes Verbot, eine gewerbliche,

geschäftliche, handwerkliche oder freiberufliche Tätigkeit aufzunehmen oder auszuüben, spätestens bei Ablauf der Entschuldungsfrist außer Kraft tritt.

(2) Die Mitgliedstaaten stellen sicher, dass mit dem Ablauf der Entschuldungsfrist die in Absatz 1 dieses Artikels genannten Verbote außer Kraft treten, ohne dass ein Antrag bei einer Justiz- oder Verwaltungsbehörde gestellt werden muss, zusätzlich zu den in Artikel 21 Absatz 1 genannten Verfahren ein weiteres Verfahren zu eröffnen.

Artikel 23
Ausnahmeregelungen

(1) Abweichend von den Artikeln 20 bis 22 behalten die Mitgliedstaaten Bestimmungen bei oder führen Bestimmungen ein, mit denen der Zugang zur Entschuldung verwehrt oder beschränkt wird, die Vorteile der Entschuldung widerrufen werden oder längere Fristen für eine volle Entschuldung beziehungsweise längere Verbotsfristen vorgesehen werden, wenn der insolvente Unternehmer bei seiner Verschuldung – während des Insolvenzverfahrens oder während der Begleichung der Schulden – gegenüber den Gläubigern oder sonstigen Interessenträgern unredlich oder bösgläubig im Sinne der nationalen Rechtsvorschriften gehandelt hat, unbeschadet der nationalen Vorschriften zur Beweislast.

(2) Abweichend von den Artikeln 20 bis 22 können die Mitgliedstaaten Bestimmungen beibehalten oder einführen, mit denen unter bestimmten genau festgelegten Umständen der Zugang zur Entschuldung verwehrt oder beschränkt wird, die Entschuldung widerrufen wird oder längere Fristen für eine volle Entschuldung beziehungsweise längere Verbotsfristen vorgesehen werden, wenn solche Ausnahmeregelungen ausreichend gerechtfertigt sind, etwa wenn:

a) der insolvente Unternehmer gegen im Tilgungsplan vorgesehene Verpflichtungen oder gegen eine andere rechtliche Verpflichtung zum Schutz der Interessen der Gläubiger, einschließlich der Verpflichtung, die Gläubiger bestmöglich zu befriedigen, in erheblichem Maße verstoßen hat,

b) der insolvente Unternehmer den Informationspflichten oder Verpflichtungen zur Zusammenarbeit gemäß dem Unionsrecht und den nationalen Rechtsvorschriften nicht nachgekommen ist,

c) Entschuldungsverfahren missbräuchlich beantragt werden,

d) innerhalb eines bestimmten Zeitraums, nachdem dem insolventen Unternehmer eine volle Entschuldung gewährt oder aufgrund eines schweren Verstoßes gegen die Informationspflichten oder die Verpflichtungen zur Zusammenarbeit verweigert worden ist, eine weitere Entschuldung beantragt wird,
e) die Kosten des zur Entschuldung führenden Verfahrens nicht gedeckt sind oder
f) eine Ausnahmeregelung erforderlich ist, um einen Ausgleich zwischen den Rechten des Schuldners und den Rechten eines oder mehrerer Gläubiger zu gewährleisten.

(3) Abweichend von Artikel 21 können die Mitgliedstaaten längere Entschuldungsfristen für den Fall festlegen, dass
a) eine Justiz- oder Verwaltungsbehörde Schutzmaßnahmen billigt oder anordnet, um die Hauptwohnung des insolventen Unternehmers und gegebenenfalls der Familie des Unternehmers oder die für die Fortsetzung der gewerblichen, geschäftlichen, handwerklichen oder freiberuflichen Tätigkeit des Unternehmers unverzichtbaren Vermögenswerte zu schützen, oder
b) die Hauptwohnung des insolventen Unternehmers und gegebenenfalls seiner Familie nicht verwertet wird.

(4) Die Mitgliedstaaten können bestimmte Schuldenkategorien von der Entschuldung ausschließen, den Zugang zur Entschuldung beschränken oder eine längere Entschuldungsfrist festlegen, wenn solche Ausschlüsse, Beschränkungen oder längeren Fristen ausreichend gerechtfertigt sind, etwa im Falle von
a) besicherten Schulden,
b) aus strafrechtlichen Sanktionen entstandenen oder damit in Verbindung stehenden Schulden,
c) aus deliktischer Haftung entstandenen Schulden,
d) Schulden bezüglich Unterhaltspflichten, die auf einem Familien-, Verwandtschafts- oder eherechtlichen Verhältnis oder auf Schwägerschaft beruhen,
e) Schulden, die nach dem Antrag auf ein zu einer Entschuldung führendes Verfahren oder nach dessen Eröffnung entstanden sind, und
f) Schulden, die aus der Verpflichtung, die Kosten des zur Entschuldung führenden Verfahrens zu begleichen, entstanden sind.

(5) Abweichend von Artikel 22 können die Mitgliedstaaten längere oder unbestimmte Verbotsfristen festlegen, wenn der insolvente Unternehmer einem Berufsstand angehört:

a) für den besondere ethische Regeln oder besondere Regeln bezüglich der Reputation oder der Sachkunde gelten, und der Unternehmer gegen diese Regeln verstoßen hat, oder
b) der sich mit der Verwaltung des Eigentums Dritter befasst.

Unterabsatz 1 gilt auch wenn ein insolventer Unternehmer beantragt, sich einem in Unterabsatz 1 Buchstabe a oder b genannten Berufsstand anzuschließen.

(6) Die vorliegende Richtlinie berührt nicht die nationalen Vorschriften zu anderen als den in Artikel 22 genannten Tätigkeitsverboten, die von einer Justiz- oder Verwaltungsbehörde angeordnet werden.

Artikel 24
Konsolidierung von Verfahren in Bezug auf berufliche und private Schulden

(1) Die Mitgliedstaaten stellen sicher, dass, wenn insolvente Unternehmer sowohl berufliche Schulden, die im Rahmen ihrer gewerblichen, geschäftlichen, handwerklichen oder freiberuflichen Tätigkeit entstanden sind, als auch private Schulden, die außerhalb dieser Tätigkeiten entstanden sind, haben und diese nicht sinnvoll getrennt werden können, alle für eine Entschuldung infrage kommenden Schulden für die Zwecke einer vollen Entschuldung in einem einzigen Verfahren zu behandeln sind.

(2) Die Mitgliedstaaten können vorsehen, dass, wenn berufliche und private Schulden getrennt werden können, diese Schulden für die Zwecke einer vollen Entschuldung entweder in getrennten, jedoch koordinierten Verfahren oder in demselben Verfahren zu behandeln sind.

TITEL IV
MASSNAHMEN ZUR STEIGERUNG DER EFFIZIENZ VON RESTRUKTURIERUNGS-, INSOLVENZ- UND ENTSCHULDUNGSVERFAHREN

Artikel 25
Justiz- und Verwaltungsbehörden

Unbeschadet der Unabhängigkeit der Justiz und etwaiger Unterschiede im Aufbau des Justizwesens in der Union stellen die Mitgliedstaaten sicher, dass
a) Mitglieder der Justiz- und Verwaltungsbehörden, die mit Restrukturierungs-, Insolvenz- und Entschuldungsverfahren befasst sind, eine ange-

messene Ausbildung erhalten und die für ihre Zuständigkeiten erforderliche Sachkunde haben und
b) Restrukturierungs-, Insolvenz- und Entschuldungsverfahren mit Blick auf ihre zügige Bearbeitung auf effiziente Weise geführt werden.

Artikel 26
Verwalter in Restrukturierungs-, Insolvenz- und Entschuldungsverfahren

(1) Die Mitgliedstaaten stellen sicher, dass
a) die von einer Justiz- oder Verwaltungsbehörde in Restrukturierungs-, Insolvenz- und Entschuldungsverfahren bestellten Verwalter eine angemessene Ausbildung erhalten und die für ihre Zuständigkeiten erforderliche Sachkunde haben;
b) die Zulassungsvoraussetzungen sowie das Verfahren für die Bestellung, die Abberufung und den Rücktritt von Verwaltern klar, transparent und fair sind;
c) bei der Bestellung eines Verwalters für einen bestimmten Fall, einschließlich Sachen mit grenzüberschreitenden Bezügen, der Erfahrung und der Sachkunde des Verwalters gebührend Rechnung getragen wird und dabei die besonderen Merkmale des Falles berücksichtigt werden und
d) Schuldner und Gläubiger zur Vermeidung eines Interessenkonfliktes die Möglichkeit haben, die Auswahl oder Benennung eines Verwalters abzulehnen oder das Ersetzen des Verwalters zu verlangen.

(2) Die Kommission erleichtert im Hinblick auf eine Verbesserung der Qualität der Ausbildung in der gesamten Union den Austausch bewährter Verfahren zwischen den Mitgliedstaaten, unter anderem durch den Austausch von Erfahrungen und Instrumenten zum Kapazitätsaufbau.

Artikel 27
Beaufsichtigung und Vergütung von Verwaltern

(1) Die Mitgliedstaaten richten geeignete Aufsichts- und Regulierungsmechanismen ein, um sicherzustellen, dass die Arbeit von Verwaltern wirksam überwacht wird, damit gewährleistet ist, dass ihre Dienste wirksam und sachkundig und gegenüber den beteiligten Parteien unparteiisch und unabhängig erbracht werden. Derartige Mechanismen umfassen auch Maßnahmen für die Verantwortlichkeit der Verwalter, die ihren Pflichten nicht nachkommen.

(2) Die Mitgliedstaaten stellen sicher, dass Informationen über die Behörden oder Stellen, die die Aufsicht über die Verwalter ausüben, öffentlich zugänglich sind.

(3) Die Mitgliedstaaten können die Erarbeitung und Einhaltung von Verhaltenskodizes durch Verwalter fördern.

(4) Die Mitgliedstaaten stellen sicher, dass für die Vergütung der Verwalter Vorschriften gelten, die mit dem Ziel eines effizienten Abschlusses der Verfahren im Einklang stehen.

Die Mitgliedstaaten stellen sicher, dass geeignete Verfahren zur Verfügung stehen, um Streitigkeiten über die Vergütung beizulegen.

Artikel 28
Einsatz elektronischer Kommunikationsmittel

Die Mitgliedstaaten stellen sicher, dass in Restrukturierungs-, Insolvenz- und Entschuldungsverfahren die Verfahrensparteien, die Verwalter und die Justiz- oder Verwaltungsbehörde auch in grenzüberschreitenden Situationen mindestens folgende Handlungen elektronisch vornehmen können:
a) Geltendmachung von Forderungen;
b) Einreichung von Restrukturierungs- oder Tilgungsplänen;
c) Mitteilungen an die Gläubiger;
d) Einlegung von Beanstandungen und Rechtsbehelfen.

TITEL V
MONITORING VON RESTRUKTURIERUNGS-, INSOLVENZ- UND ENTSCHULDUNGSVERFAHREN

Artikel 29
Datenerhebung

(1) Die Mitgliedstaaten erheben und aggregieren jährlich auf nationaler Ebene Daten über Restrukturierungs-, Insolvenz- und Entschuldungsverfahren, aufgeschlüsselt nach jeder Verfahrensart, die mindestens folgende Elemente enthalten:
a) der Zahl der Verfahren, die beantragt oder eröffnet wurden – wenn die Verfahrenseröffnung nach nationalem Recht vorgesehen ist –, und der Zahl der Verfahren, die anhängig sind oder die beendet wurden;
b) der durchschnittlichen Dauer der Verfahren von der Einreichung des Antrags oder von der Eröffnung des Verfahrens – wenn die Verfahrenseröffnung nach nationalem Recht vorgesehen ist – bis zum Verfahrensende;

c) der Zahl anderer als der unter Buchstabe d vorgeschriebenen Verfahren, aufgeschlüsselt nach Art des Ergebnisses;
d) der Zahl der Anträge auf Restrukturierungsverfahren, die für unzulässig erklärt wurden, abgelehnt wurden oder vor der Verfahrenseröffnung zurückgezogen wurden.

(2) Die Mitgliedstaaten erheben und aggregieren auf jährlicher Grundlage auf nationaler Ebene Daten über die Zahl der Schuldner, die Gegenstand eines Restrukturierungsverfahrens oder Insolvenzverfahrens waren und die in den drei Jahren vor der Einreichung des Antrags auf Eröffnung eines solchen Verfahrens – wenn die Verfahrenseröffnung nach nationalem Recht vorgesehen ist – einen Restrukturierungsplan hatten, der im Rahmen eines früheren Restrukturierungsverfahrens zur Umsetzung von Titel II bestätigt wurde.

(3) Die Mitgliedstaaten können auf jährlicher Grundlage auf nationaler Ebene Daten erheben und aggregieren über
a) die durchschnittlichen Kosten einer jeden Verfahrensart;
b) die durchschnittlichen Befriedigungsquoten für gesicherte und ungesicherte Gläubiger und gegebenenfalls für andere Arten von Gläubigern, jeweils getrennt;
c) die Zahl der Unternehmer, die ein neues Unternehmen gründen, nachdem sie Gegenstand eines Verfahrens nach Artikel 1 Absatz 1 Buchstabe b waren;
d) die Zahl der im Zusammenhang mit Restrukturierungs- und Insolvenzverfahren verlorenen Arbeitsplätze.

(4) Die Mitgliedstaaten schlüsseln die in Absatz 1 Buchstaben a bis c genannten Daten und gegebenenfalls, sofern verfügbar, die in Absatz 3 genannten Daten auf
a) nach Größe der Schuldner, die keine natürlichen Personen sind;
b) danach, ob die Schuldner in Restrukturierungs- oder Insolvenzverfahren natürliche oder juristische Personen sind, sowie
c) danach, ob die zu einer Entschuldung führenden Verfahren nur Unternehmer oder alle natürlichen Personen betreffen.

(5) Die Mitgliedstaaten können die in den Absätzen 1, bis 4 genannten Daten mittels einer Stichprobenmethode, bei der gewährleistet ist, dass die Stichproben hinsichtlich ihrer Größe und Diversität repräsentativ sind, erheben und aggregieren.

(6) Die Mitgliedstaaten erheben und aggregieren die in den Absätzen 1, 2, 4 und gegebenenfalls 3 genannten Daten für am 31. Dezember endende volle Kalenderjahre; sie beginnen dabei mit dem ersten dem ersten vollen

Kalenderjahr, das dem Tag der erstmaligen Anwendung des Durchführungsrechtsakts nach Absatz 7 folgt. Die Daten werden der Kommission jährlich auf einem Standard-Datenübermittlungsformular bis zum 31. Dezember des Kalenderjahrs übermittelt, das auf das Jahr folgt, für das die Daten erhoben werden.

(7) Die Kommission legt das in Absatz 6 genannte Übermittlungsformular im Wege von Durchführungsrechtsakten fest. Diese Durchführungsrechtsakte werden nach dem in Artikel 30 Absatz 2 genannten Prüfverfahren erlassen.

(8) Die Kommission veröffentlicht die gemäß Absatz 6 übermittelten Daten in einer zugänglichen und nutzerfreundlichen Weise auf ihrer Website.

Artikel 30
Ausschussverfahren

(1) Die Kommission wird von einem Ausschuss unterstützt. Dieser Ausschuss ist ein Ausschuss im Sinne der Verordnung (EU) Nr. 182/2011.

(2) Wird auf diesen Absatz Bezug genommen, so gilt Artikel 5 der Verordnung (EU) Nr. 182/2011.

Gibt der Ausschuss keine Stellungnahme ab, so erlässt die Kommission den Entwurf des Durchführungsrechtsakts nicht und Artikel 5 Absatz 4 Unterabsatz 3 der Verordnung (EU) Nr. 182/2011 findet Anwendung.

TITEL VI
SCHLUSSBESTIMMUNGEN

Artikel 31
Verhältnis zu anderen Rechtsakten und internationalen Rechtsinstrumenten

(1) Die folgenden Rechtsakte gelten ungeachtet dieser Richtlinie:
a) Richtlinie 98/26/EG,
b) Richtlinie 2002/47/EG und
c) Verordnung (EU) Nr. 648/2012.

(2) Diese Richtlinie berührt nicht die Anforderungen an die Sicherung von Geldern für Zahlungsinstitute gemäß der Richtlinie (EU) 2015/2366

des Europäischen Parlaments und des Rates (¹) sowie die entsprechenden Anforderungen für E-Geld-Institute gemäß der Richtlinie 2009/110/EG des Europäischen Parlaments und des Rates (²).

(3) Diese Richtlinie berührt nicht die Anwendung des in Kapstadt am 16. November 2001 gemeinsam unterzeichneten Übereinkommens über internationale Sicherungsrechte an beweglicher Ausrüstung und des zugehörigen Protokolls über Luftfahrtausrüstung, dessen Vertragsparteien einige Mitgliedstaaten zum Zeitpunkt der Annahme dieser Richtlinie sind.

Artikel 32
Änderung der Richtlinie (EU) 2017/1132
(nicht abgedruckt)

Artikel 33
Überprüfungsklausel

Die Kommission legt dem Europäischen Parlament, dem Rat und dem Europäischen Wirtschafts- und Sozialausschuss spätestens am 17. Juli 2026 und danach alle fünf Jahre einen Bericht über die Anwendung und die Auswirkungen dieser Richtlinie vor, einschließlich der Anwendung der Klassenbildungs- und Abstimmungsvorschriften in Bezug auf schutzbedürftige Gläubiger wie etwa Arbeitnehmer. Auf der Grundlage dieser Bewertung übermittelt die Kommission gegebenenfalls einen Gesetzgebungsvorschlag, in dem zusätzliche Maßnahmen zur Konsolidierung und Harmonisierung des rechtlichen Rahmens für Restrukturierung, Insolvenz und Entschuldung in Erwägung gezogen werden.

Artikel 34
Umsetzung

(¹) Richtlinie (EU) 2015/2366 des Europäischen Parlaments und des Rates vom 25. November 2015 über Zahlungsdienste im Binnenmarkt, zur Änderung der Richtlinien 2002/65/EG, 2009/110/EG und 2013/36/EU und der Verordnung (EU) Nr. 1093/2010 sowie zur Aufhebung der Richtlinie 2007/64/EG (ABl. L 337 vom 23.12.2015, S. 35).

(²) Richtlinie 2009/110/EG des Europäischen Parlaments und des Rates vom 16. September 2009 über die Aufnahme, Ausübung und Beaufsichtigung der Tätigkeit von E-Geld-Instituten, zur Änderung der Richtlinien 2005/60/EG und 2006/48/EG sowie zur Aufhebung der Richtlinie 2000/46/EG (ABl. L 267 vom 10.10.2009, S. 7).

(1) Die Mitgliedstaaten erlassen und veröffentlichen bis zum 17. Juli 2021 die erforderlichen Rechts- und Verwaltungsvorschriften, um dieser Richtlinie nachzukommen, mit Ausnahme der erforderlichen Vorschriften, um Artikel 28 Buchstaben a, b und c nachzukommen, die bis zum 17. Juli 2024 erlassen und veröffentlicht werden, und der erforderlichen Vorschriften, um Artikel 28 Buchstabe d nachzukommen, die bis zum 17. Juli 2026 erlassen und veröffentlicht werden. Sie teilen der Kommission unverzüglich den Wortlaut dieser Vorschriften mit.

Sie wenden die erforderlichen Rechts- und Verwaltungsvorschriften, um dieser Richtlinie nachzukommen, ab dem 17. Juli 2021 an, mit Ausnahme der erforderlichen Vorschriften, um Artikel 28 Buchstabe a, b und c nachzukommen, die ab dem 17. Juli 2024 gelten und der erforderlichen Vorschriften, um Artikel 28 Buchstabe d nachzukommen, die ab dem 17. Juli 2026 gelten.

(2) Abweichend von Absatz 1 können Mitgliedstaaten, die bei der Umsetzung dieser Richtlinie auf besondere Schwierigkeiten stoßen, eine Verlängerung der in Absatz 1 vorgesehenen Umsetzungsfrist um höchstens ein Jahr in Anspruch nehmen. Die Mitgliedstaaten teilen der Kommission bis zum 17. Januar 2021 mit, dass sie von dieser Möglichkeit, die Umsetzungsfrist zu verlängern, Gebrauch machen müssen.

(3) Die Mitgliedstaaten teilen der Kommission den Wortlaut der wichtigsten nationalen Vorschriften mit, die sie auf dem unter diese Richtlinie fallenden Gebiet erlassen.

Artikel 35
Inkrafttreten

Diese Richtlinie tritt am zwanzigsten Tag nach ihrer Veröffentlichung im Amtsblatt der Europäischen Union in Kraft.

Artikel 36

Diese Richtlinie ist an die Mitgliedstaaten gerichtet.

Geschehen zu Brüssel am 20. Juni 2019.

Im Namen des Europäischen Parlaments	*Im Namen des Rates*
Der Präsident	*Der Präsident*
A. TAJANI	G. CIAMBA

Bundesgesetz über die Restrukturierung von Unternehmen (Restrukturierungsordnung – ReO)

Erläuterungen

Allgemeiner Teil

Präventiver Restrukturierungsrahmen – Restrukturierungsverfahren

Der in Titel II geregelte präventive Restrukturierungsrahmen bildet das Kernstück der Richtlinie (EU) 2019/1023 über präventive Restrukturierungsrahmen, über Entschuldung und über Tätigkeitsverbote sowie über Maßnahmen zur Steigerung der Effizienz von Restrukturierungs-, Insolvenz- und Entschuldungsverfahren und zur Änderung der Richtlinie (EU) 2017/1132 (Restrukturierungs- und Insolvenz-Richtlinie – RIRL), ABl. 2019 L 172, S. 18. Die Richtlinie setzt sich mit dem Titel II zum Ziel, Unternehmen, die in finanzielle Schwierigkeiten geraten sind, zu retten und deren Bestandfähigkeit wiederherzustellen. Dadurch sollen europaweit Arbeitsplätze gesichert, notleidende Kredite abgebaut und die Wirtschaft gefördert werden.

Die Richtlinie regelt den Zugang zum Restrukturierungsrahmen, die Einbindung eines Restrukturierungsbeauftragten, eine Durchsetzungssperre und daran anknüpfende Wirkungen sowie die Anfechtung bei Scheitern der Restrukturierung. Sie enthält aber auch Vorgaben für den Inhalt, die Abstimmung sowie die Wirkungen des Restrukturierungsplans.

Der präventive Restrukturierungsrahmen wird durch ein gerichtliches Restrukturierungsverfahren umgesetzt, das neben juristischen Personen auch natürlichen Personen, die ein Unternehmen betreiben, offensteht. Herzstück des Verfahrens ist ein Restrukturierungsplan, der die Restrukturierungsmaßnahmen enthält, vor allem eine Kürzung von Gläubigerforderungen. Die Richtlinie legt Zugangsvoraussetzungen für den Restrukturierungsrahmen fest, die um weitere ergänzt werden, wenn der Schuldner eine Vollstreckungssperre anstrebt, die auch weitgehend die Eröffnung eines Insolvenzverfahrens und die Auflösung von Verträgen verhindert. Im Rahmen des Verfahrens wird über den Plan abgestimmt. Der Entwurf sieht ein Verfahren, in dem der Restrukturierungsplan bei Einleitung vorliegt, als Regelfall an. Der Restrukturierungsplan kann aber auch erst während des Verfahrens erstellt werden; die Einleitung setzt jedoch zumindest die Vorlage eines Restrukturierungskonzepts voraus.

Das Restrukturierungsverfahren ist ein Instrument, das dem Schuldner ermöglicht, den Eintritt der Zahlungsunfähigkeit zu vermeiden und die Bestandfähigkeit seines Unternehmens sicherzustellen. Es setzt wahrscheinliche Insolvenz voraus.

Diese wird vor allem mit der Bestandsgefährdung eines Unternehmens nach dem UGB konkretisiert und bei Erreichen der Warnkennzahlen des URG (Eigenmittelquote weniger als 8 % und fiktive Schuldentilgungsdauer mehr als 15 Jahre) vermutet. Trotz Bestandsgefährdung muss Bestandfähigkeit gegeben sein; diese verlangt eine Fortbestehensprognose, die auch bedingt, also von der Annahme und Bestätigung des Restrukturierungsplans abhängig sein kann. Der Schuldner kann daher überschuldet im Sinne des Insolvenzrechts sein. Zur Darlegung der Bestandfähigkeit sind dem Antrag auch Unterlagen anzuschließen. Ist der Schuldner etwa nach Unternehmensrecht verpflichtet, Jahresabschlüsse aufzustellen, so hat er auch diese – zumindest für die letzten 3 Jahre – vorzulegen. Eine Verurteilung wegen Bilanzfälschung schließt Schuldner vom Restrukturierungsverfahren aus, außer dies ist für das Verfahren nicht mehr relevant und den Gläubigern werden die Informationen zur Verfügung gestellt, die sie für die Restrukturierungsverhandlungen benötigen.

Für zahlungsunfähige Schuldner steht der präventive Restrukturierungsrahmen grundsätzlich nicht zur Verfügung. Geprüft wird das Vorliegen der Zahlungsunfähigkeit bei Einleitung des Restrukturierungsverfahrens nicht. Beantragt der Schuldner jedoch auch eine Vollstreckungssperre, so steht die Zahlungsunfähigkeit deren Bewilligung entgegen. Tritt Zahlungsunfähigkeit während des Verfahrens ein (oder lag sie bei Einleitung vor) und wird die Eröffnung des Insolvenzverfahrens beantragt, so hat das Gericht – bei Vorliegen der übrigen Voraussetzungen – ein Insolvenzverfahren zu eröffnen. Davon hat es nur abzusehen, wenn die Eröffnung des Insolvenzverfahrens unter Berücksichtigung der Umstände des Falles nicht im allgemeinen Interesse der Gläubiger wäre, also die Einigung über einen Restrukturierungsplan unmittelbar bevorsteht.

Für die Durchführung des Verfahrens sieht die Richtlinie die Eigenverwaltung des Schuldners vor, verlangt jedoch die zwingende Bestellung eines Restrukturierungsbeauftragten zur Unterstützung des Schuldners und der Gläubiger bei der Aushandlung und Ausarbeitung des Plans und ermöglicht den Mitgliedstaaten, auch in weiteren Fällen einen Restrukturierungsbeauftragten zu bestellen. Dieses Wahlrecht soll genutzt werden, um eine objektive Überprüfung des Restrukturierungsplans zu ermöglichen. Für die Entlohnung des Restrukturierungsbeauftragten hat der Schuldner einen Kostenvorschuss zu entrichten.

Allgemeine verfahrensrechtliche Regelungen enthält die Richtlinie nicht. Da dies geboten ist, wird auf die Verfahrensbestimmungen der Insolvenzordnung verwiesen. Außerdem wird das zuständige Gericht festgelegt – diese Regelung richtet sich nach der Insolvenzordnung.

Die Zeit zur wirtschaftlichen Erholung soll im Interesse des Schuldners möglichst kurz sein. Daher ist eine Vollstreckungssperre von drei Monaten ausreichend, die nur in Ausnahmefällen um drei Monate verlängert werden kann. Innerhalb dieses Zeitraums sollte es möglich sein, den Abschluss und die Bestätigung eines

Restrukturierungsplans zu erlangen. Die Initiative dazu kann – ebenso wie der Zugang zum Restrukturierungsverfahren – nur vom Schuldner ausgehen. Er hat den Restrukturierungsplan zu erarbeiten. Neben dem darstellenden Teil enthält der Restrukturierungsplan auch einen gestaltenden Teil. Wird in diesem etwa der Abbau von Arbeitnehmern vorgesehen, so sind die Bestimmungen des Vertragsrechts anzuwenden oder es ist eine einvernehmliche Lösung mit dem Vertragspartner zu suchen. Weder die Richtlinie noch der Entwurf erleichtern solche Vertragsauflösungen. Ermöglicht wird vor allem eine Forderungskürzung. Die Richtlinie verlangt die Bildung von Gläubigerklassen. Die Flexibilität der Richtlinie soll genutzt werden, um die Anzahl der Klassen gering zu halten und solche nur für Gläubiger mit besicherten Forderungen, mit unbesicherten Forderungen, für schutzbedürftige Gläubiger, für Anleihegläubiger und Gläubiger nachrangiger Forderungen zu ermöglichen. Bei Kleinunternehmen kann die Klassenbildung auch entfallen.

Welche Gläubiger in den Plan einbezogen werden, liegt am Schuldner. Er kann etwa nur Forderungen von Finanzgläubigern erfassen, aber auch darüber hinausgehen. Nicht einbeziehen darf er Forderungen der Arbeitnehmer.

Zum Zustandekommen des Restrukturierungsplans bedarf es in erster Linie der Mehrheit der einbezogenen Gläubiger in jeder Klasse, wobei die Summe der Forderungen der zustimmenden Gläubiger zumindest 75 % der Gesamtsumme der Forderungen der einbezogenen Gläubiger zu betragen hat. Absonderungsgläubiger stimmen mit dem besicherten Teil ihrer Forderungen in der Klasse der besicherten Gläubiger ab, mit dem Rest als unbesicherte Gläubiger.

Wird die Gläubigermehrheit in jeder Gläubigerklasse erreicht, dann hat das Gericht über die Bestätigung des Restrukturierungsplans zu entscheiden. Neben der Prüfung formaler Voraussetzungen hat das Gericht die Bestätigung abzulehnen, wenn offensichtlich ist, dass der Plan die Insolvenz des Schuldners nicht verhindert und die Bestandfähigkeit des Unternehmens nicht gewährleistet. Die Interessen der überstimmten Gläubiger werden durch das Kriterium des Gläubigerinteresses geschützt. Danach darf kein ablehnender Gläubiger schlechter gestellt werden als im Liquidationsfall oder im Fall des nächstbesten Alternativszenarios bei Nichtbestätigung des Restrukturierungsplans, also dass der Plan die Gläubiger nicht schlechter stellt als bei Zustandekommen eines Sanierungsplans, vorausgesetzt das Zustandekommen ist realistisch. Die Prüfung des Kriteriums des Gläubigerinteresses erfolgt jedoch nicht von Amts wegen, sondern nur auf Antrag. Von Amts wegen wird etwa die Einteilung der Gläubiger in Gläubigerklassen geprüft, und zwar schon bei Vorlage des Plans.

Selbst wenn eine Zustimmung aller Gläubigerklassen nicht erreicht wird, kann der Plan aufgrund eines klassenübergreifenden Cram-Down bestätigt werden.

Die Bestätigung des Restrukturierungsplans kann zwar durch ein Rechtsmittel angefochten werden; diesem kommt aber keine aufschiebende Wirkung zu. Um möglichst rasch Klarheit über das Zustandekommen des Restrukturierungsplans zu erhalten, soll eine Aufhebung der Bestätigung des Restrukturierungsplans vermieden werden; stattdessen kann ein Ersatz zuerkannt werden.

Sollte die Restrukturierung scheitern und es später zur Eröffnung eines Insolvenzverfahrens kommen, so stellt sich die Frage der Anfechtung von neuen Finanzierungen und Zwischenfinanzierungen. Das Anfechtungsrisiko wird durch die Richtlinie eingeschränkt. Zur Wahrung der Interessen der Gläubiger, auch derjenigen, die in den Restrukturierungsplan nicht einbezogen wurden, wird diese Ausnahme aber einschränkend gehalten.

Das Restrukturierungsverfahren kann in unterschiedlichen Konstellationen genutzt werden. Ein Beispiel ist die Abstimmung über eine im Vorfeld ausgearbeitete Restrukturierungsvereinbarung, in die die Finanzgläubiger einbezogen werden sollen, die Zustimmungen der Gläubiger weitgehend vorliegen, im Hinblick auf das Erfordernis der Einstimmigkeit bei einem außergerichtlichen Ausgleich ein solcher aber nicht gelang, weil er an einem oder wenigen Gläubigern („Ausgleichsstörer") gescheitert ist. Eine Bestätigung eines derartigen Plans kann ohne Abstimmung im Rahmen eines vereinfachten Verfahrens erfolgen.

Ein weiterer Fall ist ein öffentlich bekanntzumachendes Verfahren (Europäisches Restrukturierungsverfahren), das insbesondere mit dem Vorteil verbunden ist, unter die Verordnung 2015/848 über Insolvenzverfahren, ABl. L 2015/141, S 1 idF ABl. L 2018/171, S 1 (EuInsVO) zu fallen und damit in der EU anerkannt zu werden.

Entschuldung

Die Richtlinie enthält im Titel III Regelungen über die Entschuldung, insbesondere darf die Frist, nach deren Ablauf insolvente Unternehmer in vollem Umfang entschuldet werden können, höchstens 3 Jahre betragen. Aufgrund der COVID-Pandemie und der damit einhergehenden wirtschaftlichen Auswirkungen soll eine Entschuldung nach drei Jahren auch redlichen Verbrauchern, die in eine wirtschaftliche Ausnahmesituation geraten sind, ermöglicht werden, und zwar zeitlich befristet auf fünf Jahre. Neben dem derzeitigen fünfjährigen Abschöpfungsverfahren wird ein kurzes Abschöpfungsverfahren (wie in der Richtlinie Tilgungsplan genannt) eingeführt, bei dem der Redlichkeitsmaßstab höher als nach der derzeitigen Gesetzeslage ist.

Der Entwurf enthält darüber hinaus eine inflationsbedingte Erhöhung der Vergütung des Treuhänders.

Sonstiges

Abgerundet wird der Entwurf durch Anpassung im Gerichtsgebühren- und Rechtsanwaltstarifrecht sowie eine Umsetzung des Kapitels 5 in Titel II über die Pflichten der Unternehmensleitung und des Titels IV über Maßnahmen zur Steigerung der Effizienz von Insolvenz- und Entschuldungsverfahren.

Evaluierung des Insolvenzrechts

Die mit diesem Entwurf vorgeschlagenen Änderungen sollen unter Einbezie-

hung der Erfahrungen des Insolvenzrechtsänderungsgesetzes 2017, BGBl. I Nr. 122/2017, drei Jahre nach Inkrafttreten dieses Entwurfs einer Evaluierung zugeführt werden.
Zuständigkeit des Bundes
Die Zuständigkeit zur Erlassung dieses Bundesgesetzes gründet sich auf Art. 10 Abs 1 Z 6 B-VG („Zivil und Strafrechtswesen") und Art. 7 Abs 1 F-VG („Bundesabgaben").

1. Abschnitt
Anwendungsbereich
Restrukturierungsmaßnahmen
§ 1

(1) Auf Antrag eines Schuldners ist ein Restrukturierungsverfahren einzuleiten, das dem Schuldner ermöglicht, sich zu restrukturieren, um die Zahlungsunfähigkeit abzuwenden und die Bestandfähigkeit sicherzustellen.

(2) Unter den Begriff der Restrukturierung fallen Maßnahmen, die auf die Restrukturierung des Unternehmens des Schuldners abzielen und zu denen die Änderung der Zusammensetzung, der Bedingungen oder der Struktur der Vermögenswerte und Verbindlichkeiten oder jedes anderen Teils der Kapitalstruktur des Unternehmens des Schuldners gehört, etwa der Verkauf von Vermögenswerten oder Geschäftsbereichen und die Gesamtveräußerung des Unternehmens sowie alle erforderlichen operativen Maßnahmen oder eine Kombination dieser Elemente.

(3) Bei Eintritt einer wahrscheinlichen Insolvenz hat die Unternehmensleitung Schritte einzuleiten, um die Insolvenz abzuwenden und die Bestandfähigkeit sicherzustellen; dabei sind die Interessen der Gläubiger, der Anteilsinhaber und der sonstigen Interessenträger angemessen zu berücksichtigen.

EB zu § 1 ReO
Abs 1 dieser Bestimmung setzt Art. 1 Abs. 1 lit. a sowie Abs 4, Abs. 1 RIRL um und regelt damit den Anwendungsbereich des Bundesgesetzes. Aus Abs. 1 ergibt sich auch, dass das Antragsrecht für ein Restrukturierungsverfahren nur dem Schuldner zusteht.
Durch die Restrukturierung soll der Schuldner die Möglichkeit erhalten, den Eintritt der Zahlungsunfähigkeit zu vermeiden und die Bestandfähigkeit seines Unternehmens sicherzustellen. Zur Auslegung des Begriffs „Bestandfähigkeit"

kann auch auf die Rechtsprechung zum Begriff "Lebensfähigkeit" zurückgegriffen werden (RIS-Justiz RS0064989).

Je früher ein Schuldner seine finanziellen Schwierigkeiten erkennen und geeignete Maßnahmen treffen kann, desto höher ist die Wahrscheinlichkeit, dass eine Insolvenz abgewendet wird oder – im Fall eines Unternehmens mit dauerhaft verminderter Bestandfähigkeit – desto geordneter und effizienter ist der Abwicklungsprozess (ErwGr. 22). Nach Art. 3 Abs. 1 RIRL haben die Mitgliedstaaten sicherzustellen, dass Schuldner Zugang zu einem oder mehreren klaren und transparenten Frühwarnsystemen haben, die Umstände erkennen können, die zu einer wahrscheinlichen Insolvenz führen und ihnen signalisieren können, dass unverzüglich gehandelt werden muss. So ein Frühwarnsystem kann von öffentlichen oder privaten Organisationen angebotene Beratungsdienste umfassen (Art. 3 Abs. 2 lit. b RIRL). In Österreich stehen Schuldnern verschiedene Beratungs- und Informationsmöglichkeiten zum Erkennen einer Krise offen. Die Wirtschaftskammern in Österreich (WKO) bieten als Interessenvertretung der Wirtschaftstreibenden eine Palette von Serviceleistungen an: So können Schuldner geförderte Beratungen durch über 600 gelistete Beratungsunternehmen aus den Bereichen Unternehmensführung, Marketing, IT, Innovation und Umwelt in Anspruch nehmen. Ein Beratungsschwerpunkt liegt in der Restrukturierung und Sanierung (https://www.wko. at/service/unternehmensfuehrung-finanzierungfoerderungen/Beratung_zu_Unternehmenssicherung_und_-sanierung.html). Inhalte einer solchen Beratung sind beispielsweise dringende Sofortmaßnahmen, Liquiditätsanalyse oder ertrags- und finanzwirtschaftliche Sanierungsmaßnahmen. Die Anmeldung für die Beratung und die Beantragung der Förderung ist jederzeit online möglich.

Weiters stellt die WKO diverse, frei zugängliche Online-Ratgeber zur Einschätzung der Situation eines Unternehmens zur Verfügung. KMU können Online-Tests zu ihrer Liquidität und Krisenfestigkeit oder zu ihrer Bonität aus Bankensicht durchführen (https://www.wko.at /service/unternehmensfuehrungfinanzierungfoerderungen/unternehmen-sanierung-reorganisation.html; Art. 3 Abs. 4 RIRL). Aus einem Projekt zwischen der WKO und Unternehmensberatern entstand der KMU-Online-Check (www.unternehmer-in-not.at/kmu_check.php), der Hinweise auf mögliche Risikofaktoren gibt und Vorschläge zur Entschärfung potenzieller Gefahrenherde unterbreitet.

Teil eines Frühwarnsystems kann auch sein, dass Dritte, die über relevante Informationen über den Schuldner verfügen, wie Wirtschaftsprüfer, den Schuldner auf negative Entwicklungen aufmerksam machen (Art. 3 Abs. 2 lit. c RIRL). Abschlussprüfer unterliegen in Österreich bereits seit dem Gesellschaftsrechtsänderungsgesetz 1982 einer Redepflicht, die sowohl bei der Wahrnehmung ihrer Aufgaben als auch bei der Prüfung des Jahresabschlusses besteht (§ 273 Abs. 2 und 3 UGB). Sie haben unverzüglich zu berichten, wenn sie Tatsachen feststellen, die den Bestand des geprüften Unternehmens oder Konzerns gefährden oder seine Ent-

wicklung wesentlich beeinträchtigen können, sowie über wesentliche Schwächen der internen Kontrolle des Rechnungslegungsprozesses oder über das Vorliegen der Voraussetzungen für die Vermutung eines Reorganisationsbedarfs.

Abs. 2 setzt Art. 2 Abs. 1 Nr. 1 RIRL, der den Begriff der Restrukturierung umschreibt, um. Dabei wird in Ausnützung des in der Richtlinie vorgesehenen Wahlrechts auch die Gesamtveräußerung des Unternehmens als Restrukturierungsmaßnahme erfasst. Weitere mögliche Maßnahmen (einzeln oder in Kombination), die von dem Begriff erfasst sind, sind etwa Forderungserlässe und -kürzungen, Laufzeitanpassungen, die Einräumung von Informations- und Einsichtsrechten sowie Verwertungs- und Verteilungsregelungen. Mit einer solchen Maßnahme oder mit einem Maßnahmenpaket kann in bestehende (Finanzierungs-)Verträge oder auch in frühere Restrukturierungsvereinbarungen eingegriffen werden. Keine vom Entwurf erfasste Maßnahme wäre jedoch ein sog. „debt-equity-swap"; im Restrukturierungsplan vorgesehene Kapitalmaßnahmen können durch gesellschaftsrechtliche Maßnahmen umgesetzt werden.

Abs. 3 dient der Umsetzung von Art. 19 RIRL. Um die präventive Restrukturierung weiter zu fördern, muss gewährleistet sein, dass Unternehmensleitungen nicht davon abgehalten werden, vertretbare Geschäftsentscheidungen zu treffen oder vertretbare wirtschaftliche Risiken einzugehen, vor allem wenn dies die Aussichten auf eine Restrukturierung potenziell bestandfähiger Unternehmen verbessert. Wenn ein Unternehmen in finanzielle Schwierigkeiten gerät, sollte die Unternehmensleitung Schritte einleiten, um Verluste möglichst gering zu halten und eine Insolvenz abzuwenden, wie zum Beispiel: Inspruchnahme professioneller Beratung unter anderem zu Restrukturierung und Insolvenz, etwa durch Nutzung von Frühwarnsystemen; Schutz der Vermögenswerte des Unternehmens, um einen möglichst hohen Wert zu sichern und den Verlust wesentlicher Vermögenswerte zu verhindern; Analyse der Struktur und der Funktionen des Unternehmens, um die Bestandfähigkeit zu prüfen und die Ausgaben zu senken; keine Vornahme der Arten von Transaktionen für das Unternehmen, die Gegenstand einer Insolvenzanfechtungsklage werden könnten, es sei denn, es gibt einen triftigen wirtschaftlichen Grund dafür; Fortsetzung der Geschäftstätigkeit, wenn dies unter den gegebenen Umständen sinnvoll ist, um einen möglichst hohen Wert als fortgeführtes Unternehmen zu sichern; Führung von Verhandlungen mit den Gläubigern und Einleitung präventiver Restrukturierungsverfahren (ErwGr. 70). Wenn dem Schuldner die Insolvenz droht, kommt es auch darauf an, die berechtigten Interessen der Gläubiger vor Managemententscheidungen zu schützen, die sich auf die Zusammensetzung des Schuldnervermögens auswirken können, insbesondere wenn diese Entscheidungen eine weitere Wertminderung des Vermögens bewirken könnten, das für Restrukturierungsmaßnahmen oder für die Verteilung an die Gläubiger zur Verfügung steht. Es ist daher notwendig sicherzustellen, dass es die Unternehmensleitung unter diesen Umständen vermeidet, vorsätzliche oder grob fahrlässige Handlun-

gen vorzunehmen, die auf Kosten der Anteilsinhaber zu persönlichen Vorteilen führen, und Transaktionen unter dem Marktwert zuzustimmen oder Maßnahmen zu treffen, die eine unfaire Bevorzugung eines oder mehrerer Interessenträger zur Folge haben (ErwGr. 71).

Die sich bereits aus dem Unternehmens- und Gesellschaftsrecht ergebenden Verpflichtungen der Unternehmensleitung gelten auch für das Restrukturierungsverfahren. Durch § 1 Abs. 3 werden bereits bestehende gesellschaftsrechtliche Sorgfaltspflichten konkretisiert, ohne aber ein neues Haftungsregime einzuführen. Pflichtwidriges (also fahrlässiges oder vorsätzliches) Verhalten, das die Bestandfähigkeit des Unternehmens gefährdet, kann nach allgemeinen gesellschaftsrechtlichen Regelungen (vgl. insbesondere § 84 AktG und § 25 GmbHG) zu einer Haftung der Unternehmensleitung führen. Der in der RIRL nicht definierte Begriff der „Unternehmensleitung" umfasst insbesondere den Vorstand einer Aktiengesellschaft und den Geschäftsführer einer GmbH. Mit dieser Regelung soll weder eine Rangfolge zwischen den verschiedenen Parteien festgelegt werden, deren Interessen gebührend berücksichtigt werden müssen noch eine (neue) Außenhaftung gegenüber den Gläubigern begründet werden. Auch die Vorschriften über die Entscheidungsprozesse im Unternehmen bleiben durch die Regelung unberührt.

Anmerkungen

Ein Restrukturierungsverfahren setzt *wahrscheinliche Insolvenz* voraus. Diese liegt vor, wenn der Bestand des Unternehmens des Schuldners ohne Restrukturierung gefährdet wäre; dies ist insbesondere gegeben, wenn die *Zahlungsunfähigkeit droht*; dies wird vermutet, wenn die Eigenmittelquote 8 % unterschreitet und die fiktive Schuldentilgungsdauer 15 Jahre übersteigt (§ 6 Abs 1 und 2 ReO). Auch ein Sanierungsverfahren kann bei drohender Zahlungsunfähigkeit beantragt und eröffnet werden (§ 167 Abs 2 IO).

Für zahlungsunfähige Schuldner steht der präventive Restrukturierungsrahmen grundsätzlich nicht zur Verfügung. Zahlungsunfähigkeit ist nach der Rechtsprechung des OGH anzunehmen, wenn der Schuldner mehr als 5 % aller fälligen Verbindlichkeiten nicht begleichen kann und sich die dazu erforderlichen Mittel nicht in angemessener Frist (nach der Praxis 3 Monate) verschaffen kann (3 Ob 99/10w).

Geprüft wird das Vorliegen der Zahlungsunfähigkeit bei Einleitung des Restrukturierungsverfahrens grundsätzlich *nicht* (EB RIRUG Allgemeiner Teil). *Offenkundige Zahlungsunfähigkeit* steht aber der Einleitung des Verfahrens entgegen (§ 7 Abs 3 ReO).

Beantragt der Schuldner *aber auch eine Vollstreckungssperre*, erfolgt durch Einsicht in die Exekutionsdaten eine Überprüfung, ob der Schuldner zahlungsunfähig ist (§ 19 Abs 4 ReO). Die gesetzliche *Vermutung der Zahlungsunfähigkeit* gemäß § 19 Abs 4 ReO (Exekutionen zur Hereinbringung von Abgaben und Sozialversicherungsbeiträgen) kann dann auch zur Zurückweisung des Antrags auf Einleitung des Verfahrens führen.

Zahlungsunfähigkeit kann aus den Exekutionsakten klar ableitbar sein. Insbesondere kann gemäß § 49a EO idF der GREx (BGBl I 86/2021) *offenkundige Zahlungsunfähigkeit* auch beschlussmäßig festgestellt werden. Dieser Beschluss (*Feststellung der Zahlungsunfähigkeit*) ist öffentlich bekannt zu machen (§ 49a Abs 3 EO).

Unbefriedigend ist, dass diese Feststellung der Zahlungsunfähigkeit im Rahmen eines Exekutionsverfahrens nicht zur amtswegigen Überleitung in ein Insolvenzeröffnungsverfahren führt. Vielmehr liegt es am Schuldner bzw an den Gläubigern, einen entsprechenden Insolvenzantrag auf Basis der nun offenkundigen Zahlungsunfähigkeit zu stellen. Für ehemalige Unternehmer ist aber ein Abschöpfungsverfahren mit *Tilgungsplan (3-jährige Laufzeit)* nur dann möglich, wenn der Schuldner binnen 30 Tagen nach öffentlicher Bekanntmachung des Beschlusses über die Feststellung der Zahlungsunfähigkeit die Eröffnung eines Insolvenzverfahrens beantragt (§ 201 Abs 2 Z 1 IO idF des RIRUG).

Insolvenzrechtliche Überschuldung liegt vor, wenn rechnerische Überschuldung vorliegt und überdies eine negative Fortbestehensprognose zu attestieren ist (1 Ob 655/86; *Schumacher* in KLS § 67 Rz 4 f mwN).

Bei Überschuldung im Sinn des Insolvenzrechts kann nun der Unternehmer wählen, ob er die Eröffnung eines Insolvenzverfahrens oder eines Restrukturierungsverfahrens beantragt. Entscheidet er sich für die Einleitung eines Restrukturierungsverfahrens, muss trotz Überschuldung und Bestandsgefährdung die Bestandfähigkeit gegeben sein. Diese verlangt eine Fortbestehensprognose, die aber auch bedingt, also von der *Annahme und Bestätigung des Restrukturierungsplans* abhängig sein kann (EB RIRUG Allgemeiner Teil).

Ausgenommene Schuldner
§ 2

(1) Dieses Bundesgesetz ist auf folgende Schuldner nicht anzuwenden:
1. **Rechtsträger gemäß § 1 Abs. 1 Z 1 bis 5 und 9 VAG 2016,**
2. **Pensionskassen gemäß § 1 Abs. 1 PKG,**
3. **Kreditinstitute gemäß § 1 Abs. 1 BWG,**
4. **Abbaueinheiten gemäß § 83 BaSAG oder § 2 GSA und Abbaugesellschaften gemäß § 162 BaSAG,**
5. **Wertpapierfirmen oder Organismen für gemeinsame Anlagen gemäß Art. 4 Abs. 1 Nr. 2 und 7 der Verordnung (EU) Nr. 575/2013, ABl. 2013 L 176, S. 1,**

6. zentrale Gegenparteien gemäß Art. 2 Nr. 1 der Verordnung (EU) Nr. 648/2012 über OTC-Derivate, zentrale Gegenparteien und Transaktionsregister, ABl. 2012 L 201, S. 1,
7. Zentralverwahrer gemäß Art. 2 Abs. 1 Nr. 1 der Verordnung (EU) Nr. 909/2014 zur Verbesserung der Wertpapierlieferungen und -abrechnungen in der Europäischen Union und über Zentralverwahrer, ABl. Nr. L 257, S. 1,
8. andere Finanzinstitute und Unternehmen gemäß § 1 Abs. 1 BaSAG,
9. öffentliche Stellen und
10. natürliche Personen, die keine Unternehmer sind.

(2) Unternehmer sind natürliche Personen, die eine gewerbliche, geschäftliche, handwerkliche oder freiberufliche Tätigkeit ausüben.

EB zu § 2 ReO

Diese Bestimmung übernimmt im Wesentlichen die in Art. 1 Abs. 3 RIRL enthaltene Aufzählung jener Schuldner, auf die der präventive Restrukturierungsrahmen nicht anzuwenden ist.

In Z 1 werden bestimmte Rechtsträger nach § 1 Abs. 1 VAG 2016 vom Anwendungsbereich ausgenommen. Der Verweis auf § 1 Abs. 1 Z 1 und Z 5 VAG setzt die zwingende Ausnahme für Versicherungsunternehmen oder Rückversicherungsunternehmen im Sinn des Art. 13 Nr. 1 und 4 der Richtlinie 2009/138/EG betreffend die Aufnahme und Ausübung der Versicherungs- und der Rückversicherungstätigkeit (Solvabilität II), ABl. 2009 L 335, S. 1, um (Art. 1 Abs. 2 lit. a RIRL). Bei § 1 Abs. 1 Z 2 VAG 2016 (kleine Versicherungsunternehmen) und § 1 Abs. 1 Z 3 VAG 2016 (kleine Versicherungsvereine) handelt es sich um Rechtsträger, die Finanzdienstleistungen (Vertragsversicherung) erbringen, aber aufgrund ihrer Größe nicht unter Solvency II fallen. Aufgrund der weitreichenden Eingriffsbefugnisse der FMA ist eine Ausnahme zulässig. Das Gleiche gilt sinngemäß auch für § 1 Abs. 1 Z 9 VAG 2016 (Zweckgesellschaften). Den Ergebnissen des Begutachtungsverfahrens folgend sollen auch Drittland-Versicherungsunternehmen und Drittland Rückversicherungsunternehmen gemäß § 1 Abs. 1 Z 4 VAG 2016 von der Ausnahme umfasst sein, weil nach § 13 Abs. 3 VAG 2016 auch auf diese Unternehmen das 12. Hauptstück des VAG 2016 (exekutions und insolvenzrechtliche Bestimmungen) sowie die Bestimmungen zum Solvabilitäts-, Sanierungs- und Finanzierungsplan anwendbar sind.

Aufgrund der weitreichenden Eingriffsbefugnisse der FMA ist auch eine Ausnahme hinsichtlich Pensionskassen zulässig (Z 2). Gemäß § 33b Abs. 1 PKG bestehen bereits Bestimmungen zum Solvabilitäts- und Sanierungsplan, die im Anlassfall in Konflikt mit den Bestimmungen der ReO stehen könnten (zB mit § 6 Abs. 2 ReO). Weiters sind eigene Insolvenzbestimmungen für Pensionskassen in

§ 37 PKG normiert. Schließlich handelt es sich bei dem jeder einzelnen Veranlagungs- und Risikogemeinschaft zugeordneten Vermögen einer Pensionskasse um ein Sondervermögen.

Die im Zusammenhang mit einer Bankenabwicklung errichteten Abbaueinheiten oder Abbaugesellschaften haben die Aufgabe, ihr Portfolio, insbesondere Bankgeschäfte gemäß BWG, wertmaximierend, geordnet und rasch unter der Aufsicht der Abwicklungsbehörde abzubauen. Mit Bewerkstelligung des Portfolioabbaus sind die betreffenden Abbaueinheiten und Abbaugesellschaften zu liquidieren. Eine Restrukturierung würde dem Zweck von Abbaueinheiten und Abbaugesellschaften entgegenstehen, weshalb dieses Bundesgesetz nicht auf Abbaueinheiten gemäß § 83 BaSAG bzw. § 2 GSA und Abbaugesellschaften gemäß § 162 BaSAG anzuwenden ist (Z 4).

Abs. 2 übernimmt die Definition des Unternehmers nach Art. 2 Abs. 1 Nr. 9 RlRL.

Ausgenommene Forderungen
§ 3

(1) Vom Restrukturierungsverfahren sind
1. **bestehende und künftige Forderungen derzeitiger oder ehemaliger Arbeitnehmer,**
2. **bestehende und künftige Forderungen zur betrieblichen Vorsorge (§§ 6 und 7 BMSVG),**
3. **nach Einleitung des Restrukturierungsverfahrens entstehende Forderungen, wobei § 46 Z 1, 2, 4, 5 und 6 IO anzuwenden ist,**
4. **Geldstrafen wegen strafbarer Handlungen jeder Art und**
5. **Forderungen auf gesetzlichen Unterhalt ausgeschlossen.**

(2) Restrukturierungsverfahren haben keine Auswirkungen auf erworbene Ansprüche auf eine betriebliche Altersversorgung.

EB zu § 3 ReO
Art. 1 Abs. 5 RlRL ermöglicht es den Mitgliedstaaten, bestimmte Forderungen vom Restrukturierungsrahmen auszunehmen. In Abs. 1 wird die in Art. 1 Abs. 5 lit. a RIRL vorgesehene Ausnahme für Arbeitnehmerforderungen als Z 1 übernommen.

Das Gleiche gilt nach Z 2 für bestehende und künftige Forderungen zur betrieblichen Vorsorge (§§ 6 und 7 BMSVG), die auch Arbeitnehmerforderungen im Sinn der RlRL sind. Uneinbringliche ausständige Beiträge an die Betriebliche Vorsorgekasse werden nur in der Insolvenz, nicht jedoch bei einer Restrukturierung des Arbeitgebers vom Insolvenzentgeltsicherungsfonds übernommen (§ 1 IESG). Eine fehlende oder zu geringe Abfuhr von Beiträgen an die Betriebliche Vorsorgekasse führt zu finanziellen Einbußen des betroffenen Arbeitnehmers, da gar keine oder zu geringe Beiträge angespart und von der Betrieblichen Vorsorgekasse veranlagt werden können und bei Beendigung des Arbeitsverhältnisses als Abfertigung ausgeschüttet werden können.

Ausgenommen sollen auch nach Einleitung des Restrukturierungsverfahrens entstehende Forderungen sein (siehe ErwGr. 25); zur Klarstellung wird hiezu auf die Forderungen nach § 46 Z 1, 2, 4, 5 und 6 IO verwiesen (Z 3).

Wie nach § 58 Z 2 IO sollen nach Z 3 auch Geldstrafen von der Restrukturierung ausgenommene Forderungen sein (vgl. Art. 1 Abs. 5 lit. c RIRL, wonach sogar sämtliche Forderungen aus einer deliktischen Haftung des Schuldners ausgenommen werden können).

Schließlich soll von dem Wahlrecht nach Art. 1 Abs. 5 RIRL, Unterhaltsforderungen, die auf einem Familien-, Verwandtschafts- oder eherechtlichen Verhältnis oder auf Schwägerschaft beruhen, auszunehmen, Gebrauch gemacht werden (Z 5). Dementsprechend sind Forderungen auf den gesetzlichen Unterhalt ausgenommen.

Art. 1 Abs. 6 RIRL nimmt erworbene Ansprüche auf eine betriebliche Altersversorgung von den Auswirkungen des präventiven Restrukturierungsrahmens aus. Dies wird in Abs. 2 umgesetzt.

Die Ausnahme bedeutet, dass für eine ausgenommene Forderung weder eine Vollstreckungssperre gilt noch, dass sie im Rahmen des Restrukturierungsplans gekürzt oder gestundet werden kann.

Anmerkungen

Der Ausschluss von Arbeitnehmerforderungen aus dem Restrukturierungsverfahren (zur entsprechenden Möglichkeit für die Mitgliedsstaaten siehe Art 1 Abs 5 lit a RestrRL) liegt nur auf den ersten Blick im Interesse der Arbeitnehmer. Ausgehend von der Zielsetzung Arbeitsplätze europaweit *zu sichern* (EB RIRUG Allgemeiner Teil), ist ein Vergleich mit der IO angebracht:

Erfahrungsgemäß erfordern Restrukturierungen auch Maßnahmen im Dienstnehmerbereich. Arbeitnehmerforderungen dürfen jedoch nicht in einen Restrukturierungsplan einbezogen werden (EB RIRUG Allgemeiner Teil). Da Arbeitnehmerforderungen ausgenommene Forderungen sind, werden sie künftig – insoweit konsequent – nach dem IESG bei Eröffnung eines Restrukturierungsverfahrens auch *nicht gesichert*.

Dieser Umstand wird bei Auswahl des „richtigen" Verfahrens zu berücksichtigen sein: Fehlende begünstigte Lösungsmöglichkeiten für Dienstverhältnisse und mangelnde IESG-Sicherung sind ein wesentlicher Nachteil des neuen Verfahrens.

„Masseforderungen" und „Insolvenzforderungen" gibt es in der Restrukturierungsordnung nicht. § 3 Abs 1 Z 3 ReO stellt aber mit dem Verweis auf § 46 Z 1, 2, 4, 5 und 6 IO klar, welche Forderungen damit konkret gemeint sind. Diese Forderungen müssen bei Fälligkeit bezahlt werden. Sie können durch den Restrukturierungsplan nicht gekürzt werden.

Die Regelung betreffend Geldstrafen entspricht § 58 Z 2 IO; gesetzliche Unterhaltsforderungen können – im Gegensatz zu einem Zahlungsplan oder Sanierungsplan – nicht in einen Restrukturierungsplan einbezogen werden.

2. Abschnitt
Verfahrenseinleitung

Zuständigkeit
§ 4

Für das Restrukturierungsverfahren ist das Gericht nach § 63 IO zuständig. §§ 64 und 65 IO sind anzuwenden.

EB zu § 4 ReO
Um die Spezialisierung und die Erfahrungen der Insolvenzgerichte bei wirtschaftlichen Fragen, insbesondere zur Sanierung, zu nutzen, sollen nach § 4 für die Restrukturierungsverfahren die Insolvenzgerichte zuständig sein (§ 63 IO). §§ 64 und 65 IO sind sinngemäß anzuwenden.

Anwendung der Insolvenzordnung
§ 5

Soweit in diesem Bundesgesetz nichts anderes angeordnet ist, sind die allgemeinen Verfahrensbestimmungen der IO anzuwenden. § 253 Abs 3 fünfter Satz IO ist nicht anzuwenden.

EB zu § 5 ReO
Diese Bestimmung enthält einen allgemeinen Verweis auf die Verfahrensbestimmungen der Insolvenzordnung (§§ 252 bis 263 IO). Dieser Verweis schließt eine analoge Anwendung von besonderen Verfahrensbestimmungen der IO nicht aus.

§ 253 Abs 3 fünfter Satz IO ist nicht anzuwenden, weil das Verfahren – sollte der Schuldner nicht die Bekanntmachung beantragen – geheim ist und auch nicht alle Gläubiger und Forderungen in den Restrukturierungsplan einbezogen werden müssen.

Anmerkungen
Der Verweis auf die Verfahrensbestimmungen erfasst die Anwendung der Prozessgesetze samt Ausnahmen, der Bestimmungen über Zuständigkeit und Vertretung, der Verständigungen und Zustellungen, sowie der Regeln über Fristen, Versäumnis und Rekurs. Nach den Erläuterungen ist aber auch die Anwendung besonderer Verfahrensbestimmungen der IO möglich.

Dieser Hinweis birgt Unklarheiten, zumal die ReO in einzelnen Bestimmungen *ausdrücklich* die Anwendung *ganz bestimmter* Bestimmungen der IO anordnet

(§§ 11, 12, 15, 20, 22, 31, 32, 33, 39 ReO). Wann also eine Lücke vorliegt, die durch Analogie zu schließen ist bzw wann dies gerade nicht der Fall ist, wird im Einzelfall zu prüfen und zu entscheiden sein.

Voraussetzungen für die Einleitung eines Restrukturierungsverfahrens
§ 6

(1) Die Einleitung eines Restrukturierungsverfahrens setzt die wahrscheinliche Insolvenz des Schuldners voraus.

(2) Wahrscheinliche Insolvenz liegt vor, wenn der Bestand des Unternehmens des Schuldners ohne Restrukturierung gefährdet wäre, insbesondere bei drohender Zahlungsunfähigkeit; sie wird vermutet, wenn die Eigenmittelquote 8% unterschreitet und die fiktive Schuldentilgungsdauer 15 Jahre übersteigt.

(3) Ein Restrukturierungsverfahren ist nicht einzuleiten, wenn
1. ein Insolvenzverfahren über das Vermögen des Schuldners anhängig ist oder
2. ein Restrukturierungsplan oder ein Sanierungsplan vor weniger als sieben Jahren bestätigt wurde.

(4) Ist der Schuldner oder ein Mitglied von dessen vertretungsbefugtem Organ innerhalb von drei Jahren vor dem Antrag auf Einleitung des Restrukturierungsverfahrens nach § 163a StGB rechtskräftig verurteilt worden, so kann das Restrukturierungsverfahren nur dann eingeleitet werden, wenn er bescheinigt, geeignete Maßnahmen zur Behebung der Probleme, die zur Verurteilung geführt haben, ergriffen zu haben.

EB zu § 6 ReO
Nach Art. 4 Abs. 1 RIRL soll ein Schuldner bei einer wahrscheinlichen Insolvenz Zugang zu einem präventiven Restrukturierungsrahmen haben. Dies wird in Abs. 1 umgesetzt. Der Begriff der wahrscheinlichen Insolvenz wird in der Richtlinie nicht definiert; dies wird in Art. 2 Abs. 2 lit. b RIRL den Mitgliedstaaten überlassen. Es empfiehlt sich, an die im Rechnungslegungsrecht in § 273 Abs. 2 UGB vorgesehene Gefährdung des Bestands eines Unternehmens anzuknüpfen. Hiebei kann zur Auslegung des Begriffs auf die Literatur zu dieser Bestimmung zurückgegriffen werden. Überdies soll eine Konkretisierung dadurch erfolgen, dass bei Erfüllung der Bilanzkennzahlen über die Vermutung eines Reorganisationsbedarfs im URG auch die wahrscheinliche Insolvenz des Schuldners vermutet wird. Liegen diese Kennzahlen vor, so löst dies unter anderem nach § 273 Abs. 3 UGB eine unver-

zügliche Berichtspflicht des Abschlussprüfers aus. Zudem ist ein Restrukturierungsverfahren nur dann einzuleiten, wenn sich aus den nach § 7 vorzulegenden Unterlagen eine positive Entwicklung des Unternehmens insoweit erwarten lässt, dass dieses bei Annahme des Restrukturierungsplans Bestandfähigkeit erlangt.

Art. 4 Abs. 4 RIRL ermöglicht den Mitgliedstaaten, für einen bestimmten Zeitraum die Zahl der Zugänge zum Restrukturierungsrahmen zu beschränken. Dies wird in Abs. 3 Z 2 umgesetzt und eine Sperrfrist von sieben Jahren vorgesehen, wenn bereits ein Restrukturierungsplan oder ein Sanierungsplan bestätigt wurde. Dabei ist entscheidend, dass die Bestätigung im ursprünglichen Verfahren tatsächlich erteilt wurde – jegliche Verfahrenskonstellationen ohne Bestätigung lösen keine Sperrfrist aus und schaden daher der (neuerlichen) Einleitung eines Restrukturierungsverfahrens nicht. In Abs. 3 Z 1 wird darüber hinaus ausdrücklich klargestellt, dass ein anhängiges Insolvenzverfahren ein Einleitungshindernis darstellt.

Nach Art. 4 Abs. 2 RIRL können Mitgliedstaaten Schuldner, die wegen schwerwiegender Verstöße gegen die nach nationalem Recht bestehenden Rechnungslegungs- oder Buchführungspflichten verurteilt wurden, vom Zugang zum präventiven Restrukturierungsrahmen ausschließen; dies wird in Abs. 4 umgesetzt, indem auf eine Verurteilung wegen einer unvertretbaren Darstellung wesentlicher Informationen über bestimmte Verbände gemäß § 163a StGB abgestellt wird. Der Ausschluss von nach § 163a StGB verurteilter Schuldner wird zeitlich durch eine Drei-Jahres-Frist begrenzt. Sofern der Schuldner bescheinigt, geeignete Maßnahmen zur Behebung der der Verurteilung zugrundeliegender Probleme umgesetzt zu haben, soll dennoch ein Restrukturierungsverfahren eingeleitet werden können. Damit soll bezweckt werden, den Gläubigern eine ausreichende Informationsgrundlage zur Verfügung zu stellen, um während der Restrukturierungsverhandlungen eine Entscheidung treffen zu können.

Anmerkungen

Ein Restrukturierungsverfahren setzt *wahrscheinliche Insolvenz* voraus. Diese liegt vor, wenn der Bestand des Unternehmens des Schuldners ohne Restrukturierung gefährdet wäre; dies ist insbesondere gegeben, wenn die *Zahlungsunfähigkeit droht*; dies wird vermutet, wenn die Eigenmittelquote 8 % unterschreitet und die fiktive Schuldentilgungsdauer 15 Jahre übersteigt (§ 6 Abs 1 und 2 ReO). Auch ein Sanierungsverfahren kann bei drohender Zahlungsunfähigkeit beantragt und eröffnet werden (§ 167 Abs 2 IO).

Zahlungsunfähigkeit ist nach der Rechtsprechung des OGH anzunehmen, wenn der Schuldner mehr als 5 % aller fälligen Verbindlichkeiten nicht begleichen kann und sich die dazu erforderlichen Mittel nicht in angemessener Frist verschaffen kann (3 Ob 99/10w).

Für zahlungsunfähige Schuldner steht der präventive Restrukturierungsrahmen grundsätzlich nicht zur Verfügung. Geprüft wird das Vorliegen der Zahlungsunfähigkeit bei Einleitung des Restrukturierungsverfahrens aber *nicht* (EB zum RIRUG Allgemeiner Teil). Nach den Exekutionsdaten steht aber *offenkundige Zahlungsunfähigkeit* der Einleitung eines Restrukturierungsverfahrens entgegen (§ 7 Abs 3 ReO). Insbesondere kann gemäß § 49a EO idF der GREx (BGBl I 86/2021) *offenkundige Zahlungsunfähigkeit* auch beschlussmäßig festgestellt werden. Dieser Beschluss ist öffentlich bekannt zu machen (§ 49a Abs 3 EO).

Insolvenzrechtliche Überschuldung liegt vor, wenn rechnerische Überschuldung vorliegt und überdies eine negative Fortbestehensprognose zu attestieren ist (1 Ob 655/86; *Schumacher* in KLS § 67 Rz 4 f mwN).

Bei Überschuldung im Sinn des Insolvenzrechts kann nun der Unternehmer wählen, ob er die Eröffnung eines Insolvenzverfahrens oder eines Restrukturierungsverfahrens beantragt. Entscheidet er sich für die Einleitung eines Restrukturierungsverfahrens, muss trotz Überschuldung und Bestandsgefährdung die Bestandfähigkeit gegeben sein. Diese verlangt eine Fortbestehensprognose, die aber auch bedingt, also von der *Annahme und Bestätigung des Restrukturierungsplans* abhängig sein kann (EB RIRUG Allgemeiner Teil).

Antrag auf Einleitung
§ 7

(1) Der Schuldner hat im Antrag auf Einleitung des Restrukturierungsverfahrens das Vorliegen der wahrscheinlichen Insolvenz darzulegen. Er hat dem Antrag Folgendes anzuschließen:
1. **einen Restrukturierungsplan oder ein Restrukturierungskonzept,**
2. **eine von ihm unterfertigte Gegenüberstellung der voraussichtlichen Einnahmen und Ausgaben für die folgenden 90 Tage, aus der sich ergibt, wie die für die Fortführung des Unternehmens und die Bezahlung der laufenden Aufwendungen notwendigen Mittel aufgebracht und verwendet werden sollen (Finanzplan), und**
3. **Jahresabschlüsse, zu deren Aufstellung der Schuldner nach Unternehmensrecht verpflichtet ist; betreibt er sein Unternehmen länger als drei Jahre, so genügt die Vorlage für die letzten drei Jahre.**

(2) Hat der Schuldner dem Antrag keinen Restrukturierungsplan angeschlossen, so hat er darzulegen, dass mit dem Restrukturierungskonzept die Bestandfähigkeit des Unternehmens erreicht werden kann.

(3) Der Antrag ist unzulässig, wenn der Restrukturierungsplan oder das Restrukturierungskonzept offenbar untauglich ist oder der Antrag missbräuchlich ist, insbesondere weil wahrscheinliche Insolvenz offenbar nicht vorliegt oder sich aus den Exekutionsdaten die Zahlungsunfähigkeit offenkundig ergibt.

(4) Fehlt im Antrag das gesetzlich vorgeschriebene Vorbringen oder sind ihm nicht alle vorgeschriebenen Urkunden angeschlossen, so ist der Schriftsatz zur Verbesserung binnen einer vom Gericht festzulegenden Frist von höchstens 14 Tagen zurückzustellen. Wird der Antrag nicht fristgerecht verbessert, so ist er zurückzuweisen.

(5) Der Beschluss, mit dem das Restrukturierungsverfahren eingeleitet wird, ist dem Schuldner zuzustellen.

EB zu § 7 ReO
Nach Art. 4 Abs. 3 RIRL können die Mitgliedstaaten eine Bestandfähigkeitsprüfung nach nationalem Recht einführen, sofern eine solche Prüfung dem Ausschluss von Schuldnern ohne Aussicht auf Bestandfähigkeit dient und ohne nachteilige Auswirkungen auf die Vermögenswerte des Schuldners durchgeführt werden kann. Dieses Wahlrecht soll genutzt werden. Es bedarf daher der Vorlage eines Restrukturierungsplans oder eines Restrukturierungskonzepts, der bzw. das nicht offenkundig untauglich sein darf; überdies hat der Schuldner Jahresabschlüsse – wenn er zu deren Aufstellung verpflichtet ist – vorzulegen. Für die unmittelbar bevorstehende Zeit des Restrukturierungsverfahrens soll die Bestandfähigkeitsprüfung auch einen Finanzplan erfassen, um davon ausgehen zu können, dass der Schuldner die während des Restrukturierungsverfahrens anfallenden Forderungen zahlen kann. Neben einer Gegenüberstellung der kalkulierten Einnahmen und Ausgaben (Einnahmen-Ausgaben-Plan) hat der Finanzplan auch eine Kapitalflussrechnung zu enthalten, anhand derer die laufende Liquidität für den Zeitraum des Restrukturierungsverfahrens abgeleitet werden kann.

Wird lediglich ein Restrukturierungskonzept vorgelegt, so hat der Schuldner darzulegen, wie bei Einhaltung desselben die Bestandfähigkeit des Unternehmens erreicht werden kann. Ein Restrukturierungsplan hat den Erfordernissen des § 27 und ein Restrukturierungskonzept jenen des § 8 Abs. 1 zu entsprechen. Auf zahlungsunfähige Schuldner sind die Bestimmungen des Insolvenzverfahrens zugeschnitten, sodass eine Sanierung im Rahmen dieses Verfahrens und nicht des Restrukturierungsverfahrens erfolgen soll.

Das Erfordernis der Vorlage der aufgestellten Jahresabschlüsse hat seine Grundlage auch in Art. 4 Abs. 2 RIRL, wonach Schuldner, die wegen schwerwiegender Verstöße gegen die nach nationalem Recht bestehenden Rechnungslegungs- oder Buchführungspflichten verurteilt wurden, vom Restrukturierungsrahmen ausgeschlossen werden können. Diese Bestimmung ermöglicht nämlich nach dem ErwGr. 27 den Mitgliedstaaten auch, für Schuldner, deren Bücher und Aufzeichnungen in einem Maße unvollständig oder unzureichend sind, das es unmöglich macht, die geschäftliche und finanzielle Situation des Schuldners festzustellen, den Zugang zu präventiven Restrukturierungsverfahren einzuschränken. Maßgeblich sind die Jahresabschlüsse der vergangenen drei Jahre. Ist die Frist zur Erstellung des JahresAbschlusses noch nicht abgelaufen, so muss dieser noch nicht vorgelegt werden.

Vor der Entscheidung über die Einleitung des Verfahrens hat vor allem eine formelle Prüfung zu erfolgen, ob der Antrag den gesetzlichen Anforderungen entspricht; eine vertiefte materielle Prüfung ist erst im eingeleiteten Verfahren vorzunehmen. Demgemäß hat das Gericht bei Einleitung des Verfahrens nicht zu prüfen, ob der Restrukturierungsplan oder das Restrukturierungskonzept erfüllbar ist. Ist der Vorschlag aber offensichtlich untauglich oder der Einleitungsantrag missbräuchlich, so kann er nicht Grundlage für ein Restrukturierungsverfahren sein.

Ist der Mangel verbesserbar, so ist ein Verbesserungsversuch zu unternehmen. Hier kann sinngemäß auf die Judikatur zu § 169 Abs. 5 IO zurückgegriffen werden. Anders als beim Sanierungsverfahren mit Eigenverwaltung ist der Antrag bei unterbliebener Verbesserung aber nicht als Antrag auf Eröffnung eines Insolvenzverfahrens zu deuten, sondern zurückzuweisen.

Durch Abs. 5 wird klargestellt, dass der Einleitungsbeschluss eines Restrukturierungsverfahrens lediglich dem Schuldner zuzustellen ist. Folglich kommt Gläubigern keine Rekurslegitimation zu.

Anmerkungen

Der Gesetzgeber geht davon aus, dass ein Restrukturierungsplan im Regelfall bei Einleitung des Verfahrens vorliegt. Dies wäre tatsächlich wünschenswert, setzt aber eine zeitgerechte Vorbereitung des Verfahrens voraus.

ME ist (ausgenommen vereinfachtes Restrukturierungsverfahren nach § 45 ReO) eher zu erwarten, dass Schuldner im Rahmen des verfahrenseinleitenden Antrags erst das *Restrukturierungskonzept* darlegen, die Präzisierung dieses Konzeptes im Rahmen eines noch vorzulegenden Restrukturierungsplans ankündigen (zum vergleichbaren Vorgehen bei Einleitung eines Verfahrens nach dem URG: *Reckenzaun/Hadl,* ZIK 2001/130) und einen Antrag auf Fristsetzung gemäß § 8 Abs 2 ReO stellen. Im Antrag muss aber jedenfalls die Bestandsfähigkeit des Unternehmens dargelegt werden.

Es gibt mehrere Gründe, die dieses Vorgehen erwarten lassen: In der Krise herrscht in der Regel Zeitdruck. Die Anforderungen an den Inhalt von Restrukturierungsplänen sind aber sehr hoch (§ 27 ReO). Insbesondere wird zu erwarten sein, dass zum Zeitpunkt der Antragstellung präzise Angaben zu den betroffenen Gläubigern, den Gläubigerklassen und der Zuordnung der betroffenen Gläubiger zu den Klassen vielfach noch nicht möglich sind. Auch die Entscheidung, welche Gläubiger vom Restrukturierungsplan *nicht* betroffen sein sollen, wird zu diesem Zeitpunkt meist noch nicht getroffen sein.

Dazu kommt, dass auch die (maßgeblichen) Gläubiger erst nach Objektivierung der Angaben des Schuldners über Verlustursachen, Status und Reorganisationsmaßnahmen durch den Restrukturierungsbeauftragten bereit sind, *ihre* Vorstellungen zum Inhalt eines Restrukturierungsplans zu kommunizieren.

Dies rechtfertigt es auch, den Restrukturierungsplan erst im Laufe des Verfahrens nach entsprechender Fristsetzung gemäß § 8 Abs 2 ReO vorzulegen. Diese Vorgangsweise vermeidet mehrfache Adaptierungen eines voreilig vorgelegten Restrukturierungsplans.

Restrukturierungskonzept – Frist zur Vorlage eines Restrukturierungsplans
§ 8

(1) Ein Restrukturierungskonzept hat zumindest die in Aussicht genommenen Restrukturierungsmaßnahmen und eine Auflistung der Vermögenswerte und Verbindlichkeiten des Schuldners zum Zeitpunkt des Antrags auf Einleitung des Restrukturierungsverfahrens einschließlich einer Bewertung der Vermögenswerte zu enthalten.

(2) Hat der Schuldner nur ein Restrukturierungskonzept, aber keinen Restrukturierungplan nach § 27 vorgelegt, so hat das Gericht ihm auf seinen Antrag eine Frist von höchstens 60 Tagen zur Vorlage eines Restrukturierungsplans einzuräumen. Wird ein solcher Antrag nicht zugleich mit dem Antrag auf Einleitung des Restrukturierungsverfahrens oder binnen der zum Erlag eines Kostenvorschusses zur Deckung der Entlohnung des Restrukturierungsbeauftragten bestimmen Frist gestellt, so ist ein Restrukturierungsbeauftragter zu bestellen, der den Schuldner bei der Ausarbeitung des Restrukturierungsplans binnen der vom Gericht gesetzten Frist von höchstens 60 Tagen zu unterstützen hat.

EB zu § 8 ReO

Diese Bestimmung regelt in Abs. 1 den Inhalt des Restrukturierungskonzepts, das bereits einen Grobüberblick über die Restrukturierungsmaßnahmen und eine Auflistung der Vermögenswerte und Verbindlichkeiten des Schuldners zum Zeitpunkt des Antrags auf Einleitung einschließlich einer Bewertung der Vermögenswerte enthalten soll. Welche Gläubiger einbezogen werden sollen, muss noch nicht feststehen; daher sind etwa Informationen über betroffene Gläubiger iS des § 27 Abs. 2 Z 4 nicht erforderlich.

Abs. 2 sieht für den Fall, dass mit dem Einleitungsantrag kein Restrukturierungsplan vorgelegt wird, die Einräumung einer Frist von höchstens 60 Tagen zur Vorlage des Restrukturierungsplans vor. Der Schuldner hat die Einräumung einer solchen Frist gleichzeitig mit dem Einleitungsantrag oder binnen der Frist zum Erlag eines Kostenvorschusses zur Deckung der Entlohnung des Restrukturierungsbeauftragten zu beantragen. Wird ein solcher Antrag nicht gestellt und der Kostenvorschuss erlegt, so ist ein Restrukturierungsbeauftragter zu bestellen.

Anmerkungen
Der Gesetzgeber geht davon aus, dass ein Restrukturierungsplan im Regelfall bei Einleitung des Verfahrens vorliegt. Dies wäre tatsächlich wünschenswert, setzt aber eine zeitgerechte Vorbereitung des Verfahrens voraus.

ME wird dies aus mehreren Gründen nicht der Fall sein: In der Krise herrscht in der Regel Zeitdruck. Die Anforderungen an den Inhalt von Restrukturierungsplänen sind aber sehr hoch (§ 27 ReO). Insbesondere wird zu erwarten sein, dass zum Zeitpunkt der Antragstellung präzise Angaben zu den betroffenen Gläubigern, den Gläubigerklassen und der Zuordnung der betroffenen Gläubiger zu den Klassen vielfach noch nicht möglich sind. Auch die Entscheidung, welche Gläubiger vom Restrukturierungsplan *nicht* betroffen sein sollen, wird zu diesem Zeitpunkt meist noch nicht getroffen sein.

Dazu kommt, dass auch die (maßgeblichen) Gläubiger erst nach Objektivierung der Angaben des Schuldners über Verlustursachen, Status und Reorganisationsmaßnahmen durch den Restrukturierungsbeauftragten bereit sind, *ihre* Vorstellungen zum Inhalt eines Restrukturierungsplans zu kommunizieren.

Dies rechtfertigt es auch, den Restrukturierungsplan erst im Laufe des Verfahrens nach entsprechender Fristsetzung gemäß § 8 Abs 2 ReO vorzulegen. Diese Vorgangsweise vermeidet mehrfache Adaptierungen eines voreilig vorgelegten Restrukturierungsplans.

Jedenfalls muss die *Fristsetzung* zur Vorlage des Restrukturierungsplans *eigens beantragt* werden, sonst ist ein Restrukturierungsbeauftragter zu bestellen. Unterbleibt die Antragstellung *und* wird *auch kein Kostenvorschuss* erlegt, ist das Verfahren einzustellen (§ 41 Abs 2 Z 5 ReO).

3. Abschnitt
Restrukturierungsbeauftragter

Bestellung eines Restrukturierungsbeauftragten
§ 9

(1) Das Gericht hat einen Restrukturierungsbeauftragten zur Unterstützung des Schuldners und der Gläubiger bei der Aushandlung und Ausarbeitung des Plans zu bestellen, wenn
1. das Gericht eine Vollstreckungssperre bewilligt und ein solcher Beauftragter zur Wahrung der Interessen der Gläubiger erforderlich ist,

2. die Bestätigung des Restrukturierungsplans eines klassenübergreifenden Cram-down bedarf oder
3. der Schuldner oder die Mehrheit der Gläubiger, die nach dem Betrag der Forderungen zu berechnen ist, dies beantragt; in letzterem Fall aber nur, wenn die Kosten des Restrukturierungsbeauftragten von den die Bestellung beantragenden Gläubigern getragen werden und von diesen ein Kostenvorschuss erlegt wurde. Der Auftrag zum Erlag eines Kostenvorschusses, der 2 000 Euro nicht übersteigt, kann nicht angefochten werden.

(2) Das Gericht hat weiters einen Restrukturierungsbeauftragten zu bestellen, wenn Umstände bekannt sind, die erwarten lassen, dass die Eigenverwaltung zu Nachteilen für die Gläubiger führen wird, insbesondere wenn
1. der Schuldner Mitwirkungs- oder Auskunftspflichten verletzt,
2. der Schuldner den Interessen der Gläubiger zuwiderhandelt,
3. gegen den Schuldner oder ein Mitglied von dessen vertretungsbefugtem Organ ein Ermittlungsverfahren wegen des Verdachts der Begehung einer mit Strafe bedrohten Handlung im Zusammenhang mit den Geschäftsbeziehungen eingeleitet wurde,
4. die Angaben im Finanzplan im Interesse der Gläubiger überprüft werden müssen oder
5. der Schuldner nach Einleitung des Verfahrens entstehende Forderungen nicht erfüllt oder Forderungen betroffener Gläubiger sicherstellt oder begleicht.

(3) Liegen die Voraussetzungen weder nach Abs. 1 noch nach Abs. 2 vor, so kann das Gericht einen Restrukturierungsbeauftragten bestellen, insbesondere
1. zur Prüfung, ob eine Zwischenfinanzierung oder Transaktion zu genehmigen ist oder eine neue Finanzierung (§ 36a IO) für die Umsetzung des Restrukturierungsplans geeignet ist,
2. zur Erstattung eines Berichts über die voraussichtlichen Ergebnisse der Durchführung eines Insolvenzverfahrens,
3. bei Festlegung von Verfügungsbeschränkungen oder
4. zur Prüfung der Forderungen, gegen die Einwendungen vorgebracht worden sind.

(4) Aus Zweckmäßigkeitsgründen kann ein Stellvertreter des Restrukturierungsbeauftragten bestellt werden, der ihn im Falle der Verhinderung zu vertreten hat. Auf den Stellvertreter sind die für den Restrukturierungsbeauftragten geltenden Bestimmungen anzuwenden.

(5) Der Beschluss über die Bestellung des Restrukturierungsbeauftragten ist dem Schuldner und den bekannten betroffenen Gläubigern zuzustellen.

EB zu § 9 ReO

Art. 5 RIRL enthält Bestimmungen über den Schuldner in Eigenverwaltung. Um Schuldnern einen Anreiz zu bieten, bei finanziellen Schwierigkeiten frühzeitig die präventive Restrukturierung zu beantragen (ErwGr. 30), sieht die Richtlinie in Abs. 1 vor, dass grundsätzlich die Schuldner die Kontrolle über ihre Vermögenswerte und den täglichen Betrieb ihres Unternehmens behalten sollen. Abs. 1 verpflichtet die Mitgliedstaaten, dies sicherzustellen. Dem kommt der Entwurf in § 16 nach.

Art. 5 Abs. 2 ermöglicht den Mitgliedstaaten die Bestellung eines Restrukturierungsbeauftragten zur Überwachung der Tätigkeit eines Schuldners oder zur teilweisen Übernahme der Kontrolle über den täglichen Betrieb des Unternehmens des Schuldners, wobei den Mitgliedstaaten überlassen wird, ob der Restrukturierungsbeauftragte zwingend vorgeschrieben wird oder die Bestellung im Einzelfall nach den Umständen des Falles oder den besonderen Erfordernissen des Schuldners erfolgen kann (ErwGr. 30).

Art. 5 Abs. 3 zählt drei Fälle auf, in denen die Mitgliedstaaten die Bestellung eines Restrukturierungsbeauftragen zur Unterstützung des Schuldners und der Gläubiger bei der Aushandlung und Ausarbeitung des Plans zwingend vorschreiben müssen. Diese Fälle setzt der Entwurf in Abs. 1 um.

Die in Art. 5 Abs. 2 den Mitgliedstaaten eingeräumte Möglichkeit, darüber hinaus noch weitere Fälle einer zwingenden Bestellung des Restrukturierungsbeauftragten vorzusehen, wird in Abs. 2 umgesetzt.

Entscheidendes Kriterium soll – nach dem Vorbild des § 170 Abs 1 Z 1 IO – sein, dass Umstände bekannt sind, die erwarten lassen, dass die Eigenverwaltung zu Nachteilen für die Gläubiger führen wird. Dazu zählt etwa, dass der Schuldner Anfragen zur Bezahlung der nach Einleitung des Restrukturierungsverfahrens entstandenen Forderungen oder Fragen zu dem Restrukturierungsplan oder -konzept nicht beantwortet, also seine Mitwirkungs- oder Auskunftspflichten verletzt (Z 1), oder den Interessen der Gläubiger zuwiderhandelt (Z 2). Z 3 übernimmt das in der Richtlinie im ErwGr. 30 erwähnte Beispiel, dass sich der Schuldner oder ein Mitglied von dessen vertretungsbefugtem Organ in den Geschäftsbeziehungen kriminell, betrügerisch oder schädigend verhalten hat.

Die Angaben im Finanzplan sind für die Gläubiger eine wichtige Entscheidungsgrundlage, um zu beurteilen, ob sie dem Restrukturierungsplan zustimmen sollen. Gibt es Anzeichen, dass diese nicht richtig sein könnten und überprüft werden müssen, so hat das Gericht ebenfalls einen Restrukturierungsbeauftragten zu bestellen (Z 4).

Nach ErwGr. 39 kann der Schuldner weiterhin Forderungen von nicht betroffenen Gläubigern und während der Aussetzung von Einzelvollstreckungsmaßnahmen entstehende Forderungen betroffener Gläubiger im normalen Geschäftsgang erfüllen. Um sicherzustellen, dass Gläubiger mit Forderungen, die vor der Einleitung eines Restrukturierungsverfahrens oder vor einer Aussetzung von Vollstreckungsmaßnahmen entstanden sind, den Schuldner nicht zur Begleichung dieser Forderungen drängen, die sonst durch die Umsetzung des Restrukturierungsplans gekürzt werden würden, sieht der Entwurf in Z 5 die zwingende Bestellung eines Restrukturierungsbeauftragen vor, wenn anzunehmen ist, dass der Schuldner solche Forderungen sicherstellt oder begleicht. Ein Bedarf nach Bestellung eines Restrukturierungsbeauftragten besteht auch dann, wenn der Schuldner nach Einleitung des Verfahrens entstehende Forderungen nicht erfüllt.

Nach Abs. 3 können die Gerichte im Einzelfall über die Bestellung eines Restrukturierungsbeauftragten entscheiden. Abs. 3 zählt einige Beispiele demonstrativ auf. Notwendig könnte dies zB für die Unterstützung des Schuldners bei Organisation, Umsetzung und Kontrolle einer Zwischenfinanzierung oder Transaktion sein (ErwGr. 66, 67, 68), zur Prüfung, ob eine neue Finanzierung für die Umsetzung des Restrukturierungsplans geeignet ist, bei Festlegung von Verfügungsbeschränkungen nach § 16 Abs. 2 sowie zur Prüfung strittiger Forderungen.

Abs. 4 sieht vor, dass für den Restrukturierungsbeauftragten ein Stellvertreter bestellt werden kann, der tätig zu werden hat, wenn der Restrukturierungsbeauftragte sein Amt wegen Krankheit oder Abwesenheit nicht ausüben kann.

Der Beschluss über die Bestellung des Restrukturierungsbeauftragten ist dem Schuldner und den bekannten betroffenen Gläubigem zuzustellen (Abs. 5).

Anmerkungen

Grundsätzlich besteht im Restrukturierungsverfahren Eigenverwaltung (§ 16 ReO). Im Unterschied zum Sanierungsverfahren mit Eigenverwaltung kann diese nicht zur Gänze entzogen werden.

Gründe bzw Voraussetzungen für die Bestellung eines Restrukturierungsbeauftragten sind in § 9 ReO nicht abschließend geregelt:

So sind zunächst aus den in § 14 ReO geregelten Aufgaben weitere Bestellungsgründe ableitbar. Wesentlich ist insbesondere die in § 14 Z 3 ReO geregelte Möglichkeit den Restrukturierungsbeauftragten mit der Übernahme der teilweisen Kontrolle über die Vermögenswerte oder Geschäfte des Schuldners zu beauftragen. Dieser Auftrag hat den Vorteil, dass im Vorhinein Vorsorge gegen Fehlentwicklungen getroffen werden kann; die in § 9 Abs 2 Z 1 u 2 ReO geregelten Bestellungsgründe setzen demgegenüber bereits gesetztes Fehlverhalten des Schuldners voraus.

Ferner hat das Gericht die Möglichkeit gemäß § 16 Abs 2 ReO dem Schuldner für die Dauer des Restrukturierungsverfahrens bestimmte Rechtshandlungen zu untersagen oder an die Zustimmung des Gerichtes oder des Restrukturierungsbeauftragten zu binden (*Mohr*, ZIK 2021/93, 87). Dies betrifft zB den Verkauf von wesentlichen Vermögenswerten (§ 117 IO).

Dabei darf das Gericht aber dem Schuldner nicht diejenigen Beschränkungen auferlegen, die ihn im Konkursverfahren treffen. Ein solcher Beschluss über die Beschränkung der Eigenverwaltung ist dem Schuldner und dem Restrukturierungsbeauftragten zuzustellen, kann nicht angefochten, aber auf Antrag abgeändert werden (§ 16 Abs 4 ReO).

Weitere Bestellungsgründe stehen in unmittelbarem Zusammenhang mit dem Restrukturierungsplan: Der Restrukturierungsbeauftragte kann mit der Prüfung beauftragt werden, ob der Plan die Zahlungsunfähigkeit oder den Eintritt der Überschuldung verhindern kann oder geeignet ist eine bereits eingetretene Überschuldung zu beseitigen und die Bestandfähigkeit des Unternehmens zu gewährleisten (§ 30 Abs 1 ReO). Vor der Abstimmung in der Restrukturierungsplantagsatzung hat der Restrukturierungsbeauftragte nach § 146 IO zu berichten (§ 31 Abs 4 ReO). Schließlich könnte das Gericht auch den Restrukturierungsbeauftragten gemäß § 38 ReO mit der Bewertung beauftragen.

Kostenvorschuss
§ 10

(1) Das Gericht hat dem Schuldner – nach dessen Einvernahme, soweit dies rechtzeitig möglich ist – aufzutragen, binnen einer vom Gericht festzusetzenden Frist einen angemessenen Kostenvorschuss zur Deckung der Anlaufkosten für die Entlohnung des Restrukturierungsbeauftragten zu erlegen.

(2) Der Restrukturierungsbeauftragte hat unverzüglich nach seiner Bestellung dem Gericht einen Kostenvoranschlag, in dem er die voraussichtliche Entlohnung für die ihm aufgetragenen Aufgaben darzulegen hat, vorzulegen und dem Schuldner zu übersenden. Will der Restrukturierungsbeauftragte für seine Tätigkeit eine über den Kostenvoranschlag hinausgehende Entlohnung ansprechen, so hat er einen weiteren Kostenvoranschlag vorzulegen.

(3) Nach Vorlage eines Kostenvoranschlags hat das Gericht dem Schuldner aufzutragen, binnen einer vom Gericht festzusetzenden Frist einen Kostenvorschuss zur Deckung der voraussichtlichen Entlohnung des Restrukturierungsbeauftragten zu erlegen. Das Gericht kann auf Antrag des Schuldners die Zahlung in monatlichen Raten, die dem voraussichtlichen Arbeitsaufwand entsprechen, bewilligen. Diese Bewilligung unterbricht die Frist zum Erlag des Kostenvorschusses.

(4) Der Auftrag zum Erlag eines Kostenvorschusses, der 2000 Euro nicht übersteigt, kann nicht, ein darüber hinausgehender Betrag nicht abgesondert angefochten werden.

EB zu § 10 ReO
Der Entwurf schlägt in § 10 vor, dass dem Schuldner aufzutragen ist, einen angemessenen Kostenvorschuss zur Deckung der Anlaufkosten für die Entlohnung des Restrukturierungsbeauftragten zu erlegen. Soweit es rechtzeitig möglich ist, ist der Schuldner einzuvernehmen. Sowohl die Höhe des Kostenvorschusses als auch die Frist zum Erlag des Kostenvorschusses hat das Gericht nach den Umständen des Einzelfalls festzulegen.

Zur Information über die voraussichtliche Höhe der Gesamtentlohnung des Restrukturierungsbeauftragten schlägt der Entwurf in Abs. 2 vor, dass der Restrukturierungsbeauftragte einen Kostenvoranschlag zu erstellen hat. Damit wird Art. 27 Abs. 4 RIRL, demzufolge für die Vergütung des Restrukturierungsbeauftragten Vorschriften gelten sollen, die mit dem Ziel eines effizienten Abschlusses der Verfahren im Einklang stehen, umgesetzt. Die Festlegung einer Regelentlohnung ist im Hinblick auf den sehr unterschiedlichen Aufgabenumfang nicht tunlich. Wenn der Restrukturierungsbeauftragte das gesamte Verfahren überwachend begleitet und ihm nicht nur punktuell einzelne Aufgaben übertragen werden, wird das Gericht auf die für den Sanierungsverwalter vorgesehene Regelentlohnung zurückgreifen können.

Um die gesamte Entlohnung des Restrukturierungsbeauftragten zu decken, hat das Gericht nach Vorlage des Kostenvoranschlags dem Schuldner einen weiteren, ergänzenden Kostenvorschuss aufzutragen. Bewilligt das Gericht auf Antrag des Schuldners monatliche Ratenzahlungen, so ist die Frist zum Erlag des Kostenvorschusses unterbrochen.

Hinsichtlich der Anfechtung des Auftrags zum Erlag eines Kostenvorschusses sieht Abs. 4 vor, dass ein Kostenvorschuss bis zur Höhe von 2.000 Euro nicht angefochten werden kann. Beträgt der beauftragte Kostenvorschuss mehr als 2.000 Euro, so kann der Beschluss – nicht abgesondert – angefochten werden.

Anmerkungen
Ein Nichterlag des aufgetragenen Kostenvorschusses führt *zur Einstellung* des Restrukturierungsverfahrens (§ 41 Abs 2 Z 5 ReO). Zum Auftrag zum Erlag *Mohr*, ZIK 2021/93, 86.

Auswahl des Restrukturierungsbeauftragten
§ 11

(1) Zum Restrukturierungsbeauftragten ist eine unbescholtene, verlässliche und geschäftskundige Person aus der Liste der Restrukturie-

rungsbeauftragten zu bestellen. Sie muss ausreichende Fachkenntnisse des Restrukturierungs- und Insolvenzrechts, des Wirtschaftsrechts oder der Betriebswirtschaft haben. § 80a IO ist anzuwenden.

(2) Der Restrukturierungsbeauftragte muss vom Schuldner und von den Gläubigern unabhängig sein. Er darf kein naher Angehöriger (§ 32 IO) und kein Konkurrent des Schuldners sein. § 80b Abs 2 und 3 IO ist anzuwenden.

(3) Zum Restrukturierungsbeauftragten kann auch eine juristische Person oder eine eingetragene Personengesellschaft bestellt werden. Sie hat dem Gericht bekanntzugeben, wer sie bei der Besorgung der Aufgaben des Restrukturierungsbeauftragten vertritt.

EB zu § 11 ReO
Der Entwurf fasst in dieser Bestimmung die für die Auswahl des Restrukturierungsbeauftragten erforderlichen Kriterien zusammen. Die Bestimmung orientiert sich an den Regelungen der IO und des URG. Mit dieser Bestimmung setzt der Entwurf Art. 26 Abs. 1 lit. a und c RIRL um, dem zufolge der Restrukturierungsbeauftragte eine angemessene Ausbildung und Sachkunde aufweisen muss und die Erfahrung sowie Sachkunde des Restrukturierungsbeauftragten bei der Bestellung berücksichtigt werden müssen.

Zum Restrukturierungsbeauftragten ist eine unbescholtene, verlässliche und geschäftskundige Person zu bestellen, die ausreichende Fachkenntnisse des Restrukturierungs- und Insolvenzrechts, des Wirtschaftsrechts oder der Betriebswirtschaft hat. Wie nach § 80a IO muss diese Person weiters eine zügige Durchführung des Restrukturierungsverfahrens gewährleisten. Das Gericht hat bei der Auswahl der Person besondere Kenntnisse und die Berufserfahrung sowie das Vorhandensein einer hinreichenden Kanzleiorganisation zu berücksichtigen. Der Restrukturierungsbeauftragte ist in erster Linie aus der Liste der Restrukturierungsbeauftragten auszuwählen; es kann bei Vorliegen der Voraussetzungen aber auch eine nicht in die Liste eingetragene Person bestellt werden.

Der Restrukturierungsbeauftragte muss vom Schuldner und von den Gläubigern unabhängig sein und darf kein naher Angehöriger oder Konkurrent des Schuldners sein. § 80b IO enthält Bestimmungen über die Unabhängigkeit des Insolvenzverwalters und verpflichtet diesen, Umstände, die geeignet sind, seine Unabhängigkeit in Zweifel zu ziehen, unverzüglich dem Gericht bekannt zu geben. Auf diese Bestimmung wird verwiesen.

Als Restrukturierungsbeauftragte kommen unter anderem Rechtsanwälte, Wirtschaftstreuhänder, Bilanzbuchhalter und Unternehmensberater in Betracht. Sofern eine juristische Person oder eine eingetragene Personengesellschaft bestellt wird, ist dem Gericht bekannt zu geben, wer sie bei der Besorgung der Aufgaben des Restrukturierungsbeauftragten vertritt.

Pflichten und Verantwortlichkeit des Restrukturierungsbeauftragten
§ 12

(1) Im Verhältnis zu Dritten ist der Restrukturierungsbeauftragte zu allen Rechtshandlungen befugt, welche die Erfüllung der mit seinen Aufgaben verbundenen Obliegenheiten mit sich bringt.

(2) Der Restrukturierungsbeauftragte hat die durch den Gegenstand seiner Geschäftsführung gebotene Sorgfalt (§ 1299 ABGB) anzuwenden. § 84 IO ist anzuwenden.

(3) Gegenüber den Sonderinteressen einzelner Beteiligter hat der Restrukturierungsbeauftragte die gemeinsamen Interessen zu wahren.

(4) Der Restrukturierungsbeauftragte ist allen Beteiligten für Vermögensnachteile, die er ihnen durch die pflichtwidrige Führung seines Amtes verursacht, verantwortlich.

EB zu § 12 ReO

Diese Bestimmung enthält Bestimmungen über die Pflichten und die Verantwortlichkeit des Restrukturierungsbeauftragten (zu Abs. 1 siehe § 83 Abs. 1 IO; zu Abs. 2 bis 4 siehe § 81 Abs. 1 bis 3 IO).

Art. 27 Abs. 1 RIRL verpflichtet die Mitgliedstaaten, geeignete Aufsichts- und Regulierungsmechanismen einzurichten, um sicherzustellen, dass die Arbeit vom Restrukturierungsbeauftragten wirksam überwacht wird. Damit soll gewährleistet werden, dass seine Dienste wirksam und sachkundig und gegenüber den beteiligten Parteien unparteiisch und unabhängig erbracht werden. Derartige Mechanismen sollen auch Maßnahmen für die Verantwortlichkeit des Restrukturierungsbeauftragten, der seinen Pflichten nicht nachkommt, enthalten.

Der Entwurf setzt diese Verpflichtung mit einem Verweis in Abs. 2 auf § 84 IO um, der die Überwachung des Insolvenzverwalters durch das Gericht regelt. Das Gericht kann daher dem Restrukturierungsbeauftragten Weisungen erteilen, Berichte und Aufklärungen einholen, Schriftstücke einsehen und die erforderlichen Erhebungen vornehmen. Kommt der Restrukturierungsbeauftragte seinen Obliegenheiten nicht oder nicht rechtzeitig nach, so kann ihn das Gericht zur pünktlichen Erfüllung seiner Pflichten durch Geldstrafen anhalten und in dringenden Fällen auf seine Kosten und Gefahr zur Besorgung einzelner Geschäfte einen besonderen Verwalter bestellen. Über Beschwerden gegen einzelne Maßnahmen oder das Verhalten des Restrukturierungsbeauftragten entscheidet das Gericht.

Enthebung des Restrukturierungsbeauftragten
§ 13

Das Gericht kann den Restrukturierungsbeauftragten sowohl auf seinen Antrag als auch aus wichtigen Gründen von Amts wegen oder auf Antrag des Schuldners oder eines Gläubigers entheben. Vor der Entscheidung hat das Gericht, wenn tunlich, den Restrukturierungsbeauftragten zu vernehmen.

EB zu § 13 ReO
Diese Bestimmung setzt Art. 26 Abs. 1 lit. b und d der RIRL nach dem Vorbild des § 87 IO um, demzufolge das Gericht den Insolvenzverwalter von Amts wegen oder auf Antrag aus wichtigen Gründen entheben kann. Vor der Entscheidung hat das Gericht, wenn tunlich, den Restrukturierungsbeauftragten anzuhören.

Aufgaben des Restrukturierungsbeauftragten
§ 14

Das Gericht hat die Aufgaben des Restrukturierungsbeauftragten festzulegen; es kann ihm insbesondere folgende Aufgaben übertragen:
1. die Unterstützung des Schuldners oder der Gläubiger bei der Ausarbeitung oder Aushandlung eines Restrukturierungsplans,
2. die Überwachung der Tätigkeit des Schuldners während der Verhandlungen über einen Restrukturierungsplan und die Berichterstattung an das Gericht,
3. die Übernahme der teilweisen Kontrolle über die Vermögenswerte oder Geschäfte des Schuldners während der Verhandlungen, insbesondere die Erteilung von Zustimmungen zu Rechtshandlungen des Schuldners nach § 16 Abs 2.

EB zu § 14 ReO
Diese Bestimmung zählt die Aufgaben des Restrukturierungsbeauftragten auf und übernimmt dabei die vom Restrukturierungsbeauftragten zu erfüllenden Aufgaben aus Art. 2 Abs. 1 Nr. 12 RIRL. Die Aufzählung ist nicht taxativ; das Gericht kann darüber hinaus weitere Aufgaben des Restrukturierungsbeauftragten festlegen.

Anmerkungen
Grundsätzlich besteht im Restrukturierungsverfahren Eigenverwaltung (§ 16 ReO). Im Unterschied zum Sanierungsverfahren mit Eigenverwaltung kann diese nicht zur Gänze entzogen werden. Gründe bzw Voraussetzungen für die Bestellung eines Restrukturierungsbeauftragten sind in den §§ 9, 14 u 16 ReO geregelt.

Die Möglichkeit, den Restrukturierungsbeauftragten gemäß § 14 Z 3 ReO mit der Übernahme der teilweisen Kontrolle über die Vermögenswerte oder Geschäfte des Schuldners zu beauftragen, hat den Vorteil, dass *im Vorhinein* Vorsorge gegen Fehlentwicklungen getroffen werden kann. Die in § 9 Abs 2 Z 1 u 2 ReO geregelten Bestellungsgründe setzen demgegenüber *bereits gesetztes Fehlverhalten* des Schuldners voraus.

Nach § 16 Abs 2 ReO kann das Gericht dem Schuldner für die Dauer des Restrukturierungsverfahrens bestimmte Rechtshandlungen untersagen oder an die Zustimmung des Gerichtes oder des Restrukturierungsbeauftragten binden (*Mohr*, ZIK 2021/93, 87). Dies betrifft zB den Verkauf von wesentlichen Vermögenswerten (§ 117 IO).

Dabei darf das Gericht aber dem Schuldner nicht diejenigen Beschränkungen auferlegen, die ihn im Konkursverfahren treffen. Ein solcher Beschluss über die Beschränkung der Eigenverwaltung ist dem Schuldner und dem Restrukturierungsbeauftragten zuzustellen, kann nicht angefochten, aber auf Antrag abgeändert werden (§ 16 Abs 4 ReO).

Weitere Bestellungsgründe stehen in unmittelbarem Zusammenhang mit dem Restrukturierungsplan: Der Restrukturierungsbeauftragte kann mit der Prüfung beauftragt werden, ob der Plan die Zahlungsunfähigkeit oder den Eintritt der Überschuldung verhindern kann oder geeignet ist, eine bereits eingetretene Überschuldung zu beseitigen und die Bestandfähigkeit des Unternehmens zu gewährleisten (§ 30 Abs 1 ReO). Vor der Abstimmung in der Restrukturierungsplantagsatzung hat der Restrukturierungsbeauftragte nach § 146 IO zu berichten (§ 31 Abs 4 ReO). Schließlich könnte das Gericht auch den Restrukturierungsbeauftragten gemäß § 38 ReO mit der Bewertung beauftragen.

Ansprüche des Restrukturierungsbeauftragten
§ 15

(1) Der Restrukturierungsbeauftragte hat Anspruch auf eine angemessene Entlohnung für seine Mühewaltung zuzüglich Umsatzsteuer und auf Ersatz seiner Barauslagen. Die Entlohnung ist nach dem Umfang, der Schwierigkeit und der Sorgfalt seiner Tätigkeit zu bemessen.

(2) Der Restrukturierungsbeauftragte hat seinen bis zur Restrukturierungsplantagsatzung entstandenen Anspruch nach Abs 1 bei sonstigem Verluste in dieser Tagsatzung geltend zu machen. War er in der Tagsatzung nicht anwesend, so hat ihm das Gericht eine Frist für die Geltendmachung einzuräumen. Ansprüche, die für Tätigkeiten nach dieser Tagsatzung anfallen, sind binnen 14 Tagen nach Beendigung der Tätigkeit geltend zu machen. § 125 IO ist anzuwenden.

(3) Auf Antrag des Restrukturierungsbeauftragten ist dem Schuldner die Zahlung der Entlohnung samt Barauslagen binnen 14 Tagen aufzutragen, soweit der erlegte Kostenvorschuss nicht ausreicht.

EB zu § 15 ReO
Diese Bestimmung enthält Regelungen über die Ansprüche des Restrukturierungsbeauftragten. Der Restrukturierungsbeauftragte hat Anspruch auf Ersatz seiner Barauslagen und auf eine angemessene Entlohnung für seine Mühewaltung.

Nach Abs. 2 hat der Restrukturierungsbeauftragte die bis zur Restrukturierungsplantagsatzung aufgelaufenen Ansprüche in dieser geltend zu machen. Ist er in der Tagsatzung nicht anwesend, so hat ihm das Gericht eine Frist für die Geltendmachung einzuräumen. Entlohnung und Barauslagen für nach der Tagsatzung durchgeführte Tätigkeiten hat der Restrukturierungsbeauftragte binnen 14 Tagen nach Beendigung der Tätigkeit geltend zu machen. § 125 IO ist anzuwenden. Nach dessen Abs. 2 hat das Gericht die Entlohnung des Insolvenzverwalters festzusetzen und kann dabei außergewöhnliche Umstände nach §§ 82a, 82b IO berücksichtigen. Der Entwurf setzt mit dieser Bestimmung die in Art. 27 Abs. 4 UAbs. 2 RIRL vorgeschriebene Verpflichtung der Mitgliedstaaten um, geeignete Verfahren zur Verfügung zu stellen, um Streitigkeiten über die Vergütung beizulegen.

Reicht der vom Schuldner erlegte Kostenvorschuss für die Befriedigung des Restrukturierungsbeauftragten nicht aus, so hat das Gericht dem Schuldner die Zahlung der über den Kostenvorschuss hinausgehenden Kosten aufzutragen. Der rechtskräftige Beschluss über die Entlohnung des Restrukturierungsbeauftragten ist gemäß § 1 EO in der Fassung dieses Entwurfs ein Exekutionstitel und ermöglicht dadurch eine zwangsweise Durchsetzung der Entlohnung gegen den Schuldner.

Anmerkungen
Auch die Restrukturierungsordnung verknüpft die Bestätigung des Restrukturierungsplans mit den Ansprüchen auf eine angemessene Entlohnung. Allerdings ist – im Gegensatz zum Sanierungsplan (Zahlung oder Sicherstellung gemäß § 152a Abs 1 Z 1 IO) – Bestätigungsvoraussetzung in diesem Zusammenhang lediglich, dass die Entlohnung *gerichtlich bestimmt wurde* (§ 34 Abs 1 Z 5 ReO). Der Verweis auf § 125 IO in § 15 Abs 2 ReO und der Hinweis auf die §§ 82a, 82b IO in den Erläuterungen macht deutlich, dass für die Bestimmung der angemessenen Entlohnung grundsätzlich das bewährte Regelwerk der IO heranzuziehen ist.

Eigenverwaltung des Schuldners
§ 16

(1) Der Schuldner behält im Restrukturierungsverfahren die Kontrolle über seine Vermögenswerte und den Betrieb seines Unternehmens, so-

weit nicht dem Restrukturierungsbeauftragten Aufgaben übertragen wurden.

(2) Soweit dies zur Wahrung der Interessen betroffener Gläubiger erforderlich ist, kann das Gericht dem Schuldner für die Dauer des Restrukturierungsverfahrens bestimmte Rechtshandlungen überhaupt oder doch ohne Zustimmung des Gerichts oder des Restrukturierungsbeauftragten verbieten. Das Gericht darf dem Schuldner jedoch nicht diejenigen Beschränkungen auferlegen, die einen Schuldner kraft Gesetzes im Konkursverfahren treffen.

(3) Rechtshandlungen, die der Schuldner entgegen Abs. 2 ohne Zustimmung vorgenommen hat, werden erst mit vollständiger Erfüllung des Restrukturierungsplans wirksam, wenn der Dritte wusste, dass eine Zustimmung nicht erteilt worden ist.

(4) Der Beschluss über die Beschränkung der Eigenverwaltung des Schuldners ist diesem und dem Restrukturierungsbeauftragten zuzustellen. Der Beschluss kann nicht angefochten, aber auf Antrag abgeändert werden.

EB zu § 16 ReO

§ 16 enthält Bestimmungen über die Eigenverwaltung des Schuldners im Restrukturierungsverfahren und setzt in Abs. 1 den Art. 5 Abs. 1 RIRL um, demzufolge die Mitgliedstaaten sicherzustellen haben, dass Schuldner, die präventive Restrukturierungsverfahren in Anspruch nehmen, ganz oder zumindest teilweise die Kontrolle über ihre Vermögenswerte und den täglichen Betrieb ihres Unternehmens behalten. Dadurch sollen unnötige Kosten vermieden, dem frühzeitigen Charakter der präventiven Restrukturierung Rechnung getragen und den Schuldnern ein Anreiz geboten werden, bei finanziellen Schwierigkeiten frühzeitig die präventive Restrukturierung zu beantragen (ErwGr. 30). Die Eigenverwaltung des Schuldners ohne Bestellung eines Restrukturierungsbeauftragten wird vor allem dann in Betracht kommen, wenn das Verfahren gut vorbereitet ist, der Schuldner vollständige Unterlagen vorlegt und es sich voraussichtlich um Verfahren handelt, die schnell und ohne gröbere Aufwendungen durchgeführt werden können.

Die Eigenverwaltung des Schuldners kann aber eingeschränkt werden. Einerseits können dem Restrukturierungsbeauftragten Aufgaben (§ 14) übertragen werden, andererseits kann das Gericht nach Abs. 2 dem Schuldner für die Dauer des Restrukturierungsverfahrens bestimmte Rechtshandlungen überhaupt oder ohne Zustimmung des Gerichts oder des Restrukturierungsbeauftragten verbieten, soweit dies zur Wahrung der Interessen der betroffenen Gläubiger erforderlich ist. Da dem Schuldner jedoch zumindest teilweise die Kontrolle über seine Vermögenswerte und den täglichen Betrieb seines Unternehmens verbleiben muss, wird im letzten Satz klarstellend festgehalten, dass das Gericht dem Schuldner nicht diejenigen Beschränkungen auferlegt darf, die einen Schuldner kraft Gesetzes im Konkursverfahren treffen.

Wurde die Eigenverwaltung des Schuldners eingeschränkt und nimmt er dennoch Rechtshandlungen ohne Zustimmung vor, so regelt Abs. 3, dass die Wirksamkeit dieser Rechtshandlungen erst mit vollständiger Erfüllung des Restrukturierungsplans eintritt, sofern der Dritte wusste, dass eine Zustimmung für die Rechtshandlung nicht erteilt wurde. Dies wird in der Regel nur jene Vertragspartner betreffen, die als Gläubiger vom Restrukturierungsverfahren betroffen sind, sofern es sich nicht um ein öffentlich bekanntgemachtes Europäisches Restrukturierungsverfahren handelt.

Abs. 4 enthält Regelungen über die Zustellung und Abänderung des Beschlusses.

Anmerkungen

Im Unterschied zum Sanierungsverfahren mit Eigenverwaltung kann die Eigenverwaltung im Restrukturierungsverfahren nicht zur Gänze entzogen werden; es kann jedoch aus verschiedenen Gründen ein Restrukturierungsbeauftragter bestellt werden. § 16 ReO regelt die Möglichkeit, *Beschränkungen der Eigenverwaltung* gerichtlich anzuordnen (Abs 2).

Die Gründe bzw Voraussetzungen für die Bestellung des Restrukturierungsbeauftragten ergeben sich aus den §§ 9 und § 14 ReO; zudem weisen auch die Bestimmungen im Zusammenhang mit der Abstimmung über den Restrukturierungsplan auf die erforderliche Bestellung hin (§§ 30 Abs 1, 31 Abs 4, 38 Abs 2 ReO).

Wesentlich ist insbesondere die in § 14 Z 3 ReO geregelte Möglichkeit, den Restrukturierungsbeauftragten mit der Übernahme der teilweisen Kontrolle über die Vermögenswerte oder Geschäfte des Schuldners zu beauftragen. Dieser Auftrag hat den Vorteil, *dass im Vorhinein* Vorsorge gegen Fehlentwicklungen getroffen werden kann; die in § 9 Abs 2 Z 1 u 2 ReO geregelten Bestellungsgründe setzen demgegenüber bereits *gesetztes Fehlverhalten* des Schuldners voraus.

Auskunfts- und Mitwirkungspflicht des Schuldners
§ 17

(1) Der Schuldner ist verpflichtet, dem Restrukturierungsbeauftragten alle zur Wahrnehmung seiner Aufgaben erforderlichen Auskünfte zu erteilen und ihm Einsicht in sämtliche hiefür erforderlichen Unterlagen zu gewähren.

(2) Ist der Schuldner nach Unternehmensrecht zur Aufstellung eines Jahresabschlusses verpflichtet, so hat er spätestens in der Restrukturie-

rungsplantagsatzung dem Gericht den Jahresabschluss vorzulegen, für den die Frist zur Aufstellung während des Verfahrens abgelaufen ist.

EB zu § 17 ReO
§ 17 regelt die Auskunfts- und Mitwirkungspflicht des Schuldners. Der Schuldner hat dem Restrukturierungsbeauftragten alle zur Wahrnehmung seiner Aufgaben erforderlichen Auskünfte zu erteilen und ihm Einsicht in sämtliche hierfür erforderlichen Unterlagen zu gewähren. Vorbilder für diese Bestimmung sind § 99 IO und § 11 URG.

Jahresabschlüsse, zu deren Aufstellung der Schuldner nach Unternehmensrecht verpflichtet ist, hat der Schuldner dem Antrag auf Einleitung eines Restrukturierungsverfahrens anzuschließen. War zwar nicht zu diesem Zeitpunkt, aber bis zur Tagsatzung, in der über den Restrukturierungsplan abgestimmt wird, die Frist zur Aufstellung abgelaufen, so hat er den aktuellen Jahresabschluss vorzulegen.

Anmerkungen
In Zusammenschau mit § 9 Abs 2 Z 1 ReO offenbart sich ein Widerspruch: Die *Bestellung* eines Restrukturierungsbeauftragten ist unter anderem nach dieser Bestimmung möglich, wenn der Schuldner *Mitwirkungs- oder Auskunftspflichten verletzt*. Aus § 17 Abs 1 ReO ist aber zu folgern, dass die Pflichtverletzung überhaupt erst denkbar ist, wenn bereits eine Bestellung erfolgt ist, diese *also voraussetzt*.

Um Fehlentwicklungen zum Nachteil der Gläubiger vorzubeugen, kann das Gericht aber gemäß § 14 Z 3 ReO den Restrukturierungsbeauftragten mit der Übernahme der teilweisen Kontrolle über die Vermögenswerte oder Geschäfte des Schuldners beauftragen und Beschränkungen der Eigenverwaltung gemäß § 16 Abs 2 ReO anordnen.

Beharrliche Verletzungen der Mitwirkungs- und Auskunftspflichten oder Verfügungsbeschränkungen nach § 16 Abs 2 ReO führen *zur Einstellung* des Restrukturierungsverfahrens (§ 41 Abs 2 Z 4 ReO).

4. Abschnitt
Finanzierungen

Zwischenfinanzierungen und Transaktionen
§ 18

(1) Auf Antrag des Schuldners hat das Gericht eine neue finanzielle Unterstützung, die von einem bestehenden oder einem neuen Gläubiger bereitgestellt wird, zu genehmigen, wenn sie angemessen sowie unverzüglich notwendig ist, damit das Unternehmen des Schuldners seinen Betrieb fortsetzen kann oder der Wert dieses Unternehmens erhalten oder gesteigert wird (Zwischenfinanzierung).

(2) Auf Antrag des Schuldners hat das Gericht Transaktionen zu genehmigen, wenn sie angemessen und für die Aushandlung eines Restrukturierungsplans unmittelbar notwendig sind.

(3) Transaktionen im Sinne des Abs. 2 sind
1. die Zahlung von Gebühren und Kosten für die Aushandlung, Annahme oder Bestätigung eines Restrukturierungsplans,
2. die Zahlung von Gebühren und Kosten für die Inanspruchnahme professioneller Beratung in engem Zusammenhang mit der Restrukturierung,
3. die Zahlung von Arbeitnehmerlöhnen für bereits geleistete Arbeit, unbeschadet eines anderen vorgesehenen Schutzes, und
4. andere als in den Z 1 bis 3 genannte Zahlungen im gewöhnlichen Geschäftsbetrieb.

(4) Der Schuldner kann die Anträge nach Abs. 1 und 2 mit dem Antrag auf Einleitung des Restrukturierungsverfahrens verbinden.

EB zu § 18 ReO
Die Richtlinie geht davon aus, dass der Erfolg eines Restrukturierungsplans häufig davon abhängt, dass dem Schuldner finanzielle Hilfe zur Verfügung gestellt wird, um erstens den Betrieb des Unternehmens während der Restrukturierungsverhandlungen und zweitens die Umsetzung des Restrukturierungsplans nach dessen Bestätigung zu unterstützen. Unter finanzieller Hilfe ist jedenfalls die Bereitstellung von finanziellen Mitteln oder Bürgschaften sowie von Waren, Vorräten, Rohstoffen und Versorgungsdienstleistungen (zB Gewährung eines längeren Rückzahlungszeitraums) zu verstehen (vgl. ErwGr. 66).

Die Richtlinie sieht daher in Kapitel 4 des Titels II (Art. 17 und 18) Bestimmungen über den Schutz für neue Finanzierungen, Zwischenfinanzierungen und sonstige Transaktionen im Zusammenhang mit der Restrukturierung vor. Finanzierungen, Zwischenfinanzierungen und sonstige Transaktionen sollen attraktiver gemacht werden, indem deren Anfechtung bei späterer Eröffnung eines Insolvenzverfahrens zurückgedrängt wird. Wegen des inhaltlichen Zusammenhanges ist es naheliegend, die in Kapitel 4 des Titels II der Richtlinie festgesetzten Bestimmungen über den Anfechtungsschutz von neuen Finanzierungen, Zwischenfinanzierungen und Transaktionen in der Insolvenzordnung (als §§ 36a und 36b) umzusetzen.

Die Richtlinie überlässt es jedoch den Mitgliedstaaten, den Anfechtungsschutz für Zwischenfinanzierungen und Transaktionen von der Bestätigung des Restrukturierungsplans oder von einer Ex-Ante-Kontrolle durch eine Justiz- oder Verwaltungsbehörde (vgl. ErwGr. 68) abhängig zu machen. Dies ist zweckmäßig und wird daher vorgesehen.

Der Entwurf gewährt ergänzend dazu in § 18 dem Schuldner ein Antragsrecht zur Genehmigung von Zwischenfinanzierungen und Transaktionen. Voraussetzung für die Genehmigung einer Zwischenfinanzierung nach Abs. 1 ist, dass die Finanzierung für die Fortsetzung des Betriebs oder das Überleben des Unternehmens des Schuldners oder für die Erhaltung oder Steigerung des Wertes dieses Unternehmens bis zur Bestätigung des Plans nach vernünftigem Ermessen unverzüglich erforderlich ist (vgl. ErwGr. 68). Transaktionen sind zu genehmigen, wenn sie angemessen und für die Aushandlung eines Restrukturierungsplans unmittelbar notwendig sind (Abs. 2).

Abs. 3 zählt die Transaktionen auf, die einer Genehmigung bedürfen, um einen Anfechtungsschutz nach § 36b IO genießen zu können und übernimmt die Aufzählung des Art. 18 Abs. 4 RIRL unverändert; von der Möglichkeit der Erweiterung des Katalogs der geschützten Transaktionen wird nicht Gebrauch gemacht.

Die in Art. 2 Abs. 1 Nr. 8 RIRL enthaltene Definition der Zwischenfinanzierung baut der Entwurf in Abs. 1 ein.

Nach Abs. 4 kann der Schuldner die Anträge nach Abs. 1 und 2 mit dem Antrag auf Einleitung des Restrukturierungsverfahrens verbinden, weil der Bedarf nach einer Genehmigung von Zwischenfinanzierungen und Transaktionen bereits unmittelbar nach Einleitung des Verfahrens gegeben sein kann.

Anmerkungen

§ 18 ReO ist in Zusammenschau mit den, durch das RIRUG ebenfalls ergänzten Anfechtungsbestimmungen (§§ 36a, 36b IO) zu lesen:

Gemäß § 36a IO idF des RIRUG sind *Zwischenfinanzierungen und Transaktionen nach § 18 ReO* und neue Finanzierungen im Sinne des § 36a Abs 3 IO *nicht* nach § 31 Abs 1 Z 3 IO (nachteiliges Rechtsgeschäft) anfechtbar, wenn dem Anfechtungsgegner die *Zahlungsunfähigkeit nicht bekannt war.* Es wird daher eine Anfechtung wegen *Kenntnis der Zahlungsunfähigkeit* beibehalten und nur wegen Kennenmüssens der Zahlungsunfähigkeit ausgeschlossen (EB RIRUG § 36a IO). Da das Restrukturierungsverfahren auch bei *Überschuldung* eingeleitet werden kann, ist eine Anfechtung von Zwischenfinanzierungen, Transaktionen und neuen Finanzierungen nach § 31 Abs 1 Z 3 IO mE weder wegen Kennens noch Kennenmüssens *der Überschuldung* argumentierbar.

Eine *Zwischenfinanzierung* ist eine neue finanzielle Unterstützung, die von einem bestehenden oder einem neuen Gläubiger bereitgestellt wird, damit das Unternehmen des Schuldners im Rahmen des Restrukturierungsverfahrens seinen Betrieb fortsetzen kann. Eine solche Zwischenfinanzierung muss *gerichtlich genehmigt* werden (§ 18 Abs 1 ReO).

Neue Finanzierungen werden zur Umsetzung eines Restrukturierungsplans bereitgestellt und müssen im Restrukturierungsplan enthalten sein (§ 36a Abs 3 IO).

Die neuen gesetzlichen Regelungen sollen einen Anfechtungsschutz für (neue) Kreditgeber schaffen, die entweder während eines laufenden Restrukturierungsverfahrens durch Gewährung einer Zwischenfinanzierung oder, im Zusammenhang mit der Restrukturierung durch Bereitstellung einer neuen Finanzierung, eine (neue) Gläubigerstellung begründet haben.

Bei Zwischenfinanzierungen ist Voraussetzung für das Entstehen des Anfechtungsschutzes die *gerichtliche Genehmigung* der Zwischenfinanzierung gemäß § 18 Abs 1 ReO. Auf dieses Erfordernis müssen Kreditgeber besonders achten, wenn sie bereits im Vorfeld der Einleitung eines Restrukturierungsverfahrens die Zwischenfinanzierung in Aussicht stellen, *aber erst nach Verfahrenseröffnung* die Kreditvaluta bereitstellen.

Betreffend die gerichtliche Genehmigung enthält die ReO *keine* Verfahrensvorschriften. Zur Erlangung einer gerichtlichen Genehmigung einer Zwischenfinanzierung wird es mE notwendig sein, dass der Schuldner, sein Vertragspartner (oder beide) einen Antrag auf gerichtliche Genehmigung stellen, in dem die beabsichtigte (oder erfolgte) Zwischenfinanzierung und ihre Notwendigkeit dargelegt wird. Ist ein Restrukturierungsbeauftragter bestellt, wird sich auch dieser zur Zwischenfinanzierung äußern bzw sie befürworten.

Transaktionen sind Zahlungen, die für die Aushandlung eines Restrukturierungsplans unmittelbar notwendig sind; sie müssen angemessen sein und auch *vom Gericht genehmigt werden* (§ 18 Abs 2 ReO). Die einzelnen Transaktionen sind in § 18 Abs 3 ReO geregelt. Auch für eine solche gerichtliche Genehmigung enthält die ReO *keine* Verfahrensvorschriften. Der Antrag wird formell und inhaltlich ähnlich, wie zur Zwischenfinanzierung dargelegt, zu stellen sein.

Die §§ 36a und 36b IO idF des RIRUG sind auf Rechtshandlungen und Rechtsgeschäfte anzuwenden, die nach dem 16.7.2021 vorgenommen bzw eingegangen werden (§ 283 Abs 3 IO).

5. Abschnitt
Vollstreckungssperre und deren Wirkungen

Vollstreckungssperre
§ 19

(1) Das Gericht hat auf Antrag des Schuldners zur Unterstützung der Verhandlungen über einen Restrukturierungsplan im Rahmen eines Restrukturierungsverfahrens anzuordnen, dass Anträge auf Bewilligung der Exekution auf das Vermögen des Schuldners nicht bewilligt werden dürfen und kein richterliches Pfand- oder Befriedigungsrecht erworben werden darf (Vollstreckungssperre).

(2) Das Gericht hat den Antrag auf Bewilligung einer Vollstreckungssperre abzuweisen, wenn
1. sie zur Erreichung des Restrukturierungsziels nicht erforderlich ist,
2. sie die Verhandlungen über einen Restrukturierungsplan nicht unterstützen kann oder
3. der Schuldner zahlungsunfähig ist.

(3) Der Schuldner hat im Antrag die Gläubiger samt Anschrift zu nennen oder Gläubigerklassen anzugeben, für deren Forderungen die Vollstreckungssperre begehrt wird. Vor der Entscheidung sind die Gläubiger nicht zu vernehmen.

(4) Das Gericht hat durch Einsicht in die Exekutionsdaten zu prüfen, ob der Schuldner zahlungsunfähig ist. Zahlungsunfähigkeit wird vermutet, wenn zur Hereinbringung von Abgaben oder Sozialversicherungsbeiträgen Exekutionsverfahren gegen den Schuldner geführt werden, die weder eingestellt, aufgeschoben noch unter vollständiger Befriedigung des Gläubigers beendet sind. Die Abgabenbehörden und die Sozialversicherungsträger sind zur Auskunft darüber verpflichtet.

EB zu § 19 ReO
Die Bestimmung dient der Umsetzung von Art. 6 Abs. 1 RIRL und sieht eine Vollstreckungssperre, also die temporäre Aussetzung von Vollstreckungsmaßnahmen, vor. Auf Antrag des Schuldners können Exekutionsverfahren auf das Vermögen des Schuldners ausgesetzt werden, um die Verhandlungen über einen Restrukturierungsplan im Rahmen eines Restrukturierungsverfahrens zu erleichtern. Dadurch soll gewährleistet werden, dass der Schuldner während der Verhandlungen seinen Betrieb fortsetzen oder zumindest den Wert seines Vermögens erhalten kann (siehe ErwGr. 32). Exekutionsverfahren gegen Dritte, die Sicherheiten gegeben haben, oder Verfahren gegen Bürgen für Forderungen gegen den Schuldner sind nicht von der Vollstreckungssperre erfasst. Mit der Sperre wird erreicht, dass weder neue Exekutionsverfahren bewilligt noch anhängige Exekutionsverfahren, bei denen es noch nicht zur Begründung eines Pfandrechts gekommen ist, fortgeführt werden. In bestehende Pfandrechte wird grundsätzlich nicht eingegriffen; die Exekution kann fortgeführt werden. War die Exekution bei Eintritt der Vollstreckungssperre bereits bewilligt, ohne dass ein Pfandrecht begründet wurde, so ist sie jedoch während der Vollstreckungssperre nicht mehr zu vollziehen. Obwohl die Richtlinie es zulässt, wird weder eine Prozesssperre noch eine Stundung von Forderungen vorgesehen.

In Abs. 2 sind jene Fälle geregelt, in denen das Gericht von der Verhängung einer Vollstreckungssperre abzusehen hat. Erwähnt werden, dass eine Vollstreckungssperre nicht erforderlich (Abs. 2 Z 1) oder nicht geeignet ist, die Verhandlungen über den Restrukturierungsplan zu unterstützen (Abs. 2 Z 2) – etwa wenn der Plan nicht von der erforderlichen Mehrheit unterstützt wird oder wenn eine Forderung nicht in den Plan miteinbezogen werden soll –, und die Zahlungsunfähigkeit des Schuldners (Abs. 2 Z 3).

Abs. 3 enthält verfahrensrechtliche Regelungen. Der Schuldner hat im Antrag auf Verhängung der Vollstreckungssperre jene Gläubiger oder Kategorien von Gläubigern zu benennen, für die die Sperre begehrt wird. Das Gericht darf bei seiner Entscheidung nicht über den Antrag hinausgehen, kann aber wohl eine Sperre für weniger Gläubiger, als beantragt wurde, verhängen. Da die Rechtswirkungen der Sperre erst mit der Zustellung ihrer Bewilligung an den jeweiligen Gläubiger eintreten (§ 21), ist bei bekannten Gläubigern auch eine Adresse, an der zugestellt werden kann, anzugeben. Dies ist auch dann zweckmäßig, wenn die Vollstreckungssperre für eine Gläubigerklasse beantragt wird, soweit dem Schuldner zur Klasse gehörige Gläubiger bekannt sind. Zur Beschleunigung des Verfahrens wird eine Einvernahme der Gläubiger vor der Anordnung der Vollstreckungssperre nicht vorgesehen; ihnen steht ein Aufhebungsantrag zu (siehe § 23).

Zur Konkretisierung wird in Abs. 4 der Umfang der amtswegigen Prüfung des Vorliegens der Zahlungsfähigkeit des Schuldners geregelt; es wird die Einsicht in die Exekutionsdaten verlangt.

Nach der Richtlinie (ErwGr. 33) sollen die Mitgliedstaaten widerlegliche Vermutungen für das Vorliegen von Verweigerungsgründen festlegen, etwa wenn der Schuldner eine für zahlungsunfähige Schuldner typische Verhaltensweise an den Tag legt. Dem wird in Abs. 3 Rechnung getragen, der die widerlegbare Vermutung der Zahlungsunfähigkeit vorsieht, wenn zur Hereinbringung von Abgaben oder Sozialversicherungsbeiträgen Exekutionsverfahren gegen den Schuldner geführt werden. Zu berücksichtigen sind dabei Exekutionsverfahren, die weder rechtskräftig eingestellt, aufgeschoben noch unter vollständiger Befriedigung beendet sind. Die Abgabenbehörden und die Sozialversicherungsträger sind zur Auskunft über ihre offenen Forderungen verpflichtet. Legt der Schuldner eine Rückstandsbescheinigung nach § 229a BAO vor, so kann eine Anfrage beim Finanzamt unterbleiben. Daneben bleibt der zahlungsunfähige Schuldner, trotz laufenden Restrukturierungsverfahrens, zur Insolvenzantragstellung verpflichtet; auch den Gläubigern bleibt es unbenommen, einen Insolvenzantrag zu stellen (siehe zum Eintritt der Insolvenz auch § 24).

Anmerkungen

Die in den §§ 19 ff ReO verankerte Vollstreckungssperre im Restrukturierungsverfahren erfordert einen gerichtlichen Beschluss, dem ein *Antrag* des Schuldners auf Aussetzung von Einzelvollstreckungsmaßnahmen vorausgehen muss (Art 6 Abs 1 RIRL).

Eine Vollstreckungssperre nach § 19 ReO bezieht sich auf konkrete Forderungen einzelner Gläubiger, denen der entsprechende Beschluss jeweils zuzustellen ist (§ 21 Abs 2 ReO). Diese Vollstreckungssperre ist aber auch hinsichtlich einzelner Gläubigerkategorien möglich (zB Lieferanten) und erfasst auch das Recht, bewegliche und unbewegliche Gegenstände des Schuldners außergerichtlich zu verwerten (§ 20 Abs 2 IO; im Einzelnen *Mohr*, ZIK 2021/93, 88).

Eine allgemeine Vollstreckungssperre ist hingegen nur im europäischen Restrukturierungsverfahren möglich; diese ist öffentlich bekannt zu machen (§ 44 Abs 3 ReO). Der Beschluss über die Bewilligung einer Vollstreckungssperre ist *nicht anfechtbar* (§ 21 Abs 3 ReO). Gläubiger können aber die Aufhebung beantragen (§ 23 Abs 1 ReO).

Wesentliche Folgen der Vollstreckungssperre sind der Schutz vor Insolvenzeröffnung wegen Überschuldung (§ 24 ReO), die daran anknüpfende Entschärfung der Haftung (§ 25 ReO) sowie der Vertragsschutz (§ 26 ReO). .

Umfang der Vollstreckungssperre
§ 20

(1) Die Vollstreckungssperre kann alle Arten von Forderungen, einschließlich besicherter Forderungen, erfassen. Ansprüche, die in einem Insolvenzverfahren als Aussonderungsansprüche (§ 44 IO) oder Absonderungsansprüche (§ 48 IO) einzustufen wären, werden nur von der Vollstreckungssperre erfasst, wenn sie nicht auf Forderungen des Schuldners gerichtet sind, und nur unter den Voraussetzungen des § 11 Abs 2 und Abs 3 IO. § 12 IO ist anzuwenden; die Absonderungsrechte leben mit Eintritt der Rechtskraft des Beschlusses auf Einstellung des Restrukturierungsverfahrens wieder auf.

(2) Die Vollstreckungssperre erfasst auch das Recht, bewegliche und unbewegliche Gegenstände des Schuldners außergerichtlich zu verwerten.

EB zu § 20 ReO

Mit dieser Bestimmung wird Art. 6 Abs. 2 bis 5 RIRL umgesetzt. Nach der Richtlinie kann die Aussetzung von Einzelvollstreckungsmaßnahmen alle Arten von Forderungen, einschließlich besicherter und bevorrechteter Forderungen, erfassen. Sie kann für alle Gläubiger gelten oder auf einen oder mehrere Gläubiger oder Gläubigerklassen eingeschränkt werden, sofern diese über den Restrukturierungsplan oder die Aussetzung in Kenntnis gesetzt wurden. Auch bestimmte Forderungen oder Forderungskategorien können vom Geltungsbereich der Vollstreckungssperre ausgenommen werden, sofern der Ausschluss ausreichend begründet ist und die Vollstreckung die Restrukturierung des Unternehmens nicht gefährdet oder die Gläubiger dieser Forderungen durch die Aussetzung in unangemessener Weise beeinträchtigt würden, etwa durch einen nicht ausgeglichenen Verlust oder eine Wertminderung von Sicherheiten (s. ErwGr. 34). Forderungen von Arbeitnehmern können nach der Richtlinie nur ausnahmsweise in den Anwendungsbereich aufgenommen werden.

Die in § 20 vorgesehene Vollstreckungssperre erfasst alle Arten von Forderungen, also auch besicherte Forderungen. Liegt noch kein Restrukturierungsplan vor, so können sogar Forderungen umfasst werden, die später nicht in die Restrukturierung einbezogen werden.

Vom Anwendungsbereich ausgeschlossen bleiben jedoch Forderungen, die unter die nach § 3 ausgenommenen Forderungen fallen. Daher gilt die Vollstreckungssperre nicht für Arbeitnehmerforderungen, und zwar unabhängig davon, ob diese Forderungen vor oder nach Anordnung der Vollstreckungssperre entstanden sind. Damit soll ein angemessenes Schutzniveau für Arbeitnehmer gewährleistet werden, sodass diese ihre Ansprüche auch während der Verhandlungen über eine Restrukturierung einbringlich machen können (siehe ErwGr. 61).

Für jene Gläubiger, die im Insolvenzverfahren als Aus- oder Absonderungsgläubiger anzusehen wären, gilt die Vollstreckungssperre – bei beweglichen und unbeweglichen Gegenständen, nicht aber bei Geldforderungen – unter sinngemäßer Anwendung der § 11 Abs 2 und 3 IO, um dem Verwertungsverbot der RIRL zu entsprechen. Nach Art. 6 Abs. 4 lit. a RIRL können Forderungen vom Anwendungsbereich der Vollstreckungssperre ausgenommen werden, wenn deren Vollstreckung die Restrukturierung nicht gefährdet. Auch § 12 IO kommt sinngemäß zur Anwendung, sodass Pfandrechte, die im Zeitraum von mehr als 60 Tagen vor Bewilligung der Vollstreckungssperre entstanden sind, erlöschen. Damit wird verhindert, dass Gläubiger nur als Reaktion auf ihnen bekannt gewordenen Restrukturierungsbemühungen des Schuldners die Pfändung von Vermögenswerten erreichen und sich damit Vorteile verschaffen wollen. Die Pfandrechte leben jedoch wieder auf, wenn das Restrukturierungsverfahren rechtskräftig eingestellt wird. Eine allgemeine Vollstreckungssperre ist nur ausnahmsweise möglich und setzt voraus, dass das Verfahren öffentlich bekanntgemacht wurde (siehe hiezu § 44).

Abs. 3 setzt Art. 2 Abs. 1 Nr. 4 RIRL um; danach ist auch das Recht, die Vermögenswerte oder das Unternehmen des Schuldners außergerichtlich zu verwerten, von der Vollstreckungssperre zu umfassen. Da die Vollstreckungssperre voraussetzt, dass sie die Verhandlungen über einen Restrukturierungsplan unterstützt, besteht jedoch keine Notwendigkeit, dass sie der außergerichtlichen Verwertung von Vermögenswerten, die weder bewegliche noch unbewegliche Gegenstände sind, wie etwa verpfändeter Finanzwerte oder dem Einzug zedierter Forderungen im Restrukturierungsverfahren, entgegensteht. Die Verwertung verpfändeter Finanzwerte oder der Einzug zedierter Forderungen während der Vollstreckungssperre ist daher möglich.

Anmerkungen
Der Antrag auf Anordnung einer Vollstreckungssperre kann zeitgleich mit dem Antrag auf Eröffnung des Restrukturierungsverfahrens oder aber erst später im Lauf des Restrukturierungsverfahrens gestellt werden. Dabei ist zu berücksichtigen, dass die *Verfahrenseröffnung* als solche *keine* Exekutionssperre, entsprechend § 10 IO, bewirkt.

Die Vollstreckungssperre nach der ReO kann auch Gläubiger treffen, die aus- oder absonderungsberechtigt sind, allerdings erfasst die Vollstreckungssperre nicht die Forderungsexekution; auch die (außergerichtliche) Einziehung sicherungsweise abgetretener Forderungen soll eine Vollstreckungssperre nicht erfassen (§ 20 Abs 1 u 2 ReO). Dies ist vor dem Hintergrund der Zielsetzung Unternehmen in der Krise zu restrukturieren zu bedauern. Die erste Hürde nach Verfahrenseröffnung dürfte nämlich in der Aufrechterhaltung der weiteren Finanzierung des Unternehmens liegen. Wenn sicherungsweise abgetretene Forderungen nach Bekanntwerden der Verfahrenseröffnung (auch ohne öffentliche Bekanntmachung) aber von den Gläubigerbanken eingezogen werden, beeinträchtigt dies die Finanzlage des Unternehmens.

Der Verweis in § 20 Abs 1 ReO auf § 11 Abs 2 und 3 IO muss so verstanden werden, dass die Vollstreckungssperre nur bezüglich jener beweglichen oder unbeweglichen Gegenstände „greift", die für die weitere Unternehmensfortführung benötigt werden.

Der Verweis auf § 12 IO wirft die Frage auf, ob auch die in § 12 Abs 1 IO verankerte Ausnahme für öffentliche Abgaben im Restrukturierungsverfahren gilt; dies ist mE zu verneinen. Aus den Materialien ist kein Hinweis zu entnehmen, dass öffentliche Abgaben anders zu behandeln sind als die Forderungen sonstiger Gläubiger. Daraus ist mE zu folgern, dass der Verweis einschränkend zu interpretieren ist und die Ausnahme für öffentliche Abgaben im Restrukturierungsverfahren *nicht* gilt. Ansonsten würden auch *nach* Verfahrenseröffnung (60 Tage vor Bewilligung) noch begründete Pfandrechte bestehen bleiben (aM *Mohr*, ZIK 2021/93, 89).

Bewilligung der Vollstreckungssperre
§ 21

(1) Das Gericht hat bei Bewilligung der Vollstreckungssperre einen oder mehrere Gläubiger zu nennen oder Gläubigerklassen festzulegen, deren Forderungen unter die Vollstreckungssperre fallen.

(2) Die Bewilligung der Vollstreckungssperre ist dem Schuldner sowie den Gläubigern, deren Forderungen von der Sperre umfasst sind, zuzustellen. Die Rechtswirkungen der Vollstreckungssperre treten mit der Zustellung ihrer Bewilligung an den jeweiligen Gläubiger ein. Das

für die Exekution auf das bewegliche Vermögen zuständige Exekutionsgericht sowie der Restrukturierungsbeauftragte sind von der Bewilligung der Sperre zu verständigen.

(3) Der Beschluss über die Bewilligung der Vollstreckungssperre ist nicht anfechtbar.

EB zu 21 ReO

Das Gericht hat die Sperre auf bestimmte Gläubiger oder Gläubigerklassen zu beschränken. Nachdem die Sperre nur auf Antrag des Schuldners zu erlassen ist (§ 19 Abs. 1), kann die Sperre durch das Gericht nur über den Kreis der im Antrag genannten Gläubiger verhängt werden; die Bewilligung der Sperre gegen weniger Gläubiger als beantragt wurde, ist aber zulässig.

Der Bewilligungsbeschluss ist dem Schuldner sowie jenen Gläubigern, deren Forderungen von der Sperre umfasst sind, zuzustellen. Daneben sind auch das Exekutionsgericht sowie der Restrukturierungsbeauftragte von der Sperre zu verständigen. Die (beschränkte) Sperre wirkt mit der Zustellung ihrer Bewilligung an den jeweiligen Gläubiger. Auch soweit eine Gläubigerklasse von der Vollstreckungssperre betroffen ist, wirkt die Sperre nur gegenüber jenen Gläubigern, an die der Bewilligungsbeschluss gesondert zugestellt wurde. Die besonderen Regeln über den Eintritt der Insolvenz (§ 24) kommen jedoch bereits zu tragen, wenn die Sperre gegenüber einem Gläubiger wirkt.

Zur Beschleunigung des Verfahrens ist ein Rekurs gegen den bewilligenden Beschluss nicht vorgesehen; Gläubigern, die sich beschwert erachten, steht ein Aufhebungsantrag offen (siehe § 23).

Anmerkungen

Aus dem Beschluss, mit dem die Vollstreckungssperre angeordnet wird, muss klar hervorgehen, welche einzelnen Gläubiger oder welche Gläubigerklassen unter die Anordnung der Sperre fallen. Sind entsprechende Exekutionsverfahren bereits anhängig, ist die konkrete Bezeichnung des Gläubigers anhand des Exekutionsaktes möglich. Erfasst die Vollstreckungssperre aber auch Gläubiger, die ein Exekutionsverfahren noch gar nicht eingeleitet haben, dann müssen die entsprechenden Daten des Gläubigers aus dem Antrag hervorgehen. Insbesondere sind die Zustelldaten anzugeben.

Die Vollstreckungssperre gilt gem § 21 Abs 2 ReO nämlich für die Gläubiger erst, sobald sie über die Vollstreckungssperre *in Kenntnis* gesetzt wurden. Die Materialien machen deutlich, dass damit die Zustellung des Beschlusses über die Anordnung der Vollstreckungssperre gemeint ist (*Mohr*, ZIK 2021/93, 89). Verzögerungen der Wirksamkeit durch Zustellanstände sind zu erwarten.

Neben der Bezeichnung des Gläubigers muss im Beschluss auch die Dauer der Vollstreckungssperre angeordnet werden. Gem § 22 Abs 1 ReO darf die Dauer

3 Monate nicht übersteigen. Daraus ist abzuleiten, dass die Sperre grundsätzlich auch kürzer angeordnet werden kann.

In weiterer Folge kann eine angeordnete Vollstreckungssperre verlängert werden und können auch neue Vollstreckungssperren (gemeint hinsichtlich weiterer Gläubiger oder Gläubigerklassen) angeordnet werden (§ 22 Abs 2 ReO). Voraussetzungen dafür sind etwa deutliche Fortschritte bei den Verhandlungen über den Restrukturierungsplan (§ 22 Abs 2 Z 1 ReO) oder ein Rekurs gegen die Bestätigung des Restrukturierungsplans (§ 22 Abs 2 Z 2 ReO).

Insgesamt darf die Anordnung der Vollstreckungssperre nicht mehr als 6 Monate überschreiten. Diese Frist reduziert sich auf 4 Monate, wenn der Schuldner seinen COMI innerhalb eines Zeitraums von 3 Monaten vor Antragstellung auf Einleitung eines Restrukturierungsverfahrens in einen anderen Mitgliedsstaat verlegt hat (§ 22 Abs 4 ReO).

Die Bewilligung der Vollstreckungssperre ist nicht anfechtbar (§ 21 Abs 3 ReO). Die Materialien verweisen jedoch auf die Möglichkeit eines Aufhebungsantrags gem § 23 Abs 2 ReO.

Die in § 23 Abs 2 ReO genannten Voraussetzungen für die Aufhebung stellen einerseits darauf ab, dass die Vollstreckungssperre zum Restrukturierungsplan keinen Beitrag mehr leisten kann (Z 1), andererseits auf die Beeinträchtigung der Gläubigerinteressen (Z 2), dass die Vollstreckungssperre zur Insolvenz des Gläubigers führt (Z 3), sowie darauf, dass die betroffenen beweglichen oder unbeweglichen Sachen für die Fortführung des Unternehmens nicht notwendig sind (Z 4). Die in § 23 Abs 1 ReO vorgesehenen Einvernahmen des Schuldners und des Restrukturierungsbeauftragten machen deutlich, dass Gläubiger- und Schuldnerinteressen abzuwägen sind und die objektive Stellungnahme des Restrukturierungsbeauftragten zu den Folgen der Weiterführung der Exekutionsführung in die Entscheidung über den Aufhebungsantrag einfließen müssen.

Dauer der Vollstreckungssperre
§ 22

(1) Die Vollstreckungssperre ist nur für die Dauer zu bewilligen, die zur Erreichung des Restrukturierungszieles unerlässlich ist. Die Dauer der Vollstreckungssperre darf drei Monate nicht übersteigen.

(2) Das Gericht hat auf Antrag des Schuldners oder des Restrukturierungsbeauftragten die Dauer der Vollstreckungssperre zu verlängern oder eine neue Vollstreckungssperre bewilligen, wenn eine solche Verlängerung oder neue Sperre ausreichend begründet ist, der Finanzplan den Verlängerungszeitraum umfasst und

1. in den Verhandlungen über den Restrukturierungsplan deutliche Fortschritte erzielt wurden, sodass die Verhandlungen vor dem Abschluss stehen, oder
2. gegen die Bestätigung des Restrukturierungsplans Rekurs erhoben wurde.

(3) Abs. 1 und die §§ 19 bis 21 sind auch auf die Verlängerung oder neuerliche Bewilligung der Vollstreckungssperre anzuwenden.

(4) Die Gesamtdauer der Vollstreckungssperre darf einschließlich Verlängerungen und Erneuerungen sechs Monate nicht überschreiten. Die Gesamtdauer ist mit höchstens vier Monaten begrenzt, wenn der Schuldner den Mittelpunkt seiner hauptsächlichen Interessen innerhalb eines Zeitraums von drei Monaten vor Einbringen des Antrags auf Einleitung eines Restrukturierungsverfahrens aus einem anderen Mitgliedstaat der Europäischen Union oder einem Drittstaat nach Österreich verlegt hat.

EB zu § 22 ReO

Diese Bestimmung dient der Umsetzung von Art. 6 Abs. 6 bis 9 RIRL und regelt die Dauer der Vollstreckungssperre. Hiebei soll die Dauer kürzer sein als es die Richtlinie ermöglicht.

Die Dauer der Vollstreckungssperre ist vom Gericht festzulegen. Die anfängliche Sperre darf drei Monate (die Richtlinie würde vier Monate ermöglichen) nicht übersteigen, kann aber auch kürzer sein. Dabei wird darauf zu achten sein, einen fairen Ausgleich zwischen den Rechten des Schuldners und der Gläubiger sicherzustellen (ErwGr. 35), also ausreichend Zeit für die Restrukturierung zu schaffen, ohne durch eine zu lange Dauer zum Missbrauch einzuladen. Da die Vollstreckungssperre einen massiven Eingriff in die Gläubigerrechte darstellt, muss bei deren Verhängung (oder Verlängerung) gesichert sein, dass sie nur in dem Umfang und auf die Zeitspanne gewährt wird, die zur Erreichung des Restrukturierungszieles unerlässlich ist.

Auf begründeten Antrag des Schuldners oder des Restrukturierungsbeauftragten kann die Sperre verlängert oder eine neue Sperre angeordnet werden, wobei eine Gesamtdauer von sechs Monaten (nach der Richtlinie könnten zwölf Monate festgelegt werden) nicht überschritten werden darf. Damit soll sichergestellt werden, dass auch für komplexe Restrukturierungen ausreichend Zeit zur Verfügung steht. Gläubigern steht kein solches Antragsrecht zu. Wenn der Schuldner den Mittelpunkt seiner hauptsächlichen Interessen innerhalb von drei Monaten vor Antragstellung auf Einleitung des Restrukturierungsverfahrens aus einem anderen Mitgliedstaat der EU oder einem Drittstaat nach Österreich verlegt hat, so ist die Gesamtdauer mit vier Monaten begrenzt.

Mögliche Gründe für eine Verlängerung oder Anordnung einer weiteren Sperre sind in Abs. 2 taxativ genannt. Solche sind, dass es zu deutlichen Fortschritten in den Restrukturierungsverhandlungen gekommen ist oder gegen die Bestätigung des Restrukturierungsplans Rekurs erhoben wurde. Auch bei Verlängerung der Sperre sind die Bestimmungen der §§ 19 bis 21 zu beachten. Die verfahrensrechtlichen Regelungen kommen damit ebenso zur Anwendung, wie die Regelungen zu Umfang und Bewilligung der Vollstreckungssperre. Auch für die Verlängerung der Sperre kommt es daher darauf an, dass sie zur Erreichung des Restrukturierungsziels erforderlich ist und die Verhandlungen über einen Restrukturierungsplan unterstützen kann. Bei zwischenzeitig eingetretener Zahlungsunfähigkeit des Schuldners ist von der Verlängerung abzusehen.

Anmerkungen

Neben der Bezeichnung des Gläubigers muss im Beschluss auch die Dauer der Vollstreckungssperre angeordnet werden. Gem § 22 Abs 1 ReO darf die Dauer 3 Monate nicht übersteigen. Daraus ist abzuleiten, dass die Sperre grundsätzlich auch kürzer angeordnet werden kann. Wesentlich wird dazu insbesondere das Vorbringen des Antragstellers sein, wie lange aus seiner Sicht die Vollstreckungssperre zumindest dauern sollte.

Eine angeordnete Vollstreckungssperre kann auch verlängert werden; auch können neue Vollstreckungssperren angeordnet werden (§ 22 Abs 2 ReO). Voraussetzungen dafür sind etwa deutliche Fortschritte bei den Verhandlungen über den Restrukturierungsplan (§ 22 Abs 2 Z 1 ReO) oder ein Rekurs gegen die Bestätigung des Restrukturierungsplans (§ 22 Abs 2 Z 2 ReO). Insgesamt darf die Anordnung der Vollstreckungssperre nicht mehr als 6 Monate überschreiten.

Diese Frist reduziert sich auf 4 Monate, wenn der Schuldner seinen COMI innerhalb eines Zeitraums von 3 Monaten vor Antragstellung auf Einleitung eines Restrukturierungsverfahrens in einen anderen Mitgliedstaat verlegt hat (§ 22 Abs 3 ReO).

Aufhebung der Vollstreckungssperre
§ 23

(1) Das Gericht hat die Vollstreckungssperre auf Antrag eines Gläubigers, des Restrukturierungsbeauftragten oder von Amts wegen nach Einvernahme des Schuldners und des Restrukturierungsbeauftragten ganz oder teilweise aufzuheben, wenn oder soweit sie
1. die Verhandlungen über den Restrukturierungsplan nicht mehr unterstützt, insbesondere wenn ein Teil der Gläubiger, der die Annah-

me des Restrukturierungsplans verhindern könnte, die Fortsetzung der Verhandlungen nicht unterstützt, oder
2. einen oder mehrere Gläubiger oder eine oder mehrere Gläubigerklassen in unangemessener Weise beeinträchtigt, insbesondere wenn ein Gläubiger von einem vorgelegten Plan nicht betroffen ist, oder
3. zur Insolvenz des Gläubigers führt oder
4. die Verwertung von Vermögensobjekten des Schuldners umfasst, die zur Fortführung des Unternehmens des Schuldners nicht notwendig sind.

(2) Die Vollstreckungssperre ist auf Antrag des Schuldners aufzuheben. Sie endet mit Fristablauf oder dem Eintritt der Rechtskraft des Beschlusses über die Einstellung des Restrukturierungsverfahrens, ohne dass es einer Aufhebung bedarf.

(3) Das für die Exekution auf das bewegliche Vermögen zuständige Exekutionsgericht ist von der Aufhebung der Sperre zu verständigen.

EB zu § 23 ReO
Zur Wahrung der Interessen der Gläubiger hat das Gericht die Sperre vorzeitig aufzuheben; die Aufhebungsgründe werden in Abs 1 genannt. Vor Aufhebung sind der Schuldner und der Restrukturierungsbeauftragte einzuvernehmen. Die Sperre ist aufzuheben, wenn sie die Verhandlungen über den Restrukturierungsplan nicht länger unterstützt, insbesondere wenn deutlich wird, dass keine für die Annahme des Plans erforderliche Mehrheit erreicht werden kann. Auch bei einer unangemessenen Beeinträchtigung einzelner Gläubiger oder Gläubigerklassen ist die Sperre aufzuheben, etwa wenn deren Forderung durch die Sperre erheblich schlechter gestellt wird, oder wenn ein Gläubiger stärker als andere Gläubiger in einer ähnlichen Situation benachteiligt wird (ErwGr. 37). Bei der Prüfung, ob eine unangemessene Beeinträchtigung vorliegt, kann auch berücksichtigt werden, ob der Schuldner bösgläubig oder in Schädigungsabsicht handelt oder ganz allgemein den berechtigten Erwartungen der Gesamtheit der Gläubiger zuwiderhandelt (ErwGr. 36).

Von der Vollstreckungssperre können bis zur Vorlage eines Restrukturierungsplans auch Forderungen umfasst werden, die nicht in die Restrukturierung einbezogen werden. Wird ein Restrukturierungsplan vorgelegt, der diese Forderungen nicht einbezieht, so ist die Vollstreckungssperre insoweit aufzuheben. Ein weiterer Aufhebungsgrund liegt vor, wenn die Sperre zur Insolvenz eines Gläubigers führt (Z 3).

In Z 4 wird dem Gläubiger das Recht eingeräumt, die Aufhebung der Vollstreckungssperre zu beantragen, wenn die Verwertung Vermögensobjekte des Schuldners – nachdem die Vollstreckungssperre für Forderungen des Schuldners nicht verhängt werden kann, werden hier bewegliche oder unbewegliche Gegenstände oder Vermögensrechte betroffen sein – umfasst, die zur Fortführung des Unternehmens des Schuldners nicht notwendig sind. Die Beurteilung, ob ein Vermögenswert für die Fortführung des Unternehmens notwendig ist, wird damit nicht dem Drittschuldner auferlegt, dem oft die zur Beurteilung nötige Information fehlen wird.

Darüber hinaus können sowohl der Schuldner als auch der Restrukturierungsbeauftragte die Aufhebung erreichen. Erfolgt keine Verlängerung, so endet die Sperre mit Fristablauf, ohne dass es einer Aufhebung bedarf.

Eintritt der Insolvenz
§ 24

(1) Die Verpflichtung des Schuldners, die Eröffnung eines Insolvenzverfahrens wegen Überschuldung zu beantragen, ruht während der Vollstreckungssperre.

(2) Während der Vollstreckungssperre ist über einen auf Überschuldung gestützten Antrag eines Gläubigers auf Eröffnung eines Insolvenzverfahrens nicht zu entscheiden.

(3) Während der Vollstreckungssperre ist ein Insolvenzverfahren wegen Zahlungsunfähigkeit dann nicht zu eröffnen, wenn die Eröffnung unter Berücksichtigung der Umstände des Falles nicht im allgemeinen Interesse der Gläubiger ist. Über das Vorliegen des allgemeinen Interesses hat das Gericht im Restrukturierungsverfahren zu entscheiden. Es hat das Insolvenzgericht von der rechtskräftigen Entscheidung zu informieren.

EB zu § 24 ReO

Mit dieser Bestimmung wird Art. 7 Abs. 1 bis 3 RIRL umgesetzt. Die Vollstreckungssperre bewirkt eine Insolvenzsperre.

Für die Dauer der Sperre entfällt einerseits die Verpflichtung des Schuldners, einen Antrag auf Eröffnung eines Insolvenzverfahrens wegen Überschuldung zu stellen (Abs. 1), andererseits führt auch ein nur auf die Überschuldung gestützter Antrag eines Gläubigers nicht zur Eröffnung eines Insolvenzvefrahrens; über einen solchen Gläubigerantrag ist nicht zu entscheiden (Abs 2). Dies gilt unabhängig davon, wann – also ob vor oder nach Einleitung des Restrukturierungsverfahrens oder Bewilligung der Vollstreckungssperre – die Überschuldung eingetreten ist. Außerdem kommt es nicht darauf an, ob die Sperre gegenüber einzelnen oder allen Gläubigern gewährt wurde.

Solange die Insolvenzantragspflicht wegen Überschuldung ruht, wird es mangels Pflichtverletzung auch zu keiner Haftung des Geschäftsführers bzw. Vorstandes wegen Insolvenzverschleppung im Innenverhältnis kommen (§ 25 Abs. 3 GmbHG, § 84 Abs. 3 Z 6 AktG). *Es können daher solche Zahlungen weiterhin geleistet werden, die mit der Sorgfalt eines ordentlichen und gewissenhaften Geschäftsleiters vereinbar sind. Auch nach Einleitung eines Restrukturierungsverfahrens ist damit die Unternehmensfortführung möglich. In diesem Rahmen sind – wie auch derzeit bei einer außergerichtlichen Restrukturierung innerhalb der Sanierungsfrist – zumindest jene neuen Geschäfte zulässig, die zur Unternehmensfortführung notwendig sind; eine Gläubigerbevorzugung ist unzulässig. Zum Beurteilungsspielraum des Geschäftsführers kann auf die bestehende Judikatur zurückgegriffen werden.*

Wird der Schuldner jedoch zahlungsunfähig, so soll die Vollstreckungssperre die Eröffnung eines Insolvenzverfahrens nicht mehr hindern können. Nur ausnahmsweise kann bei Zahlungsunfähigkeit die Eröffnung des Insolvenzverfahrens vorerst unterbleiben – und damit die Vollstreckungssperre aufrechterhalten werden –, und zwar wenn die Eröffnung des Insolvenzverfahrens nicht im allgemeinen Interesse der Gläubiger liegt. Dies könnte etwa der Fall sein, wenn ein Restrukturierungsplan bereits angenommen, aber noch nicht bestätigt wurde. Ein allgemeines Interesse wird auch dann nicht vorliegen, wenn die bei sofortiger Eröffnung des Insolvenzverfahrens erzielbare Quote eindeutig niedriger als die Restrukturierungsplanquote wäre. Die allgemeinen Interessen der Gläubiger werden daher unter Berücksichtigung der Umstände des Falles durch das Gericht zu erheben sein. Dies kann insbesondere durch Anhörung desjenigen Gläubigers, der den Insolvenzeröffnungsantrag eingebracht hat, erfolgen.

Der Antrag über die Eröffnung des Insolvenzverfahrens ist nicht abzuweisen; eine Entscheidung darüber ist bloß nicht zu treffen, sodass das Verfahren in einen ruhensähnlichen Zustand tritt.

Anmerkungen

Die *weiteren Folgen* einer *Vollstreckungssperre* (neben den unmittelbaren Auswirkungen auf Exekutionsverfahren) sind in den §§ 24, 25 und 26 ReO geregelt: § 24 ReO betrifft die Insolvenzantragspflicht des Schuldners wegen Überschuldung und auf Überschuldung gestützte Gläubigeranträge auf Konkurseröffnung.

Gläubigeranträge auf Eröffnung des Insolvenzverfahrens wegen Überschuldung sind in der Praxis selten. Über einen solchen, auf *Überschuldung* gestützten, Antrag eines Gläubigers auf Eröffnung eines Insolvenzverfahrens wäre nach Anordnung der Vollstreckungssperre *nicht zu entscheiden* (§ 24 Abs 2 ReO). Die Verpflichtung des Schuldners (§ 69 Abs 2 IO) wegen Überschuldung die Insolvenzeröffnung zu beantragen, ruht als Folge der Vollstreckungssperre, solange sie andauert.

Anträge eines *Gläubigers* auf Konkurseröffnung *wegen Zahlungsunfähigkeit* werden grundsätzlich weder durch die Eröffnung eines Restrukturierungsverfahrens noch die Anordnung einer Vollstreckungssperre blockiert. Von einer Konkurseröffnung wäre nur abzusehen, wenn die Eröffnung des Insolvenzverfahrens unter Berücksichtigung der Umstände des Falles *nicht im allgemeinen Interesse der Gläubiger* wäre, also die Einigung über einen *Restrukturierungsplan unmittelbar bevorsteht*. Trifft ein Antrag auf Einleitung eines Restrukturierungsverfahrens zeitlich mit einem Konkursantrag eines Gläubigers wegen Zahlungsunfähigkeit zusammen, und wird diese Zahlungsunfähigkeit auch bescheinigt, ist der Antrag auf Eröffnung des Restrukturierungsverfahrens zurückzuweisen; bei Vorliegen der sonstigen Voraussetzungen ist das Konkursverfahren zu eröffnen.

Bei solchen Konstellationen ist seitens der Entscheidungsträger zu beachten, dass Restrukturierungsverfahren voraussichtlich künftig nicht von allen, am Gericht tätigen, Insolvenzrichtern bearbeitet werden. Ist bereits ein Restrukturierungsverfahren anhängig, ist vor der Entscheidung über den Konkursantrag eine feststellende Beschlussfassung *des mit dem Restrukturierungsverfahren befassten Gerichts* über das Vorliegen des allgemeinen Gläubigerinteresses abzuwarten (*Mohr*, ZIK 2021/93, 90). Umgekehrt müsste bei einem zeitlichen Zusammentreffen eines Konkursantrags eines Gläubigers mit einem Antrag des Schuldners auf Einleitung des Restrukturierungsverfahrens abgewartet werden, ob das Insolvenzgericht die Zahlungsunfähigkeit als bescheinigt annimmt und das Konkursverfahren eröffnet.

Die Verpflichtung des Schuldners *wegen Zahlungsunfähigkeit* die Insolvenzeröffnung zu beantragen (§ 69 Abs 2 IO), wird weder durch die Eröffnung des Restrukturierungsverfahrens noch durch die Vollstreckungssperre aufgehoben. Fraglich ist, ob die Beurteilung des allgemeinen Interesses gemäß § 24 Abs 3 ReO auch bei einem *Eigenantrag des Schuldners* wegen Zahlungsunfähigkeit vorzunehmen ist; zu denken ist an Anträge, die in dieser Phase zur Vermeidung von Haftungsfolgen gestellt werden.

Die Frage ist mE zu verneinen: Tritt Zahlungsunfähigkeit *während des Restrukturierungsverfahrens* ein, bedeutet dies, dass Forderungen gemäß § 3 Abs 1 Z 3 ReO, also *nach Einleitung des Verfahrens entstehende Forderungen*, nicht bezahlt werden können. Damit liegt auf der Hand, dass die rasche Eröffnung des Insolvenzverfahrens dazu dient, weitere Nachteile durch Weiterführung des Restrukturierungsverfahrens zu vermeiden. Liegen die sonstigen Voraussetzungen für die Verfahrenseröffnung vor, ist das Insolvenzverfahren rasch zu eröffnen und ist in der Folge das Restrukturierungsverfahren einzustellen (§ 41 Abs 2 Z 7 IO).

Ausschluss der Haftung
§ 25

(1) Während der Vollstreckungssperre entfällt die an die Überschuldung anknüpfende Haftung gemäß § 84 Abs 3 Z 6 AktG und § 25 Abs 3 Z 2 GmbHG. Ausgenommen ist eine Haftung für Zahlungen an betrof-

fene Gläubiger sowie von Forderungen, für die eine Vollstreckungssperre gilt.

(2) Die Haftung nach § 22 Abs. 1 URG entfällt, wenn die Mitglieder des vertretungsbefugten Organs unverzüglich nach Erhalt des Berichtes des Abschlussprüfers über das Vorliegen der Voraussetzungen für die Vermutung eines Reorganisationsbedarfs (§ 22 Abs. 1 Z 1 URG) die Einleitung eines Restrukturierungsverfahrens beantragt und das Restrukturierungsverfahren gehörig fortgesetzt haben.

EB zu § 25 ReO

Da eine Insolvenzantragspflicht wegen Überschuldung während der Dauer der Vollstreckungssperre nicht vorliegt, wird in Abs. 1 klargestellt, dass es auch zu keiner Haftung der betroffenen Organe wegen einer Verletzung der § 84 Abs. 3 Z 6 AktG und § 25 Abs. 3 Z 2 GmbHG aufgrund des Umstands kommt, dass bei Eintritt der Überschuldung in diesem Zeitraum kein Antrag auf Insolvenzeröffnung gestellt wurde.

Davon unberührt bleibt allerdings die Haftung für Zahlungen an vom Restrukturierungsplan betroffene Gläubiger sowie von Forderungen, für die eine Vollstreckungssperre gilt. Zahlungen an vom Restrukturierungsplan betroffene Gläubiger würden zur Verletzung der Gläubigergleichbehandlung führen; dem folgend bildet die Befriedigung einzelner Gläubiger in § 9 Abs. 2 Z 5 ReO auch einen Grund für die Bestellung eines Restrukturierungsbeauftragten. Soweit eine Vollstreckungssperre gilt, soll sie auch durch freiwillige Zahlungen nicht „ausgehebelt" werden können, weshalb auch insoweit keine Haftungsbefreiung erfolgt. Zahlungen an solche Gläubiger, die ihre Ansprüche zwangsweise durchsetzen könnten, sollen aber möglich sein, da ansonsten dem Schuldner nur ein zusätzlicher Schaden in Höhe der angelaufenen Prozess- und Exekutionskosten entstehen würde. Nach Abs. 2 ist auch eine Haftung nach § 22 Abs. 1 URG ausgeschlossen, wenn die Mitglieder des vertretungsbefugten Organs bei Vorliegen eines Reorganisationsbedarfs (also unverzüglich nach Erhalt des Berichtes des Abschlussprüfers über das Vorliegen der Voraussetzungen für die Vermutung eines Reorganisationsbedarfs) unverzüglich ein Restrukturierungsverfahren einleiten und dieses auch gehörig betreiben. Damit soll die Möglichkeit eröffnet werden, statt eines Reorganisationsverfahrens ein Restrukturierungsverfahren wählen zu können.

Anmerkungen

§ 24 ReO folgend wird auch die Organhaftung (§ 25 Abs 1 ReO) mit der *Vollstreckungssperre* entschärft. Hingegen knüpft § 25 Abs 2 ReO bezüglich der Haftung nach § 22 Abs 1 URG an die *Einleitung* des Restrukturierungsverfahrens an.

Verträge
§ 26

(1) Gläubiger, für die die Vollstreckungssperre gilt, dürfen in Bezug auf vor der Vollstreckungssperre entstandene Forderungen und allein aufgrund der Tatsache, dass die Forderungen vom Schuldner nicht gezahlt wurden, nicht Leistungen aus wesentlichen noch zu erfüllenden Verträgen verweigern oder diese Verträge vorzeitig fällig stellen, kündigen oder in sonstiger Weise zum Nachteil des Schuldners ändern.

(2) Ein wesentlicher noch zu erfüllender Vertrag ist ein Vertrag zwischen dem Schuldner und einem oder mehreren Gläubigern, nach dem die Parteien bei Bewilligung der Vollstreckungssperre noch Verpflichtungen zu erfüllen haben, die für die Weiterführung des täglichen Betriebs des Unternehmens erforderlich sind.

(3) Vertragliche Vereinbarungen über die Verweigerung von Leistungen aus noch zu erfüllenden Verträgen oder deren vorzeitige Fälligstellung, Kündigung oder Abänderung in sonstiger Weise zum Nachteil des Schuldners allein wegen
1. eines Antrags auf Einleitung eines Restrukturierungsverfahrens,
2. eines Antrags auf Bewilligung einer Vollstreckungssperre,
3. der Einleitung eines Restrukturierungsverfahrens,
4. der Bewilligung einer Vollstreckungssperre als solcher oder
5. einer solchen Verschlechterung der wirtschaftlichen Situation, die die Einleitung eines Restrukturierungsverfahrens ermöglicht, sind unzulässig.

(4) Abs. 3 gilt nicht für Nettingmechanismen – einschließlich Close-out-Nettingmechanismen – der in § 20 Abs. 4 IO genannten Geschäfte auf Finanzmärkten, Energiemärkten und Rohstoffmärkten. Abs. 3 ist jedoch anzuwenden auf Verträge über die Lieferung von Waren, die Erbringung von Dienstleistungen oder die Versorgung mit Energie, die für den Betrieb des Unternehmens des Schuldners erforderlich sind, es sei denn, diese Verträge nehmen die Gestalt einer an einer Börse oder einem anderen Markt gehandelten Position an, sodass sie jederzeit zum aktuellen Marktwert ersetzt werden können. Auf die Vollstreckung einer Forderung gegen den Schuldner durch einen Gläubiger, die sich aus der Durchführung eines Nettingmechanismus ergibt, ist die Vollstreckungssperre anzuwenden. Für Nettingmechanismen – einschließlich Close-out-Nettingmechanismen – gilt ausschließlich das Recht, das für den Vertrag über derartige Vereinbarungen maßgebend ist.

(5) Die Beschränkungen nach Abs. 1 sowie nach Abs. 3 Z 5 gelten nicht bei Ansprüchen auf Auszahlung von Krediten oder anderen Kreditzusagen.

EB zu § 26 ReO

Diese Bestimmung setzt Art. 7 Abs 4 bis 7 RIRL um; sie zielt darauf ab, eine Vertragsauflösung weitgehend zu verhindern, weil die Aufrechterhaltung von Verträgen für den Weiterbetrieb des Unternehmens von großer Bedeutung sein kann. Eine vorzeitige Kündigung kann die Fortführung des Unternehmens gefährden, insbesondere wenn die Kündigung Verträge über wesentliche Lieferungen wie Gas, Strom, Wasser, Telekommunikation und Kartenzahlungsdienste betrifft. Diejenigen Gläubiger, für die die Vollstreckungssperre gilt und deren Forderungen vor der Sperre entstanden sind und vom Schuldner noch nicht bezahlt wurden, sind nicht berechtigt, während der Vollstreckungssperre Leistungen aus diesen noch zu erfüllenden Verträgen zu verweigern oder vorzeitig fällig zu stellen, diese Verträge zu kündigen oder in sonstiger Weise zu ändern, sofern der Schuldner seinen Verpflichtungen aus diesen Verträgen, die während der Sperre fällig werden, weiterhin nachkommt (ErwGr. 41). Damit soll der Schuldner vor Leistungsverweigerungen und einseitigen Vertragsanpassungen geschützt werden.

Das Verbot gilt nicht zu Lasten sämtlicher Gläubiger, sondern nur gegenüber denjenigen, die von der Vollstreckungssperre umfasst sind. Betroffen sind noch zu erfüllende Verträge. Diese definieren sich nach Abs. 2 (entsprechend Art. 2 Abs. 1 Nr. 5 RIRL) als Verträge zwischen dem Schuldner oder einem oder mehreren Gläubigern, nach denen die Parteien bei Bewilligung der Vollstreckungssperre noch Verpflichtungen zu erfüllen haben. Betroffen sind also nur Forderungen, die zeitlich vor der Vollstreckungssperre entstehen, nicht aber danach entstehende Forderungen aus diesen Verträgen. Zu erfüllende Verträge sind beispielsweise Miet- und Lizenzverträge, langfristige Lieferverträge und Franchiseverträge (ErwGr. 41).

Nach der Richtlinie hat die Regelung jedenfalls für wesentliche Verträge, also solche, die für die Weiterführung des Betriebs des Unternehmens erforderlich sind – einschließlich solcher über Lieferungen, deren Aussetzung dazu führen würde, dass die Geschäftstätigkeit des Schuldners zum Erliegen kommt – zu gelten. Nach Art. 7 Abs 4 letzter Satz RIRL könnten auch noch zu erfüllende nichtwesentliche Verträge einbezogen werden. Von diesem Wahlrecht soll jedoch nicht Gebrauch gemacht werden; die Vertragsauflösungssperre bleibt damit – in Anlehnung an die 10 – auf unternehmensrelevante Verträge beschränkt.

Vertragsklauseln, die den Gläubiger bei Eintritt bestimmter Umstände berechtigen, den Vertrag mit dem Schuldner unabhängig davon, ob der Schuldner seine Verpflichtungen erfüllt, zu lösen (ipso-facto Klauseln), dürfen weder an einen Antrag oder die Einleitung eines Restrukturierungsverfahrens noch an einen Antrag oder die Bewilligung einer Vollstreckungssperre anknüpfen (Abs. 3, siehe auch

ErwGr. 40). Darüber hinaus sollen auch Klauseln nicht zur Vertragsauflösung führen, die an die materielle Verschlechterung der wirtschaftlichen Verhältnisse des Schuldners, die eine Einleitung eines Restrukturierungsverfahrens ermöglicht, anknüpfen (Material Adverse Change, MAC-Klauseln). Auch eine Anknüpfung an Nachteile, die unweigerlich mit der Bewilligung der Vollstreckungssperre verbunden sind, als Auflösungsgrund wäre als Umgehung dieser Bestimmung unzulässig.

Mit Abs. 4 wird das Wahlrecht des Art. 7 Abs. 6 RIRL ausgeübt.

In Anlehnung an § 25a Abs. 2 Z 2 IO sollen Ansprüche auf Auszahlung von Krediten nicht von der Auflösungssperre erfasst werden (Abs. 5; siehe hiezu auch Jurgutyte-Ruez/Urthaler, Der präventive Restrukturierungsrahmen in der Restrukturierungs-RL, ZIK 2019/116, 92). Dem Kreditgeber stehen bei diesen Geschäften daher weiterhin das Kündigungsrecht aus wichtigem Grund gemäß § 987 ABGB und das vertragliche Kündigungsrecht nach Z 23 der allgemeinen Bankbedingungen wegen Vermögensverschlechterung zur Verfügung. Dadurch soll verhindert werden, dass der Schuldner eine offene Kreditlinie abrufen kann (Rechberger/Seeber/Thurner, Insolvenzrecht3, 130 mwN). Dies gilt sowohl für entgeltliche Darlehen in Geld, als auch für andere Kreditverhältnisse, wie insbesondere Avalkredite. Zwischenfinanzierungen werden durch die Zurückdrängung des Anfechtungsrechts erleichtert (siehe den im Entwurf vorgeschlagenen § 36a IO).

Anmerkungen

Auch der Vertragsschutz (§ 26 Abs 1 ReO) ist an die Vollstreckungssperre gekoppelt: Nur die Gläubiger bzw Vertragspartner, *hinsichtlich derer* eine Vollstreckungssperre angeordnet ist, dürfen Leistungen nicht verweigern oder Verträge kündigen bzw ändern (*Mohr*, ZIK 2021/93, 90).

Es ist daher – unabhängig, ob Exekutionsverfahren bereits anhängig sind oder nicht – im Zuge der Antragstellung auf Einleitung eines Restrukturierungsverfahrens zu prüfen, ob es unternehmensrelevante Verträge gibt, welche durch eine Vollstreckungssperre abzusichern sind. Insbesondere, wenn Zahlungsrückstände bestehen, sollte bezüglich solcher Vertragspartner bzw Gläubiger die Anordnung einer Vollstreckungssperre beantragt werden.

Ipso-facto-Klauseln sind hingegen unabhängig von einer Vollstreckungssperre ungültig (§ 26 Abs 3 ReO).

6. Abschnitt
Restrukturierungsplan

Inhalt von Restrukturierungsplänen
§ 27

(1) Der Schuldner hat entweder mit dem Antrag auf Einleitung eines Restrukturierungsverfahrens oder während der ihm zur Vorlage ein-

geräumten Frist einen Restrukturierungsplan vorzulegen und dessen Abschluss zu beantragen. Mangels ausdrücklichen Verzichts ist davon ein Antrag auf Bestätigung des Restrukturierungsplans nach § 36 mitumfasst.

(2) Der Restrukturierungsplan hat folgende Informationen zu enthalten:
1. Name und Anschrift des Schuldners;
2. Name und Anschrift des bereits bestellten Restrukturierungsbeauftragten;
3. eine Darstellung der wirtschaftlichen Situation des Schuldners, insbesondere
   a) eine Auflistung und Bewertung der Vermögenswerte und Verbindlichkeiten des Schuldners zum Zeitpunkt der Antragstellung, einschließlich einer Bewertung des Unternehmens unter Zugrundelegung einer Fortführung und einer Liquidation;
   b) die Anzahl der Arbeitnehmer und deren Tätigkeitsbereiche;
   c) eine Beschreibung der Ursachen und des Umfangs der finanziellen Schwierigkeiten des Schuldners;
4. die betroffenen Gläubiger und ihre unter den Restrukturierungsplan fallenden Forderungen sowie den Gesamtbetrag der Forderungen, der die bis zum Tag der Vorlage des Plans angefallenen Zinsen enthält;
5. die Gläubigerklassen und die jeweilige Höhe der Forderungen in jeder Klasse sowie die Zuordnung der betroffenen Gläubiger zu den Klassen oder die Angabe, dass keine Klassen gebildet werden (§ 29 Abs. 3);
6. die vom Restrukturierungsplan nicht betroffenen Gläubiger, die entweder namentlich zu benennen oder, wenn sie nicht namentlich bekannt sind, unter Bezugnahme auf Forderungskategorien zu beschreiben sind, sowie eine Begründung, warum diese Gläubiger nicht betroffen sein sollen;
7. die Bedingungen des Restrukturierungsplans, insbesondere:
   a) die vorgeschlagenen Restrukturierungsmaßnahmen;
   b) die vorgeschlagene Laufzeit der Restrukturierungsmaßnahmen;
   c) die Modalitäten der Benachrichtigung und Anhörung der im Unternehmen errichteten Organe der Belegschaft (§ 75 Abs. 1 Z 2 IO) und der Arbeitnehmervertreter;
   d) die allgemeinen Auswirkungen auf die Arbeitsplätze, wie Kündigungen, Versetzungen, Kurzarbeitsregelungen oder Ähnliches;

e) eine Gegenüberstellung der voraussichtlichen Einnahmen und Ausgaben für die Laufzeit der Restrukturierungsmaßnahmen, aus der sich ergibt, wie die für die Umsetzung des Restrukturierungsplans notwendigen Mittel aufgebracht und verwendet werden sollen (Finanzplan), und

f) eine von einem bestehenden oder neuen Gläubiger zur Umsetzung des Restrukturierungsplans bereitgestellte neue finanzielle Unterstützung sowie die Gründe, aus denen die Finanzierung für die Umsetzung dieses Plans erforderlich ist;

8. eine Darlegung der Gründe, aus denen der Restrukturierungsplan die Zahlungsunfähigkeit des Schuldners und den Eintritt der Überschuldung verhindern oder eine bereits eingetretene Überschuldung beseitigen und die Bestandfähigkeit des Unternehmens gewährleisten wird, in Form einer Fortbestehensprognose, die von der Annahme und Bestätigung des Restrukturierungsplans abhängig sein kann (bedingte Fortbestehensprognose), und der notwendigen Voraussetzungen für den Erfolg des Plans;

9. einen Vergleich mit den Szenarien der IO nach § 35 Abs. 1.

(3) Dem Restrukturierungsplan ist eine Liste der betroffenen Gläubiger mit Namen, Adressen und E- Mail-Adressen oder, sofern diese nicht bekannt sind, mit sonstigen individualisierenden Bezeichnungen und Kontaktinformationen anzuschließen. Diese Liste ist nicht Teil des Restrukturierungsplans.

EB zu § 27 ReO

Diese Bestimmung dient der Umsetzung von Art. 8 RIRL. Sie sieht den zwingenden Inhalt des zur Abstimmung vorzulegenden Restrukturierungsplans vor. Ein solcher Plan kann vom Schuldner bereits mit dem Antrag auf Einleitung des Restrukturierungsverfahrens vorgelegt oder während des Verfahrens ausgearbeitet werden. Der Antrag auf Abschluss des Plans umfasst mangels ausdrücklichen Verzichts auch einen Antrag auf Bestätigung im Rahmen eines klassenübergreifenden Cramdown (Abs. 1).

In Abs. 2 werden die im Plan anzuführenden Informationen aufgelistet: Der Plan hat Angaben über den Schuldner zu enthalten (Z 1). Sofern bereits ein Restrukturierungsbeauftragter bestellt wurde, ist auch dessen Name und Anschrift anzuführen (Z 2). Nach Z 3 ist die wirtschaftliche Situation des Schuldners zu beschreiben. Dazu zählen eine Auflistung und Bewertung der Vermögenswerte und Verbindlichkeiten des Schuldners zum Zeitpunkt der Antragstellung, einschließlich einer Bewertung des Unternehmens unter Zugrundelegung einer Fortführung und einer Liquidation (lit. a), und die Anzahl der Arbeitnehmer und deren Tätig-

keitsbereiche (lit. b). Weiters sind die Ursachen und der Umfang der finanziellen Schwierigkeiten zu beschreiben (lit. c).

Es obliegt der Auswahl des Schuldners, welche Gläubiger (und welche Forderungen) er in den Plan einbezieht. Die Auswahl der betroffenen Gläubiger hat nach sachlich nachvollziehbaren Kriterien zu erfolgen (siehe dazu auch die Ausführungen zu Z 6). Die einzubeziehenden „betroffenen" Gläubiger hat er im Regelfall zu benennen; es reicht nicht aus, diese nur nach Schuldenkategorien zu beschreiben (Art. 8 Abs. 1 lit. c zweiter Fall RIRL), um damit verbundene Rechtsunsicherheiten zu vermeiden. Sofern betroffene Gläubiger nicht namentlich benannt werden können (zB Anleiheinhaber, Schuldscheindarlehensgeber), ist es ausreichend, wenn der jeweilige Rechtsgrund der Forderung des betroffenen Gläubigers hinreichend individualisiert und konkretisiert wird (zB durch Nennung der internationalen Wertpapierkennnummer (ISIN) oder konkrete Bezeichnung des jeweiligen Schuldscheindarlehens) sowie sichergestellt werden kann, dass der jeweilige betroffene Gläubiger kontaktiert bzw. informiert werden kann (zB über die Zahlstelle oder gemäß den vertraglich vereinbarten Bedingungen zur Verständigung oder Information bei Schuldscheindarlehen). Bei den betroffenen Gläubigern sind deren unter den Restrukturierungsplan fallenden Forderungen sowie der Betrag der Gesamtforderung, der die bis zum Tag der Vorlage des Plans angefallenen Zinsen umfasst, anzugeben (Z 4). Im Gegensatz zum Insolvenzrecht laufen Zinsen nach Einleitung des Restrukturierungsverfahrens weiter. Um zu verhindern, dass in der Restrukturierungsplantagsatzung zur Prüfung der Stimmrechte die angelaufenen Zinsen berechnet werden müssen (vgl. dazu Denkschrift zur Einführung einer Konkursordnung, einer Ausgleichsordnung und einer Anfechtungsordnung [1914] 54), wird als Stichtag die Vorlage des Restrukturierungsplans herangezogen. Die im Plan angegebene Forderung samt Zinsen bis zur Vorlage ist somit ausschlaggebend für das Stimmrecht. Je nach Ausgestaltung des Plans können auch danach angelaufene Zinsen in den Plan miteinbezogen werden, sie sind jedoch nicht relevant für die Forderungssumme, von der die erforderliche Summenmehrheit zu berechnen ist.

Die betroffenen Gläubiger sind in Gläubigerklassen nach § 29 (siehe auch die Erläuterungen zu dieser Bestimmung) zu unterteilen. Handelt es sich beim Schuldner um ein KMU (siehe zu diesem Begriff § 29 Abs 3), so kann von einer Klassenbildung abgesehen werden (Z 5). Gemäß Z 6 sind jene Gläubiger anzuführen, die nicht vom Restrukturierungsplan betroffen sind. Es bedarf einer sachlich nachvollziehbaren Begründung, warum diese Gläubiger nicht betroffen sein sollen. Eine taugliche Begründung wäre etwa, dass ein nicht einbezogener Gläubiger auch in einem Insolvenzverfahren vollständig befriedigt würde oder eine Einbeziehung des Gläubigers nicht erforderlich ist, um die Insolvenz abzuwenden und die Bestandfähigkeit sicherzustellen und eine Differenzierung unter Berücksichtigung der Umstände – etwa wenn ausschließlich Finanzgläubiger einbezogen werden oder die Forderungen von Verbrauchern oder KMU unberührt bleiben – sach-

lich gerechtfertigt ist. Werden nicht betroffene Gläubiger verschwiegen, steht den betroffenen Gläubigern der Klagsweg zur Geltendmachung ihres Ausfalls offen (siehe dazu § 42).

Nach Z 7 sind die Bedingungen des Restrukturierungsplans zu konkretisieren. Dazu zählen insbesondere die vorgeschlagenen Maßnahmen (lit. a) – etwa Forderungskürzungen und -stundungen, Umstrukturierungen und der Abbau von Arbeitnehmern – und die Laufzeit des Plans (lit. b), die Modalitäten der Benachrichtigung und Anhörung der im Unternehmen errichteten Organe der Belegschaft (§ 75 Abs. 1 Z 2 IO) und der Arbeitnehmervertreter im Einklang mit dem Unionsrecht und dem nationalen Recht (lit. c) sowie die Auswirkungen auf die Arbeitsplätze, wie Kündigungen, Versetzungen und Kurzarbeitsregelungen (lit. d).

Gemäß Art. 8 Abs. 1 lit. g (v) RIRL kann vorgesehen werden, dass im Plan weiters die voraussichtlichen Finanzströme des Schuldners anzugeben sind. Diese Option wird mit lit. e umgesetzt, derzufolge der Schuldner einen Finanzplan nach dem Vorbild von § 169 Abs. 1 lit. d IO vorzulegen hat. Ist als Teil des Restrukturierungsplans eine neue Finanzierung (§ 36a IO) vorgesehen, so ist diese anzuführen und es sind die Gründe darzulegen, aus denen eine Finanzierung erforderlich ist (lit. f).

Darüber hinaus sind nach Z 8 die Gründe anzuführen, aus denen abzuleiten ist, dass der Restrukturierungsplan die Insolvenz des Schuldners verhindern und die Bestandfähigkeit des Unternehmens gewährleisten wird. Diese Darlegung hat in Form einer bedingten Fortbestehensprognose zu erfolgen. Hier sind auch die notwendigen Voraussetzungen für den Erfolg des Plans anzuführen. Zuletzt hat der Plan einen Vergleich mit den alternativen Szenarien der IO nach § 35 Abs 1 zu enthalten (Z 9).

Abs. 3 sieht die Vorlage eine separaten Liste der betroffenen Gläubiger mit Adresse und E-Mail-Adresse zur Verwendung des Gerichts vor. Diese Information soll nicht in dem allen betroffenen Gläubigem zu übermittelnden Plan aufscheinen.

Anmerkungen

Der Gesetzgeber geht davon aus, dass ein Restrukturierungsplan im Regelfall bei Einleitung des Verfahrens vorliegt (EB RIRUG Allgemeiner Teil). ME ist eher zu erwarten, dass Schuldner im Rahmen des verfahrenseinleitenden Antrags erst das *Restrukturierungskonzept* darlegen, die Präzisierung dieses Konzeptes im Rahmen eines noch vorzulegenden Restrukturierungsplans ankündigen (zum vergleichbaren Vorgehen bei Einleitung eines Verfahrens nach dem URG: *Reckenzaun/Hadl*, ZIK 2001/130) und zunächst einen Antrag auf Fristsetzung gemäß § 8 Abs 2 ReO stellen werden. Im Antrag muss aber jedenfalls die Bestandfähigkeit des Unternehmens dargelegt werden.

Die Anforderungen an den Inhalt von Restrukturierungsplänen sind nämlich sehr hoch (§ 27 ReO). Insbesondere wird zu erwarten sein, dass zum Zeitpunkt der

Antragstellung präzise Angaben zu den betroffenen Gläubigern, den Gläubigerklassen und der Zuordnung der betroffenen Gläubiger zu den Klassen vielfach noch nicht möglich sind. Auch die Entscheidung, welche Gläubiger vom Restrukturierungsplan *nicht* betroffen sein sollen, wird vermutlich erst im Laufe des Verfahrens fallen. Jedenfalls ist aber zu berücksichtigen, dass Zinsen – im Gegensatz zu § 58 Z 1 IO – im Restrukturierungsverfahren weiterlaufen und dann (mit dem Kapital) erst durch den Restrukturierungsplan bzw seine Bestätigung entsprechend auf die vereinbarte Quote reduziert werden.

Nach den EB zu § 7 ReO hat der Finanzplan auch eine *Kapitalflussrechnung* zu enthalten. Es ist darzulegen, dass *zum Zeitpunkt der Fälligkeit künftig entstehender Forderungen* (§ 3 Abs 1 Z ReO) die jeweils verfügbaren Mittel deren gänzliche Zahlung erlauben (zur Kapitalflussrechung ausführlich *Zeitler*, ZIK Spezial IRÄG 2010, 158).

Ein Herzstück des Restrukturierungsplans ist jedenfalls die nötige Klarstellung, welche Gläubiger vom Restrukturierungsplan *nicht betroffen werden* sollen und die sich darauf beziehende Begründung (§ 27 Abs 2 Z 6 ReO). Verschweigt der Schuldner wissentlich solche nicht betroffenen Gläubiger, so riskiert er, von anderen (betroffenen) Gläubigern gemäß § 42 ReO in Anspruch genommen zu werden. Vertretbar ist es beispielsweise jedenfalls, Lieferanten bis zu einer bestimmten Forderungshöhe überhaupt als nicht betroffene Gläubiger auszuweisen, um das Restrukturierungsverfahren „schmal" zu halten. Eine ähnliche Überlegung könnte für Personen gelten, die über Gutscheine des schuldnerischen Unternehmens verfügen. Sie sollen im Interesse der Unternehmensfortführung diese Gutscheine auch weiter einlösen können.

Dann ist im Rahmen des Restrukturierungsplans klarzustellen, ob und welche *Gläubigerklassen* gebildet werden. Diese Bildung von Gläubigerklassen ist grundsätzlich vorgesehen (§ 29 ReO), kann aber bei Kleinstunternehmen und KMUs entfallen.

Die Gläubigerklassenbildung wird auch die künftige Abstimmungssituation und die Annahmevoraussetzungen (§ 33 ReO) berücksichtigen. Bei der Vorbeurteilung des Stimmverhaltens maßgeblicher Gläubiger wird zu berücksichtigen sein, dass ein cram-down, also eine gerichtliche Bestätigung des Restrukturierungsplans trotz Nichterreichens der Mehrheit in einer Gläubigerklasse nur „*klassenübergreifend*" möglich ist. Werden keine Klassen gebildet, ist zu bedenken, dass im Gegensatz zum Sanierungsplan für die Annahme eine *Summenmehrheit von 75 % erreicht* werden muss. Daher ist ein Restrukturierungsplan, wenn keine Gläubigerklassen gebildet werden, schwerer „durchzubringen" als ein Sanierungsplan.

In Bezug auf die geplanten Forderungskürzungen ist die Folgebestimmung (§ 28 ReO) zu beachten: Es sind die unter den Restrukturierungsplan fallenden Forderungen anzugeben, ferner die den Gläubigern vorgeschlagene Quote sowie die vorgeschlagenen Zahlungsfristen. ME wird davon auszugehen sein, dass sich die Schuldnervertreter an den Gepflogenheiten für die Formulierung von Sanierungsplanvorschlägen nach der IO orientieren, wobei zu beachten ist, dass nach der Restrukturierungsordnung *weder eine Mindestquote noch eine maximale Zahlungsfrist* vorgesehen ist.

Abweichend von den Bestimmungen der IO sind die Konsequenzen dieses Quotenangebots auf Zahlungsunfähigkeit und Überschuldung darzustellen (§ 27 Abs 2 Z 8 ReO); die Vorlage einer Planbilanz unter Zugrundelegung der erhofften Bestätigung des Restrukturierungsplans bietet sich an.

Es sollten auch die Alternative(n) nach der IO dargelegt werden (§ 27 Abs 2 Z 9 ReO); dazu hat der Restrukturierungsbeauftragte dann auch vor der Abstimmung im Sinne des § 146 IO zu berichten (§ 31 Abs 4 ReO).

All dies spricht dafür, den Restrukturierungsplan erst dann vorzulegen, wenn all diese Details feststehen und der Plan auch mit den wesentlichen, abstimmungsrelevanten, Gläubigern akkordiert wurde und wesentliche Änderungen des Restrukturierungsplans voraussichtlich nicht mehr erfolgen. Der zur Abstimmung gelangende Restrukturierungsplan ist den betroffenen Gläubigern vom Schuldner spätestens zwei Wochen vor der Abstimmung zu übermitteln (§ 31 Abs 1 ReO).

Schließlich ist zu entscheiden, ob die Einleitung eines europäischen Restrukturierungsverfahrens (§ 44 ReO) beantragt wird oder eines „normalen" Restrukturierungsverfahrens. Zu prüfen ist, ob auf Basis der Vertrags- und Gläubigerbeziehungen die *Anwendung der EUInsVO* der Abwicklung des Restrukturierungsverfahrens förderlich ist. Ferner ist zu beurteilen, ob eine *allgemeine Vollstreckungssperre*, insbesondere aufgrund der damit verbundenen Folgewirkungen für die Insolvenzantragspflicht (§ 24 ReO), die Haftung der Organe (§ 25 ReO) und den Vertragsschutz (§ 26 ReO), beantragt werden soll.

Ein weiterer wichtiger Aspekt des europäischen Restrukturierungsverfahrens kann darin gesehen werden, dass Gläubiger über Antrag zur Anmeldung von Forderungen aufgefordert werden, was wiederum Konsequenzen für die Wirkung des bestätigten Restrukturierungsplans hat (§ 44 Abs 4 ReO).

Forderungen
§ 28

Im Restrukturierungsplan sind die vorgeschlagenen Zahlungsfristen der unter den Restrukturierungsplan fallenden Forderungen anzugeben. Die die Zahlung betreffenden Vertragsbedingungen können geändert werden. § 14 Abs. 2, §§ 15, 19 bis 20 und § 21 Abs. 4 IO sind anzuwenden, soweit der Restrukturierungsplan nichts anderes bestimmt. Sollen die unter den Restrukturierungsplan fallenden Forderungen

gekürzt werden, so ist anzugeben, auf welchen Bruchteil die Kürzung erfolgen soll.

EB zu § 28 ReO
Diese Bestimmung sieht vor, inwieweit Forderungen durch den Restrukturierungsplan gestaltet werden können. Zahlungsfristen und die die Rückzahlung betreffenden Vertragsbedingungen – davon sind etwa Zinsen und Zahlungsmodalitäten erfasst – können geändert werden. Eine Verpflichtung der Kreditgeber, Kreditlinien offen zu halten (siehe dazu auch die Ausführungen zu §§ 1 und § 26) oder gar neue Kredite zu gewähren, ist daraus selbstverständlich nicht abzuleiten.

§ 14 Abs. 2, §§ 15, 19 bis 20 und § 21 Abs. 4 IO sind anwendbar, soweit der Restrukturierungsplan nichts anderes bestimmt: Nicht fällige Forderungen, die in den Plan einbezogen werden, gelten demnach mangels abweichender Regelungen im Restrukturierungsplan als fällig (§ 14 Abs. 2 IO). Werden Forderungen auf wiederkehrende Leistungen einbezogen, so gilt § 15 IO, wenn nichts anderes bestimmt ist. Für die Aufrechnung gelten §§ 19 und 20 IO, soweit der Restrukturierungsplan keine anderen Regelungen enthält. § 21 Abs. 4 IO ist mangels anderer Bestimmungen im Restrukturierungsplan zu beachten.

Weiters wird ausdrücklich normiert, dass der Plan Forderungskürzungen vorsehen kann.

Anmerkungen
Im Restrukturierungsplan, der zur Abstimmung gebracht wird, sind die unter den Restrukturierungsplan fallenden Forderungen anzugeben, ferner die den Gläubigern vorgeschlagene Quote, sowie die vorgeschlagenen Zahlungsfristen. Schuldnervertreter werden sich voraussichtlich an den Gepflogenheiten für die Formulierung von Sanierungsplanvorschlägen nach der IO orientieren, wobei zu beachten ist, dass nach der Restrukturierungsordnung *weder eine Mindestquote noch eine maximale Zahlungsfrist* vorgesehen ist. Zinsen sind bis zum Tag der Vorlage des Restrukturierungsplans dem Kapital hinzuzurechnen und fallen insofern unter die Wirkungen der Kürzung auf die vereinbarte Quote.

Ferner sind die Folgen des Quotenangebots (Vermeidung der Zahlungsunfähigkeit) und der Beseitigung der Überschuldung (bedingte positive Fortführungsprognose) darzustellen (§ 27 Abs 2 Z 8 ReO); die Vorlage einer Planbilanz unter Zugrundelegung der Auswirkungen der erhofften Bestätigung des Restrukturierungsplans bietet sich an.

Forderungskürzungen werden mit der Bestätigung des Restrukturierungsplans wirksam, soweit der Restrukturierungsplan nichts anderes bestimmt. Der Schuldner wird wie beim Sanierungsplan von der Verbindlichkeit befreit, den Gläubigern den Ausfall zu ersetzen (§ 39 Abs 1 ReO). Es gelten die Bestimmungen der IO über das Wiederaufleben gemäß § 156a Abs 1–3 IO (§ 39 Abs 5 ReO). Die Wirkungen erfassen auch Gläubiger, die sich trotz Übermittlung des Plans oder Ladung zur Restrukturierungsplantagsatzung am Verfahren nicht beteiligen (§ 39 Abs 2 ReO).

Gläubigerklassen
§ 29

(1) Der Schuldner hat folgende Klassen der Gläubiger, deren Forderungen gekürzt oder gestundet werden (betroffene Gläubiger), zu bilden:
1. Gläubiger mit Forderungen, für die ein Pfand oder eine vergleichbare Sicherheit aus dem Vermögen des Schuldners bestellt worden ist (besicherte Forderungen),
2. Gläubiger mit unbesicherten Forderungen,
3. Anleihegläubiger,
4. schutzbedürftige Gläubiger, insbesondere Gläubiger mit Forderungen unter 10 000 Euro, und
5. Gläubiger nachrangiger Forderungen.

(2) Gläubiger mit besicherten Forderungen werden in der Gläubigerklasse nach Abs 1 Z 1 mit jenem Betrag erfasst, der durch die Sicherheit gedeckt ist.

(3) Ist der Schuldner ein Kleinstunternehmen, ein kleines oder ein mittleres Unternehmen (KMU), so ist er nicht verpflichtet, Gläubigerklassen zu bilden. Ein KMU ist ein Schuldner jeder Rechtsform, der zwei der drei Größenmerkmale des § 221 Abs 1 UGB nicht überschreitet.

EB zu § 29 ReO
Diese Bestimmung dient der Umsetzung von Art. 9 Abs. 4 RIRL. Die Richtlinie sieht die verpflichtende Einteilung der betroffenen Gläubiger in Gläubigerklassen vor. Dieses dem österreichischen Recht derzeit fremde Instrument dient in erster Linie der Gruppierung von betroffenen Parteien mit ähnlichen Interessen und Rechten für das Abstimmungsverfahren (vgl. ZIK 2019/116). Im ErwGr. 44 wird dazu ausgeführt: „Um zu gewährleisten, dass im Wesentlichen ähnliche Rechte fair behandelt werden und dass Restrukturierungspläne angenommen werden können, ohne die Rechte betroffener Parteien in unangemessener Weise zu beeinträchtigen, sollten die betroffenen Parteien in unterschiedlichen Klassen behandelt werden, die den Kriterien für die Klassenbildung nach nationalem Recht entsprechen. Klassenbildung bedeutet die Gruppierung der betroffenen Parteien mit dem Zweck, einen Plan in der Weise anzunehmen, dass ihre Rechte und der Rang ihrer Forderungen beziehungsweise Beteiligung zum Tragen kommen." Bei der Ausgestaltung der Klassenbildung gibt die Richtlinie dem Umsetzungsgesetzgeber große Flexibili-

tät. Zwingend vorgesehen ist, dass Gläubiger mit besicherten und unbesicherten Forderungen im Hinblick auf die Annahme eines Restrukturierungsplans in unterschiedlichen Klassen behandelt werden sollen. Darüber hinaus soll sichergestellt werden, dass bei der Klassenbildung den Interessen schutzbedürftiger Gläubiger, wie kleiner Lieferanten, Rechnung getragen wird. Um die Anzahl der Klassen gering zu halten, werden in diesem Sinne taxativ fünf Klassen, und zwar eine solche für Gläubiger mit besicherten Forderungen (Abs. 1 Z 1), eine für Gläubiger mit unbesicherten Forderungen (Abs. 1 Z 2), eine für Anleihegläubiger (Abs. 1 Z 3), eine für schutzbedürftige Gläubiger (Abs. 1 Z 4) und eine für Gläubiger nachrangiger Forderungen (Abs. 1 Z 5) vorgesehen. Unter Anleihe im Sinne der Z 3 sind alle Formen von schuld(forderungs)rechtlichen Papieren zu verstehen, die ein obligatorisches Recht verbriefen (vgl. dazu etwa Keinert, Handbuch des Wertpapierrechts I 36), unabhängig davon, ob und wie diese an einer Börse gehandelt werden. Auch Teilschuldverschreibungen im Sinne des Kuratorengesetzes (Gesetz vom 24. April 1874, betreffend die gemeinsame Vertretung der Rechte der Besitzer von auf Inhaber lautenden oder durch Indossament übertragbaren Teilschuldverschreibungen und die bücherliche Behandlung der für solche Teilschuldverschreibungen eingeräumten Hypothekarrechte, RGBl. Nr. 49/1874) fallen darunter. Zum Begriff der schutzbedürftigen Gläubiger nach Z 4 sei auf ErwGr. 44 RIRL verwiesen: Demzufolge fallen darunter Gläubiger, die wie zB kleine Lieferanten ihre Engagements nicht diversifizieren können oder aus anderen Gründen besonders schutzbedürftig sind. Als Beispiel werden Gläubiger mit Forderungen unter 10.000 Euro genannt.

Abs. 2 bestimmt – wie vom ErwGr. 44 ausdrücklich ermöglicht –, dass besicherte Gläubiger in der Gläubigerklasse nach Abs. 1 Z 1 nur mit jenem Betrag erfasst werden, der durch die Sicherung gedeckt ist. Der nicht besicherte Betrag ist der entsprechenden Gläubigerklasse zuzuordnen. Auch darüber hinaus können Gläubiger abhängig von ihren Forderungen gleichzeitig verschiedenen Klassen zugeordnet werden, in welchen sie für die jeweilige Forderung teilnahme- und stimmberechtigt sind.

Mit Abs 3 wird von der Möglichkeit, die Klassenbildung für KMU nur als Option auszugestalten, Gebrauch gemacht. Diese Ausnahme berücksichtigt den Umstand, dass KMU in der Regel eine relativ einfache Kapitalstruktur aufweisen (ErwGr. 45). Die Richtlinie überlässt die Definition des Begriffs KMU dem nationalen Gesetzgeber (Art. 2 Abs. 2 lit. c RIRL); in Abs. 3 wird auf die Definition der Klein und Kleinstkapitalgesellschaften in § 221 Abs. 1 und 1a UGB verwiesen. Bei Unternehmen, die unter die Definition der mittelgroßen Kapitalgesellschaften nach § 221 Abs. 2 UGB fallen, kann hingegen in der Regel nicht vom Vorliegen einer relativ einfachen Kapitalstruktur ausgegangen werden.

Anmerkungen
Mit der Vorlage des Restrukturierungsplans ist schuldnerseits auch die Entscheidung zu treffen, ob und welche Weise Gläubigerklassen gebildet werden (§ 27 Abs 2 Z 5 ReO). Die IO kennt solche Gläubigerklassen nicht; im Sanierungsplan ist nur die Strukturierung möglich, also die ungleiche Behandlung einzelner Gläubigergruppen gemäß § 150 Abs 2 IO.

Insoweit wird mit den Gläubigerklassen gemäß § 29 ReO in Österreich Neuland betreten. Wesentlich aus der Sicht des Schuldners ist, dass die Mehrheitserfordernisse zur Annahme des Restrukturierungsplans in *jeder* Gläubigerklasse zu erfüllen sind. Im Rahmen der Grenzen der Sachgemäßheit kann bei der Klassenbildung auch das erwartete Stimmverhalten mE Berücksichtigung finden.

Achtung: Werden keine Gläubigerklassen gebildet, ist der Restrukturierungsplan schwerer „durchzubringen" als ein Sanierungsplan, denn es gilt das Erfordernis der *Summenmehrheit von 75 %* der Gesamtsumme der Forderungen der anwesenden Gläubiger (§ 33 Abs 1 ReO) neben der Kopfmehrheit zu erreichen.

Erwähnenswert im Vergleich zu den Abstimmungsmodalitäten beim Sanierungsplan ist das Stimmrecht der gesicherten Gläubiger in dieser Klasse im Ausmaß ihrer Deckung. Bei Abstimmung über einen Sanierungsplan haben gemäß § 93 Abs 2 IO Absonderungsgläubiger in der Gläubigerversammlung im Umfang der Deckung gerade *kein* Stimmrecht. Sind gesicherte Gläubiger im Restrukturierungsverfahren nur teilweise gedeckt, sind sie auch in der *Klasse der unbesicherten Forderungen* mit dem Ausfall stimmberechtigt.

Wenn keine Klassenbildung erfolgt (§ 29 Abs 3 ReO), ist mE aufgrund des allgemeinen Verweises auf die Verfahrensbestimmungen der IO (§ 5 ReO) *§ 93 Abs 2 IO* anzuwenden. Die besicherten Gläubiger sind dann – wie beim Sanierungsplan – nur mit Ihrem Ausfall stimmberechtigt.

Prüfung des Restrukturierungsplans
§ 30

(1) Das Gericht hat nach Vorlage des Restrukturierungsplans
1. die Angaben nach § 27 Abs. 2 auf deren Vollständigkeit und Gesetzmäßigkeit,
2. die Plausibilität der Begründungen nach § 27 Abs. 2 Z 8,
3. die Sachgemäßheit der Bildung der Gläubigerklassen nach § 27 Abs. 2 Z 5 in Verbindung mit § 29 und
4. die Sachgemäßheit der Auswahl der betroffenen Gläubiger nach § 27 Abs. 2 Z 4 und 6

zu prüfen. Mit der Prüfung nach § 27 Abs. 2 Z 8 kann das Gericht den Restrukturierungsbeauftragten oder einen Sachverständigen beauftragen.

(2) Sind die Anforderungen nach Abs. 1 nicht erfüllt, so ist dem Schuldner aufzutragen, den Restrukturierungsplan binnen der vom Gericht festgesetzten Frist zu verbessern.

EB zu § 30 ReO

§ 30 sieht eine Prüfung des vorgelegten Restrukturierungsplans durch das Gericht vor. Eine gerichtliche Überprüfung des Vorliegens des nach § 27 Abs. 2 vorgegebenen Mindestinhalts ist in der Richtlinie zwar nicht vorgegeben, erscheint im Sinne des Gläubigerschutzes aber jedenfalls sinnvoll. Außerdem sind gesetzwidrige Planinhalte – etwa die Einbeziehung von Forderungen nach § 3 oder ein Verstoß gegen das Gebot der Gläubigergleichbehandlung nach § 34 Abs. 1 Z 2 – wahrzunehmen. Weiters wird von der Option nach Art. 8 Abs. 1 lit. h zweiter Satz RIRL, wonach vorgesehen werden kann, dass die Begründung nach § 27 Abs. 2 Z 8 vom Restrukturierungsbeauftragten oder von einem externen Experten bestätigt werden muss, Gebrauch gemacht. Demnach hat das Gericht die Plausibilität der Begründung nach § 27 Abs. 2 Z 8 zu überprüfen. Es kann mit der Prüfung den Restrukturierungsbeauftragten oder einen Sachverständigen betrauen. Hat der Restrukturierungsbeauftragte den Schuldner bei der Ausarbeitung des Restrukturierungsplans unterstützt, so wird seine Beauftragung mit der Überprüfung in der Regel nicht vereinbar sein.

Entsprechend ErwGr. 46 wird vorgesehen, dass das Gericht zu prüfen hat, ob die Auswahl der (nicht) betroffenen Gläubiger nach sachlichen Gesichtspunkten getroffen wurde (vgl. dazu auch die Ausführungen zu § 27 Abs. 2 Z 6). Weiters wird in Umsetzung von Art. 9 Abs. 5 RIRL eine Überprüfung der Klassenbildung vorgesehen.

Sind die vom Gericht zu überprüfenden Anforderungen nicht erfüllt, so ist dem Schuldner ein Verbesserungsauftrag zu erteilen. Kommt der Schuldner diesem Auftrag innerhalb der vom Gericht gesetzten Frist nicht ausreichend nach, so ist das Restrukturierungsverfahren nach § 41 Abs. 2 Z 2 einzustellen.

Anmerkungen

Die Vorprüfung des Restrukturierungsplans kann vom Gericht auch dem Restrukturierungsbeauftragten übertragen werden. Insbesondere die Klassenbildung und die Auswahl der betroffenen Gläubiger kann Gegenstand der Vorprüfung sein. Bei Bemängelungen können vom Gericht Verbesserungsaufträge erteilt werden. Werden Verbesserungsaufträge nicht befolgt, kann das Verfahren auch *eingestellt* werden (§ 41 Abs 2 Z 2 ReO).

Abstimmung über den Restrukturierungsplan
§ 31

(1) Über den Restrukturierungsplan ist in einer Tagsatzung abzustimmen, die das Gericht in der Regel auf 30 bis 60 Tage nach Vorlage des Restrukturierungsplans anzuordnen hat. § 145 Abs 2 zweiter Satz und Abs 3 IO ist anzuwenden. Der Schuldner hat den zur Abstimmung gelangenden Restrukturierungsplan den betroffenen Gläubigern spätestens zwei Wochen vor der Abstimmung zu übermitteln.

(2) Auf Antrag des Schuldners sind die bevorrechteten Gläubigerschutzverbände der Restrukturierungsplantagsatzung beizuziehen. Für ihre Tätigkeit haben die Gläubigerschutzverbände einen Anspruch auf angemessene Belohnung, die der Schuldner zu zahlen hat. Auf Antrag des Gläubigerschutzverbandes ist dem Schuldner die Zahlung der Belohnung binnen 14 Tagen aufzutragen.

(3) Die Restrukturierungsplantagsatzung kann unter Verwendung geeigneter technischer Kommunikationsmittel zur Wort- und Bildübertragung durchgeführt werden.

(4) In der Restrukturierungsplantagsatzung hat der Restrukturierungsbeauftragte nach § 146 IO zu berichten.

(5) Die Restrukturierungsplantagsatzung kann erstreckt werden. § 147 Abs. 2 und 3 sowie § 148a Abs. 1 IO sind anzuwenden.

(6) Der Schuldner kann den Restrukturierungsplan ändern. § 145a IO ist anzuwenden.

EB zu § 31 ReO
Nach Art. 9 Abs. 1 RIRL ist es dem Schuldner zu ermöglichen, den betroffenen Gläubigern einen Restrukturierungsplan zur Annahme vorzulegen. Von der in der Richtlinie vorgesehenen Möglichkeit, auch den Gläubigern und dem Restrukturierungsbeauftragten das Vorschlagsrecht einzuräumen, wird – ebenso wie von der Option, anderen Personen als dem Schuldner ein Antragsrecht auf Einleitung eines Restrukturierungsverfahrens einzuräumen – kein Gebrauch gemacht. Die Annahme eines nicht auch vom Willen des Schuldners getragenen Restrukturierungsplans erscheint wenig sinnvoll.

Zur Durchführung der Abstimmung ist eine Tagsatzung anzuberaumen.
Das Verfahren soll gestrafft durchgeführt werden. Daher hat das Gericht den Termin einer Tagsatzung zur Abstimmung über den Restrukturierungsplan grundsätzlich innerhalb von 30 bis 60 Tagen nach dessen Vorlage festzulegen. Zu laden sind in sinngemäßer Anwendung von § 145 Abs 2 zweiter Satz IO der Schuldner, Personen, die sich zur Übernahme einer Haftung für seine Verbindlichkeiten bereit

erklären, sowie der Restrukturierungsbeauftragte und die betroffenen Gläubiger. Der Schuldner hat in sinngemäßer Anwendung des § 145 Abs 3 IO persönlich an der Tagsatzung teilzunehmen und den zur Abstimmung gelangenden Restrukturierungsplan den betroffenen Gläubigern spätestens zwei Wochen vor der Tagsatzung zu übermitteln.

Die Tagsatzung kann auch virtuell ohne persönliche Anwesenheit durchgeführt werden.

Die bevorrechteten Gläubigerschutzverbände sind – anders als im Insolvenzverfahren – nur auf Antrag des Schuldners der Restrukturierungsplantagsatzung beizuziehen (Abs. 2). Unabhängig davon können sich Gläubiger im Restrukturierungsverfahren nach § 253 Abs. 3 IO von einem Gläubigerschutzverband vertreten lassen. Ein von einem Gläubiger mit der Vertretung beauftragter Gläubigerschutzverband kann als Vertreter dieses Gläubigers an der Restrukturierungsplantagsatzung und an der Abstimmung über den Restrukturierungsplan teilnehmen.

Der Ablauf der Tagsatzung orientiert sich nach Abs. 3 an den Bestimmungen der Insolvenzordnung zur Sanierungsplantagsatzung. Ist ein Restrukturierungsbeauftragter bestellt, so hat dieser vor Beginn der Abstimmung gemäß § 146 IO zu berichten. Eine Änderung des vorgelegten Plans durch den Schuldner ist möglich. § 145a IO ist sinngemäß anzuwenden.

Die Tagsatzung kann aus den Gründen des § 148a IO erstreckt werden. Wenn die erforderlichen Mehrheiten für die Annahme des Plans nicht erreicht werden, kann nach Erstreckung der Tagsatzung neuerlich abgestimmt werden. Die Gläubiger sind an ihre Erklärungen bei einer neuerlichen Abstimmung nicht gebunden (§ 147 Abs. 2 und 3 IO).

Anmerkungen

Der Abstimmung über einen Sanierungsplan oder einen Zahlungsplan geht die Prüfung bzw die Feststellung der Insolvenzforderungen voraus; insoweit wird das insolvenzrechtliche Prüfungsverfahren für die Abstimmung nutzbar gemacht.

Demgegenüber ist im Restrukturierungsverfahren eine solche Forderungsprüfung nicht vorgesehen; erst im Rahmen der Abstimmung bzw davor kann es dazu kommen, dass betroffene Gläubiger gegen Forderungen, die unter den Restrukturierungsplan fallen (sollen), Einwendungen erheben. Es gibt daher auch kein Anmeldeverzeichnis, das – wie in einem Insolvenzverfahren – als Abstimmungsverzeichnis verwendet werden kann bzw auf dessen Grundlage ein Abstimmungsverzeichnis erstellt werden kann.

ME sollte der Schuldner bzw der Schuldnervertreter, der bereits bei der Vorlage des Restrukturierungsplans eine Aufstellung über die betroffenen Gläubiger bzw eine Zuordnung der Gläubiger zu Gläubigerklassen vornehmen muss (§ 27 Abs 2 Z 4, 5, 6) und über die EDV-technischen Voraussetzungen verfügt, ein solches Abstimmungsverzeichnis (im Fall der Bildung von Gläubigerklassen Abstimmungsverzeichnisse) dem Gericht vorlegen.

§ 31 Abs 3 ReO wirft die Frage auf, wie vorzugehen ist, wenn Gläubiger nicht über die technischen Kommunikationsmittel verfügen, um an einer virtuellen Restrukturierungsplantagsatzung teilzunehmen. ME sind auch „Hybrid-Varianten", also eine Tagsatzung in Präsenz mit (teilweise) zugeschalteten Teilnehmern auf Basis dieser Regelung, zulässig.

Stimmrecht
§ 32

(1) Betroffene Gläubiger haben das Recht, über die Annahme des Restrukturierungsplans abzustimmen. Das Stimmrecht bemisst sich nach dem Betrag der unter den Restrukturierungsplan fallenden Forderungen zuzüglich der bis zum Tag der Vorlage des Restrukturierungsplans angelaufenen Zinsen.

(2) Die betroffenen Gläubiger sind berechtigt, Einwendungen gegen die unter den Restrukturierungsplan fallenden Forderungen vorzubringen.

(3) Der Restrukturierungsbeauftragte hat zur Prüfung des Bestands und der Höhe der Forderungen Einsicht in die Geschäftsbücher und die Aufzeichnungen des Schuldners zu nehmen.

(4) § 93 Abs 3 bis 4 sowie §§ 94, 144 und 148 IO sind anzuwenden.

EB zu § 32 ReO
Diese Bestimmung dient der Umsetzung von Art. 9 Abs. 2 RIRL (siehe auch ErwGr. 46). Das Stimmrecht bemisst sich nach dem Betrag der unter den Restrukturierungsplan fallenden Forderungen zuzüglich der bis zum Tag der Vorlage des Restrukturierungsplans angelaufenen Zinsen. Gemäß Abs. 2 können die betroffenen Gläubiger Einwendungen gegen die in den Restrukturierungsplan aufgenommenen Forderungen vorbringen. Der Restrukturierungsbeauftragte, der nach § 9 Abs. 3 Z 4 zur Prüfung der bestrittenen Forderungen bestellt worden ist, hat nach Abs. 3 zur Prüfung des Bestands und der Höhe der Forderungen Einsicht in die Geschäftsbücher und die Aufzeichnungen des Schuldners zu nehmen.

Zur Berücksichtigung der Stimmrechte für bestrittene Forderungen wird auf die Insolvenzordnung verwiesen. Gläubiger, deren Forderungen bestritten oder bedingt sind, nehmen zunächst an der Abstimmung teil. Stellt sich heraus, dass das Ergebnis der Abstimmung verschieden ist, je nachdem, ob und inwieweit die Stimme des Gläubigers gezählt wird, so hat das Gericht nach vorläufiger Prüfung und Einvernehmung der Parteien zu entscheiden, ob und inwieweit die Stimme dieses

Gläubigers zu zählen ist (§ 93 Abs. 3 und 4 IO). In Abs. 4 wird überdies auf weitere relevante Stimmrechtsbestimmungen der Insolvenzordnung verwiesen, welche sinngemäß anzuwenden sind. Betroffene Gläubiger, die erst nach der Einleitung des Restrukturierungsverfahrens die vom Restrukturierungsplan betroffene Forderung durch rechtsgeschäftliche Abtretung erworben haben, haben kein Stimmrecht, es sei denn, sie haben die Forderung aufgrund eines vor der Einleitung des Restrukturierungsverfahrens eingegangenen Verpflichtungsverhältnisses übernommen (§ 94 IO). Mehreren Gläubigern einer gemeinschaftlichen Forderung gebührt ebenso wie einem Gläubiger mehrerer Forderungen nur eine Stimme (§ 144 IO). Nahe Angehörige des Schuldners und Rechtsnachfolger, die deren Forderungen nicht früher als sechs Monate vor Einleitung des Restrukturierungsverfahrens erworben haben, werden bei der Berechnung der erforderlichen Mehrheiten nur mitgezählt, wenn sie gegen den Vorschlag stimmen (§ 148 IO).

Anmerkungen

Der Abstimmung über einen Sanierungsplan oder einen Zahlungsplan geht die Prüfung bzw die Feststellung der Insolvenzforderungen voraus; insoweit wird das insolvenzrechtliche Prüfungsverfahren für die Abstimmung nutzbar gemacht. Gerade dieses Prüfungsverfahren fehlt im Restrukturierungsverfahren; „festgestellte" Forderungen gibt es daher nicht; der Verweis auf § 93 Abs 3 IO ist daher so zu verstehen, dass grundsätzlich alle Forderungen betroffener Gläubiger in den jeweiligen Gläubigerklassen stimmberechtigt sind. Eine Stimmrechtsentscheidung ist vom Gericht nur dann zu treffen, wenn der Schuldner, betroffene Gläubiger oder der Restrukturierungsbeauftragte Einwendungen gegen Forderung bzw Stimmrecht erheben *und* diese Stimme *von Einfluss auf das Abstimmungsergebnis* ist (§ 93 Abs 4 IO).

Die Abstimmung kann auch virtuell abgehalten werden (§ 33 Abs 2 ReO). Ist der Schuldner eine eingetragene Personengesellschaft oder eine Verlassenschaft, müssen auch sämtliche unbeschränkt haftenden Gesellschafter oder sämtliche Erben dem Restrukturierungsplan zustimmen (§ 33 Abs 1 letzter Satz ReO). Diese Zustimmung sollte zweckmäßigerweise vor der Abstimmung vorliegen.

Annahme des Restrukturierungsplans
§ 33

(1) Zur Annahme des Restrukturierungsplans ist erforderlich, dass in jeder Klasse die Mehrheit der anwesenden betroffenen Gläubiger dem Plan zustimmt und die Summe der Forderungen der zustimmenden Gläubiger in jeder Klasse zumindest 75 % der Gesamtsumme der Forderungen der anwesenden betroffenen Gläubiger in dieser Klasse beträgt. Wurden keine Klassen gebildet, so berechnen sich die erfor-

derlichen Mehrheiten anhand der insgesamt anwesenden Gläubiger. § 164 Abs. 1 IO ist anzuwenden.

(2) Die Teilnahme über ein vom Gericht bestimmtes technisches Kommunikationsmittel zur Wort- und Bildübertragung gilt als Anwesenheit im Sinne des Abs. 1.

EB zu § 33 ReO

Diese Bestimmung dient der Umsetzung von Art. 9 Abs. 6 RIRL. Die Richtlinie sieht als zwingendes Erfordernis zur Annahme des Restrukturierungsplans die Zustimmung einer Betragsmehrheit der Summe der Forderungen in jeder Gläubigerklasse vor. Von der zusätzlichen Option, eine Kopfmehrheit in jeder Klasse vorzusehen, wird Gebrauch gemacht, um zu verhindern, dass allein die Zustimmung eines einzelnen großen Gläubigers in einer Klasse für die Annahme ausschlaggebend sein kann. Im Hinblick auf die Summenmehrheit wird überdies die Möglichkeit, ein Quorum von bis zu 75 % vorzusehen, voll ausgeschöpft. Die Mehrheiten sind von den bei der Restrukturierungsplantagsatzung anwesenden betroffenen Gläubigern zu berechnen (siehe auch ErwGr. 47).

Ist der Schuldner eine eingetragene Personengesellschaft oder eine Verlassenschaft, so kann der Restrukturierungsplan nur mit der Zustimmung der unbeschränkt haftenden Gesellschafter oder Erben angenommen werden, wie dies § 164 Abs 1 IO für den Sanierungsplan bestimmt.

In Abs. 2 wird klargestellt, dass bei Abhaltung der Restrukturierungsplantagsatzung unter Verwendung geeigneter technischer Kommunikationsmittel zur Wort- und Bildübertragung eine Teilnahme über ein solches Kommunikationsmittel als Anwesenheit gilt.

Anmerkungen

Die Mehrheitserfordernisse in den jeweiligen Gläubigerklassen entsprechen § 150 Abs 2 IO (strukturierter Sanierungsplan). Besicherte Gläubiger stimmen grundsätzlich mit dem gedeckten Teil ihrer Forderungen in der Klasse der besicherten Gläubiger, mit dem Ausfall in der Klasse der ungesicherten Gläubiger ab.

Wenn keine Klassenbildung erfolgt (§ 29 Abs 3 ReO), ist aufgrund des allgemeinen Verweises auf die Verfahrensbestimmungen der IO (§ 5 ReO) mE § 93 Abs 2 IO anzuwenden. Die besicherten Gläubiger sind dann – wie beim Sanierungsplan – nur mit Ihrem Ausfall stimmberechtigt.

Bestätigung des Restrukturierungsplans
§ 34

(1) Der Restrukturierungsplan bedarf der Bestätigung durch das Gericht. Die Bestätigung des Restrukturierungsplans setzt voraus, dass

1. der Restrukturierungsplan im Einklang mit §§ 31 bis 33 angenommen wurde,
2. Gläubiger in derselben Klasse oder, wenn keine Klassen gebildet wurden, alle betroffenen Gläubiger im Verhältnis zu ihren Forderungen gleich behandelt werden,
3. der Schuldner bescheinigt, dass er den Restrukturierungsplan an alle betroffenen Gläubiger gemäß § 31 Abs. 1 übermittelt hat,
4. die vereinbarte neue Finanzierung zur Umsetzung des Restrukturierungsplans erforderlich ist und die Interessen der Gläubiger nicht in unangemessener Weise beeinträchtigt und
5. die vom Restrukturierungsbeauftragten bis zur Restrukturierungsplantagsatzung entstandene und geltend gemachte Entlohnung gerichtlich bestimmt wurde.

(2) Hat ein ablehnender Gläubiger die Überprüfung der Einhaltung des Kriteriums des Gläubigerinteresses nach § 35 beantragt, so setzt die Bestätigung voraus, dass der Restrukturierungsplan dieses Kriterium erfüllt.

(3) Die Bestätigung ist zu versagen, wenn
1. ein Grund vorliegt, aus dem der Antrag auf Einleitung des Restrukturierungsverfahrens unzulässig ist (§ 7 Abs. 3),
2. der Restrukturierungsplan durch eine gegen § 150a IO verstoßende Begünstigung eines Gläubigers zustande gebracht wurde oder der Schuldner bei der Angabe der vom Restrukturierungsplan nicht betroffenen Gläubiger nach § 27 Abs. 2 Z 6 wissentlich Gläubiger verschwiegen hat;
3. der Schuldner nicht unter den Restrukturierungsplan fallende fällige und feststehende Forderungen nicht bezahlt hat;
4. eine Prüfung aufgrund spätestens in der Restrukturierungsplantagsatzung zu erhebender begründeter Einwendungen eines betroffenen Gläubigers ergibt, dass der Restrukturierungsplan den nach § 30 Abs. 1 zu überprüfenden Anforderungen nicht entspricht.

(4) Das Gericht hat die Bestätigung weiters zu versagen, wenn offensichtlich ist, dass der Restrukturierungsplan die Zahlungsunfähigkeit des Schuldners oder den Eintritt der Überschuldung nicht verhindert, eine bereits eingetretene Überschuldung nicht beseitigt oder die Bestandfähigkeit des Unternehmens nicht gewährleistet.

(5) Die Entscheidung über die Bestätigung eines Restrukturierungsplans hat das Gericht mit Blick auf eine zügige Bearbeitung der Angelegenheit auf effiziente Weise zu treffen.

EB zu § 34 ReO

Diese Bestimmung dient der Umsetzung von Art. 10 RIRL. Die Umsetzungsbestimmung sieht eine generelle Erforderlichkeit der gerichtlichen Bestätigung des Restrukturierungsplans anstatt einer Bestätigung in bestimmten Fällen vor. Die Bestimmung nonniert die Voraussetzungen, die für die gerichtliche Bestätigung des Plans erfüllt sein müssen.

Abs. 1 Z 1 dient der Umsetzung von Art. 10 Abs. 2 lit. a RIRL. Demzufolge muss der Plan zur Bestätigung entsprechend den Bestimmungen dieses Abschnitts angenommen worden sein. Abs. 1 Z 2 setzt Art. 10 Abs. 2 lit. b RIRL um; Art. 10 Abs. 2 lit. c RIRL wird mit Abs. 1 Z 3 umgesetzt. Abs. 1 Z 4 dient der Umsetzung von Art. 10 Abs. 2 lit. e RIRL. Zusätzlich wird in Abs. 1 festgelegt, dass die Entlohnung des Restrukturierungsbeauftragten gerichtlich bestimmt sein muss.

Mit Abs. 2 wird Art. 10 Abs. 2 lit. d in Verbindung mit dem UAbs. des Abs. 2 RIRL umgesetzt. Die Erfüllung des Kriteriums des Gläubigerinteresses ist eine weitere Bestätigungsvoraussetzung, wenn eine solche Überprüfung von einem ablehnenden Gläubiger beantragt wurde. Details zum Kriterium des Gläubigerinteresses werden in § 35 normiert.

In Abs. 3 werden verschiedene Gründe, aus denen die Bestätigung zu versagen ist, vorgesehen. So ist keine gerichtliche Bestätigung zu erteilen, wenn ein Unzulässigkeitsgrund nach § 7 Abs. 3 vorliegt, also der Restrukturierungsplan offenbar untauglich ist oder der Antrag missbräuchlich ist, insbesondere weil wahrscheinliche Insolvenz offenbar nicht vorliegt (Z 1), der Restrukturierungsplan durch eine gegen § 150a IO verstoßende Sonderbegünstigung eines Gläubigers zustande gebracht wurde oder der Schuldner bei der Angabe der vom Restrukturierungsplan nicht betroffenen Gläubiger nach § 27 Abs. 2 Z 6 bewusst Gläubiger verschwiegen hat (Z 2). Ein weiterer Versagungsgrund liegt vor, wenn der Schuldner nicht unter den Restrukturierungsplan fallende fällige und feststehende Forderungen nicht bezahlt hat (Z 3). Nach Z 4 ist die Bestätigung überdies zu versagen, wenn eine Prüfung aufgrund spätestens in der Abstimmungstagsatzung zu erhebender begründeter Einwendungen eines betroffenen Gläubigers ergibt, dass der Restrukturierungsplan den nach § 30 Abs. 1 zu überprüfenden Anforderungen nicht entspricht.

Mit Abs. 4 wird von der Option in Art. 10 Abs. 3 RIRL Gebrauch gemacht und vorgesehen, dass die Bestätigung des Restrukturierungsplans abzulehnen ist, wenn keine vernünftige Aussicht besteht, dass die Bestätigung des Restrukturierungplans die Insolvenz des Schuldners verhindern oder die Bestandfähigkeit des Unternehmens gewährleisten würde. Die Bestandfähigkeit des Unternehmens ist nach § 30 in Verbindung mit § 27 Abs. 2 Z 8 bereits bei Vorlage des Plans zu überprüfen. Stellt sich erst nach Annahme des Restrukturierungsplans heraus, dass die Bestandfähigkeit nicht gewährleistet ist, so ist die Bestätigung des Plans zu versagen und das Verfahren einzustellen.

Mit Abs. 5 wird Art. 10 Abs. 4 RIRL umgesetzt. Freilich handelt es sich bei dieser Bestimmung nur um eine Klarstellung, zumal dieser Grundsatz in jedem Verfahren gilt (siehe auch die Vorgabe in Art. 25 lit. b RIRL).

Anmerkungen

Grundsätzlich ist zu erwarten, dass ein angenommener Restrukturierungsplan auch große Chance auf gerichtliche Bestätigung hat, wenn der Restrukturierungsplan im Vorfeld der Abstimmung mit den wesentlichen Gläubigern akkordiert wurde. Im Unterschied zu § 150 Abs 2 IO ist eine Strukturierung des Restrukturierungsplans (unterschiedliche Quote) innerhalb einer Klasse oder wenn keine Klassen gebildet wurden nicht möglich.

Durch die Gerichte wird klarzustellen sein, wie die Bescheinigungen gemäß § 34 Abs 1 Z 3 zu erbringen sein werden; Erklärungen des Schuldners an Eides statt bieten sich zB an.

Im Gegensatz zu § 152a IO, der auf Zahlung oder Sicherstellung abstellt, wird punkto Entlohnung lediglich auf die Bestimmung abgestellt. In diesem Zusammenhang ist zu berücksichtigen, dass bei Bestätigung des Restrukturierungsplans auch Pauschalgebühr anfällt. Für diese Pauschalgebühr nach TP 6 Z 1 ist der Schuldner zahlungspflichtig (§ 23 GGG idF RIRUG). Grundlage für die Berechnung ist – im Gegensatz zum Sanierungsplan – der für die Befriedigung der Gläubiger erforderliche Betrag, also die Quote (EB RIRUG zu TP 6) und nicht die Entlohnung des Restrukturierungsbeauftragten.

Die Bezahlung der nicht unter den Restrukturierungsplan fallenden fälligen und feststehenden Forderungen (§ 3 Abs 1 Z 3 ReO), das sind die nach Einleitung des Restrukturierungsverfahrens entstehen Forderungen im Sinn des § 46 Z 1, 2, 4 und 6 IO, ist eigentlich auch Bestätigungsvoraussetzung: Die Nichtbezahlung dieser neuen Verbindlichkeiten des Schuldners ist nämlich als Versagungsgrund geregelt. Das Gericht wird diesen Versagungsgrund dann wahrnehmen können, wenn Gläubiger ausgenommener Forderungen die Nichtbezahlung dem Gericht bekannt geben.

Kriterium des Gläubigerinteresses
§ 35

(1) Das Kriterium des Gläubigerinteresses ist erfüllt, wenn kein ablehnender betroffener Gläubiger durch den Restrukturierungsplan schlechter gestellt wird als im Insolvenzverfahren nach der IO. Zum Vergleich ist das nächstbeste nach den Umständen des Falles voraussichtlich verwirklichbare Alternativszenario für den Fall, dass der Restrukturierungsplan nicht bestätigt werden sollte, heranzuziehen.

(2) Die Einhaltung von Abs. 1 hat das Gericht nur auf Antrag eines ablehnenden betroffenen Gläubigers zu prüfen. Der Antrag ist in der Restrukturierungsplantagsatzung oder binnen sieben Tagen nach dieser Tagsatzung zu stellen.

EB zu § 35 ReO
Diese Bestimmung konkretisiert das Kriterium des Gläubigerinteresses. Es ist nach der Definition in Art. 2 Abs. 1 Nr. 6 RIRL dann erfüllt, wenn kein ablehnender Gläubiger durch den Restrukturierungsplan schlechter gestellt wird als er im Fall einer stückweisen Liquidation oder einer solchen durch Verkauf des Unternehmens oder im Fall des nächstbesten Alternativszenarios stünde. Es hat also ein Vergleich mit den möglichen Bedingungen in einem Insolvenzverfahren zu erfolgen. Dabei kommt eine Verwertung im Insolvenzverfahren oder ein Sanierungsplan in einem Konkursverfahren (Sanierungsverfahren ohne Eigenverwaltung) oder einem Sanierungsverfahren mit Eigenverwaltung in Frage. Relevant ist das nächstbeste Alternativszenario, dessen Realisierung nach den Umständen des Falles auch wahrscheinlich ist.

In Abs. 2 wird in Umsetzung von Art. 10 Abs. 2 letzter UAbs. RIRL normiert, dass die Erfüllung des Kriteriums des Gläubigerinteresses vom Gericht nur auf Antrag zu prüfen ist. Der Antrag auf Überprüfung ist spätestens binnen sieben Tagen nach der Restrukturierungsplantagsatzung zu stellen.

Anmerkungen
Nach den Erläuterungen (EB RIRUG Allgemeiner Teil) darf kein ablehnender Gläubiger schlechter gestellt werden als *im Liquidationsfall oder im Fall des nächstbesten Alternativszenarios*, also bei Zustandekommen eines Sanierungsplans, vorausgesetzt, das Zustandekommen ist *realistisch* (*Mohr*, ZIK 2021/93, 83). Bei dieser Prüfung wird eine Rolle spielen, wie die Abstimmung in einem Sanierungsplan (Summenmehrheit von nur 50 % gemäß § 147 Abs. 1 IO – keine Gläubigerklassen) verlaufen würde. Eine höhere Quote für den ablehnenden Gläubiger im Liquidationsfall ist kaum vorstellbar. Mit der Bewertung des Unternehmens bzw der Berechnung der fiktiven Verteilungsquote kann auch der Restrukturierungsbeauftragte beauftragt werden (§ 38 ReO).

Klassenübergreifender Cram-down
§ 36

(1) Ein Restrukturierungsplan, der nicht in jeder Gläubigerklasse von den betroffenen Gläubigern angenommen worden ist, ist auf Antrag des Schuldners vom Gericht zu bestätigen, wenn
1. die Voraussetzungen für die Bestätigung erfüllt sind,

2. ablehnende Gläubigerklassen gleichgestellt werden wie gleichrangige Klassen und bessergestellt werden als nachrangige Klassen und
3. keine Gläubigerklasse mehr erhält als den vollen Betrag ihrer Forderungen.

Die Beurteilung des Rangs der Klassen nach Z 2 richtet sich nach der Befriedigungsrangfolge des Insolvenzrechts.

(2) Weitere Voraussetzung ist, dass der Restrukturierungsplan von einer Mehrheit der Gläubigerklassen einschließlich der Klasse der besicherten Gläubiger oder von einer Mehrheit der Gläubigerklassen, bei welchen davon ausgegangen werden kann, dass deren Gläubiger im Falle einer Bewertung des Schuldners als fortgeführtes Unternehmen im Insolvenzverfahren eine Verteilungsquote erhalten würden, angenommen wurde. Wenn nur zwei Gläubigerklassen gebildet wurden, reicht die Annahme durch eine dieser Klassen aus.

EB zu § 36 ReO

Mit § 36 wird Art. 11 RIRL umgesetzt. Aufgrund dieser Bestimmung kann auch ein Restrukturierungsplan, der nicht von allen Klassen nach § 33 angenommen wurde, gerichtlich bestätigt werden, wenn er die übrigen Voraussetzungen für die Bestätigung erfüllt (Z 1). Weiters ist für eine Bestätigung nach § 36 erforderlich, dass ablehnende Gläubigerklassen gleichgestellt werden wie gleichrangige Klassen und bessergestellt werden als nachrangige Klassen (Z 2). Der Rang der Klassen ergibt sich aus der Liquidationsreihenfolge des Insolvenzrechtes (§§ 50 und 57a IO). Die Klassen nach § 29 Abs. 1 Z 2 bis 4 sind demnach gleichrangig. Jene nach Z 1 ist vorrangig und jene nach Z 5 nachrangig.

Abs. 2 sieht in Umsetzung von Art. 11 Abs 1 lit. c die Regel des relativen Vorrangs (relative priority rule) vor. Von der Option nach Art. 11 Abs. 2 RIRL, stattdessen die Regel des absoluten Vorrangs (absolute priority rule) vorzusehen, wonach zur Bestätigung des Plans die Forderungen betroffener Gläubiger in einer ablehnenden Abstimmungsklasse in vollem Umfang und in gleicher oder gleichwertiger Weise befriedigt werden müssen, wenn eine nachrangige Klasse nach dem Restrukturierungsplan eine Zahlung erhält, wird im Sinne einer größeren Flexibilität beim Erstellen des Restrukturierungsplans kein Gebrauch gemacht. Durch die relative priority rule, die auch der Gesetzeslage bei der Wirkung des Sanierungsplans auf eigenkapitalersetzende Forderungen näherkommt, wird sichergestellt, dass ablehnende Gläubigerklassen durch den Restrukturierungsplan nicht in unangemessener Weise beeinträchtigt werden. In der praktischen Ausgestaltung bestünden zwischen der Regel des relativen und der des absoluten Vorrangs überdies keine großen Unterschiede, weil die Richtlinie umfassende Ausnahmen von der absolu-

te priority rule zulässt, die Insolvenzordnung keine Gläubigerklassen kennt und Anteilsinhaber in den Restrukturierungsplan ohnedies nicht einbezogen werden.

Aufgrund der für ablehnende Gläubiger bestehenden Möglichkeit, nach § 35 die Überprüfung der Einhaltung des Kriteriums des Gläubigerinteresses zu beantragen, ist auch beim klassenübergreifenden Cram-down sichergestellt, dass kein ablehnender Gläubiger weniger als im Fall des nächstbesten Alternativszenarios erhält.

Eine weitere Voraussetzung besteht nach Abs. 1 Z 3 darin, dass keine Gläubigerklasse nach dem Plan mehr erhalten darf als den vollen Betrag ihrer Forderung.

Mit Abs. 2 wird Art. 11 Abs. 1 lit. b RIRL umgesetzt. Von der Option nach Art. 11 Abs. 1 letzter UAbs. RIRL, die Mindestzahl der zustimmenden Gläubigerklassen zu erhöhen, wird Gebrauch gemacht, indem für den zweiten Fall des Abs 2 die Erforderlichkeit einer Zustimmung der Mehrheit von Gläubigerklassen, die im Insolvenzverfahren eine Quote erhalten würden, anstatt von nur einer solchen Klasse vorgesehen wird. Wurden nur zwei Gläubigerklassen gebildet, so ist die Zustimmung der Klasse der besicherten Gläubiger oder einer Klasse, die auch im Insolvenzverfahren eine Quote erhalten würde, ausreichend. Ist demnach eine der beiden Klassen die Klasse nachrangiger Gläubiger, so ist nur die Zustimmung der anderen Klasse ausreichend.

Anmerkungen

Spätestens mit der Vorlage des Restrukturierungsplans ist seitens des Schuldners zu entscheiden, ob Gläubigerklassen gebildet werden oder nicht. Auch die Vorbeurteilung des Stimmverhaltens maßgeblicher Gläubiger wird dabei zu berücksichtigen sein. Ein cram-down, also eine gerichtliche Bestätigung des Restrukturierungsplans trotz Nichterreichens der Mehrheit in einer Gläubigerklasse ist eben nur „klassenübergreifend" möglich. Dabei ist zu beachten, dass im Gegensatz zum Sanierungsplan eine Summenmehrheit von 75 % erreicht werden und insoweit ein Restrukturierungsplan, wenn keine Gläubigerklassen gebildet werden, schwerer „durchzubringen" ist als ein Sanierungsplan.

Für die befassten Gerichte ist wesentlich, dass nach dem Wortlaut (*ist* zu bestätigen) der klassenübergreifende cram-down keine Ermessensentscheidung ist, sondern bei Vorliegen der Voraussetzungen der Restrukturierungsplan zu bestätigen ist.

Anteilsinhaber
§ 37

(1) Die Anteilsinhaber dürfen die Annahme, die Bestätigung und die Umsetzung eines Restrukturierungsplans nicht grundlos verhindern oder erschweren. Umfasst der Plan Maßnahmen, die einer Zustim-

mung der Anteilsinhaber bedürfen, so sind die Bestimmungen des Gesellschaftsrechts zu beachten. Greift ein Restrukturierungsplan nicht in die rechtliche oder wirtschaftliche Stellung der Anteilsinhaber ein, so kann eine gesellschaftsrechtlich erforderliche Zustimmung der Anteilsinhaber durch Beschluss des Gerichts ersetzt werden.

(2) Die Einberufung der Gesellschafterversammlung zur Abstimmung über Maßnahmen, die der Zustimmung der Anteilsinhaber bedürfen, kann mit der im Gesetz vorgesehenen Einberufungsfrist erfolgen, auch wenn der Gesellschaftsvertrag eine längere Frist vorsieht.

(3) Die Abstimmung der Gläubiger über den Restrukturierungsplan hat erst zu erfolgen, wenn die dazu gebotenen Beschlüsse der Gesellschafterversammlung wirksam sind.

EB zu § 37 ReO

Diese Bestimmung dient der Umsetzung von Art. 12 RIRL, der ein Obstruktionsverbot der Anteilsinhaber vorsieht. Werden die Anteilsinhaber – wie im Entwurf vorgesehen – nicht in das Verfahren einbezogen, so haben die Mitgliedstaaten sicherzustellen, dass diese die Annahme, Bestätigung oder Umsetzung eines Restrukturierungsplans nicht grundlos verhindern oder erschweren (siehe ErwGr. 57). Dabei sind folgende Faktoren zu berücksichtigen: die Frage, ob es sich beim Schuldner um ein KMU oder ein großes Unternehmen handelt, die sich auf die Rechte der Anteilsinhaber auswirkenden vorgeschlagenen Restrukturierungsmaßnahmen , die Art der Anteilsinhaber, die Frage, ob der Schuldner eine juristische oder eine natürliche Person ist und die Frage, ob die Partner in einem Unternehmen unbeschränkt oder beschränkt haften.

Die Einleitung eines Restrukturierungsverfahrens juristischer Personen ist von deren Vertretungsorganen zu beantragen. Hiebei ist – wie auch im Insolvenzverfahren – nur die konkrete satzungsgemäße Vertretungsbefugnis maßgeblich; ob die Bestimmungen über die interne Beschlussfassung eingehalten worden sind, ist für die Gültigkeit und Zulässigkeit des Antrags auf Einleitung des Restrukturierungsverfahrens belanglos (vgl. auch 8 Ob 327/99t). Künftig könnte es dazu kommen, dass bereits im Gesellschaftsvertrag Vorkehrungen für den Fall eines Restrukturierungsverfahrens getroffen werden, etwa dass ein Restrukturierungsplan oder darin enthaltene Maßnahmen der Beschlussfassung durch die Gesellschafterversammlung vorbehalten werden. Durch Abs. 1 letzter Satz wird für das Innenverhältnis festgelegt, dass eine gesellschaftsrechtlich erforderliche Zustimmung der Anteilsinhaber zu einem Restrukturierungsplan durch Beschluss des Gerichts ersetzt werden kann, wenn dieser nicht in deren rechtliche oder wirtschaftliche Stellung eingreift. Die Ersetzung der Zustimmung fällt in die Zuständigkeit des Gerichts, bei dem das Restrukturierungsverfahren geführt wird.

Restrukturierungsmaßnahmen, die sich unmittelbar auf die Rechte der Anteilsinhaber auswirken, zB notwendige Kapitalmaßnahmen, können nach den Bestimmungen des Gesellschaftsrechts durch eine Gesellschafterversammlung zu bestätigen sein. Um sicherzustellen, dass es durch eine notwendige Beschlussfassung nicht zu einer unangemessenen Verzögerung des Restrukturierungsverfahrens kommt, sollen zur Einberufung einer Gesellschafterversammlung, die der Abstimmung über solche Maßnahmen dient, keine längeren als die gesetzlich vorgesehenen Fristen gelten.

Erst wenn die gebotenen Beschlüsse der Gesellschafterversammlung wirksam sind – also mit deren Eintragung ins Firmenbuch – kommt es zur Abstimmung der Gläubiger über den Restrukturierungsplan. Kommt es zur Anfechtung, so ist für das Eintragungsverfahren nach § 19 Abs. 2 FBG dann von einer Unterbrechung abzusehen und aufgrund der Aktenlage zu entscheiden, wenn das rechtliche oder wirtschaftliche Interesse an einer raschen Erledigung erheblich überwiegt. Auch eine bevorstehende Restrukturierung könnte ein solches überwiegendes Interesse darstellen.

Wird der Beschluss nicht binnen sechs Monaten ab Beschlussfassung wirksam, so ist das Restrukturierungsverfahren nach § 41 Abs. 2 Z 9 einzustellen.

Anmerkungen
Wenn ein (grundsätzlich im Interesse der Gesellschaft liegender) Restrukturierungsplan *nicht* eine allenfalls satzungsgemäß notwendige Zustimmung der Anteilsinhaber findet, dürfte dies Gründe haben. Für das Gericht kann dies Hinweis sein, dass der Restrukturierungsplan *doch* in die rechtliche oder wirtschaftliche Stellung der Anteilsinhaber *eingreift*. Tatsächliche Gründe (zB Spitalsaufenthalt eines Gesellschafters) sind typische Gründe, die es ermöglichen, die fehlende Zustimmung zu ersetzen.

Bewertung
§ 38

(1) Das Unternehmen und die Vermögenswerte des Schuldners sind nur zu bewerten, wenn ein ablehnender betroffener Gläubiger in der Restrukturierungsplantagsatzung oder binnen sieben Tagen nach dieser einen Verstoß
1. gegen das Kriterium des Gläubigerinteresses gemäß § 35 oder
2. gegen die Bedingungen für einen klassenübergreifenden Cram-down gemäß § 36 Abs. 2 behauptet.
(2) Das Gericht kann zur Bewertung gemäß Abs. 1 einen Sachverständigen bestellen oder hiemit den Restrukturierungsbeauftragten beauftragen.

(3) Der Kostenersatz für die Gebühren des Sachverständigen und die Kosten des Restrukturierungsbeauftragten richtet sich nach der ZPO. Dem betroffenen Gläubiger, auf dessen Antrag die Überprüfung vorgenommen wird, kann der Erlag eines Kostenvorschusses aufgetragen werden.

EB zu § 38 ReO

Mit dieser Bestimmung wird Art. 14 RIRL umgesetzt. Das Unternehmen und die Vermögenswerte des Schuldners sind im Restrukturierungsverfahren nur dann zu bewerten, wenn ein betroffener Gläubiger, der bei einer Abstimmung gegen die Annahme des Restrukturierungsplans stimmt, einen Verstoß gegen das Kriterium des Gläubigerinteresses (Abs. 1 Z 1) oder gegen die Bedingungen eines klassenübergreifenden Cram-Down nach § 36 Abs. 2 (Abs. 1 Z 2) behauptet. Zur Bewertung kann das Gericht einen Sachverständigen bestellen (Abs. 2).

Grundsätzlich findet im Restrukturierungsverfahren ein Kostenersatz nicht statt (§ 254 Abs. 1 Z 1 IO). Abs. 3 sieht eine davon abweichende Regelung für die – auf Antrag eines betroffenen Gläubigers durchzuführenden – Überprüfung der Erfüllung des Kriteriums des Gläubigerinteresses oder des Vorliegens der Voraussetzung für einen klassenübergreifenden Cram-down vor. Für die hiebei anfallenden Sachverständigengebühren sind die §§ 41 ff. ZPO anzuwenden . Ergibt die Überprüfung einen vom betroffenen Gläubiger behaupteten Verstoß, so sind die Kosten vom Schuldner zu tragen, liegt kein Verstoß vor, so hat der beantragende betroffene Gläubiger die Kosten zu tragen. Dem beantragenden betroffenen Gläubiger kann der Erlag eines Kostenvorschusses aufgetragen werden. Dasselbe gilt, wenn der Restrukturierungsbeauftragte im Zuge der Überprüfung beauftragt wird.

Wirkung von Restrukturierungsplänen
§ 39

(1) Der vom Gericht bestätigte Restrukturierungsplan ist für alle im Restrukturierungsplan genannten betroffenen Gläubiger und den Schuldner verbindlich. Forderungsgestaltungen nach § 28 werden mit Bestätigung des Restrukturierungsplans wirksam, soweit der Restrukturierungsplan nichts anderes bestimmt. Bei einer Forderungskürzung wird der Schuldner von der Verbindlichkeit befreit, den betroffenen Gläubigern den Ausfall, den sie erleiden, nachträglich zu ersetzen oder für die sonst gewährte Begünstigung nachträglich aufzukommen.

(2) Gläubiger, die an der Annahme des Restrukturierungsplans nicht beteiligt waren, werden vom Plan nicht beeinträchtigt. Dies gilt nicht für Gläubiger, die sich trotz Übermittlung des Plans nach § 31

Abs. 1 oder Ladung zur Restrukturierungsplantagsatzung am Verfahren nicht beteiligten.

(3) Die Bestätigung des Restrukturierungsplans ersetzt nicht die Erfüllung gesetzlicher und vertraglicher Voraussetzungen, die zur Durchführung sonstiger Restrukturierungsmaßnahmen erforderlich sind. Gläubiger können durch den Restrukturierungsplan nicht zur Abgabe von Vertragserklärungen verpflichtet werden.

(4) §§ 150a, 151, 156 Abs. 2, § 164 Abs. 2 und § 164a IO sind anzuwenden.

(5) § 156a Abs. 1 bis 3 IO ist anzuwenden, soweit der Restrukturierungsplan nichts anderes bestimmt.

EB zu § 39 ReO

§ 39 setzt Art. 15 RIRL um und trifft Bestimmungen über die Wirkung von Restrukturierungsplänen. Ein vom Gericht bestätigter Restrukturierungsplan ist für alle im Restrukturierungsplan genannten betroffenen Gläubiger, die an der Annahme des Restrukturierungsplans beteiligt waren, und für den Schuldner verbindlich. Gläubiger, die an der Annahme des Plans nicht beteiligt waren, werden vom Plan nicht beeinträchtigt, es sei denn, sie haben sich trotz Übermittlung des Plans oder Ladung zur Restrukturierungsplantagsatzung nicht am Verfahren beteiligt (Abs. 2). Der Schuldner ist an die Verpflichtungen, die er sich mit dem Plan auferlegt, gebunden. Welche Konsequenzen die Nichtbefolgung hat, ergibt sich aus dem Plan.

Forderungsgestaltungen nach § 28 werden mit Bestätigung des Restrukturierungsplans wirksam. Forderungskürzungen befreien den Schuldner von der Verbindlichkeit, den betroffenen Gläubigern den Ausfall, den sie erleiden, nachträglich zu ersetzen oder für die sonst gewährte Begünstigung nachträglich aufzukommen. Diese Rechtsfolge entspricht § 156 Abs. 1 IO.

Bei sonstigen Restrukturierungsmaßnahmen – wie zB Vertragsauflösungen oder -anpassungen – bedarf es eines gesonderten Abschlusses der entsprechenden Vereinbarungen mit den jeweiligen Vertragspartnern. Diese können nicht durch die Bestätigung des Plans ersetzt werden. Betroffene Gläubiger können im Restrukturierungsplan auch nicht zur Abgabe von erforderlichen Vertragserklärungen verpflichtet werden (Abs. 3). Außerhalb des Restrukturierungsplans mit einem betroffenen Gläubiger abgeschlossene Vereinbarungen über Sonderbegünstigungen sind gemäß Abs. 4 in sinngemäßer Anwendung von § 150a IO ungültig.

Weiters wird in Abs. 4 § 151 IO für anwendbar erklärt. Demnach können die Ansprüche betroffener Gläubiger gegen Bürgen oder Mitschuldner des Schuldners oder gegen Rückgriffsverpflichtete durch den Restrukturierungsplan nicht ohne ausdrückliche Zustimmung des Berechtigten beschränkt werden. Durch die Bestätigung des Restrukturierungsplans soll der Schuldner – wie beim Sanierungsplan – auch von der Verbindlichkeit befreit werden, Bürgen oder anderen Rück-

griffberechtigten den Ausfall, den diese erleiden, nachträglich zu ersetzen (§ 156 Abs. 2 IO). Auch § 164 Abs. 2 IO ist sinngemäß anzuwenden: Demnach kommen die Rechtswirkungen des Restrukturierungsplans, soweit nichts anderes bestimmt wird, auch unbeschränkt haftenden Gesellschaftern einer eingetragenen Personengesellschaft (OG und KG) zugute. In sinngemäßer Anwendung von § 164a IO wird auch der Umfang der Haftung bereits ausgeschiedener unbeschränkt haftender Gesellschafter durch den Restrukturierungsplan begrenzt.

Abs. 5 regelt die Verzugsfolgen. Sofern im Restrukturierungsplan nichts anderes bestimmt wurde, ist § 156a IO sinngemäß anzuwenden. Der Schuldner gerät in Verzug, wenn er eine fällige Verbindlichkeit trotz einer vom Gläubiger unter Einräumung einer mindestens vierzehntägigen Nachfrist an ihn gerichteten schriftlichen Mahnung nicht gezahlt hat. In diesem Fall lebt die Forderung des Gläubigers gegen den Schuldner wieder auf. Nicht umfasst sind Forderungen, die zur Zeit der eingetretenen Säumnis mit dem im Restrukturierungsplan festgesetzten Betrag voll befriedigt waren. Andere Forderungen sind mit dem Bruchteil als getilgt anzusehen, der dem Verhältnis des bezahlten Betrags zu dem nach dem Restrukturierungsplan zu zahlenden Betrag entspricht. Die Rechte des Gläubigers nach dem Restrukturierungsplan bleiben unberührt. § 156a Abs. 2 zweiter Fall IO bezieht sich auf natürliche Personen, die kein Unternehmen betreiben, und ist daher nicht anwendbar.

Anmerkungen

§ 39 ReO ist auch in Zusammenschau mit § 36a IO idF RIRUG zu lesen: Diese Bestimmung regelt den Schutz für Finanzierungen im Zusammenhang mit einer Restrukturierung. Sie schützt in bestimmtem Umfang neue Kreditgeber vor Anfechtungen im Fall einer nachfolgenden Insolvenz. Dieser Anfechtungsschutz besteht nach dem insoweit eindeutigen Gesetzeswortlaut dann für neue Finanzierungen, wenn diese *in einem vom Gericht bestätigten Restrukturierungsplan enthalten sind*. (Neu-)gläubiger können durch den Restrukturierungsplan zwar nicht zur Abgabe von Vertragserklärungen verpflichtet werden, Zusagen für neue Finanzierungen im Fall der Annahme und Bestätigung werden mit Bestätigung des Restrukturierungsplans verbindlich.

Rekurs
§ 40

(1) Gegen die Bestätigung des Restrukturierungsplans kann von jedem ablehnenden betroffenen Gläubiger, gegen die Versagung der Bestätigung vom Schuldner und von jedem zustimmenden betroffenen Gläubiger Rekurs erhoben werden.

(2) Der Rekurs hat keine aufschiebende Wirkung. Über den Rekurs ist mit Blick auf eine zügige Bearbeitung auf effiziente Weise zu entscheiden.

(3) Dem Rekurs ist auf Antrag aufschiebende Wirkung zuzuerkennen, wenn die Umsetzung des Restrukturierungsplans für den Rekurswerber mit einem schwerwiegenden unwiederbringlichen Schaden verbunden wäre, der außer Verhältnis zu den Vorteilen der sofortigen Planumsetzung steht. Zugleich hat das Gericht, das über die Bestätigung des Plans in erster Instanz entschieden hat, zur Sicherstellung eines allfälligen Ausgleichs nach Abs. 5 nach freiem Ermessen eine Sicherheit festzusetzen. Erlegt der Schuldner die Sicherheit, so ist die aufschiebende Wirkung abzuerkennen. Diese Beschlüsse können nicht angefochten werden.

(4) Das Rekursgericht, das einem Rekurs gegen die Bestätigung des Restrukturierungsplans Folge gibt, kann
1. die Bestätigung des Restrukturierungsplans aufheben oder
2. die Bestätigung des Restrukturierungsplans aufrecht erhalten, wenn dies dem gemeinsamen Interesse der Gläubiger entspricht.

(5) Das Gericht, das über die Bestätigung des Restrukturierungsplans in erster Instanz entschieden hat, hat auf Antrag eines Gläubigers, dem finanzielle Verluste entstanden sind und dessen Rekurs stattgegeben wird, im Falle der Bestätigung eines Plans gemäß Abs. 4 Z 2 einen vom Schuldner zu zahlenden Ausgleich zu gewähren. Die Höhe des Ausgleiches ist vom Gericht nach freier Überzeugung (§ 273 ZPO) durch Beschluss festzusetzen.

EB zu § 40 ReO
Mit dieser Bestimmung wird Art. 16 RIRL umgesetzt. Die Richtlinienbestimmung sieht vor, dass ein Rechtsbehelf gegen die Bestätigung oder dessen Versagung an eine höhere Justizbehörde vorzulegen ist. Dementsprechend wird die Erhebung eines Rekurses vorgesehen. Der Rekurs hat keine aufschiebende Wirkung, um im Sinne einer möglichst raschen wirtschaftlichen Erholung des Schuldners Verzögerungen bei der Planumsetzung zu vermeiden. Gemäß Abs. 3 ist dem Rekurs jedoch auf Antrag aufschiebende Wirkung zuzuerkennen, wenn die sofortige Planumsetzung für den Rekurswerber mit einem schwerwiegenden unwiederbringlichen Schaden verbunden wäre, der außer Verhältnis zu den Vorteilen der sofortigen Planumsetzung steht. Der Schuldner kann durch den Erlag einer vom Gericht festzusetzenden Sicherheitsleistung die Aberkennung der aufschiebenden Wirkung erreichen.

Gemäß Abs. 4 kann bei Stattgeben eines Rekurses gegen die Bestätigung des Restrukturierungsplans die Bestätigung des Restrukturierungsplans aufgehoben oder aufrecht erhalten werden. Wird die Bestätigung des Restrukturierungplans beibehalten, obwohl dem Rekurs stattgegeben wird, so hat das Gericht, das über die Bestätigung des Plans in erster Instanz entschieden hat, auf Antrag einer Partei, der finanzielle Verluste entstanden sind, einen vom Schuldner zu zahlenden Ausgleich zu gewähren. Dass der rechtskräftige Beschluss ein Exekutionstitel ist, ergibt sich aus § 1 EO in der Fassung des Entwurfs.

In Abs. 2 übernimmt der Entwurf auch hier die Vorgabe des Art. 25 lit. b RIRL.

Anmerkungen
Die Regelung der Rekurslegitimation (§ 40 Abs 1 ReO) ist an § 155 IO angelehnt; allerdings sind Bürgen und Mitschuldner nicht rekursberechtigt. Dass ein *erfolgreiches* Rechtsmittel eines betroffenen Gläubigers zur *Aufrechterhaltung des Restrukturierungsplans* führen kann und in einen, nicht näher präzisierten, Anspruch auf Verlustausgleich nach § 40 Abs 4 ReO mündet, ist – gelinde ausgedrückt – interessant.

Aufhebung und Einstellung
§ 41

(1) Das Restrukturierungsverfahren ist mit Eintritt der Rechtskraft der Bestätigung aufgehoben.
    (2) Das Restrukturierungsverfahren ist einzustellen, wenn
1. **der Schuldner innerhalb der vom Gericht festgelegten Frist keinen Restrukturierungsplan vorgelegt hat,**
2. **der Schuldner einem Auftrag zur Verbesserung des Restrukturierungsplans nicht rechtzeitig nachgekommen ist,**
3. **der Schuldner den Antrag auf Annahme eines Restrukturierungsplans zurückzieht,**
4. **der Schuldner Mitwirkungs- und Auskunftspflichten oder Verfügungsbeschränkungen nach § 16 Abs. 2 beharrlich verletzt,**
5. **der Schuldner den Kostenvorschuss für die Entlohnung des Restrukturierungsbeauftragten nicht rechtzeitig erlegt,**
6. **der Schuldner den Jahresabschluss nicht vorlegt, für den die Frist zur Aufstellung während des Verfahrens abgelaufen ist,**
7. **ein Insolvenzverfahren über das Vermögen des Schuldners eröffnet wurde,**
8. **offensichtlich ist, dass der Restrukturierungsplan die Zahlungsunfähigkeit des Schuldners oder den Eintritt der Überschuldung nicht verhindert, eine bereits eingetretene Überschuldung nicht**

beseitigt oder die Bestandfähigkeit des Unternehmens nicht gewährleistet,
9. die Gläubiger den Restrukturierungsplan ablehnen und die Tagsatzung nicht erstreckt wird,
10. ein gebotener Beschluss der Gesellschafterversammlung (§ 37) nicht binnen sechs Monaten ab Beschlussfassung wirksam wird oder
11. die Bestätigung des Restrukturierungsplans rechtskräftig versagt wurde.

EB zu § 41 ReO
Mit dieser Bestimmung, welche kein Äquivalent in der Richtlinie hat, werden verschiedene verfahrensbeendende Tatbestände vorgesehen.

Nach Abs. 1 ist das Restrukturierungsverfahren mit Eintritt der Rechtskraft der Bestätigung aufgehoben.

In Abs. 2 finden sich verschiedene Einstellungsgründe. Das Verfahren ist einzustellen, wenn ein positiver Abschluss des Verfahrens nicht zu erwarten ist oder nicht mehr erreicht werden kann. Auch die Verletzung von Mitwirkungs- und Auskunftspflichten des Schuldners stehen einem positiven Abschluss entgegen, weil eine Zustimmung zum Restrukturierungsplan in einem solchen Fall ausgeschlossen werden kann.

Einstellungsgründe sind insbesondere, dass der Schuldner innerhalb der vom Gericht festgelegten Frist keinen Restrukturierungsplan vorgelegt hat (Z 1), einem Verbesserungsauftrag, insbesondere nach § 30, nicht rechtzeitig nachgekommen ist (Z 2), den Antrag auf Annahme eines Restrukturierungsplans zurückzieht (Z 3). Mitwirkungs- und Auskunftspflichten oder Verfügungsbeschränkungen nach § 16 Abs 2 beharrlich verletzt (Z 4), den Kostenvorschuss für die Entlohnung des Restrukturierungsbeauftragten nicht rechtzeitig erlegt (Z 5) oder den Jahresabschluss nicht vorlegt, für den die Frist zur Aufstellung während des Verfahrens abgelaufen ist (Z 6).

Weitere Einstellungsgründe sin d, dass ein Insolvenzverfahren über das Vermögen des Schuldners eröffnet wurde (Z 7) oder dass der Plan offensichtlich die Zahlungsunfähigkeit des Schuldners oder den Eintritt der Überschuldung nicht verhindert, eine bereits eingetretene Überschuldung nicht beseitigt oder die Bestandfähigkeit des Unternehmens nicht gewährleistet (Z 8), sowie dass die Gläubiger den Restrukturierungsplan ablehnen und die Tagsatzung nicht erstreckt wird (Z 9), ein gebotener Beschluss der Gesellschafterversammlung (§ 37) nicht binnen sechs Monaten ab Beschlussfassung wirksam wird (Z 10) oder die Bestätigung des Restrukturierungsplans rechtskräftig versagt wurde (Z 11).

Anspruch auf Ausfall
§ 42

Hat der Schuldner bei der Angabe der vom Restrukturierungsplan nicht betroffenen Gläubiger gemäß § 27 Abs. 2 Z 6 wissentlich Gläubiger verschwiegen, so kann jeder betroffene Gläubiger, der ohne Verschulden außerstande war, die zur Klage berechtigenden Umstände vor Bestätigung des Restrukturierungplans geltend zu machen, innerhalb von drei Jahren nach Eintritt der Rechtskraft der Bestätigung des Restrukturierungsplans mit Klage den Anspruch auf Bezahlung des Ausfalls geltend machen, ohne die Rechte zu verlieren, die ihm der Restrukturierungsplan einräumt.

EB zu § 42 ReO
Dem Schuldner steht ein Wahlrecht zu, welche Gläubiger er in den Plan einbeziehen möchte. Im Gegenzug ist er jedoch dazu verpflichtet, im Restrukturierungsplan offenzulegen, welche Gläubiger nicht vom Plan erfasst sein sollen und warum. Durch diese Informationspflicht soll ein Missbrauch des Instruments des Restrukturierungsplans verhindert werden. Verschweigt der Schuldner bewusst Gläubiger, soll dies durch die nach dem Vorbild von § 161 IO ausgestaltete Möglichkeit einzelner Gläubiger, Ausgleich zu fordern, sanktioniert werden.

Anmerkungen
Basis des Restrukturierungsplans (§ 27 ReO) ist die Klarstellung, welche Gläubiger vom Restrukturierungsplan *nicht betroffen werden sollen* und die sich darauf beziehende Begründung. Verschweigt der Schuldner *wissentlich* solche nicht betroffenen Gläubiger, so riskiert er, von anderen (betroffenen) Gläubigern gemäß § 42 ReO in Anspruch genommen zu werden. Vertretbar ist es beispielsweise Lieferanten bis zu einer bestimmten Forderungshöhe als nicht betroffene Gläubiger auszuweisen, um das Restrukturierungsverfahren „schmal" zu halten. Nicht betroffene Gläubiger könnten auch Personen sein, die über Gutscheine des schuldnerischen Unternehmens verfügen. Sie sollen im Interesse des Rufs des Unternehmens diese Gutscheine weiter einlösen können.

Arbeitnehmer
§ 43

Die individuellen und kollektiven Rechte der Arbeitnehmer nach dem Arbeitsrecht werden durch das Restrukturierungsverfahren und den Restrukturierungsplan nicht beeinträchtigt; dazu gehören insbesondere

1. das Recht auf Tarifverhandlungen und Arbeitskampfmaßnahmen und
2. das Recht auf Unterrichtung und Anhörung im Einklang mit der Richtlinie 2002/14/EG und der Richtlinie 2009/38/EG, insbesondere
   a) die Unterrichtung der Arbeitnehmervertreter über die jüngste Entwicklung und die wahrscheinliche Weiterentwicklung der Tätigkeit und der wirtschaftlichen Situation des Unternehmens oder des Betriebs, damit sie dem Schuldner ihre Bedenken hinsichtlich der Geschäftssituation und in Bezug auf die Notwendigkeit, Restrukturierungsmechanismen in Betracht zu ziehen, mitteilen können,
   b) die Unterrichtung der Arbeitnehmervertreter über ein Restrukturierungsverfahren, das sich auf die Beschäftigung auswirken könnte,
   c) die Unterrichtung und Anhörung der Arbeitnehmervertreter zum Restrukturierungsplan, bevor er zur Annahme durch die Gläubiger oder dem Gericht zur Bestätigung vorgelegt wird, und
   d) die durch die Richtlinien 98/59/EG, 2001/23/EG und 2008/94/EG garantierten Rechte.

EB zu § 43 ReO
Diese Bestimmung dient der Umsetzung von Art. 13 RIRL.

Anmerkungen
Erfahrungsgemäß erfordern Restrukturierungen auch Maßnahmen im Dienstnehmerbereich. Arbeitnehmerforderungen dürfen jedoch *nicht in einen Restrukturierungsplan einbezogen werden* (EB RIRUG Allgemeiner Teil). Da Arbeitnehmerforderungen ausgenommene Forderungen (§ 3 ReO) sind, werden sie künftig – insoweit konsequent – nach dem IESG bei Eröffnung eines Restrukturierungsverfahrens auch *nicht gesichert*. Dieser Umstand wird bei Auswahl des „richtigen" Verfahrens zu berücksichtigen sein. Fehlende begünstigte Lösungsmöglichkeiten für Dienstverhältnisse und mangelnde IESG-Sicherung sind mE ein Nachteil des neuen Verfahrens.

7. Abschnitt
Besondere Verfahrensarten
Europäisches Restrukturierungsverfahren
§ 44

(1) Das Gericht hat auf einen vor Einleitung des Restrukturierungsverfahrens zu stellenden Antrag des Schuldners die Einleitung des Re-

strukturierungsverfahrens mit Edikt öffentlich bekannt zu machen (Europäisches Restrukturierungsverfahren). Das Edikt hat zu enthalten:
1. das Datum der Einleitung des Restrukturierungsverfahrens,
2. das Gericht, das das Restrukturierungsverfahren eingeleitet hat, und das Aktenzeichen des Verfahrens,
3. bei einer eingetragenen Personengesellschaft oder einer juristischen Person die Firma, gegebenenfalls frühere Firmen, die Firmenbuchnummer oder ZVR-Zahl, den Sitz und, sofern davon abweichend, die Geschäftsanschrift des Schuldners sowie die Anschriften der Niederlassungen,
4. bei einer natürlichen Person den Namen, die Wohn- und Geschäftsanschrift und das Geburtsdatum des Schuldners, gegebenenfalls die Firma und Firmenbuchnummer und frühere Namen sowie, falls die Anschrift geschützt ist, den Geburtsort des Schuldners,
5. den Namen, die Anschrift, die Telefonnummer und die E-Mail-Adresse eines bestellten Restrukturierungsbeauftragten und, wenn eine juristische Person oder eine eingetragene Personengesellschaft bestellt wurde, der Person, die sie bei Ausübung vertritt.

(2) Öffentlich bekanntzumachen sind weiters:
1. die Tagsatzung zur Abstimmung über den Restrukturierungsplan und der wesentliche Inhalt des Restrukturierungsplans,
2. Beschränkungen der Eigenverwaltung,
3. die Bestätigung des Restrukturierungsplans,
4. die Aufhebung und die Einstellung des Restrukturierungsverfahrens sowie der Eintritt der Rechtskraft des Einstellungsbeschlusses.

(3) Das Gericht kann festlegen, dass die Vollstreckungssperre alle Gläubiger umfasst (allgemeine Vollstreckungssperre). Der Beschluss über die Bewilligung und über die gänzliche oder teilweise Aufhebung der allgemeinen Vollstreckungssperre ist öffentlich bekannt zu machen; die gesonderte Zustellung an die Gläubiger (§ 21 Abs. 2) kann unterbleiben. Die Rechtswirkungen der Sperre treten mit Beginn des Tages ein, der der öffentlichen Bekanntmachung des Beschlusses folgt.

(4) Auf Antrag des Schuldners sind die Gläubiger zur Anmeldung ihrer Forderungen aufzufordern. Die Aufforderung ist öffentlich bekanntzumachen. Die Aufforderung hat die Frist für die Anmeldung der Forderungen und die Aufforderung an die Gläubiger, ihre Forderungen innerhalb dieser Frist bei Gericht anzumelden und eine Ausfertigung der Anmeldung dem Schuldner zu übersenden, sowie eine kurze

Belehrung über die Folgen einer Versäumung der Anmeldungsfrist zu enthalten. Gläubiger haben ein Recht zur Teilnahme am Verfahren erst nach rechtzeitiger Anmeldung ihrer Forderungen. Der vom Gericht bestätigte Restrukturierungsplan ist auch für betroffene Gläubiger verbindlich, die ihre Forderungen trotz Aufforderung nicht rechtzeitig anmeldeten.

(5) Beantragt der Schuldner, die Gläubiger zur Anmeldung ihrer Forderungen aufzufordern, so kann er die betroffenen Gläubiger und ihre Forderungen im Restrukturierungsplan bloß unter Bezugnahme auf Forderungskategorien benennen; § 27 Abs. 2 Z 4 und Abs. 3 ist erst nach Ablauf der Anmeldefrist anzuwenden.

(6) § 253 Abs. 3 fünfter Satz IO ist anzuwenden.

(7) Rechtshandlungen nach § 16 Abs. 3 werden erst mit vollständiger Erfüllung des Restrukturierungsplans wirksam, wenn der Dritte wusste oder wissen musste, dass eine Zustimmung nicht erteilt worden ist.

(8) § 22 Abs. 4 zweiter Satz ist nicht anzuwenden.

(9) Die öffentlichen Bekanntmachungen erfolgen durch Aufnahme in die Ediktsdatei. Die Einsicht in die Eintragungen nach dieser Bestimmung ist ein Jahr nach Aufhebung oder Einstellung des Restrukturierungsverfahrens nicht mehr zu gewähren.

EB zu § 44 ReO

Die RIRL überlässt es den Mitgliedstaaten festzulegen, ob das Verfahren bekanntzumachen ist. Ihr Ziel ist aber, die grenzüberschreitende Anerkennung der Restrukturierungsverfahren zu erleichtern (ErwGr. 13). Daher ist die RIRL vollständig mit der EuInsVO vereinbar. Das Verfahren fällt aber nur dann in den Anwendungsbereich der EuInsVO und ist nach dieser Verordnung anzuerkennen , wenn es ein öffentliches Verfahren ist. Daher räumt § 44 dem Schuldner ein Wahlrecht ein: Die Einleitung eines Restrukturierungsverfahrens ist nur auf Antrag des Schuldners vor Einleitung öffentlich bekannt zu machen. Die Bestimmungen über die internationale Zuständigkeit in den Art. 3 ff EuInsVO sind in diesem Fall anzuwenden. Der Vorteil der Bekanntmachung liegt vor allem darin, dass das Verfahren der EuInsVO unterliegt und damit in der Europäischen Union (mit Ausnahme von Dänemark) nach dieser Verordnung anerkannt wird.

Ein weiterer Vorteil ist, dass eine allgemeine Vollstreckungssperre angeordnet werden kann, die für alle Gläubiger gilt (Abs. 3). Die öffentliche Bekanntmachung der allgemeinen Vollstreckungssperre erfolgt durch Aufnahme in die Ediktsdatei. Eine individuelle Zustellung an die Gläubiger ist nicht notwendig. Die Rechtswirkungen der Sperre treten mit Beginn des Tages ein, der der öffentlichen Bekanntmachung des Beschlusses folgt.

§ 44 Restrukturierungsordnung

Eine Forderungsanmeldung ist in der Richtlinie nicht ausdrücklich vorgesehen. Es erscheint jedoch zweckmäßig, eine Forderungsanmeldung auch im Restrukturierungsverfahren zu ermöglichen, um dem Schuldner die Gelegenheit zu geben, einen Überblick über die Gläubiger zu erhalten (Abs. 4).

Werden die Gläubiger zur Forderungsanmeldung aufgefordert – dies kann sich auch auf einen beschränkten Gläubigerkreis beschränken –, so sollen die Rechte zur Beteiligung am Verfahren, etwa die Berechtigung zur Abstimmung in der Restrukturierungsplantagsatzung und damit auch das Recht, die Prüfung der Einhaltung des Kriteriums des Gläubigerinteresses zu beantragen oder Rekurs gegen die Bestätigung des Restrukturierungsplans zu erheben, einem Gläubiger nur dann zustehen, wenn er seine Forderung angemeldet hat. Die Wirkungen des vom Gericht bestätigten Restrukturierungsplans erstrecken sich jedoch auch auf alle vom Schuldner beigezogenen Gläubiger, die trotz Aufforderung keine rechtzeitige Forderungsanmeldung erstattet haben. Eine Berücksichtigung verspäteter Forderungsanmeldungen ist nicht vorgesehen.

Geht das öffentlich bekannt gemachte Verfahren mit einer vom Schuldner beantragten Aufforderung der Gläubiger zur Anmeldung ihrer Forderungen einher, so reicht es zudem nach Abs. 5 aus, wenn der Schuldner die betroffenen Gläubiger samt ihren Forderungen im Restrukturierungsplan nach Forderungskategorien beschreibt. Die grundsätzlich gemäß § 27 Abs. 2 Z 4 und Abs. 3 bestehende Pflicht, die betroffenen Gläubiger im Restrukturierungsplan namentlich zu nennen und eine Liste mit Kontaktdaten anzuschließen, entfällt in diesem Fall vorerst. Die abweichende Regelung bezweckt, auch namentlich unbekannte Gläubiger einfacher in das Restrukturierungsverfahren einbeziehen zu können.

Abs. 6 gewährt – in Abweichung von § 5 – den bevorrechteten Gläubigerschutzverbänden ein Akteneinsichtsrecht.

Nach § 16 Abs. 3 werden Rechtshandlungen des Schuldners, die er ohne Zustimmung des Gerichts oder des Restrukturierungsbeauftragten vornimmt, obwohl diese aufgrund der Beschränkung seiner Eigenverwaltung für die Wirksamkeit der Rechtshandlungen erforderlich ist, erst mit vollständiger Erfüllung des Restrukturierungsplans wirksam, wenn der Dritte wusste, dass die Zustimmung nicht erteilt worden ist. Aufgrund der öffentlichen Bekanntmachung der Beschränkung der Eigenverwaltung des Schuldners im Europäischen Restrukturierungsverfahrens ist es sachgerecht, dass die Wirksamkeit von Rechtshandlungen des Schuldners, die er ohne erforderliche Zustimmung vornimmt, auch dann erst mit Erfüllung des Restrukturierungsplans eintritt, wenn der Dritte wissen musste, dass eine Zustimmung für diese Rechtshandlung nicht erteilt wurde (Abs. 7).

Zur Umsetzung des Art. 6 Abs. 8 UAbs. 2 RIRL ist eine Ausnahme von der Beschränkung der Gesamtdauer der Vollstreckungssperre gemäß § 22 Abs. 4 zweiter Satz geboten (Abs. 8).

Um den Eindruck zu vermeiden, dass das Restrukturierungsverfahren ein Insolvenzverfahren ieS ist, wird eine Bekanntmachung in der Ediktsdatei – und nicht in der Insolvenzdatei – vorgesehen (Abs. 9). Dessen ungeachtet erfolgt die Bekanntmachung zusätzlich im Insolvenzregister nach Art. 24 EuInsVO.

Anmerkungen
Die Entscheidung, ob die Einleitung eines Restrukturierungsverfahrens nach § 44 ReO beantragt wird oder ein „normales" Restrukturierungsverfahren, ist grundlegend. Zu beurteilen ist zunächst, ob auf Basis der Vertrags- und Gläubigerbeziehungen die Anwendung der EuInsVO der Abwicklung des Restrukturierungsverfahrens förderlich ist. Ferner ist zu beurteilen, ob eine allgemeine Vollstreckungssperre, insbesondere aufgrund der damit verbundenen Folgewirkungen für die Insolvenzantragspflicht (§ 24 ReO), die Haftung der Organe (§ 25 ReO) und den Vertragsschutz (§ 26 ReO) beantragt werden soll.

Ein weiterer wichtiger Aspekt des europäischen Restrukturierungsverfahrens kann darin gesehen werden, dass Gläubiger über Antrag zur Anmeldung von Forderungen aufgefordert werden können, was wiederum Konsequenzen für die Wirkung des bestätigten Restrukturierungsplans hat (§ 44 Abs 4 ReO).

Hinweis: Zum Zeitpunkt des Abschlusses dieses Manuskripts in Vorbereitung der Drucklegung hat Österreich das Verfahren zur Aufnahme des Restrukturierungsverfahrens in den Anhang A zur EUInsVO bzw zur Aufnahme des Restrukturierungsbeauftragten in den Anhang B noch nicht eingeleitet. Ob und unter welchen Voraussetzungen das Verfahren nach § 44 ReO bis zum Abschluss des Aufnahmeverfahrens „europäisch" ist bzw sein kann, ist daher offen.

Vereinfachtes Restrukturierungsverfahren
§ 45

(1) Wenn nur Finanzgläubiger betroffene Gläubiger sind, hat das Gericht auf Antrag des Schuldners ein vereinfachtes Restrukturierungsverfahren einzuleiten und nach Einvernahme der betroffenen Gläubiger ohne Durchführung einer Tagsatzung über die Bestätigung der Restrukturierungsvereinbarung zu entscheiden.

(2) Auf das vereinfachte Restrukturierungsverfahren sind, soweit nichts anderes bestimmt ist, die Bestimmungen des Restrukturierungsverfahrens anzuwenden.

(3) Der Schuldner hat im Antrag auf Einleitung des vereinfachten Restrukturierungsverfahrens darzulegen, dass
1. wahrscheinliche Insolvenz vorliegt,
2. nur Finanzgläubiger betroffene Gläubiger sind,

3. eine Mehrheit von mindestens 75% der Gesamtsumme der Forderungen in jeder Gläubigerklasse zugestimmt hat und
4. der Schuldner und die zustimmenden Gläubiger die Restrukturierungsvereinbarung unter Angabe des Datums der Unterfertigung unterschrieben haben.

(4) Der Schuldner hat dem Antrag
1. eine Restrukturierungsvereinbarung, die den Inhalt eines Restrukturierungsplans (§ 27 Abs. 2) hat, anzuschließen, wobei die Zustimmungserklärungen der betroffenen Gläubiger, die auch unter der Bedingung der gerichtlichen Bestätigung im Rahmen eines vereinfachten Restrukturierungsverfahrens erfolgt sein können, nicht älter als 14 Tage sein dürfen,
2. eine Liste nach § 27 Abs. 3 und
3. eine Bestätigung nach Abs. 8 Z 3, in der die Bestätigungsvoraussetzungen nach Abs. 8 Z 3 lit. a bis d dargelegt werden

anzuschließen.

(5) Die Eigenverwaltung des Schuldners darf nicht beschränkt werden; ein Restrukturierungsbeauftragter ist nicht zu bestellen.

(6) Eine Vollstreckungssperre ist nicht anzuordnen.

(7) Die Restrukturierungsvereinbarung hat die Wirkungen eines Restrukturierungsplans für alle in der Vereinbarung genannten betroffenen Gläubiger, die nach Abs. 1 einvernommen wurden.

(8) Das Gericht hat die Restrukturierungsvereinbarung zu bestätigen, wenn
1. Abs. 3 Z 1 bis 4 erfüllt ist,
2. die Unterlagen nach Abs. 4 Z 1 bis 3 vorliegen und
3. durch die vom Schuldner vorgelegte Bestätigung eines allgemein beeideten und gerichtlich zertifizierten Sachverständigen für das Gebiet Unternehmensführung, Unternehmensreorganisation, Unternehmenssanierung, Unternehmensliquidation bescheinigt ist, dass
   a) § 34 Abs. 1 Z 2 und 4 erfüllt ist,
   b) die Einteilung der Gläubigerklassen in besicherte und unbesicherte Forderungen unter Berücksichtigung des Verkehrswerts der bestellten Sicherheiten erfolgt ist,
   c) das Kriterium des Gläubigerinteresses gemäß § 35 Abs. 1 erfüllt ist, und
   d) die Restrukturierungsvereinbarung die Zahlungsunfähigkeit des Schuldners und den Eintritt der Überschuldung verhindert

oder eine bereits eingetretene Überschuldung beseitigt und die Bestandfähigkeit des Unternehmens gewährleistet.

EB zu § 45 ReO

Der Entwurf schlägt ein vereinfachtes Restrukturierungsverfahren für jene Fälle vor, in denen ein außergerichtlicher Abschluss einer Restrukturierungsvereinbarung zwischen dem Schuldner und den Finanzgläubigern an der Zustimmung eines oder einer Minderheit an Gläubigern („Akkordstörer") scheiterte. Die fehlenden Zustimmungen können durch die Bestätigung des Gerichts ersetzt werden. Eine rasche und straffe Verfahrensführung wird dadurch möglich.

Im vereinfachten Restrukturierungsverfahren dürfen nur Finanzgläubiger betroffen sein und mindestens 75% von ihnen müssen in der jeweiligen Gläubigerklasse der Restrukturierungsvereinbarung zugestimmt haben. Der Begriff Finanzgläubiger ist weiter zu sehen als nur Forderungen von Kredit- und Leasinginstituten, sondern umfasst sämtliche Forderungen mit Finanzierungscharakter, also typischerweise zinstragende Forderungen, Forderungen aus Anleihen und anderen vergleichbaren Instrumenten, ebenso zB Darlehen von institutionellen Fonds, Privatpersonen oder Forderungen von Lieferanten mit untypisch langen Laufzeiten (mehr als 180 Tage), welche eindeutig Finanzierungscharakter aufweisen.

Auch nachrangige Gläubiger können Finanzgläubiger sein, insbesondere Gläubiger aus dem Gesellschafterkreis nach dem EKEG.

Mit dem Antrag auf Einleitung des vereinfachten Restrukturierungsverfahrens hat der Schuldner das Vorliegen der wahrscheinlichen Insolvenz darzulegen. Darüber hinaus hat er Angaben zu den betroffenen Gläubigern als Finanzgläubiger zu machen. Weiters muss er darlegen, dass eine Mehrheit von mindestens 75% der Gesamtsumme der Forderungen in jeder Gläubigerklasse zugestimmt hat und dass der Schuldner und die zustimmenden Gläubiger die Restrukturierungsvereinbarung unter Angabe des Datums der Unterfertigung unterschrieben haben (Abs. 3). Diese Zustimmungserklärungen dürfen nicht älter als 14 Tage sein, allerdings können sie auch unter der Bedingung der gerichtlichen Bestätigung im Rahmen eines vereinfachten Restrukturierungsverfahrens erfolgt sein (Abs. 4 Z 1).

Neben der Restrukturierungsvereinbarung ist dem Antrag auch eine Bestätigung eines Sachverständigen (Abs. 8 Z 3) anzuschließen, in der dieser darlegt und damit bescheinigt, dass die Einteilung der Gläubigerklassen in besicherte und unbesicherte Forderungen unter Berücksichtigung des Verkehrswerts der bestellten Sicherheiten erfolgt ist (lit. b), die Gläubiger in derselben Klasse im Verhältnis zu ihren Forderungen gleichbehandelt werden und dass – sofern eine neue Finanzierung zur Umsetzung des Restrukturierungsplans erforderlich ist – diese die Interessen der Gläubiger nicht in unangemessener Weise beeinträchtigt (Abs. 8 Z 3 lit. a). Weiters hat der Sachverständige zu bescheinigen, dass das Kriterium des Gläubigerinteresses gemäß § 35 Abs. 1 erfüllt ist (lit. c) und die Restrukturie-

rungsvereinbarung die Zahlungsunfähigkeit des Schuldners und den Eintritt der Überschuldung verhindert oder eine bereits eingetretene Überschuldung beseitigt und die Bestandfähigkeit des Unternehmens gewährleistet (lit. d).

Die Restrukturierungsvereinbarung hat inhaltlich dem Restrukturierungsplan zu entsprechen. Sie hat auch die Wirkungen eines solchen für alle in der Vereinbarung genannten, vor der gerichtlichen Bestätigung einvernommen betroffenen Gläubiger.

Auf das vereinfachte Restrukturierungsverfahren sind subsidiär die Bestimmungen des Restrukturierungsverfahrens anzuwenden. Als Ausnahmen sieht der Entwurf vor, dass der Schuldner die Eigenverwaltung behält und ein Restrukturierungsbeauftragter daher nicht zu bestellen ist (Abs. 5). Auch eine Vollstreckungssperre darf nicht angeordnet werden (Abs. 6). Da die Finanzgläubiger bereits im Vorfeld über den Restrukturierungsplan informiert wurden, ist eine Restrukturierungsplantagsatzung entbehrlich (Abs. 1).

Bei Vorliegen der Voraussetzungen nach Abs. 8 hat das Gericht nach Einvernahme der betroffenen Gläubiger die Restrukturierungsvereinbarung zu bestätigen.

Anmerkungen

Das Verfahren nach § 45 ReO dient vor allem dazu, einen oder mehrere Ausgleichsstörer unter Finanzgläubigern „in den Griff zu bekommen". Für Schuldner und zustimmende Gläubiger bietet sich das Verfahren an; die Voraussetzungen an eine entsprechende Restrukturierungsvereinbarung sind klar. Für die Bestätigung ist in jeder Klasse die Summenmehrheit von 75 % erforderlich; eine Kopfmehrheit ist nicht vorgesehen (*Mohr*, ZIK 2021/93, 94). Das vereinfachte Verfahren hat bei entsprechender Vorbereitung gute Chancen auf Umsetzung.

8. Abschnitt
Schlussbestimmungen

Liste der Restrukturierungsbeauftragten
§ 46

(1) Die Liste der Restrukturierungsbeauftragten hat folgende Informationen zu enthalten:

1. Name, Anschrift, Telefonnummer sowie E-Mail-Adresse der interessierten Person sowie

2. Angaben über

  a) die Ausbildung, die berufliche Laufbahn und die Berufserfahrung,

  b) eine Eintragung in eine Berufsliste samt Datum der Eintragung,

c) besondere Fachkenntnisse des Restrukturierungs- und Insolvenzrechts, des Wirtschaftsrechts und der Betriebswirtschaft,
d) besondere Branchenkenntnisse,
e) die bestehende Infrastruktur für die Durchführung eines Restrukturierungsverfahrens (Kanzleiorganisation, Anzahl der Mitarbeiter, technische Ausstattung),
f) das Bestehen einer Haftpflichtversicherung für die Tätigkeit als Restrukturierungsbeauftragter,
g) die Erfahrung als Restrukturierungsbeauftragter (insbesondere die Anzahl der Bestellungen sowie den Umsatz und die Mitarbeiteranzahl der Unternehmen im Restrukturierungsverfahren),
h) den angestrebten örtlichen Tätigkeitsbereich und
3. bei juristischen Personen und eingetragenen Personengesellschaften: Angaben über die Vertretung bei der Besorgung der Aufgaben des Restrukturierungsbeauftragten samt Angaben nach lit. a bis h sowie über die Gesellschafter und die wirtschaftlich Beteiligten.

(2) Die Liste der Restrukturierungsbeauftragten ist als allgemein zugängliche Datenbank vom Oberlandesgericht Linz für ganz Österreich zu führen. Eintragungen sind von Amts wegen zu löschen, wenn sie gegenstandslos sind oder wenn die Gebühr für die Veröffentlichung in der Liste trotz Zahlungsauftrags samt Hinweis auf diese Rechtsfolge nicht innerhalb der im Zahlungsauftrag bestimmten Leistungsfrist entrichtet wurde.

(3) Die an der Restrukturierung interessierten Personen haben sich selbst in die Liste der Restrukturierungsbeauftragten einzutragen. Sie können die Angaben auch jederzeit selbst ändern.

(4) § 89e GOG ist anzuwenden.

EB zu § 46 ReO
Diese Bestimmung enthält Regelungen über die Liste, aus der ein Restrukturierungsbeauftragter zu bestellen ist. Vorbild für diese Bestimmung ist § 269 IO. § 89e GOG enthält Regelungen über die Haftung des Bundes für den Einsatz der Informations- und Kommunikationstechnik und soll anzuwenden sein.

Verweisungen
§ 47

Soweit in diesem Bundesgesetz auf Bestimmungen anderer Bundesgesetze verwiesen wird, sind diese in ihrer jeweils geltenden Fassung

anzuwenden; soweit auf Bestimmungen der IO verwiesen wird, sind diese nur sinngemäß anzuwenden.

EB zu § 47 ReO
Verweise auf andere Bundesgesetze beziehen sich auf deren jeweils geltende Fassung. Die ReO verweist an vielen Stellen auf Bestimmungen der IO – insbesondere auf jene zum Sanierungsverfahren. Da das Restrukturierungsverfahren sich etwa in Bezug auf die Bezeichnung und Stellung der Verfahrensbeteiligten von der IO unterscheidet, wird festgehalten, dass die Bestimmungen, auf welche verwiesen wird, bloß sinngemäß anzuwenden sind.

Inkrafttreten
§ 48

Dieses Bundesgesetz tritt am 17. Juli 2021 in Kraft.

EB zu §§ 48 bis 50 ReO
Diese Bestimmungen regeln das Inkrafttreten der Restrukturierungsordnung, statuieren die Vollzugsklausel und geben einen Umsetzungshinweis.

Vollziehung
§ 49

Mit der Vollziehung dieses Bundesgesetzes ist die Bundesministerin für Justiz betraut.

Umsetzungshinweis
§ 50

Mit diesem Bundesgesetz wird die Richtlinie (EU) 2019/1023 über präventive Restrukturierungsrahmen, über Entschuldung und über Tätigkeitsverbote sowie über Maßnahmen zur Steigerung der Effizienz von Restrukturierungs-, Insolvenz- und Entschuldungsverfahren und zur Änderung der Richtlinie (EU) 2017/1132 (Richtlinie über Restrukturierung und Insolvenz), ABl. 2019 L 172, S. 18, umgesetzt.

VERORDNUNG (EU) 2015/848 DES EUROPÄISCHEN PARLAMENTS UND DES RATES
vom 20. Mai 2015
über Insolvenzverfahren
(Neufassung)

DAS EUROPÄISCHE PARLAMENT UND DER RAT DER EUROPÄISCHEN UNION –

gestützt auf den Vertrag über die Arbeitsweise der Europäischen Union, insbesondere auf Artikel 81,

auf Vorschlag der Europäischen Kommission,

nach Zuleitung des Entwurfs des Gesetzgebungsakts an die nationalen Parlamente,

nach Stellungnahme des Europäischen Wirtschafts- und Sozialausschusses ([1]),

gemäß dem ordentlichen Gesetzgebungsverfahren ([2]),

in Erwägung nachstehender Gründe:

(1) Die Kommission hat am 12. Dezember 2012 einen Bericht über die Anwendung der Verordnung (EG) Nr. 1346/2000 des Rates ([3]) angenommen. Dem Bericht zufolge funktioniert die Verordnung im Allgemeinen gut, doch sollte die Anwendung einiger Vorschriften verbessert werden, um grenzüberschreitende Insolvenzverfahren noch effizienter abwickeln zu können. Da die Verordnung mehrfach geändert wurde und weitere Änderungen erfolgen sollen, sollte aus Gründen der Klarheit eine Neufassung vorgenommen werden.

(2) Die Union hat sich die Schaffung eines Raums der Freiheit, der Sicherheit und des Rechts zum Ziel gesetzt.

(3) Für ein reibungsloses Funktionieren des Binnenmarktes sind effiziente und wirksame grenzüberschreitende Insolvenzverfahren erforderlich. Die Annahme dieser Verordnung ist zur Verwirklichung dieses Ziels erfor-

---

[1] ABl. C 271 vom 19.9.2013, S. 55.
[2] Standpunkt des Europäischen Parlaments vom 5. Februar 2014 (noch nicht im Amtsblatt veröffentlicht) und Standpunkt des Rates in erster Lesung vom 12. März 2015 (noch nicht im Amtsblatt veröffentlicht). Standpunkt des Europäischen Parlaments vom 20. Mai 2015 (noch nicht im Amtsblatt veröffentlicht).
[3] Verordnung (EG) Nr. 1346/2000 des Rates vom 29. Mai 2000 über Insolvenzverfahren (ABl. L 160 vom 30.6.2000, S. 1).

derlich, das in den Bereich der justiziellen Zusammenarbeit in Zivilsachen im Sinne des Artikels 81 des Vertrags fällt.

(4) Die Geschäftstätigkeit von Unternehmen greift mehr und mehr über die einzelstaatlichen Grenzen hinaus und unterliegt damit in zunehmendem Maß den Vorschriften des Unionsrechts. Die Insolvenz solcher Unternehmen hat auch nachteilige Auswirkungen auf das ordnungsgemäße Funktionieren des Binnenmarktes, und es bedarf eines Unionsrechtsakts, der eine Koordinierung der Maßnahmen in Bezug auf das Vermögen eines zahlungsunfähigen Schuldners vorschreibt.

(5) Im Interesse eines ordnungsgemäßen Funktionierens des Binnenmarkts muss verhindert werden, dass es für Beteiligte vorteilhafter ist, Vermögensgegenstände oder Gerichtsverfahren von einem Mitgliedstaat in einen anderen zu verlagern, um auf diese Weise eine günstigere Rechtsstellung zum Nachteil der Gesamtheit der Gläubiger zu erlangen (im Folgenden „Forum Shopping").

(6) Diese Verordnung sollte Vorschriften enthalten, die die Zuständigkeit für die Eröffnung von Insolvenzverfahren und für Klagen regeln, die sich direkt aus diesen Insolvenzverfahren ableiten und eng damit verknüpft sind. Darüber hinaus sollte diese Verordnung Vorschriften für die Anerkennung und Vollstreckung von in solchen Verfahren ergangenen Entscheidungen sowie Vorschriften über das auf Insolvenzverfahren anwendbare Recht enthalten. Sie sollte auch die Koordinierung von Insolvenzverfahren regeln, die sich gegen denselben Schuldner oder gegen mehrere Mitglieder derselben Unternehmensgruppe richten.

(7) Konkurse, Vergleiche und ähnliche Verfahren sowie damit zusammenhängende Klagen sind vom Anwendungsbereich der Verordnung (EU) Nr. 1215/2012 des Europäischen Parlaments und des Rates ausgenommen ([1]). Diese Verfahren sollten unter die vorliegende Verordnung fallen. Die vorliegende Verordnung ist so auszulegen, dass Rechtslücken zwischen den beiden vorgenannten Rechtsinstrumenten so weit wie möglich vermieden werden. Allerdings sollte der alleinige Umstand, dass ein nationales Verfahren nicht in Anhang A dieser Verordnung aufgeführt ist, nicht bedeuten, dass es unter die Verordnung (EU) Nr. 1215/2012 fällt.

([1]) Verordnung (EU) Nr. 1215/2012 des Europäischen Parlaments und des Rates vom 12. Dezember 2012 über die gerichtliche Zuständigkeit und die Anerkennung und Vollstreckung von Entscheidungen in Zivil- und Handelssachen (ABl. L 351 vom 20.12.2012, S. 1).

(8) Zur Verwirklichung des Ziels einer Verbesserung der Effizienz und Wirksamkeit der Insolvenzverfahren mit grenzüberschreitender Wirkung ist es notwendig und angemessen, die Bestimmungen über den Gerichtsstand, die Anerkennung und das anwendbare Recht in diesem Bereich in einer Maßnahme der Union zu bündeln, die in den Mitgliedstaaten verbindlich ist und unmittelbar gilt.

(9) Diese Verordnung sollte für alle Insolvenzverfahren gelten, die die in ihr festgelegten Voraussetzungen erfüllen, unabhängig davon, ob es sich beim Schuldner um eine natürliche oder juristische Person, einen Kaufmann oder eine Privatperson handelt. Diese Insolvenzverfahren sind erschöpfend in Anhang A aufgeführt. Bezüglich der in Anhang A aufgeführten nationalen Verfahren sollte diese Verordnung Anwendung finden, ohne dass die Gerichte eines anderen Mitgliedstaats die Erfüllung der Anwendungsvoraussetzungen dieser Verordnung nachprüfen. Nationale Insolvenzverfahren, die nicht in Anhang A aufgeführt sind, sollten nicht in den Anwendungsbereich dieser Verordnung fallen.

(10) In den Anwendungsbereich dieser Verordnung sollten Verfahren einbezogen werden, die die Rettung wirtschaftlich bestandsfähiger Unternehmen, die sich jedoch in finanziellen Schwierigkeiten befinden, begünstigen und Unternehmern eine zweite Chance bieten. Einbezogen werden sollten vor allem Verfahren, die auf eine Sanierung des Schuldners in einer Situation gerichtet sind, in der lediglich die Wahrscheinlichkeit einer Insolvenz besteht, und Verfahren, bei denen der Schuldner ganz oder teilweise die Kontrolle über seine Vermögenswerte und Geschäfte behält. Der Anwendungsbereich sollte sich auch auf Verfahren erstrecken, die eine Schuldbefreiung oder eine Schuldenanpassung in Bezug auf Verbraucher und Selbständige zum Ziel haben, indem z. B. der vom Schuldner zu zahlende Betrag verringert oder die dem Schuldner gewährte Zahlungsfrist verlängert wird. Da in solchen Verfahren nicht unbedingt ein Verwalter bestellt werden muss, sollten sie unter diese Verordnung fallen, wenn sie der Kontrolle oder Aufsicht eines Gerichts unterliegen. In diesem Zusammenhang sollte der Ausdruck „Kontrolle" auch Sachverhalte einschließen, in denen ein Gericht nur aufgrund des Rechtsbehelfs eines Gläubigers oder anderer Verfahrensbeteiligter tätig wird.

(11) Diese Verordnung sollte auch für Verfahren gelten, die einen vorläufigen Aufschub von Vollstreckungsmaßnahmen einzelner Gläubiger gewähren, wenn derartige Maßnahmen die Verhandlungen beeinträchtigen und die Aussichten auf eine Sanierung des Unternehmens des Schuldners mindern könnten. Diese Verfahren sollten sich nicht nachteilig auf die Ge-

samtheit der Gläubiger auswirken und sollten, wenn keine Einigung über einen Sanierungsplan erzielt werden kann, anderen Verfahren, die unter diese Verordnung fallen, vorgeschaltet sein.

(12) Diese Verordnung sollte für Verfahren gelten, deren Eröffnung öffentlich bekanntzugeben ist, damit Gläubiger Kenntnis von dem Verfahren erlangen und ihre Forderungen anmelden können, und dadurch der kollektive Charakter des Verfahrens sichergestellt wird, und damit den Gläubigern Gelegenheit gegeben wird, die Zuständigkeit des Gerichts überprüfen zu lassen, das das Verfahren eröffnet hat.

(13) Dementsprechend sollten vertraulich geführte Insolvenzverfahren vom Anwendungsbereich dieser Verordnung ausgenommen werden. Solche Verfahren mögen zwar in manchen Mitgliedstaaten von großer Bedeutung sein, es ist jedoch aufgrund ihrer Vertraulichkeit unmöglich, dass ein Gläubiger oder Gericht in einem anderen Mitgliedstaat Kenntnis von der Eröffnung eines solchen Verfahrens erlangt, so dass es schwierig ist, ihren Wirkungen unionsweit Anerkennung zu verschaffen.

(14) Ein Gesamtverfahren, das unter diese Verordnung fällt, sollte alle oder einen wesentlichen Teil der Gläubiger des Schuldners einschließen, auf die die gesamten oder ein erheblicher Anteil der ausstehenden Verbindlichkeiten des Schuldners entfallen, vorausgesetzt, dass die Forderungen der Gläubiger, die nicht an einem solchen Verfahren beteiligt sind, davon unberührt bleiben. Verfahren, die nur die finanziellen Gläubiger des Schuldners betreffen, sollten auch unter diese Verordnung fallen. Ein Verfahren, das nicht alle Gläubiger eines Schuldners einschließt, sollte ein Verfahren sein, dessen Ziel die Rettung des Schuldners ist. Ein Verfahren, das zur endgültigen Einstellung der Unternehmenstätigkeit des Schuldners oder zur Verwertung seines Vermögens führt, sollte alle Gläubiger des Schuldners einschließen. Einige Insolvenzverfahren für natürliche Personen schließen bestimmte Arten von Forderungen, wie etwa Unterhaltsforderungen, von der Möglichkeit einer Schuldenbefreiung aus, was aber nicht bedeuten sollte, dass diese Verfahren keine Gesamtverfahren sind.

(15) Diese Verordnung sollte auch für Verfahren gelten, die nach dem Recht einiger Mitgliedstaaten für eine bestimmte Zeit vorläufig oder einstweilig eröffnet und durchgeführt werden können, bevor ein Gericht durch eine Entscheidung die Fortführung des Verfahrens als nicht vorläufiges Verfahren bestätigt. Auch wenn diese Verfahren als „vorläufig" bezeichnet werden, sollten sie alle anderen Anforderungen dieser Verordnung erfüllen.

(16) Diese Verordnung sollte für Verfahren gelten, die sich auf gesetzliche Regelungen zur Insolvenz stützen. Allerdings sollten Verfahren, die

sich auf allgemeines Gesellschaftsrecht stützen, das nicht ausschließlich auf Insolvenzfälle ausgerichtet ist, nicht als Verfahren gelten, die sich auf gesetzliche Regelungen zur Insolvenz stützen. Ebenso sollten Verfahren zur Schuldenanpassung nicht bestimmte Verfahren umfassen, in denen es um den Erlass von Schulden einer natürlichen Person mit sehr geringem Einkommen und Vermögen geht, sofern derartige Verfahren nie eine Zahlung an Gläubiger vorsehen.

(17) Der Anwendungsbereich dieser Verordnung sollte sich auf Verfahren erstrecken, die eingeleitet werden, wenn sich ein Schuldner in nicht finanziellen Schwierigkeiten befindet, sofern diese Schwierigkeiten mit der tatsächlichen und erheblichen Gefahr verbunden sind, dass der Schuldner gegenwärtig oder in Zukunft seine Verbindlichkeiten bei Fälligkeit nicht begleichen kann. Der maßgebliche Zeitraum zur Feststellung einer solchen Gefahr kann mehrere Monate oder auch länger betragen, um Fällen Rechnung zu tragen, in denen sich der Schuldner in nicht finanziellen Schwierigkeiten befindet, die die Fortführung seines Unternehmens und mittelfristig seine Liquidität gefährden. Dies kann beispielsweise der Fall sein, wenn der Schuldner einen Auftrag verloren hat, der für ihn von entscheidender Bedeutung war.

(18) Die Vorschriften über die Rückforderung staatlicher Beihilfen von insolventen Unternehmen, wie sie nach der Rechtsprechung des Gerichtshofs der Europäischen Union ausgelegt worden sind, sollten von dieser Verordnung unberührt bleiben.

(19) Insolvenzverfahren über das Vermögen von Versicherungsunternehmen, Kreditinstituten, Wertpapierfirmen und anderen Firmen, Einrichtungen oder Unternehmen, die unter die Richtlinie 2001/24/EG des Europäischen Parlaments und des Rates ([1]) fallen, und Organismen für gemeinsame Anlagen sollten vom Anwendungsbereich dieser Verordnung ausgenommen werden, da für sie besondere Vorschriften gelten und die nationalen Aufsichtsbehörden weitreichende Eingriffsbefugnisse haben.

(20) Insolvenzverfahren sind nicht zwingend mit dem Eingreifen einer Justizbehörde verbunden. Der Ausdruck „Gericht" in dieser Verordnung sollte daher in einigen Bestimmungen weit ausgelegt werden und Personen oder Stellen umfassen, die nach einzelstaatlichem Recht befugt sind,

---

([1]) Richtlinie 2001/24/EG des Europäischen Parlaments und des Rates vom 4. April 2001 über die Sanierung und Liquidation von Kreditinstituten (ABl. L 125 vom 5.5.2001, S. 15).

Insolvenzverfahren zu eröffnen. Damit diese Verordnung Anwendung findet, muss es sich um ein Verfahren (mit den entsprechenden gesetzlich festgelegten Handlungen und Formalitäten) handeln, das nicht nur im Einklang mit dieser Verordnung steht, sondern auch in dem Mitgliedstaat der Eröffnung des Insolvenzverfahrens offiziell anerkannt und rechtsgültig ist.

(21) Verwalter sind in dieser Verordnung definiert und in Anhang B aufgeführt. Verwalter, die ohne Beteiligung eines Justizorgans bestellt werden, sollten nach nationalem Recht einer angemessenen Regulierung unterliegen und für die Wahrnehmung von Aufgaben in Insolvenzverfahren zugelassen sein. Der nationale Regelungsrahmen sollte angemessene Vorschriften über den Umgang mit potenziellen Interessenkonflikten umfassen.

(22) Diese Verordnung erkennt die Tatsache an, dass aufgrund der großen Unterschiede im materiellen Recht ein einziges Insolvenzverfahren mit universaler Geltung für die Union nicht realisierbar ist. Die ausnahmslose Anwendung des Rechts des Staates der Verfahrenseröffnung würde vor diesem Hintergrund häufig zu Schwierigkeiten führen. Dies gilt etwa für die in den Mitgliedstaaten sehr unterschiedlich ausgeprägten nationalen Regelungen zu den Sicherungsrechten. Aber auch die Vorrechte einzelner Gläubiger im Insolvenzverfahren sind teilweise vollkommen anders ausgestaltet. Bei der nächsten Überprüfung dieser Verordnung wird es erforderlich sein, weitere Maßnahmen zu ermitteln, um die Vorrechte der Arbeitnehmer auf europäischer Ebene zu verbessern. Diese Verordnung sollte solchen unterschiedlichen nationalen Rechten auf zweierlei Weise Rechnung tragen. Zum einen sollten Sonderanknüpfungen für besonders bedeutsame Rechte und Rechtsverhältnisse vorgesehen werden (z. B. dingliche Rechte und Arbeitsverträge). Zum anderen sollten neben einem Hauptinsolvenzverfahren mit universaler Geltung auch innerstaatliche Verfahren zugelassen werden, die lediglich das im Eröffnungsstaat befindliche Vermögen erfassen.

(23) Diese Verordnung gestattet die Eröffnung des Hauptinsolvenzverfahrens in dem Mitgliedstaat, in dem der Schuldner den Mittelpunkt seiner hauptsächlichen Interessen hat. Dieses Verfahren hat universale Geltung sowie das Ziel, das gesamte Vermögen des Schuldners zu erfassen. Zum Schutz der unterschiedlichen Interessen gestattet diese Verordnung die Eröffnung von Sekundärinsolvenzverfahren parallel zum Hauptinsolvenzverfahren. Ein Sekundärinsolvenzverfahren kann in dem Mitgliedstaat eröffnet werden, in dem der Schuldner eine Niederlassung hat. Seine Wirkungen sind auf das in dem betreffenden Mitgliedstaat belegene Vermögen des Schuldners beschränkt. Zwingende Vorschriften für die Koordinierung mit

dem Hauptinsolvenzverfahren tragen dem Gebot der Einheitlichkeit in der Union Rechnung.

(24) Wird über das Vermögen einer juristischen Person oder einer Gesellschaft ein Hauptinsolvenzverfahren in einem anderen Mitgliedstaat als dem, in dem sie ihren Sitz hat, eröffnet, so sollte die Möglichkeit bestehen, im Einklang mit der Rechtsprechung des Gerichtshofs der Europäischen Union ein Sekundärinsolvenzverfahren in dem Mitgliedstaat zu eröffnen, in dem sie ihren Sitz hat, sofern der Schuldner einer wirtschaftlichen Aktivität nachgeht, die den Einsatz von Personal und Vermögenswerten in diesem Mitgliedstaat voraussetzt.

(25) Diese Verordnung gilt nur für Verfahren in Bezug auf einen Schuldner, der Mittelpunkt seiner hauptsächlichen Interessen in der Union hat.

(26) Die Zuständigkeitsvorschriften dieser Verordnung legen nur die internationale Zuständigkeit fest, das heißt, sie geben den Mitgliedstaat an, dessen Gerichte Insolvenzverfahren eröffnen dürfen. Die innerstaatliche Zuständigkeit des betreffenden Mitgliedstaats sollte nach dem nationalen Recht des betreffenden Staates bestimmt werden.

(27) Vor Eröffnung des Insolvenzverfahrens sollte das zuständige Gericht von Amts wegen prüfen, ob sich der Mittelpunkt der hauptsächlichen Interessen des Schuldners oder der Niederlassung des Schuldners tatsächlich in seinem Zuständigkeitsbereich befindet.

(28) Bei der Beantwortung der Frage, ob der Mittelpunkt der hauptsächlichen Interessen des Schuldners für Dritte feststellbar ist, sollte besonders berücksichtigt werden, welchen Ort die Gläubiger als denjenigen wahrnehmen, an dem der Schuldner der Verwaltung seiner Interessen nachgeht. Hierfür kann es erforderlich sein, die Gläubiger im Fall einer Verlegung des Mittelpunkts der hauptsächlichen Interessen zeitnah über den neuen Ort zu unterrichten, an dem der Schuldner seine Tätigkeiten ausübt, z. B. durch Hervorhebung der Adressänderung in der Geschäftskorrespondenz, oder indem der neue Ort in einer anderen geeigneten Weise veröffentlicht wird.

(29) Diese Verordnung sollte eine Reihe von Schutzvorkehrungen enthalten, um betrügerisches oder missbräuchliches Forum Shopping zu verhindern.

(30) Folglich sollten die Annahmen, dass der Sitz, die Hauptniederlassung und der gewöhnliche Aufenthalt jeweils der Mittelpunkt des hauptsächlichen Interesses sind, widerlegbar sein, und das jeweilige Gericht eines Mitgliedstaats sollte sorgfältig prüfen, ob sich der Mittelpunkt der hauptsächlichen Interessen des Schuldners tatsächlich in diesem Mitgliedstaat befindet. Bei einer Gesellschaft sollte diese Vermutung widerlegt werden

können, wenn sich die Hauptverwaltung der Gesellschaft in einem anderen Mitgliedstaat befindet als in dem Mitgliedstaat, in dem sich der Sitz der Gesellschaft befindet, und wenn eine Gesamtbetrachtung aller relevanten Faktoren die von Dritten überprüfbare Feststellung zulässt, dass sich der tatsächliche Mittelpunkt der Verwaltung und der Kontrolle der Gesellschaft sowie der Verwaltung ihrer Interessen in diesem anderen Mitgliedstaat befindet. Bei einer natürlichen Person, die keine selbständige gewerbliche oder freiberufliche Tätigkeit ausübt, sollte diese Vermutung widerlegt werden können, wenn sich z. B. der Großteil des Vermögens des Schuldners außerhalb des Mitgliedstaats des gewöhnlichen Aufenthalts des Schuldners befindet oder wenn festgestellt werden kann, dass der Hauptgrund für einen Umzug darin bestand, einen Insolvenzantrag im neuen Gerichtsstand zu stellen, und die Interessen der Gläubiger, die vor dem Umzug eine Rechtsbeziehung mit dem Schuldner eingegangen sind, durch einen solchen Insolvenzantrag wesentlich beeinträchtigt würden.

(31) Im Rahmen desselben Ziels der Verhinderung von betrügerischem oder missbräuchlichem Forum Shopping sollte die Vermutung, dass der Mittelpunkt der hauptsächlichen Interessen der Sitz, die Hauptniederlassung der natürlichen Person bzw. der gewöhnliche Aufenthalt der natürlichen Person ist, nicht gelten, wenn – im Falle einer Gesellschaft, einer juristischen Person oder einer natürlichen Person, die eine selbständige gewerbliche oder freiberufliche Tätigkeit ausübt, – der Schuldner seinen Sitz oder seine Hauptniederlassung in einem Zeitraum von drei Monaten vor dem Antrag auf Eröffnung des Insolvenzverfahrens in einen anderen Mitgliedstaat verlegt hat, oder – im Falle einer natürlichen Person, die keine selbständige gewerbliche oder freiberufliche Tätigkeit ausübt – wenn der Schuldner seinen gewöhnlichen Aufenthalt in einem Zeitraum von sechs Monaten vor dem Antrag auf Eröffnung des Insolvenzverfahrens in einen anderen Mitgliedstaat verlegt hat.

(32) Das Gericht sollte in allen Fällen, in denen die Umstände des Falls Anlass zu Zweifeln an seiner Zuständigkeit geben, den Schuldner auffordern, zusätzliche Nachweise für seine Behauptung vorzulegen, und, wenn das für das Insolvenzverfahren geltende Recht dies erlaubt, den Gläubigern des Schuldners Gelegenheit geben, sich zur Frage der Zuständigkeit zu äußern.

(33) Stellt das mit dem Antrag auf Eröffnung eines Insolvenzverfahrens befasste Gericht fest, dass der Mittelpunkt der hauptsächlichen Interessen nicht in seinem Hoheitsgebiet liegt, so sollte es das Hauptinsolvenzverfahren nicht eröffnen.

(34) Allen Gläubigern des Schuldners sollte darüber hinaus ein wirksamer Rechtsbehelf gegen die Entscheidung, ein Insolvenzverfahren zu eröffnen, zustehen. Die Folgen einer Anfechtung der Entscheidung, ein Insolvenzverfahren zu eröffnen, sollten dem nationalen Recht unterliegen.

(35) Die Gerichte des Mitgliedstaats, in dessen Hoheitsgebiet das Insolvenzverfahren eröffnet wurde, sollten auch für Klagen zuständig sein, die sich direkt aus dem Insolvenzverfahren ableiten und eng damit verknüpft sind. Zu solchen Klagen sollten unter anderem Anfechtungsklagen gegen Beklagte in anderen Mitgliedstaaten und Klagen in Bezug auf Verpflichtungen gehören, die sich im Verlauf des Insolvenzverfahrens ergeben, wie z. B. zu Vorschüssen für Verfahrenskosten. Im Gegensatz dazu leiten sich Klagen wegen der Erfüllung von Verpflichtungen aus einem Vertrag, der vom Schuldner vor der Eröffnung des Verfahrens abgeschlossen wurde, nicht unmittelbar aus dem Verfahren ab. Steht eine solche Klage im Zusammenhang mit einer anderen zivil- oder handelsrechtlichen Klage, so sollte der Verwalter beide Klagen vor die Gerichte am Wohnsitz des Beklagten bringen können, wenn er sich von einer Erhebung der Klagen an diesem Gerichtsstand einen Effizienzgewinn verspricht. Dies kann beispielsweise dann der Fall sein, wenn der Verwalter eine insolvenzrechtliche Haftungsklage gegen einen Geschäftsführer mit einer gesellschaftsrechtlichen oder deliktsrechtlichen Klage verbinden will.

(36) Das für die Eröffnung des Hauptinsolvenzverfahrens zuständige Gericht sollte zur Anordnung einstweiliger Maßnahmen und von Sicherungsmaßnahmen ab dem Zeitpunkt des Antrags auf Verfahrenseröffnung befugt sein. Sicherungsmaßnahmen sowohl vor als auch nach Beginn des Insolvenzverfahrens sind zur Gewährleistung der Wirksamkeit des Insolvenzverfahrens von großer Bedeutung. Diese Verordnung sollte hierfür verschiedene Möglichkeiten vorsehen. Zum einen sollte das für das Hauptinsolvenzverfahren zuständige Gericht einstweilige Maßnahmen und Sicherungsmaßnahmen auch über Vermögensgegenstände anordnen können, die sich im Hoheitsgebiet anderer Mitgliedstaaten befinden. Zum anderen sollte ein vor Eröffnung des Hauptinsolvenzverfahrens bestellter vorläufiger Verwalter in den Mitgliedstaaten, in denen sich eine Niederlassung des Schuldners befindet, die nach dem Recht dieser Mitgliedstaaten möglichen Sicherungsmaßnahmen beantragen können.

(37) Das Recht, vor der Eröffnung des Hauptinsolvenzverfahrens die Eröffnung eines Insolvenzverfahrens in dem Mitgliedstaat, in dem der Schuldner eine Niederlassung hat, zu beantragen, sollte nur lokalen Gläubigern und Behörden zustehen beziehungsweise auf Fälle beschränkt sein, in denen

das Recht des Mitgliedstaats, in dem der Schuldner den Mittelpunkt seiner hauptsächlichen Interessen hat, die Eröffnung eines Hauptinsolvenzverfahrens nicht zulässt. Der Grund für diese Beschränkung ist, dass die Fälle, in denen die Eröffnung eines Partikularverfahrens vor dem Hauptinsolvenzverfahren beantragt wird, auf das unumgängliche Maß beschränkt werden sollen.

(38) Das Recht, nach der Eröffnung des Hauptinsolvenzverfahrens die Eröffnung eines Insolvenzverfahrens in dem Mitgliedstaat, in dem der Schuldner eine Niederlassung hat, zu beantragen, wird durch diese Verordnung nicht beschränkt. Der Verwalter des Hauptinsolvenzverfahrens oder jede andere, nach dem Recht des betreffenden Mitgliedstaats dazu befugte Person sollte die Eröffnung eines Sekundärverfahrens beantragen können.

(39) Diese Verordnung sollte Vorschriften für die Bestimmung der Belegenheit der Vermögenswerte des Schuldners vorsehen, und diese Vorschriften sollten bei der Feststellung, welche Vermögenswerte zur Masse des Haupt- oder des Sekundärinsolvenzverfahrens gehören, und auf Situationen, in denen die dinglichen Rechte Dritter betroffen sind, Anwendung finden. Insbesondere sollte in dieser Verordnung bestimmt werden, dass Europäische Patente mit einheitlicher Wirkung, eine Gemeinschaftsmarke oder jedes andere ähnliche Recht, wie gemeinschaftliche Sortenschutzrechte oder das Gemeinschaftsgeschmacksmuster, nur in das Hauptinsolvenzverfahren mit einbezogen werden dürfen.

(40) Ein Sekundärinsolvenzverfahren kann neben dem Schutz der inländischen Interessen auch anderen Zwecken dienen. Dies kann der Fall sein, wenn die Insolvenzmasse des Schuldners zu verschachtelt ist, um als Ganzes verwaltet zu werden, oder weil die Unterschiede in den betroffenen Rechtssystemen so groß sind, dass sich Schwierigkeiten ergeben können, wenn das Recht des Staates der Verfahrenseröffnung seine Wirkung in den anderen Staaten, in denen Vermögensgegenstände belegen sind, entfaltet. Aus diesem Grund kann der Verwalter des Hauptinsolvenzverfahrens die Eröffnung eines Sekundärinsolvenzverfahrens beantragen, wenn dies für die effiziente Verwaltung der Masse erforderlich ist.

(41) Sekundärinsolvenzverfahren können eine effiziente Verwaltung der Insolvenzmasse auch behindern. Daher sind in dieser Verordnung zwei spezifische Situationen vorgesehen, in denen das mit einem Antrag auf Eröffnung eines Sekundärinsolvenzverfahrens befasste Gericht auf Antrag des Verwalters des Hauptinsolvenzverfahrens die Eröffnung eines solchen Verfahrens aufschieben oder ablehnen können sollte.

(42) Erstens erhält der Verwalter des Hauptinsolvenzverfahrens im Rahmen dieser Verordnung die Möglichkeit, den lokalen Gläubigern die Zusicherung zu geben, dass sie so behandelt werden, als wäre das Sekundärinsolvenzverfahren eröffnet worden. Bei dieser Zusicherung ist eine Reihe von in dieser Verordnung festgelegten Voraussetzungen zu erfüllen, insbesondere muss sie von einer qualifizierten Mehrheit der lokalen Gläubiger gebilligt werden. Wurde eine solche Zusicherung gegeben, so sollte das mit einem Antrag auf Eröffnung eines Sekundärinsolvenzverfahrens befasste Gericht den Antrag ablehnen können, wenn es der Überzeugung ist, dass diese Zusicherung die allgemeinen Interessen der lokalen Gläubiger angemessen schützt. Das Gericht sollte bei der Beurteilung dieser Interessen die Tatsache berücksichtigen, dass die Zusicherung von einer qualifizierten Mehrheit der lokalen Gläubiger gebilligt worden ist.

(43) Für die Zwecke der Abgabe einer Zusicherung an die lokalen Gläubiger sollten die in dem Mitgliedstaat, in dem der Schuldner eine Niederlassung hat, belegenen Vermögenswerte und Rechte eine Teilmasse der Insolvenzmasse bilden, und der Verwalter des Hauptinsolvenzverfahrens sollte bei ihrer Verteilung bzw. der Verteilung des aus ihrer Verwertung erzielten Erlöses die Vorzugsrechte wahren, die Gläubiger bei Eröffnung eines Sekundärinsolvenzverfahrens in diesem Mitgliedstaat hätten.

(44) Für die Billigung der Zusicherung sollte, soweit angemessen, das nationale Recht Anwendung finden. Insbesondere sollten Forderungen der Gläubiger für die Zwecke der Abstimmung über die Zusicherung als festgestellt gelten, wenn die Abstimmungsregeln für die Annahme eines Sanierungsplans nach nationalem Recht die vorherige Feststellung dieser Forderungen vorschreiben. Gibt es nach nationalem Recht unterschiedliche Verfahren für die Annahme von Sanierungsplänen, so sollten die Mitgliedstaaten das spezifische Verfahren benennen, das in diesem Zusammenhang maßgeblich sein sollte.

(45) Zweitens sollte in dieser Verordnung die Möglichkeit vorgesehen werden, dass das Gericht die Eröffnung des Sekundärinsolvenzverfahrens vorläufig aussetzt, wenn im Hauptinsolvenzverfahren eine vorläufige Aussetzung von Einzelvollstreckungsverfahren gewährt wurde, um die Wirksamkeit der im Hauptinsolvenzverfahren gewährten Aussetzung zu wahren. Das Gericht sollte die vorläufige Aussetzung gewähren können, wenn es der Überzeugung ist, dass geeignete Maßnahmen zum Schutz der Interessen der lokalen Gläubiger bestehen. In diesem Fall sollten alle Gläubiger, die von dem Ergebnis der Verhandlungen über einen Sanierungsplan betroffen

sein könnten, über diese Verhandlungen informiert werden und daran teilnehmen dürfen.

(46) Im Interesse eines wirksamen Schutzes lokaler Interessen sollte es dem Verwalter im Hauptinsolvenzverfahren nicht möglich sein, das in dem Mitgliedstaat der Niederlassung befindliche Vermögen missbräuchlich zu verwerten oder missbräuchlich an einen anderen Ort zu bringen, insbesondere wenn dies in der Absicht geschieht, die wirksame Befriedigung dieser Interessen für den Fall, dass im Anschluss ein Sekundärinsolvenzverfahren eröffnet wird, zu vereiteln.

(47) Diese Verordnung sollte die Gerichte der Mitgliedstaaten, in denen Sekundärinsolvenzverfahren eröffnet worden sind, nicht daran hindern, gegen Mitglieder der Geschäftsleitung des Schuldners Sanktionen wegen etwaiger Pflichtverletzung zu verhängen, sofern diese Gerichte nach nationalem Recht für diese Streitigkeiten zuständig sind.

(48) Hauptinsolvenzverfahren und Sekundärinsolvenzverfahren können zur wirksamen Verwaltung der Insolvenzmasse oder der effizienten Verwertung des Gesamtvermögens beitragen, wenn die an allen parallelen Verfahren beteiligten Akteure ordnungsgemäß zusammenarbeiten. Ordnungsgemäße Zusammenarbeit setzt voraus, dass die verschiedenen beteiligten Verwalter und Gerichte eng zusammenarbeiten, insbesondere indem sie einander wechselseitig ausreichend informieren. Um die dominierende Rolle des Hauptinsolvenzverfahrens sicherzustellen, sollten dem Verwalter dieses Verfahrens mehrere Einwirkungsmöglichkeiten auf gleichzeitig anhängige Sekundärinsolvenzverfahren gegeben werden. Der Verwalter sollte insbesondere einen Sanierungsplan oder Vergleich vorschlagen oder die Aussetzung der Verwertung der Masse im Sekundärinsolvenzverfahren beantragen können. Bei ihrer Zusammenarbeit sollten Verwalter und Gerichte die bewährten Praktiken für grenzüberschreitende Insolvenzfälle berücksichtigen, wie sie in den Kommunikations- und Kooperationsgrundsätzen und -leitlinien, die von europäischen und internationalen Organisationen auf dem Gebiet des Insolvenzrechts ausgearbeitet worden sind, niedergelegt sind, insbesondere den einschlägigen Leitlinien der Kommission der Vereinten Nationen für internationales Handelsrecht (UNCITRAL).

(49) Zum Zwecke dieser Zusammenarbeit sollten Verwalter und Gerichte Vereinbarungen schließen und Verständigungen herbeiführen können, die der Erleichterung der grenzüberschreitenden Zusammenarbeit zwischen mehreren Insolvenzverfahren in verschiedenen Mitgliedstaaten über das Vermögen desselben Schuldners oder von Mitgliedern derselben Unternehmensgruppe dienen, sofern dies mit den für die jeweiligen Verfahren gelten-

den Vorschriften vereinbar ist. Diese Vereinbarungen und Verständigungen können in der Form – sie können schriftlich oder mündlich sein – und im Umfang – von allgemein bis spezifisch – variieren und von verschiedenen Parteien geschlossen werden. In einfachen allgemeinen Vereinbarungen kann die Notwendigkeit einer engen Zusammenarbeit der Parteien hervorgehoben werden, ohne dass dabei auf konkrete Punkte eingegangen wird, während in spezifischen Vereinbarungen ein Rahmen von Grundsätzen für die Verwaltung mehrerer Insolvenzverfahren festgelegt werden und von den beteiligten Gerichten gebilligt werden kann, sofern die nationalen Rechtsvorschriften dies erfordern. In ihnen kann zum Ausdruck gebracht werden, dass Einvernehmen unter den Parteien besteht, bestimmte Schritte zu unternehmen oder Maßnahmen zu treffen oder davon abzusehen.

(50) In ähnlicher Weise können Gerichte verschiedener Mitgliedstaaten durch die Koordinierung der Bestellung von Verwaltern zusammenarbeiten. In diesem Zusammenhang können sie dieselbe Person zum Verwalter für mehrere Insolvenzverfahren über das Vermögen desselben Schuldners oder verschiedener Mitglieder einer Unternehmensgruppe bestellen, vorausgesetzt, dies ist mit für die jeweiligen Verfahren geltenden Vorschriften – insbesondere mit etwaigen Anforderungen an die Qualifikation und Zulassung von Verwaltern – vereinbar.

(51) Diese Verordnung sollte gewährleisten, dass Insolvenzverfahren über das Vermögen verschiedener Gesellschaften, die einer Unternehmensgruppe angehören, effizient geführt werden.

(52) Wurden über das Vermögen mehrerer Gesellschaften derselben Unternehmensgruppe Insolvenzverfahren eröffnet, so sollten die an diesen Verfahren beteiligten Akteure ordnungsgemäß zusammenarbeiten. Die verschiedenen beteiligten Verwalter und Gerichte sollten deshalb in ähnlicher Weise wie die Verwalter und Gerichte in denselben Schuldner betreffenden Haupt- und Sekundärinsolvenzverfahren verpflichtet sein, miteinander zu kommunizieren und zusammenzuarbeiten. Die Zusammenarbeit der Verwalter sollte nicht den Interessen der Gläubiger in den jeweiligen Verfahren zuwiderlaufen, und das Ziel dieser Zusammenarbeit sollte sein, eine Lösung zu finden, durch die Synergien innerhalb der Gruppe ausgeschöpft werden.

(53) Durch die Einführung von Vorschriften über die Insolvenzverfahren von Unternehmensgruppen sollte ein Gericht nicht in seiner Möglichkeit eingeschränkt werden, Insolvenzverfahren über das Vermögen mehrerer Gesellschaften, die derselben Unternehmensgruppe angehören, nur an einem Gerichtsstand zu eröffnen, wenn es feststellt, dass der Mittelpunkt der hauptsächlichen Interessen dieser Gesellschaften in einem einzigen

Mitgliedstaat liegt. In diesen Fällen sollte das Gericht für alle Verfahren gegebenenfalls dieselbe Person als Verwalter bestellen können, sofern dies mit den dafür geltenden Vorschriften vereinbar ist.

(54) Um die Koordinierung der Insolvenzverfahren über das Vermögen von Mitgliedern einer Unternehmensgruppe weiter zu verbessern und eine koordinierte Sanierung der Gruppe zu ermöglichen, sollten mit dieser Verordnung Verfahrensvorschriften für die Koordinierung der Insolvenzverfahren gegen Mitglieder einer Unternehmensgruppe eingeführt werden. Bei einer derartigen Koordinierung sollte angestrebt werden, dass die Effizienz der Koordinierung gewährleistet wird, wobei gleichzeitig die eigene Rechtspersönlichkeit jedes einzelnen Gruppenmitglieds zu achten ist.

(55) Ein Verwalter, der in einem Insolvenzverfahren über das Vermögen eines Mitglieds einer Unternehmensgruppe bestellt worden ist, sollte die Eröffnung eines Gruppen-Koordinationsverfahrens beantragen können. Allerdings sollte dieser Verwalter vor der Einreichung eines solchen Antrags die erforderliche Genehmigung einholen, sofern das für das Insolvenzverfahren geltende Recht dies vorschreibt. Im Antrag sollten Angaben zu den wesentlichen Elementen der Koordinierung erfolgen, insbesondere eine Darlegung des Koordinationsplans, ein Vorschlag für die als Koordinator zu bestellende Person und eine Übersicht der geschätzten Kosten für die Koordinierung.

(56) Um die Freiwilligkeit des Gruppen-Koordinationsverfahrens sicherzustellen, sollten die beteiligten Verwalter innerhalb einer festgelegten Frist Widerspruch gegen ihre Teilnahme am Verfahren einlegen können. Damit die beteiligten Verwalter eine fundierte Entscheidung über ihre Teilnahme am Gruppen-Koordinationsverfahren treffen können, sollten sie in einer frühen Phase über die wesentlichen Elemente der Koordinierung unterrichtet werden. Allerdings sollten Verwalter, die einer Einbeziehung in ein Gruppen-Koordinationsverfahren ursprünglich widersprochen haben, eine Beteiligung nachträglich beantragen können. In einem solchen Fall sollte der Koordinator über die Zulässigkeit des Antrags befinden. Alle Verwalter einschließlich des antragstellenden Verwalters sollten über die Entscheidung des Koordinators in Kenntnis gesetzt werden und die Gelegenheit haben, diese Entscheidung bei dem Gericht anzufechten, von dem das Gruppen-Koordinationsverfahren eröffnet wurde.

(57) Gruppen-Koordinationsverfahren sollten stets zum Ziel haben, dass die wirksame Verwaltung in den Insolvenzverfahren über das Vermögen der Gruppenmitglieder erleichtert wird, und sie sollten sich allgemein positiv für die Gläubiger auswirken. Mit dieser Verordnung sollte daher sicher-

gestellt werden, dass das Gericht, bei dem ein Antrag auf ein Gruppen-Koordinationsverfahren gestellt wurde, diese Kriterien vor der Eröffnung des Gruppen-Koordinationsverfahrens prüft.

(58) Die Kosten des Gruppen-Koordinationsverfahrens sollten dessen Vorteile nicht überwiegen. Daher muss sichergestellt werden, dass die Kosten der Koordinierung und der von jedem Gruppenmitglied zu tragende Anteil an diesen Kosten angemessen, verhältnismäßig und vertretbar sind und im Einklang mit den nationalen Rechtsvorschriften des Mitgliedstaats, in dem das Gruppen-Koordinationsverfahren eröffnet wurde, festzulegen sind. Die beteiligten Verwalter sollten auch die Möglichkeit haben, diese Kosten ab einer frühen Phase des Verfahrens zu kontrollieren. Wenn es die nationalen Rechtsvorschriften erfordern, kann die Kontrolle der Kosten ab einer frühen Phase des Verfahrens damit verbunden sein, dass der Verwalter die Genehmigung eines Gerichts oder eines Gläubigerausschusses einholt.

(59) Wenn nach Überlegung des Koordinators die Wahrnehmung seiner Aufgaben zu einer – im Vergleich zu der eingangs vorgenommenen Kostenschätzung – erheblichen Kostensteigerung führen wird, und auf jeden Fall, wenn die Kosten 10 % der geschätzten Kosten übersteigen, sollte der Koordinator von dem Gericht, das das Gruppen-Koordinationsverfahren eröffnet hat, die Genehmigung zur Überschreitung dieser Kosten einholen. Bevor das Gericht, das das Gruppen-Koordinationsverfahren eröffnet hat, seine Entscheidung trifft, sollte es den beteiligten Verwaltern Gelegenheit geben, gehört zu werden und dem Gericht ihre Bemerkungen dazu darzulegen, ob der Antrag des Koordinators angebracht ist.

(60) Diese Verordnung sollte für Mitglieder einer Unternehmensgruppe, die nicht in ein Gruppen-Koordinationsverfahren einbezogen sind, auch einen alternativen Mechanismus vorsehen, um eine koordinierte Sanierung der Gruppe zu erreichen. Ein in einem Verfahren, das über das Vermögen eines Mitglieds einer Unternehmensgruppe anhängig ist, bestellter Verwalter sollte die Aussetzung jeder Maßnahme im Zusammenhang mit der Verwertung der Masse in Verfahren über das Vermögen anderer Mitglieder der Unternehmensgruppe, die nicht in ein Gruppen-Koordinationsverfahren einbezogen sind, beantragen können. Es sollte nur möglich sein, eine solche Aussetzung zu beantragen, wenn ein Sanierungsplan für die betroffenen Mitglieder der Gruppe vorgelegt wird, der den Gläubigern des Verfahrens, für das die Aussetzung beantragt wird, zugute kommt und die Aussetzung notwendig ist, um die ordnungsgemäße Durchführung des Plans sicherzustellen.

(61) Diese Verordnung sollte die Mitgliedstaaten nicht daran hindern, nationale Bestimmungen zu erlassen, mit denen die Bestimmungen dieser Verordnung über die Zusammenarbeit, Kommunikation und Koordinierung im Zusammenhang mit Insolvenzverfahren über das Vermögen von Mitgliedern einer Unternehmensgruppe ergänzt würden, vorausgesetzt, der Geltungsbereich der nationalen Vorschriften beschränkt sich auf die nationale Rechtsordnung und ihre Anwendung beeinträchtigt nicht die Wirksamkeit der in dieser Verordnung enthaltenen Vorschriften.

(62) Die Vorschriften dieser Verordnung über die Zusammenarbeit, Kommunikation und Koordinierung im Rahmen von Insolvenzverfahren über das Vermögen von Mitgliedern einer Unternehmensgruppe sollten nur insoweit Anwendung finden, als Verfahren über das Vermögen verschiedener Mitglieder derselben Unternehmensgruppe in mehr als einem Mitgliedstaat eröffnet worden sind.

(63) Jeder Gläubiger, der seinen gewöhnlichen Aufenthalt, Wohnsitz oder Sitz in der Union hat, sollte das Recht haben, seine Forderungen in jedem in der Union anhängigen Insolvenzverfahren über das Vermögen des Schuldners anzumelden. Dies sollte auch für Steuerbehörden und Sozialversicherungsträger gelten. Diese Verordnung sollte den Verwalter nicht daran hindern, Forderungen im Namen bestimmter Gläubigergruppen – z. B. der Arbeitnehmer – anzumelden, sofern dies im nationalen Recht vorgesehen ist. Im Interesse der Gläubigergleichbehandlung sollte jedoch die Verteilung des Erlöses koordiniert werden. Jeder Gläubiger sollte zwar behalten dürfen, was er im Rahmen eines Insolvenzverfahrens erhalten hat, sollte aber an der Verteilung der Masse in einem anderen Verfahren erst dann teilnehmen können, wenn die Gläubiger gleichen Rangs die gleiche Quote auf ihre Forderungen erlangt haben.

(64) Es ist von grundlegender Bedeutung, dass Gläubiger, die ihren gewöhnlichen Aufenthalt, Wohnsitz oder Sitz in der Union haben, über die Eröffnung von Insolvenzverfahren über das Vermögen ihres Schuldners informiert werden. Um eine rasche Übermittlung der Informationen an die Gläubiger sicherzustellen, sollte die Verordnung (EG) Nr. 1393/2007 des Europäischen Parlaments und des Rates ([1]) keine Anwendung finden, wenn

---

([1]) Verordnung (EG) Nr. 1393/2007 des Europäischen Parlaments und des Rates vom 13. November 2007 über die Zustellung gerichtlicher und außergerichtlicher Schriftstücke in Zivil- oder Handelssachen in den Mitgliedstaaten (Zustellung von Schriftstücken) und zur Aufhebung der Verordnung (EG) Nr. 1348/2000 des Rates (ABl. L 324 vom 10.12.2007, S. 79).

in der vorliegenden Verordnung auf die Pflicht zur Information der Gläubiger verwiesen wird. Gläubigern sollte die Anmeldung ihrer Forderungen in Verfahren, die in einem anderen Mitgliedstaat eröffnet werden, durch die Bereitstellung von Standardformularen in allen Amtssprachen der Organe der Union erleichtert werden. Die Folgen des unvollständigen Ausfüllens des Standardformulars sollten durch das nationale Recht geregelt werden.

(65) In dieser Verordnung sollte die unmittelbare Anerkennung von Entscheidungen zur Eröffnung, Abwicklung und Beendigung der in ihren Geltungsbereich fallenden Insolvenzverfahren sowie von Entscheidungen, die in unmittelbarem Zusammenhang mit diesen Insolvenzverfahren ergehen, vorgesehen werden. Die automatische Anerkennung sollte somit zur Folge haben, dass die Wirkungen, die das Recht des Mitgliedstaats der Verfahrenseröffnung dem Verfahren beilegt, auf alle übrigen Mitgliedstaaten ausgedehnt werden. Die Anerkennung der Entscheidungen der Gerichte der Mitgliedstaaten sollte sich auf den Grundsatz des gegenseitigen Vertrauens stützen. Die Gründe für eine Nichtanerkennung sollten daher auf das unbedingt notwendige Maß beschränkt sein. Nach diesem Grundsatz sollte auch der Konflikt gelöst werden, wenn sich die Gerichte zweier Mitgliedstaaten für zuständig halten, ein Hauptinsolvenzverfahren zu eröffnen. Die Entscheidung des zuerst eröffnenden Gerichts sollte in den anderen Mitgliedstaaten anerkannt werden; diese Mitgliedstaaten sollten die Entscheidung dieses Gerichts keiner Überprüfung unterziehen dürfen.

(66) Diese Verordnung sollte für den Insolvenzbereich einheitliche Kollisionsnormen formulieren, die die nationalen Vorschriften des internationalen Privatrechts ersetzen. Soweit nichts anderes bestimmt ist, sollte das Recht des Staates der Verfahrenseröffnung (lex concursus) Anwendung finden. Diese Kollisionsnorm sollte für Hauptinsolvenzverfahren und Partikularverfahren gleichermaßen gelten. Die lex concursus regelt sowohl die verfahrensrechtlichen als auch die materiellen Wirkungen des Insolvenzverfahrens auf die davon betroffenen Personen und Rechtsverhältnisse. Nach ihr bestimmen sich alle Voraussetzungen für die Eröffnung, Abwicklung und Beendigung des Insolvenzverfahrens.

(67) Die automatische Anerkennung eines Insolvenzverfahrens, auf das regelmäßig das Recht des Staats der Verfahrenseröffnung Anwendung findet, kann mit den Vorschriften anderer Mitgliedstaaten für die Vornahme von Rechtshandlungen kollidieren. Um in den anderen Mitgliedstaaten als dem Staat der Verfahrenseröffnung Vertrauensschutz und Rechtssicherheit

zu gewährleisten, sollte eine Reihe von Ausnahmen von der allgemeinen Vorschrift vorgesehen werden.

(68) Ein besonderes Bedürfnis für eine vom Recht des Eröffnungsstaats abweichende Sonderanknüpfung besteht bei dinglichen Rechten, da solche Rechte für die Gewährung von Krediten von erheblicher Bedeutung sind. Die Begründung, Gültigkeit und Tragweite von dinglichen Rechten sollten sich deshalb regelmäßig nach dem Recht des Belegenheitsorts bestimmen und von der Eröffnung des Insolvenzverfahrens nicht berührt werden. Der Inhaber des dinglichen Rechts sollte somit sein Recht zur Aus- bzw. Absonderung an dem Sicherungsgegenstand weiter geltend machen können. Falls an Vermögensgegenständen in einem Mitgliedstaat dingliche Rechte nach dem Recht des Belegenheitsstaats bestehen, das Hauptinsolvenzverfahren aber in einem anderen Mitgliedstaat stattfindet, sollte der Verwalter des Hauptinsolvenzverfahrens die Eröffnung eines Sekundärinsolvenzverfahrens in dem Zuständigkeitsgebiet, in dem die dinglichen Rechte bestehen, beantragen können, sofern der Schuldner dort eine Niederlassung hat. Wird kein Sekundärinsolvenzverfahren eröffnet, so sollte ein etwaiger überschießender Erlös aus der Veräußerung der Vermögensgegenstände, an denen dingliche Rechte bestanden, an den Verwalter des Hauptinsolvenzverfahrens abzuführen sein.

(69) Diese Verordnung enthält mehrere Bestimmungen, wonach ein Gericht die Aussetzung der Eröffnung eines Verfahrens oder die Aussetzung von Vollstreckungsverfahren anordnen kann. Eine solche Aussetzung sollte die dinglichen Rechte von Gläubigern oder Dritten unberührt lassen.

(70) Ist nach dem Recht des Staats der Verfahrenseröffnung eine Aufrechnung von Forderungen nicht zulässig, so sollte ein Gläubiger gleichwohl zur Aufrechnung berechtigt sein, wenn diese nach dem für die Forderung des insolventen Schuldners maßgeblichen Recht möglich ist. Auf diese Weise würde die Aufrechnung eine Art Garantiefunktion aufgrund von Rechtsvorschriften erhalten, auf die sich der betreffende Gläubiger zum Zeitpunkt der Entstehung der Forderung verlassen kann.

(71) Ein besonderes Schutzbedürfnis besteht auch bei Zahlungssystemen und Finanzmärkten, etwa im Zusammenhang mit den in diesen Systemen anzutreffenden Glattstellungsverträgen und Nettingvereinbarungen sowie der Veräußerung von Wertpapieren und den zur Absicherung dieser Transaktionen gestellten Sicherheiten, wie dies insbesondere in der Richtlinie

98/26/EG des Europäischen Parlaments und des Rates (¹) geregelt ist. Für diese Transaktionen sollte deshalb allein das Recht maßgebend sein, das auf das betreffende System bzw. den betreffenden Markt anwendbar ist. Dieses Recht soll verhindern, dass im Fall der Insolvenz eines Geschäftspartners die in Zahlungs- oder Aufrechnungssystemen und auf den geregelten Finanzmärkten der Mitgliedstaaten vorgesehenen Mechanismen zur Zahlung und Abwicklung von Transaktionen geändert werden können. Die Richtlinie 98/26/EG enthält Sondervorschriften, die den in dieser Verordnung festgelegten allgemeinen Regelungen vorgehen sollten.

(72) Zum Schutz der Arbeitnehmer und der Arbeitsverhältnisse sollten die Wirkungen der Insolvenzverfahren auf die Fortsetzung oder Beendigung von Arbeitsverhältnissen sowie auf die Rechte und Pflichten aller an einem solchen Arbeitsverhältnis beteiligten Parteien durch das gemäß den allgemeinen Kollisionsnormen für den jeweiligen Arbeitsvertrag maßgebliche Recht bestimmt werden. Zudem sollte in Fällen, in denen zur Beendigung von Arbeitsverträgen die Zustimmung eines Gerichts oder einer Verwaltungsbehörde erforderlich ist, die Zuständigkeit zur Erteilung dieser Zustimmung bei dem Mitgliedstaat verbleiben, in dem sich eine Niederlassung des Schuldners befindet, selbst wenn in diesem Mitgliedstaat kein Insolvenzverfahren eröffnet wurde. Für sonstige insolvenzrechtliche Fragen, wie etwa, ob die Forderungen der Arbeitnehmer durch ein Vorrecht geschützt sind und welchen Rang dieses Vorrecht gegebenenfalls erhalten soll, sollte das Recht des Mitgliedstaats maßgeblich sein, in dem das Insolvenzverfahren (Haupt- oder Sekundärverfahren) eröffnet wurde, es sei denn, im Einklang mit dieser Verordnung wurde eine Zusicherung gegeben, um ein Sekundärinsolvenzverfahren zu vermeiden.

(73) Auf die Wirkungen des Insolvenzverfahrens auf ein anhängiges Gerichts- oder Schiedsverfahren über einen Vermögenswert oder ein Recht, der bzw. das Teil der Insolvenzmasse ist, sollte das Recht des Mitgliedstaats Anwendung finden, in dem das Gerichtsverfahren anhängig ist oder die Schiedsgerichtsbarkeit ihren Sitz hat. Diese Bestimmung sollte allerdings die nationalen Vorschriften über die Anerkennung und Vollstreckung von Schiedssprüchen nicht berühren.

(¹) Richtlinie 98/26/EG des Europäischen Parlaments und des Rates vom 19. Mai 1998 über die Wirksamkeit von Abrechnungen in Zahlungs- sowie Wertpapierliefer- und -abrechnungssystemen (ABl. L 166 vom 11.6.1998, S. 45).

(74) Um den verfahrensrechtlichen Besonderheiten der Rechtssysteme einiger Mitgliedstaaten Rechnung zu tragen, sollten bestimmte Vorschriften dieser Verordnung die erforderliche Flexibilität aufweisen. Dementsprechend sollten Bezugnahmen in dieser Verordnung auf Mitteilungen eines Justizorgans eines Mitgliedstaats, sofern es die Verfahrensvorschriften eines Mitgliedstaats erforderlich machen, eine Anordnung dieses Justizorgans umfassen, die Mitteilung vorzunehmen.

(75) Im Interesse des Geschäftsverkehrs sollte der wesentliche Inhalt der Entscheidung über die Verfahrenseröffnung auf Antrag des Verwalters in einem anderen Mitgliedstaat als in dem, in dem das Gericht diese Entscheidung erlassen hat, bekanntgemacht werden. Befindet sich in dem betreffenden Mitgliedstaat eine Niederlassung, sollte die Bekanntmachung obligatorisch sein. In keinem dieser Fälle sollte die Bekanntmachung jedoch Voraussetzung für die Anerkennung des ausländischen Verfahrens sein.

(76) Um eine bessere Information der betroffenen Gläubiger und Gerichte zu gewährleisten und die Eröffnung von Parallelverfahren zu verhindern, sollten die Mitgliedstaaten verpflichtet werden, relevante Informationen in grenzüberschreitenden Insolvenzfällen in einem öffentlich zugänglichen elektronischen Register bekanntzumachen. Um Gläubigern und Gerichten in anderen Mitgliedstaaten den Zugriff auf diese Informationen zu erleichtern, sollte diese Verordnung die Vernetzung solcher Insolvenzregister über das Europäische Justizportal vorsehen. Den Mitgliedstaaten sollte freistehen, relevante Informationen in verschiedenen Registern bekanntzumachen, und es sollte möglich sein, mehr als ein Register je Mitgliedstaat zu vernetzen.

(77) In dieser Verordnung sollte der Mindestumfang der Informationen, die in den Insolvenzregistern bekanntzumachen sind, festgelegt werden. Die Mitgliedstaaten sollten zusätzliche Informationen aufnehmen dürfen. Ist der Schuldner eine natürliche Person, so sollte in den Insolvenzregistern nur dann eine Registrierungsnummer angegeben werden, wenn der Schuldner eine selbständige gewerbliche oder freiberufliche Tätigkeit ausübt. Diese Registrierungsnummer sollte gegebenenfalls als die einheitliche Registrierungsnummer seiner selbständigen oder freiberuflichen Tätigkeit im Handelsregister zu verstehen sein.

(78) Informationen über bestimmte Aspekte des Insolvenzverfahrens, wie z. B. die Fristen für die Anmeldung von Forderungen oder die Anfechtung von Entscheidungen, sind für die Gläubiger von grundlegender Bedeutung. Diese Verordnung sollte allerdings die Mitgliedstaaten nicht dazu verpflichten, diese Fristen im Einzelfall zu berechnen. Die Mitglied-

staaten sollten ihren Pflichten nachkommen können, indem sie Hyperlinks zum Europäischen Justizportal einfügen, über das selbsterklärende Angaben zu den Kriterien zur Berechnung dieser Fristen verfügbar zu machen sind.

(79) Damit ausreichender Schutz der Informationen über natürliche Personen, die keine selbständige gewerbliche oder freiberufliche Tätigkeit ausüben, gewährleistet ist, sollte es den Mitgliedstaaten möglich sein, den Zugang zu diesen Informationen von zusätzlichen Suchkriterien wie der persönlichen Kennnummer des Schuldners, seiner Anschrift, seinem Geburtsdatum oder dem Bezirk des zuständigen Gerichts abhängig zu machen oder den Zugang an die Voraussetzung eines Antrags an die zuständige Behörde oder der Feststellung eines rechtmäßigen Interesses zu knüpfen.

(80) Den Mitgliedstaaten sollte es auch möglich sein, Informationen über natürliche Personen, die keine selbständige gewerbliche oder freiberufliche Tätigkeit ausüben, nicht in ihre Insolvenzregister aufzunehmen. In solchen Fällen sollten die Mitgliedstaaten sicherstellen, dass die einschlägigen Informationen durch individuelle Mitteilung an die Gläubiger übermittelt werden und die Forderungen von Gläubigern, die die Informationen nicht erhalten haben, durch die Verfahren nicht berührt werden.

(81) Es kann der Fall eintreten, dass einige der betroffenen Personen keine Kenntnis von der Eröffnung des Insolvenzverfahrens haben und gutgläubig im Widerspruch zu der neuen Sachlage handeln. Zum Schutz solcher Personen, die in Unkenntnis der ausländischen Verfahrenseröffnung eine Zahlung an den Schuldner statt an den ausländischen Verwalter leisten, sollte eine schuldbefreiende Wirkung der Leistung bzw. Zahlung vorgesehen werden.

(82) Zur Gewährleistung einheitlicher Bedingungen für die Durchführung dieser Verordnung sollten der Kommission Durchführungsbefugnisse übertragen werden. Diese Befugnisse sollten im Einklang mit der Verordnung (EU) Nr. 182/2011 des Europäischen Parlaments und des Rates ([1]) ausgeübt werden.

(83) Diese Verordnung steht im Einklang mit den Grundrechten und Grundsätzen, die mit der Charta der Grundrechte der Europäischen Union anerkannt wurden. Die Verordnung zielt insbesondere darauf ab, die An-

---

[1] Verordnung (EU) Nr. 182/2011 des Europäischen Parlaments und des Rates vom 16. Februar 2011 zur Festlegung der allgemeinen Regeln und Grundsätze, nach denen die Mitgliedstaaten die Wahrnehmung der Durchführungsbefugnisse durch die Kommission kontrollieren (ABl. L 55 vom 28.2.2011, S. 13).

wendung der Artikel 8, 17 und 47 der Charta zu fördern, die den Schutz der personenbezogenen Daten, das Recht auf Eigentum und das Recht auf einen wirksamen Rechtsbehelf und ein faires Verfahren betreffen.

(84) Die Richtlinie 95/46/EG des Europäischen Parlaments und des Rates ([1]) und die Verordnung (EG) Nr. 45/2001 des Europäischen Parlaments und des Rates ([2]) regeln die Verarbeitung personenbezogener Daten im Rahmen dieser Verordnung.

(85) Diese Verordnung lässt die Verordnung (EWG, Euratom) Nr. 1182/71 des Rates ([3]) unberührt.

(86) Da das Ziel dieser Verordnung von den Mitgliedstaaten nicht ausreichend verwirklicht werden kann, sondern vielmehr aufgrund der Schaffung eines rechtlichen Rahmens für die geordnete Abwicklung von grenzüberschreitenden Insolvenzverfahren auf Unionsebene besser zu verwirklichen ist, kann die Union im Einklang mit dem in Artikel 5 des Vertrags über die Europäische Union verankerten Subsidiaritätsprinzip tätig werden. Entsprechend dem in demselben Artikel genannten Grundsatz der Verhältnismäßigkeit geht diese Verordnung nicht über das zur Verwirklichung dieses Ziels erforderliche Maß hinaus.

(87) Gemäß Artikel 3 und Artikel 4a Absatz 1 des dem Vertrag über die Europäische Union und dem Vertrag über die Arbeitsweise der Europäischen Union beigefügten Protokolls Nr. 21 über die Position des Vereinigten Königreichs und Irlands hinsichtlich des Raums der Freiheit, der Sicherheit und des Rechts haben diese Mitgliedstaaten mitgeteilt, dass sie sich an der Annahme und Anwendung der vorliegenden Verordnung beteiligen möchten.

(88) Gemäß den Artikeln 1 und 2 des dem Vertrag über die Europäische Union und dem Vertrag über die Arbeitsweise der Europäischen Union beigefügten Protokolls Nr. 22 über die Position Dänemarks beteiligt sich

---

([1]) Richtlinie 95/46/EG des Europäischen Parlaments und des Rates vom 24. Oktober 1995 zum Schutz natürlicher Personen bei der Verarbeitung personenbezogener Daten und zum freien Datenverkehr (ABl. L 281 vom 23.11.1995, S. 31).

([2]) Verordnung (EG) Nr. 45/2001 des Europäischen Parlaments und des Rates vom 18. Dezember 2000 zum Schutz natürlicher Personen bei der Verarbeitung personenbezogener Daten durch die Organe und Einrichtungen der Gemeinschaft und zum freien Datenverkehr (ABl. L 8 vom 12.1.2001, S. 1).

([3]) Verordnung (EWG, Euratom) Nr. 1182/71 des Rates vom 3. Juni 1971 zur Festlegung der Regeln für die Fristen, Daten und Termine (ABl. L 124 vom 8.6.1971, S. 1).

Dänemark nicht an der Annahme dieser Verordnung und ist weder durch diese Verordnung gebunden noch zu ihrer Anwendung verpflichtet.

(89) Der Europäische Datenschutzbeauftragte wurde angehört und hat seine Stellungnahme am 27. März 2013 abgegeben ([1]) –

HABEN FOLGENDE VERORDNUNG ERLASSEN:

KAPITEL I
ALLGEMEINE BESTIMMUNGEN

Artikel 1
Anwendungsbereich

(1) Diese Verordnung gilt für öffentliche Gesamtverfahren einschließlich vorläufiger Verfahren, die auf der Grundlage gesetzlicher Regelungen zur Insolvenz stattfinden und in denen zu Zwecken der Rettung, Schuldenanpassung, Reorganisation oder Liquidation

a) dem Schuldner die Verfügungsgewalt über sein Vermögen ganz oder teilweise entzogen und ein Verwalter bestellt wird,

b) das Vermögen und die Geschäfte des Schuldners der Kontrolle oder Aufsicht durch ein Gericht unterstellt werden oder

c) die vorübergehende Aussetzung von Einzelvollstreckungsverfahren von einem Gericht oder kraft Gesetzes gewährt wird, um Verhandlungen zwischen dem Schuldner und seinen Gläubigern zu ermöglichen, sofern das Verfahren, in dem die Aussetzung gewährt wird, geeignete Maßnahmen zum Schutz der Gesamtheit der Gläubiger vorsieht und in dem Fall, dass keine Einigung erzielt wird, einem der in den Buchstaben a oder b genannten Verfahren vorgeschaltet ist.

Kann ein in diesem Absatz genanntes Verfahren in Situationen eingeleitet werden, in denen lediglich die Wahrscheinlichkeit einer Insolvenz besteht, ist der Zweck des Verfahrens die Vermeidung der Insolvenz des Schuldners oder der Einstellung seiner Geschäftstätigkeit.

Die Verfahren, auf die in diesem Absatz Bezug genommen wird, sind in Anhang A aufgeführt.

(2) Diese Verordnung gilt nicht für Verfahren nach Absatz 1 in Bezug auf

a) Versicherungsunternehmen,

b) Kreditinstitute,

([1]) ABl. C 358 vom 7.12.2013, S. 15.

c) Wertpapierfirmen und andere Firmen, Einrichtungen und Unternehmen, soweit sie unter die Richtlinie 2001/24/EG fallen, oder
d) Organismen für gemeinsame Anlagen.

Artikel 2
Begriffsbestimmungen

Für die Zwecke dieser Verordnung bezeichnet der Ausdruck

1. „Gesamtverfahren" ein Verfahren, an dem alle oder ein wesentlicher Teil der Gläubiger des Schuldners beteiligt sind, vorausgesetzt, dass im letzteren Fall das Verfahren nicht die Forderungen der Gläubiger berührt, die nicht daran beteiligt sind;
2. „Organismen für gemeinsame Anlagen" Organismen für gemeinsame Anlagen in Wertpapieren (OGAW) im Sinne der Richtlinie 2009/65/EG des Europäischen Parlaments und des Rates ([1]) und alternative Investmentfonds (AIF) im Sinne der Richtlinie 2011/61/EU des Europäischen Parlaments und des Rates ([2]);
3. „Schuldner in Eigenverwaltung" einen Schuldner, über dessen Vermögen ein Insolvenzverfahren eröffnet wurde, das nicht zwingend mit der Bestellung eines Verwalters oder der vollständigen Übertragung der Rechte und Pflichten zur Verwaltung des Vermögens des Schuldners auf einen Verwalter verbunden ist, und bei dem der Schuldner daher ganz oder zumindest teilweise die Kontrolle über sein Vermögen und seine Geschäfte behält;
4. „Insolvenzverfahren" ein in Anhang A aufgeführtes Verfahren;
5. „Verwalter" jede Person oder Stelle, deren Aufgabe es ist, auch vorläufig
   i) die in Insolvenzverfahren angemeldeten Forderungen zu prüfen und zuzulassen;
   ii) die Gesamtinteressen der Gläubiger zu vertreten;

([1]) Richtlinie 2009/65/EG des Europäischen Parlaments und des Rates vom 13. Juli 2009 zur Koordinierung der Rechts- und Verwaltungsvorschriften betreffend bestimmte Organismen für gemeinsame Anlagen in Wertpapieren (OGAW) (ABl. L 302 vom 17.11.2009, S. 32).

([2]) Richtlinie 2011/61/EU des Europäischen Parlaments und des Rates vom 8. Juni 2011 über die Verwalter alternativer Investmentfonds und zur Änderung der Richtlinien 2003/41/EG und 2009/65/EG und der Verordnungen (EG) Nr. 1060/2009 und (EU) Nr. 1095/2010 (ABl. L 174 vom 1.7.2011, S. 1).

iii) die Insolvenzmasse entweder vollständig oder teilweise zu verwalten;
iv) die Insolvenzmasse im Sinne der Ziffer iii zu verwerten oder
v) die Geschäftätigkeit des Schuldners zu überwachen.
Die in Unterabsatz 1 genannten Personen und Stellen sind in Anhang B aufgeführt;
6. „Gericht"
   i) in Artikel 1 Absatz 1 Buchstaben b und c, Artikel 4 Absatz 2, Artikel 5, Artikel 6, Artikel 21 Absatz 3, Artikel 24 Absatz 2 Buchstabe j, Artikel 36, Artikel 39 und Artikel 61 bis Artikel 77 das Justizorgan eines Mitgliedstaats;
   ii) in allen anderen Artikeln das Justizorgan oder jede sonstige zuständige Stelle eines Mitgliedstaats, die befugt ist, ein Insolvenzverfahren zu eröffnen, die Eröffnung eines solchen Verfahrens zu bestätigen oder im Rahmen dieses Verfahrens Entscheidungen zu treffen;
7. „Entscheidung zur Eröffnung eines Insolvenzverfahrens"
   i) die Entscheidung eines Gerichts zur Eröffnung eines Insolvenzverfahrens oder zur Bestätigung der Eröffnung eines solchen Verfahrens und
   ii) die Entscheidung eines Gerichts zur Bestellung eines Verwalters;
8. „Zeitpunkt der Verfahrenseröffnung" den Zeitpunkt, zu dem die Entscheidung zur Eröffnung des Insolvenzverfahrens wirksam wird, unabhängig davon, ob die Entscheidung endgültig ist oder nicht;
9. „Mitgliedstaat, in dem sich ein Vermögensgegenstand befindet", im Fall von
   i) Namensaktien, soweit sie nicht von Ziffer ii erfasst sind, den Mitgliedstaat, in dessen Hoheitsgebiet die Gesellschaft, die die Aktien ausgegeben hat, ihren Sitz hat;
   ii) Finanzinstrumenten, bei denen die Rechtsinhaberschaft durch Eintrag in ein Register oder Buchung auf ein Konto, das von einem oder für einen Intermediär geführt wird, nachgewiesen wird („im Effektengiro übertragbare Wertpapiere"), den Mitgliedstaat, in dem das betreffende Register oder Konto geführt wird;
   iii) Guthaben auf Konten bei einem Kreditinstitut den Mitgliedstaat, der in der internationalen Kontonummer (IBAN) angegeben ist, oder im Fall von Guthaben auf Konten bei einem Kreditinstitut ohne IBAN den Mitgliedstaat, in dem das Kreditinstitut, bei dem das Konto geführt wird, seine Hauptverwaltung hat, oder, sofern das Konto bei einer Zweigniederlassung, Agentur oder sonstigen Niederlassung ge-

führt wird, den Mitgliedstaat, in dem sich die Zweigniederlassung, Agentur oder sonstige Niederlassung befindet;
iv) Gegenständen oder Rechten, bei denen das Eigentum oder die Rechtsinhaberschaft in anderen als den unter Ziffer i genannten öffentlichen Registern eingetragen ist, den Mitgliedstaat, unter dessen Aufsicht das Register geführt wird;
v) Europäischen Patenten den Mitgliedstaat, für den das Europäische Patent erteilt wurde;
vi) Urheberrechten und verwandten Schutzrechten den Mitgliedstaat, in dessen Hoheitsgebiet der Eigentümer solcher Rechte seinen gewöhnlichen Aufenthalt oder Sitz hat;
vii) anderen als den unter den Ziffern i bis iv genannten körperlichen Gegenständen den Mitgliedstaat, in dessen Hoheitsgebiet sich der Gegenstand befindet;
viii) anderen Forderungen gegen Dritte als solchen, die sich auf Vermögenswerte gemäß Ziffer iii beziehen, den Mitgliedstaat, in dessen Hoheitsgebiet der zur Leistung verpflichtete Dritte den Mittelpunkt seiner hauptsächlichen Interessen im Sinne des Artikels 3 Absatz 1 hat;

10. „Niederlassung" jeden Tätigkeitsort, an dem der Schuldner einer wirtschaftlichen Aktivität von nicht vorübergehender Art nachgeht oder in den drei Monaten vor dem Antrag auf Eröffnung des Hauptinsolvenzverfahrens nachgegangen ist, die den Einsatz von Personal und Vermögenswerten voraussetzt;
11. „lokaler Gläubiger" den Gläubiger, dessen Forderungen gegen den Schuldner aus oder in Zusammenhang mit dem Betrieb einer Niederlassung in einem anderen Mitgliedstaat als dem Mitgliedstaat entstanden sind, in dem sich der Mittelpunkt der hauptsächlichen Interessen des Schuldners befindet;
12. „ausländischer Gläubiger" den Gläubiger, der seinen gewöhnlichen Aufenthalt, Wohnsitz oder Sitz in einem anderen Mitgliedstaat als dem Mitgliedstaat der Verfahrenseröffnung hat, einschließlich der Steuerbehörden und der Sozialversicherungsträger der Mitgliedstaaten;
13. „Unternehmensgruppe" ein Mutterunternehmen und alle seine Tochterunternehmen;
14. „Mutterunternehmen" ein Unternehmen, das ein oder mehrere Tochterunternehmen entweder unmittelbar oder mittelbar kontrolliert. Ein Unternehmen, das einen konsolidierten Abschluss gemäß der Richtlinie

2013/34/EU des Europäischen Parlaments und des Rates (¹) erstellt, wird als Mutterunternehmen angesehen.

Artikel 3
Internationale Zuständigkeit

(1) Für die Eröffnung des Insolvenzverfahrens sind die Gerichte des Mitgliedstaats zuständig, in dessen Hoheitsgebiet der Schuldner den Mittelpunkt seiner hauptsächlichen Interessen hat (im Folgenden „Hauptinsolvenzverfahren"). Mittelpunkt der hauptsächlichen Interessen ist der Ort, an dem der Schuldner gewöhnlich der Verwaltung seiner Interessen nachgeht und der für Dritte feststellbar ist.

Bei Gesellschaften oder juristischen Personen wird bis zum Beweis des Gegenteils vermutet, dass der Mittelpunkt ihrer hauptsächlichen Interessen der Ort ihres Sitzes ist. Diese Annahme gilt nur, wenn der Sitz nicht in einem Zeitraum von drei Monaten vor dem Antrag auf Eröffnung des Insolvenzverfahrens in einen anderen Mitgliedstaat verlegt wurde.

Bei einer natürlichen Person, die eine selbständige gewerbliche oder freiberufliche Tätigkeit ausübt, wird bis zum Beweis des Gegenteils vermutet, dass der Mittelpunkt ihrer hauptsächlichen Interessen ihre Hauptniederlassung ist. Diese Annahme gilt nur, wenn die Hauptniederlassung der natürlichen Person nicht in einem Zeitraum von drei Monaten vor dem Antrag auf Eröffnung des Insolvenzverfahrens in einen anderen Mitgliedstaat verlegt wurde.

Bei allen anderen natürlichen Personen wird bis zum Beweis des Gegenteils vermutet, dass der Mittelpunkt ihrer hauptsächlichen Interessen der Ort ihres gewöhnlichen Aufenthalts ist. Diese Annahme gilt nur, wenn der gewöhnliche Aufenthalt nicht in einem Zeitraum von sechs Monaten vor dem Antrag auf Eröffnung des Insolvenzverfahrens in einen anderen Mitgliedstaat verlegt wurde.

(2) Hat der Schuldner den Mittelpunkt seiner hauptsächlichen Interessen im Hoheitsgebiet eines Mitgliedstaats, so sind die Gerichte eines

---

(¹) Richtlinie 2013/34/EU des Europäischen Parlaments und des Rates vom 26. Juni 2013 über den Jahresabschluss, den konsolidierten Abschluss und damit verbundene Berichte von Unternehmen bestimmter Rechtsformen und zur Änderung der Richtlinie 2006/43/EG des Europäischen Parlaments und des Rates und zur Aufhebung der Richtlinien 78/660/EWG und 83/349/EWG des Rates (ABl. L 182 vom 29.6.2013, S. 19).

anderen Mitgliedstaats nur dann zur Eröffnung eines Insolvenzverfahrens befugt, wenn der Schuldner eine Niederlassung im Hoheitsgebiet dieses anderen Mitgliedstaats hat. Die Wirkungen dieses Verfahrens sind auf das im Hoheitsgebiet dieses letzteren Mitgliedstaats befindliche Vermögen des Schuldners beschränkt.

(3) Wird ein Insolvenzverfahren nach Absatz 1 eröffnet, so ist jedes zu einem späteren Zeitpunkt nach Absatz 2 eröffnete Insolvenzverfahren ein Sekundärinsolvenzverfahren.

(4) Vor der Eröffnung eines Insolvenzverfahrens nach Absatz 1 kann ein Partikularverfahren nach Absatz 2 nur eröffnet werden, falls:
a) die Eröffnung eines Insolvenzverfahrens nach Absatz 1 angesichts der Bedingungen, die das Recht des Mitgliedstaats vorschreibt, in dessen Hoheitsgebiet der Schuldner den Mittelpunkt seiner hauptsächlichen Interessen hat, nicht möglich ist oder
b) die Eröffnung des Partikularverfahrens von
   i) einem Gläubiger beantragt wird, dessen Forderung sich aus dem Betrieb einer Niederlassung ergibt oder damit im Zusammenhang steht, die sich im Hoheitsgebiet des Mitgliedstaats befindet, in dem die Eröffnung des Partikularverfahrens beantragt wird, oder
   ii) einer Behörde beantragt wird, die nach dem Recht des Mitgliedstaats, in dessen Hoheitsgebiet sich die Niederlassung befindet, das Recht hat, die Eröffnung von Insolvenzverfahren zu beantragen.

Nach der Eröffnung des Hauptinsolvenzverfahrens wird das Partikularverfahren zum Sekundärinsolvenzverfahren.

Artikel 4
Prüfung der Zuständigkeit

(1) Das mit einem Antrag auf Eröffnung eines Insolvenzverfahrens befasste Gericht prüft von Amts wegen, ob es nach Artikel 3 zuständig ist. In der Entscheidung zur Eröffnung des Insolvenzverfahrens sind die Gründe anzugeben, auf denen die Zuständigkeit des Gerichts beruht sowie insbesondere, ob die Zuständigkeit auf Artikel 3 Absatz 1 oder Absatz 2 gestützt ist.

(2) Unbeschadet des Absatzes 1 können die Mitgliedstaaten in Insolvenzverfahren, die gemäß den nationalen Rechtsvorschriften ohne gerichtliche Entscheidung eröffnet werden, den in einem solchen Verfahren bestellten Verwalter damit betrauen, zu prüfen, ob der Mitgliedstaat, in dem der Antrag auf Eröffnung des Verfahrens anhängig ist, gemäß Artikel 3 zuständig

ist. Ist dies der Fall, führt der Verwalter in der Entscheidung zur Verfahrenseröffnung die Gründe auf, auf welchen die Zuständigkeit beruht sowie insbesondere, ob die Zuständigkeit auf Artikel 3 Absatz 1 oder Absatz 2 gestützt ist.

Artikel 5
Gerichtliche Nachprüfung der Entscheidung zur Eröffnung des Hauptinsolvenzverfahrens

(1) Der Schuldner oder jeder Gläubiger kann die Entscheidung zur Eröffnung des Hauptinsolvenzverfahrens vor Gericht aus Gründen der internationalen Zuständigkeit anfechten.

(2) Die Entscheidung zur Eröffnung des Hauptinsolvenzverfahrens kann von anderen als den in Absatz 1 genannten Verfahrensbeteiligten oder aus anderen Gründen als einer mangelnden internationalen Zuständigkeit angefochten werden, wenn dies nach nationalem Recht vorgesehen ist.

Artikel 6
Zuständigkeit für Klagen, die unmittelbar aus dem Insolvenzverfahren hervorgehen und in engem Zusammenhang damit stehen

(1) Die Gerichte des Mitgliedstaats, in dessen Hoheitsgebiet das Insolvenzverfahren nach Artikel 3 eröffnet worden ist, sind zuständig für alle Klagen, die unmittelbar aus dem Insolvenzverfahren hervorgehen und in engem Zusammenhang damit stehen, wie beispielsweise Anfechtungsklagen.

(2) Steht eine Klage nach Absatz 1 im Zusammenhang mit einer anderen zivil- oder handelsrechtlichen Klage gegen denselben Beklagten, so kann der Verwalter beide Klagen bei den Gerichten in dem Mitgliedstaat, in dessen Hoheitsgebiet der Beklagte seinen Wohnsitz hat, oder – bei einer Klage gegen mehrere Beklagte – bei den Gerichten in dem Mitgliedstaat, in dessen Hoheitsgebiet einer der Beklagten seinen Wohnsitz hat, erheben, vorausgesetzt, die betreffenden Gerichte sind nach der Verordnung (EU) Nr. 1215/2012 zuständig.

Unterabsatz 1 gilt auch für den Schuldner in Eigenverwaltung, sofern der Schuldner in Eigenverwaltung nach nationalem Recht Klage für die Insolvenzmasse erheben kann.

(3) Klagen gelten für die Zwecke des Absatzes 2 als miteinander im Zusammenhang stehend, wenn zwischen ihnen eine so enge Beziehung gege-

ben ist, dass eine gemeinsame Verhandlung und Entscheidung zweckmäßig ist, um die Gefahr zu vermeiden, dass in getrennten Verfahren miteinander unvereinbare Entscheidungen ergehen.

Artikel 7
Anwendbares Recht

(1) Soweit diese Verordnung nichts anderes bestimmt, gilt für das Insolvenzverfahren und seine Wirkungen das Insolvenzrecht des Mitgliedstaats, in dessen Hoheitsgebiet das Verfahren eröffnet wird (im Folgenden „Staat der Verfahrenseröffnung").

(2) Das Recht des Staates der Verfahrenseröffnung regelt, unter welchen Voraussetzungen das Insolvenzverfahren eröffnet wird und wie es durchzuführen und zu beenden ist. Es regelt insbesondere:

a) bei welcher Art von Schuldnern ein Insolvenzverfahren zulässig ist;
b) welche Vermögenswerte zur Insolvenzmasse gehören und wie die nach der Verfahrenseröffnung vom Schuldner erworbenen Vermögenswerte zu behandeln sind;
c) die jeweiligen Befugnisse des Schuldners und des Verwalters;
d) die Voraussetzungen für die Wirksamkeit einer Aufrechnung;
e) wie sich das Insolvenzverfahren auf laufende Verträge des Schuldners auswirkt;
f) wie sich die Eröffnung eines Insolvenzverfahrens auf Rechtsverfolgungsmaßnahmen einzelner Gläubiger auswirkt; ausgenommen sind die Wirkungen auf anhängige Rechtsstreitigkeiten;
g) welche Forderungen als Insolvenzforderungen anzumelden sind und wie Forderungen zu behandeln sind, die nach der Eröffnung des Insolvenzverfahrens entstehen;
h) die Anmeldung, die Prüfung und die Feststellung der Forderungen;
i) die Verteilung des Erlöses aus der Verwertung des Vermögens, den Rang der Forderungen und die Rechte der Gläubiger, die nach der Eröffnung des Insolvenzverfahrens aufgrund eines dinglichen Rechts oder infolge einer Aufrechnung teilweise befriedigt wurden;
j) die Voraussetzungen und die Wirkungen der Beendigung des Insolvenzverfahrens, insbesondere durch Vergleich;
k) die Rechte der Gläubiger nach der Beendigung des Insolvenzverfahrens;
l) wer die Kosten des Insolvenzverfahrens einschließlich der Auslagen zu tragen hat;

m) welche Rechtshandlungen nichtig, anfechtbar oder relativ unwirksam sind, weil sie die Gesamtheit der Gläubiger benachteiligen.

Artikel 8
Dingliche Rechte Dritter

(1) Das dingliche Recht eines Gläubigers oder eines Dritten an körperlichen oder unkörperlichen, beweglichen oder unbeweglichen Gegenständen des Schuldners – sowohl an bestimmten Gegenständen als auch an einer Mehrheit von nicht bestimmten Gegenständen mit wechselnder Zusammensetzung –, die sich zum Zeitpunkt der Eröffnung des Insolvenzverfahrens im Hoheitsgebiet eines anderen Mitgliedstaats befinden, wird von der Eröffnung des Verfahrens nicht berührt.

(2) Rechte im Sinne von Absatz 1 sind insbesondere
a) das Recht, den Gegenstand zu verwerten oder verwerten zu lassen und aus dem Erlös oder den Nutzungen dieses Gegenstands befriedigt zu werden, insbesondere aufgrund eines Pfandrechts oder einer Hypothek;
b) das ausschließliche Recht, eine Forderung einzuziehen, insbesondere aufgrund eines Pfandrechts an einer Forderung oder aufgrund einer Sicherheitsabtretung dieser Forderung;
c) das Recht, die Herausgabe von Gegenständen von jedermann zu verlangen, der diese gegen den Willen des Berechtigten besitzt oder nutzt;
d) das dingliche Recht, die Früchte eines Gegenstands zu ziehen.

(3) Das in einem öffentlichen Register eingetragene und gegen jedermann wirksame Recht, ein dingliches Recht im Sinne von Absatz 1 zu erlangen, wird einem dinglichen Recht gleichgestellt.

(4) Absatz 1 steht der Nichtigkeit, Anfechtbarkeit oder relativen Unwirksamkeit einer Rechtshandlung nach Artikel 7 Absatz 2 Buchstabe m nicht entgegen.

Artikel 9
Aufrechnung

(1) Die Befugnis eines Gläubigers, mit seiner Forderung gegen eine Forderung eines Schuldners aufzurechnen, wird von der Eröffnung des Insolvenzverfahrens nicht berührt, wenn diese Aufrechnung nach dem für die Forderung des insolventen Schuldners maßgeblichen Recht zulässig ist.

(2) Absatz 1 steht der Nichtigkeit, Anfechtbarkeit oder relativen Unwirksamkeit einer Rechtshandlung nach Artikel 7 Absatz 2 Buchstabe m nicht entgegen.

Artikel 10
Eigentumsvorbehalt

(1) Die Eröffnung eines Insolvenzverfahrens gegen den Käufer einer Sache lässt die Rechte der Verkäufer aus einem Eigentumsvorbehalt unberührt, wenn sich diese Sache zum Zeitpunkt der Eröffnung des Verfahrens im Hoheitsgebiet eines anderen Mitgliedstaats als dem der Verfahrenseröffnung befindet.

(2) Die Eröffnung eines Insolvenzverfahrens gegen den Verkäufer einer Sache nach deren Lieferung rechtfertigt nicht die Auflösung oder Beendigung des Kaufvertrags und steht dem Eigentumserwerb des Käufers nicht entgegen, wenn sich diese Sache zum Zeitpunkt der Verfahrenseröffnung im Hoheitsgebiet eines anderen Mitgliedstaats als dem der Verfahrenseröffnung befindet.

(3) Die Absätze 1 und 2 stehen der Nichtigkeit, Anfechtbarkeit oder relativen Unwirksamkeit einer Rechtshandlung nach Artikel 7 Absatz 2 Buchstabe m nicht entgegen.

Artikel 11
Vertrag über einen unbeweglichen Gegenstand

(1) Für die Wirkungen des Insolvenzverfahrens auf einen Vertrag, der zum Erwerb oder zur Nutzung eines unbeweglichen Gegenstands berechtigt, ist ausschließlich das Recht des Mitgliedstaats maßgebend, in dessen Hoheitsgebiet sich dieser Gegenstand befindet.

(2) Die Zuständigkeit für die Zustimmung zu einer Beendigung oder Änderung von Verträgen nach diesem Artikel liegt bei dem Gericht, das das Hauptinsolvenzverfahren eröffnet hat, wenn
a) ein derartiger Vertrag nach den für diese Verträge geltenden Rechtsvorschriften des Mitgliedstaats nur mit Zustimmung des Gerichts der Verfahrenseröffnung beendet oder geändert werden kann und
b) in dem betreffenden Mitgliedstaat kein Insolvenzverfahren eröffnet worden ist.

Artikel 12
Zahlungssysteme und Finanzmärkte

(1) Unbeschadet des Artikels 8 ist für die Wirkungen des Insolvenzverfahrens auf die Rechte und Pflichten der Mitglieder eines Zahlungs- oder Abwicklungssystems oder eines Finanzmarktes ausschließlich das Recht

des Mitgliedstaats maßgebend, das für das betreffende System oder den betreffenden Markt gilt.

(2) Absatz 1 steht einer Nichtigkeit, Anfechtbarkeit oder relativen Unwirksamkeit der Zahlungen oder Transaktionen gemäß den für das betreffende Zahlungssystem oder den betreffenden Finanzmarkt geltenden Rechtsvorschriften nicht entgegen.

Artikel 13
Arbeitsvertrag

(1) Für die Wirkungen des Insolvenzverfahrens auf einen Arbeitsvertrag und auf das Arbeitsverhältnis gilt ausschließlich das Recht des Mitgliedstaats, das auf den Arbeitsvertrag anzuwenden ist.

(2) Die Zuständigkeit für die Zustimmung zu einer Beendigung oder Änderung von Verträgen nach diesem Artikel verbleibt bei den Gerichten des Mitgliedstaats, in dem ein Sekundärinsolvenzverfahren eröffnet werden kann, auch wenn in dem betreffenden Mitgliedstaat kein Insolvenzverfahren eröffnet worden ist.

Unterabsatz 1 gilt auch für eine Behörde, die nach nationalem Recht für die Zustimmung zu einer Beendigung oder Änderung von Verträgen nach diesem Artikel zuständig ist.

Artikel 14
Wirkung auf eintragungspflichtige Rechte

Für die Wirkungen des Insolvenzverfahrens auf Rechte des Schuldners an einem unbeweglichen Gegenstand, einem Schiff oder einem Luftfahrzeug, die der Eintragung in ein öffentliches Register unterliegen, ist das Recht des Mitgliedstaats maßgebend, unter dessen Aufsicht das Register geführt wird.

Artikel 15
Europäische Patente mit einheitlicher Wirkung und Gemeinschaftsmarken

Für die Zwecke dieser Verordnung kann ein Europäisches Patent mit einheitlicher Wirkung, eine Gemeinschaftsmarke oder jedes andere durch Unionsrecht begründete ähnliche Recht nur in ein Verfahren nach Artikel 3 Absatz 1 miteinbezogen werden.

Artikel 16
Benachteiligende Handlungen

Artikel 7 Absatz 2 Buchstabe m findet keine Anwendung, wenn die Person, die durch eine die Gesamtheit der Gläubiger benachteiligende Handlung begünstigt wurde, nachweist, dass
a) für diese Handlung das Recht eines anderen Mitgliedstaats als des Staates der Verfahrenseröffnung maßgeblich ist und
b) diese Handlung im vorliegenden Fall in keiner Weise nach dem Recht dieses Mitgliedstaats angreifbar ist.

Artikel 17
Schutz des Dritterwerbers

Verfügt der Schuldner durch eine nach Eröffnung des Insolvenzverfahrens vorgenommene Handlung gegen Entgelt über
a) einen unbeweglichen Gegenstand,
b) ein Schiff oder ein Luftfahrzeug, das der Eintragung in ein öffentliches Register unterliegt, oder
c) Wertpapiere, deren Eintragung in ein gesetzlich vorgeschriebenes Register Voraussetzung für ihre Existenz ist,

so richtet sich die Wirksamkeit dieser Rechtshandlung nach dem Recht des Staats, in dessen Hoheitsgebiet sich dieser unbewegliche Gegenstand befindet oder unter dessen Aufsicht das Register geführt wird.

Artikel 18
Wirkungen des Insolvenzverfahrens auf anhängige Rechtstreitigkeiten und Schiedsverfahren

Für die Wirkungen des Insolvenzverfahrens auf einen anhängigen Rechtsstreit oder ein anhängiges Schiedsverfahren über einen Gegenstand oder ein Recht, der bzw. das Teil der Insolvenzmasse ist, gilt ausschließlich das Recht des Mitgliedstaats, in dem der Rechtsstreit anhängig oder in dem das Schiedsgericht belegen ist.

KAPITEL II
ANERKENNUNG DER INSOLVENZVERFAHREN

Artikel 19
Grundsatz

(1) Die Eröffnung eines Insolvenzverfahrens durch ein nach Artikel 3 zuständiges Gericht eines Mitgliedstaats wird in allen übrigen Mitgliedstaa-

ten anerkannt, sobald die Entscheidung im Staat der Verfahrenseröffnung wirksam ist.

Die Regel nach Unterabsatz 1 gilt auch, wenn in den übrigen Mitgliedstaaten über das Vermögen des Schuldners wegen seiner Eigenschaft ein Insolvenzverfahren nicht eröffnet werden könnte.

(2) Die Anerkennung eines Verfahrens nach Artikel 3 Absatz 1 steht der Eröffnung eines Verfahrens nach Artikel 3 Absatz 2 durch ein Gericht eines anderen Mitgliedstaats nicht entgegen. In diesem Fall ist das Verfahren nach Artikel 3 Absatz 2 ein Sekundärinsolvenzverfahren im Sinne von Kapitel III.

Artikel 20
Wirkungen der Anerkennung

(1) Die Eröffnung eines Insolvenzverfahrens nach Artikel 3 Absatz 1 entfaltet in jedem anderen Mitgliedstaat, ohne dass es hierfür irgendwelcher Förmlichkeiten bedürfte, die Wirkungen, die das Recht des Staates der Verfahrenseröffnung dem Verfahren beilegt, sofern diese Verordnung nichts anderes bestimmt und solange in diesem anderen Mitgliedstaat kein Verfahren nach Artikel 3 Absatz 2 eröffnet ist.

(2) Die Wirkungen eines Verfahrens nach Artikel 3 Absatz 2 dürfen in den anderen Mitgliedstaaten nicht in Frage gestellt werden. Jegliche Beschränkung der Rechte der Gläubiger, insbesondere eine Stundung oder eine Schuldbefreiung infolge des Verfahrens, wirkt hinsichtlich des im Hoheitsgebiet eines anderen Mitgliedstaats befindlichen Vermögens nur gegenüber den Gläubigern, die ihre Zustimmung hierzu erteilt haben.

Artikel 21
Befugnisse des Verwalters

(1) Der Verwalter, der durch ein nach Artikel 3 Absatz 1 zuständiges Gericht bestellt worden ist, darf im Gebiet eines anderen Mitgliedstaats alle Befugnisse ausüben, die ihm nach dem Recht des Staates der Verfahrenseröffnung zustehen, solange in dem anderen Staat nicht ein weiteres Insolvenzverfahren eröffnet ist oder eine gegenteilige Sicherungsmaßnahme auf einen Antrag auf Eröffnung eines Insolvenzverfahrens hin ergriffen worden ist. Er darf insbesondere vorbehaltlich der Artikel 8 und 10 die zur Masse gehörenden Gegenstände aus dem Hoheitsgebiet des Mitgliedstaats entfernen, in dem diese sich befinden.

(2) Der Verwalter, der durch ein nach Artikel 3 Absatz 2 zuständiges Gericht bestellt worden ist, darf in jedem anderen Mitgliedstaat gerichtlich und außergerichtlich geltend machen, dass ein beweglicher Gegenstand nach der Eröffnung des Insolvenzverfahrens aus dem Hoheitsgebiet des Staates der Verfahrenseröffnung in das Hoheitsgebiet dieses anderen Mitgliedstaats verbracht worden ist. Des Weiteren kann der Verwalter eine den Interessen der Gläubiger dienende Anfechtungsklage erheben.

(3) Bei der Ausübung seiner Befugnisse hat der Verwalter das Recht des Mitgliedstaats, in dessen Hoheitsgebiet er handeln will, zu beachten, insbesondere hinsichtlich der Art und Weise der Verwertung eines Gegenstands der Masse. Diese Befugnisse dürfen nicht die Anwendung von Zwangsmitteln ohne Anordnung durch ein Gerichts dieses Mitgliedstaats oder das Recht umfassen, Rechtsstreitigkeiten oder andere Auseinandersetzungen zu entscheiden.

Artikel 22
Nachweis der Verwalterbestellung

Die Bestellung zum Verwalter wird durch eine beglaubigte Abschrift der Entscheidung, durch die er bestellt worden ist, oder durch eine andere von dem zuständigen Gericht ausgestellte Bescheinigung nachgewiesen.

Es kann eine Übersetzung in die Amtssprache oder eine der Amtssprachen des Mitgliedstaats, in dessen Hoheitsgebiet er handeln will, verlangt werden. Eine Legalisation oder eine entsprechende andere Förmlichkeit wird nicht verlangt.

Artikel 23
Herausgabepflicht und Anrechnung

(1) Ein Gläubiger, der nach der Eröffnung eines Insolvenzverfahrens nach Artikel 3 Absatz 1 auf irgendeine Weise, insbesondere durch Zwangsvollstreckung, vollständig oder teilweise aus einem Gegenstand der Masse befriedigt wird, der im Hoheitsgebiet eines anderen Mitgliedstaat belegen ist, hat vorbehaltlich der Artikel 8 und 10 das Erlangte an den Verwalter herauszugeben.

(2) Zur Wahrung der Gleichbehandlung der Gläubiger nimmt ein Gläubiger, der in einem Insolvenzverfahren eine Quote auf seine Forderung erlangt hat, an der Verteilung im Rahmen eines anderen Verfahrens erst dann teil, wenn die Gläubiger gleichen Ranges oder gleicher Gruppenzugehörigkeit in diesem anderen Verfahren die gleiche Quote erlangt haben.

Artikel 24
Einrichtung von Insolvenzregistern

(1) Die Mitgliedstaaten errichten und unterhalten in ihrem Hoheitsgebiet ein oder mehrere Register, um Informationen über Insolvenzerfahren bekanntzumachen (im Folgenden „Insolvenzregister"). Diese Informationen werden so bald als möglich nach Eröffnung eines solchen Verfahrens bekanntgemacht.

(2) Die Informationen nach Absatz 1 sind gemäß den Voraussetzungen nach Artikel 27 öffentlich bekanntzumachen und umfassen die folgenden Informationen (im Folgenden „Pflichtinformationen"):

a) Datum der Eröffnung des Insolvenzverfahrens;
b) Gericht, das das Insolvenzverfahren eröffnet hat, und – soweit vorhanden – Aktenzeichen;
c) Art des eröffneten Insolvenzverfahrens nach Anhang A und gegebenenfalls Unterart des nach nationalem Recht eröffneten Verfahrens;
d) Angaben dazu, ob die Zuständigkeit für die Eröffnung des Verfahrens auf Artikel 3 Absatz 1, 2 oder 4 beruht;
e) Name, Registernummer, Sitz oder, sofern davon abweichend, Postanschrift des Schuldners, wenn es sich um eine Gesellschaft oder eine juristische Person handelt;
f) Name, gegebenenfalls Registernummer sowie Postanschrift des Schuldners oder, falls die Anschrift geschützt ist, Geburtsort und Geburtsdatum des Schuldners, wenn er eine natürliche Person ist, unabhängig davon, ob er eine selbständige gewerbliche oder freiberufliche Tätigkeit ausübt;
g) gegebenenfalls Name, Postanschrift oder E-Mail-Adresse des für das Verfahren bestellten Verwalters;
h) gegebenenfalls die Frist für die Anmeldung der Forderungen bzw. einen Verweis auf die Kriterien für die Berechnung dieser Frist;
i) gegebenenfalls das Datum der Beendigung des Hauptinsolvenzverfahrens;
j) das Gericht, das gemäß Artikel 5 für eine Anfechtung der Entscheidung zur Eröffnung des Insolvenzverfahrens zuständig ist und gegebenenfalls die Frist für die Anfechtung bzw. einen Verweis auf die Kriterien für die Berechnung dieser Frist.

(3) Absatz 2 hindert die Mitgliedstaaten nicht, Dokumente oder zusätzliche Informationen, beispielsweise denn Ausschluss von einer Tätigkeit als Geschäftsleiter im Zusammenhang mit der Insolvenz, in ihre nationalen Insolvenzregister aufzunehmen.

(4) Die Mitgliedstaaten sind nicht verpflichtet, die in Absatz 1 dieses Artikels genannten Informationen über natürliche Personen, die keine selbständige gewerbliche oder freiberufliche Tätigkeit ausüben, in die Insolvenzregister aufzunehmen oder diese Informationen über das System der Vernetzung dieser Register öffentlich zugänglich zu machen, sofern bekannte ausländische Gläubiger gemäß Artikel 54 über die in Absatz 2 Buchstabe j dieses Artikels genannten Elemente informiert werden.

Macht ein Mitgliedstaat von der in Unterabsatz 1 genannten Möglichkeit Gebrauch, so berührt das Insolvenzverfahren nicht die Forderungen der ausländischen Gläubiger, die die Informationen gemäß Unterabsatz 1 nicht erhalten haben.

(5) Die Bekanntmachung von Informationen in den Registern gemäß dieser Verordnung hat keine anderen Rechtswirkungen als die, die nach nationalem Recht und in Artikel 55 Absatz 6 festgelegt sind.

Artikel 25
Vernetzung von Insolvenzregistern

(1) Die Kommission richtet im Wege von Durchführungsrechtsakten ein dezentrales System zur Vernetzung der Insolvenzregister ein. Dieses System besteht aus den Insolvenzregistern und dem Europäischen Justizportal, das für die Öffentlichkeit als zentraler elektronischer Zugangspunkt zu Informationen im System dient. Das System bietet für die Abfrage der Pflichtinformationen und alle anderen Dokumente oder Informationen in den Insolvenzregistern, die von den Mitgliedstaaten über das Europäische Justizportal verfügbar gemacht werden, einen Suchdienst in allen Amtssprachen der Organe der Union.

(2) Die Kommission legt im Wege von Durchführungsrechtsakten gemäß dem Verfahren nach Artikel 87 bis zum 26. Juni 2019 Folgendes fest:
a) die technischen Spezifikationen für die elektronische Kommunikation und den elektronischen Informationsaustausch auf der Grundlage der festgelegten Schnittstellenspezifikation für das System zur Vernetzung der Insolvenzregister;
b) die technischen Maßnahmen, durch die die IT-Mindestsicherheitsstandards für die Übermittlung und Verbreitung von Informationen innerhalb des Systems zur Vernetzung der Insolvenzregister gewährleistet werden;
c) die Mindestkriterien für den vom Europäischen Justizportal bereitgestellten Suchdienst anhand der Informationen nach Artikel 24;

d) die Mindestkriterien für die Anzeige der Suchergebnisse in Bezug auf die Informationen nach Artikel 24;
e) die Mittel und technischen Voraussetzungen für die Verfügbarkeit der durch das System der Vernetzung von Insolvenzregistern angebotenen Dienste und
f) ein Glossar mit einer allgemeinen Erläuterung der in Anhang A aufgeführten nationalen Insolvenzverfahren.

Artikel 26
Kosten für die Einrichtung und Vernetzung der Insolvenzregister

(1) Die Einrichtung, Unterhaltung und Weiterentwicklung des Systems zur Vernetzung der Insolvenzregister wird aus dem Gesamthaushalt der Union finanziert.

(2) Jeder Mitgliedstaat trägt die Kosten für die Einrichtung und Anpassung seiner nationalen Insolvenzregister für deren Interoperabilität mit dem Europäischen Justizportal sowie die Kosten für die Verwaltung, den Betrieb und die Pflege dieser Register. Davon unberührt bleibt die Möglichkeit, Zuschüsse zur Unterstützung dieser Vorhaben im Rahmen der Finanzierungsprogramme der Union zu beantragen.

Artikel 27
Voraussetzungen für den Zugang zu Informationen über das System der Vernetzung

(1) Die Mitgliedstaaten stellen sicher, dass die Pflichtinformationen nach Artikel 24 Absatz 2 Buchstaben a bis j über das System der Vernetzung von Insolvenzregistern gebührenfrei zur Verfügung stehen.

(2) Diese Verordnung hindert die Mitgliedstaaten nicht, für den Zugang zu den Dokumenten oder zusätzlichen Informationen nach Artikel 24 Absatz 3 über das System der Vernetzung von Insolvenzregister eine angemessene Gebühr zu erheben.

(3) Die Mitgliedstaaten können den Zugang zu Pflichtinformationen bezüglich natürlicher Personen, die keine selbständige gewerbliche oder freiberufliche Tätigkeit ausüben sowie bezüglich natürlicher Personen, die eine selbständige gewerbliche oder freiberufliche Tätigkeit ausüben, sofern sich das Insolvenzverfahren nicht auf diese Tätigkeit bezieht, von zusätzlichen, über die Mindestkriterien nach Artikel 25 Absatz 2 Buchstabe c hinausgehenden Suchkriterien in Bezug auf den Schuldner abhängig machen.

(4) Die Mitgliedstaaten können ferner verlangen, dass der Zugang zu den Informationen nach Absatz 3 von einem Antrag an die zuständige Behörde abhängig zu machen ist. Die Mitgliedstaaten können den Zugang von der Prüfung des berechtigten Interesses am Zugang zu diesen Daten anhängig machen. Der anfragenden Person muss es möglich sein, die Auskunftsanfrage in elektronischer Form anhand eines Standardformulars über das Europäische Justizportal zu übermitteln. Ist ein berechtigtes Interesse erforderlich, so ist es zulässig, dass die anfragende Person die Rechtmäßigkeit ihres Antrags anhand von Kopien einschlägiger Dokumente in elektronischer Form belegt. Die anfragende Person erhält innerhalb von drei Arbeitstagen eine Antwort von der zuständigen Behörde.

Die anfragende Person ist weder verpflichtet, Übersetzungen der Dokumente, die die Berechtigung ihrer Anfrage belegen, zur Verfügung zu stellen, noch dazu, die bei der Behörde möglicherweise aufgrund der Übersetzungen anfallenden Kosten zu tragen.

Artikel 28
Öffentliche Bekanntmachung in einem anderen Mitgliedstaat

(1) Der Verwalter oder der Schuldner in Eigenverwaltung hat zu beantragen, dass eine Bekanntmachung der Entscheidung zur Eröffnung des Insolvenzverfahrens und gegebenenfalls der Entscheidung zur Bestellung des Verwalters in jedem anderen Mitgliedstaat, in dem sich eine Niederlassung des Schuldners befindet, nach den in diesem Mitgliedstaat vorgesehenen Verfahren veröffentlicht wird. In der Bekanntmachung ist gegebenenfalls anzugeben, wer als Verwalter bestellt wurde und ob sich die Zuständigkeit aus Artikel 3 Absatz 1 oder Absatz 2 ergibt.

(2) Der Verwalter oder der Schuldner in Eigenverwaltung kann beantragen, dass die Bekanntmachung nach Absatz 1 in jedem anderen Mitgliedstaat, in dem er dies für notwendig hält, nach dem in diesem Mitgliedstaat vorgesehenen Verfahren der Bekanntmachung veröffentlicht wird.

Artikel 29
Eintragung in öffentliche Register eines anderen Mitgliedstaats

(1) Ist es in einem Mitgliedstaat, in dem sich eine Niederlassung des Schuldners befindet und diese Niederlassung in einem öffentlichen Register dieses Mitgliedstaats eingetragen ist oder in dem unbewegliches Vermögen des Schuldners belegen ist, gesetzlich vorgeschrieben, dass die Informationen nach Artikel 28 über die Eröffnung eines Insolvenzverfahrens im Grundbuch,

Handelsregister oder einem sonstigen öffentlichen Register einzutragen sind, stellt der Verwalter oder der Schuldner in Eigenverwaltung die Eintragung im Register durch alle dazu erforderlichen Maßnahmen sicher.

(2) Der Verwalter oder der Schuldner in Eigenverwaltung kann diese Eintragung in jedem anderen Mitgliedstaat beantragen, sofern das Recht des Mitgliedstaats, in dem das Register geführt wird, eine solche Eintragung zulässt.

Artikel 30
Kosten

Die Kosten der öffentlichen Bekanntmachung nach Artikel 28 und der Eintragung nach Artikel 29 gelten als Kosten und Aufwendungen des Verfahrens.

Artikel 31
Leistung an den Schuldner

(1) Wer in einem Mitgliedstaat an einen Schuldner leistet, über dessen Vermögen in einem anderen Mitgliedstaat ein Insolvenzverfahren eröffnet worden ist, obwohl er an den Verwalter des Insolvenzverfahrens hätte leisten müssen, wird befreit, wenn ihm die Eröffnung des Verfahrens nicht bekannt war.

(2) Erfolgt die Leistung vor der öffentlichen Bekanntmachung nach Artikel 28, so wird bis zum Beweis des Gegenteils vermutet, dass dem Leistenden die Eröffnung nicht bekannt war. Erfolgt die Leistung nach der Bekanntmachung gemäß Artikel 28, so wird bis zum Beweis des Gegenteils vermutet, dass dem Leistenden die Eröffnung bekannt war.

Artikel 32
Anerkennung und Vollstreckbarkeit sonstiger Entscheidungen

(1) Die zur Durchführung und Beendigung eines Insolvenzverfahrens ergangenen Entscheidungen eines Gerichts, dessen Eröffnungsentscheidung nach Artikel 19 anerkannt wird, sowie ein von diesem Gericht bestätigter Vergleich werden ebenfalls ohne weitere Förmlichkeiten anerkannt. Diese Entscheidungen werden nach den Artikeln 39 bis 44 und 47 bis 57 der Verordnung (EU) Nr. 1215/2012 vollstreckt.

Unterabsatz 1 gilt auch für Entscheidungen, die unmittelbar aufgrund des Insolvenzverfahrens ergehen und in engem Zusammenhang damit stehen, auch wenn diese Entscheidungen von einem anderen Gericht erlassen werden.

Unterabsatz 1 gilt auch für Entscheidungen über Sicherungsmaßnahmen, die nach dem Antrag auf Eröffnung eines Insolvenzverfahrens oder in Verbindung damit getroffen werden.

(2) Die Anerkennung und Vollstreckung anderer als der in Absatz 1 dieses Artikels genannten Entscheidungen unterliegen der Verordnung (EU) Nr. 1215/2012, sofern jene Verordnung anwendbar ist.

Artikel 33
Öffentliche Ordnung

Jeder Mitgliedstaat kann sich weigern, ein in einem anderen Mitgliedstaat eröffnetes Insolvenzverfahren anzuerkennen oder eine in einem solchen Verfahren ergangene Entscheidung zu vollstrecken, soweit diese Anerkennung oder Vollstreckung zu einem Ergebnis führt, das offensichtlich mit seiner öffentlichen Ordnung, insbesondere mit den Grundprinzipien oder den verfassungsmäßig garantierten Rechten und Freiheiten des Einzelnen, unvereinbar ist.

KAPITEL III
SEKUNDÄRINSOLVENZVERFAHREN

Artikel 34
Verfahrenseröffnung

Ist durch ein Gericht eines Mitgliedstaats ein Hauptinsolvenzverfahren eröffnet worden, das in einem anderen Mitgliedstaat anerkannt worden ist, kann ein nach Artikel 3 Absatz 2 zuständiges Gericht dieses anderen Mitgliedstaats nach Maßgabe der Vorschriften dieses Kapitels ein Sekundärinsolvenzverfahren eröffnen. War es für das Hauptinsolvenzverfahren erforderlich, dass der Schuldner insolvent ist, so wird die Insolvenz des Schuldners in dem Mitgliedstaat, in dem ein Sekundärinsolvenzverfahren eröffnet werden kann, nicht erneut geprüft. Die Wirkungen des Sekundärinsolvenzverfahrens sind auf das Vermögen des Schuldners beschränkt, das im Hoheitsgebiet des Mitgliedstaats belegen ist, in dem dieses Verfahren eröffnet wurde.

Artikel 35
Anwendbares Recht

Soweit diese Verordnung nichts anderes bestimmt, finden auf das Sekundärinsolvenzverfahren die Rechtsvorschriften des Mitgliedstaats Anwendung, in dessen Hoheitsgebiet das Sekundärinsolvenzverfahren eröffnet worden ist.

Artikel 36
Recht, zur Vermeidung eines Sekundärinsolvenzverfahrens eine Zusicherung zu geben

(1) Um die Eröffnung eines Sekundärinsolvenzverfahrens zu vermeiden, kann der Verwalter des Hauptinsolvenzverfahrens in Bezug auf das Vermögen, das in dem Mitgliedstaat, in dem ein Sekundärinsolvenzverfahren eröffnet werden könnte, belegen ist, eine einseitige Zusicherung (im Folgenden „Zusicherung") des Inhalts geben, dass er bei der Verteilung dieses Vermögens oder des bei seiner Verwertung erzielten Erlöses die Verteilungs- und Vorzugsrechte nach nationalem Recht wahrt, die Gläubiger hätten, wenn ein Sekundärinsolvenzverfahren in diesem Mitgliedstaat eröffnet worden wäre. Die Zusicherung nennt die ihr zugrunde liegenden tatsächlichen Annahmen, insbesondere in Bezug auf den Wert der in dem betreffenden Mitgliedstaat belegenen Gegenstände der Masse und die Möglichkeiten ihrer Verwertung.

(2) Wurde eine Zusicherung im Einklang mit diesem Artikel gegeben, so gilt für die Verteilung des Erlöses aus der Verwertung von Gegenständen der Masse nach Absatz 1, für den Rang der Forderungen und für die Rechte der Gläubiger in Bezug auf Gegenstände der Masse nach Absatz 1 das Recht des Mitgliedstaats, in dem das Sekundärinsolvenzverfahren hätte eröffnet werden können. Maßgebender Zeitpunkt für die Feststellung, welche Gegenstände nach Absatz 1 betroffen sind, ist der Zeitpunkt der Abgabe der Zusicherung.

(3) Die Zusicherung erfolgt in der Amtssprache oder einer der Amtssprachen des Mitgliedstaats, in dem ein Sekundärinsolvenzverfahren hätte eröffnet werden können, oder – falls es in dem betreffenden Mitgliedstaat mehrere Amtssprachen gibt – in der Amtssprache oder einer Amtssprache des Ortes, an dem das Sekundärinsolvenzverfahren hätte eröffnet werden können.

(4) Die Zusicherung erfolgt in schriftlicher Form. Sie unterliegt den gegebenenfalls im Staat der Eröffnung des Hauptinsolvenzverfahrens gel-

tenden Formerfordernissen und Zustimmungserfordernissen hinsichtlich der Verteilung.

(5) Die Zusicherung muss von den bekannten lokalen Gläubigern gebilligt werden. Die Regeln über die qualifizierte Mehrheit und über die Abstimmung, die für die Annahme von Sanierungsplänen gemäß dem Recht des Mitgliedstaats, in dem ein Sekundärinsolvenzverfahren hätte eröffnet werden können, gelten, gelten auch für die Billigung der Zusicherung. Die Gläubiger können über Fernkommunikationsmittel an der Abstimmung teilzunehmen, sofern das nationale Recht dies gestattet. Der Verwalter unterrichtet die bekannten lokalen Gläubiger über die Zusicherung, die Regeln und Verfahren für deren Billigung sowie die Billigung oder deren Ablehnung.

(6) Eine gemäß diesem Artikel gegebene und gebilligte Zusicherung ist für die Insolvenzmasse verbindlich. Wird ein Sekundärinsolvenzverfahren gemäß den Artikeln 37 und 38 eröffnet, so gibt der Verwalter des Hauptinsolvenzverfahrens Gegenstände der Masse, die er nach Abgabe der Zusicherung aus dem Hoheitsgebiet dieses Mitgliedstaats entfernt hat, oder – falls diese bereits verwertet wurden – ihren Erlös an den Verwalter des Sekundärinsolvenzverfahrens heraus.

(7) Hat der Verwalter eine Zusicherung gegeben, so benachrichtigt er die lokalen Gläubiger, bevor er Massegegenstände und Erlöse im Sinne des Absatzes 1 verteilt, über die beabsichtigte Verteilung. Entspricht diese Benachrichtigung nicht dem Inhalt der Zusicherung oder dem geltendem Recht, so kann jeder lokale Gläubiger diese Verteilung vor einem Gericht des Mitgliedstaats anfechten, in dem das Hauptinsolvenzverfahren eröffnet wurde, um eine Verteilung gemäß dem Inhalt der Zusicherung und dem geltendem Recht zu erreichen. In diesen Fällen findet keine Verteilung statt, bis das Gericht über die Anfechtung entschieden hat.

(8) Lokale Gläubiger können die Gerichte des Mitgliedstaats, in dem das Hauptinsolvenzverfahren eröffnet wurde, anrufen, um den Verwalter des Hauptinsolvenzverfahrens zu verpflichten, die Einhaltung des Inhalts der Zusicherung durch alle geeigneten Maßnahmen nach dem Recht des Staats, in dem das Hauptinsolvenzverfahren eröffnet wurde, sicherzustellen.

(9) Lokale Gläubiger können auch die Gerichte des Mitgliedstaats, in dem ein Sekundärinsolvenzverfahren eröffnet worden wäre, anrufen, damit das Gericht einstweilige Maßnahmen oder Sicherungsmaßnahmen trifft, um die Einhaltung des Inhalts der Zusicherung durch den Verwalter sicherzustellen.

(10) Der Verwalter haftet gegenüber den lokalen Gläubigern für jeden Schaden infolge der Nichterfüllung seiner Pflichten und Auflagen im Sinne dieses Artikels.

(11) Für die Zwecke dieses Artikels gilt eine Behörde, die in dem Mitgliedstaat, in dem ein Sekundärinsolvenzverfahren hätte eröffnet werden können, eingerichtet ist und die nach der Richtlinie 2008/94/EG des Europäischen Parlaments und des Rates (¹) verpflichtet ist, die Befriedigung nicht erfüllter Ansprüche von Arbeitnehmern aus Arbeitsverträgen oder Arbeitsverhältnissen zu garantieren, als lokaler Gläubiger, sofern dies im nationalen Recht geregelt ist.

Artikel 37
Recht auf Beantragung eines Sekundärinsolvenzverfahrens

(1) Die Eröffnung eines Sekundärinsolvenzverfahrens kann beantragt werden von
a) dem Verwalter des Hauptinsolvenzverfahrens,
b) jeder anderen Person oder Behörde, die nach dem Recht des Mitgliedstaats, in dessen Hoheitsgebiet die Eröffnung des Sekundärinsolvenzverfahrens beantragt wird, dazu befugt ist.

(2) Ist eine Zusicherung im Einklang mit Artikel 36 bindend geworden, so ist der Antrag auf Eröffnung eines Sekundärinsolvenzverfahrens innerhalb von 30 Tagen nach Erhalt der Mitteilung über die Billigung der Zusicherung zu stellen.

Artikel 38
Entscheidung zur Eröffnung eines Sekundärinsolvenzverfahrens

(1) Das mit einem Antrag auf Eröffnung eines Sekundärinsolvenzverfahrens befasste Gericht unterrichtet den Verwalter oder den Schuldner in Eigenverwaltung des Hauptinsolvenzverfahrens umgehend davon und gibt ihm Gelegenheit, sich zu dem Antrag zu äußern.

(2) Hat der Verwalter des Hauptinsolvenzverfahrens eine Zusicherung gemäß Artikel 36 gegeben, so eröffnet das in Absatz 1 dieses Artikels genannte Gericht auf Antrag des Verwalters kein Sekundärinsolvenzverfah-

---

(¹) Richtlinie 2008/94/EG des Europäischen Parlaments und des Rates vom 22. Oktober 2008 über den Schutz der Arbeitnehmer bei Zahlungsunfähigkeit des Arbeitgebers (ABl. L 283 vom 28.10.2008, S. 36).

ren, wenn es der Überzeugung ist, dass die Zusicherung die allgemeinen Interessen der lokalen Gläubiger angemessen schützt.

(3) Wurde eine vorübergehende Aussetzung eines Einzelvollstreckungsverfahrens gewährt, um Verhandlungen zwischen dem Schuldner und seinen Gläubigern zu ermöglichen, so kann das Gericht auf Antrag des Verwalters oder des Schuldners in Eigenverwaltung die Eröffnung eines Sekundärinsolvenzverfahrens für einen Zeitraum von höchstens drei Monaten aussetzen, wenn geeignete Maßnahmen zum Schutz des Interesses der lokalen Gläubiger bestehen.

Das in Absatz 1 genannte Gericht kann Sicherungsmaßnahmen zum Schutz des Interesses der lokalen Gläubiger anordnen, indem es dem Verwalter oder Schuldner in Eigenverwaltung untersagt, Gegenstände der Masse, die in dem Mitgliedstaat belegen sind, in dem sich seine Niederlassung befindet, zu entfernen oder zu veräußern, es sei denn, dies erfolgt im Rahmen des gewöhnlichen Geschäftsbetriebs. Das Gericht kann ferner andere Maßnahmen zum Schutz des Interesses der lokalen Gläubiger während einer Aussetzung anordnen, es sei denn, dies ist mit den nationalen Vorschriften über Zivilverfahren unvereinbar.

Die Aussetzung der Eröffnung eines Sekundärinsolvenzverfahrens wird vom Gericht von Amts wegen oder auf Antrag eines Gläubigers widerrufen, wenn während der Aussetzung im Zuge der Verhandlungen gemäß Unterabsatz 1 eine Vereinbarung geschlossen wurde.

Die Aussetzung kann vom Gericht von Amts wegen oder auf Antrag eines Gläubigers widerrufen werden, wenn die Fortdauer der Aussetzung für die Rechte des Gläubigers nachteilig ist, insbesondere wenn die Verhandlungen zum Erliegen gekommen sind oder wenn offensichtlich geworden ist, dass sie wahrscheinlich nicht abgeschlossen werden, oder wenn der Verwalter oder der Schuldner in Eigenverwaltung gegen das Verbot der Veräußerung von Gegenständen der Masse oder ihres Entfernens aus dem Hoheitsgebiet des Mitgliedstaats, in dem sich seine Niederlassung befindet, verstoßen hat.

(4) Auf Antrag des Verwalters des Hauptinsolvenzverfahrens kann das Gericht nach Absatz 1 abweichend von der ursprünglich beantragten Art des Insolvenzverfahrens ein anderes in Anhang A aufgeführtes Insolvenzverfahren eröffnen, sofern die Voraussetzungen für die Eröffnung dieses anderen Verfahrens nach nationalem Recht erfüllt sind und dieses Verfahren im Hinblick auf die Interessen der lokalen Gläubiger und die Kohärenz zwischen Haupt- und Sekundärinsolvenzverfahren am geeignetsten ist. Artikel 34 Satz 2 findet Anwendung.

Artikel 39
Gerichtliche Nachprüfung der Entscheidung zur Eröffnung des Sekundärinsolvenzverfahrens

Der Verwalter des Hauptinsolvenzverfahrens kann die Entscheidung zur Eröffnung eines Sekundärinsolvenzverfahrens bei dem Gericht des Mitgliedstaats, in dem das Sekundärinsolvenzverfahren eröffnet wurde, mit der Begründung anfechten, dass das Gericht den Voraussetzungen und Anforderungen des Artikels 38 nicht entsprochen hat.

Artikel 40
Kostenvorschuss

Verlangt das Recht des Mitgliedstaats, in dem ein Sekundärinsolvenzverfahren beantragt wird, dass die Kosten des Verfahrens einschließlich der Auslagen ganz oder teilweise durch die Masse gedeckt sind, so kann das Gericht, bei dem ein solcher Antrag gestellt wird, vom Antragsteller einen Kostenvorschuss oder eine angemessene Sicherheitsleistung verlangen.

Artikel 41
Zusammenarbeit und Kommunikation der Verwalter

(1) Der Verwalter des Hauptinsolvenzverfahrens und der oder die in Sekundärinsolvenzverfahren über das Vermögen desselben Schuldners bestellten Verwalter arbeiten soweit zusammen, wie eine solche Zusammenarbeit mit den für das jeweilige Verfahren geltenden Vorschriften vereinbar ist. Die Zusammenarbeit kann in beliebiger Form, einschließlich durch den Abschluss von Vereinbarungen oder Verständigungen, erfolgen.

(2) Bei der Durchführung der Zusammenarbeit nach Absatz 1 obliegt es den Verwaltern,

a) einander so bald wie möglich alle Informationen mitzuteilen, die für das jeweilige andere Verfahren von Bedeutung sein können, insbesondere den Stand der Anmeldung und Prüfung der Forderungen sowie alle Maßnahmen zur Rettung oder Sanierung des Schuldners oder zur Beendigung des Insolvenzverfahrens, vorausgesetzt, es bestehen geeignete Vorkehrungen zum Schutz vertraulicher Informationen;

b) die Möglichkeit einer Sanierung des Schuldners zu prüfen und, falls eine solche Möglichkeit besteht, die Ausarbeitung und Umsetzung eines Sanierungsplans zu koordinieren;

c) die Verwertung oder Verwendung der Insolvenzmasse und die Verwaltung der Geschäfte des Schuldners zu koordinieren; der Verwalter eines

Sekundärinsolvenzverfahrens gibt dem Verwalter des Hauptinsolvenzverfahrens frühzeitig Gelegenheit, Vorschläge für die Verwertung oder Verwendung der Masse des Sekundärinsolvenzverfahrens zu unterbreiten.

(3) Die Absätze 1 und 2 gelten sinngemäß für Fälle, in denen der Schuldner im Haupt- oder Sekundärinsolvenzverfahren oder in einem der Partikularverfahren über das Vermögen desselben Schuldners, das zur gleichen Zeit eröffnet ist, die Verfügungsgewalt über sein Vermögen behält.

Artikel 42
Zusammenarbeit und Kommunikation der Gerichte

(1) Um die Koordinierung von Hauptinsolvenzverfahren, Partikularverfahren und Sekundärinsolvenzverfahren über das Vermögen desselben Schuldners zu erleichtern, arbeitet ein Gericht, das mit einem Antrag auf Eröffnung eines Insolvenzverfahrens befasst ist oder das ein solches Verfahren eröffnet hat, mit jedem anderen Gericht, das mit einem Antrag auf Eröffnung eines Insolvenzverfahrens befasst ist oder das ein solches Verfahren eröffnet hat, zusammen, soweit diese Zusammenarbeit mit den für jedes dieser Verfahren geltenden Vorschriften vereinbar ist. Die Gerichte können hierzu bei Bedarf eine unabhängige Person oder Stelle bestellen bzw. bestimmen, die auf ihre Weisungen hin tätig wird, sofern dies mit den für sie geltenden Vorschriften vereinbar ist.

(2) Bei der Durchführung der Zusammenarbeit nach Absatz 1 können die Gerichte oder eine von ihnen bestellte bzw. bestimmte und in ihrem Auftrag tätige Person oder Stelle im Sinne des Absatzes 1 direkt miteinander kommunizieren oder einander direkt um Informationen und Unterstützung ersuchen, vorausgesetzt, bei dieser Kommunikation werden die Verfahrensrechte der Verfahrensbeteiligten sowie die Vertraulichkeit der Informationen gewahrt.

(3) Die Zusammenarbeit im Sinne des Absatzes 1 kann auf jedem von dem Gericht als geeignet erachteten Weg erfolgen. Sie kann sich insbesondere beziehen auf
a) die Koordinierung bei der Bestellung von Verwaltern,
b) die Mitteilung von Informationen auf jedem von dem betreffenden Gericht als geeignet erachteten Weg,
c) die Koordinierung der Verwaltung und Überwachung des Vermögens und der Geschäfte des Schuldners,
d) die Koordinierung der Verhandlungen,

e) soweit erforderlich die Koordinierung der Zustimmung zu einer Verständigung der Verwalter.

Artikel 43
Zusammenarbeit und Kommunikation zwischen Verwaltern und Gerichten

(1) Um die Koordinierung von Hauptinsolvenzverfahren, Partikularverfahren und Sekundärinsolvenzverfahren über das Vermögen desselben Schuldners zu erleichtern,

a) arbeitet der Verwalter des Hauptinsolvenzverfahrens mit jedem Gericht, das mit einem Antrag auf Eröffnung eines Sekundärinsolvenzverfahrens befasst ist oder das ein solches Verfahren eröffnet hat, zusammen und kommuniziert mit diesem,

b) arbeitet der Verwalter eines Partikularverfahrens oder Sekundärinsolvenzverfahrens mit dem Gericht, das mit einem Antrag auf Eröffnung des Hauptinsolvenzverfahrens befasst ist oder das ein solches Verfahren eröffnet hat, zusammen und kommuniziert mit diesem, und

c) arbeitet der Verwalter eines Partikularverfahrens oder Sekundärinsolvenzverfahrens mit dem Gericht, das mit einem Antrag auf Eröffnung eines anderen Partikularverfahrens oder Sekundärinsolvenzverfahrens befasst ist oder das ein solches Verfahren eröffnet hat, zusammen und kommuniziert mit diesem,

soweit diese Zusammenarbeit und Kommunikation mit den für die einzelnen Verfahren geltenden Vorschriften vereinbar sind und keine Interessenkonflikte nach sich ziehen.

(2) Die Zusammenarbeit im Sinne des Absatzes 1 kann auf jedem geeigneten Weg, wie etwa in Artikel 42 Absatz 3 bestimmt, erfolgen.

Artikel 44
Kosten der Zusammenarbeit und Kommunikation

Die Anforderungen nach Artikel 42 und 43 dürfen nicht zur Folge haben, dass Gerichte einander die Kosten der Zusammenarbeit und Kommunikation in Rechnung stellen.

Artikel 45
Ausübung von Gläubigerrechten

(1) Jeder Gläubiger kann seine Forderung im Hauptinsolvenzverfahren und in jedem Sekundärinsolvenzverfahren anmelden.

(2) Die Verwalter des Hauptinsolvenzverfahrens und der Sekundärinsolvenzverfahren melden in den anderen Verfahren die Forderungen an, die in dem Verfahren, für das sie bestellt sind, bereits angemeldet worden sind, soweit dies für die Gläubiger des letztgenannten Verfahrens zweckmäßig ist und vorbehaltlich des Rechts dieser Gläubiger, eine solche Anmeldung abzulehnen oder die Anmeldung ihrer Ansprüche zurückzunehmen, sofern das anwendbare Recht dies vorsieht.

(3) Der Verwalter eines Haupt- oder eines Sekundärinsolvenzverfahrens ist berechtigt, wie ein Gläubiger an einem anderen Insolvenzverfahren mitzuwirken, insbesondere indem er an einer Gläubigerversammlung teilnimmt.

Artikel 46
Aussetzung der Verwertung der Masse

(1) Das Gericht, welches das Sekundärinsolvenzverfahren eröffnet hat, setzt auf Antrag des Verwalters des Hauptinsolvenzverfahrens die Verwertung der Masse ganz oder teilweise aus. In diesem Fall kann das Gericht jedoch vom Verwalter des Hauptinsolvenzverfahrens verlangen, alle angemessenen Maßnahmen zum Schutz der Interessen der Gläubiger des Sekundärinsolvenzverfahrens sowie einzelner Gruppen von Gläubigern zu ergreifen. Der Antrag des Verwalters des Hauptinsolvenzverfahrens kann nur abgelehnt werden, wenn die Aussetzung offensichtlich für die Gläubiger des Hauptinsolvenzverfahrens nicht von Interesse ist. Die Aussetzung der Verwertung der Masse kann für höchstens drei Monate angeordnet werden. Sie kann für jeweils denselben Zeitraum verlängert oder erneuert werden.

(2) Das Gericht nach Absatz 1 hebt die Aussetzung der Verwertung der Masse in folgenden Fällen auf:
a) auf Antrag des Verwalters des Hauptinsolvenzverfahrens,
b) von Amts wegen, auf Antrag eines Gläubigers oder auf Antrag des Verwalters des Sekundärinsolvenzverfahrens, wenn sich herausstellt, dass diese Maßnahme insbesondere nicht mehr mit dem Interesse der Gläubiger des Haupt- oder des Sekundärinsolvenzverfahrens zu rechtfertigen ist.

Artikel 47
Recht des Verwalters, Sanierungspläne vorzuschlagen

(1) Kann nach dem Recht des Mitgliedstaats, in dem das Sekundärinsolvenzverfahren eröffnet worden ist, ein solches Verfahren ohne Liquidation

durch einen Sanierungsplan, einen Vergleich oder eine andere vergleichbare Maßnahme beendet werden, so hat der Verwalter des Hauptinsolvenzverfahrens das Recht, eine solche Maßnahme im Einklang mit dem Verfahren des betreffenden Mitgliedstaats vorzuschlagen.

(2) Jede Beschränkung der Rechte der Gläubiger, wie zum Beispiel eine Stundung oder eine Schuldbefreiung, die sich aus einer im Sekundärinsolvenzverfahren vorgeschlagenen Maßnahme im Sinne des Absatzes 1 ergibt, darf ohne Zustimmung aller von ihr betroffenen Gläubiger keine Auswirkungen auf das nicht von diesem Verfahren erfasste Vermögen des Schuldners haben.

Artikel 48
Auswirkungen der Beendigung eines Insolvenzverfahrens

(1) Unbeschadet des Artikels 49 steht die Beendigung eines Insolvenzverfahrens der Fortführung eines zu diesem Zeitpunkt noch anhängigen anderen Insolvenzverfahrens über das Vermögen desselben Schuldners nicht entgegen.

(2) Hätte ein Insolvenzverfahren über das Vermögen einer juristischen Person oder einer Gesellschaft in dem Mitgliedstaat, in dem diese Person oder Gesellschaft ihren Sitz hat, deren Auflösung zur Folge, so besteht die betreffende juristische Person oder Gesellschaft so lange fort, bis jedes andere Insolvenzverfahren über das Vermögen desselben Schuldners beendet ist oder von dem Verwalter in diesem bzw. den Verwaltern in diesen anderen Verfahren der Auflösung zugestimmt wurde.

Artikel 49
Überschuss im Sekundärinsolvenzverfahren

Können bei der Verwertung der Masse des Sekundärinsolvenzverfahrens alle in diesem Verfahren festgestellten Forderungen befriedigt werden, so übergibt der in diesem Verfahren bestellte Verwalter den verbleibenden Überschuss unverzüglich dem Verwalter des Hauptinsolvenzverfahrens.

Artikel 50
Nachträgliche Eröffnung des Hauptinsolvenzverfahrens

Wird ein Verfahren nach Artikel 3 Absatz 1 eröffnet, nachdem in einem anderen Mitgliedstaat ein Verfahren nach Artikel 3 Absatz 2 eröffnet worden ist, so gelten die Artikel 41, 45, 46, 47 und 49 für das zuerst eröffnete Insolvenzverfahren, soweit dies nach dem Stand dieses Verfahrens möglich ist.

Artikel 51
Umwandlung von Sekundärinsolvenzverfahren

(1) Auf Antrag des Verwalters des Hauptinsolvenzverfahrens kann das Gericht eines Mitgliedstaats, bei dem ein Sekundärinsolvenzverfahren eröffnet worden ist, die Umwandlung des Sekundärinsolvenzverfahrens in ein anderes der in Anhang A aufgeführten Insolvenzverfahren anordnen, sofern die Voraussetzungen nach nationalem Recht für die Eröffnung dieses anderen Verfahrens erfüllt sind und dieses Verfahren im Hinblick auf die Interessen der lokalen Gläubiger und die Kohärenz zwischen Haupt- und Sekundärinsolvenzverfahren am geeignetsten ist.

(2) Bei der Prüfung des Antrags nach Absatz 1 kann das Gericht Informationen von den Verwaltern beider Verfahren anfordern.

Artikel 52
Sicherungsmaßnahmen

Bestellt das nach Artikel 3 Absatz 1 zuständige Gericht eines Mitgliedstaats zur Sicherung des Schuldnervermögens einen vorläufigen Verwalter, so ist dieser berechtigt, zur Sicherung und Erhaltung des Schuldnervermögens, das sich in einem anderen Mitgliedstaat befindet, jede Maßnahme zu beantragen, die nach dem Recht dieses Mitgliedstaats für die Zeit zwischen dem Antrag auf Eröffnung eines Insolvenzverfahrens und dessen Eröffnung vorgesehen ist.

KAPITEL IV
UNTERRICHTUNG DER GLÄUBIGER UND ANMELDUNG IHRER FORDERUNGEN

Artikel 53
Recht auf Forderungsanmeldung

Jeder ausländische Gläubiger kann sich zur Anmeldung seiner Forderungen in dem Insolvenzverfahren aller Kommunikationsmittel bedienen, die nach dem Recht des Staats der Verfahrenseröffnung zulässig sind. Allein für die Anmeldung einer Forderung ist die Vertretung durch einen Rechtsanwalt oder sonstigen Rechtsbeistand nicht zwingend.

Artikel 54
Pflicht zur Unterrichtung der Gläubiger

(1) Sobald in einem Mitgliedstaat ein Insolvenzverfahren eröffnet wird, unterrichtet das zuständige Gericht dieses Staates oder der von diesem Ge-

richt bestellte Verwalter unverzüglich alle bekannten ausländischen Gläubiger.

(2) Die Unterrichtung nach Absatz 1 erfolgt durch individuelle Übersendung eines Vermerks und gibt insbesondere an, welche Fristen einzuhalten sind, welches die Versäumnisfolgen sind, welche Stelle für die Entgegennahme der Anmeldungen zuständig ist und welche weiteren Maßnahmen vorgeschrieben sind. In dem Vermerk ist auch anzugeben, ob die bevorrechtigten oder dinglich gesicherten Gläubiger ihre Forderungen anmelden müssen. Dem Vermerk ist des Weiteren eine Kopie des Standardformulars für die Anmeldung von Forderungen gemäß Artikel 55 beizufügen oder es ist anzugeben, wo dieses Formular erhältlich ist.

(3) Die Unterrichtung nach den Absätzen 1 und 2 dieses Artikels erfolgt mithilfe eines Standardmitteilungsformulars, das gemäß Artikel 88 festgelegt wird. Das Formular wird im Europäischen Justizportal veröffentlicht und trägt die Überschrift „Mitteilung über ein Insolvenzverfahren" in sämtlichen Amtssprachen der Organe der Union. Es wird in der Amtssprache des Staates der Verfahrenseröffnung oder – falls es in dem betreffenden Mitgliedstaat mehrere Amtssprachen gibt – in der Amtssprache oder einer der Amtssprachen des Ortes, an dem das Insolvenzverfahren eröffnet wurde, oder in einer anderen Sprache übermittelt, die dieser Staat gemäß Artikel 55 Absatz 5 zugelassen hat, wenn anzunehmen ist, dass diese Sprache für ausländische Gläubiger leichter zu verstehen ist.

(4) Bei Insolvenzverfahren bezüglich einer natürlichen Person, die keine selbständige gewerbliche oder freiberufliche Tätigkeit ausübt, ist die Verwendung des in diesem Artikel genannten Standardformulars nicht vorgeschrieben, sofern die Gläubiger nicht verpflichtet sind, ihre Forderungen anzumelden, damit diese im Verfahren berücksichtigt werden.

Artikel 55
Verfahren für die Forderungsanmeldung

(1) Ausländische Gläubiger können ihre Forderungen mithilfe des Standardformulars anmelden, das gemäß Artikel 88 festgelegt wird. Das Formular trägt die Überschrift „Forderungsanmeldung" in sämtlichen Amtssprachen der Organe der Union.

(2) Das Standardformular für die Forderungsanmeldung nach Absatz 1 enthält die folgenden Angaben:

a) Name, Postanschrift, E-Mail-Adresse sofern vorhanden, persönliche Kennnummer sofern vorhanden sowie Bankverbindung des ausländischen Gläubigers nach Absatz 1,
b) Forderungsbetrag unter Angabe der Hauptforderung und gegebenenfalls der Zinsen sowie Entstehungszeitpunkt der Forderung und – sofern davon abweichend – Fälligkeitsdatum,
c) umfasst die Forderung auch Zinsen, den Zinssatz unter Angabe, ob es sich um einen gesetzlichen oder vertraglich vereinbarten Zinssatz handelt, sowie den Zeitraum, für den die Zinsen gefordert werden, und den Betrag der kapitalisierten Zinsen,
d) falls Kosten für die Geltendmachung der Forderung vor Eröffnung des Verfahrens gefordert werden, Betrag und Aufschlüsselung dieser Kosten,
e) Art der Forderung,
f) ob ein Status als bevorrechtigter Gläubiger beansprucht wird und die Grundlage für einen solchen Anspruch,
g) ob für die Forderung eine dingliche Sicherheit oder ein Eigentumsvorbehalt geltend gemacht wird und wenn ja, welche Vermögenswerte Gegenstand der Sicherheit sind, Zeitpunkt der Überlassung der Sicherheit und Registernummer, wenn die Sicherheit in ein Register eingetragen wurde, und
h) ob eine Aufrechnung beansprucht wird und wenn ja, die Beträge der zum Zeitpunkt der Eröffnung des Insolvenzverfahrens bestehenden gegenseitigen Forderungen, den Zeitpunkt ihres Entstehens und den geforderten Saldo nach Aufrechnung.

Der Forderungsanmeldung sind etwaige Belege in Kopie beizufügen.

(3) Das Standardformular für die Forderungsanmeldung enthält den Hinweis, dass die Bankverbindung und die persönliche Kennnummer des Gläubigers nach Absatz 2 Buchstabe a nicht zwingend anzugeben sind.

(4) Meldet ein Gläubiger seine Forderung auf anderem Wege als mithilfe des in Absatz 1 genannten Standardformulars an, so muss seine Anmeldung die in Absatz 2 genannten Angaben enthalten.

(5) Forderungen können in einer Amtssprache der Organe der Union angemeldet werden. Das Gericht, der Verwalter oder der Schuldner in Eigenverwaltung können vom Gläubiger eine Übersetzung in die Amtssprache des Staats der Verfahrenseröffnung oder – falls es in dem betreffenden Mitgliedstaat mehrere Amtssprachen gibt – in die Amtssprache oder in eine der Amtssprachen des Ortes, an dem das Insolvenzverfahren eröffnet wurde, oder in eine andere Sprache, die dieser Mitgliedstaat zugelassen hat, verlangen. Jeder Mitgliedstaat gibt an, ob er neben seiner oder seinen

eigenen Amtssprachen andere Amtssprachen der Organe der Union für eine Forderungsanmeldung zulässt.

(6) Forderungen sind innerhalb der im Recht des Staats der Verfahrenseröffnung festgelegten Frist anzumelden. Bei ausländischen Gläubigern beträgt diese Frist mindestens 30 Tage nach Bekanntmachung der Eröffnung des Insolvenzverfahrens im Insolvenzregister des Staats der Verfahrenseröffnung. Stützt sich ein Mitgliedstaat auf Artikel 24 Absatz 4, so beträgt diese Frist mindestens 30 Tage ab Unterrichtung eines Gläubigers gemäß Artikel 54.

(7) Hat das Gericht, der Verwalter oder der Schuldner in Eigenverwaltung Zweifel an einer nach Maßgabe dieses Artikels angemeldeten Forderung, so gibt er dem Gläubiger Gelegenheit, zusätzliche Belege für das Bestehen und die Höhe der Forderung vorzulegen.

KAPITEL V
INSOLVENZVERFAHREN ÜBER DAS VERMÖGEN VON MITGLIEDERN EINER UNTERNEHMENSGRUPPE

ABSCHNITT 1
Zusammenarbeit und Kommunikation

Artikel 56
Zusammenarbeit und Kommunikation der Verwalter

(1) Bei Insolvenzverfahren über das Vermögen von zwei oder mehr Mitgliedern derselben Unternehmensgruppe arbeiten die Verwalter dieser Verfahren zusammen, soweit diese Zusammenarbeit die wirksame Abwicklung der Verfahren erleichtern kann, mit den für die einzelnen Verfahren geltenden Vorschriften vereinbar ist und keine Interessenkonflikte nach sich zieht. Diese Zusammenarbeit kann in beliebiger Form, einschließlich durch den Abschluss von Vereinbarungen oder Verständigungen, erfolgen.

(2) Bei der Durchführung der Zusammenarbeit nach Absatz 1 obliegt es den Verwaltern,
a) einander so bald wie möglich alle Informationen mitzuteilen, die für das jeweilige andere Verfahren von Bedeutung sein können, vorausgesetzt, es bestehen geeignete Vorkehrungen zum Schutz vertraulicher Informationen;
b) zu prüfen, ob Möglichkeiten einer Koordinierung der Verwaltung und Überwachung der Geschäfte der Gruppenmitglieder, über deren Vermögen ein Insolvenzverfahren eröffnet wurde, bestehen; falls eine solche

Möglichkeit besteht, koordinieren sie die Verwaltung und Überwachung dieser Geschäfte;

c) zu prüfen, ob Möglichkeiten einer Sanierung von Gruppenmitgliedern, über deren Vermögen ein Insolvenzverfahren eröffnet wurde, bestehen und, falls eine solche Möglichkeit besteht, sich über den Vorschlag für einen koordinierten Sanierungsplan und dazu, wie er ausgehandelt werden soll, abzustimmen.

Für die Zwecke der Buchstaben b und c können alle oder einige der in Absatz 1 genannten Verwalter vereinbaren, einem Verwalter aus ihrer Mitte zusätzliche Befugnisse zu übertragen, wenn eine solche Vereinbarung nach den für die jeweiligen Verfahren geltenden Vorschriften zulässig ist. Sie können ferner vereinbaren, bestimmte Aufgaben unter sich aufzuteilen, wenn eine solche Aufteilung nach den für die jeweiligen Verfahren geltenden Vorschriften zulässig ist.

Artikel 57
Zusammenarbeit und Kommunikation der Gerichte

(1) Bei Insolvenzverfahren über das Vermögen von zwei oder mehr Mitgliedern derselben Unternehmensgruppe arbeitet ein Gericht, das ein solches Verfahren eröffnet hat, mit Gerichten, die mit einem Antrag auf Eröffnung eines Insolvenzverfahrens über das Vermögen eines anderen Mitglieds derselben Unternehmensgruppe befasst sind oder die ein solches Verfahren eröffnet haben, zusammen, soweit diese Zusammenarbeit eine wirksame Verfahrensführung erleichtern kann, mit den für die einzelnen Verfahren geltenden Vorschriften vereinbar ist und keine Interessenkonflikte nach sich zieht. Die Gerichte können hierzu bei Bedarf eine unabhängige Person oder Stelle bestellen bzw. bestimmen, die auf ihre Weisungen hin tätig wird, sofern dies mit den für sie geltenden Vorschriften vereinbar ist.

(2) Bei der Durchführung der Zusammenarbeit nach Absatz 1 können die Gerichte oder eine von ihnen bestellte bzw. bestimmte und in ihrem Auftrag tätige Person oder Stelle im Sinne des Absatzes 1 direkt miteinander kommunizieren oder einander direkt um Informationen und Unterstützung ersuchen, vorausgesetzt, bei dieser Kommunikation werden die Verfahrensrechte der Verfahrensbeteiligten sowie die Vertraulichkeit der Informationen gewahrt.

(3) Die Zusammenarbeit im Sinne des Absatzes 1 kann auf jedem von dem Gericht als geeignet erachteten Weg erfolgen. Sie kann insbesondere Folgendes betreffen:
a) die Koordinierung bei der Bestellung von Verwaltern,
b) die Mitteilung von Informationen auf jedem von dem betreffenden Gericht als geeignet erachteten Weg,
c) die Koordinierung der Verwaltung und Überwachung der Insolvenzmasse und Geschäfte der Mitglieder der Unternehmensgruppe,
d) die Koordinierung der Verhandlungen,
e) soweit erforderlich die Koordinierung der Zustimmung zu einer Verständigung der Verwalter.

Artikel 58
Zusammenarbeit und Kommunikation zwischen Verwaltern und Gerichten

Ein Verwalter, der in einem Insolvenzverfahren über das Vermögen eines Mitglieds einer Unternehmensgruppe bestellt worden ist,
a) arbeitet mit jedem Gericht, das mit einem Antrag auf Eröffnung eines Insolvenzverfahrens über das Vermögen eines anderen Mitglieds derselben Unternehmensgruppe befasst ist oder das ein solches Verfahren eröffnet hat, zusammen und kommuniziert mit diesem und
b) kann dieses Gericht um Informationen zum Verfahren über das Vermögen des anderen Mitgliedes der Unternehmensgruppe oder um Unterstützung in dem Verfahren, für das er bestellt worden ist, ersuchen,

soweit eine solche Zusammenarbeit und Kommunikation die wirkungsvolle Verfahrensführung erleichtern können, keine Interessenkonflikte nach sich ziehen und mit den für die Verfahren geltenden Vorschriften vereinbar sind.

Artikel 59
Kosten der Zusammenarbeit und Kommunikation bei Verfahren über das Vermögen von Mitgliedern einer Unternehmensgruppe

Die Kosten der Zusammenarbeit und Kommunikation nach den Artikeln 56 bis 60, die einem Verwalter oder einem Gericht entstehen, gelten als Kosten und Auslagen des Verfahrens, in dem sie angefallen sind.

Artikel 60
Rechte des Verwalters bei Verfahren über das Vermögen von Mitgliedern einer Unternehmensgruppe

(1) Der Verwalter eines über das Vermögen eines Mitglieds einer Unternehmensgruppe eröffneten Insolvenzverfahrens kann, soweit dies eine effektive Verfahrensführung erleichtern kann,
a) in jedem über das Vermögen eines anderen Mitglieds derselben Unternehmensgruppe eröffneten Verfahren gehört werden,
b) eine Aussetzung jeder Maßnahme im Zusammenhang mit der Verwertung der Masse in jedem Verfahren über das Vermögen eines anderen Mitglieds derselben Unternehmensgruppe beantragen, sofern
  i) für alle oder einige Mitglieder der Unternehmensgruppe, über deren Vermögen ein Insolvenzverfahren eröffnet worden ist, ein Sanierungsplan gemäß Artikel 56 Absatz 2 Buchstabe c vorgeschlagen wurde und hinreichende Aussicht auf Erfolg hat;
  ii) die Aussetzung notwendig ist, um die ordnungsgemäße Durchführung des Sanierungsplans sicherzustellen;
  iii) der Sanierungsplan den Gläubigern des Verfahrens, für das die Aussetzung beantragt wird, zugute käme und
  iv) weder das Insolvenzverfahren, für das der Verwalter gemäß Absatz 1 bestellt wurde, noch das Verfahren, für das die Aussetzung beantragt wird, einer Koordinierung gemäß Abschnitt 2 dieses Kapitels unterliegt;
c) die Eröffnung eines Gruppen-Koordinationsverfahrens gemäß Artikel 61 beantragen.

(2) Das Gericht, das das Verfahren nach Absatz 1 Buchstabe b eröffnet hat, setzt alle Maßnahmen im Zusammenhang mit der Verwertung der Masse in dem Verfahren ganz oder teilweise aus, wenn es sich überzeugt hat, dass die Voraussetzungen nach Absatz 1 Buchstabe b erfüllt sind.

Vor Anordnung der Aussetzung hört das Gericht den Verwalter des Insolvenzverfahrens, für das die Aussetzung beantragt wird. Die Aussetzung kann für jeden Zeitraum bis zu drei Monaten angeordnet werden, den das Gericht für angemessen hält und der mit den für das Verfahren geltenden Vorschriften vereinbar ist.

Das Gericht, das die Aussetzung anordnet, kann verlangen, dass der Verwalter nach Absatz 1 alle geeigneten Maßnahmen nach nationalem Recht zum Schutz der Interessen der Gläubiger des Verfahrens ergreift.

Das Gericht kann die Dauer der Aussetzung um einen weiteren Zeitraum oder mehrere weitere Zeiträume verlängern, die es für angemessen hält und die mit den für das Verfahren geltenden Vorschriften vereinbar sind, sofern die in Absatz 1 Buchstabe b Ziffern ii bis iv genannten Voraussetzungen weiterhin erfüllt sind und die Gesamtdauer der Aussetzung (die anfängliche Dauer zuzüglich aller Verlängerungen) sechs Monate nicht überschreitet.

ABSCHNITT 2
Koordinierung

Unterabschnitt 1
Verfahren

Artikel 61
Antrag auf Eröffnung eines Gruppen-Koordinationsverfahrens

(1) Ein Gruppen-Koordinationsverfahren kann von einem Verwalter, der in einem Insolvenzverfahren über das Vermögen eines Mitglieds der Gruppe bestellt worden ist, bei jedem Gericht, das für das Insolvenzverfahren eines Mitglieds der Gruppe zuständig ist, beantragt werden.

(2) Der Antrag nach Absatz 1 erfolgt gemäß dem für das Verfahren, in dem der Verwalter bestellt wurde, geltenden Recht.

(3) Dem Antrag nach Absatz 1 ist Folgendes beizufügen:
a) ein Vorschlag bezüglich der Person, die zum Gruppenkoordinator (im Folgenden: „Koordinator") ernannt werden soll, Angaben zu ihrer Eignung nach Artikel 71, Angaben zu ihren Qualifikationen und ihre schriftliche Zustimmung zur Tätigkeit als Koordinator;
b) eine Darlegung der vorgeschlagenen Gruppen-Koordination, insbesondere der Gründe, weshalb die Voraussetzungen nach Artikel 63 Absatz 1 erfüllt sind;
c) eine Liste der für die Mitglieder der Gruppe bestellten Verwalter und gegebenenfalls die Gerichte und zuständigen Behörden, die in den Insolvenzverfahren über das Vermögen der Mitglieder der Gruppe betroffen sind;
d) eine Darstellung der geschätzten Kosten der vorgeschlagenen Gruppen-Koordination und eine Schätzung des von jedem Mitglied der Gruppe zu tragenden Anteils dieser Kosten.

Artikel 62
Prioritätsregel

Unbeschadet des Artikels 66 gilt Folgendes: Wird die Eröffnung eines Gruppen-Koordinationsverfahrens bei Gerichten verschiedener Mitgliedstaaten beantragt, so erklären sich die später angerufenen Gerichte zugunsten des zuerst angerufenen Gerichts für unzuständig.

Artikel 63
Mitteilung durch das befasste Gericht

(1) Das mit einem Antrag auf Eröffnung eines Gruppen-Koordinationsverfahrens befasste Gericht unterrichtet so bald als möglich die für die Mitglieder der Gruppe bestellten Verwalter, die im Antrag gemäß Artikel 61 Absatz 3 Buchstabe c angegeben sind, über den Antrag auf Eröffnung eines Gruppen-Koordinationsverfahrens und den vorgeschlagenen Koordinator, wenn es davon überzeugt ist, dass

a) die Eröffnung eines solchen Verfahrens die effektive Führung der Insolvenzverfahren über das Vermögen der verschiedenen Mitglieder der Gruppe erleichtern kann,

b) nicht zu erwarten ist, dass ein Gläubiger eines Mitglieds der Gruppe, das voraussichtlich am Verfahren teilnehmen wird, durch die Einbeziehung dieses Mitglieds in das Verfahren finanziell benachteiligt wird, und

c) der vorgeschlagene Koordinator die Anforderungen gemäß Artikel 71 erfüllt.

(2) In der Mitteilung nach Absatz 1 dieses Artikels sind die in Artikel 61 Absatz 3 Buchstaben a bis d genannten Bestandteile des Antrags aufzulisten.

(3) Die Mitteilung nach Absatz 1 ist eingeschrieben mit Rückschein aufzugeben.

(4) Das befasste Gericht gibt den beteiligten Verwaltern die Gelegenheit, sich zu äußern.

Artikel 64
Einwände von Verwaltern

(1) Ein für ein Mitglied einer Gruppe bestellter Verwalter kann Einwände erheben gegen

a) die Einbeziehung des Insolvenzverfahrens, für das er bestellt wurde, in ein Gruppen-Koordinationsverfahren oder

b) die als Koordinator vorgeschlagene Person.

(2) Einwände nach Absatz 1 dieses Artikels sind innerhalb von 30 Tagen nach Eingang der Mitteilung über den Antrag auf Eröffnung eines Gruppen-Koordinationsverfahrens durch den Verwalter gemäß Absatz 1 dieses Artikels bei dem Gericht nach Artikel 63 zu erheben.

Der Einwand kann mittels des nach Artikel 88 eingeführten Standardformulars erhoben werden.

(3) Vor der Entscheidung über eine Teilnahme bzw. Nichtteilnahme an der Koordination gemäß Absatz 1 Buchstabe a hat ein Verwalter die Genehmigungen, die gegebenenfalls nach dem Recht des Staats der Verfahrenseröffnung, für das er bestellt wurde, erforderlich sind, zu erwirken.

Artikel 65
Folgen eines Einwands gegen die Einbeziehung in ein Gruppen-Koordinationsverfahren

(1) Hat ein Verwalter gegen die Einbeziehung des Verfahrens, für das er bestellt wurde, in ein Gruppen-Koordinationsverfahren Einwand erhoben, so wird dieses Verfahren nicht in das Gruppen-Koordinationsverfahren einbezogen.

(2) Die Befugnisse des Gerichts gemäß Artikel 68 oder des Koordinators, die sich aus diesem Verfahren ergeben, haben keine Wirkung hinsichtlich des betreffenden Mitglieds und ziehen keine Kosten für dieses Mitglied nach sich.

Artikel 66
Wahl des Gerichts für ein Gruppen-Koordinationsverfahren

(1) Sind sich mindestens zwei Drittel aller Verwalter, die für Insolvenzverfahren über das Vermögen der Mitglieder der Gruppe bestellt wurden, darüber einig, dass ein zuständiges Gericht eines anderen Mitgliedstaats am besten für die Eröffnung eines Gruppen-Koordinationsverfahrens geeignet ist, so ist dieses Gericht ausschließlich zuständig.

(2) Die Wahl des Gerichts erfolgt als gemeinsame Vereinbarung in Schriftform oder wird schriftlich festgehalten. Sie kann bis zum Zeitpunkt der Eröffnung des Gruppen-Koordinationsverfahrens gemäß Artikel 68 erfolgen.

(3) Jedes andere als das gemäß Absatz 1 befasste Gericht erklärt sich zugunsten dieses Gerichts für unzuständig.

(4) Der Antrag auf Eröffnung eines Gruppen-Koordinationsverfahrens wird bei dem vereinbarten Gericht gemäß Artikel 61 eingereicht.

Artikel 67
Folgen von Einwänden gegen den vorgeschlagenen Koordinator

Werden gegen die als Koordinator vorgeschlagene Person Einwände von einem Verwalter vorgebracht, der nicht gleichzeitig Einwände gegen die Einbeziehung des Mitglieds, für das er bestellt wurde, in das Gruppen-

Koordinationsverfahren erhebt, kann das Gericht davon absehen, diese Person zu bestellen und den Einwände erhebenden Verwalter auffordern, einen den Anforderungen nach Artikel 61 Absatz 3 entsprechenden neuen Antrag einzureichen.

Artikel 68
Entscheidung zur Eröffnung eines Gruppen-Koordinationsverfahrens

(1) Nach Ablauf der in Artikel 64 Absatz 2 genannten Frist kann das Gericht ein Gruppen-Koordinationsverfahren eröffnen, sofern es davon überzeugt ist, dass die Voraussetzungen nach Artikel 63 Absatz 1 erfüllt sind. In diesem Fall hat das Gericht:
a) einen Koordinator zu bestellen,
b) über den Entwurf der Koordination zu entscheiden und
c) über die Kostenschätzung und den Anteil, der von den Mitgliedern der Gruppe zu tragen ist, zu entscheiden.

(2) Die Entscheidung zur Eröffnung eines Gruppen-Koordinationsverfahrens wird den beteiligten Verwaltern und dem Koordinator mitgeteilt.

Artikel 69
Nachträgliches Opt-in durch Verwalter

(1) Im Einklang mit dem dafür geltenden nationalen Recht kann jeder Verwalter im Anschluss an die Entscheidung des Gerichts nach Artikel 68 die Einbeziehung des Verfahrens, für das er bestellt wurde, beantragen, wenn
a) ein Einwand gegen die Einbeziehung des Insolvenzverfahrens in das Gruppen-Koordinationsverfahren erhoben wurde oder
b) ein Insolvenzverfahren über das Vermögen eines Mitglieds der Gruppe eröffnet wurde, nachdem das Gericht ein Gruppen-Koordinationsverfahren eröffnet hat.

(2) Unbeschadet des Absatzes 4 kann der Koordinator einem solchen Antrag nach Anhörung der beteiligten Verwalter entsprechen, wenn
a) er davon überzeugt ist, dass unter Berücksichtigung des Stands, den das Gruppen-Koordinationsverfahren zum Zeitpunkt des Antrags erreicht hat, die Voraussetzungen gemäß Artikel 63 Absatz 1 Buchstaben a und b erfüllt sind, oder
b) alle beteiligten Verwalter gemäß den Bestimmungen ihres nationalen Rechts zustimmen.

(3) Der Koordinator unterrichtet das Gericht und die am Verfahren teilnehmenden Verwalter über seine Entscheidung gemäß Absatz 2 und über die Gründe, auf denen sie beruht.

(4) Jeder beteiligte Verwalter und jeder Verwalter, dessen Antrag auf Einbeziehung in das Gruppen-Koordinationsverfahren abgelehnt wurde, kann die in Absatz 2 genannte Entscheidung gemäß dem Verfahren anfechten, das nach dem Recht des Mitgliedstaats, in dem das Gruppen-Koordinationsverfahren eröffnet wurde, bestimmt ist.

Artikel 70
Empfehlungen und Gruppen-Koordinationsplan

(1) Bei der Durchführung ihrer Insolvenzverfahren berücksichtigen die Verwalter die Empfehlungen des Koordinators und den Inhalt des in Artikel 72 Absatz 1 genannten Gruppen-Koordinationsplans.

(2) Ein Verwalter ist nicht verpflichtet, den Empfehlungen des Koordinators oder dem Gruppen-Koordinationsplan ganz oder teilweise Folge zu leisten.

Folgt er den Empfehlungen des Koordinators oder dem Gruppen-Koordinationsplan nicht, so informiert er die Personen oder Stellen, denen er nach seinem nationalen Recht Bericht erstatten muss, und den Koordinator über die Gründe dafür.

Unterabschnitt 2
Allgemeine Vorschriften

Artikel 71
Der Koordinator

(1) Der Koordinator muss eine Person sein, die nach dem Recht eines Mitgliedstaats geeignet ist, als Verwalter tätig zu werden.

(2) Der Koordinator darf keiner der Verwalter sein, die für ein Mitglied der Gruppe bestellt sind, und es darf kein Interessenkonflikt hinsichtlich der Mitglieder der Gruppe, ihrer Gläubiger und der für die Mitglieder der Gruppe bestellten Verwalter vorliegen.

Artikel 72
Aufgaben und Rechte des Koordinators

(1) Der Koordinator
a) legt Empfehlungen für die koordinierte Durchführung der Insolvenzverfahren fest und stellt diese dar,

b) schlägt einen Gruppen-Koordinationsplan vor, der einen umfassenden Katalog geeigneter Maßnahmen für einen integrierten Ansatz zur Bewältigung der Insolvenz der Gruppenmitglieder festlegt, beschreibt und empfiehlt. Der Plan kann insbesondere Vorschläge enthalten zu
   i) den Maßnahmen, die zur Wiederherstellung der wirtschaftlichen Leistungsfähigkeit und der Solvenz der Gruppe oder einzelner Mitglieder zu ergreifen sind,
   ii) der Beilegung gruppeninterner Streitigkeiten in Bezug auf gruppeninterne Transaktionen und Anfechtungsklagen,
   iii) Vereinbarungen zwischen den Verwaltern der insolventen Gruppenmitglieder.

(2) Der Koordinator hat zudem das Recht
a) in jedem Insolvenzverfahren über das Vermögen eines Mitglieds der Unternehmensgruppe gehört zu werden und daran mitzuwirken, insbesondere durch Teilnahme an der Gläubigerversammlung,
b) bei allen Streitigkeiten zwischen zwei oder mehr Verwaltern von Gruppenmitgliedern zu vermitteln,
c) seinen Gruppen-Koordinationsplan den Personen oder Stellen vorzulegen und zu erläutern, denen er aufgrund der nationalen Rechtsvorschriften seines Landes Bericht erstatten muss,
d) von jedem Verwalter Informationen in Bezug auf jedes Gruppenmitglied anzufordern, wenn diese Informationen bei der Festlegung und Darstellung von Strategien und Maßnahmen zur Koordinierung der Verfahren von Nutzen sind oder sein könnten, und
e) eine Aussetzung von Verfahren über das Vermögen jedes Mitglieds der Gruppe für bis zu sechs Monate zu beantragen, sofern die Aussetzung notwendig ist, um die ordnungsgemäße Durchführung des Plans sicherzustellen, und den Gläubigern des Verfahrens, für das die Aussetzung beantragt wird, zugute käme, oder die Aufhebung jeder bestehenden Aussetzung zu beantragen. Ein derartiger Antrag ist bei dem Gericht zu stellen, das das Verfahren eröffnet hat, für das die Aussetzung beantragt wird.

(3) Der in Absatz 1 Buchstabe b genannte Plan darf keine Empfehlungen zur Konsolidierung von Verfahren oder Insolvenzmassen umfassen.

(4) Die in diesem Artikel festgelegten Aufgaben und Rechte des Koordinators erstrecken sich nicht auf Mitglieder der Gruppe, die nicht am Gruppen-Koordinationsverfahren beteiligt sind.

(5) Der Koordinator übt seine Pflichten unparteiisch und mit der gebotenen Sorgfalt aus.

(6) Wenn nach Ansicht des Koordinators die Wahrnehmung seiner Aufgaben zu einer – im Vergleich zu der in Artikel 61 Absatz 3 Buchstabe d genannten Kostenschätzung – erheblichen Kostensteigerung führen wird, und auf jeden Fall, wenn die Kosten die geschätzten Kosten um 10 % übersteigen, hat der Koordinator
a) unverzüglich die beteiligten Verwalter zu informieren und
b) die vorherige Zustimmung des Gerichts einzuholen, das das Gruppen-Koordinationsverfahren eröffnet hat.

Artikel 73
Sprachen

(1) Der Koordinator kommuniziert mit dem Verwalter eines beteiligten Gruppenmitglieds in der mit dem Verwalter vereinbarten Sprache oder bei Fehlen einer entsprechenden Vereinbarung in der Amtssprache oder in einer der Amtssprachen der Organe der Union und des Gerichts, das das Verfahren für dieses Gruppenmitglied eröffnet hat.

(2) Der Koordinator kommuniziert mit einem Gericht in der Amtssprache, die dieses Gericht verwendet.

Artikel 74
Zusammenarbeit zwischen den Verwaltern und dem Koordinator

(1) Die für die Mitglieder der Gruppe bestellten Verwalter und der Koordinator arbeiten soweit zusammen, wie diese Zusammenarbeit mit den für das betreffende Verfahren geltenden Vorschriften vereinbar ist.

(2) Insbesondere übermitteln die Verwalter jede Information, die für den Koordinator zur Wahrnehmung seiner Aufgaben von Belang ist.

Artikel 75
Abberufung des Koordinators

Das Gericht ruft den Koordinator von Amts wegen oder auf Antrag des Verwalters eines beteiligten Gruppenmitglieds ab, wenn der Koordinator
a) zum Schaden der Gläubiger eines beteiligten Gruppenmitglieds handelt oder
b) nicht seinen Verpflichtungen nach diesem Kapitel nachkommt.

Artikel 76
Schuldner in Eigenverwaltung

Die gemäß diesem Kapitel für den Verwalter geltenden Bestimmungen gelten soweit einschlägig entsprechend für den Schuldner in Eigenverwaltung.

Artikel 77
Kosten und Kostenaufteilung

(1) Die Vergütung des Koordinators muss angemessen und verhältnismäßig zu den wahrgenommenen Aufgaben sein sowie angemessene Aufwendungen berücksichtigen.

(2) Nach Erfüllung seiner Aufgaben legt der Koordinator die Endabrechnung der Kosten mit dem von jedem Mitglied zu tragenden Anteil vor und übermittelt diese Abrechnung jedem beteiligten Verwalter und dem Gericht, das das Koordinationsverfahren eröffnet hat.

(3) Legt keiner der Verwalter innerhalb von 30 Tagen nach Eingang der in Absatz 2 genannten Abrechnung Widerspruch ein, gelten die Kosten und der von jedem Mitglied zu tragende Anteil als gebilligt. Die Abrechnung wird dem Gericht, das das Koordinationsverfahren eröffnet hat, zur Bestätigung vorgelegt.

(4) Im Falle eines Widerspruchs entscheidet das Gericht, das das Gruppen-Koordinationsverfahren eröffnet hat, auf Antrag des Koordinators oder eines beteiligten Verwalters über die Kosten und den von jedem Mitglied zu tragenden Anteil im Einklang mit den Kriterien gemäß Absatz 1 dieses Artikels und unter Berücksichtigung der Kostenschätzung gemäß Artikel 68 Absatz 1 und gegebenenfalls Artikel 72 Absatz 6.

(5) Jeder beteiligte Verwalter kann die in Absatz 4 genannte Entscheidung gemäß dem Verfahren anfechten, das nach dem Recht des Mitgliedstaats, in dem das Gruppen-Koordinationsverfahren eröffnet wurde, vorgesehen ist.

KAPITEL VI
DATENSCHUTZ

Artikel 78
Datenschutz

(1) Sofern keine Verarbeitungsvorgänge im Sinne des Artikels 3 Absatz 2 der Richtlinie 95/46/EG betroffen sind, finden die nationalen Vorschriften zur Umsetzung der Richtlinie 95/46/EG auf die nach Maßgabe dieser Ver-

ordnung in den Mitgliedstaaten durchgeführte Verarbeitung personenbezogener Daten Anwendung.

(2) Die Verordnung (EG) Nr. 45/2001 gilt für die Verarbeitung personenbezogener Daten, die von der Kommission nach Maßgabe der vorliegenden Verordnung durchgeführt wird.

Artikel 79
Aufgaben der Mitgliedstaaten hinsichtlich der Verarbeitung personenbezogener Daten in nationalen Insolvenzregistern

(1) Jeder Mitgliedstaat teilt der Kommission im Hinblick auf seine Bekanntmachung im Europäischen Justizportal den Namen der natürlichen oder juristischen Person, Behörde, Einrichtung oder jeder anderen Stelle mit, die nach den nationalen Rechtsvorschriften für die Ausübung der Aufgaben eines für die Verarbeitung Verantwortlichen gemäß Artikel 2 Buchstabe d der Richtlinie 95/46/EG benannt worden ist.

(2) Die Mitgliedstaaten stellen sicher, dass die technischen Maßnahmen zur Gewährleistung der Sicherheit der in ihren nationalen Insolvenzregistern nach Artikel 24 verarbeiteten personenbezogenen Daten durchgeführt werden.

(3) Es obliegt den Mitgliedstaaten, zu überprüfen, dass der gemäß Artikel 2 Buchstabe d der Richtlinie 95/46/EG benannte für die Verarbeitung Verantwortliche die Einhaltung der Grundsätze in Bezug auf die Qualität der Daten, insbesondere die Richtigkeit und die Aktualisierung der in nationalen Insolvenzregistern gespeicherten Daten sicherstellt.

(4) Es obliegt den Mitgliedstaaten gemäß der Richtlinie 95/46/EG, Daten zu erheben und in nationalen Datenbanken zu speichern und zu entscheiden, diese Daten im vernetzten Register, das über das Europäische Justizportal eingesehen werden kann, zugänglich zu machen.

(5) Als Teil der Information, die betroffene Personen erhalten, um ihre Rechte und insbesondere das Recht auf Löschung von Daten wahrnehmen zu können, teilen die Mitgliedstaaten betroffenen Personen mit, für welchen Zeitraum ihre in Insolvenzregistern gespeicherten personenbezogenen Daten zugänglich sind.

Artikel 80
Aufgaben der Kommission im Zusammenhang mit der Verarbeitung personenbezogener Daten

(1) Die Kommission nimmt die Aufgaben des für die Verarbeitung Verantwortlichen gemäß Artikel 2 Buchstabe d der Verordnung (EG)

Nr. 45/2001 im Einklang mit den diesbezüglich in diesem Artikel festgelegten Aufgaben wahr.

(2) Die Kommission legt die notwendigen Grundsätze fest und wendet die notwendigen technischen Lösungen an, um ihre Aufgaben im Aufgabenbereich des für die Verarbeitung Verantwortlichen zu erfüllen.

(3) Die Kommission setzt die technischen Maßnahmen um, die erforderlich sind, um die Sicherheit der personenbezogenen Daten bei der Übermittlung, insbesondere die Vertraulichkeit und Unversehrtheit bei der Übermittlung zum und vom Europäischen Justizportal, zu gewährleisten.

(4) Die Aufgaben der Mitgliedstaaten und anderer Stellen in Bezug auf den Inhalt und den Betrieb der von ihnen geführten, vernetzten nationalen Datenbanken bleiben von den Verpflichtungen der Kommission unberührt.

Artikel 81
Informationspflichten

Unbeschadet der anderen den betroffenen Personen nach Artikel 11 und 12 der Verordnung (EG) Nr. 45/2001 zu erteilenden Informationen informiert die Kommission die betroffenen Personen durch Bekanntmachung im Europäischen Justizportal über ihre Rolle bei der Datenverarbeitung und die Zwecke dieser Datenverarbeitung.

Artikel 82
Speicherung personenbezogener Daten

Für Informationen aus vernetzten nationalen Datenbanken gilt, dass keine personenbezogenen Daten von betroffenen Personen im Europäischen Justizportal gespeichert werden. Sämtliche derartige Daten werden in den von den Mitgliedstaaten oder anderen Stellen betriebenen nationalen Datenbanken gespeichert.

Artikel 83
Zugang zu personenbezogenen Daten über das Europäische Justizportal

Die in den nationalen Insolvenzregistern nach Artikel 24 gespeicherten personenbezogenen Daten sind solange über das Europäische Justizportal zugänglich, wie sie nach nationalem Recht zugänglich bleiben.

KAPITEL VII
ÜBERGANGS- UND SCHLUSSBESTIMMUNGEN

Artikel 84
Zeitlicher Anwendungsbereich

(1) Diese Verordnung ist nur auf solche Insolvenzverfahren anzuwenden, die nach dem 26. Juni 2017 eröffnet worden sind. Für Rechtshandlungen des Schuldners vor diesem Datum gilt weiterhin das Recht, das für diese Rechtshandlungen anwendbar war, als sie vorgenommen wurden.

(2) Unbeschadet des Artikels 91 der vorliegenden Verordnung gilt die Verordnung (EG) Nr. 1346/2000 weiterhin für Verfahren, die in den Geltungsbereich jener Verordnung fallen und vor dem 26. Juni 2017 eröffnet wurden.

Artikel 85
Verhältnis zu Übereinkünften

(1) Diese Verordnung ersetzt in ihrem sachlichen Anwendungsbereich hinsichtlich der Beziehungen der Mitgliedstaaten untereinander die zwischen zwei oder mehreren Mitgliedstaaten geschlossenen Übereinkünfte, insbesondere

a) das am 8. Juli 1899 in Paris unterzeichnete belgisch-französische Abkommen über die gerichtliche Zuständigkeit, die Anerkennung und die Vollstreckung von gerichtlichen Entscheidungen, Schiedssprüchen und öffentlichen Urkunden;

b) das am 16. Juli 1969 in Brüssel unterzeichnete belgisch-österreichische Abkommen über Konkurs, Ausgleich und Zahlungsaufschub (mit Zusatzprotokoll vom 13. Juni 1973);

c) das am 28. März 1925 in Brüssel unterzeichnete belgisch-niederländische Abkommen über die Zuständigkeit der Gerichte, den Konkurs sowie die Anerkennung und die Vollstreckung von gerichtlichen Entscheidungen, Schiedssprüchen und öffentlichen Urkunden;

d) den am 25. Mai 1979 in Wien unterzeichneten deutsch-österreichischen Vertrag auf dem Gebiet des Konkurs- und Vergleichs-(Ausgleichs-)rechts;

e) das am 27. Februar 1979 in Wien unterzeichnete französisch-österreichische Abkommen über die gerichtliche Zuständigkeit, die Anerkennung und die Vollstreckung von Entscheidungen auf dem Gebiet des Insolvenzrechts;

f) das am 3. Juni 1930 in Rom unterzeichnete französisch-italienische Abkommen über die Vollstreckung gerichtlicher Urteile in Zivil- und Handelssachen;
g) das am 12. Juli 1977 in Rom unterzeichnete italienisch-österreichische Abkommen über Konkurs und Ausgleich;
h) den am 30. August 1962 in Den Haag unterzeichneten deutsch-niederländischen Vertrag über die gegenseitige Anerkennung und Vollstreckung gerichtlicher Entscheidungen und anderer Schuldtitel in Zivil- und Handelssachen;
i) das am 2. Mai 1934 in Brüssel unterzeichnete britisch-belgische Abkommen zur gegenseitigen Vollstreckung gerichtlicher Entscheidungen in Zivil- und Handelssachen mit Protokoll;
j) das am 7. November 1933 in Kopenhagen zwischen Dänemark, Finnland, Norwegen, Schweden und Irland geschlossene Konkursübereinkommen;
k) das am 5. Juni 1990 in Istanbul unterzeichnete Europäische Übereinkommen über bestimmte internationale Aspekte des Konkurses;
l) das am 18. Juni 1959 in Athen unterzeichnete Abkommen zwischen der Föderativen Volksrepublik Jugoslawien und dem Königreich Griechenland über die gegenseitige Anerkennung und Vollstreckung gerichtlicher Entscheidungen;
m) das am 18. März 1960 in Belgrad unterzeichnete Abkommen zwischen der Föderativen Volksrepublik Jugoslawien und der Republik Österreich über die gegenseitige Anerkennung und die Vollstreckung von Schiedssprüchen und schiedsgerichtlichen Vergleichen in Handelssachen;
n) das am 3. Dezember 1960 in Rom unterzeichnete Abkommen zwischen der Föderativen Volksrepublik Jugoslawien und der Republik Italien über die gegenseitige justizielle Zusammenarbeit in Zivil- und Handelssachen;
o) das am 24. September 1971 in Belgrad unterzeichnete Abkommen zwischen der Sozialistischen Föderativen Republik Jugoslawien und dem Königreich Belgien über die justizielle Zusammenarbeit in Zivil- und Handelssachen;
p) das am 18. Mai 1971 in Paris unterzeichnete Abkommen zwischen den Regierungen Jugoslawiens und Frankreichs über die Anerkennung und Vollstreckung gerichtlicher Entscheidungen in Zivil- und Handelssachen;
q) das am 22. Oktober 1980 in Athen unterzeichnete Abkommen zwischen der Tschechoslowakischen Sozialistischen Republik und der Helleni-

schen Republik über die Rechtshilfe in Zivil- und Strafsachen, der zwischen der Tschechischen Republik und Griechenland noch in Kraft ist;
r) das am 23. April 1982 in Nikosia unterzeichnete Abkommen zwischen der Tschechoslowakischen Sozialistischen Republik und der Republik Zypern über die Rechtshilfe in Zivil- und Strafsachen, der zwischen der Tschechischen Republik und Zypern noch in Kraft ist;
s) den am 10. Mai 1984 in Paris unterzeichneten Vertrag zwischen der Regierung der Tschechoslowakischen Sozialistischen Republik und der Regierung der Französischen Republik über die Rechtshilfe und die Anerkennung und Vollstreckung gerichtlicher Entscheidungen in Zivil-, Familien- und Handelssachen, der zwischen der Tschechischen Republik und Frankreich noch in Kraft ist;
t) den am 6. Dezember 1985 in Prag unterzeichneten Vertrag zwischen der Tschechoslowakischen Sozialistischen Republik und der Republik Italien über die Rechtshilfe in Zivil- und Strafsachen, der zwischen der Tschechischen Republik und Italien noch in Kraft ist;
u) das am 11. November 1992 in Tallinn unterzeichnete Abkommen zwischen der Republik Lettland, der Republik Estland und der Republik Litauen über Rechtshilfe und Rechtsbeziehungen;
v) das am 27. November 1998 in Tallinn unterzeichnete Abkommen zwischen Estland und Polen über Rechtshilfe und Rechtsbeziehungen in Zivil-, Arbeits- und Strafsachen;
w) das am 26. Januar 1993 in Warschau unterzeichnete Abkommen zwischen der Republik Litauen und der Republik Polen über Rechtshilfe und Rechtsbeziehungen in Zivil-, Familien-, Arbeits- und Strafsachen;
x) das am 19. Oktober 1972 in Bukarest unterzeichnete Abkommen zwischen der Sozialistischen Republik Rumänien und der Hellenischen Republik über die Rechtshilfe in Zivil- und Strafsachen mit Protokoll;
y) das am 5. November 1974 in Paris unterzeichnete Abkommen zwischen der Sozialistischen Republik Rumänien und der Französischen Republik über die Rechtshilfe in Zivil- und Handelssachen;
z) das am 10. April 1976 in Athen unterzeichnete Abkommen zwischen der Volksrepublik Bulgarien und der Hellenischen Republik über die Rechtshilfe in Zivil- und Strafsachen;
aa) das am 29. April 1983 in Nikosia unterzeichnete Abkommen zwischen der Volksrepublik Bulgarien und der Republik Zypern über die Rechtshilfe in Zivil- und Strafsachen;

ab) das am 18. Januar 1989 in Sofia unterzeichnete Abkommen zwischen der Volksrepublik Bulgarien und der Regierung der Französischen Republik über die gegenseitige Rechtshilfe in Zivilsachen;
ac) den am 11. Juli 1994 in Bukarest unterzeichneten Vertrag zwischen Rumänien und der Tschechischen Republik über die Rechtshilfe in Zivilsachen;
ad) den am 15. Mai 1999 in Bukarest unterzeichneten Vertrag zwischen Rumänien und der Republik Polen über die Rechtshilfe und die Rechtsbeziehungen in Zivilsachen.

(2) Die in Absatz 1 aufgeführten Übereinkünfte behalten ihre Wirksamkeit hinsichtlich der Verfahren, die vor Inkrafttreten der Verordnung (EG) Nr. 1346/2000 eröffnet worden sind.

(3) Diese Verordnung gilt nicht
a) in einem Mitgliedstaat, soweit es in Konkurssachen mit den Verpflichtungen aus einer Übereinkunft unvereinbar ist, die dieser Mitgliedstaat mit einem oder mehreren Drittstaaten vor Inkrafttreten der Verordnung (EG) Nr. 1346/2000 geschlossen hat;
b) im Vereinigten Königreich Großbritannien und Nordirland, soweit es in Konkurssachen mit den Verpflichtungen aus Vereinbarungen, die im Rahmen des Commonwealth geschlossen wurden und die zum Zeitpunkt des Inkrafttretens der Verordnung (EG) Nr. 1346/2000 wirksam sind, unvereinbar ist.

Artikel 86
Informationen zum Insolvenzrecht der Mitgliedstaaten und der Union

(1) Die Mitgliedstaaten übermitteln im Rahmen des durch die Entscheidung 2001/470/EG des Rates ([1]) geschaffenen Europäischen Justiziellen Netzes für Zivil- und Handelssachen eine kurze Beschreibung ihres nationalen Rechts und ihrer Verfahren zum Insolvenzrecht, insbesondere zu den in Artikel 7 Absatz 2 aufgeführten Aspekten, damit die betreffenden Informationen der Öffentlichkeit zur Verfügung gestellt werden können.

(2) Die in Absatz 1 genannten Informationen werden von den Mitgliedstaaten regelmäßig aktualisiert.

([1]) Entscheidung 2001/470/EG des Rates vom 28. Mai 2001 über die Einrichtung eines Europäischen Justiziellen Netzes für Zivil- und Handelssachen (ABl. L 174 vom 27.6.2001, S. 25).

(3) Die Kommission macht Informationen bezüglich dieser Verordnung öffentlich verfügbar.

Artikel 87
Einrichtung der Vernetzung der Register

Die Kommission erlässt Durchführungsrechtsakte zur Einrichtung der Vernetzung der Insolvenzregister gemäß Artikel 25. Diese Durchführungsrechtsakte werden gemäß dem in Artikel 89 Absatz 3 genannten Prüfverfahren erlassen.

Artikel 88
Erstellung und spätere Änderung von Standardformularen

Die Kommission erlässt Durchführungsrechtsakte zur Erstellung und soweit erforderlich Änderung der in Artikel 27 Absatz 4, Artikel 54, Artikel 55 und Artikel 64 Absatz 2 genannten Formulare. Diese Durchführungsrechtsakte werden gemäß dem in Artikel 89 Absatz 2 genannten Beratungsverfahren erlassen.

Artikel 89
Ausschussverfahren

(1) Die Kommission wird von einem Ausschuss unterstützt. Dieser Ausschuss ist ein Ausschuss im Sinne der Verordnung (EU) Nr. 182/2011.

(2) Wird auf diesen Absatz Bezug genommen, so gilt Artikel 4 der Verordnung (EU) Nr. 182/2011.

(3) Wird auf diesen Absatz Bezug genommen, so gilt Artikel 5 der Verordnung (EU) Nr. 182/2011.

Artikel 90
Überprüfungsklausel

(1) Die Kommission legt dem Europäischen Parlament, dem Rat und dem Europäischen Wirtschafts- und Sozialausschuss spätestens bis zum 27. Juni 2027 und danach alle fünf Jahre einen Bericht über die Anwendung dieser Verordnung vor. Der Bericht enthält gegebenenfalls einen Vorschlag zur Anpassung dieser Verordnung.

(2) Die Kommission legt dem Europäischen Parlament, dem Rat und dem Europäischen Wirtschafts- und Sozialausschuss spätestens bis zum 27. Juni 2022 einen Bericht über die Anwendung des Gruppen-Koordinationsverfahrens vor. Der Bericht enthält gegebenenfalls einen Vorschlag zur Anpassung dieser Verordnung.

(3) Die Kommission übermittelt dem Europäischen Parlament, dem Rat und dem Europäischen Wirtschafts- und Sozialausschuss spätestens bis zum 1. Januar 2016 eine Studie zu den grenzüberschreitenden Aspekten der Haftung von Geschäftsleitern und ihres Ausschlusses von einer Tätigkeit.

(4) Die Kommission übermittelt dem Europäischen Parlament, dem Rat und dem Europäischen Wirtschafts- und Sozialausschuss spätestens bis zum 27. Juni 2020 eine Studie zur Frage der Wahl des Gerichtsstands in missbräuchlicher Absicht.

Artikel 91
Aufhebung

Die Verordnung (EG) Nr. 1346/2000 wird aufgehoben.

Verweisungen auf die aufgehobene Verordnung gelten als Verweisungen auf die vorliegende Verordnung und sind nach der Entsprechungstabelle in Anhang D dieser Verordnung zu lesen.

Artikel 92
Inkrafttreten

Diese Verordnung tritt am zwanzigsten Tag nach ihrer Veröffentlichung im Amtsblatt der Europäischen Union in Kraft.

Sie gilt ab dem 26. Juni 2017 mit Ausnahme von
a) Artikel 86, der ab dem 26. Juni 2016 gilt,
b) Artikel 24 Absatz 1, der ab dem 26. Juni 2018 gilt und
c) Artikel 25, der ab dem 26. Juni 2019 gilt.

Diese Verordnung ist in allen ihren Teilen verbindlich und gilt gemäß den Verträgen unmittelbar in den Mitgliedstaaten.

Geschehen zu Straßburg am 20. Mai 2015.

Im Namen des Europäischen Parlaments *Im Namen des Rates*
Der Präsident *Die Präsidentin*
M. SCHULZ Z. KALNIŅA-LUKAŠEVICA

ANHANG A
Insolvenzverfahren nach Artikel 2 Nummer 4

BELGIQUE/BELGIË
– Het faillissement/La faillite,
– De gerechtelijke reorganisatie door een collectief akkoord/La réorganisation judiciaire par accord collectif,
– De gerechtelijke reorganisatie door een minnelijk akkoord/La réorganisation judiciaire par accord amiable,
– De gerechtelijke reorganisatie door overdracht onder gerechtelijk gezag/ La réorganisation judiciaire par transfert sous autorité de justice,
– De collectieve schuldenregeling/Le règlement collectif de dettes,
– De vrijwillige vereffening/La liquidation volontaire,
– De gerechtelijke vereffening/La liquidation judiciaire,
– De voorlopige ontneming van het beheer, als bedoeld in artikel XX.32 van het Wetboek van economisch recht/Le dessaisissement provisoire de la gestion, visé à l'article XX.32 du Code de droit économique,

БЪЛГАРИЯ
– Производство по несъстоятелност,
– Производство по стабилизация на търговеца,

ČESKÁ REPUBLIKA
– Konkurs,
– Reorganizace,
– Oddlužení,

DEUTSCHLAND
– Das Konkursverfahren,
– Das gerichtliche Vergleichsverfahren,
– Das Gesamtvollstreckungsverfahren,
– Das Insolvenzverfahren,

EESTI
– Pankrotimenetlus,
– Võlgade ümberkujundamise menetlus,

ÉIRE/IRELAND
– Compulsory winding-up by the court,
– Bankruptcy,
– The administration in bankruptcy of the estate of persons dying insolvent,
– Winding-up in bankruptcy of partnerships,
– Creditors' voluntary winding-up (with confirmation of a court),

- Arrangements under the control of the court which involve the vesting of all or part of the property of the debtor in the Official Assignee for realisation and distribution,
- Examinership,
- Debt Relief Notice,
- Debt Settlement Arrangement,
- Personal Insolvency Arrangement,

ΕΛΛΑΔΑ
- Η πτώχευση,
- Η ειδική εκκαθάριση εν λειτουργία,
- Σχέδιο αναδιοργάνωσης,
- Απλοποιημένη διαδικασία επί πτωχεύσεων μικρού αντικειμένου,
- Διαδικασία εξυγίανσης,

ESPAÑA
- Concurso,
- Procedimiento de homologación de acuerdos de refinanciación,
- Procedimiento de acuerdos extrajudiciales de pago,
- Procedimiento de negociación pública para la consecución de acuerdos de refinanciación colectivos, acuerdos de refinanciación homologados y propuestas anticipadas de convenio,

FRANCE
- Sauvegarde,
- Sauvegarde accélérée,
- Sauvegarde financière accélérée,
- Redressement judiciaire,
- Liquidation judiciaire,

HRVATSKA
- Stečajni postupak,
- Predstečajni postupak,
- Postupak stečaja potrošača,
- Postupak izvanredne uprave u trgovačkim društvima od sistemskog značaja za Republiku Hrvatsku,

ITALIA
- Fallimento,
- Concordato preventivo,
- Liquidazione coatta amministrativa,
- Amministrazione straordinaria,
- Accordi di ristrutturazione,

- Procedure di composizione della crisi da sovraindebitamento del consumatore (accordo o piano),
- Liquidazione dei beni,

ΚΥΠΡΟΣ
- Υποχρεωτική εκκαθάριση από το Δικαστήριο,
- Εκούσια εκκαθάριση από μέλη,
- Εκούσια εκκαθάριση από πιστωτές
- Εκκαθάριση με την εποπτεία του Δικαστηρίου,
- Διάταγμα παραλαβής και πτώχευσης κατόπιν Δικαστικού Διατάγματος,
- Διαχείριση της περιουσίας προσώπων που απεβίωσαν αφερέγγυα,

LATVIJA
- Tiesiskās aizsardzības process,
- Juridiskās personas maksātnespējas process,
- Fiziskās personas maksātnespējas process,

LIETUVA
- Įmonės restruktūrizavimo byla,
- Įmonės bankroto byla,
- Įmonės bankroto procesas ne teismo tvarka,
- Fizinio asmens bankroto procesas,

LUXEMBOURG
- Faillite,
- Gestion contrôlée,
- Concordat préventif de faillite (par abandon d'actif),
- Régime spécial de liquidation du notariat,
- Procédure de règlement collectif des dettes dans le cadre du surendettement,

MAGYARORSZÁG
- Csődeljárás,
- Felszámolási eljárás,

MALTA
- Xoljiment,
- Amministrazzjoni,
- Stralċ volontarju mill-membri jew mill-kredituri,
- Stralċ mill-Qorti,
- Falliment f'każ ta' kummerċjant,
- Proċedura biex kumpanija tirkupra,

NEDERLAND
- Het faillissement,
- De surséance van betaling,

- De schuldsaneringsregeling natuurlijke personen,

ÖSTERREICH
- Das Konkursverfahren (Insolvenzverfahren),
- Das Sanierungsverfahren ohne Eigenverwaltung (Insolvenzverfahren),
- Das Sanierungsverfahren mit Eigenverwaltung (Insolvenzverfahren),
- Das Schuldenregulierungsverfahren,
- Das Abschöpfungsverfahren,
- Das Ausgleichsverfahren,

POLSKA
- Upadłość,
- Postępowanie o zatwierdzenie układu,
- Przyspieszone postępowanie układowe,
- Postępowanie układowe,
- Postępowanie sanacyjne,

PORTUGAL
- Processo de insolvência,
- Processo especial de revitalização,
- Processo especial para acordo de pagamento,

ROMÂNIA
- Procedura insolvenței,
- Reorganizarea judiciară,
- Procedura falimentului,
- Concordatul preventiv,

SLOVENIJA
- Postopek preventivnega prestrukturiranja,
- Postopek prisilne poravnave,
- Postopek poenostavljene prisilne poravnave,
- Stečajni postopek: stečajni postopek nad pravno osebo, postopek osebnega stečaja in postopek stečaja zapuščine,

SLOVENSKO
- Konkurzné konanie,
- Reštrukturalizačné konanie,
- Oddlženie,

SUOMI/FINLAND
- Konkurssi/konkurs,
- Yrityssaneeraus/företagssanering,
- Yksityishenkilön velkajärjestely/skuldsanering för privatpersoner,

SVERIGE
- Konkurs,

- Företagsrekonstruktion,
- Skuldsanering,

UNITED KINGDOM
- Winding-up by or subject to the supervision of the court,
- Creditors' voluntary winding-up (with confirmation by the court),
- Administration, including appointments made by filing prescribed documents with the court,
- Voluntary arrangements under insolvency legislation,
- Bankruptcy or sequestration.

ANHANG B
Verwalter im Sinne von Artikel 2 Nummer 5

BELGIQUE/BELGIË
- De curator/Le curateur,
- De gerechtsmandataris/Le mandataire de justice,
- De schuldbemiddelaar/Le médiateur de dettes,
- De vereffenaar/Le liquidateur,
- De voorlopige bewindvoerder/L'administrateur provisoire,

БЪЛГАРИЯ
- Назначен предварително временен синдик,
- Временен синдик,
- (Постоянен) синдик,
- Служебен синдик,
- Доверено лице,

ČESKÁ REPUBLIKA
- Insolvenční správce,
- Předběžný insolvenční správce,
- Oddělený insolvenční správce,
- Zvláštní insolvenční správce,
- Zástupce insolvenčního správce,

DEUTSCHLAND
- Konkursverwalter,
- Vergleichsverwalter,
- Sachwalter (nach der Vergleichsordnung),
- Verwalter,
- Insolvenzverwalter,
- Sachwalter (nach der Insolvenzordnung),
- Treuhänder,

- Vorläufiger Insolvenzverwalter,
- Vorläufiger Sachwalter,

EESTI
- Pankrotihaldur,
- Ajutine pankrotihaldur,
- Usaldusisik,

ÉIRE/IRELAND
- Liquidator,
- Official Assignee,
- Trustee in bankruptcy,
- Provisional Liquidator,
- Examiner,
- Personal Insolvency Practitioner,
- Insolvency Service,

ΕΛΛΑΔΑ
- Ο σύνδικος,
- Ο εισηγητής,
- Η επιτροπή των πιστωτών,
- Ο ειδικός εκκαθαριστής,

ESPAÑA
- Administrador concursal,
- Mediador concursal,

FRANCE
- Mandataire judiciaire,
- Liquidateur,
- Administrateur judiciaire,
- Commissaire à l'exécution du plan,

HRVATSKA
- Stečajni upravitelj,
- Privremeni stečajni upravitelj,
- Stečajni povjerenik,
- Povjerenik,
- Izvanredni povjerenik,

ITALIA
- Curatore,
- Commissario giudiziale,
- Commissario straordinario,
- Commissario liquidatore,
- Liquidatore giudiziale,

- Professionista nominato dal Tribunale,
- Organismo di composizione della crisi nella procedura di composizione della crisi da sovraindebitamento del consumatore,
- Liquidatore,

ΚΥΠΡΟΣ
- Εκκαθαριστής και Προσωρινός Εκκαθαριστής,
- Επίσημος Παραλήπτης,
- Διαχειριστής της Πτώχευσης,

LATVIJA
- Maksātnespējas procesa administrators,
- Tiesiskās aizsardzības procesa uzraugošā persona,

LIETUVA
- Bankroto administratorius,
- Restruktūrizavimo administratorius,

LUXEMBOURG
- Le curateur,
- Le commissaire,
- Le liquidateur,
- Le conseil de gérance de la section d'assainissement du notariat,
- Le liquidateur dans le cadre du surendettement,

MAGYARORSZÁG
- Vagyonfelügyelő,
- Felszámoló,

MALTA
- Amministratur Proviżorju,
- Riċevitur Uffiċjali,
- Stralċjarju,
- Manager Speċjali,
- Kuraturi f'każ ta' proċeduri ta' falliment,
- Kontrolur Speċjali,

NEDERLAND
- De curator in het faillissement,
- De bewindvoerder in de surséance van betaling,
- De bewindvoerder in de schuldsaneringsregeling natuurlijke personen,

ÖSTERREICH
- Masseverwalter,
- Sanierungsverwalter,
- Ausgleichsverwalter,
- Besonderer Verwalter,

- Einstweiliger Verwalter,
- Sachwalter,
- Treuhänder,
- Insolvenzgericht,
- Konkursgericht,

POLSKA
- Syndyk,
- Nadzorca sądowy,
- Zarządca,
- Nadzorca układu,
- Tymczasowy nadzorca sądowy,
- Tymczasowy zarządca,
- Zarządca przymusowy,

PORTUGAL
- Administrador da insolvência,
- Administrador judicial provisório,

ROMÂNIA
- Practician în insolvenţă,
- Administrator concordatar,
- Administrator judiciar,
- Lichidator judiciar,

SLOVENIJA
- Upravitelj,

SLOVENSKO
- Predbežný správca,
- Správca,

SUOMI/FINLAND
- Pesänhoitaja/boförvaltare,
- Selvittäjä/utredare,

SVERIGE
- Förvaltare,
- Rekonstruktör,

UNITED KINGDOM
- Liquidator,
- Supervisor of a voluntary arrangement,
- Administrator,
- Official Receiver,
- Trustee,
- Provisional Liquidator,

- Interim Receiver,
- Judicial factor.

ANHANG C
Aufgehobene Verordnung mit Liste ihrer nachfolgenden Änderungen

Verordnung (EG) Nr. 1346/2000 des Rates
(ABl. L 160 vom 30.6.2000, S. 1)
Verordnung (EG) Nr. 603/2005 des Rates
(ABl. L 100 vom 20.4.2005, S. 1)
Verordnung (EG) Nr. 694/2006 des Rates
(ABl. L 121 vom 6.5.2006, S. 1)
Verordnung (EG) Nr. 1791/2006 des Rates
(ABl. L 363 vom 20.12.2006, S. 1)
Verordnung (EG) Nr. 681/2007 des Rates
(ABl. L 159 vom 20.6.2007, S. 1)
Verordnung (EG) Nr. 788/2008 des Rates
(ABl. L 213 vom 8.8.2008, S. 1)
Durchführungsverordnung (EU) Nr. 210/2010 des Rates
(ABl. L 65 vom 13.3.2010, S. 1)
Durchführungsverordnung (EU) Nr. 583/2011 des Rates
(ABl. L 160 vom 18.6.2011, S. 52)
Verordnung (EU) Nr. 517/2013 des Rates
(ABl. L 158 vom 10.6.2013, S. 1)
Durchführungsverordnung (EU) Nr. 663/2014 des Rates
(ABl. L 179 vom 19.6.2014, S. 4)

Akte über die Bedingungen des Beitritts der Tschechischen Republik, der Republik Estland, der Republik Zypern, der Republik Lettland, der Republik Litauen, der Republik Ungarn, der Republik Malta, der Republik Polen, der Republik Slowenien und der Slowakischen Republik und die Anpassungen der die Europäische Union begründenden Verträge
(ABl. L 236 vom 23.9.2003, S. 33)

ANHANG D
Entsprechungstabelle

Verordnung (EG) Nr. 1346/2000	In dieser Verordnung wird Folgendes festgelegt:
Artikel 1	Artikel 1
Artikel 2 Eingangsteil	Artikel 2 Eingangsteil
Artikel 2 Buchstabe a	Artikel 2 Nummer 4
Artikel 2 Buchstabe b	Artikel 2 Nummer 5
Artikel 2 Buchstabe c	–
Artikel 2 Buchstabe d	Artikel 2 Nummer 6
Artikel 2 Buchstabe e	Artikel 2 Nummer 7
Artikel 2 Buchstabe f	Artikel 2 Nummer 8
Artikel 2 Buchstabe g Eingangsteil	Artikel 2 Nummer 9 Eingangsteil
Artikel 2 Buchstabe g erster Gedankenstrich	Artikel 2 Nummer 9 Ziffer vii
Artikel 2 Buchstabe g zweiter Gedankenstrich	Artikel 2 Nummer 9 Ziffer iv
Artikel 2 Buchstabe g dritter Gedankenstrich	Artikel 2 Nummer 9 Ziffer viii
Artikel 2 Buchstabe h	Artikel 2 Nummer 10
–	Artikel 2 Nummern 1 bis 3 und 11 bis 13
–	Artikel 2 Nummer 9 Ziffern i bis iii, v, vi
Artikel 3	Artikel 3
–	Artikel 4
–	Artikel 5
–	Artikel 6
Artikel 4	Artikel 7
Artikel 5	Artikel 8
Artikel 6	Artikel 9
Artikel 7	Artikel 10
Artikel 8	Artikel 11 Absatz 1

Verordnung (EG) Nr. 1346/2000	In dieser Verordnung wird Folgendes festgelegt:
–	Artikel 11 Absatz 2
Artikel 9	Artikel 12
Artikel 10	Artikel 13 Absatz 1
–	Artikel 13 Absatz 2
Artikel 11	Artikel 14
Artikel 12	Artikel 15
Artikel 13 Absatz 1	Artikel 16 Buchstabe a
Artikel 13 Absatz 2	Artikel 16 Buchstabe b
Artikel 14 Gedankenstrich 1	Artikel 17 Buchstabe a
Artikel 14 Gedankenstrich 2	Artikel 17 Buchstabe b
Artikel 14 Gedankenstrich 3	Artikel 17 Buchstabe c
Artikel 15	Artikel 18
Artikel 16	Artikel 19
Artikel 17	Artikel 20
Artikel 18	Artikel 21
Artikel 19	Artikel 22
Artikel 20	Artikel 23
–	Artikel 24
–	Artikel 25
–	Artikel 26
–	Artikel 27
Artikel 21 Absatz 1	Artikel 28 Absatz 2
Artikel 21 Absatz 2	Artikel 28 Absatz 1
Artikel 22	Artikel 29
Artikel 23	Artikel 30
Artikel 24	Artikel 31
Artikel 25	Artikel 32
Artikel 26	Artikel 33
Artikel 27	Artikel 34

Verordnung (EG) Nr. 1346/2000	In dieser Verordnung wird Folgendes festgelegt:
Artikel 28	Artikel 35
–	Artikel 36
Artikel 29	Artikel 37 Absatz 1
–	Artikel 37 Absatz 2
–	Artikel 38
–	Artikel 39
Artikel 30	Artikel 40
Artikel 31	Artikel 41
–	Artikel 42
–	Artikel 43
–	Artikel 44
Artikel 32	Artikel 45
Artikel 33	Artikel 46
Artikel 34 Absatz 1	Artikel 47 Absatz 1
Artikel 34 Absatz 2	Artikel 47 Absatz 2
Artikel 34 Absatz 3	–
–	Artikel 48
Artikel 35	Artikel 49
Artikel 36	Artikel 50
Artikel 37	Artikel 51
Artikel 38	Artikel 52
Artikel 39	Artikel 53
Artikel 40	Artikel 54
Artikel 41	Artikel 55
Artikel 42	–
–	Artikel 56
–	Artikel 57
–	Artikel 58
–	Artikel 59

Verordnung (EG) Nr. 1346/2000	In dieser Verordnung wird Folgendes festgelegt:
–	Artikel 60
–	Artikel 61
–	Artikel 62
–	Artikel 63
–	Artikel 64
–	Artikel 65
–	Artikel 66
–	Artikel 67
–	Artikel 68
–	Artikel 69
–	Artikel 70
–	Artikel 71
–	Artikel 72
–	Artikel 73
–	Artikel 74
–	Artikel 75
–	Artikel 76
–	Artikel 77
–	Artikel 78
–	Artikel 79
–	Artikel 80
–	Artikel 81
–	Artikel 82
–	Artikel 83
Artikel 43	Artikel 84 Absatz 1
–	Artikel 84 Absatz 2
Artikel 44	Artikel 85
–	Artikel 86
Artikel 45	–

Verordnung (EG) Nr. 1346/2000	In dieser Verordnung wird Folgendes festgelegt:
–	Artikel 87
–	Artikel 88
–	Artikel 89
Artikel 46	Artikel 90 Absatz 1
–	Artikel 90 Absätze 2 bis 4
–	Artikel 91
Artikel 47	Artikel 92
Anhang A	Anhang A
Anhang B	–
Anhang C	Anhang B
–	Anhang C
–	Anhang D

Stichwortverzeichnis

A

Abgabestelle 227
Abschluss von Vergleichen 115
Abschöpfungsverfahren 167, 158, 186, 241
Absonderungsansprüche 38
Absonderungsgläubiger 31
Abstimmung 98, 100, 125
Abstimmungssituation 376
Abstimmungsverzeichnis 384
Abstimmung über die Zusicherung 184
Abtretung 101
Allgemeine Vollstreckungssperre 377, 407
Amtsgelder 167
Amtshaftungsansprüche 172
Änderung des Sanierungsplans 133
Änderung des Zahlungsplans 185
Anerkennung ausländischer Verfahren 217
Anfechtung 22, 175
Anfechtungsgegner 56
Anfechtung von Rechtshandlungen 159
Anlaufkosten 79
Anmeldung 82
Anmeldungsfrist 84
Anmeldungsverzeichnis 68, 108
Anmeldung von Forderungen 377, 407
Annahme des Sanierungsplans 134
Annahme eines Restrukturierungsplans 134
Annahme eines Zahlungsplans 181
Annahmevoraussetzungen 376
Anteilige Vergütung des Koordinators 164
Anteilsinhaber 395
Arbeitnehmerforderungen 330, 403
Arbeitsvertrag 213
Aufgaben des Sanierungsverwalters 162
Aufhebung 361
Aufhebung der Vollstreckungssperre 363
Aufhebung des Insolvenzverfahrens 44, 106, 139
Aufhebung des Insolvenzverfahrens mangels Vermögens 120

Aufhebung des Insolvenzverfahrens mit Einverständnis derGläubiger 120
Aufnahme in die Ediktsdatei 227
Aufrechnung 37, 34, 212
Aufschiebung 31
Aufschiebung des Exekutionsverfahrens 95
Auftrag 45
Ausfall 105, 136, 142, 381, 387, 402
Ausfallsgläubiger 126
Ausgeschlossene Ansprüche 43
Ausgleichsstörer 410
Ausländische Insolvenzverwalter 218
Auslandsvermögen 216
Außerstreitverfahren 30
Aussonderung 30
Aussonderungsansprüche 59
Austritt 41
Automatic stay 44
AVRAG 43

B
Bankverbindung 106
Barauslagen 91, 122
Bedingung 36, 105
Bedingungen für die Bestätigung 138
Beendigung 146
Beendigung des Abschöpfungsverfahrens 202
Begünstigung 47
Bekanntmachung ausländischer Insolvenzverfahren 205
Bekanntmachungen 218
Bekanntmachungen im Ausland 221
Belohnung 97
Bemängelungen 133
Bemessungsgrundlage 91
Bemessungsgrundlage (Erfordernis) 92
Benachteiligungsabsicht 46
Berichtstagsatzung 39, 41, 67, 99, 89
Berücksichtigung nicht angemeldeter Forderungen 183
Bescheidene Lebensführung 161
Beschränkung der Eigenverwaltung 159, 342
Besonderer Verwalter 95, 209
Bestandgeber 62

Bestandsache 17
Bestandverträge 40
Bestätigung 138, 210
Bestellung eines Restrukturierungsbeauftragten 248
Bestellungsurkunde 87
Bestrittene Forderung 126, 142
Betrügerische Krida 130
Bewertung des Unternehmens 391
Bilanz 103
Bürgen 36, 114, 140 f, 203, 400

C
COMI 361, 363
Cram-down 376

D
Dauer der Vollstreckungssperre 262
Dingliche Rechte Dritter 211
Drohende Zahlungsunfähigkeit 154

E
Edikt 82
Ediktsdatei 92, 225
Eigenkapital ersetzende Leistung 34
Eigentumsvorbehalt 106, 212
Eigenverwaltung 157, 171, 341, 250
Einkünfte aus einem Arbeitsverhältnis 87
Einleitung des Abschöpfungsverfahrens 168
Einleitungshindernisse 188, 168
Einsicht in die Insolvenzdatei 226
Einspruch 159
Einstellung 149, 343, 351
Einstellung des Abschöpfungsverfahrens 201
Einstellungsbeschluss 146
Einstweilige Vorkehrungen 81
Eintragung in das Anmeldungsverzeichnis 143
Eintragung in öffentliche Register 222
Eintritt der Insolvenz 365
Einwendungen 384, 386
EKEG 37, 50
E-Mail-Adresse 106

Enthebungsantrag 95
Entlohnung 121, 98, 348
Entlohnung bei Unternehmensfortführung 123
Entlohnung des Restrukturierungsbeauftragten 390
Entlohnung des Treuhänders 145, 149
Entziehung der Eigenverwaltung 157, 158, 162
Entzug der Eigenverwaltung 172
Erbschaft 28, 79
Erfüllung des Sanierungsplans 143
Erhebung von Anfechtungsklagen 115
Erhöhung des Ausfalls 114
Erinnerungen 125
Erlag bei Gericht 127
Erste Gläubigerversammlung 89
Erstreckung der Sanierungsplantagsatzung 135
Erwerbstätigkeit 188
EUInsVO 407
Europäisches Restrukturierungsverfahren 74
Exekution 143
Exekutionsakten 71
Exekutionsordnung 93
Existenzminimum 141, 181

F
Feststellung der Zahlungsunfähigkeit 71, 327
Finanzierungsmaßnahmen 157
Finanzplan 156, 158, 162, 376
Firmenbuch 84
Forderungsexekution 359
Forderungsprüfung 159, 384
Formlose Verteilung 101
Fortbestehensprognose 327
Fortführung 99
Fortführung des Unternehmens 91, 112
Fortführungsprognose 49

G
Gebrauchsüberlassung 45
Gegenforderung 38
Geldstrafen 331
Genehmigungspflichtige Geschäfte 115

Gerichtliche Veräußerung 93
Geringfügigkeit des Konkurses 163
Gesamtsumme der Forderungen 113
Geschäftsverteilung in Insolvenzsachen 231
Gesellschafter 57, 153, 228
Gewöhnlicher Unternehmensbetrieb 135
Gläubigerausschuss 96 f
Gläubigerklasse 134
Gläubigerklassen 336, 338, 376, 379
Gläubigerschutzverband 96, 232
Gläubigerversammlung 59, 99
Gruppen-Koordinationsverfahrens 164

H
Haft 105
Hauptinsolvenzverfahren 207
Hypothek 124

I
Insolvenzdatei 78, 81, 225
Insolvenzforderungen 63
Insolvenzgericht 94
Insolvenzmasse 27
Insolvenznahe Verfahren 69
Insolvenzverwalter 87
Insolvenzverwalterliste 88, 211
Interesse der Gläubiger 367
Internationale Zuständigkeit 220
Inventar 78, 80

K
Kapitalflussrechnung 376
Kenntnis der Zahlungsunfähigkeit 48, 353
Klassenbildung 382
Kleinstunternehmen 376
KMUs 376
Kommunikation 164
Konkursverfahren 26, 131
Konzern 164
Koordination 216, 220
Koordinator 164

Koordinierung 164
Kopfmehrheit 110, 381
Kostendeckendes Vermögen 76, 78
Kostenvoranschlag 123
Kostenvorschuss 55, 76 f
Kriterium des Gläubigerinteresses 390
Kündigungsfrist 41
Kündigungsschutz 41
Kurator 227

L
Liste der Restrukturierungsbeauftragten 410
Lokale Gläubiger 208

M
Masseforderungen 36, 160
Massegläubiger 97, 136
Masseunzulänglichkeit 121
Mehrheiten 134
Mehrheitserfordernisse 381
Mindestentlohnung 92
Mindestquote 377
Mitschuldner 36, 114, 140, 203, 400
Mittelbare Nachteiligkeit 49
Mutmaßlicher Ausfall 127

N
Nachfrist 118
Nachlass 141
Nachrangige Forderungen 65
Nachträgliche Anmeldungen 84
Nachträgliche Verteilung 129
Nachverteilungsmasse 105
Nachzahlung 168
Nahe Angehörige 111
Neue Finanzierungen 49, 255
Neuerliches Insolvenzverfahren 151
Nicht betroffene Gläubiger 402
Nichtigkeit des Sanierungsplans 126
Nichtigkeit des Zahlungsplans 183
Nichtigkeitsklage 138

Niederlassung 69, 206

O
Obliegenheiten des Schuldners 175
Offenkundige Zahlungsunfähigkeit 71, 326, 334
Öffentliche Bekanntmachung 225

P
Partikular- oder Sekundärinsolvenzverfahren 206
Pauschalgebühr 129, 390
Personengesellschaft 65, 70, 73, 104, 152
Planbilanz 377
Postsperre 85
Prozessführungsbefugnis 160
Prozesskosten 224
Prüfung des Stimmrechts 208
Prüfungstagsatzung 30, 83, 99, 107, 132, 173

Q
Quote 101, 278
Quotenverschlechterung 49

R
Ratenvereinbarungen 75
Rationalisierungsmaßnahmen 42 f
Räumung der Wohnung 28
Räumungsexekution 34, 11
Realhaftung 32
Rechnerische Überschuldung 72
Rechnungslegung 119, 133, 144, 161
Recht der gelegenen Sache 215
Rechtsstreitigkeiten 29
Regelbelohnung 124
Regelentlohnung 92
Registereintragungen 218
Rekurs 229
Rekursentscheidung 229
Rekurslegitimation 400
Reorganisationsmaßnahmen 157
Restrukturierungskonzept 336, 375
Restrukturierungsplan 338

Restrukturierungsplantagsatzung 110
Restschuldbefreiung 186, 191, 202, 205
Rückgriffsberechtigte 141
Ruhen des Verfahrens 224

S
Sachhaftung 136
Sanierungskonzept 49
Sanierungsplan 67, 92, 106, 126, 156
Sanierungsplanantrag 113
Sanierungsplanbestätigung 136
Sanierungsplan des Gesellschafters 153
Sanierungsplantagsatzung 132, 155
Sanierungsplanvorschlag 113
Sanierungsverfahren 26, 153, 154
Sanierungsverfahren mit Eigenverwaltung 42, 49
Sanierungsverfahren ohne Eigenverwaltung 43
Sanierungsverwalter 161
Schätzung 66, 78
Schließung des Unternehmens 41, 99, 112, 114
Schlussrechnung 98
Schlussrechnungstagsatzung 161
Schlußverteilung 128
Schuldenberatungsstelle 179, 233
Schuldenregulierungsverfahren 164, 165
Sicherstellung 137
Sicherungsmaßnahmen 144, 206
Sitzung 98
Sonderbegünstigungen 137
Sondermasse 63, 39, 91, 93
Sprache der Forderungsanmeldungen 222
Status 156
Stellung des Treuhänders 144
Stimme 100
Stimmrecht 131, 385
Stimmrechtsentscheidung 100, 386
Strafanzeige 230
Strukturierter Sanierungsplan 387
Strukturierung des Restrukturierungsplans 390
Summenmehrheit 110, 154, 376, 381

T
Teilleistung 39
Tilgungsplan 182, 187, 191, 205
Transaktionen 49, 354
Treuhänder 120, 167, 169

U
Überschuldung 26, 71, 327, 334, 365
Überwachung 145
Überwachung der Fortführung 70
Umfang der Eigenverwaltung 158, 172
Unabhängigkeit des Insolvenzverwalters 88
Unbewegliche Sache 189
Unredlichkeit 140
Unterbrechung 29
Unterhalt 137
Unterhalt des Schuldners 28
Unterhaltsforderungen 331
Unterlassungen 51
Unternehmensbereich 41, 18, 89
Unwirksamerklärung des Sanierungsplans 151
Unzulässigkeit des Sanierungsplans 130
Unzulässigkeit des Zahlungsplans 181
Unzuständigkeit 165

V
Verbesserungsaufträge 382
Verbraucher 187, 191, 205
Verdienstlichkeit 122
Vereinfachtes Restrukturierungsverfahren 407
Vergütung des Treuhänders 194
Verjährung 30
Verlassenschaft 152
Vermögensübergabe 123
Vermögensverfall 140
Vermögensverzeichnis 76, 54, 56, 103, 130, 156 f, 163, 165, 170
Versagung der Bestätigung 139 f
Verspätete Anmeldung 104
Verteilung 101
Verteilung im inländischen Hauptinsolvenzverfahren 210
Verteilungsentwurf 101

Vertrag 39
Vertragsauflösung 45
Vertreter des Insolvenzverwalters 216
Verwertungsverfahren 32
Verzug 39, 141
Verzug in der Erfüllung 149
Virtuelle Restrukturierungsplantagsatzung 385
Vollstreckungssperre 75, 326, 359
Vollzug der Verteilung 128
Vorabentscheidungsersuchen 231
Vorausleistung 39
Vorprüfung des Restrukturierungsplans 382

W

Wahrscheinliche Insolvenz 333
Wechsel 27
Wert der Sache 112
Widerruf der Restschuldbefreiung 180
Widerspruch 94
Wiederaufleben 34, 118
Wiederaufnahme des Insolvenzverfahrens 150, 202
Wiederaufnahmsklage 138
Wiedereinsetzung in den vorigen Stand 229
Wirkung der Restschuldbefreiung 203

Z

Zahlungseinstellung 72
Zahlungsfrist 377
Zahlungsplan 165, 181, 242
Zahlungsplantagsatzung 111
Zahlungsunfähigkeit 26, 70, 326, 333, 367
Zinsen 32, 62, 65, 385
Zumutbare Tätigkeit 188
Zusagen für neue Finanzierungen 398
Zusammenarbeit 164
Zusicherung 207
Zuständigkeit 69, 151, 230
Zustimmung des Sanierungsverwalters 159
Zwangsverwaltung 35
Zwangsvollstreckungsverfahren 117
Zwischenfinanzierung 49, 353
Zwischenzinsen 36